상해현대사

상해현대사

신의식 옮김

景仁文化社

이 작은 정성을 사랑하는 아내 조 세라피나에게 바칩니다.

1900년대 초기의 외탄(外灘)

1930년대 외탄(外灘)

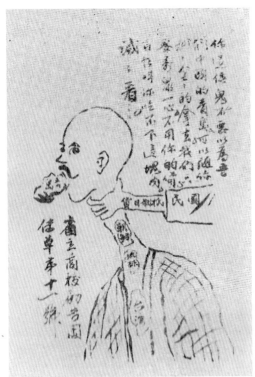

5 · 4운동시기의 애국전단

5 · 4운동시기 애국 학생과 교수의 궈친광(郭欽光) 열사 추도 장면

5 · 30운동 때의 시민 집회

상해 노동자 기의(起義) 승리 후 동방도서관(東方圖書館)에서 개최한 추도회

4 · 12 대학살

상해에서 일본군의 만행

8 · 13항전 때 중국사병의 용감한 출격

조계를 점령한 일본군

항전시기 때 시민의 쌀 구매를 위한 참상

해방전쟁시기 황금(黃金)을 구매하려는 시민

증권교역소의 투기

복주로(福州路) 회락리(會樂里) 기생집

옛 대세계(大世界) 모습; 상해 대세계(大世界)는 1917년 7월 14일 서장남로(西藏南路)와 연안동로(延安東路)의
교차지점의 14,000여 평방미터에 대상인 黃楚九가 설립한 실내 오락장

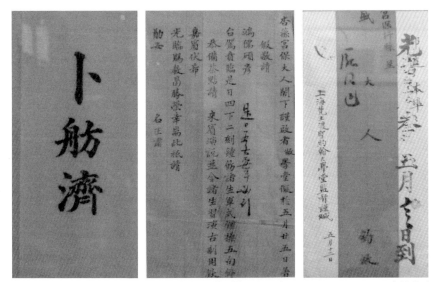

상해 성요한 대학교장 포트(Framcis Lister Hawks Pott, 卜舫濟)가
성슈안화이(盛宣懷)에게 보낸 서신(상해도서관 소장)

11

일러두기

※ 원서(原書)는 上海近代史(上)(下)로 상책은 제1장부터 제8장까지, 하책은 제9장부터 제23장까지로 구성되어 있으나, 역자는 여러 이유를 고려하여 上海近代史(上)은 上海近代史로, 上海近代史(下)는 상해현대사로 구분하여 번역하였음을 밝혀 둔다.

※ 주의 사항: 번역을 함에 있어 내용이 방대하고, 지명, 인명 등의 고유명사의 빈도가 상당히 많으므로 독자의 혼돈을 피하기 위해 인명은 국립국어원의 중국어 표기법에 따라 표기하고 괄호( ) 안에 원명을 부기하였고, 인명을 제외한 나머지 고유명사는 한국식 한자음으로 읽고 괄호 안에 원어를 부기한다.
    上海近代史에서의 인명 표기는 국립국어원의 중국어 표기 방식이 아닌 중국어 발음 표기법으로 작성하였으므로 본 서의 표기 방식과는 다름을 밝혀둔다.

※ 한간(漢奸)이라는 말은 매국노, 친일파라는 뜻이 있으나 문맥과 당시의 상황을 더 생생하게 전달하기 위해 한간(漢奸)이라는 용어를 그대로 사용한다.

역자서문

    지역사로도 볼 수 있는 상해의 역사에 관심을 갖게되는 것은 중국에서 상해가 차지하는 비중 때문일 것이다. 중국 근현대사에 있어 상해의 중요성은 말하지 않아도 쉽게 이해되기 때문이다. 역자가 상해에 특별한 관심을 갖게 된 것은 중국근현대사를 전공하면서부터 자연스럽게 관심을 갖게 되었고, 특히 남경에서 유학생활은 다른 도시보다 상해에 더 특별한 관심을 갖게 된 계기가 되었을 것이다.

    석·박사 과정을 거치는 동안과 대학에서 강의를 하는 동안에 중국근현대사와 상해지역의 역사서에 대한 번역에 관심을 많이 갖고 있었으며, 이러한 관심은 학위 취득 후, 모 출판사에서 기획하고, 고 신승하 선생께서 주관하신 중국통사 번역팀의 일원으로 王檜林 주편의 『中國現代史』(上, 下 高等教育出版社, 1989)와 胡繩의 『從鴉片戰爭到五四運動』(上, 下 人民出版社, 1980)이라는 중국현대사와 중국근대사 서적을 번역하였다. 그러나 출판사의 몇몇 이유로 인하여 아직까지도 출간되지 못하고 있다. 당시 중국통사에 대한 번역에 참여하게 된 가장 중요한 이유는 중국사를 공부하려는 학생들에게 중국사에 대한 그들의 접근을 조금은 쉽게 해 줄 필요가 있는 개설서에 대한 중요성 때문과 다른 하나는 대륙에서 나온 책의 번역으로 기존의 시각과 다른 다양한 시각을 독자들에게 제공하여 다각도에서 역사를 바라봄으로써 제대로 된 역사를 정립하는데 작은 도움이 되고자하였던 의도에서였다고 할 수 있다. 이러한 이유가 이번 상해근대사 상·하권을 번역하게 된 요인이 되었던 것이다.

상해현대사는 본서의 일러두기에서도 언급하였는데, 원서인 상해근대사(하책)의 제9장부터 23장까지 구성된 것을 상해현대사라 서명을 바꾸고 1장에서 15장으로 재구성하고 번역을 진행하였다. 이 책의 몇몇 특징과 단점을 언급하는 것으로 역자 서문을 대신하려고 한다.

먼저 이 책의 특징과 장점은 다음과 같은 몇 가지로 요약하여 말할 수 있다. 첫째, 이 책은 대륙에서 발행한 서적으로 기존의 대만이나 민국시기에 발행한 서적을 번역한 것과는 관점의 차이가 분명히 존재한다. 또 강조하고 있는 부분의 차이가 존재하므로 독자들은 기존의 서적과 본서를 함께 비교해서 살펴본다면 독자들은 다각도에서 상해현대사와 중국현대사를 조망할 수 있다는 장점이 있다.

둘째는 상해 지역과 관련된 내용만을 언급하였기 때문에 다른 중국현대사의 책보다는 상해지역에 대해서 보다 구체적이고 자세한 언급을 하고 있다는 것이 아주 큰 장점이다. 중국 공산당의 활동과 인민의 투쟁이 다른 책에서보다는 상세하게 수록되어 있음을 밝혀 둔다. 특히 중국공산당이 상해에서 창당한 것에 대한 내용 등은 이 책의 번역에 더 큰 의미를 부여할 수 있을 것이다. 중국 공산당에 대한 내용을 장절로 자세히 살펴보면 다음과 같다. 제1장 4절의 상해의 노동계급의 성장, 제2장 3절의 중국 공산당의 성립, 제3장 3절의 2월 파업, 제4장 3절의 노동자 무장 봉기의 승리, 제5장 3절의 공산당의 지하투쟁, 제6장 제2절 1·28사변 폭발 등의 내용이 그러한 것이라고 할 수 있다.

셋째는 중국근현대사에 있어서 상해의 발전에 대한 발자취를 살펴볼 수 있는 소중한 자료로서의 역할을 충분히 하고 있다는 것이다. 열강의 압박 속에서도 불굴의 의지로 스스로 자생의 길을 모색하고 있는 상해를 살펴봄으로써 중국의 저력을 볼 수 있다. 상해가 중국 현대에 있어 중국의 가장 중요한 도시임을 두말할 나위도 없다. 그러한 역사 발전의 현장을 직접 체험할 수 있는 곳이 상해이고 이러한 역사적 자료를 확인할 수 있는 것이 본서라고 할 수 있다. 특히 제1장 3절의 민족자본주의 경제의 황금시대, 제3장 6절 민족자본주의 경제의 지속적인 발전, 제7장 민족자본의 쇠퇴와 관료자본의 팽창, 제10장 피비린내 속의 기형적인 번영, 제11장 3절 일위(日僞) 약탈하의 사회경제, 제12장 3절 범람하는 미국 상품, 제13장 1절 악성 통화팽창과 사회경제의 붕괴, 제14장 2절 금원권(金圓券)과 타호(打虎), 제15장 2절 새로 태어난 상해 등이 그러한 내용이다.

넷째로는 역사적인 사건의 장소 및 명칭 그리고 참가한 사람들에 대한 인명에 대해 구체적이고 정확한 제시로 사건을 재조명하거나 고증하는데, 아주 중요한 역할을 담당하고 있다. 어떤 장소에서 어떤 사건이 일어났는지에 대한 구체적인 주소 및 도로명을 명시하고 있기 때문에 후학들이 쉽게 역사적 내용을 고증해 볼 수 있는 전거를 제공하는 것이 그것이다.

다섯째로는 1914년부터 1949년까지의 대사기와 중공 상해지방 영도기관 연혁표, 민국시기 상해지방 통치기구 연혁표, 외국인명 역명표 등의 부록으로 본문 내용의 더 쉬운 이해를 돕고 있다. 특히 편저자들의 후기는 이 책을 누가 어떻게 집필을 하였는지에 대한 자세한 언급도 되어 있다.

그러나 이 책에도 단점은 있다. 이 책의 단점이라고 할 수 있는 부분은 일부에서 사용된 단어가 투박하고 거칠다는 것이다. 번역을 하면서 많은 부분에서 받아들이기 쉬운 단어로 순화된 용어를 사용하고자 노력을 하였으나, 어떤 곳에서는 제대로 된 뜻을 전달하기 위해 수정하지 않은 용어를 사용한 곳도 있음을 밝혀둔다.

상해근대사와 상해현대사라는 방대한 분량의 내용을 번역하면서 많은 시간을 할애하면서도 즐겁게 번역할 수 있었던 것은 이 책의 중요성을 인식하였기 때문이라고 할 수 있다. 수차례 교정을 보았지만 볼 때마다 수정할 내용이 나오는 것으로 인해 출판에 대한 두려움을 갖기도 하였다. 그러나 이러한 걱정에 위안이 될 수 있었던 것은 이 책을 발판으로 보다 훌륭한 서적들이 후학들에 의해 나올 것이라는 생각이 있었기 때문이었다. 끝으로 번역의 작은 실수나 오류에 대해 너그럽게 이해해주는 독자의 아량을 기대하면서, 역사란 끊임없이 진리를 찾아가는 학문이라는 명제를 다시 되새기면서 간단한 글로 역자 서문을 대신하고자 한다.

2017년 10월 4일
중추가절 왕송호에서
신의식

차 례

제1장
1차 세계대전기간의 상해

제1절 중화혁명당(中華革命黨)의 반위안(反袁) 투쟁

1913년 8월의 2차 혁명(二次革命)실패 후, 위안스카이(袁世凱)는 그의 부하인 상해진수사(上海鎭守使) 정루청(鄭汝成)을 사주하여 발광적으로 혁명세력을 진압하여, 상해인민이 신해혁명(辛亥革命)에서 얻은 민주의 성과가 무차별 파괴되었으며, 전면적으로 반동세력과 맞닥뜨리게 되었다.

정루청은 해군 출신으로 위안스카이의 북양군벌의 직계는 아니었으나, 그는 위안스카이에게 충성을 다하였으며, 혁명을 진압하는데 모든 힘을 쏟아 부었다. 정루청은 권력을 잡자마자 즉각 상단(商團) 해산을 명령하였고, 리핑수(李平書), 예후이쮠(葉惠鈞) 등 상단의 지도자들은 강박에 못 이겨 일본으로 망명을 떠났다. 1914년 2월, 정루청은 위안스카이 정부의 지방자치(地方自治)를 중지시키라는 명령에 따라, 상해시정청(上海市政廳)과 갑북시정청(閘北市政廳)을 관청에서 경영하도록 상해공순연총국(上海工巡捐總局)과 갑북공순연분국(閘北工巡捐分局)으로 개조하였으며, 양난산(楊南珊), 주서우청(朱壽丞)을 국장(局長)으로 임명하였다.[1] 같은 해 5월에는 신해혁명기간에 건립된 각급 법정[審判廳]도 모두 폐쇄시켰다. 이전에 위안스카이는 이미 강소교섭원(江蘇交涉員)인 양성(楊晟)으로 하여금 상해관찰사(上海觀察使)를 겸임하도록 특별히 파견 명령을 내렸다. 같은 해 6월 관제(官制)가 정식으로 회복

---

1) 1918년, 상해공순연총국(上海工巡捐總局)와 갑북공순연분국(閘北工巡捐分局)을 각기 호남(滬南), 호북(滬北)공순연분국(工巡捐分局)으로 명칭을 바꾸었다.

되고, 관찰사(觀察使)를 호해도윤(滬海道尹)으로 개칭하고, 상해(上海), 보산(寶山), 가정(嘉定), 송강(松江), 봉현(奉賢), 금산(金山), 남회(南滙), 청포(靑浦), 천사(川沙), 숭명(崇明), 해문(海門), 태창(太倉) 등 12곳 현(縣)의 도서(道署)²⁾를 상해에 설립하였다. 그러나 상해현지사(上海縣知事)³⁾의 진정한 상급자는 위안스카이가 가장 신뢰하는 상해 주재 최고 군사장관(最高軍事長官)인 상해진수사(上海鎭守使)인 정루청(鄭汝成)이었다. 진수사(鎭守使)는 상해지방의 내무(內務)와 경정(警政)을 마음대로 처리하는 권력을 가지고 있었으며, 직접적으로 중앙의 지휘를 받았고, 강소도독(江蘇道督)의 지휘나 통솔을 받지는 않았다. 이렇게 나누어 다스리는(分治) 제도가 후에는 군벌(軍閥)이 상해를 쟁탈하는 화근이 되었다.

당시 각지의 반동통치자는 위안스카이의 의도를 따르는 것이라고 하면서, 제멋대로 "2차 혁명"(二次革命)에 참가한 사람을 잡아서 죽였다. 각지의 위안스카이 토벌군[討袁軍] 중하급 군관(中下級軍官)들은 대오(隊伍)를 떠난 후에도 고향으로 들어 갈 수 없어, 많은 사람들이 상해 조계(上海租界)로 숨어들었다. 위안스카이가 이러한 상황을 알게 된 후, 정루청에게 명령하여 현상금을 걸고 혁명당원을 체포하게 하였고, 아울러 미잔위안(米占元)을 강녕(江寧)에서 상해로 파견하여 정탐하게 하였으며, 정루청과 협력하여 혁명당원을 일망타진하도록 하였다. 이밖에 각 성에서도 스파이를 파견하여 상해에 와서 사람을 체포하도록 하였다. 그러나 조계 당국에서는 중국관원이 조계에 들어가서 사람을 수색하고 체포하는 것을 허가해 주지 않았기 때문에, 정루청(鄭汝成), 미짠위안(米占元) 등이 변절자를 수매하여 스파이를 파견해서 혁명당원의 내부 상황을 탐지한 후에 손을 쓰기로 하였다. 그들은

---

2) 도서(道署)란 도대아문(道臺衙門)을 지칭한다.
3) 1913년 5월, 현민성장(縣民政長)은 이미 위안스카이 정부의 명령으로 현지사(縣知事)로 명명되었다.

변절자를 사주해 황싱(黃興) 등의 명령을 모방해서 조계 내에서 연락
이 서로 되지 않는 혁명 당원에게 다른 지방에 가서 일을 하라고 기만
하였다. 그들은 조계에서 나가자마자 즉시 군경에 의해 사냥감과 같은
형태로 사냥되었다. 만약 그들을 속여 붙잡지 못하면 그들은 또 자객
을 보내서 그들을 암살하였다. 이처럼 속여 내어 체포하거나 암살하는
것이 거의 매일 일어났다. 어떤 스파이는 상금을 받기 위하여 심지어
는 무고한 시민들을 모함하기도 하였다. 그러나 정루청은 조계에서 꾀
어내어 체포하거나 암살하는 것보다도 직접 조계에 들어가서 사람을
잡는 것이 훨씬 더 편리하다고 생각하였다. 그래서 위안스카이에게 외
교부를 통해 중국군경이 조계에 들어가 사람을 체포할 수 있도록 이러
한 건의를 쟁취해 달라고 요청하였다.

영사단 측은 위안스카이가 혁명당을 토벌하기 위하여 주권까지 팔
아먹어도 아깝지 않아 할 것을 잘 알고 있었으므로, 조계 내에서 사람
을 체포하는 문제를 이용해서 정치적인 교역을 하려고 하였다. 그래서
"2차 혁명"(二次革命) 이후, 한동안 영사단은 위안(袁) 정부에 대하여
표면적인 찬성을 표시하게 되었다. 그러나 관청(官廳)에서 사람을 보
내 조계로 들어가서 사람을 체포하는 것은 결코 통용될 수 있는 것이
아니었다. 어떤 때는 고의로 순포방(巡捕房; 中國 租界地에 있던 警察
署)에서 사람을 체포하게 하고는 인도해주지 않은 때도 있었다. 프랑
스 조계당국은 심지어 조계 내에서 암살을 일삼는 위안스카이의 앞잡
이를 잡아들인다고 큰 소리를 쳐서, 일시적으로 중국의 스파이들이 프
랑스 조계지 내에 은닉할 수 없었다. 이와 동시에 그들은 정식으로 위
안스카이 정부에 조계 확장의 요구를 제기하였다. 프랑스 공사인 콩티
(A. M. R. Conty, 康德)가 먼저 북경외교부와의 상의를 거친 후, 상해
에서 중국과 프랑스경찰권의 지역 구분문제에 대한 해결을 요구하였
다. 외교부 총장 쑨바오치(孫寶琦)가 위안스카이의 비위를 맞추기 위

하여, 위안스카이에게 대책을 올리면서 말하기를, "몇 년 동안 역도들이 조계에서 출몰하고 있어, 믿을 만한 사람에게 의탁하여야 합니다. 비록 관부(官府)가 이름을 지명하여 요구하지만, 그러나 외국인을 국사범(國事犯 또는 政治犯)이라는 구실로 체포할 수는 없습니다. 현재 프랑스 공사가 경찰의 권한 지역을 나눈다는 구실을 말하고 있으나, 실제 목적은 조계를 확충하려는 것입니다. 이익이 없다면, 다른 길을 택했을 것이며, 프랑스 경찰 관할로 돌아간다면, 조계 내에 숨어있는 역도들을 모두 분별하여 체포하여 축출한다면, 그 혼란스러움의 근원은 끝낼 수 있으나, 완전히 마무리 지을 수는 없습니다."4)라고 하였다. 위안스카이는 즉시 '이것을 달갑게 받아 들여', 외교부에 프랑스 영사와 상의하도록 명령하였고, 정루청에게 전화를 걸어 경찰 독판(警察督辦)인 싸전빙(薩鎮氷)과 특별 파견한 강소교섭원(江蘇交涉員)인 양성(楊晟)으로 하여금 프랑스 조계당국과 "경찰권의 경계 구분(區分)"이라는 구체적인 방법을 담판 짓게 하였다.

정루청 등은 마음속으로 위안스카이의 마음을 깨닫고 이해하며 1914년 2월, 아래와 같은 방안을 제출하였다. 방빈로(方浜路)에서 사교로(斜橋路), 조주로(肇周路) 일대를 제외하고, 프랑스 측이 요구한 다른 지역은 모두 넘겨준다. 교환조건과 방법으로는 반드시 중국군대가 자유롭게 무기를 가지고 프랑스 조계를 통행할 수 있어야 하며, 중국 스파이 역시 프랑스 조계로 도망한 범인을 체포할 수 있어야 한다. 회심공당(會審公堂)은 영사가 독단으로 처리할 수 없다는 것이었다. 그 후, 상해지사(上海知事) 홍시판(洪錫範)은 신사(紳士) 상인을 소집하여 이것에 대하여 논의하였다. 그들은 프랑스가 조계를 확장하는 것을 감히 반대할 수는 없었고, 다만 그 확장의 범위를 좀 작게 해야 한다고 주장하였고, 공동국(公董局)에 중국인 이사[董事]를 설치해야 한

---

4) 董樞, 「上海法租界的多事時期」, 『上海市通志館期間』 제1년, 제4기에서 인용.

다고 요구하였다. 그러나 담판 중에 프랑스 당국은 다만 "국사범"(國事犯)을 체포하는 것은 도와주지만, 중국의 군경이 자유롭게 조계로 들어와 사람을 체포하는 관례를 금지시킨 것을 깨뜨리고 싶어 하지는 않았다. 위안스카이는 양보할 수밖에 없었다. 4월 7일, 북경 외교부와 프랑스 공사간의 소위 "국사범"(國事犯) 문제에 대하여 협의를 이루어 냈는데, 그 주된 내용은 다음과 같다. 프랑스 조계 당국은 조계 내에 은닉하거나 숨어있는 "국사범"(國事犯)을 축출한다. 프랑스 조계 및 월계축로(越界築路) 지대에서 혁명 활동에 종사하는 사람들은 현재 체결한 조약에 의거하여 관례대로 처리한다. 기타 죄행의 국사범은 반드시 중국 지방관에게 인계한다는 것 등이었다. 다음 날, 양성(楊晟)과 프랑스 영사 개스통(Gaston Hahn, 甘世東)은 비밀리에 「프랑스조계외마로경권협정」(法租界外馬路警權協定) 11조를 맺어서 프랑스 조계의 이서(以西)인 서가회(徐家滙)까지 모두 월계축로지단(越界築路地段, 즉 外馬路)로 공동국(工董局)에 속하게 된다고 하였다. 이렇게 하여 프랑스 침략자는 위안스카이 정부를 통하여 "경찰권 분권"(劃分警權)을 조계의 확장이라는 음모로 쉽게 실현시킬 수 있었다.

이런 더러운 정치 교역(政治交易)이 실현된 후, 프랑스 조계당국은 즉각 태도를 바꾸어 적극적으로 정루청(鄭汝成)의 반위안스카이 인사 체포 활동에 협력하였다. 5월 14일, 정루청은 어떤 당원과 백랑군(白朗軍)[5]의 구성원들이 복개삼로(福開森路[6], 현재의 武康路)에서 공동으로 거사를 일으킨다는 정보를 알아내어, 즉시 군경을 파견하여 프랑스 포방과 연합하여, 그곳에 있는 사람들을 시비를 가리지 않고 70여 명을 모조리 잡아들였다. 프랑스 포방(捕房)에서는 그 즉시 10명을 정

5) 백랑군(白朗軍)은 당시 호북(湖北), 하남(河南), 섬서(陝西), 안휘(安徽) 등 성에서 활동하던 위안스카이에 반대하는 농민들의 기의군(起義軍)이었다.

6) 미국인 John Calvin Ferguson(約翰 福開森, 1866~1945)의 이름을 따서 붙인 거리명이다. 역자 주.

루청에게 넘겨 처리하도록 하였다.

1914년 7월부터 「경찰권 경계구분 협정」(劃分警權協定)의 효력이 발생하기 시작하였다. 2개월 후에 북쪽으로는 장빈로(長濱路, 현재의 延安西路), 서쪽으로는 서가회(徐家滙), 남쪽으로는 사교(斜橋), 서가회(徐家滙)로 확대된 지역은 모두 공동국(公董局) 관할이 되었다. 프랑스 조계의 면적이 이전보다 7배나 확대되었으며, 그 면적은 15,150무(畝)에 달했다. 이 협정의 부속조건으로 공동국(公董局)에 2명의 중국인 이사[華董]를 증설시켰다. 공동국은 먼저 위차칭(虞洽卿), 루보훙(陸伯鴻)으로 맡게 하였으나, 위차칭(虞洽卿)이 굳이 사양하고 취임하지 않아서, 현민정장(縣民政長)인 우칭(吳馨)을 초빙하였다. 루(陸), 우(吳) 두 사람은 9월에 취임하였다. 비록 이것은 일반적으로 상해 조계 최초의 중국인 이사[董事]였으나, 실제적으로 그들은 이사회[董事會]에 출석한 자격과 의사를 결정할 자격이 없었다.

프랑스가 조계를 확장한 후, 공공조계 방면에서도 역시 확장의 발걸음을 움직이기 시작하였다. 7월 이후, 신문에서 공공조계가 갑북(閘北) 쪽으로 확장하려고 한다는 것을 폭로하고, 관부와 이미 협의를 이루었다는 소식이 전해졌다. 갑북 시민(閘北市民)은 여러 차례 회의를 열어 대처하는 방법을 논의하였고, 아울러 대표를 북경으로 보내 청원하게 하였다. 그러나 결국에는 위안스카이 정부와 제국주의의 위세에 눌려 굴복하였다. 1915년 3월, 공부국에서는 양성(楊晟)과 영사단에 상정된 조계 확장 초안에 대하여 공포를 하였는데, 그 요점은 아래와 같다. (1)북쪽으로는 호녕철로(滬寧鐵路), 서로는 홍교로(虹橋路), 남으로는 서가회 지구 전부를 공공조계에 편입시킨다. (2)공부국에서는 중국인 고문부(顧問部)를 설립하고, 이후에 다시 중국인 이사[華董]를 설립한다. (3)조계로 도주해 오는 "난당"(亂黨)은 공부국에서 해로[海道]를 통해 조계 밖으로 쫓아낸다. 그러나 "중국의 책임 있는 관리"(有責任

之華官)가 지목한 중범죄인은 즉각 인도한다. 이 초안이 발표된 후, 갑북 신상(閘北紳商)중 어떤 사람은 대표를 파견해서 담판에 참석하게 하라고 하고, 어떤 사람은 호녕철로(滬寧鐵路)의 기차역이 조계로 들어가면 안 된다고 주장하였는데, 결과적으로는 그들의 이러한 공공조계를 확장하는 문제에 대한 반응이 상당히 연약하고 무력하였다. 당시 제1차 세계대전이 이미 폭발됨에 따라 제국주의 국가들은 조계확장 문제에 대하여 여러 가지로 냉담한 태도를 보였으며, 이 일에 가장 적극적인 관심을 보였던 영국은 고장난명(孤掌難鳴; 손바닥 하나로는 소리가 나지 않음, 마주쳐야 손뼉 소리가 난다는 뜻)이었으며, 공사단으로 하여금 이 계획을 찬성하게 할 방법이 없었으므로, 이런 더러운 교역을 박차를 가할 수 없었다.

"2차 혁명"(二次革命)이 실패된 후, 천치메이(陳其美) 등은 상해를 떠났으나, 상해에 숨어 있던 혁명당원들은 여전히 상해에 숨어 활동을 하고 있었다. 예를 들면 1914년 1월, 그들은 공부국을 끌어들여 갑북을 점령하고, 토위안군(討袁軍)의 일을 돕던 것을 파괴한 상무인서관(商務印書館)의 사장인 샤추이팡(夏粹方)을 암살하였다. 9월에는 강녕(江寧)의 상해주재 정탐인 미잔위안(米占元)이 폭탄 폭격으로 목숨을 잃을 뻔하였다. 그러나 그들은 군중의 지지기반이 부족한데다가, 대규모의 변절자, 내부적인 부패로 대부분의 반위안(反袁) 활동은 실패하였으며, 혁명 역량이 큰 손실을 입었다. 1914년 4월, 비량천(畢良臣)이 반위안(反袁) 활동을 계획하였는데, 그 일을 북양군 제4사 사장(北洋軍第四師師長)인 양산더(楊善德)가 그 소식을 알게 되었다. 양산더는 각지에 연락을 하여, 비량천이 십육포(十六鋪)에 설립한 기관을 철저하게 파괴하였다. 5월말, 일부의 혁명당원이 소소도(小沙渡)에 비밀사령부를 설립하고, 호서(滬西), 보산(寶山)과 해문(海門)에서 봉기하도록 계획하였으나, 그 행동이 시작되기 전에 본부가 파괴되었고, 기관총,

깃발[旗幟], 도장[印信] 등이 모두 군경의 수중으로 넘어갔다.

연속적으로 좌절과 반동당국의 피비린내 나는 진압으로 천치메이
(陳其美)를 추종하는 대다수의 사람들은 변절을 하지는 않았으나, 두
려워하여 앞으로 나가지 못하였다. 정루청은 "자견회적"(資遣回籍) 즉
해고 수당을 주고 해고시켜 고향으로 돌려보내는 것을 미끼로 혁명당
원을 꾀어 들이자, 이에 응하는 사람들이 천 몇 백 명씩이나 되었다.
위안스카이 정부에 투항하는 사람들 중에서 정탐(偵探), 밀정(密偵)등
스파이가 되어 자신들의 동지였던 사람들에게 잔혹하게 상처를 입히
는 사람도 적지 않았다. 일부 사람들은 암흑사회와 결탁하기 시작하는
사람도 있었고, 도박업을 하는 사람도 있었으며, 소매치기가 되기도
하였으며, 백당(白黨; 러시아 10월 혁명이후 볼세비키 혁명에 반대하
는 반동집단. 반동파)을 없애는 일을 하는 사람도 있으며, 심지어는 공
개적인 납치범이 되는 사람도 있었다. 황쮀칭(黃佐卿)이라고 불리는
원래 위안스카이 토벌군 군관(討袁軍軍官)은 병사들로 "타가단"(打架
團)이라는 싸움단체를 조직하여, 200원을 받고 사람 한 명 씩을 죽여
주었다.

1914년 7월, 쑨중산(孫中山)은 중화혁명당(中華革命黨)을 창건하여
다시 민주혁명의 큰 깃발을 드러내었고, 비밀결사의 조직방식을 이용
하여 군대와 회당(會黨)에서도 활동하게 하였다. 회당과 아주 밀접한
관계에 있던 천치메이가 총무부장을 맡았다. 중화혁명당 성립 후, 수
백 명을 중국으로 돌아가게 하여 반위앤 투쟁을 일으키게 하였다. 상
해로 파견되어 큰 계획을 꾸미게 하였던 사람은 안휘(安徽) 사람인 판
광치(範光啓, 鴻仙)이었다. 판은 상해에 도착한 후, 적극적으로 군대에
서 관계를 형성하였으나, 그의 활동은 아주 빠르게 정루청에게 발각되
었다. 1914년 9월 중순, 정루청은 자객을 파견하여 판광치를 갈라로
(葛羅路, 현재의 嵩山路) 39호 거처에서 암살하였고, 아울러 판이 군대

에서 발전시킨 조직을 파괴시키기 위해 체포되거나 살해된 사람이 200여 명이 되었고, 이로 인해 중화혁명당의 상해에서의 역량은 심각한 손실을 입게 되었다. 천치메이는 큰 상심을 하고, 동북(東北)에 혁명사상을 고취시켜, 서남지역에서 책동을 일으키려고 하였다.

1915년 1월, 일본은 위안스카이에게 중국을 망하게 하는 21개조를 제출하였다. 전국 인민들은 신속히 상당한 세력으로 반일애국운동을 전개하였다. 상해의 각계(各界)에서는 중화민국청원회(中華民國請願會)와 국민대일동지회(國民對日同志會)를 조직해서, 죽더라도 국권을 보위해야 한다고 선포하였다. 3월 19일, 상해에서 일본에 유학한 학계 대표, 중화민국청원회, 국민대일동지회, 진보당 및 각계 대표 수만 명이 장원(張園)에 운집하여, 국민대회를 거행하였으며, 중일21개조 교섭을 반대하고 나섰다. 인민 군중들은 스스로 일본 물건의 불매 운동을 전개하였다. 많은 군중들이 공공조계내의 각 일본 상점의 문 앞에 모였고, 같은 중국인들에게 일본 상품을 사지 말라고 권고하였다. 이 점포는 할 수 없이 문을 닫았다. 아동들도 손에 쇠갈고리를 들고, 일본 상품 광고지를 모두 뜯어버렸다. 호녕(滬寧) 도로 정거장 앞의 나무위에 일본 인단[仁丹 즉 은단(銀丹)을 말함]의 큰 광고판이 걸려있는데, 이것도 사람들에 의해 파괴되었다. 시내의 도처에서는 일본상품을 사지 말자는 전단이 뿌려졌다. 중외 반동 당국은 이러한 것에 큰 두려움을 느꼈다. 송호경찰청(淞滬警察廳)은 영사단의 지지아래, 시민들이 이러한 전단을 뿌리는 것을 엄금시켰다.

5월 9일, 위안스카이는 기본적으로 21개조를 받아들였으며, 아울러 제제(帝制) 활동의 속도를 더욱 내기 시작하였다. 중화혁명당 역시 반위안(反袁)투쟁을 더 격렬하게 전개시켰다. 9월 상순(上旬) 위안스카이의 어용신문(御用新聞)인 「아세아보」(亞細亞報)는 상해에 개점하자마자 폭탄 습격을 당하였다. 10월 중순, 천치메이가 일본에서 상해로 돌아와 서남지역으로 가서 반위안(反袁) 투쟁을 일으킬 준비를 하였다.
그러나 상해의 혁명당원들은 상해에 주재하고 있는 육해군 중에는 이
미 많은 사람들이 혁명을 하고자하는 경향이 있었으며, 더욱이 위안스
카이를 타도하자는 상해사람들의 분노가 극에 달하였으며, 천치메이가
상해에 남아서 이러한 투쟁을 지휘해 줄 것을 요청하였다. 천치메이는
보창로(寶昌路, 현재의 淮海中路) 어양리(漁陽里) 5호에 기관을 설립하
고, 장제스(蔣介石), 양수칸(楊庶堪) 등을 상해로 불러들였다. 천치메이
는 장강(長江)을 통제하는데 해군이 필요하다고 생각하였는데, 해군은
정루청(鄭汝成)의 명령을 따르고 있었으며, 그는 아주 교활한 사람이
라서 상대하기가 아주 어려웠으므로, 먼저 정루청을 제거할 방법을 결
정하였다.[7] 11월 10일 오전, 정루청이 다이쇼 천황(大正天皇)의 대관
식을 축하기 위해 일본 영사관으로 가는데, 차가 백도교(白渡橋)에 다
다랐을 때, 부근에서 매복하고 있던 왕밍산(王明山), 왕샤오펑(王曉峰)
이 갑자기 뛰어나와 폭탄으로 차를 파괴시켰으며, 권총으로 정(鄭)을
사살하였다. 이때 순포는 이미 그들 두 명을 포위하였는데, 누구도 감
히 앞으로 나가지 못하였다. 두 사람은 총을 버리고 순순히 체포되었
으며, 정의를 위하여 희생되었다.

정루청이 피살된 후, 위안스카이는 상해진수사(上海鎭守史)와 송강
진수사(松江鎭守史) 두 직책을 폐지시키고, 송호호군사(松滬護軍使)를
따로 설립하였으며, 원래의 송강진수사(松江鎭守史)를 겸임하고 있던
양산더(楊善德)로 하여금 송호호군사(松滬護軍使)도 겸임하게 명령하
였다. 12월 위안스카이는 또 북양군 제10사단을 더 파견하여 상해에
주둔하게 하였으며, 이 사단의 사단장인 루융샹(盧永祥)은 송호호군부

---

7) 천치메이(陳其美)가 사람을 동원하는 방식은 아주 특별하였다. 그는 100여
   명을 먼저 선발한 후, 각 사람에게 백 원 씩을 나누어 주었으며, 그들에게 그
   돈은 즐거움을 찾는데 다 쓰라고 한 후, 돈을 다 쓰고 온 사람에게 정을 사살
   하라는 임무를 부여하였다.

사(松滬護軍副使)를 맡게 하여, 상해지구의 반혁명역량을 강화시켰다. 그러나 천치메이가 지휘하는 중화혁명당원은 여전히 그들의 눈앞에서 다시 한 번 비교적 큰 규모의 기의를 일으켰다.

당시 위안스카이 정부의 조화(肇和)호(號), 응단(應端)호(號), 통제(通濟)호(號) 등 세 척의 군함이 황포강에 정박해 있었다. 천치메이는 사람을 보내 위안스카이에 반대하도록 책동을 일으켰고, 아주 빠르게 조화(肇和)호의 대다수의 사병들이 동조를 하였으며, 기타 두 군함에서도 혁명에 동조하는 사람들이 나날이 늘어갔다. 위안스카이는 이러한 것을 깨닫고, 세 척의 배를 광동으로 다그치면서 빨리 이동시키라고 명령하였다. 천치메이는 12월 5일 이전에 기의를 일으키도록 결정하였다. 구체적인 계획은 다음과 같았다. 양후(楊虎)가 해군육전대(海軍陸戰隊)의 사령관을 맡아 사람을 이끌고 조화(肇和)호를 점령한 후, 제조국에 포격을 가한다. 쑨샹푸(孫祥夫)가 해군육전대(海軍陸戰隊) 부사령관을 맡고, 사람을 대동하여 응단(應端)함, 통제(通濟)함을 점령한다. 시구(市區)의 혁명당원들은 함포에서의 포성(砲聲)이 들리면, 바로 제조국(製造國), 경찰국(警察局), 전화국(電話局) 등을 나누어서 공격한다는 것이었다. 그날 오후, 양후(楊虎)는 30여 명의 병력을 이끌고 작은 배에 승선한 후, 순리적으로 조화함(肇和艦)을 점령하였으나, 쑨샹푸(孫祥夫)가 대동한 한 부대의 사람이 출항(出港) 증명이 없어서, 순경에게 잡혀 출발할 수가 없었다. 6시, 조화(肇和)함에서는 제조국을 향해 발포하였으며, 포탄이 공공조계에 떨어졌고, 제조국에서는 아무런 움직임도 없었다. 양후(楊虎)는 제조국(製造局)이 이미 점령되었을 것이라고 생각하여, 포격 중지를 명령하였다. 제조국을 공격하려고 준비하던 혁명당원들은 조화함에서만 발포하였고, 또 아주 빨리 포성이 중지되는 것을 보고서는 군함 점령에 실패했다고 생각하고는 공격 행동을 취하지 않았다. 그 나머지 기의자들은 오히려 포성을 들을 후, 예정된 계획대로 각기 다른 목표를 공격하였다. 한 편으로는 20여 명의 사람들이 권총과 폭탄을 가지고, 16포(十六鋪) 송호경찰청(十六鋪淞滬警察廳) 제1구 총서(第一區總署)와 공순연총국(工巡捐總局)을 점령하였으나, 3시간 후에는 대대적으로 몰려오는 적군에 의해 쫓겨났으며, 반 이상의 사상자를 내었다. 기타 기의군의 상황 역시 대동소이하였다. 육상(陸上)의 진공은 완전히 실패하였으며, 오직 조화(肇和)함만이 여전히 혁명당원의 수중에 있었다. 그날 밤, 양산더(楊善德)는 제조국에서 회의를 열어, 금전으로 응서(應瑞), 통제(通濟) 두 군함의 관병을 매수하여, 조화(肇和)호를 공격하도록 결정하였다. 당일 밤 10만원 은양(銀洋)을 교통은행에서 두 군함으로 운반하여, 군함의 관병을 매수하는데 성공하였다. 6일 새벽, 두 군함에서 갑자기 조화호를 향해 발포하기 시작하였다. 양후(楊虎)가 방어할 수 없게 되자, 군함을 버리고 퇴각하였다. 천치메이는 잔여 부대를 모아, 7일 밤에 다시 기의를 준비하였다. 그러나 이 소식을 적의 스파이를 통해 알게 된 양산더(楊善德)는 더욱 철저한 방어를 하라고 명령을 내렸다. 7일 밤 혁명당원이 장화빈(張華浜) 화약고를 공격하였는데, 적들이 일찍부터 방어를 갖추고 있어 공격은 실패하였다. 이번 기의는 완전히 실패하기에 이르렀다. 이번의 실패로 인해 중화혁명당의 손실은 막대하였고, 40여 명이 체포되고 70여 명이 부상을 당하였으며, 백 여 자루의 기관총을 잃어버렸으며, 군향(軍餉)도 4만 여원 정도가 소모되었다. 이것은 군중으로부터는 벗어났지만 주도면밀한 군사적 사전 모의가 결여되었다는 것을 나타낸 것으로 이러한 실패는 불가피한 것이었다. 그러나 이러한 것은 위안스카이의 제재(帝制)활동에 반대하는 무장운동의 서막을 열게 되었다.

조화(肇和)함 기의 실패 후, 중화혁명당의 반위안 투쟁은 여전히 계속되었다. 같은 해 12월 중순에 상해 「아세아보」(亞細亞報)가 재차 폭

탄 공격을 받아 정간되었다. 천치메이 등은 또 거액의 돈을 들여 육해
군 관병을 매수해서, 1916년 4월 13일 상해에 주둔하고 있는 육해군
기의를 일으키도록 결정하였다. 그러나 당일 해군에서는 약속을 실천
하지 않고, 발포(發砲)하지 않았다. 혁명당원인 쑹전(宋振)이 군함에
오르고자 하였으나, 변절자들의 사격으로 퇴각하게 되자, 격분하여 스
스로 강으로 떨어져 투신자살하였다. 육군방면에서도 역시 계획이 주
도면밀하지 못해 여러 명이 체포되어 사살 당하였다. 기의는 다시 실
패하게 되었다.

　1916년 5월초, 쑨중산은 일본에서 상해로 들어와서, 위안스카이 토
벌 2차 선언을 발표하고 아울러 중화혁명당 총부를 일본에서 상해로
이전시켰으며, 각지의 혁명당원을 무장시켜, 반위앤(反袁)을 지휘하였
다. 이때 위안스카이 역시 중화혁명당의 진압에 대하여 박차를 가하였
고, 장쭝창8)(張宗昌)에게 13만원의 상금을 주면시 친치메이(陳其美)를
암살하라는 비밀지령을 내렸다. 반위안(反袁) 기의가 연속적으로 실패
하자, 상해의 중화혁명당의 경비가 점차 고갈되었다. 기치와 격려를
새롭게 하기 위해, 천치메이는 도처에서 모금을 하였다. 장쭝창이 이
소식을 듣고, "홍풍매광공사"(鴻豊煤礦公司) 명의로 사람을 보내서 천
(陳)에게 부탁해 일본상인에게 대부금[貸款]을 상담해서 성공하면 대
관[貸款]의 5분의 2를 천(陳)에게 주겠다고 약속하였다. 천치메이는 이
대부금 미끼에 걸려들었다. 5월 18일, 천치메이는 살파새로(薩坡賽路,
현재의 淡水路) 14호에서 홍풍매광공사(鴻豊煤礦公司) 대표라는 자객
에 의해 살해당하였다. 흉수는 쉬궈린(許國霖), 쑤전광(宿振芳) 두 명
으로 프랑스 포방(捕房)에 의해 잡혔으며, 후에는 중국관청에 보내졌
으나 가볍게 처리되었다. 천치메이의 피살은 중화혁명당에는 중대한

---

8) 장쭝창(張宗昌)은 원래 북만주(北滿洲)의 비적(匪賊)이었다. 신해혁명 후 상
　해에 왔으며, 천치메이의 휘하에서 직무를 맡아 보았으나, "2차 혁명"때에는
　민군(民軍)을 배반하고, 펑궈장(馮國璋)에게 투항하였다.

손실이었다. 쑨중산은 너무 비통해 하면서, "천치메이군은 국사를 위하여 온 몸을 바쳤다. 비록 여러 번 좌절을 겪기는 했지만, 그는 용맹하게 정진하였으니, 실로 나의 동지들이 찬탄하는 사람이었다."[9]라는 문구로, "2차 혁명" 이래의 천치메이 투쟁업적을 아주 높게 평가하였다. 그 후에 중화혁명당의 상해에서의 무장 투쟁은 완전히 정지되었다. 천치메이의 부하 30여 명은 쑨중산의 명령에 따라 산동에 가서 쥐정(居正)이 지휘하는 중화혁명군 동북군에 참가하였다. 쑨중산은 계속해서 상해에 남아서 정치 투쟁을 전개하였다.

위안스카이 사후, 상해 자산계급의 일부 대표 인물격인 리핑수(李平書), 선만윈(沈縵雲), 황옌페이(黃炎培), 첸신즈(錢新之) 등은 이제부터는 천하 태평시대라고 생각하여, 신임 대총통인 리위안홍(黎元洪)에게 호군사(護軍使) 철폐, 북양군(北洋軍) 철수 등을 요구하는 내용의 전보를 두 번 보냈다. 그러나 결과는 마치 바다 속에 돌이 가라앉듯이 영영 소식이 없었다. 쑨중산은 처음에 리위안홍에 대한 약간의 환상을 가지고 있어서 일시적으로 각지의 위안스카이 토벌군에게 당분간은 행동을 자제하고 정세를 살피라고 명령하는 동시에 랴오중카이(廖仲愷), 후한민(胡漢民) 등을 북으로 파견해 리위안홍(黎元洪), 돤치루이(段祺瑞)와 국사(國事)를 상의하라는 명령을 내렸다. 그러나 군벌정부는 국회해산을 선포하고, 『임시약법』(臨時約法)을 제멋대로 폐지시켜버렸다. 쑨중산은 서남 각파의 세력을 연합하여, 호법운동(護法運動)을 전개하였다. 1917년 5월 하순, 쑨중산과 장타이옌(章太炎)은 연명(聯名)으로 탕지야오(唐繼堯)에게 전보를 보내, 출사(出師)하여 호법을 권고하였고, 이후, 합동화원(哈東花園)에서 해군총장 청비광(程璧光)과 해군 호법문제(海軍護法問題)를 상의하였다. 7월 초, 장쉰(張勛)이 복벽(復辟)을 주장하자, 상해 각계 인사들이 분연히 집회를 거행하며, 전

---

9) 朱宗震, 『讀孫中山「祭陳其美文」』, 『歷史硏究』, 1982년 제4기 내용 인용.

보(電報)를 통해 성토(聲討)하기에 이르렀다. 상해를 여행하던 국회의
원도 펑궈장(馮國璋)과 각 성(各省) 전보를 보내 복벽(復辟)을 반대하
였다. 7월 3일, 쑨중산은 자신의 거처에서 장타이옌(章太炎), 탕샤오이
(唐紹儀) 및 일부 육해군 군관을 소집하여 회의를 개최하여, 정식으로
"호법"(護法)의 기치를 일으키도록 전국에 전보를 보낼 것을 결정하였
다. 6일, 그는 "해침"(海琛)함을 타고, 남하해서 호법을 지도하였다. 이
후 서남군벌(西南軍閥)의 배제로 인해, 쑨중산이 호법군정부 대원수
(護法軍政府大元帥)의 직무를 사직하고, 1918년 6월 26일에 상해로 돌
아왔다. 그리고 그는 호법운동(護法運動)은 실패되었음을 알렸다.

북양군벌(北洋軍閥)의 직(直-직예성, 현재는 하북성임), 환(皖-안휘
성) 두 파는 위안스카이가 사망 후 분열되기 시작하였다. 상해는 비록
행정적으로는 직계(直系)의 통제를 받는 강소성에 속해 있지만, 주호
군사장관(駐滬軍事長官)인 송호호군사(松滬護軍使)는 강소군사기관(江
蘇軍事機關)의 통제를 받지 않기 때문에, 정부(正副) 호군사(護軍使)인
양산더(楊善德)와 루융샹(盧永祥)은 모두 환계(皖係)에 속해 있었으므
로 상해는 환계의 무대가 되었다. 1917년 9월 환계(皖係) 두목인 돤치
루이(段祺瑞)가 양산더(楊善德)를 절강독군(浙江督軍)으로 임명하여 파
견하였고, 루융샹(盧永祥)을 송호호군사(松滬護軍使)로 승진시켰으며,
아울러 부사(副使)를 폐지시킴으로써 직계가 간섭하지 못하게 하였다.
1919년 8월, 양산더가 병으로 사망하자, 루융샹이 절강독군(浙江督軍)
이 되었고, 양산더의 옛 부하인 제6혼성여 여장(第六混成旅旅長)인 허
펑린(何豊林)을 추천하여, 호군사(護軍使)를 계임하게 하였다. 실제적
으로는 호군사(護軍使)가 절강독군(浙江督軍)의 명령을 듣는 국면이
형성되었다. 상해는 환계의 독점물이 되었으며, 호군사(護軍使)가 민정
관원(民政官員)을 지배하는 것이 행정의 일반적인 일로 되었다. 강소
성정부(江蘇省政府)는 단지 상해지현(上海知縣)의 명의상 상급기관이

었다. 1914년 취임된 지현(知縣)인 선바오창(沈寶昌)은 호군사(護軍使)
의 세력에 의지하여 10년간이나 연임하였다. 그는 호해도윤(滬海道尹)
을 무시할 뿐만 아니라, 성장(省長)이라도 그의 눈에 차지 않았다. 그
러나 직계(直系)도 상해에 "못"[釘子]을 박기 시작하였다. 그것은 바로
아주 큰 세력을 갖고 있었던 송호경찰청장(淞滬警察廳長)이었다. 송호
경찰청(淞滬警察廳)은 1913년에 성립되었으며, 다음 해 취임된 인물이
바로 쉬궈량(徐國樑)으로 바로 직계(直系) 인물이어서 송호호군사(松
滬護軍使)와는 줄곧 불화의 불씨로 작용하였다.

제2절 열강세력의 증감

1914년 8월 1일, 제국주의가 새롭게 세계를 분할하려는 음모로 제1차 세계대전이 폭발되었다. 4일, 전쟁이 발발하였다는 소식이 상해에 전파되었고, 이곳에 있던 외국인은 크게 놀랐다. 그들 대부분은 이 전쟁이 금방 끝날 것이라고 생각하였으나, 이렇게 오랫동안 전개될 줄은 생각하지 못하였으며, 더욱이 이역만리에서 벌어지는 전쟁으로 상해에서 열강들의 세력에 큰 변화가 있을 것이라고는 더욱 생각하지 못하였다.

1895년부터 열강이 중국에서 획득한 공장들을 건립할 수 있는 특권을 차지한 후에 교통의 편리, 상업의 발달, 자금 집중과 염가의 노동력을 충족시키는 상해는 제국주의의 중국 자본 진출의 중요한 장소가 되었다. 1896년 이후, 영국자본주의는 일찍이 상해에서 증유면분창(增裕面粉廠), 이화사창(怡和紗廠) 등을 설립하였다. 중국의 싼 노동력과 원료를 이용하여 고액의 이윤을 얻을 목적으로 설립하게 된 것이다. 미국, 독일, 일본 등의 나라의 자본 역시 계속해서 상해로 유입되어, 광범위하게 면방직(綿紡織), 기기(機器), 조선(造船), 담배, 씨아질[軋花], 공용사업(公用事業), 식품(食品), 항운(航運), 금융(金融), 부동산(不動産) 등 사회경제(社會經濟)의 각 부문에 많이 투자되었다. 1914년에 이르러서 외국인이 상해에서 기업에 투자[1]한 투자 총액이 2억 9천백 달러에 도달하였다. 그 시기에 외국인이 중국에 투자한 총액의 27.7%[2]를 차지하였다. 이러한 외국자본은 상해의 많은 중요한 경제부문

---

1) 외국정부의 정치성 대부금[貸款]을 제외한 외국 상인이 각종 직접 투자한 자금을 말한다.

을 독점하였다. 예를 들으면 1914년, 상해조계(上海租界)와 월계축로 (越界築路) 지구에서 거둬들인 토지세(土地稅)가 약 2억 5천 량(兩)에 도달하였는데, 그중에서 1억 7천 량은 외국인이 소유한 토지에 대한 세금이었다. 영국 상인소유의 야송선장(耶松船場)은 1900년에 상생(祥生), 화풍(和豊)의 두 공장을 합병했고, 자본액은 75만 량에서 552만 량으로 증가되어, 당시 상해의 조선업(造船業)3)을 독점하였다. 민족자본이 비교적 집중된 것이 면방직업 중에서도 외국자본이 역시 상당한 우세를 차지하고 있었다. 1914년, 이화(怡和), 노공무(老公茂) 등 10가(家)의 외국 자본의 사창(紗廠)이 소유하고 있던 방추가 464,976매(枚)로, 중국 전체 방추의 반 이상을 차지하여, 상해의 중국 상인 사창(紗廠)에서 보유하고 있던 160,000매(枚)4)보다 훨씬 많았다. 상해의 외자 은행이 중국 전체 금융을 좌지우지하는 실력을 가지고 있었다. 1912년 중국에 있던 12곳의 외국자본은행의 지폐발행 총액이 모든 중국은행의 지폐 발행총액과 거의 비슷하였고, 그 12곳 은행 중에 8곳이 상해에 있었다.

1차 세계대전 이전, 영국자본은 상해에서 절대적인 우세를 차지하고 있었는데, 중국 투자의 반 이상으로 2억 6천 백 달러가 상해에 집중되었으며, 상해 전체 외자의 90% 이상을 차지하고 있었다. 상해에서의 영국 기업의 규모는 상당하였으며, 창업하는 기업의 자본금은 일반적으로 약 10만 원 이상이 되었으며 100만 원이 넘는 기업도 적지 않았다. 예를 들어 이화사창(怡和紗廠)의 자본은 150만 량이었으며, 공장 전체가 가동되었을 때에는 1,500명의 노동자가 필요하였다. 영미연공사(英美煙公司) 상해공장의 연간 생산량은 3,000상자였으며, 매 상자에는

---

2) 외국인이 상해에 투자한 금액은 雷麥, 『外人在華投資』, 商務印書館, 1959년판 참조.
3) 汪敬虞, 『中國近代工業史資料』, 제2집 상책, pp.246, 242.
4) 同上書, pp.180~181; 嚴中平, 『中國近代經濟史統計資料選輯』, p.162.

50,000개비의 담배가 들었으며 생산품의 판로는 장강유역 및 화북지구
였다. 영국자본이 통제하는 공용사업의 규모는 더욱 컸다. 상해매기공
사(上海煤氣公司, 가스공사)의 자본은 12만 량으로 시작해서 20년 동안
에 10배가 증가해서 120만 량에 달하였다. 공부국(工部局)의 발전소[電
廠]는 1913년의 설비 용량이 만 4백 와트였고, 자본액은 961만 5천 원
이었는데, 당시 중국이 소유하고 있던 40여 곳의 발전소[電廠]의 자본
액은 1,388만 원에 불과하였다.5) 영국인이 부동산 방면에 투자한 자금
은 1억 3천 6백 량이었는데, 이는 상해에서 외국인이 보유한 부동산 총
가치의 80%를 차지하였다. 경제력을 비교해 볼 때, 공공조계에서 영국
인은 단연 지배적인 지위를 차지하고 있었다. 공부국의 9명의 이사[董
事]중에 영국인이 항상 5명을 차지하였다. 권력이 아주 막강한 총동(總
董) 즉 이사장 및 화정(火政), 경무(警務), 위생(衛生), 공무(工務), 재무
(財務) 등 기관의 주관인(主管人)은 모두 영국인이 담당하였다. 만국상
단(萬國商團)의 10개 부대 중에서 6개가 영국인으로 구성되었으며, 상
단 사령관 역시 영국 정규군의 군관이 담당하였다.

　미국의 대중국 투자 역시 60% 이상이 상해에 집중되었다. 다만 투
자금액은 영국과는 비교할 수 없을 정도였다. 1915년 상해에는 32곳
의 미국자본기업이 있었으며, 자본 총액은 약 3,000만 달러 정도였으
며, 그중 3분의 1은 부동산에 대한 투자였다. 비교적 큰 기업으로는
홍원사창(鴻源紗廠), 화장조지창(華章造紙廠), 미창기기전미창(美昌機
器碾米廠), 회방공사거목창(滙紡公司鋸木廠)과 화기은행(花旗銀行 현
재의 CITY BANK) 중국지점 등이었다. 그러나 미국 교회 및 그들이
통제하는 자선(慈善) 및 문교기구(文敎機構)는 상해에서 상당한 세력
을 가지고 있었다. 예를 들어 청년회(靑年會)가 지니고 있던 상해의 자
산은 약 100만 달러나 되었다. 1차 세계대전 이전에 공부국에는 오직

---

5) 汪敬虞, 『中國近代工業史資料』, 제2집 상책, pp.84, 215, 268, 260, 400.

1명의 미국인 이사[董事]만이 있었다.

1914년 이전, 독일이 상해에 개설한 기업은 덕화은행(德華銀行), 서기사창(瑞記紗廠), 고본비누공장[固本肥皂廠], 상해화유지(上海火油池) 등이 있었다. 그밖에 독일자본은 4개의 사창(紗廠), 6개의 사창(絲廠), 6개의 조선창(造船廠), 4개의 면분창(面粉廠)과 가스공장에 투입되었고, 아울러 회풍은행(匯豊銀行), 업광지산공사(業廣地産公司), 회덕풍상해화선공사(會德豊上海貨船公司), 공화상부두[公和祥碼頭] 등 외자기업이 대략 200만 원의 자산을 보유하고 있었다.6) 독일 사람은 또 상해에서 영향력이 높은 신문인 「덕문일보」(德文日報)와 중문주보(中文週報)인 「협화보」(協和報)를 창간하였다. 1915년에 이르러서는 상해에 거주하던 독일교포가 1,245명에 달하였으며, 미국 교포의 인원수인 1,448명과 비슷하게 되었다. 그러나 상해에 있던 그들의 상점은 202곳이나 되었으며, 이러한 숫자는 미국의 그것을 초월하였으며, 영국과 그 숫자가 비슷해졌다.7) 독일인은 공부국에서 한 석의 이사 자리를 차지하였으며, 아울러 만국상단에 독일대(獨逸隊)를 설립하였다. 이에 상해의 영국인은 독일인이 '가장 위험한 적수'라고 생각하게 되었다.8)

프랑스의 대중국 투자 자금은 정부의 차관이 중심이 되었으며, 기업 투자의 비중은 비교적 적었다. 다른 열강과 비교해 볼 때, 프랑스가 상해에서 기업에 투자 발전 속도가 가장 완만하였으며, 그 규모 역시 크지 않았다. 1895년부터 1914년까지 20년 동안 프랑스가 상해에 새로 설립한 대형 기업은 2곳 밖에 없었는데, 바로 프랑스상인전차전등공사[法商電車電燈公司]와 동방백대창편공사(東方百代唱片公司)로 자본의 규모가 113만 6천 원과 50만원이었다. 1915년에 이르러서는 상해에 있던 프랑스 교민은 608명이었고, 그 숫자는 인도인 1,027명 보다 적

---

6) 汪敬虞, 『中國近代工業史資料』, 제2집 상책, p.185.
7) 『銀行週報』, 제11권, 제13호.
8) Hawks Pott, A Short History of Shanghai, p.205.

었다. 그러나 그들은 실제적으로는 조계를 전담 관리(專管)하였고, 강대한 천주교 교회세력을 가지고 있었으므로, 상해에서의 그들의 영향은 미국인과 독일인과는 비교할 수 없을 정도였다.

일본의 상해 진출은 다른 나라에 비해 늦었지만 발전 속도는 다른 나라보다 빨랐다. 일본인의 초기 투자는 면방직업에 집중되었다. 1902년 12월, 미쓰이양행(三井洋行)이 상해의 흥태사창(興泰紗廠)을 매수했고, 1905년에는 대순사창(大純紗廠)을 임대 운영하였으며, 1908년에는 상해방직주식회사(上海紡織株式會社)를 설립하여 두 공장을 나누어서 상해방직(上海紡織) 제1공장, 제2공장으로 이름을 바꾸었다. 1911년 오사카내외면주식회사(大阪內外棉株式會社)가 상해에 와서 내외면(內外棉) 제3공장을 설립하고, 다음해에는 또 제4공장을 설립하였다. 제3공장에는 방추가 2만 여 매(枚)가 있었으므로, 당시 상해에서는 가장 좋은 사창(紗廠)이었다. 항운업(航運業)쪽에서도 일본은 새로운 세력으로 갑자기 나타나 아주 빠르게 영국을 따라 잡았다. 1898년 오사카상선회사(大阪商船會社)와 대동기선회사(大東汽船會社)가 전후로 상해에서 한구(漢口), 상해에서 소주(蘇州), 항주(杭州)까지의 배의 항로를 열어 영업을 시작하였으며, 태고(太古), 이화(怡和) 및 초상국(招商局)과 경쟁하기 시작하였다. 1903년 일본 우선회사(郵船會社)가 영국 상인의 맥변공사(麥邊公司)의 회산부두[滙山碼頭]와 창고(倉庫) 및 선박(船舶)을 구매하여 장강(長江)항로의 경영을 시작하였다. 1907년 2월 위에서 말했던 3개의 회사 및 호남기선회사(湖南汽船會社)가 합병하여 일청공사(日淸公司)가 되었다. 그 회사의 총본부는 도쿄(東京)에 있었으며, 상해와 한구(漢口)에는 지점을 설립하였으며, 자본액은 810만 엔(円)으로 매년 80만 엔(円)의 정부 보조를 받았으며, 태고(太古), 이화(怡和)와 더불어 장강 항운업의 유력한 경쟁 상대가 되었다. 1914년에는 일본의 대중국 투자액의 68.9%가 중국의 동북지역에 집중되었으나,

상해에 투자되는 금액은 여전히 3,000만 달러나 되었다. 상해에 거주하는 일본 교민들의 수는 이상하리만큼 늘어났다. 1895년에는 상해에 거주하는 일본 교포는 250명밖에 없었는데, 1915년에는 7,169명으로 증가해서 영국과 미국 교포의 총수보다도 더 많았다. 1900년 의화단이 폭발했을 때, 일본교포가 일본 의용대를 조직하여 만국상단에 가입하였다. 1907년에는 상해에 거주하는 일본 교포가 교민단(僑民團)을 성립하였는데, 이 부대는 만국상단을 나와 교민단을 독립적으로 운영하였으며, 표식으로 일본 육군의 별 마크를 달았다. 1914년 일본 교민은 봉로(蓬路, 현재의 塘沽路)에서 일본인 동호회를 건립하였으며, 아울러『상해일일신문』(上海日日新聞)을 창간하였다. 상해에서 일본의 세력은 아주 빠른 속도로 발전하였으나, 1차 대전 이전에 그들은 공부국 내에서 이사의 자리를 차지하지 못하였으며, 1914년에 이르러서야 공부국에서는 거우 일본국적의 순포를 채용하기 시작하였다.

세계대전의 폭발에 따라, 제국주의 열강의 상해에서의 세력에는 변화가 발생하게 되었다. 전쟁이 시작되자, 많은 외국 청년들이 자국으로 돌아가 참전하였으며, 영국인은 500명이나 귀국하였다. 만국상단은 부득불 신병을 모집하여야 하였다. 서양 순포[西浦]와 소방대 역시 계속 인원이 감소되었다. 대전 기간에 영국과 프랑스는 전쟁으로 바빠서, 중국으로의 상품 수출이 감소되었으며, 상해에 새로운 기업을 세울 여력이 없었다. 영국 교포가 조직한 영국부녀공단(英國婦女工團)은 상해에서 10만 파운드를 모금한 후, 물건을 구매하여 고국인 영국으로 운송시켰다.9) 그러나 영국과 프랑스의 상해 자본은 감소하지 않았으며, 원래의 기업들은 정상적인 영업을 하였으며, 이화사창(怡和紗廠)의 이윤은 전쟁 이전보다 훨씬 많아졌다.

독일과 오스트리아 두 국가의 상해에서의 세력은 전쟁 중에 크게

---

9) Hawks Pott, A Short History of Shanghai, pp.216~217.

실추되었다. 전쟁이 시작되자 영국군은 전쟁이 시작되자마자 영국인이 공부국의 독일국적 이사[董事]를 내쫓았고, 아울러 각 외국인 동호회 중에 있던 독일인의 회원 자격을 모두 박탈하였으며, 독일 국적 의사가 공부국의 공제의원(公濟醫院)에서 업무를 보는 것도 거부하였다. 상해에 있던 독일 교포들은 연이어 귀국하였으며, 그들이 경영한 기업은 파산하거나 휴업하게 되었다. 고본(固本)비누공장은 독일국적 기술자들이 전부 귀국하자 공장을 유지시킬 수 없어서, 이 공장을 매판자본가(買辦資本家)인 장원장(張雲江)에게 판매하였으며, 이후 장원장비누공장(張雲江肥皂廠)으로 이름을 바꾸었다. 과발약방(科發藥房)은 점차 미국 자본이 유입되어서 미국 기업이 되었다. 1917년 8월, 북경정부가 독일에 선전포고를 하면서 독일과 오스트리아와 맺은 모든 조약의 폐지를 통고하였으며, 양국 교민이 중국에서 여행하는 것을 금지시켰다. 황포강에 정박해 있던 두 나라 국적의 상선이 중국 해군에 의해 억류되었으며, 그들의 영사관 및 독일 우체국, 덕화은행(德華銀行), 독일총회(德逸總會) 및 4곳의 독일신문사가 모두 강소교섭원회(江蘇交涉員會)와 포방(捕房)에서 특파한 사람들에 의해 차압, 몰수되고 폐쇄되었다.[10) 1917년 9월, 공부국에서는 "1917년 10월부터는 공부국에 신청하고 허가를 받지 못한 독일과 오스트리아 사람들은 공공조계에 거주할 수 없고, 조계를 들어올 수도 없으며, 조계 도로를 통과할 수도 없다."[11)고 선포하였다. 일부 독일과 오스트리아 교민들은 이러한 선포에 복종을 거부하자, 바로 순포(巡捕)가 그들을 회심공당(會審公堂; 합동심사 법정)으로 압송하여 벌금을 부과시켰다. 만국상단의 독일대(獨逸隊)와 1914년에 성립된 오스트리아대는 모두 해산 당하였다. 프랑스 사람은 또 독일인이 음모활동을 한다는 구실로 프랑스 조계내의

---

10) 外灘 22號의 독일총회(德國總會)는 후에 경매로 중국은행에 팔렸다.
11) kotenev, Shanghai: Its Mixed Court and Council, p.218.

중국과 독일합작의 동제덕문의공학당(同濟德文醫工學堂)에 군대를 파
견하여 점령하였다. 이러한 행동은 중국인의 권익을 직접적으로 침범
하였기 때문에 학생 및 중국 정부의 항의를 유발시켰고, 프랑스 측에서
는 결국 이 학교를 오송(吳淞)으로 이전시킨나고 대답하였다. 1919년 3
월까지 개별적으로 회심공당(會審公堂; 합동심사 법정)에 회부되어 감
금된 사람 이외에, 상해의 독일 및 오스트리아 교민들은 이미 모두 중
국정부에 의해 자신들의 나라로 돌려보내졌다.

　미국과 일본의 세력이 제1차 세계대전 기간에 신속하게 팽창되었다.
대전 폭발 후, 미국 자본이 기회를 틈타 들어왔으며, 선후로 상해에서
중국전기주식공사[中國電氣股份公司], 안적생중국전료공사(安迪生中國
電料公司), 미부행제양촉창(美孚行製洋燭廠), 복미장의창(福美腸衣廠)
등 큰 기업들을 만들었다. 저명한 신창양행(愼昌洋行)도 이 시기에 발
전하기 시작하였다. 이 양행은 원래 미국 국적의 덴마크 사람인 메이
어(V. Meyer, 馬易而)가 창립하였으며, 초기에는 오직 방이 두 칸과
책상이 하나 놓여 있는 상태에서 손님과 어깨가 맞닿으면서 거래를 시
작하게 되었다. 1915년 메이어는 중국 손님이 그에게 일정 금액을 쥐
어 주어 미국에 가서 활동하게 하였고, 미국에서 그는 신창양행(愼昌
洋行) 이사회[董事會]를 성립하였다. 이후 그는 상해로 돌아와서는 즉
시 독자적으로 미국의 큰 회사의 상품을 독점해 판매하였으며, 아울러
신창양행기기창(愼昌洋行機械廠)과 단분공사(蛋粉公司 즉 계란 가루회
사)를 설립해서 아주 빠르게 발전하였으며, 그 규모가 가장 큰 양행중
의 하나가 되었다. 레븐(F. J. Raven, 雷文)이라고 불리는 미국인 기술
자는 자기 자본을 5만 양은(兩銀)이라고 증권을 위조해서 미국에 등기
한 후에 미풍은행(美豊銀行)을 만들었다. 레븐이 교회의 세력을 등에
업고, 여기저기 거짓 명의로 사람을 속이고 그들이 저금한 돈을 갈취
하였으며, 재권을 발행하여 부동산을 구입하는 등 여러 곳에 투기를

하였다. 1931년에는 이 은행의 자산이 1,771만 원에 달하여, 상해 외
탄에서 굴지의 벼락부자 중의 한 명이 되었다. 1917년 미국인 밀라드
(T.F. Millard, 密勒)가 상해에서 『밀라드씨평론보』(密勒氏評論報)12)를
창간해서, 상해에서 미국의 영향력이 더욱 확대되었다. 영국인은 미국
의 세력을 억제하기 위하여 1915년에 외국기업이 홍콩에 등기하는 것
을 금지하는 명령을 내렸다.13) 미국 정부는 즉시 기업의 등기 방법을
바꾸었으며, 중국에서 기업을 할 경우에는 현지에서 등기하는 것을 허
락하였으며, 이로써 중국에 자금 투자를 하는 것을 격려하였다.

　일본은 지리적인 편리함을 이용하여 대전 기간 중 상해에서 가장
쉽고 빠르게 그 세력을 확장시켰으며, 면방직 공업방면에서는 그 기세
가 아주 놀라울 정도였다. 1916년 일본의 투자로 상해방직제삼창(上海
紡織第三廠)이 설립되었다. 1918년 미국 상인의 홍원사창(鴻源紗廠)을
매수해서 일화방직 제1, 2창(日華紡織第一, 二廠)으로 이름을 바꿨다.
중국 상인의 유원사창(裕源紗廠)을 매수해서 내외면 제9창(內外棉製九
廠)으로 바꾸고, 또 내외면 7, 8창(內外棉七,八廠)을 설립하였다. 일본
의 투자는 대출 형태로 신신사창(申新紗廠)에 출자되었다. 일본 침략
자는 의기양양하게 말하기를, 이것은 "일본 내지의 방직공사(日本內地
紡織公司)가 중국에 공장을 설립한 새로운 기원이 되었다."14)고 하였
다. 이와 동시에 일본은 중일합자의 형식으로 상해교역소[上海取引所],
동아단분공사(東亞蛋粉公司) 등 11개의 기업을 만들었다. 대전 기간
동안 일본인은 끊임없이 상해로 들어왔으며, 대부분이 홍구(虹口)에

---

12) 이 신문의 영문 원명은 Millard's Review of the Far East였으며, 1922년에는
　　포웰(J. B. Powell, 鮑惠爾)에게 양도하였고, 다음해에는 이름을 쉽게 The
　　China Weekly Review라고 하였다.
13) 당시 중국에 있던 미국 기업은 미국 정부에 사업자 등록을 할 수 없었으므로,
　　많은 사람이 홍콩에서 영국정부에 사업자 등록을 내었다.
14) 陳眞等, 『中國近代工業史資料』, 第2輯, p.578.

거주하였다. 1920년에 이르러서 상해의 일본 교포는 10,745명에 달하
였다. 1916년 후 공부국(工部局)에는 1명의 일본인 이사[董事]가 있었
고, 그 후에 30여 명의 일본인 순포대(巡捕隊)가 성립되었다. 이런 상
황아래에서 일본 침략자들은 더욱 기세가 도도해졌다. 1918년 7월 갑
판에서 일하는 몇 명의 일본인 보통 선원이 오송로(吳淞路) 일대에서
소동을 일으켜서 화포(華捕)가 그들을 잡아서 일본 영사에게 이송하였
다. 이것을 구실로 대자보를 작성하여, 홍구 일대에서 일본 폭도들이
사람들을 모아 중국 점포를 훼손하였으며, 중국인들을 구타하고 중국
주민들을 모욕하였고, 아울러 홍구의 작은 채소 시장 일대에서는 앞에
서 탄압을 하였던 화포들과 싸움을 벌여 2명이 맞아 죽었다. 이 사건이
일어난 후, 공부국에서는 화포(華捕)를 이 지역에서 다른 곳으로 이동시
켰으므로, 홍구(虹口) 일대는 한층 더 일본인들의 세력범위가 되었다.

　1918년 11월 12일, 제1차 세계대전이 끝났다는 소식이 상해에 전해
졌고, 영국과 프랑스 등 협약국의 교민들은 기뻐 어쩔 줄을 모르며 조계
를 돌아다녔고, 이 두 곳 조계내의 소방차가 모두 거리로 나와서 승리를
축하하였다. 21~23일, 그들은 또 연속해서 경축활동을 거행하였으며,
외탄에 유럽전쟁 기념비[15] 건립을 결정하였다. 그러나 세계대전이 종결
된 후, 바르샤바－워싱턴 체계가 제국주의간의 내재된 모순으로 전쟁의
근원을 해결할 수는 없었다. 상해에서 진행되는 경쟁에 대하여 열강들
은 대전의 종결은 새로운 한 바탕 각축의 시작일 뿐이라고 하였다.

　전쟁이 끝나자마자 영국 자본주의는 즉시 "시장으로 돌아가자"[回
到市場]라고 소리를 치면서 다시 상해로 들어왔다. 부분적인 통계인
1920~1931년간 영국은 상해에 27개 공장을 새로 설립하였으며, 이 시

---

　15) 이 비(碑)는 평화여신상[平和女神像]으로도 불렸고, 1924년 2월 16일 낙성되
　　　었고, 항일전쟁 기간에 일본군에 의해 파괴되었다. 리우후이우(劉惠吾)편, 신
　　　의식역,『上海近代史』서울: 경인문화사, 2016년판의 표지 사진이 바로 이 사
　　　진이다. 역자 주.

기 영국은 중국 총투자의 56%를 이곳 상해에 집중하였다. 신사쑨양행(新沙遜洋行)은 바로 이 시기에 상해로 들어왔다. 신싸쑨양행은 원래 인도에 있었으며, 창설자인 사쑨(E. D. Sassoon, 伊萊亞斯·大衛·沙遜)은 아편상인인 사쑨(D. Sassoon, 大衛·沙遜 즉 老沙遜)의 큰 아들이다. 1923년, 신사쑨양행의 제3대 주인인 사쑨[V. Sassoon, 維克多·沙遜(蹺脚沙遜)]이 상해에 대량으로 투자하였던 앙리 형제(安利兄弟)의 회사를 통제하면서 상해에서 경영을 시작하였다. 1925~1930년, 신사쑨양행은 전후로 상해에 원동영업공사(遠東營業公司), 화무양행(華懋洋行), 사쑨은행(沙遜銀行)을 건립하였다. 이 기업들은 수출입 무역을 경영하고, 금융업과 일부 서비스성의 업무에 종사한 것 이외에 주로 부동산 투기에 종사하였으므로, 사쑨(V. Sassoon, 維克多·沙遜 ; 蹺脚沙遜)을 "부동산 대왕"[地產大王]이라고 불렀다. 사쑨빌딩(沙遜大廈, 현재의 和平飯店), 도성반점(都城飯店, 현재의 新城飯店), 해밀턴빌딩(漢彌爾敦大廈, 현재의 福州大廈), 화무공우(華懋公寓, 현재의 錦江飯店)가 모두 그의 자산이었다. 항운업(航運業)과 부두업[碼頭業] 방면에서 영국은 약간 발전하였다. 1926년 영국인은 상해에서 약 30,550피트(feet)의 항안선(港岸線)을 차지하고 있었고, 그 길이는 중국과 프랑스가 점유한 항안선의 총 길이를 초과하였다.[16] 그러나 면방업(綿紡業)과 다른 부문에서 영국 자본은 오히려 일본과 미국 자본으로부터 배제를 당하였으며, 점차적으로 쇠퇴해갔다. 1925년에는 노공무사창(老公茂紗廠)을 모두 일본상인에게 매각하였다. 1928년까지 상해에는 오직 3곳의 영국 자본의 사창(紗廠)이 있었는데, 그 공장에서 보유하고 있던 방추는 전 시장의 8% 정도 밖에 점유하고 있지 못하였다.[17] 면포시장(棉布市場) 역시 일본이 거의 독점하였으며, 1927년에 이르러

---

16) 王際昌, 羅志儒, 『上海社會研究的背景』1929년판, pp.18~19.
17) 上海特別市社會局, 『上海之工業』, 中華書局 1930년판, 제1편, p.5.

서는 면포를 경영하던 덕기(德記), 인기(仁記), 노공무(老公茂) 등의 양행(洋行)이 선후 영업을 중지하였으며, 이화양행(怡和洋行) 역시 수입면포부(綿布部)도 철수시켰다. 그렇지만 1931년까지 영국이 상해에 투자한 투자총액(投資總額)이 7억3천7백십만 달러에 도달하였으며, 1914년에 비해 1.82배나 증가 하였으며, 당시 상해의 외자 총액의 66.3%를 차지하였다. 영국영사는 여전히 상해에서 가장 실력이 있는 인물이었고, 영국 상회는 가장 힘 있는 외국인 단체였으며, 공부국 내에서 가장 중요한 직위는 여전히 영국인이 맡았으며, 영국인 총지배인[大班; 총지배인]의 지배권은 전혀 동요되지 않았다.

상해의 프랑스 침략자들은 전쟁 말기와 전후에 세력을 일부 확장시켰다. 1918년, 프랑스의 동방회리은행(東方滙理銀行)이 중국에서 가장 큰 민족자본 조선창(造船廠)인 구신제조창(求新製造廠)을 병탄(倂呑)하고자 하였는데, 중국정부가 여론의 압력으로 직접 대면하고 교섭하여, 이 공장을 중프[中法] 합자회사로 만들었으며, 중프구신기기제조창[中法求新機器製造廠]이라고 명명하였으나, 실제 권한은 완전히 프랑스 자본가에 의해 조종되게 되었다. 프랑스 자본은 계속해서 동방용접유한공사[東方焊接有限公司], 안화권련공사(安華卷煙公司)등을 설립하였다. 1931년 프랑스가 상해 기업에 투자한 총액은 3,890만 달러였으며, 그중 반 이상은 부동산에 속한 것이었다. 이외에 약 2,000만 달러의 교회재산 역시 주로 부동산이었다.

미국 자본은 전후에 계속 대량으로 상해로 들어왔다. 1920년 상해 미국상회파 『밀러드씨평론보』[Millard氏(密勒氏)評論報]의 주편인 포웰 (J. B. Powell, 鮑惠爾)이 미국으로 돌아가서, 국회에 대중국 무역법안의 제정을 촉구하였다. 2년 후에 이 법안이 국회에서 정식으로 통과하게 되었다. 중국에 투자한 미국기업은 반드시 연방정부에 등기해야 하였다. 그러나 실제적으로는 연방정부의 세금을 면제받는 특권을 향유할 수 있었다. 포웰이 나중에 말하기를, "나는 얼마나 많은 자본이 대중국 무역 법안에 의거하여 회사가 만들어졌는지 모른다. 그러나 이러한 누계로 볼 때 아주 방대한 자본이었을 것이라고 생각한다."[18]고 하였다. 1921년 이후, 미국 상무부(美國商務部)는 상해에 사무소를 설립하였고, 북경에 있던 상무대표부도 상해로 이전시켰다. 1931년에 이르러서 미국이 상해에 설립한 기업의 투자액은 거의 9,750만 달러에 달하였으며, 1914년에 비해 2.25배가 증가하였다. 같은 기간 동안 미국이 중국에 투자한 투자 총액의 64.9%를 차지하였으며, 상해에서는 세 번째의 지위를 차지하게 되었다. 그 투자총액의 3분의 1 이상은 공용사업방면(公用事業方面)에 집중되었으며, 나머지는 운수(運輸), 제조(製造), 오금(五金; 금, 은, 구리, 주석, 철), 수출입무역과 부동산 방면에 투자하였다. 1928년, 미국마근재단(美國摩根財團)의 전기채권주식회사[電氣債券股份公司]가 8,100만량의 고가로 121,000와트의 전기를 발전할 수 있는 공부국전창(工部局電廠)을 매수해서, 상해전력공사(上海電力公司)로 이름을 바꿨으며, 이것은 상해에서 미국의 가장 큰 규모의 기업이 되었다.[19] 1924년 미국 변호사인 페센든(S. Fessenden, 費信惇)이 처음으로 영국인이 독점하고 있던 공부국의 총동에 당선되어 5년을 연임하였는데, 이것은 7년간 연임하였던 영국인 피얼스(E. C. Pearce, 庇亞士) 다음으로 가장 오랜 기간 동안 총동을 역임한 것이었다. 퇴임 후, 피얼스는 공부국에 신설된 총재(總裁)직에 취임하였으며, 그 권력은 총판(總辦)을 초월하였으며, 공부국 행정기관의 수뇌가 되었다. 이것은 미국의 세력이 크게 신장되었다는 것을 나타내는 중요한 지표였다.

전후(戰後) 세력이 가장 빠르게 증가한 나라는 일본이었다. 일본은 상해에 면방직업을 중심으로 투자하였다. 1919년의 일본상품 배제운동

---

18) J.B. Powell, My Twenty-Five Years in China, p.67.
19) 1935년에 이르러서 이 회사의 발전량은 183,000와트로 시 전체의 전력공급의 80%를 차지하였다.

[抵制日貨運動]이 비록 일본의 투자에 큰 타격을 주었지만, 1920년대 후, 일본 자금은 또 미친 듯이 빠른 속도로 확장되었다. 1921년 새로 설립된 일본 자금이 투자된 사창(日資紗廠)은 공대사창(公大紗廠), 일화 방직 제3, 4창(日華紡織第三,四廠), 내외면 제13창(內外綿第十三廠), 풍전방직 제1, 2창(豊田紡織第一,二廠)과 유풍사창(裕豊紗廠) 등이 있었다. 1922년 일본자금은 화상보성(華商寶成), 화풍량사창(華豊兩紗廠)을 탄병해서 희화(喜和)와 일화 제8창(日華第八廠)으로 이름을 바꾸었다. 1925년, 영국 상인의 노공무사창(老公茂紗廠)을 매수해서 공대 제2창(公大第二廠)으로 바꾸었다. 5·30운동(五卅運動)의 폭발로 인해 일본의 세력 확장은 중국 인민의 타격으로 약간 주춤하였다. 그러나 1927년 이후, 일본의 자금은 살기등등한 모습으로 다시 상해로 들어왔다. 난주로(蘭州路)에 상해방직 제4, 5창(上海紡織第四,五廠)을 설립하였다. 1930년에 이르러서 상해에 일본 자금의 사창은 모두 33곳이 있었으며, 방추는 1,109,421매(枚)를 보유하고 있었고, 전국에 외국인이 소유하고 있던 방추수의 27% 이상을 점유하고 있었고, 이러한 점유는 상해의 중국인 상인(華商)과 영국 상인 사창(紗廠)의 방추 총량보다도 더 많았다.[20] 일본인이 출자한 사창(紗廠) 중에서 세력이 가장 큰 것은 내외면 계통(內外綿系統)으로 자본 총액이 1,600만 량으로 모두 10여 곳의 공장이 있었으며, 상해 서쪽 소사도(小沙渡) 일대에 집중해 있었다.

일본의 자금은 다른 부분에서도 역시 광범위한 투자가 이루어졌다. 1928년 이후 은(銀) 값이 크게 폭락해서 일본이 중국에 일용잡화를 수출해도 이익이 거의 없게 되자, 오사카(大阪)를 중심으로 한 잡화(雜貨), 유리(琉璃), 섬유(纖維) 등의 제조상들이 뿔뿔이 상해로 와서 공장을 설립하였으며, 그중 일부 공장들은 가정에서의 가내 수공업적인 상

---

20) 樋口弘, 『日本對華投資』, 商務印書館 1959년판, p.35; 嚴中平, 『中國近代經濟史統計資料選輯』, p.135.

태였다. 홍구(虹口) 일대에는 일본의 비단상점, 잡화점[日用品店], 시계점(時計店), 음식점[飯店], 기생집[妓院] 등이 가는 곳곳마다 있었다. 일본은 중국에서의 항운업 역시 상해를 중심으로 발전시켰다. 그들이 점유하고 있던 상해 항안선(港岸線)의 길이는 19,025피트(feet,呎)나 되었으며, 열강 중에서는 영국 다음으로 길었다. 일본은 상해에 은행도 많이 설립하였는데, 그 가운데 가장 큰 은행은 횡빈정금은행(橫浜正金銀行)으로 회풍은행(滙豊銀行, 현재의 HSBC 은행), 화기은행(花旗銀行, 현재의 CITY BANK), 중프실업은행(中法實業銀行) 등의 일류 외국투자 은행들과 어깨를 겨루었다. 1931년 상해에 투자한 일본의 투자액은 2억천5백만 달러에 달하였으며, 이러한 총액은 상해의 전체 외자 총액의 20.4%를 차지하는 것이었으며, 1914년보다 6배가 증가한 것이었다. 이러한 것은 일본 자본의 규모가 크게 발전하였다는 것을 나타낼 뿐만 아니라, 일본 투자자금이 상해에서 미국을 훨씬 앞지르기 시작하였던 것을 말해주고 있다. 일본이 상해에 투자한 두드러진 특징은 공업자본의 비중이 상당히 증가하였다는 것이다. 1928년의 불완전한 통계에 의하면, 당시 일본의 공장자본은 영국을 크게 초월하는 약 7,000여 만 달러였으며, 당시 중국 상인의 공장 자본은 오직 5,000만 달러 정도였다. 일본 자금이 투자된 공장의 평균 자본은 130만 달러였으므로, 4만 달러 정도의 중국인 공장보다 크게 앞서고 있었으며, 영국투자 공장 역시 약 100만 달러로 일본보다 크게 뒤떨어져 있었다. 1922년에는 일본 의용대(日本義勇隊)가 다시 만국상단(萬國商團)에 가입하였다. 1927년부터 공부국(工部局)에 2명의 일본인 이사[董事]가 있었고, 일본국적 순포(巡捕) 역시 96명으로 증가하게 되었다. 1931년 상해의 일본교포는 18,796명에 이르렀다.

1921년 중국과 독일 간에 「통상조약」(通商條約)을 체결하여 중국정부가 1차 대전 때 몰수된 독일 재산의 일부분을 돌려주었다. 독일인들이 다시 상해에 나타나기 시작했으나, 영사재판권을 향유하지는 못하였다. 이후 덕화은행(德華銀行)이 다시 영업을 개시하였고, 독일 자본으로 아포이전구공장[亞浦耳燈泡廠], 고정음반공사[高亭唱片公司], 덕부양행(德孚洋行), 원동천사공장[遠東鋼絲布廠] 등 기업이 계속 개업하였는데, 그러나 이전과 비교할 수 없을 정도로 그 세력이 약했다.

상해에서의 러시아 세력은 그리 크지 않았다. 도승은행(道勝銀行)을 제외하고는 거의 공업에 투자가 없었다. 1915년, 상해의 러시아 교민은 402명밖에 없었다. 공부국에서는 독일인 이사의 자리를 취소하였는데, 그 빈 자리를 러시아인 1명으로 보충하였다. 러시아의 10월 혁명후, 수 천 명의 러시아인이 상해로 건너왔는데, 대부분은 카자흐스탄 사람이었다. 그러나 이때 공부국의 러시아 이사는 이미 일본 이사로 바뀌어 있었고, 도승은행(道勝銀行)은 1926년에 폐쇄 당하였다. 대다수의 러시아인들은 생계를 위해 하는 수 없이 소매점, 점원, 부역(仆役), 문지기(수위, 警備)등에 종사하였으며, 적지 않은 부녀자들이 매춘부로 생활을 유지하였으며, 일부 적은 수의 사람들은 음식점이나 잡화점을 열기도 하였다. 1927년 만국상단에서는 러시아 사람을 고용하여, 두 개의 러시아대(隊)를 성립해서 상비군(常備軍)을 만들었다. 대규모의 러시아인들이 상해로 몰려오자, 상해에는 10여 개의 동정교(東正敎) 교당이 나타났다.

총체적으로 볼 때, 제1차 세계대전 이후, 뒤늦게 일어난 미국과 일본 제국주의들의 상해에서의 실력과 영향력은 신속하게 상승하였으며, 특히 일본 경제의 확장은 이후에 더욱 확대되었다. 그러나 상해에서 식민지 경영시간이 가장 길었던 나라인 영국은 경제적으로나 정치적으로나 여전히 우세한 입장과 최고의 지위를 차지하고 있었다. 이것이 1차 세계대전 종결 후부터 30년대 초기까지 상해지역 열강세력의 기본 형국이있다.

제3절 민족자본주의 경제의 황금시대(黃金時代)

제1차 세계대전 폭발 후, 영국, 프랑스, 독일 등 유럽열강은 전쟁에 바빠서 중국 경제를 침략하는 부분은 느슨해졌으므로 상해에 외국 상품이 수입되는 물량은 현저하게 감소되었다. (표 참고)

1913~1918년 상해 외국 화물 수입액[1]

연 도	외화 수입총액(關平兩)	연 도	외화 수입총액(關平兩)
1913	98,557,484	1916	84,183,500
1914	98,665,753	1917	89,299,892
1915	65,333,608	1918	88,384,188

감소폭이 가장 많았던 것은 면직품(綿織品)과 밀가루[麵粉]이었다. 당시 영국 사창(紗廠)의 노동자가 대거 군대로 차출되어 갔으므로 생산량이 현저하게 줄어들었으며, 수출이 감소하였다. 일본은 이 기회를 이용해서 유럽에 면직품(綿織品)의 수출을 많이 늘렸고, 면사(綿紗)가 중국에 수입되는 수량이 크게 감소하였기 때문에 상해 면사가격이 한 포(包)에 100량(兩)에서 200량(兩)으로 값이 올라갔다. 밀가루[麵粉]의 수입도 전쟁전의 21만 단(担)[2]에서 2~3만 단(担)으로 크게 감소하였다.[3] 동시에 각 교전국은 식량의 수요가 아주 급박하게 증가하였으므로, 미쓰이(三井), 미쓰비시(三菱), 시계루(祥茂) 등의 양행은 상해에서

---

1) 『最近三十四年來中國通商口岸對外貿易統計(中部)』商務印書館 1935년판, p.111.
2) 1단(担)은 100근(斤)으로 50kg을 말한다. 역자 주.
3) 『榮家企業史料』, 上冊, pp.39, 56; 『舊中國機制麵紛工業統計資料』, 中華書局 1966년판, 표45.

열심히 밀가루를 수집해서 유럽으로 운송하였다. 밀가루의 품질과 브랜드는 묻지 않고 식량부족으로 인해 닥치는 대로 다 수집하여 유럽으로 운송시켰다.

외국제품의 수입 감소와 전쟁으로 인한 수요로 인해, 상해민족자본주의 공업은 대전기간 동안 이전에 볼 수 없었던 발전을 보였다. 두드러지게 나타난 것으로는 첫째로는 새로 설립된 공장이 많았다는 것이다. 둘째로는 자본의 축적이 아주 빨랐다. 셋째로는 낡은 공장의 설비가 새롭게 교체되었다는 특징이 있었다. 1928년의 통계에 따르면, 1915년~1919년까지 5년간 상해에 새로 설립된 중국인 공장은 200곳이었는데, 이전의 5년에 비해 1배나 증가되었다.4) 상해민족자본 기업으로는 면방(綿紡), 밀가루[麵粉], 편직물[針織], 담배[卷煙], 성냥, 화장품 등 많은 업종(行業)이 모두 이 시기에 기초를 다지게 되었고, 그중 면방(綿紡), 밀가루[麵粉] 두 업종의 발전이 가장 두드러졌다.

상해 민족자본인 면방업(綿紡業)은 전쟁 전에 이미 기초를 닦아 놓았으나, 그 발전 속도가 아주 원만하여 1914년에 이르러서는 시 전체에 겨우 7곳의 공장만이 있었고, 모두 160,900매(枚)의 방추[紗錠]만이 있었다. 세계대전 발발 후, 견직물의 값[紗價]이 올라가서 면방직 업은 호황을 누리게 되었다. 룽쭝징(榮宗敬), 룽더성(榮德生) 형제의 신신사창(申新紗廠) 등 일련의 공장들은 이 시기에 창립되었다. 룽 씨 가족(榮氏家族)은 원래 상해에서 복신면분창(福新面粉廠)을 개설하였는데, 매판(買辦)인 룽루이신(榮瑞馨)과 같이 무석(無錫) 진신사창(振新紗廠)을 합작 경영하였다. 1915년 룽더성(榮德生)은 면사(綿絲)의 값이 올라갈 것을 예견하고는 진신(振新)공장에서 빠져나와 스스로 상해에서 신신방직무한공사(申新紡織無限公司)를 설립하였다. 같은 해 10월에는

---

4) 『上海之工業』의 上海歷年開設廠家數表에 의한 것이다. 이 숫자는 아주 완전한 것은 아니다.

가격이 26,500파운드나 되는 전체 세트 장비(全套機器)를 완전히 갖추
고 신신(申新) 공장을 가동시켰으며, 그 다음해에 11만 원의 이득을
얻게 되자 즉시 포창(布廠)을 증설하였다. 동시에 룽 가(榮家)는 주란
팡(祝蘭舫) 등과 합자하여 경영한 항창원사창(恒昌源紗廠)을 신신이창
(申新二廠)으로 명칭을 바꾸었다. 왜냐하면 설비를 새로 바꾸었기 때
문에 이창(二廠)에서는 대전기간 동안 잉여 이익이 많지 않았으나, 일
창(一廠)은 1918년의 잉여 이익률이 74.2%에나 달하였다.[5] 또 다른
민족자본가인 무어우추(穆藕初, 穆湘玥)가 대전기간에 사창(紗廠)을 경
영하기 시작하였다. 1914년 무어우추가 미국에서 농학석사학위를 받
고 귀국한 후에 형인 무수자이(穆抒齋)와 함께 양수포(楊樹浦)에서 덕
대사창(德大紗廠)을 만들었는데 자본금은 60만 량이었다. 1916년에는
또 후생시창(厚生紗廠)을 창건하였다. 이 공장의 기계는 모두 미국제품
이라 42피스, 32피스와 42피스 이합사[6]를 만들 수 있있다. 후생창(厚
生廠)의 설비가 새 것이었기 때문에 관리 역시 미국식 방법을 모방하였
고, 비교적 완전한 형태를 갖췄으므로 중국의 같은 업종의 사람들이 많
이 참관을 하였으며, 또 어떤 사람들은 실습 인원을 파견하기도 하였
다. 이것은 "중국에서의 미국 방직기기의 성적 전람회 및 실습 공장"[7]
의 역할을 부지불식간에 담당하게 되었다. 1919년 무어우추는 또 정주
(鄭州)에서 예풍사창(豫豊紗廠)을 창설하였으며, 포동항대사창(浦東恒大
紗廠)에도 투자하였다. 1919년에 이르러서 상해에는 이미 11곳의 민족
자본 사창(民族資本紗廠)이 있었고 방추 수(數)는 216,236개를 보유하게
되었다.[8] 1918년에는 그 가치가 약 7,000만 량의 면사(棉紗)가 외국 시
장으로 진출하였다. 1917년 겨울 각 사창(紗廠)의 자본가들이 발기하여

---

5) 『榮家企業史料』, 上冊, p.58.
6) 이합사(二合絲)란 쌍몰실 즉 두 몰을 겹으로 꼰 실을 말함. 역자주.
7) 陳眞 等, 『중국근대공업사자료』, 제1집, p.454.
8) 嚴中平, 『中國近代經濟史統計資料選輯』, pp.162~163.

화상사창연합회(華商紗廠聯合會)를 성립하였고, 장젠(張謇)이 회장에 임명되었고, 계속해서 『중국면업통계』(中國綿業統計), 『화상사창연합회계간』(華商紗廠聯合會季刊)등의 출판물이 출간되었다.

면방업(綿紡業)과 비교해 볼 때, 면분업(面粉業)의 발전은 더욱 빨랐다. 상해에는 원래 중국인 면분창이 8곳이 있어, 하루에 15,700포(包)를 생산하였다. 세계대전 기간에는 공장의 수가 18곳으로 증가하였으며, 일일 생산량은 30,000포(包) 이상이었고, 생산품은 우장(牛庄), 지부(芝罘), 천진(天津) 등지로 운송되었으며, 또 일부는 외국으로 팔려나갔다. 1915년 상해 밀가루의 수입이 17,137단(担), 수출은 118,318단(担)으로 처음으로 수출이 수입을 초과하였다. 1919년까지 수출량은 1,897,697단(担)에 이르렀다.[9] 상해의 민족자본 면분업의 중견기업으로는 룽가(榮家)의 복신계통(福新系統)이 있었으며, 이 당시에 발전하기 시작하였던 것이다. 1912년 복신창(福新廠) 건립 후, 무석(無錫)의 무신창(茂新廠)의 녹병선상표(綠兵船商標)를 이용해서 상품을 판매하였다. 1913년 룽가(榮家)는 중흥면분창(中興面粉廠)을 임대하여 설립하였고, 아울러 복신이창(福新二廠)을 설립하였으며, 다음 해에는 또 복신삼창(福新三廠) 건립을 준비하였다. 2, 3창(二, 三廠)에 투자할 때, 세계대전이 폭발하여, 각 양행은 고가로 밀가루를 주문 구매하였으며, 각 창에서는 큰 이익을 거두게 되었다. 1, 3창(一, 三廠)의 잉여 이익률은 189%에 도달하였다. 1915년, 중흥창(中興廠)이 복신4창(福新四廠)으로 이름을 바꾸었으며, 2년 후에는 주란팡(祝蘭舫)의 화흥면분창(華興面粉廠)이 또 복신6창(福新六廠)이름을 바꾸었다. 6, 7년 밖에 안되는 시간에 복신(福新)은 상해지역의 한 곳에서 5곳으로 공장이 늘어났고, 일일 생산량은 21,600포(包)로 시 전체의 중국인 면분창에서 일일 생산하던 생산량의 3분의 2 정도를 차지하였으며, 생산된 녹병선

---

9) 『舊中國機制麵紛工業統計資料』, 表45, 46.

(綠兵船), 녹보성(綠寶星), 홍보성(紅寶星) 상표의 밀가루로 멀리 영국에서도 판매되었다.[10]

면방(綿紡), 면분업(面粉業) 이외에 다른 행업(行業)의 민족자본 역시 어느 정도 발전하기 시작하였다.

소사(繅絲)[11], 사직업(絲織業): 1913년 상해에는 화상사창(華商紗廠)이 49곳이 있었고, 물레[絲車]가 13,392대가 있었으며, 1918년에는 68가로 증가되었고, 물레는 18,800대로 증가하였다.[12] 기기직조업(機器織綢業)이 흥기하기 시작하였다. 1917년 비단상인[綢商] 천화이헝(陳懷恒)이 물화직사창(物華絲織廠)을 창건하고, 일본 기업을 모방하여 전력직기(電力織機)를 사용하여 영업을 크게 진작시켰다. 자본금이 10만원인 금운사직창(錦雲絲織廠)도 그 당시에 성립한 것이었다.

편직업[針織業 또는 編織業]: 세계대전 폭발 후, 원래 편직품 시장을 독점하였던 독일물건의 수입이 감소하였기 때문에 민족자본 편직창(編織廠)이 잇달아 생겨났고, 또 새로 설립된 양말 공장(襪廠)도 30여 곳이나 되었다. 1896년에 성립된 중국 최초의 편직창(針織廠)인 경륜니트공장[景綸衫襪廠] 역시 이 시기에 주식회사로 개조되었으며, 투자금액도 168,000원으로 증가시켜 신식기기를 구매하였으며, 생산품도 개량시켜 생산품 판로도 부단히 확대하였다. 삼우실업사(三友實業社)도 전시 때에 투자를 늘리고 확대시켰으며, 1917년 이후에 삼각표 수건(三角牌手巾)을 생산하였으며, 생산품의 품질이 아주 좋았기 때문에 외국으로도 팔려나갔다.

담배업[卷煙業] : 1914년에는 상해 시 전체에 겨우 2곳의 중국인 권련창(卷煙廠) 밖에 없었다. 1916년에는 9곳으로 늘어났다. 젠자오난(簡

---

10) 『榮家企業史料』, 上册, p.49.
11) 소사(繅絲)란 누에고치에서 실을 뽑는 것을 말한다. 제사(製絲)라고도 한다. 역자 주.
12) 嚴中平, 『中國近代經濟史統計資料選輯』, pp.162~163.

照南), 젠위제(簡玉階) 형제의 남양형제연초공사(南洋兄弟煙草公司, 홍콩에 설립됨)가 외제담배의 수입이 감소하는 기회를 이용하여, 1916년 상해로 와서 공장을 설립하였다. 1918년 남양형제연초공사(南洋兄弟煙草公司)는 회사 본부를 상해로 이전시켰고, 투자금액을 500만 원으로 늘렸으며, 비마표(飛馬牌), 비정표(飛艇牌) 담배를 생산하여 상해 및 화중(華中), 화동(華東), 화북(華北) 등 각지로 판로를 확대시켰다. 수입되던 시가(Cigars, 雪茄)의 수입이 감소하였기 때문에 세계대전 기간에 상해에는 20여 곳의 수공업형태의 시가 공장이 나타났다. 그러나 생산수준이 낮았기 때문에 전후에 외국 담배가 들어오면서 경쟁할 수 없어 모두 영업이 중지되었다.

화장품업(化粧品業): 전쟁 전 상해에는 중국화학공업사 한 곳에서 화장품을 생산하였으나, 판로는 별로 좋지 못하였다. 1915년 화학공업사는 주식회사로 바뀌었으며, 5만원으로 자본금을 증가하여 영업도 활발해지기 시작하였다. 1917년 「신보」(申報)의 편집인이었던 천쉬위안[陳栩園(天虛我生)]이 일본 치약으로 중국 시장을 독점 판매하였으며, 열심히 연구해 탄산마그네슘을 사용해서 치분(齒粉)을 만들었다. 천쉬위안은 1만 원으로 가정공업사(家庭工業社)를 설립하여 무적표(無敵牌) 치분(齒粉)을 생산하였고, 다음해에는 회사를 주식회사로 바꾸었다. 1919년 가정공업사는 자본금을 5만 원으로 증자시켰고, 판매액은 15만원에 달하였다.[13]

페인트업[油漆業]: 상해에는 원래 페인트 공장[油漆廠]이 없었고, 시장은 전부 외국 물품에 의해 점거되었다. 세계대전 기간에 민족자본은 개림페인트주식회사[開林油漆株式會社]와 진화페인트공사[振華油漆公司]가 중국페인트공업[中國油漆工業]의 선구적인 역할을 열게 되었다. 진화공장[振華廠]의 자본금은 비교적 튼튼하였으며 경영도 잘 되었고 생산

---

13) 『中國實業誌(江蘇省)』 제8편, p.659.

품의 판로 역시 좋았으나, 생산되어 사용되는 안료(顔料), 교지(膠脂; 에스테르껌) 등은 완전히 수입에 의존해야만 하였다.

제혁업(製革業): 신해혁명전 상해에는 이원(怡源), 용화(龍華) 등 민족자본 피혁공장(皮革廠)이 건립되었는데 자본이 박약하였으며 설비와 관리가 낙후되어 전부 도산하였다. 그 후 광동상인(廣東商人) 광성리(廣生利)가 외국자본인 위사피혁창(喊士皮革廠)을 접수하였으나, 영업 성적이 별로 좋지 않았다. 1915년 중국 상인의 정익제혁창(精益製革廠)이 갑북(閘北) 고가도(顧家渡)에 창설되었고, 경영 상황이 좋아 오래지 않아 분창(分廠)을 설립하였다. 그 후 원대(源大), 노영삼(老永森), 김섭기(金燮記) 등 제혁창(製革廠)이 갑북(閘北) 일대에 설립되었고, 초보적인 형태의 민족자본 제혁창이 생겨났다.

성냥업[火柴業]: 상해 민족자본 성냥 업은 오랫동안 외국 상품의 압력을 받아왔고 발전이 아주 완만하였으며, 전쟁 전에는 섭창(燮昌), 형창(螢昌) 두 공장 밖에 없었다. 대전 발발 후, 외국 성냥의 수입이 감소되자 국산 성냥 산업이 머리를 들게 되었다. 1916년 형창창(螢昌廠)이 15만원으로 자본금을 증자하였으며, 아울러 육가취(陸家嘴)에 2창(二廠)을 증설하였으며, 전문적으로 검은 황을 바른 안전[黑頭安全] 성냥을 만들었다. 동시에 대화(大華), 화명(華明), 이민(利民), 유창(裕昌)과 중화(中華, 南滙에 있었음) 등 공장이 계속해서 설립하였다. 1919년 성냥의 소재인 나무 공급문제를 해결하기 위해, 섭창(燮昌) 등의 공장은 상해에서 합자(合資)하여 화창경편창(華昌梗片廠)을 개설하였다.

기기 씨아질14)업[機器軋花業]: 당시 상해 면직업(綿紡業)이 신속하게 발전하였으며, 수입되는 원면[皮綿]의 수량이 점차 감소하였으며, 시장은 원면[皮綿]에 대한 수요가 점차 증가하였다. 그래서 씨아질업[軋花

---

14) 씨아질(軋花)이란 목화에서 씨를 빼는 것으로 씨아라는 나무로 만든 기구에 목화를 펴서 나무사이에 넣고 나무손잡이를 돌리면 목화는 앞으로 나가고, 씨는 뒤로 떨어지게 되어 목화씨를 빼내는 행위를 말한다. 역자 주.

業]은 자본이 있는 사람들이 잇달아 기기를 사서 공장을 세웠으며, 기계씨아질업[機器軋花業]의 극성시기(極盛時期)를 형성하게 되었다.

기기업(機器業): 씨아질업[軋花業]과 상황이 비슷해서, 경공업과 방직업, 식품(食品) 등의 업종이 신속하게 발전함에 따라 경공업 기기(輕工業機械)의 수요가 빠르게 증가하였는데, 수입 기기는 공급이 수요를 따라갈 수 없었을 뿐만 아니라, 수입이 중단되었다. 민족자본 기기업은 점차 이 기회를 이용하여 빠르게 발전하였다. 1914~1919년 상해에는 새로운 기기창(機器廠)이 111곳이 생겨났으며, 그중 발전이 가장 빠른 곳은 방직(紡織)과 편직업[針織業]를 하는 공장 역시 빠른 속도로 성장하였다. 예를 들어 설비가 비교적 좋은 대륭기기창(大隆機器廠)의 방직기 수리[修配紡機] 비용은 비쌌으나, 사창의 자본가들은 생산을 늦추지 않기 위해서 빠른 수리를 원하였으므로 수리 비용은 걱정하지 않았다. 그래서 이 공장의 업무는 나날이 붐비게 되었다. 양말짜는 기기[織襪機] 시장은 원래 독일 상품이 독점하였었는데, 이 시기에는 독일 상품이 들어오지 않았으므로 등순창(鄧順錩) 등 14개의 공장(工廠)이 독일 상품을 모방하여 만들었으며, 판로는 송강(松江), 협석(硤石), 가정(嘉定), 평호(平湖) 등지까지로 확대되었다. 중국 상인 공장[華商廠]이 스스로 만든 선반[車床], 내연기(內燃機)도 이때 시장에 나타났다. 1915년 영창태기기창(榮錩泰機器廠)의 주인은 자신이 소유한 2대의 4척 선반(四呎車床)이 견본품이 되어 선반을 생산하였으며, 월 생산량은 5~8대를 생산하였으며, 대당 가격은 120원으로 이윤율이 20%에 달하였다. 1918년에는 홍창기기선창(鴻昌機器船廠)이 먼저 12마력과 60마력의 디이젤기관(柴油機)을 만들어 내는데 성공하였다. 디이젤기관(柴油機)이 빠르게 시장에 진출하자 등유엔진은 낙후되어 도태되었다. 소형기선제조업[小火輪製造業]이 아주 번성하였다. 횡창기기창(鑅昌機器廠)은 매년 60마력(馬力)의 소형기선[小火輪]을 10척을 만들었으며, 회창창(滙昌廠)은 1,000톤급의 기선을 만들어내었다. 그 밖에 국영[官辦](官辦)의 강남조선소(江南造船所)[15]가 1918년에 미국 정부와 물품 주문 계약을 체결하여 4척의 배수량 14,750톤의 운수함(運輸艦)을 만들어 내었다. 이것은 구중국(舊中國)의 조선사(造船史)상 가장 큰 업적이었다.

강철업(鋼鐵業): 1917년 11월, 루보홍(陸伯鴻), 주바오싼(朱葆三) 등이 50만량의 자금을 모아 포동 주가도(浦東 周家渡)에서 상해 최초의 강철창(鋼鐵廠)인 화흥강철창(華興鋼鐵廠)을 건립하였다. 이 공장은 초기에는 바람을 불어넣은 용광로(鼓風爐)가 하나 있었으며, 매일 철 360톤을 생산할 수 있었으나, 더욱 확충하여 일일 생산량이 이후에는 1,000톤에 달하였다. 그 원료는 주로 안휘(安徽)의 당도(當涂)에서 가셔왔다.

항운업(航運業): 유럽의 각국 상선이 대량으로 싱빌딩헤 대량으로, 각자의 고국으로 돌아갔으므로, 연해 및 장강 일대에는 화물은 많으나 선박은 적었으므로 배 운임이 크게 오르자, 중국 상인들은 항운업에 대한 신속한 투자가 이루어졌다. 대전기간동안 상해에는 동기(同記), 영흥(寧興), 통숭(通崇), 순창(順昌), 동익(同益), 홍안(鴻安) 등 윤선공사(輪船公司)가 새로 설립되었다. 위차칭(虞洽卿)은 바로 이 시기에 항운업의 기초를 닦았다. 1913년 위차칭은 20만 원으로 백 톤짜리 작은 화물선(小貨輪) 3척을 구매하여 삼북윤선공사(三北輪船公司)를 만들었고, 오래지 않아 3,000톤의 해륜(海輪)으로 남북양(南北洋)을 운항하였다. 1918년 3월, 공사(公司)가 삼북윤부공사(三北輪埠公司)로 이름을 바꾸고, 100만 원을 더 증자하였다. 같은 시기 위차칭은 또 영국 상인의 홍안공사(鴻安公司)를 매수해서 홍안상윤공사(鴻安商輪公司)로 이

---

15) 辛亥革命후 江南制造局은 부분적으로는 강남조선소(江南造船所)라고 이름을 바꾸었다.

름을 바꾸었다. 이외에 또 20만 원을 투자해서 영흥윤선공사(寧興輪船公司)를 창설하였다. 1919년 삼북(三北), 홍안(鴻安)의 자본은 각기 200만 원과 100만 원에 달하였다.[16]

대전기간동안 민족자본경영의 상업 역시 각기 다른 발전을 이루어 내었다. 5금(五金), 강철(鋼鐵), 구리와 주석[銅錫], 유리(琉璃), 5금(五金)부품 등을 판매하는 상점이 1862~1913년까지 약 50여 년 사이에 130여 곳이나 생겨났다. 1914부터 1918년까지의 4년 동안에는 무려 110여 곳이 신설되었다. 대부분의 영업 규모는 평균적으로 5,000만 원 정도였는데, 이는 전쟁전과 비교해 볼 때 5배가 늘어난 것이었다. 면포행호(綿布行號)는 1919년에 519곳이나 있었다.[17] 대형백화상점을 경영하였던 민족자본인 선시공사(先施公司), 영안공사(永安公司)도 그 시기에 나타났다. 영안공사(永安公司)의 창시자는 궈러(郭樂)로 원래 시드니에서 영안과란(永安果欄)를 설립하였었으며, 1907년에는 홍콩으로 가서 영안공사(永安公司)를 만들었으며, 상해에 출장소를 설립하였다. 1913년 궈러는 상해에 영안공사 설립을 기획하기 위해 50만원의 자본금을 홍콩달러로 준비시켰다. 후에 대전이 폭발하여 상해시장이 점차 활발해지자 자본금을 200만 홍콩 달러로 늘렸다. 그는 상점을 남경로 남측에 건립하기로 결정하였는데, 그 이유는 통계에 따르면 남경로 남측이 북측보다 행인이 많았기 때문이었다. 1918년 9월에 이 회사[公司]는 정식으로 개업을 하면서, 먼저 대량의 광고를 만들었고, 또 생활에 편리한 화물을 대량으로 가져왔다. 예를 들면 1원에 1개하는 소시지를 가져오자 상점은 물샐틈없이 사람으로 가득하였으며, 단 몇 일 동안의 영업매출은 10,000원 홍콩 달러 이상이었다. 다음해 이 회사는 50만 달러를 증자하였다.[18]

---

16) 丁日初, 杜詢誠, 「虞洽卿簡論」, 『歷史研究』, 1981년 세3기.
17) 『上海資本主義工商業的社會主義改造』, 上海人民出版社 1980년판, p.9; 『上海市棉布商業』, p.135.

민족자본주의 공상업의 발전은 자본의 증가가 필요하게 되었으나, 당시 외국은행의 세력은 외국 상품의 수입 감소로 쇠퇴하고 있었다. 특히 1917년 덕화은행(德華銀行)이 폐쇄되어, 예금을 입출금을 할 수 없게 되는 일이 발생하자, 예금을 하고 있던 일반적인 고객들이 불안을 느꼈다. 이러한 때에 상해의 중국은행은 신속한 번영을 이루어내기 시작하였다. 1914~1919년간, 상해에 새로 신설된 은행은 19곳(외지은행이 상해에 지점을 설립한 것을 포함)[19]이나 되었다. 유명한 상해상업저축은행(上海商業貯蓄銀行, 上海銀行으로 통칭함)이 이 시기에 창업하였다. 이 은행의 창시인은 천광푸(陳光甫)로 일찍이 미국에 유학하여 경제를 배웠으며, 졸업한 후 귀국하여 국영의 강소은행(江蘇銀行)의 사장을 맡아 보다가 사직하였다. 1915년, 천광푸는 장인의 재산과 사설금융점포[錢庄]와의 관계를 이용하여 장궁취안(張公權, 名嘉璈)과 리푸쑨(李馥蓀, 名銘)의 도움으로 영파로(寧波路)에 상해은행(上海銀行)을 창설하였다. 이 은행은 초기에는 7명의 직원만이 있었으며, 자본금은 명의상으로는 10만원이었는데, 실제로는 7만원 밖에 없었다. 천광푸는 미국에서 배운 선진 경영관리방법을 이용해서, 특히 소액 저축자들의 흡수를 위해 노력하였으며, "1원으로 통장을 만든다."(一元即可開戶)는 구호를 제창하게 되었다. 당시의 금융계는 소액저축을 무시하였으므로, 어떤 사람은 악의적으로 1백 원을 가져와 1백 개의 통장을 만들었다. 그러나 천광푸는 동요하지 않았으며, 결과는 신속하게 성공을 거둘 수 있었다. 1918년 말, 상해은행의 저축금액은 3년 전의 18,883원에서 663,663원으로 증가되었다. 1919년에 자본금은 100만 원으로 증가하였다.[20] 대출방면에서 상해은행의 구호는 "사회에 서비

---

18) 『上海永安公司的産生, 發展和改造』, 上海人民出版社 1981년판, pp.9~18.

19) 徐寄廎, 『最近上海金融史』, 『上海硏究資料續集』에 관련 기록의 통계가 게재되어 있다.

20) 楊桂和, 『陳光甫與上海銀行』, 『文史資料選輯』 제23집; 陳眞 등, 『中國近代

스하고, 공상실업에 보조하며, 국제적인 경제 침략을 방어한다."[21])는
것이었다. 주된 업무는 창고 저당대출, 화물 담보대출, 공장 담보 대출
및 투기 등의 업무에 종사하였고, 신신계통(申新系統)과는 아주 관계가
밀접하였다. 다른 은행이 증권투기에 중점을 둔 것과 비교해 볼 때, 이
것이 다른 은행과는 다른 이 저축은행의 장점이었던 것이다. 이때 은행
의 실력이 아주 빠르게 증가되었다. 절강실업은행(浙江興業銀行)의 현
금 보유액은 1913년에는 294만 원이었고, 1918년에는 1,313만원에 달
하였다.[22]) 사설 금융업[錢庄業] 역시 완만한 발전을 보였다. 1913년 시
전체의 사설금융점포는 31곳이었는데, 자본총액은 1,684,000원이었고,
사설금융점포는 평균 54,300원을 소유하고 있었다. 1919년에는 사설금
융점포는 67곳으로 증가하였으며, 자본 총액은 5,295,000원으로 각 사
설금융점포는 평균 79,000원을 소유하였다.[23])

　　1915년 금융자본가들은 상해은행 공회(上海銀行公會)를 건립하였
다. 2년 후 장궁취안(張公權) 등은 또『은행주보』(銀行週報)를 창간하
여 은행계의 대변지로 만들었다. 이 간행물은 저속한 정치경제학(政治
經濟學)과 금융관리론(金融管理理論)을 선전하는 것 이외에, 자주 북
양정부 및 일부 재정 금융정책을 비평하였다. 어떤 때에는 외국은행에
대해 일련의 내용을 폭로하였는데, 예를 들면 회풍은행(滙豊銀行)의
자본금이 부족하다는 것을 지적하며 중국은행에 차관을 빌렸다고 폭
로하였으며, 돈 있는 사람들에게 줄곧 외국은행을 믿지 말라고 당부하
였다. 1917년 남북시전업(南北市錢業)이 모여서 상해전업공회(上海錢
業公會)를 만들었으며, 선후로 주우러우(朱五樓)와 친룬칭(秦潤卿)이

　　工業史資料』제1집, p.795; 王志莘,『中國之貯蓄銀行史』人文印書館 1934
　　년판, p.106.
21) "服務社會, 扶助工商實業, 抵制國際經濟侵略."
22)『上海金融史話』, 上海人民出版社 1978년판, p.87.
23)『上海錢庄史料』, p.191.

회장을 맡았다.

1916년 5월 위안스카이 정부(袁世凱政府)는 중국과 교통 두 은행의 지폐 발행이 너무 과다하여 위기를 맞게 되었는데, 명령을 두 은행 및 각지의 분행에 태현(兌現; 환·어음을 현금으로 바꾸는 것)을 금지하라는 명령을 내렸다. 일찍이 이러한 사태를 알고 있던 상해 자산계급은 이러한 행동은 금융시장에 심각한 영향을 줄 것이라고 알고 있었으며, 자신의 이익에 손해가 되므로 반항할 것을 결의하였다. 그들은 중국은행 상해지점에서 정상적으로 태현(兌現)을 해 달라고 요구하자, 각 지점에서는 차관을 주겠다고 약속하였다. 중국은행 상해분점의 책임자인 쑹한장(宋漢章), 장궁취안(張公權)과 천광푸(陳光甫), 리푸쑨(李馥蓀), 샹란성(項蘭生) 등 은행 대표들이 비밀리에 회담을 한 후, 주주연합회[股東聯合會]를 조직한다고 결정을 하였고, 교통은행 상해 지점에서는 태현(兌現)을 집행하지 않는다고 신문에 게재하고, 아울러 외국은행에 지원을 요청하였다. 당시 교통은행 상해 분점은 이미 태령(兌令)을 금지하자, 인심이 동요하기 시작하였다. 상해 총상회는 북경정부에 전보를 보내기를, "장래 상민(商民)이 손해를 볼 것이다. 이러한 손실은 마땅히 교통부(交通部)가 완전히 책임을 진다."고 하였다. 이후 결의를 거쳐 "남북시(南北市) 각 사설금융점포는 모두 일률적으로 중국은행 태환권을 사용한다."고 결정하였다. "은행의 많은 고객들은 현금을 찾지는 않았다."[24] 그러나 시민들은 중국은행으로 가서는 모두 현금으로 찾았고, 이틀 동안 60여 만 원을 인출하였다. 이때 제국주의는 금융파동이 나타나는 것을 두려워하였는데, 그것은 그들의 이익에 막대한 지장을 줄 수 있었기 때문이었으며, 중국은행 상해지점의 항령태현(抗令兌現)을 지지한다고 결정하였다. 15일, 각 외국은행장들이 회의를 열어서, 도승은행(道勝銀行)이 현금 50만원을 제공해 줄 것을 결정하여

---

24) 『申報』, 1916년 5월 14일, 16일.

이로써 중국은행 상해지점을 도와주었으며, 아울러 영사단은 공사단의 지지를 요청하였다. 이러한 소식이 나돌자, 태현(兌現)하려는 풍조가 완만해졌다. 영사단은 또 쑹한장(宋漢章), 장궁취안(張公權) 등을 황포 강 위에 있는 외국 군함으로 가서 피신하도록 하였다. 5월 19일, 각 외자은행은 공사단의 동의를 얻은 후, 중국은행 상해 분행에 도계(道 契) 즉 계약서를 담보로 하여 2년의 기한으로 200만원의 당좌대월 계 약[透支契約]을 체결하였다. 그러자 은행에 대한 지불청구의 쇄도는 이미 완전히 사라졌으며, 시장은 평온을 되찾게 되었다. 이번 항령태 현(抗令兌現) 사건을 통해 중국은행 상해 분행의 신용은 크게 올라갔 으며, 상해 중국은행업에서 지도적인 위치를 차지하게 되었다. 그러나 동시에 상해의 중국은행업이 외국은행에 의존하는 의존도는 더욱 심 해졌다. 이후 상해에서 금융파동을 맞게 되면, 종종 외국은행의 지원 으로 어려움을 극복하곤 하였는데, 이것은 상해 민족자본의 치명적인 약점이 되었다.

제4절 상해 노동계급의 성장

　자본주의 경제의 발전에 따라, 상해노동계급은 나날이 성장하였다. 1910년 상해의 산업 노동자는 약 10만 명이었다. 그러나 1919년 전후에는 이미 20만 명 가까이 공장 노동자가 있었고, 또 만 여 명의 운수 노동자[부두(碼頭), 우체(郵遞), 인력거(人力車), 마차(馬車) 등 업종을 포함]가 있었으며, 20여 만 명의 수공업노동자[手工業工人, 이발(理髮), 목욕탕(沐浴湯)등 서비스 업종 포함]가 있었고, 노동자 총수는 50여 만 명에 이르렀으며, 시 전체 인구의 약 4분의 1을 차지하였다.[1]

　상해 노동자 대부분은 대형 기업에 집중적으로 소속되어 있었는데, 강남조선소(江南造船所), 구신기기조선창(求新機器造船廠), 야송선창(耶松船廠), 상생철창(祥生鐵廠)과 내외면사창(內外綿絲廠) 등 대형기업에서 고용된 사람들이 천 명 이상이나 되었다. 통계에 따르면, 1919년 상해공장의 노동자의 70%이상이 500인 이상의 공장에 집중되어 있었다. 상해 공장은 양수포(楊樹浦)와 소주하(蘇州河) 양안(兩岸)에 주로 분포되었다. 1919년 양수포(楊樹浦) 일대에는 10여 곳의 사창(紗廠)에 3만 여 명의 방직 노동자가 있었다. 상해 서쪽[滬西]의 조가도(曹家渡), 소사도(小沙渡) 두 곳 역시 중요한 공업지대[工業區]였으며, 많은 공장과 많은 수의 노동자가 고용되어 있었다. 상해는 중국 노동자가 가장 많이 밀집된 지역으로 그 밀집 정도는 전국의 평균 수준을 훨씬 웃돌았다.

---

1) 『五四運動在上海史料選輯』, 上海人民出版社 1980년판, pp.11~15.

상해의 공장은 외국자본, 민족자본과 군벌정부 소유로 나뉘어졌고, 노동자들은 제국주의, 봉건주의와 민족자본주의의 3중 압박에 시달리며 아주 어려운 생활을 겪고 있었다. 당시 상해 중외공장은 보통 12시간 노동제를 실행하였다. 개별 업종을 예를 들면 인쇄업은 명의상은 9시간 노동제를 실행한다고 하였으나, 자본가들은 항상 바쁘다는 구실로 노동자들에게 야근을 강요하였으며, 실제적으로는 12시간 노동제가 이루어지고 있었다. 어떤 공장의 노동시간은 심지어 14시간이었던 곳도 있었다. 복신면분창(福新面粉廠)은 주간반과 야간반이 교체할 때, 노동자들은 거의 연속으로 18시간을 일하였다. 공장 내의 노동자들은 밥 먹을 시간도 없었으며, 대·소변보는 것도 제한을 받았다. 당시 노동자들이 처한 곤경을 다음과 같이 말하고 있다. "새벽과 저녁 6시에 밥 먹고, 바빠서 소변볼 시간도 없으며, 대변은 일을 마친 후에 보아야 하였다."[2]고 하였다.

노동자의 노동조건은 아주 열악하였다. 자본가는 돈에 눈이 멀어 계속 확대 생산을 하였고, 안전과 노동자 보호는 전혀 생각하지 않았다. 예를 들어 소사창(繰紗廠)의 여공(女工)이 하루 내내 양손을 뜨거운 물속에 넣고 일해서, 허물이 벗겨져 피가 흐르는데도 휴식을 얻지 못하였다. 대다수의 방직 노동자들은 얼굴이 창백하고 몸이 빼빼 말랐고, 다리에는 습진이 생겼고, 보통 폐렴, 천식, 무좀, 다리 부스럼 등의 증상을 달고 살았다. 강남조선소(江南造船所)에서는 산업재해가 끝이 없이 일어났다. 1918~1921년에는 만 톤의 미국 선박 4척을 조립할 때, 80여 명의 노동자가 실족해서 사망하였다.[3] 노동자들은 산업재해로 병을 앓는 경우에도 공장에서는 치료를 해주지 않았고, 종종 공장에서 쫓겨나기 일쑤였다.

---

2) 趙親, 「1921年以前上海工人階級狀況」, 『學術月刊』, 1961년 제7기.
3) 『江南造船廠史』, 上海人民出版社 1975년판, p.68.

노동자의 노동시간은 이렇게 길었으며, 노동조건은 일반적으로 열악하였으며, 노동자의 급여 역시 아주 야박하였다. 당시 중외 공장의 일반 노동자들의 임금은 2각(角) 5분(分)에서 3각(角) 전후였다. 기기업(機器業) 고급 기술자도 5, 6각(角) 전후로 임금을 받았다. "노동자 임금이 아주 저렴하였으며, 당시 이 같은 임금을 지급하는 국가는 없었다."[4]고 하였고, 당시 백미(白米) 한 섬의 가격이 9~10원(元)이었으므로, 상해의 최저 생활수준으로 보면 부부 2명인 식구는 매월 17원(元) 5각(角)이 필요하였으며, 어린아이가 있을 경우에는 21원(元)이 필요하였다. 이렇게 볼 때 일반 노동자들의 임금으로는 생활을 유지할 수 없었고, 식구를 부양한다는 것은 꿈도 꿀 수 없었으며, 자기 혼자의 몸을 꾸려나가는 것도 부족하였다. 이렇게 낮은 임금도 모든 노동자가 다 받을 수 있는 것은 아니었다. 많은 공장에서는 신임 노동자가 공장에 오면, 무보수로 두 달 반을 일해야 하는데, 그것은 '급여를 저축한다'라고 부르는 규정이 있었기 때문이었다. 어떤 공장에서는 노동자의 월 임금의 5~10%를 '저축비'(儲蓄費)라는 명목으로 공제하였는데, 노동자가 10년을 일한 후에야 비로소 돌려받을 수 있었으며, 10년 기간 이전에 해고를 당한 노동자는 '저축비'(儲蓄費) 역시 모두 사라지게 되었다.

상해 노동자들 중에 여공(女工), 아동공(童工)과 학도공(學徒工)등의 비중이 상당하였다. 그들은 더 많은 착취를 당하였으며, 더욱 잔혹하였다. 많은 공장 중에서 여공(女工)과 남공(男工)은 똑같은 일을 하였으나, 임금은 25%가 적었으며, 심지어는 더 많이 차이가 났다. 어떤 사창(紗廠)과 성냥공장의 하루 임금은 5분(分) 밖에 되지 않았다. 여공(女工)이 임신을 하게 되면 해고당하는 경우가 있었으므로, 임신한 여공들은 복부를 따로 단단히 싸매어 자본가에게 발각되는 것을 피하였

---

4) 愈之, 「外人在華投資之利益」, 『東方雜誌』, 15권 1호.

다. 그래서 많은 태아(胎兒)가 어머니의 복중에서 숨이 막혀 죽었다.
사창(紗廠)의 통계에 따르면, 태아 사망률이 63.9%를 넘었다.5) 비록
다행하게 태어난다 하더라도 아기 엄마는 해산한 다음 날 바로 일을
해야만 하였다. 아동공(童工)의 경우는 더욱 비참한 상태였다. 신신 각
창(新申 各廠)이 영업을 시작할 때, 10세 전후의 남자 아이들을 고용
하였다. 그들은 하루에 12시간 노동을 하였으며, 공장에 들어 온 지 3
개월 후에야 비로소 임금을 받을 수 있었는데, 반 개월에 1원(一元) 이
었으나, 평균적으로는 매일 6, 7분(分)을 받았다. 학도공(學徒工)의 지
위는 더욱 낮았다. 학도가 공장에 오면, 보증인이 있어야 하는 것 이외
에 계약서를 체결해야만 하였는데, 이것을 "학예계약"(學藝契約)이라
하였다. 대륭기기창(大隆機器廠)의 학도공은 전체 공장 노동자의 약
70%정도를 차지하였다. 학예기간(學藝期間) 즉 기술을 배우는 기간에
학도들은 머리를 빡빡 깎아야 하였고, 공장 밖으로 나갈 수 없었으며,
매일 평균 12시간 반의 노동을 하였으나, 한 달의 임금은 고작 200문
(文)이었다. 기술 배우는 기간 3년을 마친 후, 또 공장에 남아 3년간의
돕는 것을 마치면, 비로소 자기 스스로 공장에 남거나 공장을 나가거
나 하는 것을 결정할 수 있었다.

상해의 노동자의 거주 상태는 아주 열악하였다. 양수포(楊樹浦), 갑
북(閘北), 소사도(小沙渡) 일대의 "곤지룡"(滾地龍)6)은 전형적인 상해
노동자 주택이었다. 이곳은 벽돌과 풀로 만든 움집으로 일반적인 면적
은 2, 3평방미터였으며, 높이는 성인의 가슴높이를 초과하지 않았으며,
밖에서 비가 많이 내리면 안으로는 비가 새어들어왔다. 소나기가 오면
집 전체가 수몰되었다. 화재가 일어나면 수식간에 이러한 집들을 모두
다 태워버렸다. 또 이러한 곤지룡에 깡패와 부랑배들이 자주 와서 재물

5) 任建樹, 張銓, 『五卅運動簡史』, 上海人民出版社 1985년판, p.18.
6) 곤지룡(滾地龍)이란 집들이 붙어 있는 모양이 땅을 기어가는 용의 모양과 같
다고 하여 붙여진 이름. 역자 주.

을 강탈하였고, 노동자들을 협박하여, "월규전"(月規錢), "연절비"(年節費), "태평초"(太平醮) 등의 명목으로 돈을 뜯어갔다. 곤지룡과 기타 여러 종류의 움집 등이 있는 곳을 사람들은 붕호구(棚戶區)라 불렀다. 상해 서쪽(滬西)의 석회요(石灰窯)는 다른 이름으로는 약수농(藥水弄)이라고도 불렀는데, 비교적 이른 시기에 상해에 형성되었으며 면적이 가장 넓은 붕호구였다. 이곳에는 인공으로 만들어진 도로(道路)가 하나도 없었고, 가로등 역시 하나도 없어서, 밤이 되면 칠흑같이 어두웠으며, 도처에는 쓰레기와 악취가 나는 하수구로 주민들은 평생 더럽고 악취가 나는 소주하(蘇州河)의 물을 먹어야 하였다. 당시 유행한 가요에는 "석회요에 거주하느니, 가축우리에 있는 것이 더 낫다."[7]는 내용이었다.

노동자는 경제적으로 많은 착취를 받았을 뿐만 아니라, 소나 말보다도 못한 생활을 하였고, 정치적으로도 압박을 당하여 어떠한 민주 권리도 없었다. 반동정부는 『잠행신형률』(暫行新刑律), 『치안경찰조례』(治安警察條例)와 조계 당국 간에 체결한『조계치안장정』(租界治安章程)을 반포하여, 노동자의 일체의 집회, 언론과 파업의 자유를 박탈하였다. 노동자들의 반항을 진압하기 위하여, 많은 공장과 부두에서는 봉건 파두제(把頭制: 십장제)를 시행하였고, 상해병공장(上海兵工廠)[8]에는 대량의 군경을 주둔시켰고, 아울러 감옥을 만들었으며, 노동자를 툭하면 꽁꽁 묶어 공장 내로 끌고 다니며 욕을 보이거나, 감옥에 감금시켰다.

경제상의 잔혹한 착취와 정치상의 심각한 압박에 직면한 상해 노동계급은 1870년대 말 부터 시작하여 끊이지 않는 반항투쟁을 전개하였

---

7) "영좌삼년로, 불주석회요"(寧坐三年牢, 不住石灰窯)라고 표기하고 있다. 이 말은 차라리 우리에 3년을 살 지언정, 석회요에서는 살지 않겠다."는 뜻으로 석회요는 가축우리만 못할 정도의 환경을 언급하고 있는 것이다. 역자 주; 趙親, 『1921年以前上海工人階級狀況』.

8) 製造局은 1917년에 上海兵工廠으로 이름을 바꾸었다.

다. 1879년 야송선창(耶松船廠)과 상생선창(祥生船廠)의 노동자들은 자신의 경제요구와 외국 감독관의 사기와 압박에 반항하기 위하여 선후로 파업을 일으켰다. 이것은 중국 노동자계급의 최초 파업투쟁의 하나였다. 1883년과 1890년, 강남제조국(江南製造局)의 노동자는 노동시간 연장 반대 투쟁을 두 차례에 걸쳐서 일으켰다. 1890년대 중엽 이후, 상해 노동자들의 파업 횟수는 아주 두드러지게 증가하였다. 불완전한 통계에 의하면, 1895~1913년 상해 노동자의 파업 투쟁은 거의 100여 회에 이른다. 신해혁명(辛亥革命) 후, 노동자 내부에서 일시적으로 노동조합[工會] 조직의 싹이 나타나기 시작하였다. 예를 들면 강남조선소의 제조공인유지회(製造工人維持會), 제조공인동맹회(製造工人同盟會) 등이 설립되었고, 소사업(繅絲業)에서는 소사여공동인회(繅絲女工同仁會)가 나타났다. 금은방업[銀樓業]은 식업단(飾業團)을 조직하였다. 민족자본, 외국자본과 관료자본은 구신기기조선창(求新機器造船廠), 노공무사창(老公茂紗廠), 강남조선소(江南造船所)등 공장의 기장(機匠)은 연합조직으로 중화민국기기공회(中華民國機器工會) 설립을 준비하였다. 그러나 위안스카이 정부의 명령에 의해 모든 노동조직은 취소되었으며, 이러한 단체는 아주 빠르게 실패하여 사라졌다.

제1차 세계대전 폭발 후, 민족자본주의 공업은 이전에 볼 수 없었던 발전과 노동자 대오(隊伍)의 신속한 성장으로 상해 노동자의 투쟁 수준은 아주 분명하게 제고되었다. 1914년~1915년 5월까지 상해 노동자의 파업은 80여 차례나 진행되었고, 지속 시간은 길게는 3주간이 되었다. 1915년 12월에는 인력거 노동자들이 공부국이 인력거의 숫자를 줄이고, 인력거 세금[車捐]을 증가시킨 것에 대하여 3일간 파업하였는데 참가자는 20,000여 명이었다. 1919년 3월, 인력거 노동자들이 자본가들이 인력거 임대세[車租]를 높이는 것에 대한 반대로 재차 파업하였다. 파업은 6일 동안 지속되었고, 참가자는 25,000명이었으며, 최후에는 노동자들이 승리하였다. 파업투쟁의 격렬함 정도도 상당히 격해졌다. 1918년 5월 상해의 소방수목작노동자[紹幇水木作工人]이 노동 임금 증가를 위해 파업을 거행하자, 당국(當局)에서는 순경을 출동시켜 진압하여 많은 노동자들이 사망하였다. 노동자들이 벽돌, 시멘트 조각, 책상, 의자 등을 무기로 하여 들고 일어나자, 경찰이 크게 패하였고, 새와 동물같이 흩어졌다. 자본가 역시 건물위로 피신하였으며, 이웃집으로 도주하였으며, 담벼락을 기어오르는 사람, 남의 창문으로 들어가는 사람9) 등으로 자리를 피하였다. 노동자들의 투쟁 수준이 높아진 또 하나의 표지는 대다수의 파업 노동자들은 모두 승리를 거두었다는 것이다. 1918년 1월에서 다음 해 4월까지 상해에는 28차례의 파업이 일어났는데, 25차례는 노동자들의 요구가 전부 받아들여지거나 혹은 부분적으로 접수가 되었으며, 완전히 실패한 것은 겨우 3차례뿐이었다.10)

끊이지 않았던 반항 투쟁으로 노동자는 진일보 강화된 연합을 이루었고, 노동조합 조직의 싹이 다시 트기 시작하였다. 1914년 상해 선원[海員]이 염직회(焱職會)를 성립하였으며, 회원수가 6,000명이었다고 한다. 1916년 상무인서관(商務印書館)의 직공들이 동지사(同志社)를 성립하였다. 1919년 초 대전기간에 유럽으로 간 노동자들이 상해로 돌아왔다. 그들은 국외에서 러시아의 10월 혁명과 각국 노동자운동의 영향을 받아, 사상과 각오가 비교적 수준이 높았다. 반동정부는 그들이 귀국함에 불안을 느껴, 송호경찰청(淞滬警察廳)에서는 각 경찰서에 러시아에서 돌아오는 중국인 노동자들을 엄밀하게 정찰하고 방범에 주의하라는 비밀지령을 내렸다. 2월에는 귀국한 중국인 노동자 천귀량

---

9) 『民國日報』, 1918년 5월 11일.
10) 본 책에서는 1918~1932년 파업관련 통계숫자로 주석을 밝힌 것 이외에 모든 것은 상해시 사회국의 자료를 근거한 것이다. 『近十五年來上海之罷工停業』, 中華書局 1933년판.

(陳國樑)이 노동계 명의로 『민국일보』(國民日報)에 편지를 보내 미량(米糧; 쌀과 곡식)의 수출을 엄금해야 하며, 이로써 노동자의 생계를 보장해야 한다고 호소하였다. 이것은 상해 일부분의 노동자들의 의식이 이미 노동자 계급의 공동 이익에 대하여 알고 있는 것이었으며, 정치 무대로 가기 위한 준비를 하였던 것이며, 그것은 상해 지구의 반제, 반봉건의 혁명운동을 예시하는 것으로 새로운 단계로의 진입을 나타낸 것이라고 할 수 있다.

제5절 신문화 운동의 태동

신해혁명이 실패한 후, 반동정치 세력의 반격으로 사상문화 영역에서 존공복고(尊孔復古)의 역류 현상이 나타났다. 상해는 원래 신문화 운동의 창구인데, 이때는 오히려 반동사조의 중요한 근원지로 되었다.

1912년 10월, 천환장(陳煥章) 등은 상해에서 공교회(孔敎會)를 발기 성립하였다. 그는 "창명공교, 구제사회"(昌明孔敎, 救濟社會)라 하여 "공자의 교를 드높여, 사회를 구제하자"라는 종지(宗旨)로 스스로 주임 간사 일을 맡았다. 11월 공교회(孔敎會)는 천환장(陳煥章)이 쓴 2편의 공자를 치켜세운 원고를 합인하여, 『공교회』(孔敎會)라는 잡지의 이름으로 선교사 리이드(Gilbert Reid, 李佳白, 1857~1927) 등이 서(序)를 써서 상해에서 발행하였다. 다음해 2월 공교회(孔敎會)가 상해에서 또 『공교회잡지』(孔敎會雜誌)[1]를 발행하였다. 3월 캉유웨이(康有爲)가 상해에서 『불인』(不忍) 잡지를 간행해서, 공자의 경전을 선양하고 청 왕조를 복벽(復辟)할 것을 고취시켰다. 캉유웨이는 말하기를, 이 잡지를 "불인"이라고 하는 데, 왜냐하면 "아픈 사람의 마음이 찢어지는 것을 내 어찌 참을 수 있겠는가? 기강이 무너져 내리는 것을 탄식하며, 내 어찌 참을 수 있겠는가? 정치가 부패한 것을 보매, 내 어찌 참을 수 있겠는가? 감기로 차츰 쇠약해 지는 것을 내 어찌 참을 수 있겠는가?"라고 해서 잡지는 "불인"(不忍)이라는 이름을 쓴 것이다.[2]라고 말하였다.

---

1) 1913년 9월, 孔敎會와 『孔敎會雜誌』를 북경으로 옮겼으며, 康有爲를 총회장에 추대하였다. 1914년, 孔敎會 총회를 곡부(曲阜)로 옮겼고, 상해와 북경에는 각 총사무소를 설치하였다.

"2차 혁명" 실패 후 이 봉건잔여세력은 더 광적으로 변하여, 공교(孔教)를 국교(國敎)로 제정하자는 주장을 제기하였다. 1913년 10월, 상해에서는 또 선웨이리(沈維禮) 등이 부총통인 리위안홍(黎元洪)의 대대적인 지지아래, 환구존공총교회(寰球尊孔總敎會)를 설립하였다.

신해혁명 기간에 자산계급 신문화와 신사상을 상해 신문계에 전파하였는데, "2차 혁명"의 실패 후 위안스카이 정부에 의해 심각하게 훼손되었다. 당시 각지 국민당계통의 신문은 전체가 폐쇄 당하였다. 상해 각 신문사는 조계 내에서 출판을 하였기 때문에 폐쇄당하지는 않았으나, 위안스카이 정부는 판매를 금지시킬 방법을 모색하였고, 그들에게 내지에서의 발행은 모두 불허하였다. 송호경찰청(淞滬警察廳)에서는 "『민권』(民權), 『민립』(民立), 『민강』(民强) 각 신문에, 역도들이 사설로 시민을 고취시키고 있으며, 민국을 파괴하고 있다. ……이후 무릇 『민권』(民權), 『민립』(民立), 『민강』(民强) 등 난당(亂黨)의 각종 기관보는 즉시 판매를 금지해야 한다."3)고 경찰의 입장을 밝혔다. 위에서 언급한 세 신문과 『천탁보』(天鐸報), 『민국서보』(民國西報) 등은 모두 경제적인 곤란으로 인하여 정간되게 되었다. 조계당국에서도 역시 위안스카이 정부와 협조하여 진보 신문을 박해하였다. 『중화민보』(中華民報)의 총편집장인 덩자옌(鄧家彦)은 조계 당국에 의해 "고의적으로 민심을 혼란하게 하는 사람"(有意扰亂人心)이라는 죄목으로 반 년 간 감금되었고, 벌금 500원을 내고 풀려났으나, 이 신문사는 정간되었다. 1914년 위안스카이 정부가 반포한 언론을 견제하는 『신문조례』[報紙條例]와 『출판법』(出版法)을 반포하였고, 소위 "치안을 혼란"하게 하는 문장들은 신문에 게재 금지를 반포하였으며, 학생들은 신문사를 경영할 수 없으며, 모든 신문, 출판물은 발행 전에 모두 해당 경찰기관에 한 부씩을

---

2) "痛人心之墮落, 吾不能忍也; 嗟紀綱之亡絶, 吾不能忍也; 視政治之腐敗, 吾不能忍也; 傷風化之陵夷, 吾不能忍也"『不忍』, 1913년 제1책.

3) 張靜廬, 『中國近代出版史料二編』, 群聯出版社 1954년판, p.314.

보내 검열을 받도록 하였다. 『계엄법』(戒嚴法)과 『치안경찰법』(治安警察法)은 경찰기관에게 마음대로 신문 출판을 정지시킬 권한을 부여한 것과 다름이 없었다. 당시 진보당의 배경이 되었던 『시사신보』(時事新報) 조차 언론에서 위안스카이를 우연하게 건드려서 정간 처분을 당하였다. 『오칠』(五七), 『구망보』(求亡報), 『애국보』(愛國報)등 21개조를 반대하는 내용을 게재한 신문은 경찰 측에 의해 정간 당하였다. 1915년 8월 위안스카이를 도와 제재(帝制)를 준비하던 주안회(籌安會) 성립 때, 상해 중국어 신문으로는 오직 『신보』(申報)와 『신문보』(新聞報) 등 5곳만이 남아 있었다.

존공복고(尊孔復古)의 떠들썩한 소리 속에서, 저급한 내용을 소재로 다룬 원앙호접파(鴛鴦蝴蝶派) 문학이 범람하게 되었다. 원앙호접파 작가의 대부분은 상해 조계지 생활[洋場生活]을 잘 아는 구문인(舊文人)들이었다. 작품은 소설을 위주로 하였다. 사회흑막(社會黑幕), 기생집(娼門), 애정(哀情), 언정(言情), 가정(家庭), 무협(武俠), 신괴(神怪), 군사(軍事), 활계(滑稽),4) 정탐(偵探), 역사(歷史), 궁위(宮闈) 등의 종류로 반식민지의 새로운 재자가인(才子佳人)의 연애 이야기를 위주로 묘사하였다. 1916년 10월 『시사신보』(時事新報)가 공개적으로 중국의 흑막을 밝힌 후, 흑막소설이 한 때 유행하게 되었다. 이런 소설은 사상이 간단하여 음식, 남녀, 부귀, 귀신 등 몇 가지 주제만을 언급하였으며, 사회생활의 변화되는 모습을 반영하고 사회의 추악한 면모를 폭로하였으나, 절대 다수는 저급하였으며, 봉건윤리를 충만하게 설교하고 있었으므로, 아주 일반적인 생활이 공허하고 고민이 많은 일반 소시민의 입맛에 아주 딱 맞았다. 처음에 『신보』(申報), 『신문보』(新聞報) 부간(副刊)인 『자유담』(自由談)과 『쾌활림』(快活林)은 이러한 작품의 주

---

4) 상해(上海), 항주(杭州), 소주(蘇州) 등지에서 유행하·북방의 상성(相聲; 재담 또는 만담이라고 함)과 비슷한 연예재담의 일종. 설창(說唱)문에 형식의 하나. 혼자 진행하므로 독각희(獨角戲)라고도 한다. 역자 주.

요 진지였으며, 후에는 또 대규모의 전문적인 원앙호접파 간행물이 나타났다. 예를 들면 1914년에 창간된 『토요일』(禮拜六)에서는 "젊은 마누라를 안 데리고 살아도, 『토요일』은 안 볼 수 없다."(寧可不娶小老嬤, 不可不看<禮拜六>)라고 광고하였다. 매 주 토요일 새벽에 중화도서관(中華圖書館) 문 앞에서는 이 간행물을 사려는 구독자들이 몰려와 장사진을 이루었다.

위안스카이의 흑막 통치아래에서, 존공복고(尊孔復古)의 봉건주의 설교는 문학작품의 부패와 침식 및 귀신을 숭배하는 미신으로 사람들의 정신을 마비시켰고, 인민의 사상을 질식시켰으며, 민족 생기의 정신을 말살시켰으며, 사상계는 일시적으로 침잠하게 되었다. 그러나 민주혁명의 역사 조류를 막을 수는 없었다. 민족자본주의 경제의 발전과 민족자산계급의 역량이 증가함에 따라, 관념 형태에서도 이러한 새로운 경제, 정치 역량과 그것이 서비스하는 신문화가 다시 흥기하기 시작하였다.

쑨중산(孫中山)이 영도한 중화혁명당(中華革命黨)은 반위안 투쟁을 전개하는 동시에, 반위안입장의 국민당원 혹은 국민당과 역사연원을 같이하는 인사들을 견지하였으며, 상해 조계라는 특수한 지역을 이용하여 반원 선전을 시도하였다. 국민당 국회의원 구중슈(谷鍾秀) 등이 먼저 상해에서 『정의』(正誼)라는 잡지를 창간해서, 반원선전의 여론을 조성하는 진지가 되었다. 오래지 않아, 또 태동도서국(泰東圖書局)을 창립하여, 각종 법률, 정치, 철학, 문학서적을 출판하였으며, 그중 많은 것은 번역 서적이었다. 같은 해 5월, 장스자오(章士釗)가 도쿄(東京)에서 『갑인』(甲寅)이라는 잡지를 창간하였으며, 폐단을 조목조목 언급하고 그 실제적인 이유를 설명하는 것을 종지(宗旨)로 하였다. 1915년 5월, 이 잡지가 상해에서 인쇄되어 발행되었다. 그들이 상해에서 창간한 신문으로는 『민권보』(民權報)로 스스로 『민권소』(民權素)를 계승한 것과 사오리쯔(邵力子), 예추창(葉楚傖) 이 참가한 『생활일보』(生活日報), 그리고 사천적(四川籍) 국민당원이 주관한 『민신일보』(民信日報) 등이 있었다. 1916년 1월, 천치메이(陳其美), 사오리쯔(邵力子) 등은 프랑스 조계의 천주당가(天主堂街, 현재의 四川南路)에서 『국민일보』(國民日報)를 창간하여, 중화혁명당(中華革命黨)의 대변지가 되었다. 이 신문은 북양군벌 통치 반대와 혁명사상 전파 방면에서 중요한 역할을 담당하였다.

　1915년 6월, 천두슈(陳獨秀)와 아동도서관(亞東圖書館)이 연계하여 간행물 창간을 준비하였다. 아동(亞東)은 당시 『갑인』(甲寅)의 출판 준비에 바빴기 때문에 천두슈를 군익서사(群益書社)에 소개하였다. 1915년 9월 15일, 천두슈가 주편으로 군익서사에서는 『청년』(靑年)이라는 잡지가 상해에서 탄생되었다. 천두슈는 발간사 성질의 『경고청년』(敬告靑年)이라는 문장에서 당시 중국 사회의 암흑을 비평하였으며, 중국 구문화와 사회제도가 유럽보다 약 천년이나 낙후되었는데 그것은 당시 글이 가치가 없기 때문이라고 하였다. 중국이 우매한 상태에서 벗어나고 싶으면, 반드시 과학과 인권을 중시해야 한다고 하였다. 『청년』 잡지의 창간은 신문화운동의 서막을 열었다. 당시 이 간행물의 원고를 선별한 사람은 천두슈 이외에, 류수야(劉叔雅), 리다자오(李大釗), 후스(胡適), 우위(吳虞), 이바이사(易白沙), 가오이한(高一涵), 리이민(李亦民), 우즈후이(吳稚暉), 양창지(楊昌濟), 마쥔우(馬君武) 등이었다. 『청년』이 창간된 후, 기독교 상해청년회에서는 항의를 제기하였으며, 이 간행물과 그들이 출판한 『상해청년』(上海靑年)이라는 간행물과 같은 이름이었기 때문이었다. 그래서 군익서사(群益書社)의 건의로 1916년 8월 2권 1호부터 『신청년』(新靑年)이란 이름으로 바꾸었다. 이 잡지에서는 계속적으로 '민주'(民主)와 '과학'(科學)의 두 가지 기치를 크게 내걸었으며, 구사상·구도덕·구문화에 대하여 맹렬한 공격을 전개하였다. 1916년 10월, 미국에 유학하고 있던 후스(胡適)가 천두슈에게 편지를 보냈는데, 문학체재와 형식의 개혁을 건의하였으며, 아울러 『신청년』에 『문학개량추의』(文學改良芻議)라는 문장을 발표하였다. 천두슈는 『문학혁명론』(文學革命論)을 써서 백화문 운동의 중심으로 문학혁명을 제창하였다.

1916년 10월, 프랑스에 유학하고 있던 차이위안페이(蔡元培)는 교육총장인 판위안롄(範源濂)의 요청에 응하여 우위장(吳玉章)과 함께 귀국하여 북경대학 총장에 취임을 준비하였다. 차이위안페이가 상해에 도착하였을 때, 상해의 혁명당원은 차이위안페이에게 북상하여 북경대학 총장에 취임하는 것에 때하여 쟁의가 있었다. 마쥔우(馬君武) 등은 북경대학이 너무 부패하여 가서 정돈할 수 없다고 하였으며, 오히려 혁명당의 영예에 손해가 될 것이라고 생각하였다. 쑨중산 등은 북방은 혁명사상의 전파가 필요하므로 교육을 정돈하고, 혁신을 진행하다가 실패를 하더라도 자신의 책임을 다한 것이라고 생각하였다. 연말에, 차이위안페이는 북상하여 총장직에 취임하였다. 차이위안페이는 이 칙칙한 최고 학부를 일류의 서방자본주의식의 대학으로 만들려는 결심을 하였고, 취임하자마자 겸용병축(兼容幷蓄)의 방침을 실시하여 여기저기에서 혁신사상과 진정한 인재를 초빙하였다. 당시 북경대학 교수였던 선인모(沈尹默) 등은 차이위안페이에게 현재 북경에서 모금을 하고 있는 천두슈(陳獨秀)를 추천하였으며, 차이위안페이는 즉시 스스로 천두슈의 집으로 가서 그를 방문하고, 그에게 북경대학 인문과학장(北大人文科學長)을 맡아달라고 요청하였으며, 『신청년』도 북경으로 옮겨와서 간행하라고 하자, 천두슈도 기꺼이 동의하였다. 1917년 1월 차이위안페이는 천두슈에게 교육총장이 서명한 위임서를 발송하였으며, 『신청년』편집부를 북경으로 옮겼으나, 상해 군익서사에서는 여전히 출판 발행히 였다.

『신청년』이 북경으로 옮겨온 후, 북경대학의 신문화계 인사들과 함께 밀접한 관계를 건립하였으며, 그 영향은 신속하게 확대되었다. 이 이전에는 그것의 발행량은 아주 적었으며, 매 간행물을 증정이나 교환이 포함되어 있었으나, 발행한 것이 1,000권을 넘지 않았는데, 1917년 이후에는 판매량이 15,000~16,000부를 넘어섰다. 1918년 1월, 『신청년』은 집단 편집으로 변하였다. 리다자오(李大釗), 후스(胡適), 첸쉬안퉁(錢玄同), 류반농(劉半農), 선인모(沈尹默), 루쉰(魯迅) 등이 계속적으로 편집부에 가입하였으며, 이로써 『신청년』편집부가 핵심적인 신문화 진영으로 형성되었다. 그들의 추동아래에서, 북경대를 중심으로 한 신문화운동은 전국 범위로 맹렬하게 뻗어나갔다.

『신청년』잡지가 창간되기 전후, 상해에는 또 다른 서양문화를 소개하는 것을 중심으로 하는 학술성 단체와 간행물이 출현하였고, 그들 역시 신문화운동중의 중요한 역량이었다. 1914년, 여름, 미국 유학생들이 미국에서 발기하여 중국과학사(中國科學社)를 설립하였고, 런훙쥔(任鴻雋)을 회장에, 자오위안런(趙元任)을 서기(書記)에, 양싱포(楊杏佛)가 편집부 주임을 담당하였다. 1915년 1월, 중국과학사는 상해 환구중국학생회(實球中國學生會)에 경리부를 설립하고, 『과학』(科學)이라는 잡지를 출판 발행하였다. 미국 발명가인 에디슨(Thomas Alva Edison, 愛迪生)은 이 출판사에 서신을 보내 말하기를, "수 천 년간이나 침묵하고 있던 지나(支那)의 대국이 갑자기 깨달아, 교육의 문을 활짝 열고 지식을 받아들여 국가는 진보적인 기초를 다지게 되었으니, 이것은 아주 경탄할 일이다."라고 하였다. 『과학』잡지는 자연과학방면의 논문과 과학 보급 문장을 등재한 것 이외에 적극적으로 "과학구국"(科學救國)을 고취하고, 중국 사대부의 과학경시에 대한 악습을 예리하게 비평하였다. 『과학』잡지가 제창한 '과학'이라는 개념과 『신청년』의 기본은 일치하는 것으로, 바로 "물질의 지식에만 있는 것이 아니라, 사물을 연구하는 방법에 있으며, 심지어는 연구하는 사물에 있는 것이 아니며, 사람의 마음을 훈련하는 것에 있다.……즉 마음으로써 학문을 하는 것으로 학술은 진보하기를 희망하고 있으며, 이러한 마음이 곧 처세이며, 사회는 이에 평온을 이루게 된다."[5]고 주장하고 있다. 이 간행물은 횡배격식(橫排格式) 즉 가로 판형과 신식 표점을 사용하였다. 1916년 6월, 후스는 이 간행물에『구두[6]와 문자부호를 논하다』[論句讀及文字符號]라는 글을 발표하였는데, 초보적으로 문체의 개혁이 필요하다는 사상을 제기하였다.

　1917년 3월, 일부 영국과 일본에 유학하던 학생과 정치, 경제, 법률을 연구하던 지식분자들이 상해에서 종합성 잡지인『태평양』(太平洋)을 창간하였다. 이 간행물은 정론을 위주로 하였으며, 일부는 소설과 산문을 번역하여 게재하였으며, 총편집장인 리젠눙(李劍農)은『갑인』(甲寅)의 일에 참가한 적이 있었다.『태평양』(太平洋)에서는 영국식 헌정(憲政)의 실행을 고취시켰으며, "탄성"(彈性) 헌법의 제정을 제창하였으며, 당시의 흑암정치에 불만을 표시하였으며, 또 어떠한 혁명에도 반대하였으며, 의외로 과격한 민주주의자를 지탄하였다. 그들의 이상은 "조화"(調和)를 통하여 안정을 유지하고, 개명한 자산계급 정권을 유지시키는 것이었다.『태평양』은 중외관계와 국제형세에 대한 연구를 중시하였으며, 제1권에서부터 매 기간(期刊)에 "해외 중대 사건에 대한 평론"(海外大事評林)이라는 전문적인 코너가 있어서 객관적으로 신사상과 신지식을 전파하는 역할을 하였다.

---

5) "不在於物質上之智識,而在其研究事物之方法,尤不在研究事物之方法,而在其所与心能之訓練,……以此心能求學,而學術乃有進步之望,而此心能處世,而社會乃立穩固之基."; 任鴻雋,「科學與敎育」,『科學』, 1권 12기.

6) 구두(句讀)란 옛날 문장에서 뜻이 상대적으로 완정하여 길게 쉬어야 하는 곳을 '구'(句), 뜻이 미처 끝나지 않아 잠시 쉬어야 하는 곳을 '두'(讀)라 했는데, 여기서 구두(句讀)는 이 둘의 합침이다. 역자 주.

연구 방면의 상해에서의 기관보는 『시사신보』(時事新報)로 1918년 3월 창설된 『학등』(學燈)은 부간(副刊)으로 신문화를 선전하는 행렬에 가입하게 되었다. 최초로 『학등』(學燈)의 주제는 교육이었으며, "육소언"(育小言), "교육연구"(敎育硏究) 등이라는 전문적인 코너에서 교육계의 어두운 면을 적지 않게 폭로하고 비평하였으며, 청년 수양과 교육문제에 대한 토론 문장이 많았다. 1919년 후, "사조"(思潮)라는 코너가 중요한 지위를 차지하게 되었다. 『학등』은 『신청년』의 그러한 전투 태도로 구문화에 불을 던지는 방법을 찬성하지 않고, 구문화를 존중하는 동시에 서방문화를 수입해야 한다는 주장을 하였다. 비록 그들의 태도가 보수적이었으나, 당시에는 여전히 신문화를 선양하고 청년 학생들의 환영을 받는 간행물이었다.

이 시기 상해에서는 중국영화산업이 흥기되었으며, 일부 영화는 신문화를 보급하는 역할을 담당하였다. 영화는 청말(淸末)에 이미 상해에 들어왔는데, 1896년 8월 서원(徐園)내에서 "또 한 마을"(又一村)이라는 영화가 최초로 방영된 외국 영화였다. 1909년 미국영화상이 상해에 아세아영화공사[亞細亞影戱公司]를 건립하였다. 신해혁명 이후, 정정추(鄭正秋), 장스촨(張石川) 등이 이 공사(公司)에서 일련의 이야기 단편(故事短片)을 만든 적이 있었다. 1917년 상무인서관(商務印書館)이 활동영화부[活動影戱部]를 설립하여, 일련의 풍경(風景), 시사(時事), 교육(敎育) 등의 단편 영화를 촬영하였다. 이러한 풍경편(風景片)은 비교적 진지하게 중국의 아름다운 산하를 소개하였으며, 민정 풍속과 역사건축을 소개하였다. 일부에서는 제국주의 침략을 폭로하기도 하였으며, 일정 수준 정도에서 관중들에게 애국주의 정감을 불어넣어주었다. 일부 학교에서는 집회 후, 이러한 영화를 틀어주었다. 교육영화가 현저하게 출현하여 자산계급 문의 방침을 전파하는데 일조를 담당하였는데, 예를 들면 근대교육을 소개한 『맹인 아동 교육』[盲童敎育], 『양진유치원』(養

眞幼稚園)이 있었고, 체육을 소개한 『여자체육관』(女子體育觀), 『육군체조』(陸軍體操) 그리고 위생과 과학상식을 소개한 『모기, 파리 박멸』(驅滅蚊蠅), 『양잠』(養蠶)등 있었다. 이 영화들은 전투성을 말할 수는 없지만, 시대가 필요로 하는 신사상을 전파하였다.

민족자본주의 경제가 발전함에 따라, 상해 자산계급은 점점 기술인재의 결핍이 실업발전의 장애라는 것을 깨닫고, 보통시민은 중등 교육이 자녀들의 취업에 좋은 기회를 줄 것이라고 희망하였다. 이런 상황으로 황옌페이(黃炎培) 등은 직업교육운동(職業敎育運動)을 발기하였다. 황옌페이는 일찍이 강소성교육국장[江蘇省敎育司長]을 역임하였고, 1914년에는 위안스카이의 통치에 불만을 품고 사직한 후, 일본, 미국, 필리핀 등지를 돌아다니며 그 지역의 교육을 고찰하였다. 1917년 5월, 황옌페이 등은 상해에서 중화직업교육사(中華職業敎育社)를 창립시켰다. 유명한 자산계급의 대표인물과 교육계 저명인사들이 참여하였는데, 장위안지(張元濟), 마샹보(馬相伯), 무어우추(穆藕初), 녜윈타이(聶雲臺), 스량차이(史量才), 장젠(張謇), 차이위안페이(蔡元培), 장보링(張伯苓), 장멍린(蔣夢麟) 등이 모두 그 중화직업교육사의 사원(社員)이었으며, 량치차오(梁啓超), 탕샤오이(唐紹儀), 우팅팡(伍廷芳) 등도 사적(社籍)에 이름을 올리고 있었다. 같은 해 11월, 중화직업교육사는 『교육과 직업』(敎育與職業)이라는 기관지를 발행하였다. 중화직업교육사의 종지(宗旨)는 교육과 직업이 소통하는 것이었다. 그들은 직업교육은 도공교육(徒工敎育)을 실천해야 하는 것이라고 생각하였으며, 20세기 대공업발전의 산물이라고 생각하였으며, 중국의 교육은 실업발전의 수요에 적합하지 않다고 생각하였다. 직업교육은 생활문제를 해결하려는 것만이 아니라, "노는 사람이 없고, 재물이 없는 사람이 없으며, 모두가 필요로 하는 것을 얻고, 모두가 편안하며 이로써 서로 모두 이익을 얻는 방법으로 모든 사람에게 부유함이 골고루 풍족하게 돌아하는 것을 말함"[7])이라고 하였다. 이것은 비록 공상적(空想的)인 부분이 많이 있으나, 일부분 자산계급지식분자들의 관심과 사회문제의 탐색, 구문화 변혁의 일종의 시험을 도모하는 것이었다. 1918년 8월 중화직업교육사는 남경 육가빈(陸家浜)에서 중화직업학교(中華職業學校)를 창설하여, 목공(木工), 철공(鐵工), 법랑(琺瑯;에나멜칠), 단추(紐扣) 등 4개의 과를 설립하였고, 아울러 공장에서 요구하는 것도 설립하였다.

신문화운동의 영향이 나날이 확대되어갈 때, 보수 세력이 반격을 가하였다. 상해 『동방잡지』(東方雜誌)의 주편인 두야촨(杜亞泉, 伧父)는 1915년 이래 여러 번 문장을 발표하여 신문화 운동을 비방하였으며, 신구 사상의 구별은 정도상의 차이일 뿐이라고 말하였다. 첸즈슈(錢智修)도 『동방잡지』에 문장을 기고하여 신문화를 제창하는 것은 "성홍열"(猩紅熱)"과 "매독"(梅毒)을 수입하는 것이라고 욕하였으며, 당국이 칼을 빼어들어 "통정"(統整) 즉 전체적인 정리라 하여 중국 인민의 사상을 정리할 것을 주장하였다. 1919년 2월 완고파(頑固派)의 대표 인물인 린친난(林琴南)은 상해의 『신신보』(新申報)에 문언(文言) 소설인 『형생』(荊生)을 발표하여, 차이위안페이(蔡元培), 천두슈(陳獨秀), 후스(胡適), 첸쉬안퉁(錢玄同) 등 신문화 제창자들을 인신공격하며, 군벌은 무력으로 신문화운동을 진압할 것이라고 암시하였다. 일부 구시대 도덕의 옹호자[衛道士]들은 심지어 미신사상에 기원을 하였다. 1917년 10월, 무석(無錫) 사람인 위푸(俞復)는 상해에서 루페이보홍(陸費伯鴻) 등과 같은 사람들과 성덕단(盛德壇)에서 점을 치고, 영학회(靈學會)를 조직하고, 『영학총지』(靈學叢誌)를 발행하여 봉건 미신을 선전하였다.

1917년 러시아의 10월 혁명이 승리한 이후, 『민국일보』(民國日報)

---

7) "國無遊民, 民無廢才, 群需可濟, 個性可抒舒 然後鋪以相當分利之法, 則富可均而民自足矣" 陶行知, 「生利主義之職業教育」, 『職業與教育』, 제3기.

는 『갑자기 발생한 러시아 대정변』(突如其來之俄國大政變)이라는 눈에 띄는 표제로 먼저 보도하였다. 이어서 『신보』(申報), 『시보』(時報), 『태평양』(太平洋) 등이 잇달아 보도하였다. 1918년 6월 쑨중산은 상해에서 레닌에게 러시아 혁명 성공을 축하한다는 전보를 보냈다. 『국민일보』는 계속해서 10월 혁명의 영향으로 폭발된 헝가리, 독일의 무산계급혁명을 보도하였다. 당시 일부 사람들은 10월 혁명과 사회주의 사상의 전파에 대단한 두려움을 느꼈다. 예를 들면, 『태평양』의 어떤 문장은 "온화한 사회주의" 실행을 제기하면서, "점진적인 방법으로 사회를 개혁해야 한다."[8]고 주장하였다. 그러나 반동통치계급은 사회주의는 홍수나 맹수와 같다고 생각하며, "과격주의"(過激主義)를 방지한다는 구실을 내세워 우편(郵便), 우편함(信箱)과 진보적인 책자[進步圖書] 등을 검사하라고 명령을 내렸고, 러시아에서 돌아오는 중국인 노동자들에 대한 짐 검사에 대한 검색을 강조하였다. 심지어는 아무런 근거와 이유도 없이 상해에서 소위 "과격당"(過激黨)이라고 분류되어 체포되었고, 버스 터미널, 부두에 사람을 파견하여 상해에 온 러시아 사람들을 등록하게 하였으며, 이로써 10월 혁명의 영향을 말끔하게 청산하고자 하였다. 그러나 반동파가 10월 혁명을 억압하려는 노력은 완전히 헛수고였다. 신문화운동의 추진 아래에서 10월 혁명의 영향아래, 인민 군중들은 신해혁명의 실패 이래로 침묵 중에 크게 각성하고 있었다.

1918년 5월, 북경정부와 일본 간에 『중일 육군 공동 방적 군사협정』(中日陸軍共同防敵軍事協定)을 체결하여 대규모의 일본군대가 동북으로 진입하였다. 5월 중순, 상해를 여행하고 있던 각 성의 학생들은 『민국일보』에 『경고전국부로곤제서』(警告全國父老昆弟書)를 발표하였는데, 동포들에게 조약을 체결하지 말 것을 호소하였다. 일본 공사인 하야시(林權助)에게 "소수 집정자가 체결한 조약은 국회의 동의를 얻지 못하였

---

8) 彭鎀, 「民主主義與社會主義之趨勢」, 『太平洋』, 1권 10호.

기 때문에 4억 명의 국민은 부인한다."9)고 정중하게 성명을 발표하였
다. 동시에 일본에서 유학하던 1,400여 명의 학생들이 수업거부를 하
고 귀국한 후, 상해에서 일본 유학학생 구국단총부[留日學生救國團總
部]를 조직하였으며, 『구국일보』(救國日報)를 창간하고, 상해를 중심으
로 각지에 연락을 하면서 반일 애국투쟁을 전개하였다. 오래지 않아
구국단 성원으로는 리다(李達), 궁더바이(龔德栢) 등이 북상하여 청원
하였고, 5월 21일에 북경대 등 학교 학생들과 함께 『중일육군공동방적
군사협정』 (中日陸軍共同防敵軍事協定)을 폐지하라는 청원시위 운동
을 벌였다. 『민국일보』는 신속하게 이 소식을 보도하여, 상해학생들의
동조를 구하였다. 5월 31일, 복단대학(復旦大學), 남양공학(南洋工學),
징충중학(澄衷中學) 전체 학생과 각 학교의 일본유학학생 대표[留日學
生代表] 2,000여 명이 용화호군사서(龍華護軍使署)로 가서 청원하며,
정부에서는 『中日陸軍共同防敵軍事協定』을 거절할 것을 요구하였다.
6월 23일, 일본유학구국단[留日學生救國團]은 상해의 신(紳), 상(商), 학
(學) 각계를 연계하여 각계대표연합회(各界代表聯合會) 발기 조직하였
으며, 이것은 조약 체결 반대 운동의 상설 기구가 되었다. 장젠(張謇),
위차칭(虞洽卿), 주바오싼(朱葆三), 네윈타이(聶雲臺), 예추창(葉楚傖),
디추칭(狄楚靑) 등이 이 조직에 참가하였다. 북경 학생과 각계 인사는
『중일 육군 공동 방적 군사협정』(中日陸軍共同防敵軍事協定)의 반대
투쟁이 비록 현저한 성과는 없었으나, 그것은 북양군벌 통치시기에 있
어서 최초로 규모가 비교적 큰 군중의 정치 투쟁으로 전국 인민이 애
국열정을 분투(奮鬪)한 것과 신문화운동을 촉진하여 정치 투쟁과 결합
하게 하는 방법에서 상당한 역할을 하였다.

　1918년 11월, 제1차 세계대전이 끝난 후, 전국 인민은 제국주의 침

---

9) "凡少數執政簽字之條約而未得依法組織之國會同意, 我四萬萬國民是不承認"
　　『民國日報』, 1918년 5월 13일, 15일.

략에 반대하였으며, 군벌혼전도 반대하였고, 전국 평화통일을 요구하는 소리가 날로 높아졌다. 천두슈(陳獨秀) 등 일부는 신문화운동의 창도자(唱導者)로 원래는 사상계몽을 지나치게 강조하다보니 현실적인 정치투쟁을 피할 수 없게 되자 태도를 바꾸었다. 1918년 11월에 출판된 『신청년』5권 5호에 리다자오(李大釗)의 『Bolshevism의 승리』와 『서민의 승리』(庶民的勝利)라는 두 편의 정론성(政論性)적인 문장이 게재되었다. 12월 천두슈와 리다자오(李大釗)는 정치성 간행물인 『매주평론』(每週評論)을 창간하였다. 이 간행물의 출판사 건물은 북경에 있었지만, 판매는 상해아동도서관(上海亞東圖書館)이 책임을 맡았다. 이것은 당시 전국에서 가장 혁명성과 전투성이 강한 간행물이었다. 이 간행물의 출판으로 신문화운동과 현실정치 투쟁은 결합되게 되었다.

제2장
신기원의 시작

제1절 5·4(五四)에서 6·5(六五)까지

1919년 1월, 파리평화회의[巴黎和會]를 개최되었다. 중국 대표로는 왕정팅(王正廷)과 구웨이쥔(顧維均) 등이 열강이 중국에서의 특권 취소와 독일이 산동에서 지니고 있던 이권 회수와 21개조의 폐지 요구서를 제출하였다. 열강은 중국의 주장을 거절하였으나, 산동문제를 토론하는 것은 허락하였다.

상해인민은 이 회의의 진행에 대한 주시하였다. 1월 사이에, 상해 상방협회(商帮協會)등 수 십 개의 단체가 공동으로 중화공상보수국제평화연구회[中華工商保守國際和平研究會]를 조직하여 중화국화유지회(中華國貨維持會)와 함께 연합적인 전국공상계(全國工商界)를 준비하였고, 파리평화회의에서 세계평화를 선언하였다. 일본 유학생들의 구국단(救國團) 등은 민중의 대표를 파리에 파견하여 각항의 주권을 회수하자고 제의하였다. 중화민국은 영구한 평화를 위해 각 단체가 국민연합대회를 소집하여, 이러한 것이 외교의 뒷받침이 되도록 하였다. 2월 초, 일본은 중국이 산동문제의 토론을 방치하도록 위협하였다. 상해 인민의 분노는 극에 달하였다. 양화상업공회(洋貨商業公會), 강소성교육회(江蘇省敎育會), 환구중국학생회(實球中國學生會) 등 단체는 북양정부에 전보를 보내 엄중한 말로 일본의 무리한 요구를 거절하도록 요구하였다. 국민여치회(國民勵恥會) 등의 단체는 왕정팅(王正廷), 구웨이쥔(顧維均) 등에 전보를 보내, 그들은 "국가 명맥을 유지"하는 것을 희망한다고 알렸다.

이와 동시에 북경정부와 서남군정부(西南軍政府)에서는 상해 외탄

(外灘) 22호의 원래 독일총회의 건물에서 남북화의[南北議和]를 거행하였으나, 쌍방의 논의가 결여되어 회의는 개시되자마자 곧 교착상태에 빠졌다. 3월 3일, 화상사창연합회(華商紗廠聯合會) 등 53개 공상 단체(工商團體)에서는 상업의 촉진과 상업계의 이익을 유지하는데 협력하는 것을 골자로 한 상해상업공단연합회(上海商業公團聯合會)를 설립하여, 위차칭(虞洽卿), 쩌우징자이(鄒靜齋), 샹루쑹(項如松) 등을 간부로 추대하였다. 이 회는 남북 쌍방이 신속하게 평화회의를 것과, 아울러 열강이 다시는 전쟁을 하지 말고, 차관을 쌍방이 나누어 책임을 지는 것에 대한 성명을 발표하였고, 이렇게 하지 않을 때에는 경제적인 봉쇄 조치를 단행하겠다고 하였다. 이 회는 파리평화회의에 의견을 발표하였고, 북경정부내의 친일파가 회의 대표로 활동하는 것을 반대하였다.

왜냐하면 열강의 압력과 친일파인 차오루린(曹汝霖) 등의 사람들의 매국적인 행동으로 중국 대표는 파리평화회의 교섭에서 어떠한 진전도 얻어내지 못하였다.[1] 4월 30일, 평화회의는 중국인민의 강력한 항의를 받아들이지 않았고, 임의로 일본이 독일이 갖고 있던 산동에서의 일체 권익을 접수한다고 결정하였다. 이 소식이 국내에 전달되자, 5·4애국운동(五四愛國運動)의 폭발을 유도하였다.

5월 5일, 『신신보』(新申報)의 호외(號外)에서 상해인민에게 북경에서 5·4학생운동(五四學生運動)이 일어났다는 소식을 전했다. 상해의 각계 군중은 즉각 지지활동을 전개하였다. 6일, 『민국일보』(民國日報)

---

1) 王正廷, 顧維均은 산동문제를 위해 이치에 입각하여 끝까지 싸우고 있는데, 외교차장 曹汝霖 등은 일본인에게 말하기를, "앞으로 청도(靑島)문제 및 산동에서 독일이 갖고 있던 이권을 직접 회수문제를 다루기 전에 먼저 토론에 붙여야 한다. 그리고 저들의 주장은 북양정부와 토론을 하지 않고, 순전히 顧, 王 두 사람이 개인적으로 한 행동이었다."라고 하였다. 兪辛焞,「巴黎和會與五四運動」,『歷史硏究』, 1979年 第5期 참조.

편집을 담당하고 있던 사오리쯔(邵力子)는 복단대학 학생들에게 북경의 학생 투쟁의 경과를 보고하였고, 이에 학생들은 행동으로 일어나게 되었다. 복단학생들은 즉시 결의를 통해 1, 상해에 있는 학교간의 연합, 전국으로 통전(通電), 체포된 북경의 학생 석방; 2. 빠른 시간 내에 상해학생연합회 조직 결성을 결정하였다. 7일, 일본에 유학하던 학생 구국단, 강소성교육회, 상해상업공단연합회, 중화공업협회 등 50여개의 단체 및 시민 2만여 명은 손에 "우리의 강산을 돌려 달라", "강자들의 권한에 저항한다.", "국가의 부역에 공동으로 대처한다.", "공공의 이익을 도모한다." 등의 깃발을 들고, 사교(斜橋)의 공공 체육장에 모여 국민대회를 거행하였다. 대회에는 황옌페이(黃炎培)가 주석을 맡았고, 격앙된 분위기 속에서 돤치루이(段祺瑞), 쉬수정(徐樹錚), 차오루린(曹汝霖), 장쭝샹(章宗祥), 루쭝위(陸宗興), 진윈펑(靳雲鵬) 등의 처벌과, 중국 대표는 조약 서명을 거부하고 즉시 북경에 체포된 학생들의 석방 및 전국에서 일본에 대한 경제 교류 단절을 결의하는 것을 제의하도록 요구하였다. 9일에는 출판업, 캘리코업(Calico업, 洋布業) 등은 하루를 휴업하여 5·9국치(五九國恥)를 기념하였고, 학생들은 잇달아 거리에서 시위를 하였다. 10일에는 일본 유학생구국회[留日學生救國會], 세계화평공진회(世界和平共進會) 등 단체는 국민대회(國民大會) 상해사무소(上海事務所)를 설립하였다. 11일에는 환구중국학생회(寰球中國學生會)의 각 학교 대표 학생들이 상해학생연합회(上海學生聯合會)를 설립하고, 복단대학(復旦大學) 학생인 허바오런(何葆仁)을 회장으로 선출하였다.

당시 최대의 자본가 단체인 상해총상회(上海總商會)는 오히려 일부 일본매판(日本買辦)과 친일파 자본가의 제재로 이러한 운동을 훼방하는 역할을 담당하였다. 총상회(總商會) 의동(議董)인 왕이팅(王一亭), 구신이(顧馨一), 쑤쥔샹(蘇筠尙) 등은 모두 유명한 일본 매판으로 일본

상인과 긴밀한 관계를 갖고 있었고, 또 다른 한 명의 의동(議董)인 위차칭(虞洽卿)은 돤치루이(段祺瑞) 정부와 가까운 관계를 유지하고 있었고, 회장 주바오싼(朱葆三)은 영국의 매판이었으며, 그의 자식은 미즈이 은행(三井銀行)의 매판이었다. 5월 9일, 주바오싼 등은 이사회[董事會]의 토론을 거치지 않고, 총상회의 명의를 도용하여 북경정부에 한 통의 전보를 보내 일본과 직접 교섭을 주장하면서, 청도(靑島)를 "청나라에 돌려 줄 것"(交還淸國)이라는 황당한 주장을 하였다. 총상회의 이러한 태도는 각계 인민과 많은 자본가의 강력한 비난을 받았다. 상업공단연합회(商業公團聯合會)에서는 총상회의 주장에 "극단적인 부인"(極端否認)을 선포하고, 아울러 이 전보의 근원을 조사하도록 요구하였다.2) 이러한 여론의 비난아래에, 주바오싼은 부득불 사표를 제출하였고, 부회장 선롄팡(沈聯芳) 역시 이것을 피해 절강(浙江)으로 갔다.

5월 9일 이후, 상해인민은 일본 화물을 배척하기 시작하였다. 대소동문(大小東門)의 각 상점들이 먼저 일본 상품을 팔지 않는다는 현수막을 내걸었다. 상방협회(商帮協會)에서는 국산품사용 제창(提唱國貨), 일본물건 적재안함(不裝日貨), 일본돈 사용안함(不用日鈔) 등 3가지를 주장하고, 상업공단연합회(商業公團聯合會)에 이러한 주장을 표결에 붙일 것을 요구하였다. 상업공단연합회(商業公團聯合會)에서는 이러한 요구의 제의를 받아들이지는 않았으나, 안료업(顏料業), 석탄업[煤炭業], 밀가루업[麵業], 비단업(綢緞業), 양약업[西藥業], 설탕업[糖業] 등 10여개의 상업공회[商業公會(所)]에서는 일본 화물을 배척할 것을 결의하였다. 남시(南市)의 사설금융 점포에서도 일본 화폐를 사용하지 않기로 하였다. 『신보』(申報)등 7군데의 신문에서는 일제히 일본 상품 광고게재를 하지 않았다. 각 부두의 운반공(運搬工)들도 일제히 일본

---

2) 상업공단연합회의 많은 회원은 總商會 會員이거나 議董이었다.

배의 화물 하역잡업은 하지 않았다. 많은 노동자와 점원들은 파업을 통해 자본가들에게도 일본 상품의 배척에 동참할 것을 압박하였다.

5월 14일, 경진(京津; 북경, 천진)학생 대표단이 상해에 도착하여 서로 연락을 취하였다. 같은 날 상해학련(上海學聯)은 각 학교 대표회의를 소집하여, 북경정부가 북경대학의 교장 차이위안페이(蔡元培)를 물러나게 하는 것에 반대한다는 선언을 하였다. 강소성교육회(江蘇省教育會)는 북경정부에 경고하기를, "일주일 이내에 차이위안페이 교장을 현직에 머무르도록 한다는 명령을 내리지 않으면, 상해 각 학교는 일제히 수업을 거부한다."[3]는 단체행동의 의지를 드러냈다. 5월 22일, 상해학련은 강소성교육회의 요구에 따라, 정부에 다시 3일간 고려의 시간을 주는 것을 결정하였다. 그러나 북경당국은 명령을 철회할 아무런 움직임도 보이지 않았다. 이에 상해 61개의 공립학교와 사립중등(公私中等) 학교 이상의 학교에서는 수업거부(罷課)를 선언하고, 26일에는 각 학교 학생 2만 여 명이 사교(斜橋)의 공공체육장에서 수업을 거부하는 선서[罷課宣誓] 의식을 거행하였다. 교회에서 경영하던 진단(震旦)대학은 학생들에게 수업을 듣도록 압력을 가하기 위해 200여명의 학생 중 165명을 퇴학을 시켰다.

시 전체에서 수업거부를 벌인 후, 상해학련(上海學聯)은 즉시 사람들을 보내 외지와 연락을 취하게 하고, 전국학련(全國學聯)의 설립을 준비하였으며, 동시에 적극적으로 상계(商界)를 움직여 일치된 행동을 요구하고 있었다. 5월 31일, 82개소 학교의 만 여 명 학생이 공공체육장에서 궈친광(郭欽光)[4] 추도대회를 개최하였다. 추도회 후 학생들은 현상회(縣商會), 총상회(總商會) 및 상업공단연합회(商業公團聯合會) 등을 돌며 상계(商界)의 동맹파업을 종용하였다. 상해자산계급은 비록

---

3) "一星期內如無挽留蔡校長命令, 上海各校將一律罷課."『申報』, 1919년 5월 16일.

4) 郭欽光은 北京大 학생으로 五四 시위 후, 분통함이 극에 달해 화병으로 죽었다.

학생들의 애국운동을 동정하였으나, 자신들의 이익에 손해가 날 것을
두려워해 자신들은 애국운동에 참가하지 않았다. 6월 2일, 북경학생대
표 쉬더형(許德珩), 돤시펑(段錫朋) 등은 상해학련 회의에서 북경애국
운동의 근황을 보고하면서, 공상각계(工商各界)와 연계의 중요성을 강
조하여 많은 사람들의 찬동을 받았다. 다음날 상해학련 및 북경학생
대표는 현상회(縣商會)와 총상회(總商會)를 동맹파업에 참가시키기 위
해 그곳으로 갔다. 총상회에서는 여전히 답변을 거절하였으나, 현상회
의 많은 수의 상인들은 학생들의 설득으로 학계의 후원자가 되기를 찬
성하였고, 이 결정은 4일 오후에 다시 회의를 열어 토론하기로 하였다.
이 날, 일본 부두와 화물 창고(貨棧)에서 일을 하던 노동자들이 6월 5
일에 단체파업(스트라이커;罷工)을 하기로 결정하였다.

4일 오후 1,000여 명의 상인이 현상회로 와서 회의 참가를 준비하
였다. 그러나 송호(淞滬)경찰청의 명령으로 개회는 금지되었고, 청장
쉬궈량(徐國樑)은 "상해에서 이미 두 차례의 의화단(義和團)이 발생하
였는데, 이것이 아직 완전히 진압되지 않았으므로 진압하지 않으면 안
된다."[5]는 성명을 발표하고 회의에 참가하려는 상인들을 구타하고 협
박하였다. 자본가들의 분노는 극에 달하여, 당국(當局)의 이러한 압박
에 동맹파업을 하지 않고는 대항할 수 없다는 판단을 하게 되었다. 현
상회(縣商會)의 정부(正副) 회장 역시 사표를 제출하였다. 하루 전날인
6월 3일 북경 학생들의 대대적인 체포 소식이 상해까지 전해졌고, 이
에 군중들은 격분하고 있었다. 많은 학생들은 북경학생들이 탄압을 받
는다는 소식의 전단을 남시(南市)에 뿌리면서, 상인들에게 내일 파시
(罷市)를 할 것을 요구하였으며, 각 상점(商店)의 찬성을 받아 내었다.

6월 5일, 전국을 진동케 했던 상해의 "삼파"(三罷)[6]가 실현되었다.

---

5) 『五四愛國運動』, 中國社會科學出版社 1979年版, p.132.
6) 삼파(三罷)란 노동자들의 동맹파업[罷工], 상인들의 동맹파업[罷市] 즉 철시
(撤市)와 수업거부[罷課]를 말한다. 역자 주.

내외면(內外棉) 제3, 4, 5창의 노동자 5·6천 명의 단체파업[罷工]을 필두로, 일화(日華), 상해 등 일본 사창(紗廠) 및 상무인서관(商務印書館), 중화서국(中華書局)의 노동자들 및 부두 노동자들이 연쇄적으로 단체파업을 일으켰다. 남시(南市)의 크고 작은 상점은 문을 열지 않았으며, 어떤 상점은 문 위에 "앉아서 죽는 것을 기다리는 것은 모두 망하는 것이다."라고 써 붙였다. 오후에 들어서면서 프랑스 조계, 공공조계와 갑북(匣北)의 상점이 학생들의 권고로 전부 문을 닫았다. 오후에 각계 대표 수 백 명이 영파로(寧波路) 잡이등서반점(卡爾等西飯店)에서 연석회의를 개최하여, 상학공보연합회(商學工報聯合會)를 성립하고, "나라를 팔아넘기는 매국노가 하루를 살면, 상학공계(商學工界)는 하루를 파업한다."고 주장하였다.7) 비록 학생과 상인대표들이 계속적으로 질서를 엄중히 지킬 것을 강조하였으나, 그날 밤 수 천 명의 학생과 시민은 절강로(浙江路)에서 순포(巡捕)와 충돌하여 8명의 순포가 상해를 입었다. 6월 6일 이후, 단체파업은 신속히 확대되어 공용사업(公用事業), 사창(絲廠), 기기창(機器廠), 선원[海員], 철도 및 많은 외자기업도 참여하였다. 왜냐하면 상해 노동계급의 참가로 5·4애국운동은 북경의 지식분자가 중심이 된 운동이 상해에서는 노동자계급, 소자산계급과 자산계급의 참가로 전국 범위의 혁명운동으로 발전하였다.

상해인민의 "삼파"(三罷) 중 특히 파업투쟁의 거침없는 전개에 대해서 중외반동세력은 아주 두려움을 표시하였고, 이를 적극 파괴하려는 시도를 하였다. 영사단은 중국 관청에 "빨리 좋은 책략을 써서, 재앙을 없애라."8)고 요구하였고, 외국 상인들에게는 자국 공사에게 전보를 보내 북경 정부에 압력을 가하라고 명령하였다. 6월 6일 공부국에서는 포고문을 게시하였는데, 그 내용은 '시민이 전단을 뿌리는 것, 깃발을

---

7) 『申報』, 1919년 6월 6일.
8) "速籌良策, 消彌禍患." 『新聞報』, 1919년 6월 6일.

드는 것, 무리지어 다니는 것'을 엄금시켰으며, 각계의 점포 상인들은
즉시 정상 영업을 할 것을 명령하고, 순포를 출동시킴과 동시에 만국
상단(萬國商團)과 수병을 출동시켜 조계내의 중국인출입을 조사하게
시켰다. 프랑스 조계 당국에서는 전체 프랑스 교포 회의를 열어 조계
안전 대책을 논의하였고, 아울러 부랑자인 프랑스 포방 탐장[法捕房探
長] 황진룽(黃金榮)을 이용해 상인들에게 개시(開市)하도록 명령하였
다. 중국 관청 역시 같은 날 대규모의 군경(軍警)을 파견하여 상인들을
협박하여 개시(開市)하도록 하였으나 모두 실패하였다. 7일 호군사(滬
軍使) 루융샹(盧永祥)은 계엄(戒嚴)을 선포하고, 집회결사 및 전단 살
포를 금지시켰고, 아울러 송호경찰청장(淞滬警察廳長) 쉬궈량(徐國樑)
및 호호해도윤(護滬海道尹) 선바오창(沈寶昌) 등 상학계(商學界) 대표
백 여 명을 현상회(縣商會)에 소집하고 회의를 개최하여 단체 파업[罷
工]의 위험과 자산계급에 대한 협박을 피력하였다. 회의를 하였던 이
들과 위차칭(虞洽卿), 쑤쥔샹(蘇筠尙) 등은 "만약 또 다시 서로 버티기
에 돌입한다면, 누가 지방이 부패하지 않게 보존할 수 있는가"라는 경
고아래, 먼저 개시(開市)와 수업 복귀를 할 것을 타협으로 결정하였다.

많은 시민과 특히 점원과 노동자들은 자산계급 대표자들의 파업과
수업거부를 풀라는 동요하지말고 투쟁을 계속할 것을 요구하였다. 7일
오후, 상공학보연합회(商工學報聯合會)에서 결의가 통과되었다. "명령
을 내려 매국노를 처벌하지 않는다면, 절대로 개시(開市)하지 않고 수
업도 듣지 않겠다."[9]고 하였으며, 상학계(商學界)의 일부 대표가 현상
회(縣商會)의 타협 결정을 부인하고, "삼파"(三罷)투쟁을 계속 벌일 것
을 결정하였다. 먼저 영안공사(永安公司)의 자본가 측에서 순포(巡捕)의
특별 보호아래 단독으로 상점의 문을 열었으나, 직원들은 해고를 감수
하면서까지 상점으로 돌아가지 않았다. 자본가와 공부국(工部局)의 개

---

9) "不下令懲辦賣國賊, 決不開市上課." 『時事新報』, 1919년 6월 8일.

시(開市) 음모는 좌절되었다.

6월 8일, 공부국 이사회[董事會]에서는 비밀리에 이러한 파업을 진압할 것을 결정하였다. 이사장[總董] 피얼스(E. C. Pearce, 庇亞士)는 영국 영사에게 이사회에서 채택한 강경 진압 내용을 전달하였는데, 이사[董事]들은 어떠한 상황 하에서도 학생들과의 담판은 할 수 없다는 의견의 일치를 보았다. 아울러 공부국은 상해학련(上海學聯)에 24시간 내에 완전히 정치활동을 정지하라고 통지하였고, 그렇지 않을 경우 중국 학생회내의 사무소를 폐쇄하겠다고 압박하였다. 동시에 영사단은 영국 정부에 군함을 증파하여 상해에 대한 압박을 가중시켰다. 제국주의는 무력으로 상해 인민의 "삼파"(三罷)투쟁을 진압하려 하였다.

상해인민은 폭력에도 두려워하지 않고 투쟁을 지속시켜 나갔다. 학련(學聯)은 공부국의 통첩을 받은 후, 학생회 사무소를 즉시 프랑스 조계내로 옮겼다. 상계(商界)에서도 계속 파시(罷市)를 하였다. 노동자의 단체파업[罷工]의 여파는 기타 계급으로 파급되어 그들이 정한 규정의 방향과 범위로 확산되었고 분위기는 최고조를 이루었다. 이것은 반제·반봉건의 혁명정신이 현저하게 드러난 것이라고 할 수 있다. 당시의 자산계급은 일반적으로 단체파업[罷工]을 반대하면서, 이러한 파업은 사회질서의 혼란을 가져와 상계(商學) 및 각계(各界)에 엄청난 시련을 가져 온다며, 민족기업 노동자들은 단체파업을 하지 말고 지속적으로 노동을 해야 한다고 강조하였다. 상해학련(上海學聯)에서도 채소시장[菜市], 식품(食品), 교통(交通)등 업(業)의 노동자는 단체파업을 하지 말도록 권고하였는데, 이로써 치안을 유지시키려 하였던 것이다. 그러나 단체파업에 참가한 대다수의 노동자들은 이러한 말을 이해하지 못하였다. 6월 10일 호녕(滬寧, 상해-남경), 호항(滬杭, 상해-항주)의 두 철도의 노동자들이 단체파업[罷工]을 일으켰고, 기선 선원[輪船水手] 역시 모두 일을 하지 않았으므로, 상해의 철도와 해운은 거의 완전히 중단되었다.

노동자들은 "공업계에 종사하는 사람들은 결의를 하였다. 상계(商界)가 개시(開市)를 받아들이더라도, 공업계(工業界)는 파업을 중지하지 않기로 결정하였으며, 다시 단결하여 계속 단체파업을 하여야 한다."[10]고 주장하며 파업을 선동하였다. 6월 11일 정치대파업(政治大罷工)에 참가한 노동자들은 6, 7만 명에 이르렀다. 수 만 명의 노동자들이 동경로(東京路, 현재 武定路)에서 공업계 전체대회[工界全體大會]를 거행하며 전국 공업계에 전보를 보내 일치된 파업을 요구하였다.

상해 노동자계급은 전대미문의 정치대파업(政治大罷工)으로 중외 당국을 놀라게 하였다. 『자림서보』(字林西報)는 어쩔 도리 없이 다음과 같이 당시 상황을 언급하고 있다. "우리는 생활하는데 있어서 참기 힘든 어려움을 겪고 있다. 우리 정부가 북경정부에 학생들의 요구를 받아들이라고 요청할 수밖에 없다."[11] 관청방면에서는 루융샹(盧永祥)과 선바오창(沈寶昌) 역시 급전을 북경정부에 보냈는데, 그 급전 내용은, "상해의 이러한 풍조는 학생들의 수업 거부에서부터 시작되어 상인들의 파시(罷市)와 근래에는 노동자들의 동맹파업[同盟罷工]으로 이어졌다. 그들의 요구가 받아들여지지 않는다면 더욱 큰 혼란이 올 것이다."고 하였다. 그러므로 혼란을 막기 위해 차오루린(曹汝霖), 장쭝샹(章宗祥), 루쭝위(陸宗興) 3인의 면직을 요구하였다.[12]

상해 및 각지의 인민투쟁의 압력아래에서, 북경정부는 6월 10일 차오(曹), 장(章), 루(陸)을 직무에서 면제시켰다. 11일 이 소식이 상해에 전달되자 상공학보연합회에서는 다음날 개시하기로 결정하였다. 12일 오후에는 각 학교 학생들이 "공상업계에 감사하여, 시장을 연다."(感謝工商, 枯請開市)는 깃발을 거리에 걸었고, 각 상점은 폭죽을 터뜨리고 개시(開市)한다는 현수막을 내걸었다. 그러나 당일 저녁, 일부 점원이

---

10) 『時報』,1919년 6월 11일.
11) 汪士漢, 『五四運動簡史』, 中國社會科學出版社 1979년판, p.46에서 인용.
12) 『新聞報』, 1919년 6월 10일.

거리에서 투쟁 승리의 자축 행사를 벌이고 공공조계를 통과할 때, 순포(巡捕)의 습격으로 10여 명의 사상자가 발생하게 되었다. 이러한 사상자의 발생으로 시민의 공분(公憤)이 일어났고, 점원 쉬푸케이(徐福桂)는 남경로에서 전단을 뿌리며 재차 파시(罷市)를 호소하였으나, 각 상학단체(商學團體)의 지지를 얻지는 못하였다.

6월 12일 상계(商界)가 개시(開市)를 한 후, 수업거부[罷課], 단체파업[罷工] 역시 기본적으로는 끝을 맺었다. 그러나 내외면(內外棉), 일화(日華) 등 일부 일본자본가(日本資本家)소유 공장의 노동자들은 산동문제(山東問題)가 아직 해결되지 않았다고 하여 근무에 임하지 않았다. 다음날 공업계 대표[13]는 회의를 열어 노동자들의 작업재개[復工]를 요구함과 동시에 한편에서는 계속적인 투쟁을 주장하였다. 학생들은 차오루린(曹), 장쭝샹(章), 루쭝위(陸) 3인의 파면은 "우리 국민들이 바라는 매국노에 대한 처벌과는 상당한 거리가 있다"고 주장하였다.[14] 16일, 각 성의 학생대표가 대동여관(大東旅館)에서 전국학생연합회(全國學生聯合會) 성립대회를 개최하여 북경대학의 돤시펑(段錫朋)과 복단대학의 허바오런(何葆仁)을 정부(正副) 회장으로 선출하고 계속적인 투쟁을 준비하게 되었다.

6월 17일, 북경정부는 전보로 중국 대표에게 베르사이유조약[凡爾賽和約]에 서명하라고 명령하였는데, 이러한 명령은 조약 서명 반대라는 운동을 일으키게 되었다. 상해공상학보(上海工商學報)는 각계에 대외선전을 발표하며 정부를 비평하기를 "일본인을 위해 옆구리를 찔러 유혹하는 것은, 민의와 전쟁을 선포하는 것"[15]이라고 하였다. 강소성교육회(江蘇省敎育會), 환구중국학생회(寰球中國學生會), 전국학련(全國學聯) 등 단체는 회의에 참가하고 있는 중국대표에게 "만약 민의를

---

13) 당시 스스로 "工界代表"라고 하였던 사람 중 극소수만이 진정한 노동자였다.
14) 『民國日報』, 1919년 6월 13일.
15) 『時事日報』, 1919년 6월 23일.

저버리고 청도(靑島) 및 산동(山東)의 주권을 보류시키지 않고 독일과
조약을 체결하는 사람은 차오루린, 장쫑샹, 루쫑위와 같은 사람인 것
이다."16)라고 전보를 보냈다. 27일, 각계 인사들이 서명할 시간에 공
공체육장에서는 만인(滿人)대회를 개최하여 중국 대표에게 급전을 보
내 서명을 거절할 것을 요구하였으며, 아울러 조속한 국민대회 개최를
호소하면서, 북경국회(北京國會)의 대내외(對內外)적인 일체의 행동들
을 인정하지 않았다. 28일 중국 대표는 전국인민의 압력 하에 어쩔 수
없이 조약(和約)에 서명하는 것을 거절하였다. 그러나 7월 1일에 상해
인민은 그들이 이미 조약에 서명하였다는 소식을 전해 듣게 되었다.
군중 10만 여 명은 다시 공공체육장에서 집회하며, 이후의 일에 대처
하는 방법을 토론하였다. 한 공업계[工界]의 대표는 "나라를 구하기
위해서는 근본을 해결해야 하며, 그것은 바로 매국정부를 전복시키는
것이다."라고 주장하였다. 회의 후, 군중은 대규모 시위를 벌였고, 전
단을 살포하였으며, 외국인이 조약 서명을 경축할 때 시민들에게는 반
기(半旗)를 게양하여 애도의 뜻을 나타내게 하였으며, 아울러 검은 면
사(面紗)를 쓰고 1주일 시위할 것을 호소하였다. 7월 2일 중국 대표가
아직은 조약에 서명하지 않았다는 확실한 소식이 상해에 전해지자, 상
해 인민의 애국투쟁은 여기서 비로소 한 단락 접게 되었다.

---

16) "如或違背民意, 不保留靑島及山東主權而簽德約者, 當與曹、章、陸同論."『新
聞報』, 1919년 6월 25일.

제2절 반제 애국투쟁의 지속적인 전개와
사회주의 사조(思潮)의 흥기

　5·4운동의 초보적 승리는 상해인민에게 상당히 큰 자신감을 안겨주었다. 이 이후의 어느정도의 시간동안 상해에서는 반제 애국의 군중운동이 다시 일어났고 계속 발전해 나갔다. 이러한 투쟁 중에서 노동자계급은 진일보 발전된 자신들의 역량을 나타내었다.

　1919년 9월 7일, 상해의 각계 군중 만 여 명은 공공체육장에서 집회를 가지고, 북경정부가 산동문제 해결 전에 독일과 보충 조약에 서명하는 깃을 반대하였고, 아울러 21개조의 취소를 요구하였으며, 돤치루이(段祺瑞), 쉬수정(徐樹錚)을 파면하고 안복회(安福會)의 해산을 주장하였다. 11월 전국학련과 천진(天津)의 각계 연합회 등은 각지의 각계 연합대표 4·50인과 모임을 예정하였고, 상해 사천로(四川路)에서 청년회 전국각계연합회(全國各界聯合會)의 성립을 보았다. 이 회는 국민자치정신의 촉진과 영원히 평화를 유지한다는 내용을 주된 목적으로 하였으며, 상임 위원으로 스양(施洋) 등이 맡아 일상적인 업무를 보았다. 11월 중순에는 일본 부랑자가 복주(福州)에서 흉기로 많은 중국학생과 시민들을 죽이거나 상해를 입혔던 복주참안(福州慘案)이 발생하여 전국을 놀라게 하였다. 23일에는 전국각계연합회, 각 거리 상업계연합회[各馬路商界聯合會]등 단체 대표 및 시민 3만 여 명이 일본제국주의의 폭행을 성토하는 비회를 열었다. 12월 4일, 상해학련(上海學聯)은 만 여 명의 학생 시위대를 조직하는 동시에 각 학교에 4일간 수업거부를 할 것을 요구하였다.

1920년 초, 북양정부는 일본과 직접 산동문제에 대한 교섭을 준비
하였다. 2월 1일, 상해의 농(農), 공(工), 상(商), 학(學), 신문(新聞) 등
각 업계에서는 국민대회를 거행하여, 정부가 일본과 타협하는 것을 모
두 반대하였다. 2월 6일, 각 거리 상업계연합회[各馬路商界總聯合會]
에서는 북경정부에, "만약 고집으로 전 국민의 뜻을 위반한다면, 철도
파업 등으로 새로운 물결이 이전의 것들을 쓸어버리고, 이러한 새로운
세력이 정부의 매국적인 행위를 용납하지 않을 것이다."[1]라는 전보를
보냈다. 9일, 상해시민 3만 명이 호군사서(滬軍使署)에 청원을 하러 갔
고, 그중에는 공상계 인사들이 많았다. 대오는 용화(龍華)까지 이어졌
으며, 호군사(滬軍使)대리였던 허펑린(何豊林)은 이들 대표들의 접견을
거절하며 만나지 않았다. 이에 상인들은 하루 반나절 동안 파시(罷市)
를 거행함으로써 항의를 표시하였고, 2천여 명의 전기노동자들도 단체
파업[罷工]을 벌였다.

4월 10일, 전국 학련은 북경정부에 전보를 보내 4일 이내에 『중일
공동방적군사협정』(中日共同防敵軍事協定)의 폐지를 선포하라고 하였
다. 14일에는 상해의 각 학교 학생들은 북경정부가 민의를 벗어난 행
동을 하는 것에 대한 수업거부(罷課)를 벌였다. 21일에는 대규모의 학
생들이 손에 "혁명"(革命), "단체 파업"[罷工], "파시"(罷市)라는 표어
를 들고, 용화(龍華)의 군 주둔 병영지에서 시위를 하였다. 다음날에는
고창묘(高昌廟) 상해 병공창(兵工廠) 입구에서 노동자의 파업을 유도
하였고, 군경은 이를 진압하기 위해 출동하여 노동자와 학생들이 많이
다쳤다. 병공창 및 조선소의 2천 여 명의 노동자는 23일 단체파업을
거행하며 항의를 표시하였다. 대부분의 노동자와 학생들은 거리에서
시위를 벌였고, 노동자들은 밀대 등을 손에 들고, 연도(沿道)의 상점에

---

1) 若一意孤行, 違反全國民意, 鐵路風潮, 籌安覆轍,借鑒不遠. 際此自決新潮振盪
之秋, 忝爲主人翁者, 不容政府之媚日賣國也. 『民國日報』, 1920년 2월 7일.

일률적인 파시(罷市)를 권고하였다. 잠시 후, 성 내외(城內外)의 대소 상점[大小商號]은 전부 문을 닫았고, 전차(電車) 역시 운행을 중단하였다. 계속해서 학생들은 전국 각 업계연합회의 지지아래, 남북 양정부의 전복과 무인관료 군벌 축출하고 평민정부의 조직을 주장하면서, 5월 1일 시 전체의 삼파(三罷)를 시작하도록 호소하게 되었다. 반동 당국은 크게 당황하여 영사단과 비밀협의하여 이러한 행동을 "소멸" 시키는 방법을 논의하였다. 영사단은 조계당국에 명령하여 중국 관청의 긴밀한 협조를 당부하였고, 중국 군경인원에게 예외적으로 장기 사용할 수 있는 특별 허가증을 발급하였으며, 그들이 조계를 마음대로 드나들게 허락하였으며, 이로써 더욱 효과적인 진압활동을 하도록 도와주었다. 상해 자산계급은 이때 정부의 압력에 굴복하여 학생운동에 대해 관망적인 태도를 취했고, 여기에 중외 반동 당국의 엄밀한 방범활동으로 5월 1일의 삼파(三罷)는 실현되지 못하였다. 오래지 않아 프랑스 조계당국은 중국 정부의 요구를 받아들여 상해 학련(學聯)과 전국업계연합회[全國界聯合會]의 활동을 금지시켰다.

　이 기간에 호남(湖南)사람으로 상해에 머물러 있던 군벌 장징야오(張敬堯)의 축출 운동이 전개되었다. 1919년 7월 이후, 그들은 상해에서 『호남』(湖南)이라는 월간(月刊)과 『천문』(天問) 주간(週刊)을 창간하여 장징야오의 죄악을 고발하고, 아울러 전국 인민에게 장을 축출하는 운동에 대한 원조를 호소하였다. 1920년 4월, 호남학생의 지도자인 마오쩌둥(毛澤東)이 상해에 도착하여, 필무로(畢茂路) 민후남리(民厚南里, 현재의 安義路 63號)에 거주하였다. 그는 광범위한 조직망으로 호상인(滬湘人, 즉 상해거주 호남인)을 연결하여 장징야오의 축출 운동을 전개하는 것 이외에 반송원(半淞園)에서 신민학회(新民學會) 회원을 소집하여 개회하였는데, 신민학회에서는 중국과 세계의 개조(改造)를 종지(宗旨)로 규정하였고, 아울러 하비로(霞飛路, 현재의 淮海中路)

의 송사(松社)에서 신민학회(新民學會)와 소년중국학회(少年中國學會) 회원의 친목회[聯歡會]를 개최하였다.

5·4애국운동(愛國運動)의 영향과 추진 아래, 공공조계내의 중소상점 주인들 역시 공부국(工部局)이 세금을 증가하는 것에 반대하며, 중국인의 정치 참여를 쟁취하기 위해 운동을 전개하였다.

5·4운동 폭발 전날, 공부국은 제1차 세계대전의 협약국 국적의 고용원들이 직책을 떠나는 사람들에 대한 이직(離職) 기간에 대한 월급을 결정하였다. 이러한 거대한 금액 지출을 보조하기 위해, 납세인회의(納稅人會議)에서는 1919년 7월 1일부터 가옥세와 지방세를 올려받기로 결정하였다. 6월에는 공공조계 각 상점에서 이러한 무원칙적인 착취에 대해 반대하는 운동이 확산되었고, 각 도로를 중심으로 거리상업계연합회[馬路商界聯合會]가 결성되었다. 7월 5일, 복건로(福建路)의 전체 상인은 시민들을 향해 전단을 뿌리며, 부가세(附加稅) 납부를 거부하도록 호소하였다. 산동로(山東路) 상업계연합회[商界聯合會] 및 북사천로(北四川路), 천동로(遄潼路), 무창로(武昌路), 숭명로(崇明路), 남경로(南京路), 북경로(北京路) 등지의 상점은 이에 호응하였고, 중국정부와의 교섭을 요구하게 되었다. 그러나 특파된 강소교섭원(江蘇交涉員) 양성(楊晟)은 조계 당국과 이러한 교섭을 진행시키지는 못하였다. 총상회 역시 이 일에 대해 냉담한 태도를 보였으며, 각 거리 상업계 대표(馬路商界代表)들이 개최하려던 강당(禮堂)에서의 회의도 모두 거절되어 무산되었다. 각 거리상업계대표[馬路商界代表]는 7월 28일 공부국(工部局)이 증가된 세금을 받기로 한다면 "공부국에서는 중국 상인과 각국 교포 상인들과의 평등한 대우를 보장해 줄 것과 중국인 이사[華董]를 새로 더 첨가시켜야 한다."[2]고 요구하며, 제2차 중국인 참

---

2) "向工部局要求華商與各國僑商予以平等待遇, 華商方面添擧華董." 『申報』, 1919년 7월 29일.

정운동(參政運動)을 벌일 것을 정식으로 선포 하였다.

공부국은 형국이 좋지 않게 전개되자, 바로 수법을 바꿔 한편으로는 세금을 증가[加捐]하는 것을 견지하면서, 다른 한편으로는 "장래에 공부국 재무위원회에서는 세금을 증가하는 제의가 있을 때를 고려하여, 1명의 중국인 대표 의견을 듣고 상의하는 것을 환영한다."3)며 세금도 올리고 중국측 주장도 어느 정도 수용하는 절충적인 방법을 제시하였다. 총상회에서는 외국 국적의 변호사를 초빙해서 거짓으로 중국인 참정[華人參政]을 동정하였다. 그러나 각 거리상업계대표는 이러한 유혹에 넘어가지 않고 즉각적으로 세금 납부의 연기와 『토지장정』(土地章程)의 개정과 납세중국인회[納稅華人會]를 조직할 것을 제기하였다. 총상회는 군중의 압박으로 공부국에 편지를 써 세금 징수를 두 주일간 늦춰 달라는 요청을 하게 되었다. 그러나 공부국에서는 오히려 이러한 총상회의 요청에 대해 "스스로 공부국과 대립한다."고 하며, 위협적인 언어로 "귀 총상회의 이번 정책은 외국인들이 중국인을 조계정무에 참여시키려는 동정을 잃게 만들었다."4)며 위협을 가하였다. 총상회는 이에 두려움을 느끼며 즉각 각 거리 상업계대표[馬路商界代表]를 소집하여 그들을 압박하여 먼저 세금을 납부케 한 후, 다시 중국인 참정문제를 교섭하자는 태도를 보였다. 각 거리 상업계대표는 총상회의 그러한 압박에 어느정도는 버텼으나 결국은 굴복하여 8월 21일에는 각 상점에 예전에 비추어 세금을 납부할 것을 권고하였다.

10월 26일, 20여 곳의 거리상업계연합회[馬路商界聯合會]는 총상회 강당에서 각 거리상업계연합회[各路商界聯合會, 통칭 商總聯會]의 성립대회를 거행하자, 각 상점에서는 국기를 게양하며 기쁨을 나타내었다. 12월 1일 상총연회 대표는 16대의 자동차에 나누어 타고 각 상점

---

3) 1919年 『工部局年報』는 『上海公共租界史考』, p.510에서 인용함.
4) "貴總商會此事之政策, 勢必致喪失外人對於華人社會渴求參與租界政務之同情" 1919年 『工部局年報』는 『上海公共租界史考』의 pp.512~513 참조.

의 도장을 받은 후, 『토지장정』(土地章程)을 고치기 위해 교섭사서(交涉使署)에 도착하여 영사단(領事團)에게 이 문건을 전달하였다. 자동차가 지나가는 연도에는 상인들이 손을 흔들며 "중국인은 시민권을 요구한다."는 작은 깃발을 흔들며 이들을 격려하였다. 중국 인민이 스스로 수정한 『토지장정』 초안은 조계제도의 근본적인 부정은 없고, 오직 조계내의 중국인에 대해 선거권, 피선거권과 의사권을 달라는 요구였으나, 조계당국에서 볼 때는 절대로 용납할 수 없는 것들이었다. 수정된 초안은 영사단에 전달된 후 그 안건은 방치되었다. 이에 상총연회(商總聯會)는 12월 하순에 다시 납세(納稅) 거부 운동을 전개하였다.

1920년 1월 7일, 총상회 회장 주바오싼(朱葆三)과 총상연회(商總聯會) 이사장[總董] 천후이눙(陳惠農)이 총상회와 공공조계내 40여 거리의 1만 여 상점 명의(名義)로 공부국에 편지를 보내 중국인고문위원회[華人顧問委員會] 설립을 요구하였다. 공부국에서는 이러한 요구에 대해 4월에 열리는 납세인 회의에서 결정하고자 한다는 답변을 보내왔다. 동시에 공부국은 회심공당(會審公堂; 합동심사 법정]에 19곳의 납세를 거절한 상점을 알려주었다. 이러한 상점은 시민들의 지지로 법정에 서지 않았다. 그러나 회심공당(會審公堂)은 각 상점들에게 밀린 세금을 완납하라는 판결을 내렸고, 공부국에서도 대규모 순포(巡捕)를 각 상점에 보내 강제로 세금을 징수케 하였다. 상민(商民)들은 이러한 처사에 아주 분노하여, 순포들이 오기 전에 상점의 문을 닫고 파시(罷市)를 준비하고 있었다. 총상회와 상총련회는 계속적으로 공고문을 발표하며 각 상점에게 의외의 행동을 하지 말라고 당부하였다. 1월 14일, 상총련회는 관청과 한마음으로 조계당국과 타협한 총상회의 억압으로 한편으로는 세금을 납부하고, 한편으로는 계속 중국인참정문제[華人參政問題]를 교섭한다는 결의를 통과시켰다. 자산계급 상층 인물의 타협으로 제2차 세금납부 거질운동[拒絶納捐運動]이 또 실패로 돌아갔으나, 중국인 참정[華人參政] 문제는 아직 끝나지 않은 상태였다.

4월 6일, 각 거리 상회[馬路商會]는 총상련회(總商聯會)에 "현재 조계내의 중국인은 60만 명이며, 매년 부담하는 세금은 공부국 총수입의 5분의 4를 차지하고 있다. 그러나 시민들의 권리 측면에서 볼 때, 5분의 1을 납부하는 서양인들과 동등한 대우도 받지 못하고 있다."[5]는 내용의 서신을 보냈다. 총상련회(總商聯會)는 이 근거에 따라 다음날 열린 납세인회의(納稅人會議)에서 청원서를 제출하였고, 중국인 이사 설립을 강력하게 요구하게 되었다. 이러한 중국 시민의 정당한 권리를 외국인들에게 구걸하는 것은 중국 민족 존엄에 상당한 위해가 되는 것이었다. 납세인회의(納稅人會議)에서는 3대 1의 표수(標數)로 중국인 이사 설치안이 부결되었으나, 중국인고문회[華人顧問會] 설립은 허락되었다.

많은 상인과 시민이 중국인 이사 안건이 부결된 것에 불만을 품었으나, 총상련회에서는 오히려 중국인 참정[華人參政]의 첫 걸음이 이미 실현되었다고 보고, 즉각 중국인고문회[華人顧問會] 조직을 설립하였다. 중국인 참정운동 중 조계당국에 타협과 양보를 하였던 총상회는 이때부터 적극적인 활동을 시작하였고, 공부국의 지원 아래 중국인고문회[華人顧問會]의 조직에 적극적인 참여를 나타내었다. 5월 29일, 총상회에서는 소속의 각 상업단체에 중국인고문회의 선거를 통보하였으나, 상총련회와 많은 중소상인들의 제지를 받았다. 6월 하순, 총상련회는 각 단체 대표 연석회의를 소집하였고, 조계내의 납세인회의를 모방하는 것으로 결정하여 납세중국인회[納稅華人會]를 조직하였으며, 납세중국인회에서 중국인 고문을 뽑았다. 10월 14일, "조계 내의 자치와 공공 이익의 발전을 위해"라는 원칙을 표방하면서 납세중국인회[納稅華人會]의 성립을

---

5) "現在界內華人六十萬, 每年所負擔之捐稅, 約占工部局總收入五分之四, 而應有市民權利不能與五分之一納稅西人受同等之待遇"『申報』, 1920년 4월 6일.

선포하였다. 이것은 외국인의 납세인회의[이하 "납세외인회"(納稅外人會)로 통칭]의 조직방법을 모방하였고, 입회자는 필히 500량 이상이거나 혹은 매년 500량의 집세를 내거나, 부동산 세금을 10량 이상을 납부하는 재산자격이 필요하였고, 이사(理事)는 매년 집세를 1,200량 이상 혹은 부동산세를 50량 이상 납부하는 재산자격을 갖추어야 하였다. 이 조직의 이러한 회원 및 임원에 대한 제약으로 많은 시민이 회원이 될 수 있는 조건을 제약함으로써 많은 시민들을 조직에서 배척하였으므로 공공조계내 전체 중국 주민의 대표도 아니었고, 오직 일부 자산계급을 대표하는 단체에 불과하였던 것이다.

11월 9일, 납세중국인회에서는 쑹한장(宋漢章), 세융썬(謝永森), 무어우추(穆藕初), 위르장(余日章), 천광푸(陳光甫) 등 5명이 중국인 고문(華人顧問)으로 선출되었다. 그러나 공부국에서는 납세중국인회 장정(章程) 6조에서 "조계 내에서 일어나는 모든 중국인 신변의 이해(利害)에 관계되는 일 및 조계내 자치행정소의 건의 및 청원 등의 일은 반드시 이사부(理事部)의 심의를 거친 후, 각각 처리한다."6)는 규정을 언급하면서, 이것은 앞으로 중국인 고문의 활동을 속박하고자 한 것이며, 따라서 공부국의 활동을 방해하고 있으므로 취소를 요청하였고, 그렇지 않으면 이 회에서 만들어진 중국인 고문을 인정할 수 없다 주장하였다. 공부국의 이러한 무리한 요구는 실제적으로 중국인고문이 납세중국인회가 민의(民意)를 대표할 자격과 책임이 있다는 것을 부인한 것이었다. 약 반년간의 교섭을 거쳐 납세중국인회는 마침내 굴욕적으로 장정의 제6조 내용을 취소시켰다.

1921년 5월 11일, 공부국의 중국인 고문회는 정식으로 성립을 선포하였다. 공부국의 규정에 따라 이 고문회는 "오로지 공부국의 순수한

---

6) "凡界內華人關於切身利害之事, 及對於界內之自治行政有所建議或請願等事, 皆須經理事部審定後, 分別辦理之"『申報』, 1920년 10월 15일.

자문기관으로 조계 내에서 일어나는 중국인들 사건에 대한 견해를 공부국에 제출한다.”[7]는 단순한 자문기관이었고, 뿐만 아니라 영사단이 고문인선에 대한 부결권도 가지고 있다. 그러므로 중국인고문회의 성립이 중국인 참정을 실현하는 것을 의미하지는 않는다. 그러나 자산계급은 오히려 아주 큰 승리를 얻었다고 생각하였으며, 어떤 사람은 심지어 공부국에 감사의 눈물을 흘리면서, “상해 조계 공부국의 다섯 대표 만세”[8]라는 정신 나간 소리를 하였다. 중국인 이사[華董]를 설립한다는 중국인 참정운동의 목표가 자산계급의 타협으로 인해 진정한 목표에 도달하지는 못하였으나, 중국인 고문의 설립은 개량주의 운동이 이미 발전하고 있다는 것을 의미하고 있다. 이러한 것은 5·4애국운동(愛國運動) 추진의 결과이다.

인민군중의 반제애국투쟁의 반영으로 사상문화계는 이전에 볼 수 없는 발전보였고, 사회주의사상이 전파되었다. 5·4운동 후, 신문화운동이 새로운 단계로 접어들었다. 각종 새로운 간행물이 출판되었고, 5·4운동 후 1년 중, 상해에는 『민국일보』(民國日報)의 부간(副刊)인 『각오』(覺悟), 『성기평론』(星期評論), 『남양』(南洋) 주간(週刊), 『건설』(建設) 월간(月刊), 『흑조』(黑潮) 쌍주간(雙週刊), 『신군』(新群) 월간(月刊), 『상해학생연합회통속총간』(上海學生聯合會通俗叢刊), 『민심』(民心) 월간, 『신부녀』(新婦女) 반월간, 『평민보도』(平民導報), 『평민주간』(平民週刊), 『신인』(新人) 월간, 『해방주보』(解放畵報) 등등이 창간되었다. 5·4운동 전에 단순히 신문화를 소개하는 간행물과는 달리 이러한 간행물은 거의 신사상과 사회개조문제의 탐색 등이 그 주된 내용을 이루었고, 상해 지식계에 각종 사상의 상호 배척과 상호 영향 등의 국면을 가져왔다.

---

7) “專限於依工部局就詢之專涉界內華人事件, 而盡其獻替之職, 幷就專涉界內華人事件而提出其意見於工部局”『上海公共租界史稿』, p.490.
8) “恭祝上海租界工部局暨我五代表萬歲”『申報』, 1921년 5월 12일.

1919년 4월 30일, 미국 실용주의철학가 듀이(J. Dewey, 杜威)가 상해에 왔고, 후스(胡適), 타오싱즈(陶行知) 등이 그를 맞이하였다. 3일 후, 듀이는 그의 실용주의 철학을 강연하고 사회개량주의를 선전하였다. 5월 5일, 상해를 떠난 듀이는 2년 여 동안 중국 각지를 돌면서 순회강연을 벌였다. 그의 강연 대부분은 『신청년』(新青年), 『각오』(覺悟), 『학등』(學燈) 등의 정기 간행물에 실렸다. 1919년 6월 듀이의 제자인 후스(胡適) 역시 『매주평론』(每週評論)에 『일부 문제에 대한 많은 연구, 일부 주의에 대한 담론』이라는 글을 실으며 개량주의를 찬동하였고, 마르크스주의와 사회혁명에 대해서는 반대하였다. 듀이와 후스의 주장은 상해의 많은 자산계급 지식분자의 환영을 받았고, 개량주의는 당시 유행하는 사회 사조가 되었다. 소년중국학회 상해분회는 "많은 연구를 통해 이치를 배우고, 적게 주의를 주장한다."고 주장하여 후스와 한 뜻임을 나타내었다. 중국공학(中國公學) 교원이 창간한 『신군』(新群) 월간(月刊)은 사회주의로 사회를 개조해야 한다는 구호를 주장하고 있는데 그 목적은 "이러한 주의의 연구는 어떤 방면에서 개량을 하여야 하며, 이로써 격렬한 현실 행위를 예방할 수 있다."9)는 것이다. 많은 사람들은 대대적인 교육으로 구국을 할 것을 부추겼다.

당시 대부분의 지식인들은 진정으로 10월 혁명의 의의를 이해하지 못하였고, 그들이 말하는 사회주의는 실제상 소자산계급 사회주의 혹은 자산계급 개량주의에 불과한 것이었다. 그중 무정부주의는 유행이 비교적 빨랐고, 영향도 비교적 광범위했던 것 중의 하나였다. 상해는 중국 무정부주의의 발원지중 한 곳이었다. 빠르게는 1905년 『동방잡지』(東方雜誌)에 이 사조(思潮)에 대한 간단한 소개가 있었다. 1914년 류스푸(劉師復)가 상해에서 무정부공산주의동지사(無政府共産主義同志社)를 창건하였다. 1918년 3월 우즈후이(吳稚暉)는 상해에서 『노동』(勞動)

---

9) "研究這種主義, 謀方面上的改良, 以預防激烈行爲的實現" 『新群』, 10卷 1號.

이라는 잡지를 창간하여, 상해 인민들에게 크로포트킨(Kropotkin, 克魯泡特金)[10]의 무정부주의를 고취시켰다. 1919년 후반기, 상해에는 또 『자유』(自由), 『혁명』(革命) 등 무정부주의 간행물이 출현되었다. 이외에 신촌주의(新村主義, 새마을운동), 일하면서 공부하는 주의(工讀主義), 합작주의(合作主義) 등 당시 사회주의의 유파에 속하는 것들이 상해에 나돌기 시작하였다. 5·4운동 후, 『시사신보』(時事新報) 부간(副刊)인 『학등』(學燈)과 『비평』(批評) 반월간(半月刊)은 모두 신촌주의(新村主義)에 대한 토론 문장을 실었다. 직교사(職教社) 부속학교의 학생은 1919~1920년 사이 거의 모두가 이상적인 작은 조직 형태의 조직이 생겨났고, 자신들의 기숙사 이름을 "신촌"(新村), "평민촌"(平民村), "대동촌"(大同村), "우의촌"(友誼村) 등이라 불렀고, 조직원은 공동으로 일정한 수공예 노동력을 제공하였으며, 그것으로 생긴 수입은 모두 공동으로 소비하였고, 또 돌아가면서 "촌장"(村長)의 직무를 수행하였다. 공독주의(工讀主義) 또는 공학주의(工學主義) 혹은 반공반독주의(半工半讀主義)는 노심(勞心)과 노력(勞力), 공(工)과 독(讀)의 결합을 주장하였다. 당시 상해에는 호빈공독호조단(滬濱工讀互助團)이 있었고, 그 구성원은 매일 옷을 빨아주거나 학교에서 5시간동안 근무를 서준다던가 하고 그 나머지 시간은 책을 보았고, 공동생활, 공동 소비 등을 하였다. 복단대학의 일부분 학생은 교무장(教務長) 쉐셴저우(薛仙

---

10) 포트르 알렉세예비치 크로포트킨(Pyotr Alekseyevich kropotkin, 克魯泡特金, 1842~1921)은 러시아 모스크바에서 명문 귀족 출신의 양친사이에서 4남매 가운데 막내로 태어났다. 상트페테르부르크 근위학교를 수석으로 졸업하고 촉망받는 지리학자로 활동했다. 스위스 여행중에 아나키즘 노동조합인 쥐라 연합사람들을 알게 되면서 아나키즘 사상에 깊은 영향을 받고 러시아로 돌아와 혁명운동에 뛰어들었다. 1874년 체포수감되었으나 극적으로 탈출한 후 프랑스, 영국, 스위스 등지에서 아나키즘 문헌을 집필하며 사회주의 아나키즘 운동을 주도하였다. 1917년 러시아 혁명이 발발하자 귀국하였으나 1921년 지병으로 사망하였다. 역자 주.

舟)의 영향아래 합작주의(合作主義)의 영향을 받았고, 상해국민합작저축은행(上海國民合作貯蓄銀行)을 창립하고, 합작주의를 시험해 보았다. 이러한 형형색색의 소자산계급 사회주의 사조는 5·4시기의 소자산계급지식분자들이 현상에 대한 불만과 밝은 사회로 나가려고 하는 욕구에서 일어났으나, 일시 유행하고는 점차 사라졌다.

5·4운동 이후의 사상 조류 중에서 오랜 생명력을 가진 것은 마르크스주의 학설이었다. 상해는 당시 마르크스주의의 중심지였다. 1919년 9월, 리다자오(李大釗) 주편의 『신청년』(新青年)에서는 마르크스주의 연구 특별호[專號]를 출간하였다. 그는 여기에서 『나의 마르크스주의관』(我的馬克思主義觀)이라는 글을 발표하면서, 마르크스주의의 3개 부분에 대한 간단한 소개의 글을 게재하였다. 1920년 천왕다오(陳望道)가 『공산당선언』(共產黨宣言)을, 리한쥔(李漢俊)은 『자본론입문』(資本論入門)을 상해에서 번역 출판해 내었다. 국민당 인사는 상해에서 『민국일보』(民國日報) 부간(副刊)인 『각오』(覺悟)와 『성기평론』(星期評論) 그리고『건설』(建設) 월간(月刊) 및 장둥쑨(張東蓀)이 관장했던 『시사신보』(時事新報) 부간(副刊) 『학등』(學燈) 등에 마르크스주의의 문헌과 관련된 번역서를 게재하게 되었다. 게재된 내용은 예를 들면 마르크스의 『고용노동과 자본』(雇用勞動與資本), 레닌의 『러시아의 정당과 무산계급』(俄國的政黨和無產階級), 카우츠키(Karl Kautsky, 考茨基)의 『상품생산의 성질』(商品生產的性質), 『마르크스 자본론해설』(馬克思資本論解說) 등등이다. 이러한 문장을 번역하였던 사람들은 마르크스주의의 추종자가 아니며, 일부는 심지어 과학사회주의의 반대자들도 있었다. 그러나 이러한 문헌과 번역서는 당시 영향력이 있던 신문이나 잡지에 실렸고, 객관적으로 마르크스주의를 전파하는데 일조를 하였다.

5·4운동 후, 상해의 노동운동은 지속적인 발전을 거듭하게 되었다.

1919년 7월에서 1920년 5월까지 상해 노동자들의 파업은 모두 29차례에 걸쳐 일어났고, 참가인 수는 약 5만 명 정도에 이르렀다. 당시, "신성한 노동"[勞動神聖], "노동자를 위한 대오"(與勞工爲伍)는 신문과 잡지[報刊]에서 열띤 논쟁의 화제 거리였다. 많은 사람들은 주동적으로 노동자 시위대에 참여하였고, 선전과 조직의 업무에 가담하였다. 1919년 5월에서 1920년 5월까지 상해에는 지식인, 정치가 혹은 자본가, 노동 십장들이 조직한 십 여 개의 노동계(工界) 단체가 출현하였다. 예를 들어, 펑쯔유(馮自由), 차오야보(曹亞伯) 등이 조직한 중화공업협회(中華工業協會)와 중화공회(中華工會) 등이 그것이다. 그러나 이러한 이름을 빌린 노동자단체들은 모두 노동자와 자본가가 뒤섞여 생긴 조직으로 노동자와 자본가의 합작인 개량주의를 고취시켰으며, 진정으로 노동자를 위한 이익을 도모하거나 하는 것은 없었고, 오직 이름만 "간판만 노동조합"[招牌工會]이라고 하였다. 진정으로 노동군중이 깊이를 가지게 되었던 것은 초보적인 공산주의 사상의 지식분자들에 의해서였다. 1920년 2월, 천두슈(陳獨秀)가 북경에서 상해로 온 지, 오래지 않아 상해 공독호조단(工讀滬助團)의 조직을 발기하였고, 이것은 노동자의 문화를 발전시켰고, 노동 투쟁의 목적을 제창하였다. 천두슈는 구체적으로 일하면서 배우는 방법[工讀方法]을 제정하였고, 마오쩌둥, 펑황(彭璜) 등과 함께 공동명의로 사회에서 모금운동을 벌였다. 천두슈는 평상적으로 노동자들과 접촉하였고, 그들의 생활과 상황을 이해하였으며, 『상해 후생사창 호남 여공문제』(上海厚生紗廠湖南女工問題)라는 글을 써서 자본가가 직접 노동자들을 착취한다는 글을 게재하였으며, 노동자들에게 호소하여 자본가에 투쟁해야 한다는 문장을 발표하였다. 1920년 5월 1일, 천두슈 등은 중화공업협회(中華工業協會) 등 7개 단체와 연합하여 군경을 저지를 뚫고, 경마장[靶子場] 뒤의 공터에서 세계노동기념대회(世界勞動記念大會)를 개최하였다. 수 백 명의 사람들이 "신성한 노동 만세"[勞動神聖萬歲]의 구호를 외쳤고, 8시간 근로시간 규정을 요구하였으며, 아울러『러시아 노농정부의 통고에 대한 답』(答俄國勞農政府的通告)을 통과시켰다. 이것은 중국 노동계급의 첫 번째로 노동절(五一節)을 기념한 활동이었다.

초보적인 공산주의 사상을 가진 지식분자는 이러한 노동자 중에서 활동하여, 마르크스주의와 중국 노동운동이 점진적으로 결합하여 일어나도록 유도하였으며, 중국 공산당 성립의 조건들을 성숙시켰다.

제3절 상해에서 중국공산당 성립

빠르게는 1920년 초, 천두슈와 리다자오(李大釗)가 서로 공산당의 건설에 대한 의견을 교환하였고, 서로 북경과 상해 두 곳에서 공산당의 건설 활동에 힘쓸 것을 약속하였다. 천두슈가 상해에 온 후, 그는 적극적으로 노동운동에 종사하였고, 아울러 상해의 사회주의자와 광범위하게 접촉하고 있었다. 1920년 4월, 러시아 공산당원인 보이틴스키(G. N. Voitinsky, 維經斯基)가 리다자오(李大釗)의 소개로 양밍자이(楊明齋)를 통역으로 대동하고 상해에서 천두슈를 만났고, 쌍방은 중국공산당 건설 문제에 대해 의견의 일치를 보았다. 보이틴스키의 도움 아래, 천두슈는 상해에서 건당(建黨)활동을 개시하였다.

상해 노동운동은 비교적 발달한 곳으로, 일부 초보적인 공산주의 사상을 가진 지식분자들이 있었고, 조계를 둘러싸고 있어, 일부 자산가들이 공산주의 사상으로의 선회와 은닉장소가 되었다. 식민당국은 "민주"(民主)와 "자유"(自由)라는 미명하에, 직접적으로 그들의 활동을 방해하지는 않았고, 일부 진보적인 정치성 간행물의 출판과 발행을 허락하였으나, 중국 관청이 조계 내에서 임의로 사람을 체포하는 것은 금지시켰다. 이러한 상황은 중국 혁명자의 건당(建黨)활동에 편리함을 제공하였다.

천두슈는 먼저 환룡로(環龍路, 현재의 南昌路) 옛 어양리(老漁陽里) 2호의 숙소에서 일련의 사회주의 문제에 대한 좌담회를 개최하였다. 참가자는 초보적인 공산주의사상을 지니고 있던 지식분자들이었고, 일부는 반마르크스주의(反馬克思主義)의 무정부주의자(無政府主義者)와 길드사회주의자(基尒特社會主義者)도 있었다. 얼마의 토론 시간이 지나자, 다수의 참여자는 무산계급 정당 건립의 필요성을 느끼게 되었고, 1920년 6월중에 중국 공산당이 상해에서 발기조직 구성하기 시작하였다. 길드사회주의자인 장둥쑨(張東蓀), 자칭 쑨중산의 국민당과 함께 할 수 없어 이탈한 관계에 있다는 다이지타오(戴季陶)와 무정부주의자인 류다바이(劉大白), 선중쥬(沈仲九)를 이 건당(建黨) 사업에서 축출시켰다. 7, 8월중, 상해 중국공산당 발기 조직은 정식으로 성립을 보았고[1], 그 구성원으로는 천두슈(陳獨秀), 리한쥔(李漢俊), 선쉬안루(沈玄廬), 사오리쯔(邵力子), 스춘퉁(施存統), 위슈쑹(俞秀松), 천궁페이(陳公培), 천왕다오(陳望道), 자오스옌(趙世炎), 리다(李達), 리지(李季), 위안전잉(袁振英), 저우포하이(周佛海), 선옌빙(沈雁冰), 양밍자이(楊明齋), 리치한(李啓漢), 류보추이(劉伯垂) 등이었다. 천두슈는 당서기로 추대되었다.

상해 공산당이 성립된 후, 『신청년』(新靑年)을 당의 이론을 공개하는 간행물로 지정하였다. 1920년 9월에 출판된 8권 1호를 시작으로 『신청년』은 계속적으로 소비에트 혁명의 이론과 실제 상황에 대한 문장 및 레닌 저작의 번역물을 게재하였다. 신청년사(新靑年社)는 일부 과학사회주의 저작을 출판하였는데, 커커프(Kirkup, 柯卡普)의 『사회주의사』(社會主義史)(李季 譯), 카우츠키(Kautsky, 考茨基)의 『계급투쟁』(階級鬪爭)(揮大英 譯)등이 그것이다. 1920년 11월 상해 공산당은 당내 기관 간행물인 『공산당』(共產黨)을 창간하였다. 이 간행물은 중국에 최초로 '공산당'이라는 기치를 내걸었고, 공산당의 기본주장을 설명하기를 "우리들은 오직 계급전쟁의 수단을 이용하여, 모든 자본계급을 타도하고, 그들의 권총을 뺏어 정권을 탈취 한다. 아울러 노동전제

---

1) 당시 명칭은 공산당이라고 하였으나, 습관상으로 사람들은 "上海共產黨" 혹은 "中國共產黨上海發起組" 또는 "上海發起組"라고 한다.

정권의 제도로 노동자를 보호하는 정권으로 노동자의 국가를 건설하고 자본계급은 영원히 발생하지 못하게 한다."[2]고 언급하고 있다. 상해 공산당은 또 아화통신사(俄華通訊社)를 건립하였고, 전적으로 코민테른과 소비에트에 중국혁명의 소식을 보도하였다. 진일보된 마르크스주의 영향을 확대시키기 위하여, 각종 가짜 사회주의 사조를 공격하였고, 상해에서 발기 조직한 구성원들이 길드사회주의와 무정부주의에 대한 비판으로 두 차례에 걸쳐 논전(論戰)을 벌였다. 이 논전을 통하여 중국의 사회주의 건설이 필요한 지 그렇지 않은지, 노동자 계급의 정당(政黨)의 필요성 여부 및 어떠한 정당을 세울 필요가 있는지에 대한 3대 문제를 명확하게 설명하게 되었다.

이와 동시에 상해 공산당은 적극적으로 노동운동을 전개시켰다. 1920년 8월 15일, 천두슈가 주편한 『노동계』(勞動界) 주간(週刊)을 창간하였고, 그 주요 집필자는 리한쥔, 선쉬안루 등이었다. 이 간행물은 심오한 내용을 알기 쉽게 표현하여 노동자들이 노동운동으로 세계를 창조하고, 노동으로 가치 관념을 갖게 하였고, 노동자들이 대동단결하여 일어나 자본가와 투쟁해야 한다고 호소하였다. 노동자 군중은 이를 그들의 '대변자'라고 하였다. 9월 하순, 리중(李中)[3]은 『노동계』에 『한 노동자의 선언』(一個工人的宣言)을 발표하여, 노동자들이 한편으로는 노동을 하고, 다른 한편으로는 서로 연락망을 갖춰 조직적으로 일어나 시대 주류의 주인공이 되어야 한다고 하였다. 10월, 리중(李中)은 상해 공산당의 도움아래, 상해기기공회주비회(上海機器工會籌備會)를 발기시켰고, 천두슈는 경모처(經募處)의 주임으로 추대되었다. 11월 21일, 상해기기 노동조합[上海機器工會]은 백극록(白克路, 현재의 鳳陽路) 중국 공학(中國公學)에서 성립대회를 거행하였다. 참여자는 약 천 명 정도였

---

2) 『共産黨』, 第1號.
3) 리중(李中)의 또 다른 이름은 리성셰(李聲澥)로써, 毛澤東이 湖南 第一師範學校를 다닐 때 동창이었으며, 이때는 江南造船所에서 노동을 하였다.

고, 천두슈와 쑨중산 등은 회의장에 참석하여 축하와 강연을 벌였다. 이후 기기노동조합[機器工會]은 통속물인 『기계노동자』[機器工人]를 창간하였다. 12월중에 상해 공산당은 인쇄노동조합은 개조시켜 노동자 간행물인 『우세화보』(友世畵報)를 간행하게 되었다. 이후, 상해 공산당은 또 리치한(李啓漢)을 파견하여 호서소사도(滬西小沙渡)에 노동자반일학교[工人半日學校]를 설립하였다. 1921년 봄 반일학교(半日學校)는 구락부(俱樂部) 성질의 노동자유예회[工人游藝會]로 명칭을 바꾸었다. 점원들의 일을 돕기 위해, 그들은 노자혼합(勞資混合)의 공상우의회(工商友誼會)와 연락을 취하였고, 이 회에서는 『상해화우』(上海伙友)라는 주간지를 출판하여 계급투쟁을 선전하는 문장을 실었다.

1921년 1월, 상해 공산당은 직공운동위원회(職工運動委員會)를 성립하였고, 위슈쑹(兪秀松), 리치한(李啓漢)이 책임을 맡았다. 4월 직공운동위원회(職工運動委員會)는 십 여 개의 공계(工界)단체 대표자를 참석시켜 5·1기념준비회[五一紀念籌備會]를 발굴시키면서, 5월 1일 프랑스조계에서 경축대회를 열 것을 결정하였다. 프랑스조계당국은 이 소식을 듣고, 4월 29일 순포(巡捕)를 파견하여 준비회[籌備會]가 소재하고 있던 어양리(漁陽里) 6호(號)를 수색하였고, 아울러 명령을 내려 프랑스조계에서 경축회를 개최하는 것을 금지시켰다. 준비자들은 경축행사장을 공공체육장으로 변경하였다. 그러나 5월 1일 당일, 군경은 공공체육장에 마치 적군을 진압하듯이 병력을 출동시켰다. 그래서 회의장[會場]은 또 양수포(楊樹浦)와 차대각(車袋角) 두 곳의 편벽한 지방으로 변경되었고, 행사에 참가한 참가자는 만 몇 천 명이었다. 이것은 전대미문하게 상해 노동계급의 역량을 한차례 나타내 보인 것이다.

1920년 8월, 상해 공산당은 사회주의 청년단을 건립하고, 젊은 당원인 위슈쑹(兪秀松)을 서기로 파견하였고, 기타 당원은 연령에 관계없이 일률적으로 입단하였고, 이로써 강력한 단체의 역량을 보였다. 최초의 단원은 예톈디(葉天底), 진자펑(金家鳳) 등이었고, 후에는 각지에서 온 류샤오치(劉少奇), 런비스(任弼時), 샤오징광(肖勁光), 뤄이눙(羅亦農), 펑수즈(彭述之), 커칭스(柯慶施) 등이었다. 사회주의 청년단 성립 후, 각지 공산주의자는 장정(章程)을 뿌렸고, 각지에서 건단공작(建團工作)을 하도록 요구하였다. 간부를 배양하기 위해 상해 공산당은 어양리 6호에 외국어 학교를 설립하고, 양밍자이(楊明齋)를 교장으로, 위슈쑹(兪秀松)을 비서로, 양밍자이와 보이틴스키 부인은 러시아어 교수로, 리한(李漢), 리한쥔(李漢俊), 선옌빙(沈雁冰) 등은 불어, 일어, 영어 교수로 임명되었다. 1921년 류샤오치(劉少奇), 샤오징광(肖勁光) 등 20여명의 학생들은 3차례에 걸쳐 모스크바 동방대학(東方大學)에서 학습을 하였다.

상해 공산당의 책임을 지고 있던 천두슈는 당시 가장 영향력 있던 사회주의자로써 상해와 각지 연락을 보다 편리하게 하도록 하였으며, 이로써 상해는 자연적으로 전국 건당(建黨)활동의 중심 기구로 발기되게 되었으며, 각지 공산당 조직의 임무를 띠고 있던 지도자들이 책임을 맡았다. 1920년 7월 이후 천두슈는 북경 공산당 조직을 건립하는 문제로 몇 차례 리다자오와 교신을 하였고, 아울러 북경에서 상해로 온 장궈타오(張國燾), 장선푸(張申府) 등과 회담을 진행시켰다. 10월 중, 북경공산당 소조(小組) 즉 북경공산당 조직 팀이 정식으로 성립되었다. 이후 상해 당조직은 제남(濟南), 무한(武漢), 호남(湖南) 및 일본 거주학생[旅日], 프랑스 거주학생[旅法學生]중의 공산주의자들이 당(黨)과 단(團)을 조직하는데 지도와 도움을 주었다. 1920년대 말, 천두슈는 광동성장 천중밍(陳炯明)의 요청으로 광주로 가서 교육위원회 위원장을 맡았고, 그곳에 광동당 조직을 건립하였다. 각지 공산당 조직이 건립된 후, 상해 발기조는 그들과 긴밀한 연락관계를 취하는 동시에 그들의 활동을 지도하여 사실상 모든 사람이 인정하는 중앙이 되었다. 1921년 여름, 전국에는 57명의 공산당원이 있었고, 당의 전국대표대회를 개최하였으며, 정식으로 전국적인 통일된 중국공산당의 조건을 이미 갖추게 되었다.

1921년 6월 3일, 국제공산당 중국주재대표인 마링(G. Maring, 原名은 H. Sneevliet, 馬林)이 상해에 도착하였고, 안델슨(安德雷森)의 이름으로 남경로(南京路)의 동방대여사(東方大旅社)에 거주하였다. 그의 행적을 처음에는 프랑스조계의 순포방(巡捕房)에서 집중적으로 관찰하고 있었다. 국제 공산당 원동 서기처 대표인 니콜스키(Nikolsky, 尼可爾斯基) 역시 같은 시기에 상해에 도착하였다. 그들은 중국공산당 전국대표대회를 개최할 것을 건의하자, 상해발기조는 이 건의를 받아들여 각지의 공산당 조직 각 파에 2명을 상해로 보내 대표회의에 참가하도록 하는 공문을 보냈다.

각지 대표들이 6월 말에서 7월 23일까지 계속적으로 상해에 도착하였고, 그들은 북경의 장궈타오(張國燾), 류런징(劉仁靜), 호남의 마오쩌둥(毛澤東), 허수헝(何叔衡), 호북의 둥비우(董必武), 천탄추(陳潭秋), 산동의 왕진메이(王盡美), 덩언밍(鄧恩銘), 광동의 천궁보(陳公博), 재일학생[旅日學生] 저우포하이(周佛海) 및 천두슈가 파견해 참석한 바오후이썽(包惠僧) 등이었다. 상해의 대표는 리다(李達)과 리한쥔(李漢俊)이었다. 중국 공산당의 두 창시인인 류다자오(劉大釗)와 천두슈(陳獨秀)는 여러 가지 일로 인해 참석치 못하였다. 리다(李達)의 부인 왕후이우(王會悟)는 북경대학(北京大學) 사생(師生)여름 여행단의 명의로 프랑스조계 포백로(蒲柏路) 389호(현재의 太倉路 127호)의 사립 박문여교 교사(博文女校校舍)에 대표들의 여장을 풀게 하였다. 천궁보(陳公博)가 대동한 신혼처자(新婚妻子)는 대동여사(大東旅社)에 머물게 한 것 이외에, 기타 외지에서 참석을 위해 온 사람들은 모두 환경이 깨끗하고 시설이 간단한 박문여교에 머물렀고, 침대가 부족하여 일부는 바닥에서 잠을 잤다. 대표 대회의 회장은 리한쥔의 형제인 리수청 (李書城)의 집에서 열렸는데, 패륵로(貝勒路) 수덕리(樹德里) 3호(현재 의 興業路 26호)였다. 그곳은 프랑스조계의 남쪽 끝으로 대문이 남쪽 으로 나 있는데, 이 앞에 큰 공터가 있었는데 평시에는 사람들이 잘 다니지 않았다. 리수청(李書城) 부부는 당시 외지로 피서를 갔었는데, 리한쥔(李漢俊) 혼자만이 그곳에 머물렀다.

7월 23일 밤 8시, 중국공산당 제1차 전국대표자대회가 개막되었다. 참석한 대표는 모두 13명으로 국제 공산당의 대표 마링과 니콜스키 역시 회의에 참가하였다. 대회는 장궈타오(張國燾)가 주관하였고, 마오 쩌둥(毛澤東)과 저우포하이(周佛海)는 기록을 담당하였다. 장궈타오는 먼저 회의의 준비 경과와 임무에 대한 보고가 있었다. 마링과 니콜스 키는 중국 공산당이 성립된 것을 축하한다는 말을 하였고, 아울러 국 제공산당의 정황을 설명하였다. 이어서 대표들은 회의의 의정과 임무 에 대한 토론을 벌였다. 7월 24일, 제2차 회의가 거행되었는데, 각지의 대표들은 자기의 지구당, 단조직 성립의 경과를 보고하고, 25일, 26일 이틀은 휴회한 후, 회의 문건을 작성하였다. 27~29일, 제3차 회의가 거행되어, 회의 문건을 집중 토론하였는데, 프랑스조계 당국이 마링 등의 인물이 활동하고 있다는 것을 알아차렸다. 30일, 프랑스 포방[法 浦房]에서는 조계내의 사단(社團)에 통지를 하여, 8월 1일을 기해, 모 든 회의는 반듯이 회의 개최 48시간 이전에 포방(浦房)에 신고를 하여 야 하고, 그렇지 않을 경우 모두 구속한다고 하였다. 이날, 중국 공산 당 "1대"(一大)는 제6차 회의를 하고 있었고, 마링이 강연을 하고 있 었다. 회의가 시작된 지 얼마 되지 않아, 장삼(長衫)을 입은 프랑스 포 방과 사복탐장 청쯔칭(程子卿)이 갑자기 회의장으로 들이닥쳤다. 혼란 한 상황에서, "각계 연합회의 왕회장"(各界 聯合會의 王會長)을 찾는 소리가 들렸고, 다급하게 흩어졌다4). 비밀공작의 경험이 비교적 풍부한 마링은 즉시 회의를 정지할 것을 건의하였고, 대표들은 잇달아 이곳을 떠나갔다. 십여 분 후에 일부의 순포와 비밀 탐정들이 회장을 포위하고, 수사를 진행하였고, 아울러 남아있던 리한쥔과 천궁보는 그들이 묻는 내용 즉, 방금 무슨 회의를 하였냐는 것과 그 외국인은 어떤 신분이었는가? 등에 대해 대답을 하였다. 리한쥔은 방의 주인 신분으로 프랑스 말로 대답을 하였고, 아무 회의도 열리지 않았고, 이야기를 나누었다고 하였다. 두 명의 외국인은 북경대학의 영국국적의 교수이고, 상해에 와서 유럽 문예부흥(文藝復興) 문제에 대해 논의했다고 하고, 아울러 그들에게 말하기를 이곳은 리수청(李書城)의 집이라고 말하였다. 순포는 가택을 수색하였으나 사회주의를 선전하고 소개하는 소책자 이외에는 별 수확이 없었다.

해산한 대표들은 어양리(漁陽里) 2호의 리다(李達)의 집(陳獨秀의 집도 이 지역에 있었다)에 모였고, 회의를 어떠한 방식으로 계속 진행해야 하는 가에 대해 토론하였다. 왕후이우(王會悟)는 그의 집이 있는 절강(浙江) 가흥(嘉興)의 남호(南湖)에서 회의를 계속하자는 의견을 내었다. 건의하였다. 31일 오후, 대표들은 나누어서 기차를 타고 가흥(嘉興)으로 갔다. 리한쥔(李漢俊)은 비밀경찰의 감시를 받고 있었고, 마링과 니콜스키는 외국인이었으므로 쉽게 적발될 수 있어 그곳으로 가지 않았다. 천궁보(陳公博)는 그가 묵었던 여관에서 살인사건이 일어나 계속해서 두 번 놀랬고, 자기의 처자가 아주 두려워한다는 구실로 항주(杭州)로 갔다. 가흥에 도착한 11인 대표는 남호(南湖)의 유람선에서 최후의 1차 회의를 거행하여 당(黨)의 장정(章程)을 통과시키고, 결의와 성립선언을 하였으며, 천두슈(陳獨秀)를 서기(書記)로 뽑고, 리다(李達)는 선전주임(宣傳主任), 장궈타오(張國燾)는 중앙국(中央局)의 조직주임(組織主任)으로 선출되었다.

---

4) 全國各界聯合會 總部는 이 부근인 樹德里 104호에 있었다.

중국 공산당의 성립은 중국근대사상에서 천지가 개벽하는 큰 사건이다. 그러나 조계 당국은 이러한 상황을 전혀 눈치채지 못하였다. 중국공산당 "1대"(一大) 거행 기간, 공부국의 밀탐들은 패륵로(貝勒路) 수덕리(樹德里) 104호의 전국각계연합회 총부에서 거행되는 몇 차례 회의를 집중 감시하고 있었고, 그 회의의 가장 중요한 결정은 우페이푸(吳佩孚)에게 전보를 보내는 것에 지나지 않았고, 그 내용은 그가 민의를 따른다면 호북(湖北)의 왕잔위안(王占元)을 도울 일이 없다고 하였다는 것이었다. 밀탐들은 같은 거리의 3호에서 바로 중국 역사상 아주 중대한 역사성 회의가 거행되고 있었다는 것은 생각지도 못하였다.

제4절 상해에서 국공(國共) 양당(兩黨)의 조기 활동

중국공산당 "1대"(一大)의 폐회 후, 당의 중앙국은 공공조계 남성도로(南成都路) 보덕리(輔德里)에 두 동의 집을 사무실로 사용하였다. 이곳은 중등계층 시민들이 집거하는 지역으로 석고문식(石庫門式)¹⁾의 방들로 구성되어 있었고, 집들이 모두 비슷하여 쉽게 은폐할 수 있었다. 1921년 9월, 천두슈는 광동(廣東) 교육위원회의 직무를 사직하고 상해로 돌아와 중앙국에서 일을 하며 어양리(漁陽里) 2호에 거주하였다. 10월 5일, 프랑스 조계의 비밀경찰장인 황진룽(黃金榮)이 천두슈의 행적을 알고, "위험문학 저술"[著作危險文學]의 죄명으로 그를 체포하였다. 공산당원과 국제 공산당 대표인 마링이 여러 방면으로 그의 석방에 힘쓴 끝에 벌금 100원으로 천두슈는 풀려나게 되었다.

중국 공산당은 보덕리(輔德里) 625호(현재 成都南路 輔德里 30호)에 인민출판사를 세우고, 리다(李達)가 경영하면서 공산주의 저작물을 출판하였다. 통계에 의하면 인민출판사에서는 1년 동안 12종의 서적과 『마르크스전서』(馬克斯全書) 2종 즉 『공산당선언』(共産黨宣言)과 『공

---

1) 석고문(石庫門)은 서방문화와 중국전통 민가의 특징이 융합되어 만들어진 신형 건축물로 가장 잘 중국특색의 민가 주택을 갖추고 있다. 옛 상해의 골목은 일반적으로 석고문 건축이었고, 그 기원은 태평천국때 절강(浙江)의 많은 부상, 지주, 관신(官神)이 조계로 들어와 거주하면서 외국의 건축물을 보고 일부를 서양식으로 하여 만든 건축물이다. 돌로 문틀을 만들고, 검은색 옻칠을 문에 두껍게 칠했는데, 이러한 건축물을 "석고문"이라 하였다. "돌을 쌓다"라는 말의 "石籠門"이었는데, 영파(寧派) 사람의 "籠" 발음은 "庫" 발음과 같아 石庫門이라 하였다. 역자 주.

전노동과 자본』(工錢勞動與資本), 『레닌전서』(列寧全書) 5종과 『공산주의 총서』[коммунизм(共產主義) 英文Communist, 康民尼斯特 叢書] 등을 출판하였다. 1921년 하반기에는 월간 『공산당』(共產黨)은 여러 원인으로 정간되었고, 『신청년』(新靑年) 역시 광주로 이전하여 한때 정간하였으며, 사회주의 청년단의 기관간행물인 『선구』(先驅)가 점차 중공중앙(中共中央)의 관점(觀點)을 대변하는 유일한 간행물이 되었다.[2] 이외 중국 공산당은 상해에서 리다(李達)가 교장으로 있었던 평민여교(平民女校)를 설립하였고, 교지(校址)는 포덕리 632호(현재의 成都北路 42호, 44호)였고, 전문적으로 부녀자 간부를 배양시켰다. 천두슈, 가오위한(高語罕), 사오리쯔(邵力子), 천왕다오(陳望道), 선엔빙(沈雁冰), 선쩌민(沈澤民) 등은 교사를 담당하였고, 학생은 딩링(丁玲), 왕젠홍(王劍虹) 등 20여명이었으나 모두 반공반독(半工半讀)하였다. 후에 이 학교는 경비문제로 문을 닫게 되었다.

1921년 8월, 중국 공산당은 상해에 노동조합 서기부(書記部)를 설립하여, 주임에 장궈타오(張國燾), 간사(幹事)에 리치한(李啓漢), 리전잉(李震瀛)[3]이 맡았고, 사무실은 북성도로(北成都路) 19호(현재의 成都北路 899호)이었으며, 입구에는 공개적으로 중국노동조합서기부(中國勞動組合書記部)라는 나무 팻말을 걸어 놓았다. 부근의 공장 노동자들은 노동이외의 시간에 이곳으로 와서 신문이나 잡지를 읽곤 하였다. 노동조합 서기부의 주된 사업은 노동자간의 연락, 노동자의 단결, 노동조합 조직[工會組織], 노동운동의 지도, 『노동주간』(勞動週刊)을 출판하는 일이었다. 빠르게 국면을 타개하기 위해 서기부는 리치한(李啓

---

2) 『先驅』는 1922년 1월에 창간되었으며, 1~3期는 北京團이 그 책임을 맡았고, 제4기는 상해로 이전해서는 施存統이 주편을 맡았다. 1923년 8월에 停刊되었다.

3) 1922년 봄, 소비에트에서 귀국한 류샤오치(劉少奇) 역시 이 서기부에서 일을 하였다.

漢) 등을 청방(靑幇) 또는 홍방(洪幇)에 가입시켜, 방회(幇會)와의 관계를 이용하여 광범위한 노동 군중과 연계를 도모하였다. 당시 상해에는 40여개의 노동조합[工會] 혹은 공계(工界)조직이 있었는데, 그중 약 3분의 2는 "간판만 내건 노동조합"[招牌工會]였다. 노동자를 쟁취하기 위해, 서기부는 이러한 실질상의 자산계급이 좌지우지하던 가짜 노동조합과 투쟁을 벌였다.

1922년 1월 홍콩 선원[海員]들이 대파업을 거행하였고, 이것은 중국 노동운동의 제1차 고조를 이루었다. 상해 노동계급은 노동조합 서기부의 지도아래, 파업의 조류를 탔다. 3월, 포동 일화사창공인(浦東日華紗廠工人) 리치한(李啓漢)의 도움아래, 상해 방직노동조합 포동(浦東)분회를 설립하고, 4, 5월중에 연속적으로 두 차례의 대파업을 거행하였고, 자본가들의 양보를 얻어내 부분적인 승리를 거두었다. 이 투쟁 중에서 노동조합서기부의 위신은 계속 높아졌으며, 간판만인 노동조합의 영향은 계속 하락하였다. 5월, 일부 간판만인 노동조합에서는 광주에서 개최되는 제1차 전국노동대회에 대표단을 파견하여 참가시키면서 노동조합서기부가 전국 노동운동의 임시 지도기관이라는 것을 어쩔 수 없이 승인하였다. 6월 중, 노동조합서기부는 상해의 5개 노동조합과 연락을 취하면서, 함께 참가와 지도로 6차례의 단체 파업과 5차례의 노동 군중운동을 벌였다. 그곳에서 발행한 『노동주간』(勞動週刊)의 발행 누계가 165,000부였고, 1시간에 가장 많이 인쇄된 것은 5,000부였다.

노동조합 서기부의 활동은 아주 빠르게 조계 당국의 주의를 끌었다. 2월중, 공부국에서는 홍콩 선원 파업이 상해까지 미칠 경우, 노동조합 서기부를 수사하도록 명령하였고, 이 소식이 리치한에게 전해졌고, 프랑스 공동국과 중국지방 당국과의 밀접한 연계로 모든 가능한 예방 조치를 채태하였다. 그러나 노동조합서기부 지도하의 파업은 그래도 성공적이었다. 6월초, 포방(浦房)은 '단체 파업 선동'(煽動罷工)의 죄명으로 리치한을 체포하였고, 그에게 3개월의 징역 형을 선고한 후, 중국 관청에 "인도"(引渡)하였다. 동시에 『노동주간』의 발행을 금지시켰다. 7월 중순, 공부국은 "조계 치안에 대한 유해"[有碍租界治安]라는 구실로, 노동조합서기부를 폐쇄시켰다. 8월 서기부는 북경으로 이전하였다. 노동조합서기부는 비록 이전하였지만, 상해 노동자들에게서 시작되었던 불길은 오래지 않아 커다란 불길로 솟아나게 되었다.

중국 공산당이 성립을 선고하자 상해 노동운동에 새로운 국면이 출현하게 된 때, 쑨중산(孫中山)이 지도하던 총부 역시 상해에 중국국민당을 설립하였으나, 반제 반봉건의 혁명 강령을 하나도 내세우지 못하였고, 광범위한 인민 군중의 지지를 얻지 못하였으며, 궁색한 단계에 있었다.

1918년 호법운동(護法運動)의 실패 후, 쑨중산은 상해로 돌아와 환룡로(環龍路, 현재의 南昌路 63호)에 거주하였으나, 후에 화교(華僑)들이 모리애로(莫利愛路) 29호(현재의 香山路 7호)에 집무실을 마련해 주었다. 당시 쑨중산은 자기 자신은 어떠한 어려움도 겪지 않았고, 글을 써서 인민을 계도하여, 이것으로 국민을 계발시키고 민족이 각성하기를 희망하였다. 1918~1919년간, 그는 상해에서 『알기는 어렵고 행하기는 쉽다는 지난행이의 학설』(知難行易的學說)(다른 이름으로는『쑨원주의』(孫文主義)와 『실업계획』(實業計劃) 두 책을 썼고, 이전에 썼던『민권초보』(民權初步) 합편을 『구국방략』(救國方略)으로 다시 펴냈다. 이것은 쑨중산의 철학, 정치, 경제사상의 가장 중요한 저서중의 하나이다. 1919년 8월, 쑨중산은 랴오중카이(廖仲愷), 주즈신(朱執信) 등에게 명령하여 상해에서 『건설』(建設)이라는 잡지를 창간하도록 하였고, 아울러 친히 발간사를 쓰면서, 이 간행물의 목적은 "건설의 사조를 고취시키고, 건설의 원리를 알려주고, 당 건설(黨建設)의 주장을 광범위하게 선전한다."고 하였다.4) 『실업계획』(實業計劃)도 이 간행물에 연재되었다. 쑨중산은 또 상해에서 영자 신문과 잡지의 창간을 계획하였고, 최신의 인쇄 기구를 갖추도록 하였다. 후에 영자 신문과 잡지는 창간되지 못하였고, 린환장(林煥章)이 경영하는 민지서국(民智書局)이 탄생하게 되었다. 국민당의 선전품은 처음부터 이곳에서 인쇄되기 시작하였다.

이 시기 쑨중산은 자주 자기를 "밖에 나가지 않고, 저술하는 것에 기쁨을 느끼고, 시국문제에 대해서는 다수 동지들의 주장에 따라 나아가야 한다."5)고 말하였으나, 실제적으로는 오히려 혁명 활동을 중지하지는 않았다. 그는 먼저 중화혁명당을 개조해서 국민당을 만들었다. 위안스카이가 죽은 후, 상해의 중화혁명당총부는 명령을 내려 내외 각 지부에 국민당의 명칭을 회복케 하였다. 그러나 각지에서의 집행은 한결같지 않았다. 1919년 3월, 중화혁명당 총부는 재차 각지의 당부에 명령을 내려 "중화국민당"(中華國民黨)으로 이름을 바꾸라는 지침을 하달하였고, 같은 해 10월 정식으로 "중국국민당"으로 이름을 바꿨고, 아울러 새로운 규약을 반포하였다. 중국국민당의 종지(宗旨)와 중화혁명당의 그것은 상통하였으며, 입당조건을 간편하게 하였는데, 입당할 때 구당원(舊黨員)은 쑨중산에 대한 충효의 수속을 하지 않아도 되었다. 이름을 바꾸고 입당 조건을 쉽게 한 것은 일부 미가입 중화혁명당의 당원을 흡수 통합하여 국민당인들을 폭넓게 단결시키기 위한 것이었고, 이로써 세력을 확대하고자 한 것이다. 중국국민당의 본부는 상해에 있었고, 쑨중산이 총리로 추대되었다. 쥐정(居正), 셰츠(謝持), 랴오중카이(廖仲愷)가 총무, 당무(黨務), 재정 등 3부 주임을 맡았다.

이와 동시에 쑨중산은 상해와 국내 각종 정치역량의 인물들과 광범

---

4) 『建設』, 1卷 1號.
5) 杜門養晦, 聊以著述自娛, 對於時局問題, 終以多數同志之主張爲進退. 張其昀, 『國父全書』, p.628.

위하게 접촉하였고, 군벌 간의 모순을 이용하여 자기의 이상을 실현시키려고 하였다. 상해로 돌아온 지 오래지 않아, 그는 서남군정부(西南軍政府) 정무총재직을 수락하였고, 아울러 쉬첸(徐謙)을 대표로 광동의 연석정무회의(列席政務會議)에 참석시켰다. 동시에 그는 서신왕래를 통해, 천중밍(陳炯明), 쉬충즈(許崇智)등 국민당 군인의 활동을 지도하였다. 리위안홍(黎元洪), 차오쿤(曹錕), 우페이푸(吳佩孚) 역시 대표를 파견하여 쑨과 밀담을 나누었다. 1919년 9월 돤치루이(段祺瑞) 정부는 남북화의의 재개를 표시하였고, 안복계(安福系) 정치가인 왕지탕(王輯唐)을 상해에 파견하여 회담대표를 맡겼다. 서남방면은 왕지탕이 대표로 된 것을 거절하였고, 상해 각계 인사는 왕지탕에 대해 상당한 반감을 표시하였다. 왕지탕이 쑨중산을 만난 자리에서, 쑨은 돤치루이(段祺瑞)에 대해 "무식하고 법을 무너뜨린(無識壞法)자"라고 통렬히 비판하였고, 한편으로는 "만약 돤치루이(段祺瑞)가 구국회(舊國會)를 회복시키고 아울러 완전히 나의 주장에 복종한다면, 나는 그를 동지(同志)로 인정할 것이다"[6]고 언급하면서 자신의 입장을 밝혔다. 같은 해 가을 쑨중산은 닝우(寧武)를 만나, 그를 동북(東北)으로 파견해 장쭤린(張作霖)과 연락을 취하도록 하였다. 쑨중산은 "우리들은 북방의 군벌을 분화(分化)시키려고 한다. 직계(直系)와 환계(皖系)의 이해관계를 이용하여 충돌시키고, 돤치루이와 연락하고, 특히 관외(關外)의 실력파인 장쭤린(張作霖)과 연락을 취해 3방(三方)이 합작하여 차오(曹), 우(吳)를 성토(聲討)한다."[7]고 자신의 의지를 천명하였다.

　5·4운동(五四運動)이 쑨중산과 기타 일부 국민당 지도자들에게 커다란 영향을 주었다. 1919년 10월 쑨중산이 환구중국학회(寰球中國學會)에서의 연설에서 5·4운동(五四運動)을 아주 높이 평가하였다. 주즈

---

　6) 羅家倫, 『國父批牘墨迹』.
　7) 寧武, 「孫中山與張作霖聯合反直紀要」, 『文史資料選輯』, 제41집.

신(朱執信) 역시 "국가에서 가장 힘이 있는 것은 인민이다. 인민이 모
였을 때 비로소 실력을 갖추는 것이다.", "농공(農工)의 협조를 떠나서
는 학계(學界) 역시 진정한 역량을 발휘할 수 없다."[8]고 인식하기 시
작하였다. 주즈신은 사회주의 진행에 대해서도 일부분 연구를 하였다.
쑨중산, 주즈신 등 국민당 사람들은 점점 인민 군중의 역량을 느끼게
되었고, 어렴풋하게 과거의 혁명 방식이 현재에는 적당치 않다는 것을
인식하게 되었고, 새로운 혁명노선을 탐색해야 한다는 필요성을 느꼈
다. 1920년 가을, 보이틴스키는 천두슈의 소개로 쑨중산의 거처에서
쑨과 만났다. 쑨중산은 그에게 러시아 혁명과 소비에트의 상황을 물었
고, 쌍방은 모두 상대에게 흥미를 느꼈으며, 쑨은 소비에트와 함께 방
송국 건립을 제의하였다. 1921년 후반기, 국제 공산대표 마링이 국민
당 요원인 장지(張繼)를 만났고, 아울러 상해의 국민당 총부를 건립하
는데도 관여를 하게 되었다.

   당시는 쑨중산과 주즈신 등의 사람들이 혁명대업을 완성하려고 상
해에서 적극적인 활동을 할 때, 천치메이(陳其美) 휘하에 있던 장제스
(蔣介石) 등은 오히려 진면목을 숨기고 조계에서 활동하고 있었다. 천
궈푸(陳果夫)는 후에 추억을 더듬어, 당시 그가 천치메이의 생전에 몇
번 그의 집을 방문하였는데, "수차례 그들 생활을 본 결과 정돈된 생
활을 하고 있지 않았다. 심지어는 아편까지 흡입하고, 도박을 하는 등
아주 부패한 생활을 하였다. 손님을 접대하는 시간은 시간제한이 없었
다. 당시 혁명 환경은 아주 극악하였고, 당내의 일부 동지들의 생활도
진작(振作)되는 것이 없었다."[9]이라고 말하였다. 장제스(蔣介石)는 부
랑배인 황진룽(黃金榮)과 투합하여 황(黃)의 문하생으로 되었고, 생활
은 극도로 문란하였다.[10] 많은 사람들이 사업에 투기하였다. 천궈푸는

   8) 『朱執信集』, 中華書局 1979년판, p.480, 726.
   9) 徐泳平, 『陳果夫傳』, 臺北正中書局 1980년판, p.37.
  10) 기생집(妓院)에서 蔣介石을 만난 『晶報』기자 바오톈샤오(包天笑)는 추억을

돈을 빌어 은화(銀貨) 사업을 벌여 3주(週)만에 600여량의 은자(銀子)를 벌어들였다. 상해 증권 물품교역소는 개장 후, 장징장(張靜江), 장제스(蔣介石), 천귀푸(陳果夫), 다이지타오(戴季陶) 등이 항태호(恒泰號)의 경영인과 한 패가 되어 동업하였다.

1920년 7월 직환(直皖)전쟁이 폭발하였다. 쑨중산은 환계(皖系)의 리허우지(李厚基)를 책동하여 천중밍(陳炯明)을 원조케 하였고, 계파(桂系) 군벌을 광주에서 축출하고자 하였다. 같은 해 11월, 쑨중산은 우팅팡(伍廷芳)을 대동하고 상해를 떠나 광동으로 가서, 비상대총통에 취임하였고, 제2차 호법투쟁(護法鬪爭)을 지도하였다. 쑨중산이 광주에 도착한 후, 당시 그의 군사 조수였던 주즈신(朱執信)이 이미 전쟁에서 희생되었으므로, 여러 차례 장제스에게 명령을 내려 광동에서 임무를 맡으라고 하였다. 그러나 장(蔣)은 겉으로는 명령을 받드는 척하였고, 실제는 그렇지 않았다. 계속 시간만을 지연시키다가 광주로 갔다가는 다시 바로 상해로 되돌아갔다. 1920년 4월에서 1921년 말까지 장제스는 7차례 광동으로 갔는데 모두 합산해 보면 광동에 있었던 것은 약 3개월에 지나지 않는다. 1922년 봄, 항태호(恒泰號)의 경영인이 백지수표의 남발로 도산하였다. 장제스는 광동으로 가기 전에 자기는 황진룽(黃金榮)의 문하생이라고 하여, 교역소의 주인인 위차칭(虞治卿)을 협박하여 수 만 원을 강탈하였다.

1922년 6월, 쑨중산의 오른팔이었던 천중밍(陳炯明)은 제국주의와 직계군벌의 책동아래, 반혁명 반란을 일으켰다. 제2차 호법투쟁은 이

더듬어 당시 장은 "방우형"(傍友型) 즉 친구를 따라다니는 타입이어서, 얼굴을 내밀지 않았다고 한다. 장제스는 후에 왕징웨이(汪精衛), 후한민(胡漢民)에게 이러한 상황을 인정하는 말을 하였다. 자기는 당시 "사리에 어두웠고, 어떻게 행동해야 하는 지도 몰랐다. … 색을 좋아하는 것이 무료함을 달랠 수 있다하여, 부득이 이렇게 한 것이다."라고 하였다. 榮孟源, 『蔣家王朝』, pp.8~9 참조.

로써 실패하게 되었다. 쑨중산은 8월 14일 다시 상해로 되돌아왔다. 천중밍의 반란은 쑨중산에게 큰 타격을 주었다. 그는 상해에서 『본 당의 동지 천중밍의 배반 전모 및 이후 방침서』(致本黨同志述陳變始末及今後方針書)라는 글을 발표하여, 다음과 같이 당시의 상황을 언급하였다. "이전에도 많은 동지들이 민국(民國)을 위해 30년간 분투(奮鬪)하였고, 그 사이 생사의 갈림길도 겪었고, 실패도 수없이 하였다. 그러나 실패의 참혹함이 이번과 같이 참담한 경우는 없었다."11)고 당시의 격한 감정을 글로 표현하고 있다.

---

11) 張其昀, 『國父全書』, p.806.

제3장

혁명운동의 고조와
군벌혼전(軍閥混戰)의 시대

제1절 국공합작(國共合作)과 상해

쑨중산이 지도하는 중국 국민당이 절망적인 곤경에 처해 있을 때, 중국 공산당과 국제 공산당은 우호의 손을 맞잡고 세력을 확대시켰다.

1922년 7월, 중국 공산당은 상해 남성도로(南成都路) 보덕리(輔德里) 625호 등지에서 제2차 전국대표대회를 개최하였다. 이때 전국에는 이미 195명의 당원이 있었고, 그 중 50명은 상해에 있었다. 중공(中共) "2대"(二大)의 중심 의제(議題)는 중국 혁명의 강령문제였다. 거기에서 발표된 선언은 전국 인민들 앞에 최초로 제출된 것으로 "내란을 없애고, 군벌을 타도하여 국내 평화를 건설하자"(消除內亂, 打倒軍閥, 建設國內和平)와 "국제 제국주의 압박을 전복시키고, 중화민족의 완전한 독립을 달성하자"(推翻國際帝國主義的壓迫, 達到中華民族完全獨立)는 등의 철저한 반제, 반봉건의 혁명 강령이었다. "2대"(二大)는 중국 사회 각 계급의 정치태도에 대한 분석과 지적을 하였고, 쑨중산이 지도하는 자산계급 민주파가 진행하고 있는 혁명투쟁은 중국 민족자산계급이 제국주의에 대한 반항을 표현한 것이고, 중국 공산당은 그들과 연합하고 원조를 해야만 한다는 것으로 이로써 공동의 적을 함께 타도해야 한다는 지적을 하였다. 대회는 연합전선의 실시와 그에 따른 계획을 수립한다는 결정을 내리게 되었다.

1922년 8월, 중국 공산당은 항주(杭州)의 서호(西湖)에서 회의를 개최하였고, 공산당원은 개인의 신분으로 국민당에 가입할 수 있다고 결정하였고, 이로써 양당(兩黨) 합작을 실현시켰으며, 상해에서는 『향도』(向導)를 주간(週刊)으로 출판하였다.[1] 회의 후, 리다자오(李大釗), 천두슈(陳獨秀), 마링이 전후로 상해의 쑨중산을 방문하였고, 그에게 위로와 지지를 표시하였으며, 아울러 국민당의 진흥(振興) 및 국공양당 합작 문제를 여러 차례 의견 교환을 하였다. 쑨중산은 아주 흥분하였고, 친히 주동하여 리다자오를 국민당에 입당시켰다. 계속해서 천두슈, 차이허썬(蔡和森), 장타이레이(張太雷) 등이 개인 신분으로 국민당에 입당하였다. 당시 북경에서 외교활동을 하던 소비에트 특사 요페(A. Joffe, 越飛) 역시 대표를 상해에 파견하여, 원동대국(遠東大局)문제를 쑨중산과 상의하였다. 쑨중산은 아주 기뻐하면서 요페와 직접 연락을 취할 수 있도록 통신설비를 구축하였다.

공산당원의 열정적인 도움아래, 쑨중산은 연공(聯共)정책을 채택하였고, 국민당의 개조작업을 진행시켰다. 9월 4일, 쑨중산은 국민당의 각성 책임간부 53명을 소집하여 좌담회를 열어 당무개편의 의견을 물었고, 이때 마링은 초청받아 이 좌담회에 참석하여 연설도 하였다. 회의 참석자는 일제히 쑨중산의 국민당 개조 계획에 찬성하였다. 6월, 쑨중산은 탄전(覃振), 천두슈 등 9명으로 중국국민당 개진안(改進案) 기초위원회를 발족시켰다. 한 달 반의 노력으로 새로운 국민당 강령 및 총강 초안이 작성되었다. 11월 15일, 국민당 총부는 제2차 좌담회를 소집하여 이 두 문건을 통과시켰고, 아울러 왕징웨이(汪精衛), 후한민(胡漢民)을 국민당 선언의 기초를 담당하도록 추천하였다. 1923년 1월 1일, 쑨중산은 『중국국민당선언』을 발표하여, 혁명 사업을 "민중이 일어나서, 민중이 이루어내야 한다."(由民衆發之, 亦由民衆成之)라는 구호(口號)와 "조약 개정으로 중국의 국제적 자유평등의 지위 회복"(改正條約, 恢復我國國際上自由平等地位)의 주장을 명확히 하였다. 계속해서, 쑨중산은 국민당 총부의 각 부장, 간사, 서기 및 국내 각 총지부, 분부의 임원을 새로이 임명하였다. 공산당원은 그중 부분의 직무를 담

---

1) 『向導』는 1922년 9월 창간되었다.

당하게 되었다.

같은 달, 소비에트 특사 요페는 마링과 장지(張繼)의 계획아래, 상해에서 쑨중산과 만남을 가졌고, 국민당의 개조, 혁명군대 및 소비에트, 코민테른의 중국 혁명에 대한 원조 등의 문제에 대하여 토론하였다. 1월 26일, 쌍방의 명의로『손문 요페선언』(孫文越飛宣言)을 발표하여, 쑨중산의 연아정책(聯俄政策)이 최종적으로 확립되었다. 요페는 상해에 있던 기간에 장지(張繼), 사오리쯔(邵力子) 등과 접촉을 가졌고, 아울러 상해에 있던 많은 러시아교포(俄僑)들을 만나보았다. 두 조계의 포방은 그의 활동을 엄밀히 감시하고 있었다.

쑨중산은 한편으로는 연공(聯共), 연아(聯俄)의 새로운 정책을 시작하였고, 다른 한편으로는 계속해서 봉(奉, 奉天으로 현재의 遼寧), 환(皖, 安徽) 군벌(軍閥)과 결속하여, 반직삼각동맹(反直三角同盟)의 책략을 추진시켰다. 1922년 10월 쑨중산은 왕징웨이를 동북으로 파견해 장쮀오린(張作霖)을 만나게 하였고, 쩌우루(鄒魯)를 계(桂, 廣西)에 파견하여 양시민(楊希閔), 류전환(劉震寰) 부대의 전(滇, 雲南), 계(桂, 廣西)의 군대와 연락케 하여 천중밍(陳炯明)을 토벌케 하였다. 1923년 1월, 쑨중산은『평화통일선언』(和平統一宣言)을 발표하여, 각 계파에 "우방"(友邦)이라 하여 같이 거들어 처리하기를 청하였고, 먼저 평화조약(和平公約)을 정하고 난 후, 군사를 감축하여 통일을 모색하자는 주장을 펼쳤다. 이 방안은 리위안훙(黎元洪), 돤치루이(段祺瑞)의 칭찬을 받았다. 중국 공산당은 이 제출에 대해 첨예하고 선의의 비평을 하였고, 이 주장은 민족 입장에 위배된다고 하였다.

1923년 초, 양시민, 류전환 부(部)의 전(滇, 雲南)계 군대는 쑨중산의 책동아래 천중밍을 광주로 축출하였다. 2월 15일, 쑨중산은 천유런(陳友仁)을 대동하고 광주로 가서 대원수부를 다시 조직하고 국민당 본부 및 총리 사무실은 상해에 그대로 남겨두었다. 중공중앙과『향도』(嚮

導) 주보(週報)도 광주로 옮겨갔고, 상해지구의 공산당 사람들은 1922
년 말 중공 상해지방겸구집행위원회(上海地方兼區執行委員會)를 설립
하여 통일적인 지도방침을 전개시켰다.[2] 1923년 6월, 중국 공산당은
광주에서 제3차 전국대표대회를 소집, 개최하였고, 구체적으로 국민당
의 당내(黨內) 실행 합작에 대한 것을 확정시켰고, 혁명통일전선의 방
침과 정책을 수립하였다. 9월, 중공중앙기관과 『향도』주보는 다시 상
해로 옮겨왔고, 샹잉(項英), 리리싼(李立三), 린위난(林育南) 등도 선후
로 호동(滬東, 상해의 동쪽)과 호서(滬西, 상해의 서쪽)로 들어와 두 지
역 노동 운동을 담당하였다.

이 기간에 상해에서 활동하던 공산당원과 국민당의 합작으로 상해
대학에 혁명인재 배양을 위한 기관인 신형학교(新型學校)가 성공적으
로 설립되었다. 상해대학(上海大學)의 전신은 사립동남고등전과사범학
교(私立東南高等專科師範學校)였는데, 교지(校址)는 갑북(閘北) 청운로
(靑雲路) 사수방(師壽坊)이었고, "신문화"(新文化)를 제창하며 학생들
을 모집하였으나, 금전을 모으는데 전념하여 교무(敎務)는 소홀히 하
였다. 1922년 가을, 이 학교의 사생(師生)은 학생운동에 심취해 있었으
므로 교장을 쫓아내고, 위유런(于右任)이 사오리쯔(邵力子)를 교장으로
임명하였으며, 아울러 동년 10월 정식으로 상해대학이라는 명칭을 사
용하였다. 1923년 봄, 위유런이 리다자오를 초청하여 상해대학 업무에
협조를 구하였고, 이는 덩중샤(鄧中夏), 취추바이(瞿秋白) 등을 소개하
여 이 학교의 총무장(總務長, 다른 명칭으로는 교무장이라고도 함)과
사회학계열 주임을 맡게 하였고, 천두슈는 천왕다오(陳望道)를 추천해
중국문학계열의 주임을 맡게 하였다. 동시에 위유런은 예추창(葉楚傖),
허스전(何世楨), 천더정(陳德征) 등을 초빙하여 학교의 교무장을 맡도
록 하였고, 학교 전체의 업무는 실제상 총무장인 덩중샤가 담당하였

---

2) 1924년 4월 兼區를 폐지하였고, 上海地方執行委員會라고 命名하였다.

다. 그는 먼저 교육방침을 확정하고, 학교의 제도를 개혁하였고, 진정한 재능과 실력이 있는 사람을 교사로 초빙하였다. 일부 학문의 전문가 중에는 공산당원인 차이허썬(蔡和森), 윈다이잉(惲代英), 사오추뉘(蕭楚女), 장타이레이(張太雷), 양셴장(楊賢江), 허우샤오추(侯紹裘), 선옌빙(沈雁冰) 등 앞뒤로 이 학교의 교과를 담당하였다. 리다자오는 자주 이 학교에서 강연을 하여, 학생들에게 마르크스주의의 역사관에 의해서 학생들을 고취시켰고, "즐거운 창조는 미래의 황금시대"[3]라고 하였다. 1924년 초, 상해대학의 공산당원은 16명에 달하였고, 시 전체 당원 총수의 3분의 1[4]이나 되었다. 공산당원의 노력아래, 상해대학의 계열과 학과(上海大學系科)는 초보적인 모습을 갖추었고, "배우는 상점"(學店)이라는 구시대의 유물을 쓸어버렸고, 교육계에서는 참신한 면을 보이기 시작하였다. 하나의 통일전선의 기치 아래에서 교육과 혁명이 진행되었던 신형(新型)학교로 성장하게 되었다. 많은 진보 청년은 이곳에서 혁명사상의 교육을 받아, 혁명의 길로 들어섰다. 공산당원인 류화(劉華), 허빙이(何秉彝), 궈보허(郭伯和), 친방셴(秦邦憲), 왕자샹(王稼祥), 장추친(張秋琴), 양즈화(楊之華), 양상쿤(楊尙昆) 등은 모두 이 학교의 우수학생이었다. 1924년 봄, 상해대학 학생은 400여 명으로 늘어났고, 교사(校舍)도 서마로(西摩路, 현재의 陝西北路 南陽路口)로 이전하였고, 아울러 평민야학(平民夜學)도 설립하였고, 노동자들에게는 교육비를 받지 않고 교육시켜 노동자 간부들을 배양해 내었다.

1923년 10월, 쑨중산은 직접 국민당의 개조 작업을 직접 지도하기 위해, 전보로 상해 본부에 명령하여 즉각 정부(正副) 부장을 폐지하고, 주임간사를 신설하고, 아울러 상해에 설치되어 있던 총리 사무실과 총리 전권대표를 폐지하고, 랴오중카이(廖仲愷), 리다자오, 장지 등 5인

---

3) 『民國日報』, 1923년 4월 15일.
4) 1924년 말, 상해대학에 黨支部가 설립되었다.

이 국민당 개조 위원으로 파견하여 그들로 하여금 본부 개조에 대한 책임을 지게 하였다. 11월, 국민당은 광주에서 공산당원 리다자오, 탄핑산(譚平山)에게 임시 중앙위원회에 참가하여 당무를 처리하였다.

이때, 상해 본부의 일부 국민당 우파는 쑨중산의 연아연공(聯俄聯共)과 노동자와 농민을 돕는다는 핵심적인 개조계획에 반대를 벌였다. 장징장(張靜江)은 아주 저속한 말로 "쑨 선생이 연아연공을 하려고 하는데, 나는 아무런 견해가 없다. 그러나 공산(共産)은 공처(共妻)하는 것과 같으므로 나는 찬성할 수 없다."5)고 힐난하였다. 11월중, 장지(張繼), 셰츠(謝持) 등이 두 차례 본부 회의를 소집하여, 국공합작의 반대, 본부를 광동으로 이동하는 것을 반대, 개조 업무의 저지를 시도하였다. 쑨중산은 랴오중카이, 후한민(胡漢民)을 특별히 상해로 파견해 이들을 설득하는 작업을 지시하였다. 12월 9일, 랴오중카이는 상해에서 중앙간부회의를 소집하여 국민당 개조의 필요성을 역설하자, 우파는 대세는 이미 기울었다는 것으로 판단하고 그들의 반대 주장을 거둬들였다. 이번 회의 후, 국민당 상해 임시 집행위원회가 설립되었고, 이 위원회에서 상해방면의 개조작업을 담당하게 되었다.

1924년 1월, 중국 국민당 제1차 전국대표대회가 광주(廣州)에서 개최되었는데, 제1차 국공합작이 정식으로 건립되었다. 대회 폐막 후, 국민당 중앙은 간부를 상해, 북경, 한구(漢口) 등지에 집행부 설치 준비를 위해 파견시켰다. 상해의 중앙집행위원으로 파견된 사람은 후한민(胡漢民), 왕징웨이(汪精衛), 예추창(葉楚傖), 위유런(于右任), 장징장(張靜江)이었고, 후보 집행위원으로는 마오쩌둥(毛澤東), 사오리쯔(邵力子), 선쉬안루(沈玄廬), 마오주첸(茅祖權), 취추바이(瞿秋白)이었으며, 감찰위원으로는 장지(張繼), 우즈후이(吳稚暉), 셰츠(謝持)등이었다.

2월 5일, 국민당 상해집행부에서는 제1차 집행위원회의를 거행하여

---

5) 何祖培, 「張靜江事迹片斷」, 『文史資料選輯』, 第24輯.

집행부의 인사 배분을 결정하였다. 후한민(胡漢民), 예추창(葉楚傖), 왕징웨이(汪精衛) 3인은 상무위원으로 조직부와 청년부녀부 그리고 선전부부장직을 맡았고, 위유런(于右任), 마오쭈취안(茅祖權)은 노동자농민부와 조사부 부장을, 마오쩌둥(毛澤東), 윈다이잉(惲代英), 허스전(何世楨), 사오리쯔(邵力子), 쑨징(孫鏡)은 위의 각부의 비서를 담당하였고, 마오쩌둥은 아울러 문서과의 주임을 대리하였다. 각부 업무인원으로는 뤄장룽(羅章龍), 덩중샤(鄧中夏), 왕허보(王荷波), 스춘퉁(施存統), 샹징위(向警予), 선쩌민(沈澤民) 등이 있었다. 여기서 국민당 우파는 집행부내의 세력을 상당한 장악하고 있었으나, 공산당 쪽의 사람도 일부 실권이 있는 요직을 담당하고 있었던 것을 볼 수 있다. 집행부 기관은 환룽로(環龍路, 현재의 南昌路) 44호로 원래 이곳은 국민당 본부와 46호가 자리하고 있었던 곳이다. 업무를 편리하게 보기 위해 집행부는 프랑스 포방(捕房)의 사복경찰인 청쯔칭(程子卿)을 매수하였다. 그래서 집행부는 반공개적인 상태에서 활동을 할 수 있었다.

상해 집행부의 주요직책은 강(江; 강소), 절(浙; 절강), 환(皖; 안휘), 감(贛; 강서) 4성(省)의 전면적인 관리와 상해의 국민당 당무였다. 집행부는 성립 후, 먼저 상해에 구당원과 신당원에 대한 등기를 하게 하였고, 각 구당부(區黨部)와 구분부(區分部)의 업무를 시작하였다. 국공 양당의 공동 노력아래 국민당은 상해에서 신속하게 확대되었고, 4개의 구당부와 일부 구분부는 계속해서 생겨났다.[6] 이러한 기초 조직 중에서, 공산당원은 중요한 작용을 발휘하였다. 1924년 5월에 이르러서 그들은 갑북(閘北), 남시(南市)와 송호(淞滬)철로의 3개 구당부를 관리하였고, 갑북(閘北), 상해대학, 중화서국과 새롭게 생겨났던 잡지사 등 각 구분부(區分部)는 모두 공산당원 또는 청년단원들이 적극적으로 업무를 전

---

6) 4개 구당부(區黨部)는 갑북(閘北), 남시(南市), 송호철로(淞滬鐵路)와 용화(龍華)였다.

개시켰다.

집행부에서는 열심으로 민중운동을 지도하자 이러한 결과가 나타나기 시작하였다. 부녀자들에 대한 포섭 업무방면에서 집행부는 부녀부 휘하에 부녀운동위원회를 조직하고, 그 실질적인 책임자로 샹징위(向警予)와 양즈화(楊之華)가 임명되었다. 6월 중순 홍구사창(虹口絲廠) 여공이 상경사직창(祥經絲織廠)이 화재로 참담하게 되자 파업을 전개하였는데, 집행부는 부녀부에 먼저 연락하여 도와주라고 하였고, 이에 연합부녀단체의 원조가 이어졌다. 청년포섭 업무방면에서는 집행부가 청년위원회를 설립하고, 상해대학과 복단대학 등 20여 곳의 학교에서 40여명의 대표를 조직하여, 출판, 강연, 연락, 평민교육, 협력운동 등의 각부를 담당하였는데, 이러한 부서는 당시 상해 학생운동의 중요한 지휘기관이 되었다. 노동운동 방면에 있어서 집행부는 당원 분구(分區)를 조직하여 평민학교, 노동자 야간학교[工人夜校] 등을 설립하였다. 이러한 학교는 대부분 공산당 지부 또는 국민당 좌파가 활약하던 대학교와 중학교 내에 설립되었다. 비록 국민당의 명의를 빌어 학교를 열었으나, 공산당원이 그 주축을 이루었다. 집행부의 선전공작은 주로 『민국일보』(民國日報)가 주축이 되었다. 집행부 자체에서는 『평론의 평론』(評論之評論)을 출판하였고, 『민국일보』(民國日報)의 특종 부간(副刊)으로 발행하였다. 『민국일보』는 국민당 "1대"(一大)의 유관 문건을 발표한 것만이 아니고, 삼민주의(三民主義)와 오권헌법(五權憲法)의 내용을 소개하였고 아울러 해석도 겸하여 실었다. 1924년 8월, 상해 각 학교의 애국학생들은 중국공산당 지도하에 비기독교 대동맹을 조직하고, 제2차 비기독교운동을 발기하였고,[7] 제국주의의 문화침략을 반대하였으며 아울러 외국인이 중국에서 종교에 대한 교육권의 회수를 최초로

---

7) 1922년 3월, 사회주의 청년단이 상해에서 비기독교(非基督敎) 학생동맹(學生同盟)을 조직하였고, 제1차 비기독교운동(非基督敎運動)을 전개하였다.

주장하였다. 이러한 운동을 위해, 『민국일보』는 『비기독교 특간』(非基督敎特刊)을 출판하였고, 각지의 투쟁의 연락과 지도를 담당하였다. 이외에, 상해집행부는 국민당 중앙의 지시에 따라, 상해에서 황포군교 학생 모집의 일을 담당하였다. 마오쩌둥은 이곳에서 수험생의 2차 시험 업무를 담당한 적이 있었다.

국민당 우파는 완고하게 국공합작을 반대하였고, 공산당을 향해 공격을 하였을 뿐 아니라, 혁명통일전선을 깨뜨리고자 노력하였다. 펑쯔유(馮自由), 마차오쥔(馬超俊) 등 노동자들의 적이 서로 결합하여 1924년 3월 일부 이름뿐인 노동조합[招牌工會]은 반공을 종지(宗旨)로 하는 상해공단연합회(上海工團聯合會)를 설립하였고, 허스전(何世楨)은 이 회의 법률고문이 되었다. 집행부 내에서는 후한민, 예추창 등이 상위회(常委會)에서 공산당원을 압박하였다. 레닌의 사망 후, 취추바이(瞿秋白)가 집행부에 레닌전집을 발행해서 이를 기념하자고 건의하였다. 상위회에서는 모든 내용을 다 갖춘 총서(叢書)를 출판한다는 구실로 무기한 그 계획을 연기시켰다. 전국 학생총회 대표들이 회의에 참석하기 위해 북경으로 갔는데, 마오쩌둥은 여비를 지급하여야 한다고 하였는데, 후한민은 금전을 지급하지 말아야 한다고 하며 지급하지 않았다. 마오쩌둥은 후한민의 우파적인 경향에 불만을 품고, 조직부 비서의 직무를 사직하였다. 1924년 6월, 장지, 셰츠(謝持) 등은 중앙감찰위원회 명의를 도용해서 공산당안을 탄핵할 것을 제출하였다. 다이지타오(戴季陶) 역시 이 달 상해에 도착하여 왕징웨이를 대신하여 집행부 상위에 임명되었다. 집행부는 완전히 우파에 의해서 좌우되었고, 여기에 더하여 공산당원을 배제하였다. 다이지타오와 공산당의 우파 분자로 당을 탈당한 선쉬안루(沈玄廬)는 투합하여 반공문건 『계급투쟁 훈령 반대』(反對階級鬪爭訓令)를 기초하였고, 심지어는 집행부문건의 도장을 찍어 각급 당부에 배부하였다. 허스전 등 30명의 반공분자는 연명(聯名)으로 쑨중산에게 문서를 올렸고, 그에게 공산당원 전부 국민당에서 나가도록 명령을 내려달라고 요구하였고, 아울러 공산당의 경향이 있는 사람을 축출하여야 한다고 하였다. 한때 반공의 여론이 시끄럽게 떠들었다. 8월 1일, 우파분자 위위즈(喩育之) 등이 각 구당부(區黨部) 대표회의장에서 공산당을 대대적으로 공격하자, 회의석상의 공산당원과 국민당 좌파 인사들의 반격을 받았다. 이러한 상황에 위위즈(喩育之)는 아주 크게 화를 냈고, 다음날 바로 집행부로 들이닥쳐 공산당원인 사오리쯔(邵力子)를 구타하고 이로써 자신의 분을 풀었다.

국민당 우파의 이러한 행동으로 1924년 6월 이후, 상해의 국민당 당무는 거의 정지 상태에 빠져들게 되었다. 우파의 공격을 반격하기 위해 강소성 당부의 국민당 좌파 장수스(張曙時)는 반공지휘부의 상해 집행부에 탄핵안을 이미 제출한 상태였다.

1924년 9월, 강절(江浙) 전쟁이 폭발하자 국내정국은 아주 급속도로 상황이 변하였다. 국공합작이 비록 계속적인 발전을 보이고 있었으나, 통일전선 내부의 투쟁은 나날이 심해져갔다. 이러한 특징은 이후 상해의 역사에서 잘 나타나고 있다.

제2절 상해 쟁탈을 위한 군벌의 강절전쟁(江浙戰爭)[1]

1924년 9월, 상해부근 지구에서 강절전쟁이 폭발하였다. 이 전쟁은 직(直, 直隸), 환(皖, 安徽) 두 계파의 군벌이 장기적으로 상해를 차지하기 위한 것으로 불가피한 것이었다.

앞에서 말한 바와 같이 위안스카이 사후, 행정구역상 강소성의 상해는 환계(皖系)의 영향을 받았고, 직계(直系)의 영향을 받지는 않았다. 환계(皖系)가 상해를 차지하게 되면 이득이 아주 많았다. 먼저 병공장(兵工場)을 조종할 수 있게 되므로, 대량의 병기를 얻을 수 있었다. 다음으로는 아편을 운반, 판매하여 상당한 군비를 조달할 수 있었다. 루융샹(盧永祥), 허펑린(何豊林)은 병공창 부근에 아편창고를 가지고 있었고, 기회가 있으면 군용차로 아편을 프랑스 조계(法租界) 근교인 십육포(十六鋪)로 이동시켜 황진룽(黃金榮), 두웨성(杜月笙), 장샤오린(張嘯林) 등 지하 조직 두목들에게 판매하였는데, 그중 거액의 금액을 운반비로 착복하였다. 통계에 의하면, 루융샹, 허펑린은 매년 아편 운반비라는 명목으로 100만원의 수입을 보았다.[2] 이로써 직계(直系)에서 강소독군(江蘇督軍)을 역임한 사람은 상해 이 지역에서 불법적으로 거둘 수 있는 자금을 호시탐탐 노리고 있었다.

따라서 직환(直皖) 모순이 격렬해지자, 강(江), 절(浙) 두 성 군벌의

---

1) 다른 말로는 치루전쟁(齊盧戰爭)이라고도 한다. 그 이유는 中華民国 江蘇督軍 齊爕元과 浙江督軍 盧永祥 간의 전쟁이기 때문에 그들의 성을 따서 齊盧戰爭이라고 한다. 이 전쟁은 사실상 직계군벌(直系軍閥)과 반직계군벌(反直系軍閥) 간의 충돌이다. 역자 주.
2) 鍾士澄, 「齊盧戰爭的幕後活動」『文史資料選輯』(上海), 第18輯.

상해에 대한 각축이 나날이 격화되었다. 1920년 7월 직환(直皖)전쟁이
폭발되기에 이르렀다. 직계의 압력 하에 북경정부는 송호호군사(淞滬
護軍使)의 철수를 명령하였으나, 루융샹, 허펑린은 강경한 태도로 명령
을 따르지 않고 거절하였다. 강소(江蘇) 독군(督軍) 리춘(李純)은 군사
를 이동시켜 호녕(滬寧)철로를 봉쇄하고, 상해를 공격할 준비를 갖추
었다. 영사단은 전쟁이 일어난다면 상해에서 그들이 얻던 이익은 손해
보게 되므로, 강(江), 절(浙) 두 방면에 경고를 보냈는데, 그것은 3일내
에 군대를 원래의 곳으로 철수시키고 교통을 회복시키라는 것이었다.
그렇지 않을 경우 군사를 일으켜 "철로"(鐵路)를 보호한다고 하였다.
상해와 절강의 각 사회단체 역시 평화를 주장하였다. 강(江), 절(浙) 군
사당국은 부득불 "서로의 경계를 지키고 백성을 편안히 한다."(保境安
民)는 공약을 체결하고 잠시 군사행동을 미루었다.

　직환(直皖) 전쟁의 종식 후, 쑨중산은 봉계(奉系), 환계(皖系)와 연합
하여 반직삼각동맹(反直三角同盟)을 형성하였다. 환계는 상해를 수중
에 넣고 있었기 때문에 반직동맹 정치활동의 중요한 기지로 활용하였
다. 1922년, 쑨중산은 바이원웨이(柏文蔚)에게 상해에서 반직(反直) 활
동을 벌이라는 명령을 내렸다. 바이파(柏派)의 안휘성 사람인 왕야차
오(王亞樵)는 상해시 공민대회(上海市公民大會)를 조직하여 노동자, 학
생, 점원을 모아서 가두시위를 벌였고, 아울러 차오쿤(曹錕) 형상의 모
형을 만들어 군중들이 욕을 하고 이를 때리도록 제공하였다. 차오쿤이
이 소식을 듣자, 크게 노하였다. 1923년 6월에는 차오쿤이 총통이 되
려고 뇌물을 썼던 것이 연극으로 만들어져 공연되었다. 상해 각 단체
에서는 이러한 것에 항의를 하였고, 상총연회에서는 선언을 발표하고
국민회의를 소집해 국사를 해결하도록 주장하였다. 반직삼각동맹 역시
매월 300원의 보너스를 더 주는 조건으로 국회의원이 상해에 오도록
하였으며, 루융샹은 이를 위해 100만원을 내놓았다. 동시 쑨중산, 돤치

루이, 장쭤린 등 각파에서 파견한 대표는 프랑스 조계 고발로(古撥路, 현재의 富民路)에서 각성대표연합사무처를 조직하고, 반직(反直)선전을 협조하고 아울러 국문통신사(國聞通信社)를 설립하여 반직 선전기구를 담당케 하였다. 루융샹의 휘하에 있던 덩한샹(鄧漢祥)이 사장을 맡게 되었다. 7월 14일, 상해로 온 국회의원 200여 명이 모여 거행하여 정부 조직을 준비한다는 대내외 선언을 발표하였다. 반직삼각동맹의 이러한 활동은 직계군벌이 볼 때, 상해의 환계(皖系) 세력을 눈의 가시로 보게 되었고, 이를 뽑아내고자 하려고 하였을 때는 아주 빠르게 행동으로 나타내었다.

강소독군(江蘇督軍) 치셰위안(齊燮元)은 직계의 대장(大將)중 한사람으로 상해에 야심을 품고 노리고 있은 지가 이미 오래되었다. 당시 강소성의 유명인사인 장젠(張謇)은 그의 아들인 장샤오뤄(張孝若)를 성장(省長)에 앉히려고 자기 휘하에 있던 사람을 보내어 치(齊)가 상해로 들어가도록 부추겼고, "민의"(民意)라는 구실로 그에게 자금을 지원하였다. 치셰위안은 이러한 지지와 지원을 받자 야심이 더욱 커졌다. 1923년 8월초, 그는 국회의원이 상해에서 회의를 소집하는 것을 반대한다는 이유로 상해인근 곤산(昆山)의 군대를 증파하여 손을 쓸려고 준비하고 있었다. 상해 자산계급은 이러한 급변하는 상황의 이상함으로 일부 지방의 명사들은 소절화평협회(蘇浙和平協會)를 발기시켰고, 이로써 『소절화평공약』(蘇浙和平公約)을 만들어 쌍방의 서명을 요구하였다. 상해의 영·미 상인 역시 사관(使館)에 전보를 보내 호항녕(滬杭寧은 상해, 항주, 영파를 지칭함)이 정치의 소용돌이 밖에 놓여 있기를 요구하였다. 8월 12일, 영, 미, 일, 프 4국 공사는 북경정부에 경고장을 보내, 만약 상해를 쟁탈하기 위해 전쟁이 폭발하여 외국인의 생명과 재산이 보장되지 않게 된다면, 외교단은 이에 상당하는 조치를 취하겠다고 엄포를 놓았다. 이때, 직계의 수령 우페이푸(吳佩孚) 역시 즉각

루융샹의 전쟁에 동의하지 않았으므로, 치세위안(齊燮元)은 오직 평화
공약[和平公約]만을 강요받고 있었다. 루융상, 허펑린(向豊林) 두 사람
은 직계의 군사 압력으로 잠시 직(直)에 대한 태도를 완화시켰고, 상해
에 있던 일부분의 국회의원의 정부 조직 활동도 중지하였다. 9월중,
리위안홍(黎元洪)이 상해에서 활동을 하였고, 상해 신상(紳商)은 직계
에 대한 나쁜 감정을 갖고 있었으므로, 그에게 빠른 시일 내에 그에게
서 떠나라고 권고하였고, 허펑린 역시 리위안홍에게 경고를 하였다.

　　10월 5일, 돼지새끼 의원이라고 욕을 먹던 차오쿤(曹錕)이 총통 자
리에 앉은 날 당일, 상해 각 상점은 백기(白旗)를 게양하였고, 아울러
문 입구에 "국회불신, 불법 뇌물 선출 총통 반대"[否認國會, 反對非法
賄選總統]라는 현수막을 내걸었다. 다음날 상해시민과 학생들은 나누
어서 집회를 갖고 차오쿤 타도 시위를 벌였다. 10월 10일, 상해 각 단
체는 차오쿤 토벌 국민시위대회[國民討曹游行大會]를 조직하고, 귀주
(貴州)출신 상해거주학생회(旅滬學生會)에서는 돼지새끼 의원(曹錕을
지칭함)을 징계할 구체적인 방법을 제출하였다. 그의 적관(籍貫) 즉 본
적을 없애고, 돼지가죽에 그의 이름을 써서 공공장소에 게양하는 것 등
이었다. 동시에 루융상(盧永祥) 역시 북경정부와 일체의 공문 왕래를 정
지할 것을 선포하였다. 11월 12일 루융상의 지시로 왕야차오(王亞樵)가
사람을 파견하여 송호경찰청장(淞滬警察廳長) 쉬궈량(徐國樑)을 사살
하라고 명령하여 대세계(大世界) 맞은편의 온천 욕실 입구에서 사살하
였다. 절호(浙滬)방면에서의 격렬한 반직(反直)태도와 쉬궈량(徐國樑)
의 피살 등은 막 완화되어가는 국면을 찾았던 강절(江浙)관계를 다시
긴장 속으로 몰아넣었다.

　　치세위안(齊燮元)은 송호경찰청장을 강소성 위원으로 지명하고, 선
전강(申振綱)을 파견하여 그의 임무를 맡도록 시키려고 하였다. 허펑
린(何豊林)은 오히려 송호호군사(淞滬護軍使)에게 상해 사법, 행정의

권한을 지휘 통제하도록 하여 자기가 파견한 루룽젠(陸榮廷)으로 하여
금 대리(代理)하게 하였다. 쌍방이 전보전(電報戰)을 전개하였다. 치셰
위안은 무력으로 척결하려고 하였으나, 우페이푸(吳佩孚)의 지지를 얻
지 못하였다. 북경정부는 절충방법을 채택하고, 선전강(申振綱)에게 잠
시 상해에 부임하지 말도록 명령하고, 루룽젠으로 하여금 대리토록 하
였다.

　1924년 3월, 직계군벌 쑨촨팡(孫傳芳)이 복건(福建)을 공격, 점령하
였고, 환계의 쌍즈핑(臧致平), 양화자오(楊化昭)가 잔여부대를 이끌고
절강의 변경으로 후퇴하여, 루융샹이 이들을 수용하였다. 치셰위안은
이 사건을 상해를 공격하려는 구실이라고 생각하고,[3) 쑨촨팡과 안휘
(安徽), 강서(江西)등 성의 직계군벌과 연합하여, 상해를 공격할 준비
를 하였다. 이때, 차오(曹)와 우(吳)는 직계와 환계, 봉계 사이의 일전
(一戰)이 불가피하다고 생각하고, 각개 격파를 위해 먼저 루융샹을 해
결하는 것에 동의하였다. 루융샹은 장쭤린(張作霖)과 쑨중산이 군사상
서로 결탁하기로 보증한 것에 대항해, 자기의 약점을 노출시키지 않으
려고 하였다. 상해 자산계급은 하찮은 일에도 크게 놀라면서도 또 한
차례 평화(和平)운동을 전개하였고, 영, 미, 일, 프 4개국 공사(四國公
使)는 재차 북경정부에 1923년 8월의 경고를 재차 확인하며, 아울러
대규모의 군함을 상해로 이동시켰다. 그러나 강절(江浙)전쟁은 이미
피할 수 없는 상태에 이르렀다.

　1924년 9월 3일 새벽, 치셰위안의 군대는 황도(黃渡), 유하(瀏河) 일
선에서 진공을 개시하였다. 루융샹은 전보로 전화의 발단을 알리고 차
오(曹)의 토벌을 선포하였다. 제2차 직봉전쟁(直奉戰爭)의 전주곡인 강
절(江浙)전쟁 또는 "치루지전"[齊盧之戰이라고도 함. 즉 齊燮元과 盧永

─────────────

3) 1923年의 『蘇浙和平公約』 規定: "兩省以外客軍, 如有侵入兩省或通過等事
情, 由當事之省負防止之責." 『國聞周報』, 1卷 3期.

祥의 전투라고도 함.]은 정식으로 그 막이 올랐다. 당시 루융샹은 절호연군(浙滬聯軍) 약 68,000명의 3개 군대를 지휘하였다. 제1군은 황도(黃渡), 가정(嘉定), 류하(瀏河) 일선(一線)에 배치되었고, 제2군은 장흥(長興)을 거처 축산(蜀山)에서 의흥(宜興)을 공격하여 치군(齊軍)의 후방을 위협하였으며, 제3군은 절서(浙西)의 구주(衢州), 강산(江山), 용천(龍泉) 일선(一線)을 사수하여 쑨촨팡(孫傳芳)을 저지하는 임무를 맡았다. 루융샹 본인은 항주에 있었다. 치세위안과 쑨촨팡의 직군(直軍)은 약 86,000명으로 역시 세부분으로 나뉘어 공격과 방어를 하였다.

이 전쟁은 두 단계로 나뉘었다. 전쟁이 시작되었을 때, 쌍방의 주력은 황도(黃渡), 가흥(嘉定), 류하(瀏河)의 일선에서 대치하고 있었다. 치군(齊軍)이 나누어 진공하였고, 루군(盧軍)은 곳곳에서 방어를 하였다. 9월 5일, 8일, 14일에는 여러 차례 격렬한 전투가 있었다. 쌍방의 사상자가 길에 널렸으나, 아무 진전이 없었고 전쟁은 점점 소강상태가 되었다. 의흥(宜興)방면에서 루군은 공세를 취하였고, 몇 리(里)를 두고 진퇴를 거듭하였다. 그러나 절서(浙西) 방향에서는 쑨촨팡 군이 절군(浙軍)의 배반으로 그대로 쉽게 쳐들어갈 수 있었다. 9월 18일, 루융샹은 상해로 도망을 하여, 용화(龍華)에 사령부를 설립하였고, 아울러 의흥 방면의 제2군을 철수시켜 송강을 고수하라는 명령을 내렸다. 전쟁은 제2단계로 접어들었다. 황도(黃渡), 가정(嘉定), 류하(瀏河) 일선의 교착국면은 타개되지 않았다. 그러나 상해의 서남방향에 있던 루군이 점점 패퇴하였다. 10월 8일 밤, 쑨군은 송강(松江)을 공점하고, 용화를 압박하며 쌍방은 명성교(明星橋) 일대에서 격전을 벌였다. 12일 밤, 루군은 후퇴하였고, 군영 내에는 큰 반란이 일어났다. 루융샹은 압박에 의해 전보(電報)로 하야한다는 것을 밝혔다. 다음날 루융샹, 허펑린, 짱즈핑(臧致平)은 일본 배를 타고 일본으로 건너갔고, 이로써 치루(齊盧)진쟁은 끝나게 되었다.

10월 13일, 쑨 군단장은 리바오장(李寶章) 휘하의 부대를 이끌고 상해로 들어왔다. 14일, 우페이푸가 치(齊)를 도와주기 위해 파견한 악군(鄂軍) 장윈밍(張允明) 부대가 용화(龍華)를 점령하였다. 쑨(孫), 치(齊), 장(張) 3인은 루군이었던 3만 여 패잔병을 서로 자기의 부대에 편입시키려고 서로 뺏고 뺏기고 하였다. 이후 장윈밍(張允明)은 용화(龍華)에서 스스로 송호호군사(淞滬護軍使)라 자칭하였으나, 9월 사이에 이미 북경정부로부터 송호호군사에 치세위안이 임명되었고, 그 전후로 소군 제1사사장(師師長) 바이바오산(白寶山), 제19사사장 궁방둬(宮邦鐸)로 송호호군사와 상해진수사(上海鎭守使, 駐閘北)의 직권을 대리하도록 임명받았다. 그래서 상해 한 지역에 동시에 3개 호군사와 1개의 진수사가 병립하게 되었다.

40일의 치루(齊盧)전쟁의 피해는 상해 및 부근 9개 현(縣)에 미쳤다. 직접적으로 포화를 당한 지구(地區), 주택은 대부분 훼손 되었고, 농민들은 파산하여 건달과 부랑자가 된 사람이 부지기 수였다. 직접 전쟁이 발생했던 지역이 아닌 시구(市區) 역시 군대의 심각한 약탈과 소란에 휩싸였다. 전쟁 개시 후, 루군은 부랑자를 체포한다는 구실 하에 시내 도처에서 인력거를 모는 사람들을 체포하였다. 전쟁이 끝났을 때, 패잔병들은 도처에서 약탈을 벌였다. 적십자사의 조사에 의거하면, 송강(淞江) 일대에서만 430여 곳의 상점과 1,027집이 강도를 당하였다.4) 상해의 경제는 이로써 아주 심각한 타격을 입었다. 전쟁이 발발하기 전날, 금융시장은 먼저 사람들의 동요로 인해 공황이 발생하여 공채(公債)가 급격하게 가격이 하락하였고, 양리(洋厘)가 폭등하였고, 은이 아주 부족하였으며, 두 곳의 사설 금융점포[錢庄]가 도산했고, 한 곳의 어음은 부도났다. 이후, 면화면사의 가격이 폭락하였고, "다두"(多頭)5)의 투기 분자들이 아주 큰 손해를 보았다. 포필(布匹)교역은 완전

---

4) 『時報』, 1921년 1월 21일.

히 중지되었고, 석탄의 창고보관증[煤斤棧單]의 교역 역시 큰 타격을 받았으므로, 물품교역소는 어쩔 수 없이 문을 닫게 되었다. 전화(戰火)로 호항(滬杭)과 호녕(滬寧)철로가 단절 후, 시장 상황은 더욱 나빠졌다. 상업은 정체되었고, 공장(工廠)은 문을 닫거나 잠시 중지되었으며, 대단위의 노동 인민은 실업 등의 곤경에 처하게 되었다. 유일하게 좋은 점이 있었다면 조계내의 건물주와 미상(米商)이었다. 전쟁기간, 강절(江浙) 두 성에서 조계로 들어 온 난민은 20만 명 이상이 되었고, 조계 내에는 하루에 6각(角)이었던 방이 1원(元) 4각(角)까지 올라갔으며, 쌀은 매석(每石)에 10원(元)에서 20원(元)으로 가격이 올랐다.6) 직업을 잃은 많은 난민들은 기아와 한파로 인해 죽어나갔다. 당시 통계에 의하면 이 전쟁은 유형무형의 손실을 가져왔는데, 손실 총액은 4억 원(元) 이상이라고 하였다.7)

외국에서는 이 전쟁을 서로 다른 각도에서 보았다.

제국주의는 전쟁이 가져오는 손실을 두려워하여, 전쟁의 불길이 조계 내에 미치지 못하도록 막는데 노력하였다. 9월 2일, 상해 영사단은 상해조계를 방어하는 방법[防滬租界方法]을 제정하였다. 그 내용은 다음과 같다. 첫째, 강절당국(江浙當局)에 통지하여 군대가 조계 내에 들어오는 것을 엄금시켰다. 둘째, 패잔병이 조계 내로 들어오는 것을 엄격히 통제하였다. 셋째, 만국상단(萬國商團)의 출동 준비태세를 갖추었다. 넷째, 각국에서 상해로 군함을 이동시켜 연합함대를 조성하고, 군관 지휘권은 미국이 지니고 있었다. 9월 9일, 공부국에서는 공공조계에 긴급 상태를 선포하고, 각국 해군육전대를 상륙시켰고, 만국상단

---

5) 다두(多頭)는 교역소의 투기방식 중의 하나로 증권시장 등에서 시세가 오를 것을 예상하여 대량으로 주식을 구매하는 쪽을 말하며, 다른 말로는 "매공"(買空) 즉 현품없이 투기적으로 물건을 사는 공매수라고 말하기도 한다.
6) 『申報』, 1924년 10월 1일.
7) 『申報』, 1924년 11월 1일.

약 5,000여 명이 조계 내의 순찰을 맡았고, 아울러 모래 부대 바리케이트로 길을 막아 조계 밖과의 교통을 단절시켰다. 9월 27일까지 상해에 도착한 외국 군함은 29척이었다. 각국 해군은 아울러 황포강을 중립구로 선포하여, 강절 해군이 이곳에서 전쟁을 벌이는 것을 금지시켰다. 이와 동시에 제국주의는 이 기회를 틈타 그들의 세력범위를 확대시키고자 하였다. 전쟁 폭발 전에 공사단은 북경정부에 오송 및 그 주위 30 마일 지대를 "중립항"(中立港)과 "중립구"(中立區)로 요구하였고, 각국 군함으로 이곳을 지키게 하였다. 전쟁이 폭발한 후, 외국군함은 10월 1일을 기해 정식으로 오송구(吳淞口)를 봉쇄시켰다. 공부국은 파병하여 법화향(法華鄕)을 점령하였고, 아울러 그곳에 조계와 통할 수 있는 4개의 도로를 닦았다. 10월 13일 전쟁은 이미 끝났는데도, 영사단은 또 갑북(閘北)을 "보호"(保護)한다는 구실로 파병을 결정하였다. 미국 상인은 『대륙보』(大陸報)에 사론(社論)을 발표하여, 갑북(閘北)을 조계로 포함시켜야 한다고 떠들어댔다. 쌍방의 교전에 대하여 영사단과 공부국에서는 비록 "중립"(中立)을 선포하였으나, 실제상으로는 오히려 친영미의 직계군대를 옹호하고 있었다. 루융샹의 하야(下野)후, 양화자오(楊化昭) 등은 환계(皖系)의 골간인 쉬수정(徐樹錚)을 총사령으로 추대하고, 계속 완강하게 저항하였다. 치셰위안은 영사단에게 간섭을 요구하였다. 15일, 쉬수정, 천러산(陳樂山) 등은 갑북(閘北)에서 군사회의를 통해 공공조계로 들어가는 문제를 완결하고 난 후, 바로 공부국에 의해 체포되었는데, 그 이유는 그들이 조계에서 몸을 숨기고 정치활동을 한 것이 조계 중립에 방해가 된다는 것이었다. 21일, 쉬수정은 공부국에 의해 상해에서 축출되었다.

상해 자산계급은 이 군벌 전쟁을 결사적으로 반대하였다. 전쟁 전에 위차칭(虞洽卿)은 여러 차례 상해와 남경으로 뛰어 다니며 쌍방에 전쟁을 일으키지 말 것을 당부하였다. 전시에 사람들은 보안회(保安會)를

조직하여 루융샹에게 정전을 요구하였다. 갑북의 신상(紳商) 선롄팡(沈
聯芳) 등은 갑북보위단(閘北保衛團)을 조직하였고, 참여자 8,000여 명
으로 보병, 기병대를 편성하였고, 나누어서 시내에 주둔케 하였으며,
군대의 소란을 단속시켰다. 일부 갑북의 자선단체는 갑북의 "중립"(中
立)을 요구하였다. 식민당국은 조계에 긴급사태를 선포하여, 병력을 파
병하여 상륙하게 하고, 도로와 황포강을 봉쇄하고, 법화향(法華鄕) 등
을 점령하는 것은 중국 주권을 침해하는 심각한 행위였으나, 자산계급
단체는 이러한 것에 항의하지 않았다. 나아가 납세화인회는 심지어 이
것에 대해 "감사를 표시한다."고 하였다.8)

국민당은 환계(皖系) 군벌과 동맹관계를 맺고, 전력으로 루융샹을
지지하였다. 전쟁이 폭발하자, 쑨중산은 광주에서, "절강을 원조하는
것이 광동을 존재케 하는 것이다."라는 명령을 내려 차오(曹)와 우(吳)
의 토벌을 선포하였다. 『민국일보』(民國日報) 주편인 예추창(葉楚傖)
은 성명에서 "이번 루 씨가 군사를 일으킨 것은 정의를 신장케 하기
위함이다.", "이미 민간의 동정을 얻고 있다."고 발표하였다. 중국 공
산당은 이러한 진행을 엄중히 비평하였고, 이번 전쟁은 "직(直)과 반
직(反直) 군벌 사이의 전쟁으로 이것은 대전쟁의 예고이고, 동시에 영
미(英美)와 일프(日法) 두 제국주의 그룹간 중국 쟁탈의 시작이다."라
고 지적하면서, 국민당은 루융샹을 지지한다고 하는데, "실제적으로는
전철을 답습하는 것에 불과하며, 군벌에 의존하여 단순한 군사행동을
하는 것으로 이러한 것으로는 민중을 환기시키지 못한다."9)고 언급하
였다.

강절(江浙) 전쟁 폭발 후, 제2차 직봉전쟁(直奉戰爭) 역시 9월 중순
에 전면적으로 전개되었다. 10월 펑위샹(馮玉祥)이 북경정변(北京政

---

8) Hawks Pott, A Short History of Shanghai, p.281.
9) 述之, 「江浙戰爭與國民黨」, 『向導』, 第84期.

變)을 일으켜서, 북경의 직계(直系) 정부를 전복시키고 쑨중산을 북경
으로 초청하여 함께 큰 계획을 논의하려 하였다. 11월 17일 쑨중산은
북상하는 중에 상해를 거쳤다. 상해의 만 여 명의 시민이 열렬히 그를
환영하였으나, 제국주의는 그의 활동 진행을 저지시키려고 기도하였다.
『자림서보』(字林西報)와 『대륙보』(大陸報)는 그를 신랄하게 비난하며
"상해는 쑨중산을 필요로 하지 않으므로 그의 도착을 저지해야 한다.",
"쑨중산을 상해 밖으로 몰아내야 한다."[10]고 말하였다. 쑨중산은 제국
주의의 이러한 말에 반격하며 말하길, "상해는 중국의 영토이고, 우리
는 분명히 주인의 지위에 있다. ……조계 당국은 우리들이 조계 내에
거주하는 것을 방해하려는 의도에 있으므로, 나는 이러한 것을 되찾을
것을 결심하였다."라고 하였다. 19일 쑨은 거주지에서 기자를 초대해
이번 북상의 목적은 "군벌을 원조하는 제국주의자를 타파하는 것"이
라고 강조했으며, 국민회의의 소집을 요구하며, "전국 인민이 회의석
상에서 공개적으로 전국의 대사(大事)를 해결하도록 하겠다."[11]고 말
하였다. 상해에 있던 국민당 우파분자는 국공합작을 파괴하기 위해 쑨
중산이 상해에 온 기회를 틈타, 그에게 돌아가면서 상황을 보고해서
국공관계를 해체하려고 하였으나, 그들은 모두 쑨중산의 엄한 질책을
받았다. 11월 21일, 쑨중산은 상해를 떠나 계속 북상하였다.

　이때, 직군(直軍)의 주력이 북방을 와해시켰고, 바로 치세위안, 쑨촨
팡의 수중에 들어온 상해는 아주 잠깐의 사이에 봉계(奉系)의 군벌이
엿볼 수 있는 목표가 되었다. 장쭤린(張作霖)은 입관(入關)후, 루융샹
의 원수를 갚아야 한다고 말하며 남하하여 치(齊)를 토벌해야 한다고
하였으며, 이 기회를 틈타 동남지대를 탈취해야 한다고 하였다. 12월
11일 돤치루이(段祺瑞)는 치세위안을 모든 직책에서 직위를 면직사기

---

　10) 尙明軒, 『孫中山傳』, p.147.
　11) 張其昀, 『國父全書』, pp.1012, 1015.

는 명령을 내렸고, 루융샹이 소환감선무사(蘇皖贛宣撫使; 즉 강소, 안
휘, 강서 순무사)로 임명되었다. 봉군(奉軍) 장쭝창(張宗昌) 아래의 제1
군이 남하하였다. 천러산, 짱즈핑은 비밀리에 상해로 부임하였고, 옛
부대를 치쑨(齊孫)에게서 탈취하려는 운동을 벌였다. 봉군의 핍박아래
에서, 직군은 신속하게 분화되었고, 장윈밍(張允明)은 공개적으로 중앙
에 복종할 것을 표시하였다.

12월 24일, 원래 루군 제4사사장(第4師師長)인 천러산(陳樂山)은 스
스로 돤치루이의 밀령을 받았다고 말하며, 슬그머니 송강(松江)으로
돌아와 복직하였다. 쑨촨팡은 즉각 호항(滬杭)철로 일부를 파괴시키고,
천(陳)의 부대를 공격하도록 명령을 내렸다. 제2차 강절전쟁이 폭발한
것이다. 쑨촨팡은 치루(齊盧)전쟁의 옛 방법을 사용하여 군대를 나누
어 황포강을 끼고 우회하도록 하였다. 1925년 1월 1일 새벽, 쑨촨팡군
의 일부가 비밀리에 황포강을 건너는데 성공하여, 제4사 전선이 붕괴
되자, 천은 상해로 도망하였다. 1월 10일, 치세위안, 쑨촨팡 군은 용화
(龍華), 서가회(徐家滙) 일대에서 장윈밍 부대를 격멸시켰다. 11일, 치,
쑨 연명으로 전보를 보내 강절연군의 성립을 선포하였다. 그러나 다음
날 쑨촨팡은 봉군(奉軍)의 저항을 건디기 어려워 상해에서 철수하겠다
는 선포를 하였으나, 실제로는 치세위안과의 군사동맹을 폐지한 것이
었다. 14일, 쑨촨팡이 항주로 돌아왔고, 호항(滬杭)철로를 개방토록 명
령을 내렸고, 북경정부는 그를 절강군무독판(浙江軍務督辦)에 임명하
였다. 계속해서 쑨 군 전부가 상해시구에서 철수시켰다. 치세위안 군
은 고립무원(孤立無援)의 곤경에 빠지게 되었고, 봉군의 공격에 매번
패배하였다. 28일, 무석(無錫)이 쉽게 수중에 들어가자 치세위안은 하
야를 선포하였다. 강소성장 한궈쥔(韓國鈞)은 궁방둬(宮邦鐸)에게 제군
의 패잔부대를 수용하라고 명령을 내렸고, 아울러 갑북보위단(閘北保
衛團) 단충(團總) 왕둥(王棟)으로 하여금 송호 보안사령(淞滬保安司令)

으로 임명하고 치안을 유지시켰다. 1월 29일, 장쭝창이 부대를 인솔하여 상해로 들어왔고, 갑북(閘北)에 사령부를 설치하였다.

상해는 제2차 강절전쟁의 주된 전장은 아니었으나, 여러 차례 전투를 겪었다. 그러나 시간이 짧았고 규모가 작았으므로 전쟁의 불길로 인한 손실은 크지 않았다. 천러산, 장윈밍(張允明) 등은 조계를 등에 지고 전쟁을 하여, 패잔병들은 조계로 흘러들어가 조계 당국에 의해 무장이 해제되었고, 시내로 도피한 패잔병은 1월 30일 일제 소탕에 의해 무장 해제되어 시 전체의 무법한 상황이 경감되었다. 그러나 전쟁은 수륙 교통의 중단을 초래하였고, 이로써 치루(齊盧)전쟁 때의 타격이 회복단계에 있을 때, 다시 수렁에 빠지는 결과를 가져왔다. 설날(舊正) 이전에는 은(銀)이 상당히 부족하였고, 양리(洋厘)는 또 가격이 올랐으며, 포필(布匹), 생사(生絲) 교역은 이루어지지 않았으며, 교역의 성사는 몇 건 되지 않았다. 『은행월간』(銀行月刊)은 한탄하기를 동남의 두 차례 전쟁은 상계(商界)가 재산을 모으는 계획(發財計劃)[12]을 완전히 파괴하였다고 하였다. 상해 자산계급은 처량함과 고통스러운 분위기 속에서 암담한 을축년(乙丑年) 신년을 보냈다. 상해에 설립된 호군사(護軍使), 주둔병[駐兵], 군수공장 등은 군벌들이 이러한 것을 상해를 차지하기 위한 전쟁을 벌인 주된 원인이 되었고, 이로써 총상회 등 각 단체는 북경정부에 호군사의 철수, 주둔군의 철수와 군수공장의 이전 등을 요구해 이로써 상해를 보전하려고 하였다. 영사단 역사 여러 차례 이와 같은 요구를 제출하였다.

제국주의에 대항하기 위해 돤치루이 정부는 1925년 1월 25일 소위 "상해 국면 처리 3가지 명령"[處置滬局三令]을 발표하고, 호군사(護軍使)의 폐지에 대답하였고, 군수공장은 민용 공장으로 고치고, 상해에는 영원히 군대 주둔을 금지시킨다고 하였고, 상해를 송호시(淞滬市)로

---

12) 『銀行月刊』, 5卷 2期.

개명하는 것을 허락하였으며, 쑨바오치(孫寶琦), 위차칭(虞洽卿)을 송
호시(淞滬市政) 독판(督辦), 회판(會辦)으로 내정하였다. 이 이전에 강
소성 성장(省長) 한궈쥔(韓國鈞)은 치세위안(齊燮元)의 하야(下野)때
리핑수(李平書) 등 신상(紳商)에게 명령하여, 이들이 기초한 송호특별
시(淞滬特別市) 공약을 만들었다. 이 공약에 따르면 송호특별시는 상
해, 보산(寶山) 2개 현(縣), 22개 시(市), 향(鄕)을 포함하고, 아울러 특
별회의를 시의 입법기관으로 한다고 되어 있었다. 북경정부가 제기한
송호시의 계획은 실제적으로 리핑수 등이 제출한 것에는 일부 민주적
인 색채가 요구된다고 하여 부정하였다. 이렇듯이 상해 자산계급은 뜻
밖의 기쁨을 가져왔고, 이것으로 상해의 평화가 보장된다고 생각하고
"날아 오는 복"(飛來之福)이라며 노래를 불렀다.

　중국 공산당은 상해자산계급의 평화에 대한 환상을 비평하였다. 『향
도』(嚮導) 주보(週報)에 문장을 게재해, 돤치루이 정부가 송호특별시를
설립하는 것을 허락한 것은 완전히 봉(奉), 장(張), 절(浙), 쑨(孫) 각파
군벌이 잠시 서로의 힘이 비슷함으로써, 어느 누구도 상해라는 고깃덩
어리를 삼킬 수 없기 때문으로 이러한 상황의 국면을 맞게 된 것이라
고 언급하였다. 일단 어떤 군벌이 뜻을 세우고 있다면, 상해에 군수공
장이 없고, 상해 시내에 주둔군이 없다고, 설마 상해시 밖에서 군수품
을 운반해 올 수 없는 것은 아니지 않는가? 또 설마 상해시 밖의 군대
가 상해로 안들어 오겠는가?[13]라고 하였다. 사실 과연 그랬다. 제2차
강절전쟁의 열기가 식기도 전에 제3차 강절전쟁(일명 "奉孫戰爭") 폭
발의 분위기가 고조되고 있었다. 상해에 들어 온 봉군(奉軍)은 철수하
려는 의도를 보이지 않았다. 쑨촨팡은 봉군의 침략을 방지하기 위해,
역시 송강(松江), 신장(莘庄) 일대에 호(壕)를 파고 일전(一戰)을 준비
하였다. 의흥(宜興), 장흥(長興) 방면에는 양군(兩軍)이 일촉즉발의 상

---

13) 雙林, 「淞滬特別市和淞滬的民權」, 『嚮導』, 第108期.

태로 대치하고 있었다. 그러나 이때 북방 국민군과 봉계의 모순이 나날이 첨예화되었다. 집중 역량으로 실력이 충만한 국민군을 대항하기 위해 장쭤린(張作霖)은 먼저 절강에 대해서는 수세(守勢)를 취하고 쑨촨팡과 새로운 강절평화공약(江浙和平公約)으로 상호 침범하지 않기로 협정을 체결하고, 공동으로 상해에서 철군하는 것 등을 약속하였다. 상해부근의 형세는 완화국면에 있었으나, 쌍방은 누구도 전쟁의 발발 소지를 방치하지는 않았다.

제3절 2월 파업[罷工]

1924년 11월 쑨중산이 북상(北上)할 때, 중국 공산당은 제4차 시국 선언을 발표하여 쑨중산의 국민회의 소집 주장을 지지하였고, 국민회의에 13개 항의 최저 요구를 제출하였으며, 이로써 국민회의 운동을 유발시켰다. 상해 공(工), 상(商), 교육(敎育), 부녀(婦女) 각계의 허다한 단체에서는 전보와 선언을 통해 중국 공산당과 쑨중산의 주장을 포용한다고 밝혔다. 12월 3일, 상해대학 학생회(上海大學學生會), 상해기기공회(上海機器工會) 등 143개 단체에서는 상해국민회의촉성회(上海國民會議促成會)를 발기시켜, 사오리쯔(邵力子), 샹징위(向警予) 등 21인이 위원으로 추대되었다. 중국공산당의 지도 아래, 상해 국민회의촉성회는 전국각지 사단(社團)에 전보를 보내, 각지에 국민회의촉성회를 조직하도록 하였고, 아울러 인원을 파견하여 각지에서 연설을 하였다. 국민회의운동은 비록 민주정부의 탄생을 촉진시키지는 못하였지만, 제국주의와 군벌의 반동적인 면모를 폭로하였고, 교육과 인민 조직방면에 적극적인 의미를 갖추게 되었다. 특별히 노동자계급은 이 운동에서 받은 영향이 적지 않았다.

1925년 1월 11~22일, 중국공산당은 상해에서 제4차 전국대표대회를 개최하였다. 대회는 국민회의운동이 전개된 것에서부터 중국 민중은 집정(執政) 및 중국 독립의 각오를 이미 요구하고 있었다. 대회는 통일전선 공작을 경험으로 각 항 군중운동을 전개하고 지도하는 것을 결정하였는데, 특히 노동운동의 방침을 정하였다. 이 회의는 도래하는 군중혁명의 투쟁 고조(高潮)를 위한 조직상의 준비였다. 같은 달 26~

30일, 사회주의청년단이 중공의 "4대"(四大)정신을 관철시키기 위해, 상해에서 제3차 전국대표회의를 소집하여 사회주의청년단(社會主義靑年團)의 이름을 중국공산주의청년단(中國共産主義靑年團)으로 개명하였다. 대회에서는 소집된 청년단원들에게 적극적인 정치투쟁의 참가를 호소하였고, 이로써 이들은 민족해방운동의 선봉을 담당하게 되었다.

전국적으로 혁명의 형세가 계속 발전하는 것에 맞추어, 상해 일본사창(日本紗廠)의 노동자들은 중국 공산당의 지도아래, 대규모의 2월 단체 파업[罷工]을 일으켰다.

상해는 일본사창이 가장 많이 밀집해 있는 지역이다. 1924년 전국 41곳의 일본사창 중 28곳이 상해에 설립되어 있었고, 그중 대부분은 호서(滬西) 소사도(小沙渡) 일대에 밀집해 있었다. 일본 창주(日本廠主)의 중국 노동자 착취와 압박은 아주 잔혹하였다. 노동자는 매일 12시간의 노동을 하였고, 주말에는 18시간을 일했으며, 가장 낮은 일용 임금은 1각(角)이었고, 창주와 노동 감독은 노동자들을 때리지는 않았으나, "천한 종자"(賤種), "망한 나라의 노예"(亡國奴) 등의 욕은 그들이 노동자를 부를 때 쓰는 상투어였다. 노동자들의 반항을 방지하기 위해, 고용자측은 노동자들이 독서를 하거나 글을 익히는 것을 허락하지 않았고, 노동자들은 작업장에서도 서로 이야기를 나누는 것이 금지되어 있었다. 1922년 후 일본사창은 양성공(養成工: 견습 노동자 또는 수습 노동자) 제도를 실행하기 시작하였다. 양성공은 시골에서 모집한 어린 여자아이였는데, 3~6개월의 수습기간 내에는 고용주 측에서는 숙소만을 제공하고 월급은 주지 않았고, 아울러 기타 노동자와의 왕래도 금지시켰으며, 가정과 연락하는 것조차도 허락하지 않았다. 수습기간이 끝나면 공장에 남아 일을 하게 하였으나, 그들은 아주 적은 급여를 받았다. 잔혹한 착취와 심각한 민족적 압박은 이곳의 노동자들이 강한 반항심을 유발시키는 계기가 되었다.

중국 공산당은 성립된 후, 리치한(李啓漢)을 호서(滬西) 사창노동자들 속으로 파견해 노동운동을 전개시켰다. 1922년 가을, 중국공산당은 또 청년단원을 이곳 지구로 파견하여 노동자들의 학습을 지도하였다. 1924 년 봄, 노동자 보충학습반은 발전하여 호서공인보습학교(滬西工人補習 學校)가 되었다. 같은 해 여름, 샹잉(項英), 쑨량후이(孫良惠)와 상해대 학 학생 류화(劉華) 등이 공인보습학교(工人補習學校)에 호서공우구락부 (滬西工友俱樂部)를 설립하였다. 구락부는 소사도로(小沙渡路, 현재의 西康路), 빈랑로(檳榔路, 현재의 安遠路) 입구의 3칸(間)짜리 단독주택에 있었으며, 문맹노동자를 위한 식자반(識字班), 문화보충학습반과 강연회 를 열어 아주 빠르게 대규모의 노동자들을 흡수하였다. 1924년 말, 호 서공우구락부(滬西工友俱樂部)는 이미 내외면(內外棉), 동흥(同興), 일화 (日華)등 19개 사창(紗廠)중에 구락부의 소그룹이 건립되었고, 구성원 은 약 2,000명이었고, 목욕탕도 이곳 구락부에 설치되었다. 유명한 공 산당원인 차이허썬(蔡和森), 덩중샤(鄧中夏), 윈다이잉(惲代英), 취추바 이(瞿秋白), 양즈화(楊之華), 리리싼(李立三), 샹징위(向警予), 샹잉(項 英) 등이 모두 이 구락부의 일에 참여하였다. 동시에 공산당원은 갑북 (閘北), 호동(滬東), 포동(浦東), 남시(南市), 홍구(虹口) 등지에 나누어 서 평민야학교(平民夜學校)와 노동자구락부(勞動者俱樂部, 어떤 때는 "工人進德會"라고도 함)를 설립하였다.

1925년 초, 친일파인 돤치루이(段祺瑞)와 봉계(奉系)군벌이 북경정 부와 상해를 장악하자, 일본 창주(廠主)는 중국 노동자를 더욱 심하게 압박하였다. 그들은 두 차례의 강절(江浙)전쟁이 가져온 불경기를 타 파하고 노동운동을 막기 위한 방편으로 일부 비교적 지식이 있던 성인 남자 노동자를 해직시키기로 결정하고 그 대신으로 수습 노동자를 쓰 기로 하였다. 2월 2일, 내외면(內外棉) 8창(廠)의 일본 작업반장이 작 업을 구실로 50명이 남자 노동자를 해직시켰고, 6명 노동자의 급여를 지급하지 않았다. 이에 공장의 노동자들은 파업을 결정하게 되었다. 중국공산당은 당시 일본사창이 경제위기로 더욱 중국인 상인 사창에 압박을 가하고 있을 때였으므로, 파업으로 쉽게 공장 문을 닫지 않을 것이라는 생각에서 1차 대규모의 반일 파업을 결정하였다. 이로써 중국공산당은 시 전체의 당원을 동원하여 이 투쟁에 투입하였고, 아울러 덩중샤를 파업영도위원회[罷工領導委員會]의 수장(首長)으로 임명하고 호서공우구락부(滬西工友俱樂部)를 통해 이번 행동을 지휘하게 하였다.

호서공우구락부(滬西工友俱樂部)는 먼저 노동자 대표가 일본 창주에게 "노동자를 때리지 말라, 급여를 20% 올려 달라, 해직된 노동자들의 복직 및 구락부 대표 노동자를 승인하라"는 등의 요구를 제출하였고, 동시에 구락부 사무실 거점을 조계 밖의 소주하(蘇州河) 북안(北岸) 담자만(潭子灣)으로 옮겨 제국주의의 직접 진압을 피하게 시켰다. 창방(廠方)은 이러한 요구를 처리하지 못하였을 뿐 아니라, 거꾸로 노동자들 중에서 파업에 적극 가담자를 체포하였다. 구락부는 노동자들에게 잠시 인내를 권고하였다. 2월 9일 오후, 내외면 제5, 7, 8, 12창의 9,000여 명의 노동자들은 모두 급여를 지급받았고, 구락부의 통일된 지휘아래 파업을 선포하였다. 그날 밤, 구락부는 담자만(潭子灣)에서 노동자대회를 열어, 내외면 사창에 노동자 규찰대(糾察隊)를 발족시켰다. 10일 이후, 노동운동은 부단히 확대되었다. 2월 18일, 단체파업에 참가한 사람은 21곳의 일본사창, 1곳의 일본마대창(日本麻袋廠)의 약 35,000명의 노동자였다. 많은 양성공(養成工) 역시 자본가의 압박으로 힘겨운 파업 행렬(罷工行列)에 동참하게 되었다.

이 대파업운동은 일본자본가들이 전혀 생각지 못하였던 것으로 그들은 조계당국에 요구하여 진압을 진행시켰다. 영미 식민자는 이 파업은 공산당원이 선동해서 일어난 것으로 대규모의 경찰을 각 일본창(日本廠)에 파견하여 노동자를 체포하고, 일본인을 보호하며, 아울러 양수

포(楊樹浦)의 공인진덕회(工人進德會)를 진압하였다. 그러나 단체파업
[罷工] 지휘부인 호서공우구락부(滬西工友俱樂部)는 조계 내에 있지
않았기 때문에 체포조가 그곳으로 왔으나, 이들은 일부 노동자들에 의
해 발각되어 흠씬 매를 맞았고, 공부국도 어쩔 도리가 없었다. 일본 제
국주의는 군벌정부에게 진압을 요구하였다. 일본군함 역시 상해로 출
동하였고, 중국정부가 진압할 힘이 없을 경우에는 즉각 일본 육전대를
출동시키겠다고 큰소리를 쳤다. 송호경찰청(淞滬警察廳)은 긴급하게
고시(告示)를 발표하고, 노동자들의 회의 개최를 금지시키고 노동자들
을 협박하여 작업장으로 돌아가도록 권고하였다. 2월 17일, 호서(滬西)
의 대규모 노동자들은 덩중샤 등의 지시에 따라 조계로 들어가 시위를
벌일 것을 준비하고 시위를 벌이자, 경찰청은 즉각 진압을 명령하여
덩중샤 등 50여 명을 체포하였다. 노동자들은 타격을 받았는데도 굴복
하지 않고, 파업을 지속시켰다. 일본 창주는 또 상해 공단연합회의 배
신자들을 매수하여, 그들이 노동자를 유혹하여 파업을 중지하고 작업
을 시작하도록 유도케 하였다. 그러나 노동자들은 속지 않았다. 노동
계의 배신자들은 공산당을 욕하는 전단지를 뿌리자, 노동자들은 주먹
으로 그들에 대적하였다.

  2월 파업은 시 전체 각계 인민의 광범위한 동정과 지지를 얻어냈다.
상해 기기공인구락부(上海機器工人俱樂部) 등 노동조직은 발표를 통해
당국은 파업의 자유를 보장하라는 것을 요구하였고, 일본사창노동자
(日本紗廠勞動者) 투쟁에 성원을 보냈다. 항풍사창(恒豊紗廠) 등 파업
한 노동자들에게 기부금으로 원조를 하였다. 상해국민회의촉성회(上海
國民會議促成會), 전국학생총회(全國學生總會), 호서사로상계연합회(滬
西四路商界聯合會), 상해점원연합회(上海店員聯合會) 등 단체는 동양
사창파공공인후원회(東洋紗廠罷工工人後援會)를 조직하고, 기부금을
모금함으로써 시 전체적인 단체파업[罷工]운동의 지원을 불러일으키게

되었다.

중국공산당은 2월 파업을 주도하는 과정에서 민족자산계급의 단결과 광범위한 사회적인 지지를 얻어내기 위해 "일본 상품 배제"(抵制日貨), "일본 사창은 일본으로 돌아가라."(日本紗廠搬回日本), "동양인이 사람을 때리는 것 반대"(反對東洋人打人) 등 강렬한 민족주의 색채의 구호를 외쳤다. 상해자산계급은 처음에는 이러한 투쟁을 그들에게 유리하다고 판단하여, 일정한 기간 동안에는 파업노동자들에게 동정을 표시하였다. 그러나 자산계급은 노동운동의 파급이 중국인이 운영하는 공장[華商工廠]에 까지 미쳐 자신의 이익이 손해 보게 되는 것을 두려워하게 되었다. 그래서 파업이 시작된 지 오래지 않아, 호서사로상회(滬西四路商會)는 곧 "지역이 불안하게 느낀다."[地方覺得不安]는 이유로 노동운동의 앞에 나서는 것을 중지하였다. 2월 19일 이후, 화상사창연합회(華商紗廠聯合會), 총상연합회(總商聯合會) 및 총상회(總商會)는 앞에 나서서 이 국면을 조정하는 일을 그만두게 되었다.

에바라(色歷內荏)라는 일본 자본가는 초기에는 진정을 주도하였으나, 돌연히 일체의 조정을 거절하고, 노동자들에게 스스로 굴복하라고 강요하였다. 그러나 2월 하순까지도 노동자들은 굴복하려는 경향을 보이지 않았다. 일본 공장주[廠主]는 매일 14,600량의 직접적인 손실에 대한 압박과 노동자들의 "공장파괴"(工場破壞) 활동의 위협으로 부득불 2월 25일 총상회에서 노동자대표들과 담판을 벌이게 되었다. 총상회, 총상연회(總商聯會)의 일부 성원은 조정인으로 참석하였고, 송호경찰청 청장 창즈잉(常之英)과 교섭원(交涉員) 천전둥(陳震東) 역시 회담에 참석하여 "감독"(監督)을 담당하였다. 이틀간의 담판에서 일본 공장주는 노동자들의 부분적인 요구를 들어주었다. 첫째, 노동자 학대 금지. 둘째, 노동자들이 공장으로 돌아가서 일하는 사람은 모두 일상적인 일을 할 수 있게 한다. 셋째, 저축금은 5년 만기로 되돌려 준다

(기존에는 10년). 넷째, 급여는 2주일에 한차례씩 지급한다. 이외에 총
상회에서는 체포 노동자들의 석방을 책임진다는 것이었다.

3월 1일, 호서공우구락부(滬西工友俱樂部)는 군중대회를 개최하였
고, 각 단체와 경찰청에서는 모두 각자의 대표를 파견하여 참가시켰
다. 류화(劉華)가 구락부(俱樂部)를 대표하여 발언하였는데, 이번 단체
파업[罷工]은 비록 완전한 승리를 얻지 못하였으나, 최초로 일본인들
이 머리를 숙인 첫 번째 사건이었다. 총상회와 경찰청에서는 모두 나
서서 조정하였고, 이것은 우리 노동조합[工會]이 이미 관공서에 등록
되어 있는 상태로 이미 합법조직이 된 것이라고 말하는 것이다. 3월 2
일, 노동자들은 전부 공창으로 돌아가 작업을 재개[復工]하였다. 이후,
경찰청은 덩중샤(鄧中夏), 쑨량훼이(孫良惠) 등을 포함해 계속해서 이
시기에 체포한 공산당원을 모두 석방시켰다.

제4절 5·30(五卅) 운동

2월의 단체파업[罷工]은 비록 노동자들의 모든 조건을 실현시키지는 못하였지만, 공산당 지도하의 노동조합[工會]은 합법적인 지위를 획득하였고, 시민과 노동자들에게 위신을 세울 수 있었으며, 노동자들은 단결의 중요성을 알게 되었다.

단체파업[罷工]이 끝난 수일 후, 호서공우구락부(滬西工友俱樂部)의 구성원은 이미 6,000명으로 증가되었고, 양수포(楊樹浦) 공인진덕회(工人進德會)의 구성원은 3,000명으로 증가되어 있었다. 이후, 각 공장(各廠)에는 분공회(分工會)—공장위원회(工廠委員會)가 설립되었다. 4월경에는 포동(浦東)을 제외한 상해 일본사창(日本紗廠), 마방창(麻紡廠), 사창(紗廠)의 노동자의 대부분은 노동조합[工會]에 가입하고 있었다. 공부국(工部局)은 호서공우구락부(滬西工友俱樂部)가 이미 "영구성 기관"(永久性機關)[1]이 된 것에 놀랐다. 일본사창공회의 보편적인 건립은 시 전체 노동운동의 발전을 추동시켰다. 3월의 상해 파업 횟수는 현격한 증가를 보였고, 삼성수건공장[三星毛巾廠]의 파업 노동자들은 스스로 금후(今後)의 노동조합대표와 공장 측간에 교섭을 진행하게 되었다.

노동운동의 고무 아래 시민과 학생의 정치 열정 역시 점점 높아갔다. 3월 12일, 쑨중산이 북경에서 서거하였다. 전국각계연합회, 전국학련 및 국민당 각 구분부(區分部)는 애도의 전보를 띄우고, 상해 각 대학은 하루 휴강을 하였으며, 학생들로 하여금 쑨중산의 집에 가서 애

---

1) 『五卅運動史料』, 第1卷, p.461.

도를 표할 수 있게 하였다. 4월 12일, 10만 명의 시민이 사교공공체육장(斜橋 公共體育場)에서 쑨중산 추도대회를 거행하였고, 시 전체 상점은 반기를 게양해 애도를 표시하였다. 이러한 대규모적인 추도활동은 상해 인민이 혁명 영수에 대한 존경과 혁명 열정의 고조를 반영한 것이었다.

같은 해 2월, 상해영사단이 북경공사단에 제출한 것은 "조계변경은 당연히 현재의 변경에서 총탄이 왔다갔다 하는 곳에서 가장 멀리 떨어진 곳으로 확장하여야 한다."[2]고 하였다. 공사단은 이러한 전보에 동의를 표시하였고, 공부국은 결정에 따라 매년 753,960량(兩)의 경비를 경계 도로를 쌓는데 지출하였다. 이러한 것은 상해 인민의 강렬한 반대에 부딪치게 되었다. 공부국은 서가회(徐家滙), 북신경(北新涇), 홍교(虹橋) 등지에 새로 세운 계춘(界椿) 즉 경계 나무 말뚝이 군중들에 의해 모두 뽑혔다. 5월초, 군중은 국민보토회(國民保土會)를 조직하고, 월계(越界)에 도로를 건축하는 것에 반대하였다. 상방협회(商邦協會) 등이 북경정부에 전보를 보내 정부가 이러한 교섭을 나서서 하도록 요구하였다.

혁명운동과 군중투쟁의 격려 아래에서, 상해 자산계급이 제국주의와 군벌의 태도에 점점 강경한 자세를 취하게 되었다. 2월말, 장쭝창(張宗昌)은 강소송호군사 선후공채(江蘇淞滬軍事善後公債) 200만원을 발행하는 것을 결정하고, 상해 자산계급에 대해 협박하였다. 총상회(總商會), 현상회(縣商會) 및 강소성교육회(江蘇省敎育會) 등의 단체는 전보와 서신을 통해 반대를 나타내었다. 4월, 강소성서(江蘇省署)에서 매석(石)에 대해 1원(元)의 미면(米面) 특별세[特捐]를 강제로 징수하자, 상해의 미행공회(米行公會), 총상연회(總商聯會) 등의 단체가 강력히 항의하였다. 관청에서는 이러한 세금의 징수를 취소시켰다. 동시에 상

---

2) 『五卅運動史料』, 第1卷, p.508.

해 자산계급은 그들의 이익에 손해를 가져오는 공부국이 제출한 4가지 방안에 대해서도 반대 투쟁을 벌였다.

1920년에서 1925년 초까지, 공부국은 계속해서 증가 제본된 인쇄부율(附律), 납세외인회(納稅外人會)에 부두세[碼頭捐]의 증가, 교역소 등기[注冊]와 어린 노동자의 취업금지 등 4개 안건을 인쇄하여 각지의 대상자들에게 보냈다. 증가 제본된 인쇄부율 규정은 모든 인쇄품은 발행 전에 공부국에 인쇄자의 성명, 주소를 등기해야 하고, 그렇지 않을 경우에는 벌금이나 감금을 당한다는 것이다. 이것은 혁명의 선전을 방해할 뿐 아니라, 기업과 사회단체의 인쇄 업무에 영향을 주고, 이를 소홀히 하면 벌금을 받는 다는 위험 요소를 내포하고 있다. 부두세가 증가하게 된 연안(沿岸)은 앞으로 부두세[碼頭捐]를 화물 가치에서 1000분의 1을 받던 것을 개정하여 1000분의 1.5를 받는다는 것이었다. 교역소 등기안 규정은 조계(租界)내의 교역소는 모두 공부국에 중복 등기하여야 하고, 이것은 중국 주권을 침해하는 것으로 앞으로 공부국이 조계내의 기타 공상기업(工商企業) 창업 시에 간섭을 한다는 선례가 되었다. 어린아이 노동안 금지[取締童工案]는 조계내의 공장에서 고용은 10세 이하의 아동노동[童工]을 금지하고, 4년 후에는 12세 이하의 아동 노동자[童工]의 취업을 금지시킨다는 것이었다. 이것은 사회여론에 대처하기 위해 일종의 조작극이며, 민족자본공창에 대한 일종의 타격이었다. 왜냐하면 중국공장에는 아동 노동자수(童工數)가 아주 많았기 때문이다. 중국인민들은 일제히 반대하였으나, 납세외인특별회(納稅外人特別會)의 인원수의 부족으로 이 4개안은 미결로 남게 되었다.[3] 1925년 4월초, 공부국은 또 납세외인특별회의 소집을 준비하였다. 중국공산당에서는 "상해는 중국인의 상해"라는 구호로 동포들이 일어나

---

3) 『土地章程』규정:공부국이 제출한 법안은 납세인특별회의를 통과해야만 하였다. 납세인특별회는 최소한 납세외인이 3분의 1이상 출석해야 가능하였다.

인쇄부율(印刷附律)과 부두세 증가[增加碼頭捐]의 반대를 종용하였고, 아동 노동안 취소(取締童工案)의 허위성을 폭로하였다. 총상회와 일보공회(日報公會)등 단체는 각각 사서(使署)와 교섭을 하면서 이 4개 안에 대한 반대를 표명하였다. 상해학생회, 상해시민협회 등 단체는 인쇄부율협회(印刷附律協會)를 반대하는 상해시민 단체를 성립하여, 36개의 강연팀을 각처로 보내 혁명을 선전하였다. 4월 15일, 납세외인특별회(納稅外人特別會)는 개최법정 인원수를 채우지 못해 다시 유산되었다. 식민당국은 4개 안건이 통과되지 못하고 계속 지연되는 것에 대해 아주 조급하게 생각하였다. 영국과 일본 영사의 획책아래, 공부국은 6월 2일 납세외인임시특별회(納稅外人臨時特別會)를 소집하고, 이 4개 안건을 강제로 통과시키기로 결정하였다.

이때 2월 단체파업 중 위풍이 당당했던 일본사창(日本紗廠) 자본가 역시 실패를 원하지 않았으므로, 다시 새롭게 노동자 계급에 공격을 퍼부었다. 당시 "일본인 감독이 공장안에 들어 올 때는 철제 곤봉과 권총을 휴대하였는데, 노동자들은 열심히 일하지 않으면 쇠몽둥이로 맞았다. 벌금은 가혹하여 이전의 몇 배에 달하였다."[4]고 말하고 있다. 4월과 5월 사이에 면 값[棉價]은 계속 올라갔고, 사(紗) 값은 계속 떨어지자, 일본 창주는 2월 단체파업[罷工] 협의를 무시하고 2주일에 한 번씩 급여를 지급하는 것을 거절하였고, 임의로 노동자를 해고시켰다. 5월 7일, 상해 일본방직동업회(上海日本紡織同業會)에서는 노동조합[工會]을 인정하지 않기로 결정하고, 노동자들이 단체파업[罷工]을 시행하면 사창(紗廠)을 폐쇄할 것이라고 엄포를 놓았다. 5월 1일 이후, 내외면 8, 12 창(廠) 등의 노동자들이 지속적으로 단체파업[罷工]과 부분 스트라이크[怠工]를 벌였다. 중국공산당은 현재 면사(棉紗) 판로가 좋지 못하여 만약 대파업을 하게 되면 자본가가 이러한 위기를 넘기기

---

4) 『五卅運動史料』, 第1卷, p.2.

위한 속셈으로 공장 문을 닫을 수 있다고 판단하여 노동자들을 설득하여 인내를 갖게 하였으며, 부분 스트라이크[怠工]와 돌아가면서 파업을 하는 책략을 선택하라고 권고하였다. 5월 11일, 각 창의 노동자들은 모두 작업을 다시 재개하게 되었다. 일본 창주는 노동자들이 연약한 마음에서 작업을 재개한 것이라고 잘못 판단하고, 3일 이내에 노동조합[工會]에서 활동한 30여 명을 해고시켰다. 내외면 12창의 노동자들은 참을 수 없어 14일 다시 파업하였다. 내외면 7창의 자본가는 사(紗)가 공급되지 않고 있는 것을 구실로 포창(布廠) 공장의 문을 닫는다고 엄포를 놓았다. 15일 오후, 7창의 600여 명의 야간 근무 노동자들은 작업을 할 수 있게 해달라고 요구하였고, 자본가는 그들을 공장 안으로 들어가지 못하게 하자, 노동자들이 대문을 열고 들어가 회사 측에 급여 지급을 요청하였다. 일찍부터 준비하고 있던 일본 지배인[大班] 모토키(元木)와 가와무라(川村)가 일본직원을 대동하고 공장에 고용되어 있던 인도 순포(印浦) 40여 명과 함께 노동자들을 향해 철봉을 마구 휘두르고 권총을 난사하여, 노동자 7명이 중상을 입었고, 경상자는 수 십 명이었으며, 공산당원 구정홍(顧正紅)은 몸에 4발의 총알을 맞고 중상을 입어 치료하였으나 효과를 보지 못하고, 17일 포방의원(捕房醫院)에서 서거하는 사건이 일어났다.

일본인의 야만적인 폭행은 전 시민의 분노를 초래하였다. 5월 16일, 내외면 5, 6, 7, 12창 7,000여 명의 노동자들은 단체파업을 실행하고, 담자만(潭子灣) 호서공우구락부(滬西工友俱樂部)에서 류화(劉華), 쑨량훼이(孫良惠), 장쭤천(張佐臣)을 수장(首長)으로 하는 파업영도기관(罷工領導機關)을 설립하게 되었다. 상해 인쇄공인연합회(上海印刷工人聯合會) 등 35개 군중단체는 일인잔살동포설치회(日人殘殺同胞雪恥會, 일본인이 동포를 잔인하게 살해한 치욕을 씻는 회)를 설립하고, 내외면사창 노동자의 투쟁을 지원하였다. 상해학련(上海學聯), 국민당 상해

집행부 부녀부(國民黨上海執行部婦女部) 등 단체는 일본인 폭행을 비난하였고, 각계에서 노동자를 지원하도록 전보와 선언으로 호소하였다. 5월 19일, 중공중앙에서는 반일대운동(反日大運動)을 일으켰다. 중공(中共) 상해지위(上海地委)는 당일 회의를 개최하여, 구정홍(顧正紅)의 장례를 공장(公葬)으로 처리할 것을 결정하였다. 24일, 상해 각 단체만 여 명은 담자만(潭子灣)에서 구정홍의 추도회를 거행하였고, 중국 공산당 지도하에 상해총공회(上海總工會)가 보산로(寶山路)에서 비밀리에 성립되었다.

인민의 반제(反帝)에 대한 불길 같은 분노는 제국주의자들의 더욱 강경한 진압을 가져왔다. 일본 영사 시쯔다(矢田)는 공부국과 교섭사서(交涉使署)로 가서 노동조합 해산을 강력하게 요구하였다. 일본정부 역시 훈령을 발표해, 관원에게는 강경수단을 채택하도록 지시하였고, 각 창은 단독적으로 노동자들과 타협하지 말라는 명령을 내렸다. 공부국은 시쯔다의 요구를 접한 후, 즉시 대규모의 순포(巡捕)로 하여금 공창구(工廠區)를 순찰 돌게 하였고, 거리에서 파업을 선전하던 노동자, 학생들을 잡아들였다. 23일과 24일에는 2명의 문치대학(文治大學) 학생과 4명의 상해대학 학생이 거리에서 체포되었는데, 공부국은 5월 30일 일본 영사가 당직일 때에 회심공당(會審公堂, 공동심판 법정)에서 그들을 심판하게 하도록 결정하였다. 26일, 공부국 총순(總巡) 맥은 (M. J. McEuen, 麥高雲)은 제6호 경령(警令)을 발포해, 상황이 위험하면 발포해도 좋다는 명령을 포방(捕房)관원에게 내렸다.5)

6명의 학생이 체포된 후, 중국 공산당 지도의 전국학생총회와 상해학련은 학생들에게 거리에서 체포자 석방을 호소하게 하였고, 아울러 선언을 발표해, 불평등조약의 폐지를 요구하였다. 5월 26일 이후, 학생들은 반제구호의 전단을 살포하였고, 인민군중의 정서는 더욱 격앙되

---

5) 『五卅運動史料』, 第1卷, p.588.

었다. 이때, 상해 자산계급은 4개 안건 반대투쟁으로 나날이 그 시위가 격렬해졌다. 26일, 납세화인회에서 결의가 통과되었고, 중국인(華人) 고문(顧問)으로 하여금 이 4개 안과 공부국 도처의 사람을 납세화인 임시특별회에 참가시켜, 그들의 명의로 공부국에 엄중한 항의를 제출하였다. 총상회 등 29개 상업단체 역시 4개 안건의 선언에 항의하였다. 노동자, 학생들이 용기를 복돋우자, 상해 자산계급은 심지어 "폭동이 발생하기를 바란다."라는 말까지 하였고, 이로써 4개 안건의 통과를 저지하려는 노력을 기울였다.6)

이러한 상황 하에서, 중국공산당은 노동계급의 경제투쟁을 민족적 반제 투쟁으로 전환한 것을 결정하고, 노동자와 학생에게 4개 안건의 투쟁7)에 대한 지원을 요구하였으며, 이로써 민족자산계급의 호응을 얻고자 노력을 기울였다. 5월 27일, 공산당원 윈다이잉(惲代英)은 동덕의전(同德醫專)에서 각 학교 학생대표 대회를 소집하고, 4개안의 제지와 노동자 지원, 체포학생의 석방에 대한 문제를 토론하였다. 28일, 중공중앙과 상해 당 조직은 연석회의를 개최하고 각계 군중은 5월 30일 오후 대규모의 시위를 결정하였고, 이로써 혁명의 분위기를 고조시킨다는 것이었다. 29일 상해학련은 중공중앙의 결정에 근거하여 각 학교의 학생을 동원하여 다음날 나누어 조계에 가서 강연하였다.

5월 30일, 손에 표어를 든 대규모의 노동자와 학생시위대가 공공조계의 각 도로에서 전단을 뿌리면서 연설을 하였다. "구정홍(顧正紅)을 위한 복수", "상해는 중국인의 상해", "제국주의 타도"의 구호를 물결치듯이 외쳤다. 남경로의 진열장[櫥窗], 전신주(電信柱)와 전차(電車)에도 눈에 쉽게 띠게 구호가 붙여졌다. 오후 2시 이후, 순포(巡捕)의 대대적인 시위대 체포가 시작되었고, 남경로의 노갑포방(老閘捕房)에서는

---

6) 『五卅運動史料』, 第1卷, p.6.
7) 중국공산당의 구호는 아동노동안의 실질적인 내용을 폭로하는 것과 나머지 3개 안을 반대한다는 것이었다.

100여 명의 학생이 체포되었다. 각 도로의 시위대들은 남경로로 모여들었고, 체포된 학생의 석방을 요구하였다. 병적이고 광적인 영국인 포두(捕頭)가 비무장한 군중에 대한 발포명령을 내려 상해대학 학생, 공청단(共靑團) 상해지위조직(上海地委組織) 주임(主任) 허빙이(何秉彝), 동제대학 학생(同濟大學學生), 공청단원(共靑團員) 인징이(尹景伊) 등 학생 및 노동자 그리고 시민 13명이 현장에서 즉사하였고, 수 십 명이 상처를 입었다. 이것이 세계를 진동케 한 5·30참안(五卅慘案)이었다. 죄증(罪證)을 없애기 위해 노갑 포방은 군중을 해산시킨 후, 즉각 물로 청소해 도로상의 유혈 흔적을 없앴다. 그러나 우련영화공사[友聯電影公司]의 몇몇 청년들이 차에서 이 광경을 촬영하여 역사적 증거로 남겨놓았다.

그날 밤, 중공 중앙은 긴급회의를 개최하여, 시 전체에서 "삼파"(三罷)의 실행을 결정하고, 아울러 이 투쟁의 행동위원회를 결성하게 되었다. 31일, 리리싼(李立三)을 위원장으로 상해총공회는 중화신로(中華新路)에서 공개적인 기치를 내걸고, 6월 2일에 동맹파업을 일으키고 아울러 시 전체 인민의 일치된 행동으로 원수를 갚자고 호소하였다. 오후, 만 여 명의 학생과 시민이 총상회, 총상연회, 납세화인회 등 단체들이 연석회의를 하고 있는 천후궁(天後宮)을 포위하였으며, 총상회 부회장 팡자오보(方椒伯)는 다음날 총파업(總罷市) 명령에 서명하였다.8)

6월 1일, 시 전체의 학생은 수업거부[總罷課]를 실행하고, 사창공인(紗廠工人)은 단체파업(罷工)을, 공공조계의 상점 전부는 파시(罷市)를, 심지어 공공조계의 화포(華捕, 중국인 순포를 지칭함) 대부분도 모두 파강(罷崗; 자신의 위치를 떠나 일을 하지 않는 것)하여, 일부 포방의 출근자는 10분의 1에 불과하였다. 성 요한대학교 총장(聖約翰大學校

---

8) 팡(方)은 그날 밤 공부국에 성명을 발표하였다. "학생들의 강요에 못 이겨, 부득이 전면 파시의 성명에 서명을 했다. 이것은 나의 본 의도와는 상관이 없다". 黃逸峰, 「五卅運動中的大資産階級」, 『歷史研究』, 1965年 第3期.

長) 포트(Francis Lister Hawks Pott, 卜舫濟)는 학생들의 수업거부[罷課]를 타파하기 위해 방학(放學)을 선포하자, 학생들 전체가 영원히 학교에 돌아가지 않기로 서명을 하였고, 교직원 역시 전체가 사직하는 사태를 불러왔다.[9] 6일에는 급기야 공부국의 5명의 중국인고문이 집단적으로 사직하여, 화인고문회(華人顧問會)는 이로써 없어지게 되었다. "삼파"(三罷 즉 罷工, 罷市, 罷課)운동을 벌이는 과정중에서 공산당원과 일부 진보인사, 인민단체는 새로운 신문을 창간(創辦)하였다. 그중 유명했던 것은 『열혈일보』(熱血日報)(瞿秋白 주편), 『공리일보』(公理日報)(沈雁冰, 胡愈之, 葉聖陶 등 편집), 『혈조일보』(血潮日報)(上海學聯機關報)와 『상해총공회일간』(上海總工會日刊)등이었다. 이때, 각지의 인민 역시 계속해서 단체 파업[罷工], 파시(罷市), 수업거부(罷課)를 일으켰고, 상해 인민은 그들에게 성원을 보냈고 전국적으로 혁명의 분위기가 고조되었다.

6월 7일, 중국공산당이 발기하여 성립된 총공회, 총상연회, 전국학생연합총회, 상해학련 4단체가 공상학연합회(工商學聯合會)를 설립하게 되었고, 이 반제통일전선의 조직이 투쟁을 지도하였다. 공상학연합회(工商學聯合會) 대표는 시 전체 인민이 북경정부의 특파교섭원인 차이팅간(蔡廷干) 등에게 참안(慘案) 해결을 위한 4개항의 선결 조건과 13항의 정식 조건을 제출하였는데, 그 주요내용은 체포된 군중석방, 원흉 처벌, 사과, 배상, 조계에서 언론, 집회, 출판의 절대 자유보장, 노동자 파업 및 노동조합 조직의 자유를 승인하고, 3개 제안 철회, 회심공당[會審公堂]의 권한 회수, 중국인 이사[華董] 설립, 영사재판권의 취소, 상해에서 외국군대의 영원한 철수 등이었다. 6월 11일, 공상학연합회는 공공체육장에서 10만 명 대회를 소집하여, 차이팅간(蔡廷干)에게 24시간 내 위에 서술한 17개항의 조건을 영사단에 제출할 것을 요

_____

9) 8월 학교를 떠난 교사와 학생은 각계의 협조 아래 光華大學으로 들어갔다.

구하고, 그렇지 않을 경우에는 14일 전보로 전국에서 "삼파"(三罷)를 실행하겠다고 통고하였다. 대회 후 군중은 기세등등하게 시위를 벌였다.

제국주의는 피비린내 나는 도살과 반혁명적인 사기와 음모라는 두 방법으로 상해인민의 반제·풍조에 대적하기에 이르렀다. 6월 1일, 공부국에서는 공공조계가 긴급상태에 처함을 선포하고, 외국군함을 대규모로 상해에 집결시키고, 순포의 무장을 지시하였고, 만국상단(萬國商團)과 해군육전대(海軍陸戰隊)를 전부 출동시켜 학생과 노동자들을 무참히 살해하였으며, 상해대학(上海大學), 남방대학(南方大學), 동덕의전(同德醫專)과 대하대학(大夏大學)을 점령하였다. 통계에 의하면, 5·30참안(五卅慘案) 발생 당일부터 6월 10일까지 제국주의가 상해에서 벌였던 도살적인 혈안(血案)은 9건으로 사망자 60여 명, 중상자가 70여 명이었으며 경상자는 부지기수였다. 피 비린내 나는 진압과 동시에 북경 공사단은 인민을 우롱하고 기만하는 수법으로 6국조사호안위원회(六國調査滬案委員會)라는 단체를 조직하고, 상해로 와서 조사를 진행하였고, 동시에 상해 영사단에 무력사용을 중지하라는 명령을 내렸다. 공부국에서는 인민군중의 역량에 놀라서, 4개 제안을 통과시키지 못하였다. 그들은 인민 군중을 분산시켜 와해하는 방법을 채택하여, 자산계급을 "삼파"(三罷)의 행렬에서 끌어내리려고 하였다. 총동(總董) 페센든(S. Fessenden, 費信惇)은 공개적으로 "조정(調停)의 책임은 상해 총상회에 있다."[10]고 하며 책임을 총상회에 떠넘겼다. 공부국에서는 또 익명의 중문 소형신문인([中文小報]) 『성언』(誠言)을 인쇄하여 각종 희귀한 헛소리를 적어놓고 도처에 뿌려, 인심의 동요를 획책하였다.

5·30참안(五卅慘案) 발생 후, 북경정부는 여론의 압박으로 공사단에

---

10) 『新聞報』, 1925년 6월 4일.

게 항의서를 제출하였으나, 동시에 장쉐량(張學良)에게 봉군(奉軍)을 이끌고 상해를 지원하라는 명령을 내려, 제국주의의 요구에 순응하였으며, 파병군은 조계로 들어가 조계방어를 담당하였다. 자산계급의 이익관계를 위하여 돤치루이(段祺瑞) 정부는 6월 6일 명령을 발표해, 쑨바오치(孫寶琦)를 송호시구독판(淞滬市區督辦)으로, 위차칭(虞洽卿)과 리핑수(李平書)를 회판(會辦)의 자리에 앉혔다.11) 이후 강소성(江蘇省) 성장(省長) 정첸(鄭謙)을 상해에 파견하여 상해시민의 "삼파"(三罷)를 중지하도록 권고케 하였다.

　민중운동의 확산에 직면해 있던 제국주의와 군벌정부는 위협과 유혹으로 상해 자산계급이 동요되기 시작하였다. 6월 3일 총상회 회장 위차칭(虞洽卿)이 북경에서 상해로 돌아와서는 파시(罷市)를 끝내는 방법을 기획해 내었다. 국민당 상해 집행부 책임자인 다이지타오(戴季陶)와 위차칭은 "단독으로 영국에 대응한다.", "범위를 축소한다."는 등의 구호를 제창하여, 자산계급 상층 인물의 보편적인 찬동을 얻었다. 총상회는 또 5·30사건위원회(五卅事件委員會)를 설립하여 공상학연합회에서 제출한 17개 항의 조건을 수정할 것으로 그중 영원히 상해주재 외국군대의 영원한 퇴출과 노동자의 단체 파업 및 노동조합의 자유로운 조직, 영사 재판권 취소 등 4개의 중요한 내용을 삭제한 후, 13개 항의 교섭 조건을 조작해 내었다. 이 개정안은 자산계급의 연약성과 노동운동에 대한 두려움을 드러내놓고는 있지만, 반제(反帝)의 태도는 포기하지 않고, 여전히 제국주의의 흉악함, 배상, 사과 및 회심공당(會審公堂)의 회수와 중국인 이사[華董]를 증가시킬 것을 요구하였다.

　6월 16일, 중국정부는 이 13개 조건을 정첸(鄭謙), 차이팅간(蔡廷干), 위차칭(虞洽卿) 등으로 하여금 10일 상해에 도착하는 6개국 상해문제조사위원회[六國滬案問題調查委員會]에 보내 담판을 짓게 하였다.

---

11) 淞滬市區督辦公署는 후에 성립되지 않았다.

제국주의는 오직 체포자 석방, 주모자 처벌, 배상, 사과 등의 조건만을 승인하고 나머지 항목은 모두 거절하며 받아들이지 않았다. 18일, 결국 담판은 깨졌다. 일본은 비록 이 담판에 참가는 하였으나, 군중운동의 주요 창끝이 영국을 겨냥해 있는 것을 알고, 그 담판에서 빠져나와 중국과 단독회담을 비밀리에 요구하였다.

이때, 군벌정부는 진압활동을 더욱 강화시켰다. 6월 22일, 싱스롄(邢士廉)은 봉군(奉軍) 군대를 대동하고 상해에 와서 장쉐량(張學良)과 교체하였으며, 강소성 성장겸 송호시구독판(淞滬市區督辦) 정첸(鄭謙)12)은 송호(淞滬)에 계엄을 선포하고, 싱(邢)을 사령관으로 임명하였다. 상해 자산계급은 두려움에 떨게 되었다. 그들은 한편으로는 파시(罷市)의 무익함을 고취시켰고,13) 한편으로는 상계(商界)에서 개시(開市)후에 중국 상품과 영국과 일본 화물에서 1%와 5%의 금액을 거두어, 단체 파업(罷工)의 경비로 지원한다는 거짓말을 퍼뜨렸다. 상해 총공회는 당시 만약 이렇게 시행한다면, 최소한 거두어들이는 금액이 은(銀) 30만량으로 단체 파업하는 노동자들의 한 달간의 생활비를 제공할 수 있다고 추측하였다. 6월 24일, 총상회, 공상학연합회와 납세화인회에서는 연석회의를 거행하여, 26일을 기해 영업을 재개할 것을 결정하였다.

상업계의 영업재개 후에도 노동자계급은 계속적으로 단체파업[罷工]을 지속시켰다. 7월 말, 총공회(總工會)는 이미 117개의 노동조합[工會]을 포괄하고 있었고, 회원은 218,859명으로 그중 14만 명은 단체파업[罷工]에 가담하고 있었다. 이들은 제국주의에 아주 심각한 타격을 입혔다. 선원들의 단체파업의 한 면만 보더라도, 외국자본의 손실은 715만 원에 이르렀다. 조계 당국은 자산계급이 단체파업을 지지한다고

---

12) 淞滬市區督辦 孫寶琦는 6월 16일 辭職을 선포하였다.

13) 1926년 5월 5일 『申報』에 의하면, 공공조계 상인들의 25일간의 罷市로 인한 손실은 銀 3,678,145兩과 7,754,831元이었다고 전한다.

생각하였으므로, 자산계급에 압력을 가하는 방법으로 단체파업을 파괴시킨다는 결정을 내렸다. 7월 6일, 공부국 전창(電廠, 전력공급소)에서는 사창(紗廠), 상무인서관(商務印書館), 남양형제연초공사(南洋兄弟煙草公司)등 대규모의 공장기업의 전력을 중단시켰다.

공부국의 전기 공급 중단은 아주 악랄한 수법이었다. 공공조계에 있던 화상사창(華商紗廠)은 전기 공급의 중단으로 전부 생산을 중단해야만 하였고, 그 손실액은 300만 원에 달하였으며 실업 노동자는 6만 명 이상이나 되었다. 연약한 자산계급은 제국주의의 음흉한 위협으로 도산하게 되었으므로, 적극적인 단체파업의 입장에서 반대로 전향하기 시작하였고, 반제운동을 파괴하는 입장으로 선회하게 되었다. 총상회에서는 공공연히 식언(食言)을 하며, 30만량의 은자(銀子)를 단체파업(罷工)하는데 지원하지 않았을 뿐만 아니라, 각지에서 오는 기부금을 제때 풀지 않아 노동자들을 경제적으로 압박하기 시작하였다. 동시에 총상회는 공개적으로 영국과 일본 상품의 판매를 부추겼고, 경제적 단교를 파괴시켰다. 위챠칭은 먼저 제국주의와 타협하고, 단체파업을 중지할 것과 총공회 내의 공산당원을 축출한 후, 총공회를 폐쇄시킬 것을 주장하였다. 소자산계급의 투쟁 열정은 이를 계기로 현저히 떨어지기 시작하였다. 학생들은 여름 방학으로 잇달아 고향으로 돌아갔으며, 학련(學聯)의 역량도 나날이 쇠약해졌다.

노동계급의 고립 방지와 역량 보존을 위해 중국공산당은 총동맹파업을 중지할 것을 결정하고, 노동자들에게 다시 작업 일선에 들어가 작업을 진행하라고 호소하였다. 8월 5일, 리리싼(李立三)은 일본사창 노동자를 대표하여 교섭원 쉬스잉(許世英)에게 흉악, 배상, 노동조합 승인, 임금증가 등 8개 조건을 내걸고 조건을 수락한다면 복공(復工) 즉 작업을 재개하겠다는 입장을 나타냈다. 그러나 쉬스잉과 총상회는 노동자들의 조건을 뒤로한 채 일부 조건만을 수정하여, 12일 일본 창방과 협의를 달성하였다. 이 협의는 노동자 조합을 승인하고, 대표 노동자의 권한을 인정하며, 일본인은 공장에서 무기를 휴대할 수 없고, 구정홍(顧正紅)을 돕기 위해 1만원을 지급한다는 것 등이 있었으나, 노동 임금 증가에 대해서는 명확하게 언급하지 않았고, 구정홍을 살해한 원흉인 모토키(元木)와 가와무라(川村)에 대해서는 겨우 해고하는 것으로 일단락 지었다. 25일, 일본사창 노동자는 모두 작업장에 복귀하였다. 계속해서 각 업의 노동자들도 연속해서 복공(復工)하였다. 5·30(五卅)운동은 이로써 기본적으로 마무리를 짓게 되었다.

제국주의와 군벌은 노동자계급[工人階級]이 잠시 후퇴하는 기미가 보이자 철저히 총공회를 파괴시켰다. 8월 12일, 제국주의는 불량배들을 고용하여 선원 노동조합과 제안회(濟安會)를 훼손시켰고, 8월 22일에는 총공회를 훼손시키는 과정에서 간부 8명에게 상처를 입혔다. 제국주의의 미치광이 같은 진압 방법은 인민 군중을 격노시켰다. 9월 1일, 전국학생총회 등 단체가 주축이 되어 반제국주의 대동맹이 발기 성립되고, 7일에 시민대회를 개최하여 신축국치(辛丑國恥)와 5·30열사(五卅烈士) 추도 기념식을 하고자 결정하였다. 7일, 약 20만 명의 노동자와 시민이 참가하여 대오를 이루어 애다아로(愛多亞路, 현재의 延安東路)에 왔을 때, 영국 순포는 군중을 향해 총을 쏘아 많은 사람들이 상처를 입었다. 이로써 군중의 투쟁 정서는 급격하게 고조되었다.

상해 단체파업의 영향아래, 북방의 개란(開灤) 탄광과 천진(天津) 등지에서는 거대한 노동운동이 일어났다. 펑위샹(馮玉祥)의 국민군과 절강 쑨촨팡(孫傳芳)의 직계(直系) 군대와 봉계(奉系)의 관계는 나날이 긴장되어, 또 한 차례 대규모의 군벌전쟁의 분위기가 조성되고 있었다. 이러한 상황 하에서 봉계 군벌은 더욱 가혹한 방법으로 노동운동을 진압할 것을 결정하였는데, 이는 전쟁이 일어나면 후방이 불안정하게 되는 것을 방지하려는 것이었다. 상해 자산계급은 노동운동이 만연

되는 것을 걱정하여, 군벌들에게 고압적인 수단으로 진압할 것을 종용
하였다. 9월 18일, 송호계엄사령부(淞滬戒嚴司令部)는 갑자기 총공회
를 폐쇄하고, 리리싼(李立三)을 잡아들이라는 명령을 내렸다. 이후 또
명령을 내려 노동자들의 집회 및 거리 시위를 금지시켰다. 공부국은
즉각 이에 부응하여 리리싼 체포에 대한 포고문을 발표하였다. 며칠
후 공상학연합회는 압박으로 인해 자신 해산을 선포하게 되었다.

총공회의 폐쇄 후에도 상해인민의 혁명운동에 대한 열정은 식지 않
았다. 전국학생총회, 상해학련과 각창 노동조합은 총공회의 재개를 요
구하였다. 9월 22일, 상해노동자대표는 임시회의를 소집하여, 이 단체
가 노동운동의 공개적인 지도단체라고 밝혔다. 9월 25일, 중공 중앙은
『총공회 폐쇄를 노동자에게 알리는 글』(爲總工會被封告工友書)을 발
표하여, 상해 노동자계급들의 역량을 발휘할 것과 아울러 새로운 국면
과 더 큰 전투에 대한 준비를 갖출 것을 호소하였다.

제5절 송호(淞滬)상업항구의 독판공서(淞滬商埠督 辦公署)와 임시법원(臨時法院)

5·30운동(五卅運動)중 대규모의 봉군(奉軍)이 상해로 들어왔고, 이로써 인민투쟁을 진압하고, 군대를 상해에 주둔시키려는 시도를 다시 시작하였다. 이는 절강(浙江)의 쑨촨팡(孫傳芳)의 불안을 유발시켰다. 이로써 강절(江浙)에 또 전운(戰雲)이 감돌게 되었다.

상해로 들어온 봉군은 아주 교만하게 행동하고 악행을 서슴지 않았으므로, 상해 인민은 골수의 한으로 생각하였다. 5월 중순, 헌병(憲兵)이 북역(北站)에서 봉군 제31여단의 흔적을 발견하여, 이 부대를 기차역 밖으로 축출시키자, 시 전체가 크게 놀랐다. 봉군 장령은 어떻게 이 일을 덮어 둘 것인가를 토론하고 있는 동안, 내분이 일어났는데, 군무(軍務)와 군수(軍需)를 담당하던 두 처장의 위병(衛兵)이 서로 총격전을 벌여, 이 군대의 추문이 외부로 드러나게 되었다. 강소(江蘇) 각 현 의 회연합회의 내용을 보면, 5월중 상해에서 아편이익을 쟁탈하기 위해, "해군에서 포를 사용한 적이 2번, 해안순찰대[水巡隊]의 총격전 1차례, 심지어 진강 군대(鎭江軍隊)에서는 전용차로 상해로 아편을 운반하였다."[1]는 등 일련의 사건들이 있었다고 언급하고 있다. 사병들은 낮에도 총을 들고 다니면서 부녀자들을 성폭행하였다는 것은 날마다 들을 수 있는 일들이었다. 봉군대대(奉軍大隊)가 다시 상해에 들어온 후, 봉계(封系)는 또 상해에 송호방호사(淞滬防滬使)를 설립하고 병공창을 복구시키자, 총상회를 포함한 상해 각 단체의 강렬한 반대가 일어났다. 봉

---

1) 『大流氓杜月箭』, 군중출판사, 1965년판, p.13에서 인용.

군은 총공회를 폐쇄시키고, 더 나아가 그들이 제국주의의 앞잡이[走狗]
와 망나니 역할을 담당하고 있다는 흉악한 모습을 드러내었다.

봉계가 뭇 사람의 비난을 받을 때, 쑨촨팡은 소(蘇), 절(浙), 환(皖),
민(閩), 감(贛) 5성(五省) 지방 군벌을 규합하여, 5성 연합군[五省聯軍]
을 조직하고는 자신이 총사령의 자리에 앉았다. 그는 1925년 10월 봉
계를 몰아내려는 제3차 강절전쟁(江浙戰爭)을 일으켰으며, 이로써 동
남의 패권을 장악하려고 하였다. 10월 10일, 쑨촨팡은 가을 훈련이라
는 구실로 군대를 집결시켜, 수륙(水陸) 두 방향으로 5로(路)로 나누어
상해와 호녕철로(滬寧鐵路)를 향해 출격시켰다. 군사행동을 일으키기
위한 구실로 쑨촨팡은 11일 봉군이 상해 단체파업 노동자를 압박하고
있다는 것과 각국에서 실행하는 소위 호안사법조사(滬案司法調査)를
시행하는 것에 대한 반대로 군사를 일으킨다고 하였다. 당시 봉군은
강남에 오직 제8사(師)와 제20사(師) 약 2만 여 명의 병력으로 상해와
남경 두 곳에 나누어 배치되어 있었으며, 병력도 상당히 분산되어 있
었다. 쑨촨팡은 이전 두 번의 강절전쟁에서 대규모로 루융샹(盧永祥),
치셰위안(齊燮元) 잔여 부대를 흡수 재편성하여, 병력은 이미 4개 사
(師)와 6개 혼성 여(旅)로 구성되어 있었고, 각성 지방군벌의 지지를
얻고 있었다. 그래서 장쭤린(張作霖)과 동남 진(鎭)에 봉계의 장군 양
위팅(楊宇霆)은 강남을 방치하기로 결정하였다. 10월 14일, 양위팅(楊
宇霆)과 강소성(江蘇省) 성장(省長) 정첸(鄭謙)은 전보로 싱스첸(邢士
謙)의 상해계엄사령의 명의를 취소하고, 그 20사는 신속하게 상해에서
철수한다고 하였다. 15일 밤, 쑨 군은 용화(龍華)를 점령한 후, 쑨촨팡
은 옌춘양(嚴春陽)을 송호임시계엄사령(淞滬臨時戒嚴司令)에, 장정칭
(江政卿)을 송호경찰청장(淞滬警察廳長) 대리에 앉혔다. 16일, 쑨 군의
부대는 호녕로(滬寧路)에서 북쪽으로 봉군을 추격하였고, 장흥(長興)방
면의 쑨 군은 동시에 의흥(宜興)을 점령하였으며, 소주(蘇州), 상주(常

州)까지 진격하였다. 11월 봉군은 강소성에서 완전히 축출되었으며, 전쟁 또한 종결을 보게 되었다.

이번 전쟁동안에는 상해에서는 전투가 벌어지지는 않았으나, 전투로 인한 재난은 계속 당하고 있었다. 쑨 군은 상해에 들어오면서, "병력을 모집"한다는 명령을 내려 2,000명의 사람을 모집하였다. 군경은 수갑을 휴대하고 거리에서 사람들을 마구 체포하였다. 남시(南市)의 경찰은 의도적으로 서로 치고받고 싸우게 하여 이러한 싸움을 사람들이 몰려들어 구경하면, 구경하던 모든 사람들을 체포해 갔다. 10월 말에 이르러서야 시구(市區)에서의 체포행렬이 조금씩 평온을 찾아가고 있었으나, 아직도 사람들은 두려움에 떨고 있었고, 시의 국면은 안정적이지 않았다. 쌀값은 올라갔고, 공채(公債)는 한없이 떨어졌다. 96공채는 33.80원에서 27.47원으로 떨어졌으나, 다시 급속하게 올라가서 일부 투기상은 큰 손해를 보았다. 당시 장강(長江) 하류 각지의 대규모 난민은 뱃길로 상해로 들어왔고, 장강항운(長江航運)은 아주 바빴으나, 군벌은 임의로 민선(民船)이 병사를 운반한다는 구실로 억류시켰으므로, 일반 상민(商民)은 감히 중국상인의 선박을 이용하지 못하였고, 이러한 상황은 5·30운동(五卅運動)이래 운항을 5개월간 중지하였던 영국의 "길화"(吉和) 선박이 다시 운항할 수 있는 좋은 기회를 제공하게 되었다.

전쟁 폭발 후, 자산계급 여론계는 봉(奉), 쑨(孫) 쌍방에 모두 악한 감정을 표시하였다. 각 신문은 봉군을 증오하였고, 쑨촨팡은 전쟁을 먼저 일으켰으므로 목을 베어도 용서 될 수 없다는 내용을 실었다. 중국공산당은 당시 봉계군벌은 중외 반동세력의 "총대표"(總代表)라고 말하며, "이번 반봉전쟁(反奉戰爭)은 비록 일부 군벌세력이 뒤얽혀서 된 것이지만, 객관적으로 보면 어쨌든 일종의 민족해방 전쟁"이라고 인정하였다.2) 그러나 사실상 제3차 강절전쟁(江浙戰爭)의 결과는 폭동

---

2) 『嚮導』, 第143期.

이 폭동을 진압한 것이었다. 쑨 군이 상해로 들어온 후, 광적으로 노동운동을 진압하였다. 11월 초, 송호경찰청은 노동자 집회를 금지하는 훈령을 내렸고, 인쇄노동조합[印刷工會] 등의 조직을 폐쇄시켰다. 12월 6일, 상해 각계 군중은 반돤대회(反段大會 즉 段祺瑞 반대 대회)를 소집하자, 계엄사령부와 송호경찰청에서는 군경을 파견해 즉각 진압하면서 많은 사람들에게 상해를 입혔다. 당일, 상해 총공회는 인민군중의 지지아래, 폐쇄 봉인시킨 것을 뜯어내어 다시 새로운 업무를 시작하였다. 중외반동세력은 아주 당황해하였다. 총공회 부위원장 류화(劉華)는 조계에서 체포되었고, 계엄사령부로 이송되었다. 일본 자본가, 영국 부영사 및 위차칭(虞洽卿) 등은 쑨촨팡(孫傳芳)에게 류화를 엄격하게 처벌하여 일벌백계(一罰百戒) 할 것을 요구하였다. 쑨은 12월 17일 비밀리에 류화를 살해하였다. 다음해 2월, 송호경찰청은 중국공산당의 출판기관인 상해서점을 폐쇄시켰다.

쑨촨팡은 상해를 점거한 후, 지방자치의 상해 자산계급의 구미를 맞추기 위해, "민독관판"(民督官辦)이라는 구실로 송호상부독판공서(淞滬商埠督辦公署)를 설립하였다.

치루(齊盧)의 전쟁이 끝난 후, 정국은 많은 변화를 보였고, 군벌의 상해에 대한 통치 역량은 상대적으로 박약하여 상해의 지방자치 운동이 다시 회복되었다. 호남(滬南), 호북(滬北)의 공순연국(工巡捐局)은 선후로 현지의 신상(紳商)들에 의해 관리되면서 상해시 자치공소(上海市自治公所)와 호북시정국(滬北市政局)으로 나누어 바뀌었다. 5·30운동(五卅運動)기간, 북경정부는 송호시구 독판서관제(淞滬市區督辦署官制)와 송호시 자치조례(淞滬市自治條例)를 반포하여, 시의회(市議會)와 구의회(區議會)를 설립하여 민의를 수렴하는 기관이 되는 것을 허락하였다. 이것과 자산계급이 희망하는 지방자치제도는 비록 서로 바라는 것이 아주 차이가 크지만, 자산계급은 그래도 기뻤다. 그러나 독판서

(督辦署)는 세우지 않았고, 쑨촨팡이 상해에 도착하였다. 일부 자산계급단체는 송호상부운동(淞滬商埠運動)을 발기하였고, 지속적으로 지방자치제의 실행을 요구하고 있었다. 쑨은 통일적인 송호시정기관의 건립은 찬성하였으나, 반드시 관상합판(官商合辦)으로 이루어져야 한다고 강조하였다. 호북시정국(滬北市政局)을 먼저 상·보2현 갑북시공소(上, 寶兩縣 閘北市公所)로 고쳤고, 그 후 호해도윤(滬海道尹)에 의해 접수되자, 갑북공순연국(閘北工巡捐局)이라는 옛 명칭을 다시 그대로 사용하였다. 갑북(閘北) 신상(紳商)은 이것은 지방자치를 훼손하는 행위라며 반대하였고, 남시(南市)의 신상(紳商) 역시 비난의 소리가 그치지 않았다. 쑨은 이에 양보하여 남시(南市)의 상해시자치공소를 "관독민판"(官督民辦)으로 실행하도록 하였고, 갑북공순연국(閘北工巡捐局)은 "민독관판"(民督官辦)의 형태로 실행하게 하였다.

1926년 5월 4일, 쑨촨팡이 송호상부독판공서(淞滬商埠督辦公署)를 설립하고, 스스로 독판(督辦)이 되고, 딩원장(丁文江)을 총판(總辦)에, 공서아문(公署衙門)을 용화(龍華)의 원래의 호군사서(滬軍使署)내에 설립하였다. 쑨촨팡은 『송호상부독판공서 조직대강』(淞滬商埠督辦公署組織大綱)을 반포하고 그것에 따라, 공서(公署)는 송호상부(淞滬商埠)내의 일체의 행정, 외교, 치안사무, 지방자치활동을 감시하는 관리권을 갖게 되었다. 독판(督辦)은 연군총사령(聯軍總司令) 즉 쑨촨팡이 겸임하였는데 일체의 정무(政務)를 총람하고, 총판(總辦)을 포함한 모든 주요 관원을 임명할 수 있는 권한도 갖고 있었다. 공서(公署)에는 총판(總辦) 1인으로 독판(督辦)의 감독아래 본서 각 직원의 행동을 지도하는 역할을 담당하였다. 독판(督辦)의 부재시에는 총판이 그 직무를 대행하나, 중요 사무는 대행할 수 없었다. 공서(公署) 아래에는 총무(總務), 외교(外交), 정무(政務), 보안(保安), 공무(工務), 재무(財務) 등 6처(處)가 있고, 그중 외교, 정무, 보안 3처(處)의 처장(處長)은 강소특

파교섭원(江蘇特派交涉員), 호해도윤(滬海道尹)과 송호경찰청(淞滬警
察廳) 청장(廳長)이 각각 겸임하였다. 이밖에 쑨촨팡은 『참의회장정』
(參議會章程)을 반포하여, 공서(公署)에 참의회 설립을 규정하였고, 그
직능은 공서(公署)의 각항 업무에 대한 건의를 담당하는 것으로 독판
의 재결(裁決)을 청원하는 것으로 순전히 권력에 영합하는 기구를 설
치하게 되었다. 참의원은 공서에서 위원을 임명하였는데 모두 9명이었
다. 리핑수(李平書), 위차칭(虞洽卿), 선롄팡(沈聯芳), 황옌페이(黃炎
培), 위안관란(袁觀瀾), 쑹한장(宋漢章), 왕성싼(王省三), 구신이(顧馨
一), 천빙첸(陳炳謙)이었다. 위차칭은 이것에 별로 흥미를 느끼지 않았
고, 딩원장(丁文江)은 총상회 회장으로 당연직 참의원이 되었고, 위우
나이(虞無奈) 등은 이름만 걸어놓은 상태였다.

쑨촨팡은 송호상부독판공서(淞滬商埠督辦公署)의 설립 목적을 "시
정(市政)을 고치고, 향후 조계 회수를 준비 하는 것으로 하나의 모범시
를 만든다. …외국인과 열심히 합작한다면, 이로써 오랜 동안의 숙원
을 해결할 수 있다."[3]고 말하고 있다. 사실상 시정개량[改良市政]을
운운하는 것은 완전한 사기성에 가까운 말이었다. 송호상부독판공서
(淞滬商埠督辦公署)는 비록 명의상은 상해 역사상 첫 번째로 갑북과
남시(南市)와 오송(吳淞)을 관리하는 통일적인 시정기관[4]이었으나, 실
제상 그곳에서 사무를 처리하는 것은 오직 갑북에만 제한한 것이고,
오송(吳淞)은 그 안에 조차 들어 있지 않는다. 시정(市政) 업무를 주관
하던 딩원장(丁文江)은 당시에 처음으로 시험을 통해 직원을 선발하는
제도를 통과시켰고, 나라를 잘 다스릴 방법을 일부 채택하는 모양을
보였으나, 진정으로 시정건설에서는 아무런 실속도 이루어 내지 못하
였다. 쑨촨팡의 약속 중, 오직 "외국인과 합작"을 한다는 한 마디(一

---

3) 『民國日報』, 1926년 5월 6일.
4) 이 이전에 북경정부는 "淞滬市區督辦", "會辦"을 임명하였으나, 실제적으로
  는 취임하지 않아 官署를 건립하지 않았다.

句)만이 진실된 말이었다. 회심공당(會審公堂; 합동심사법정)을 되찾아 오는 것으로 임시 법원을 설립하였는데, 쑨촨팡과 제국주의의 합작으로 이러한 내용은 서로 짜고 연출한 것이었다.

5·30 운동(五卅運動) 폭발 후, 상해인민의 민족주의 정서는 부단히 고양되었고, 회심공당(會審公堂)의 회수와 공부국에 중국인 이사의 설립을 요구하는 목소리가 점점 강렬하여졌다. 외국 식민자는 이에 당황하여 "회심공당(會審公堂)의 권위가 현지 민중의 마음에 동요되어 이러한 어려움을 겪고 있다. 중국인 민사안건의 원고는 회심공당으로 보내 심판하지 말도록 하여야 한다."[5]고 말하였다. 몇몇 지배인[大班]은 심지어 앞으로 조계를 중국에 반환하는 것을 고려해 보겠다고 말해 중국 인민의 분노를 샀다. 이러한 상황 하에서 외국 식민자들은 곤경에서 벗어나기 위한 유일한 타개책은 "시민을 어루만지는 정책[安撫政策]을 쓰는 것과 양보를 하는 것이다"[6]라고 말하였다. 8월 초, 상해 영국 상회(商會)와 런던중국학회 상해분회에서는 상해 인민의 생명 손실에 대한 사과와 사망자와 조난자 가족을 구휼해야 한다며 중국인민의 요구에 대하여 일부의 양보를 고려해야 한다고 하면서, 회심공당을 중국에 돌려주고, 공부국에 중국인 이사를 설립하는 것에 대한 담판을 져야 한다고도 주장하였다. 이 두 단체는 연석회의 석상에서, 주석 레스터(H. W. Lester, 雷氏德)가 280여 명의 회의 참여자에게 말하기를 "중국인민은 외국인의 치외법권을 취소하기를 요구하는데, 이것은 영국이 중국에서 거두는 이익에 위해하다"고 말하였다. 기타 내용은 회심공당(會審公堂)의 반환, 중국인 이사[華董] 설치 및 워싱턴 회의의 세칙 규정 등등은 모두 자국에 해가 되는 것이 아니므로 우리들은 이러한 위해가 되는 문제를 위해가 되지 않는 문제로 바꿀 필요가 없다

---

5) Kotenev, Shanghai: Its Municipality and the Chinese, p. 173.
6) Clifford, Shanghai, 1925: Urban Nationalism and the Defense of Foreign Privilege, p.62.

고 강조하였다. 그의 이러한 주장은 참석자의 찬동을 얻었다. 9월중에
북경공사단 역시 중국정부에 회심공당을 돌려주는 것과 중국인 이사
를 설치하는 문제에 대한 담판을 진행할 것을 요청하였다.

　그러나 이러한 허위적인 태도는 인민의 분노를 가라앉히지 못하였
다. 1925년 12월 하순, 공부국은 맥은(M. J. McEuen, 麥高雲)과 에버
슨(E. W. Everson, 愛活生)을 5·30사건(五卅事件)의 관련자로 지목하
여 사표를 받고, 75,000원의 수표를 강소특파교섭원(江蘇特派交涉員)
에게 지급하여 이로써 사상자의 구휼비로 사용케 한다고 선포하였다.
인민군중의 압력으로 인해 중국정부는 수표를 공부국에 되돌려 주었
다. 1926년 1월, 북경 외교부는 공사단과 회심공당(會審公堂)의 환수
와 공부국 이사회[董事會]의 개조에 대한 담판을 시작하게 되었다. 중
국측이 회심공당은 완전히 중국 현행 법률에 기초한다는 조건을 적용
한다는 것에 제국주의가 거부를 하여, 담판은 시작하자마자 곧 소강국
면에 빠졌다. 4월 13일, 총상회에서는 『5·30참안의 각 큰 문제에 대한
중국인선언』[華人對於五卅慘案各大問題之宣言]을 발표하고, 즉각 무조
건적인 회심공당의 회수와 아울러 납세액에 근거하여 공부국의 중국
인 이사 수[華董人數]를 정하라고 요구하였다. 이틀 후, 납세외국인 연
례총회[納稅外人年會]에서는 페센든(S. Fessenden, 費信惇)을 통해서
공부국 내에 3명의 중국인 이사를 두는 내용을 건의하게 되었다. 이렇
게 중국인 이사 수[華董人數]를 규정하는 것은 실제적으로 중국인이
정치에 참여하게 되는 것을 말하는 것인데, 이를 외국인들은 자신들이
중국인에게 은혜를 베푸는 것과 같이 표현되고 있으므로 상해 인민들
은 당연히 받아들일 수 없었다. 전국학생총회에서는 공부국의 이러한
행동에 대해 결사반대를 표명하였다. 납세화인회(納稅華人會)와 상총
연회(商總聯會)는 천광푸(陳光甫), 차오즈하오(鄥志豪), 왕한량(王漢
良), 옌어성(嚴諤聲) 등을 추천해, 두 개의 토지장정 수정위원회[土地

章程修改委員會]를 조직하고, 토지장정의 수정 통과를 준비하였고, 이로써 중국인 참정[華人參政]의 합법권리를 확립하였다.

당시 제국주의는 안일한 정책으로 계속 어려움을 겪고 있을 때, 쑨촨팡은 그들을 어려움에서 구해주었다. 4월말, 딩원장(丁文江)과 쉬위안(許沅)은 쑨촨팡의 명령에 따라 상해영사단에 합동심사 법정의 회수 문제는 상해 지방 사무에서 해결하겠다고 통보하였다. 5월 21일, 북경정부와 공사단은 정식으로 이 문제를 지방사무로 해결하기 위해 상해에서 해결하도록 지시를 내렸다. 중국 외교부가 쑨촨팡에게 제시한 담판원칙은 "형사사건은 배심원을 두지 않는다는 것 이외에 나머지는 모두 양보한다"이었다. 사실 쑨촨팡은 근본적으로 이러한 것에 대한 중요성을 인식하지 못하고 있었다. 그의 양보 결심은 외교부의 그것보다 훨씬 관용적이었다. 7월 상순, 딩원장과 쉬위안은 영사단과 비밀리에 회심공당의 회수 문제에 협의를 하였으며 그 주요내용은 다음과 같다. 첫째, 임시법원으로 합동심사 법정 즉 회심공당(會審公堂)을 대체하고, 법원원장과 판사[推事]는 강소성 정부에서 임명하고, 법원경찰[法警]은 공부국의 경무처(警務處)에서 선별하여 파견하며, 그 휘하의 감옥도 공부국에서 전담 관리한다. 둘째, 모든 형사안건 및 중국인과 서양인간의 민사안건[華洋民事案件, 조약을 체결하지 않은 국가의 외국인 제외]은 모두 영사가 합동심사 한다. 셋째, 영사가 사람을 파견하여 회심 즉 합동심사[會審]한 안건을 강소교섭원(江蘇交涉員)에게 상소할 수 있고, 교섭원과 유관 영사는 만나서 심리(審理)한다. 넷째, 검찰처는 서기관장 판사처(書記官長辦事處)로 이름을 고치고, 소환장[傳票]과 구속영장[拘票]의 발행 및 법원재무를 담당하고 서기관장(書記官長)은 영수영사(領袖領事)가 추천한다. 영수영사의 동의 없이 그의 임무를 박탈할 수 없다. 다섯째, 공공조계에서 발생하는 모든 민·형사 안건은 모두 임시법원에서 심리(審理)한다. 그러나 10년 이상의 징역형 및 사형에 해당 하는 안건은 반드시 강소성 정부의 비준을 얻어야 한다. 여섯째, 법원은 중국 법률을 적용한다. 그러나 먼저 회심공당 즉 합동심사 법정의 소송 관례를 따라 심리한다.

제국주의가 회심공당을 중극측에 돌려주는 것은 5·30운동(五卅運動)의 성과 중의 하나이다. 그러나 군벌정부는 제국주의의 비위를 맞추기 위해, 회심공당을 회수하면서 이것이 거꾸로 중국 주권을 한걸음 더 나아가 팔아넘기는 결과를 초래하게 되었다. 1869년의 『양경빈설관회심장정』(洋涇濱設官會審章程)과 비교하여 볼 때, 이 협의는 실제상 제국주의가 회심공당을 약탈해간 후 더욱 그 권리를 합법화시키고 확대시킨 것이 되었다. 예를 들어 영사가 형사안건의 일체를 회심 즉 합동 심리한다는 것, 영사단이 대권을 장악하고 있는 서기관장(書記官長)을 추천한다던가, 사무직의 사무 및 감옥 등을 모두 공부국에서 관리한다든가, 법원이 법률을 적용할 때 먼저 고문을 청한다든가 공당의 관례를 따른다는 것 등은 제국주의가 신해혁명 후 1869년의 장정을 위반하고 더욱 공당(公堂)의 내용을 강화한 것이라고 볼 수 있다.

8월 말, 『상해공공조계회심공해 회수 잠행장정』[收回上海公共租界會審公廨暫行長程]을 상해 영사단과 강소성정부대표(江蘇省政府代表)가 정식 서명하게 되었다. 이어서, 프랑스조계당국은 프랑스조계 회심공당 역시 이러한 방법으로 처리할 것을 표시하였다. 1927년 1월 1일, 회심공당은 정식으로 상해공공조계임시법원(上海公共租界臨時法院)이라고 명칭을 바꾸었고, 쑨촨팡이 쉬웨이전(徐維震)을 원장으로 임명하였다. 이후, 프랑스 조계 회심공당 역시 상응하는 조치로 중국인과 조약을 체결하지 않은 나라의 외국인과 중국인 사이의 민사안건의 영사회심제도(領事會審制度)를 취소시켰다. 국민당은 성명을 통해 임시법원을 인정하지 않았고, 아울러 폭로하기를, "혁명세력이 동진(東進)할 때, 외국인은 갑자기 회심공당을 사람들이 싫어하는 쑨촨팡 대원수에게 넘겨주었는데, 그것은 회심공당문제를 철저히 해결하지 않기 위한 속셈에서였다. 그리고 외국인은 우리 국민당이 회심공당을 무조건(無條件)적으로 중국에 넘겨주어야 한다는 요구를 거절하였다.”라고 밝혔다. 이 선언은 인민군중의 뜻과 부합하여 그들의 지지를 얻었고, 납세화인회인 자산계급단체에서도 이러한 주장에 “완전찬동”(完全贊同)[7]하였다.

---

7) Kotenev, Shanghai: Its Municipality and the Chinese, p. 188.

제6절 민족자본주의 경제의 지속적인 발전

제1차 세계대전 종식 후, 유럽 상품과 자본이 중국으로 다시 들어왔고, 상해의 외국상품 수입액은 전쟁 전의 평균 수준을 초과하고 있었다. 1924년에는 301,201,236량(兩)으로 1918년에 비해 2.4배[1]나 증가하였다. 심지어 1924년 이후에는 외국 면포(棉布), 종이[紙張], 권련(卷煙), 모제품(毛制品), 아교제품[膠制品]들이 들어왔고, 이로써 상해민족자본공업중 이와 유관한 업종이 위험한 지경에 처하게 되었다. 그러나 이 시기에 여러 차례 외국상품 불매운동이 일어났고, 이것은 민족자본공업을 가장 압박하였던 일본 제품판로에 제동을 거는 역할을 하였다. 이로써 상해민족자본공업은 적지 않은 부문에서는 이 작은 기회로 계속 발전할 수 있었고, 그 주된 표현은 생산능력의 확대와 새로운 업종의 출현으로 나타났다. 당연히 그 발전 속도와 규모는 대전 전의 "황금시대"(黃金時代)와는 비교할 수 없을 정도였다.

전후 초기의 면방직업 중에서는 새로운 사창이 부단히 출현하였다. 항풍사창(恒豊紗廠)[2]의 주인인 녜윈타이(聶雲臺)가 1919년과 1921년에 대중화방직창(大中華紡織廠)과 화풍방직창(華豊紡織廠)을 창업하였다. 대중화창(大中華廠)은 개업한 지 채 반년도 안 되어 수익금이 58,000여 량이나 되었다.[3] 룽가(榮家) 신신(申新)계통의 경영은 계속해서 성

---

1) 『最近三十四年來中國通商口岸對外貿易統計(中部)』, p.111.
2) 원래는 華盛紡織新局이었으나, 1908년 聶家가 매입하여 이름을 恒豊紗廠으로 고쳤다.
3) 陳眞等, 『中國近代工業史資料』, 第1輯, pp.398~400.

공을 거두었는데, 1919년과 1920년에 신신1창에서 거두어들인 순수익
은 100만 원을 넘겼고, 이윤율은 최고 131%에 달하였다.4) 상해의 화
상사창(華商紗廠)은 1919년에 11곳에서 1921년에는 23곳으로 증가되
었고, 방추차(紗錠)를 보유하고 있는 것도 시 전체의 중국과 외국사창
이 보유하고 있는 총수의 43.8%, 면사 생산량 역시 1919년의 117,949건
에서 217,960건5)으로 증가하였다. 그러나 1922년 이후 면방직업은 정
체와 침체 국면으로 빠져들었다. 화상사창연합회는 동업종의 집회를
갖고, 조업 정지 및 노동자 정원감축을 단행하였으나, 이러한 국면을
회복시키지 못하였다. 1923년, 일본이 여순과 대련의 반환을 거부하
자,6) 총상회는 일본에 대해 경제 절교를 선언하고 실행에 옮겼으며,
이로 인해 일본에서 수입되던 사(紗)는 수입이 거의 중단되었고, 중국
의 일본 공장에는 화물이 산더미처럼 쌓였으나, 신신계통의 생산량은
대폭 감소되었다. 이러한 침체 국면을 조성한 원인은 아주 많다. 미국
면화의 흉작으로 면 값이 상승한 것과 군대와 비적의 횡행으로 내지사
(內地紗)가 들어오지 못하였다는 것이다. 그러나 가장 중요한 원인은
룽쭝징(榮宗敬)이 말하는 것처럼, "중국 상인이 불평등한 대우를 받고
있다."7)는 것이라는 것이다. 외국상인이 내지(內地)에서 면화를 구입
할 때는 삼련단(三聯單)8)이 있어 이것으로 이금(釐金)9)을 면제받았고,

---

4) 『榮家企業史料』, 上册, p.84.

5) 嚴中平, 『中國近代經濟史統計資料選輯』, pp.162~163; 『上海資本主義工商
   業的社會主義改造』, p.9.

6) 1989년, 청 정부는 여순(旅順)과 대련(大連)을 제정 러시아(沙俄)에 15년으로
   임대하였는데, 후에 이 권익을 후에 일본에게 이양하였으며, 1923년이 租借
   의 滿期였다.

7) 『榮家企業史料』, 上册, p.147.

8) 三聯單은 원래 외국상인인 내지에서 수출하기 위해 상품을 살 때 필요한 증
   명서로서, 釐金을 면제받을 수 있는 것이다. 후에 외상들이 공장을 열고, 원
   료를 사는데, 이러한 것으로 釐金을 면제받았다. 이금에 대해서는 申義植,
   「從創辦釐金到裁釐加稅-淸末及民國時期釐金問題的硏究」, 『南京大學博士學

중국 상인은 이금 잡(卡)을 지날 때마다 세금을 납부하였으므로 상품의 원가가 올라가게 되어 있었다. 1925년 상해 화상사창(華商紗廠)이 보유하고 있던 방추[紗錠]의 수(數)는 시 전체 중국과 외국 사창(紗廠)의 방추 총수의 37.2%를 차지하고 있었다.[10]

  면분업(面粉業)의 상황과 면방직업의 상황은 비슷하였다. 대전 종식 후, 면분창수(面粉廠數)는 계속 증가되었다. 1919년 룽가연합동업[榮家聯合同業]은 면분(面粉), 사포교역소(紗布交易所)를 조직하고, 아울러 투자흥건창방(投資興建廠房)을 7, 8층의 높이로, 복신(福新) 7창(廠), 8창(廠)을 건립하였다. 공부국에서는 중국인이 세운 이 큰 공장은 외국의 밀가루 수입에 불리하다고 하여, "창방(廠房)의 지층이 견실하지 못하다"는 구실로 공사 진행을 약 8개월 동안 지연시켰다. 그 후 룽가(榮家)는 또 원풍면분창(元豊面粉廠)을 열어, 그곳에서 생산되는 밀가루 전부를 유화양행(裕和洋行)을 통해서 홍콩에 판매하였다. 이렇게 상해 복신계통(福新系統)의 면분창은 약 8곳으로 하루 생산량은 52,600포(包)로서 상해 화상면분창(華商面粉廠) 생산량의 84.1%를 차지하고 있었다.[11] 1922년 이후 외국 밀가루가 대량으로 수입되었고, 아울러 외국에 나가 있던 화교(華僑) 식품에 대해 면세를 해주었고, 수입이 된 이후에는 내지에서의 이금이 면제되었다. 화상(華商) 분창(分廠)은 오히려 밀가격[麥價]의 앙귀와 세금이 복잡해지고 많아져서 이익을 얻기가 힘들었다. 1922~1925년 동안 상해 화상면분창(華商面粉

位論文』 1997年 참고; 羅玉東, 『中國釐金史』, 商務印書館, 2010年.
9) 이금(釐金)은 태평천국을 진압하는 군비를 제공할 목적으로 1853년 揚州에서 첸장(錢江)의 헌책으로 레이이센(雷以誠)에 의해 만들어진 상품통과세의 일종이었으나, 태평천국이 진압된 후에도 지방재정의 충당과 군벌의 재원충당 이유로 지속되었으며, 1931년 국민정부의 성립 후 폐지되게 된다. 申義植, 앞의 논문 참고.
10) 『五卅運動史料』, 第1卷, p.188.
11) 『舊中國機制面粉工業統計資料』, p.46.

廠)의 생산량은 증가하지 않았을 뿐만 아니라 오히려 2곳이 감소하였고, 존재 자체에 심각한 위험에 처해있었다.

색깔있는 실 제조업[纖紗業]은 전후에 거의 아무런 발전이 없었다. 당시, 중국 실[華紗]은 유럽(歐洲)에서 판매가 아주 좋았고, 프랑스에서 아주 환영을 받았으나, 상해 각 사창(紗廠)은 원료의 부족으로 인해 확대생산을 하지 못하였다. 1923년 1월중에는 심지어 각 사창(紗廠)은 일이 없게 되었고, 계속해서 조업이 정지되는 현상이 벌어졌다. 이때 실로 짠 직물업[紗織業]은 오히려 초보적인 걸음을 내딛게 되었다. 1918~1925년, 상해에서는 자본금 1만 원 이상의 사직창이 13가(家)가 있었고, 발전이 비교적 신속하였던 곳은 모상칭(莫觴淸)[12]이 1920년에 세운 미아주창(美亞綢廠)이었다. 이 창은 시작 당시에는 오직 12대의 직기(織機)만을 보유하였으나, 후에 미국에 유학하였던 공학사 차이성바이(蔡聲白)가 사장을 맡으면서 미국의 신식전력직기(新式電力織機)를 도입하여, 당시로서는 최신식 주름을 만들었고, 영업도 순조로운 기색을 보였다. 1926년에 이르러서는 미아는 이미 4개의 분창을 설립하였고, 영업 금액도 3만원에서 270만원으로 증가하였다.[13]

식품업의 발전은 비교적 두드러졌다. 1923년 홍콩 마옥산공사(馬玉山公司)는 상해에 지사(支社)를 세워 사탕과자[糖果], 과자[餠干]를 제조 하였고, 돌아가면서 쉬었다. 같은 해, 광동인 셴관성(冼冠生)은 원래 먼저 경영하였던 여러 해 묵힌 매실[陳皮梅], 육포[牛肉干]를 팔던 관생원소점(冠生園小店)을 시작으로 해서 자본금 10만원을 더 투자하여, 관생원식품공사(冠生園食品公司)를 설립하고, 사탕과자와 과자 등을 더 만들었다. 1925년에 이르러서는 관생원에서 생산되는 품목은 매실, 사탕과자, 과자, 통조림, 쨈과 음료, 서양식 빵 등 6개의 큰 부류로

---

12) 莫馥淸(1871~1932)은 吳興(현재의 湖州)사람이다.
13) 陳眞等, 『中國近代工業史資料』, 第1輯, pp.469~470.

2,000여종에 이르렀고, 연간(年間) 경영 금액(經營額)은 170여 만 원에 달하였다. 제남(濟南)의 태강공사(泰康公司) 역시 1925년에 본 공장을 상해로 이전시켰다. 같은 해 시 전체에서는 식품통조림 공장이 17가(家)가 있었는데, 그중 9가(家)는 1919~1925년간에 새로 설립된 것이었다.14) 1921년 병공기사(兵工技師) 우원추(吳蘊初)는 일본이 "아지노모토"(味の素)15)를 국내에 들여와 판매하자, 이것을 모방해 만들어내 판매하여 성공하였다. 10여 가(家) 장류를 파는 상점을 가지고 있던 장이윈(張逸云)은 5,000원을 출자하여, 우원추(吳蘊初)와 동업하여 천주미정창(天廚味精廠)을 설립하였다. 이 공장의 첫 달 생산량은 500파운드 즉 250kg에 불과하였으나, 그 판로가 아주 좋았다. 1923년 천주창(天廚廠)은 공사(公司)로 바뀌었고, 자본이 50,000원이 되었다. 1925년에 이르러서는 연간(年間) 생산량이 15,000kg이나 되었다.16) 또 다른 미정창(味精廠)인 근태화분창(根泰和粉廠)이 1922년에 설립되었다. 이 두 공장은 생산품이 잘 팔리자 몇 년 사이에 이들 뒤를 따르는 사람들이 계속 나타났다. 새로운 방법으로 술을 담그는 제주창(制酒廠) 즉 양조장 역시 이 시기에 출현하였는데, 1924년에는 곤륜양주창(昆侖釀酒廠)과 중국양주공사(中國釀酒公司)가 설립되었다.

유리, 제지, 아교, 비누, 시멘트 등 업종의 민족자본은 모두 서로 다

---

14) 『中國實業誌(江蘇省)』, 第8編, 第512頁.

15) 味の素는 아지노모토의 조미료란 뜻으로, 화학조미료를 처음 상품화해 판매한 것을 말한다. 1908년 동경제대 이케다 기쿠내(池田菊苗) 박사가 만든 것으로 일본에서 조미료로 흔히 사용되던 다시마를 이용하는 조미료의 상용화를 위한 연구를 했고, 다시마에서 음식 맛을 내는 MSG(Monosodium Glutamate)의 성분이 있음을 발견했고, 이후 추출법을 개발한 뒤에는 아지노모토 사(味の素社)의 창업자와 특허를 공유하고, 화학조미료를 상품화하여 판매한 것이 시초였다. 우리나라에서는 '미원'이라 하여 '맛의 원소'(元素)라는 말인데, 이 말은 일본말의 '맛의 원소'(味の元素)에서 따온 말로 1960~1970년대의 조미료 중에서 독보적인 존재를 차지하였다. 역자 주.

16) 吳志超,「吳蘊初及其化工事業」,『文史資料選輯』(上海), 1978年 第2輯.

른 발전 정도를 보이고 있었다. 1918년 이전 상해 민족자본의 유리공장은 3곳에 불과하였고, 그중 2곳의 자본은 5,000원을 넘지 않았다. 대전 종식 후에는 공익유리창[公益玻璃廠], 상해유리공사[上海玻璃公司] 등 일부 새로운 공장이 출현하였고, 아울러 보온병(熱水瓶膽, 마후병)을 제조하기 시작하였다. 제지업은 경성(競成), 강남(江南) 등의 공장이 설립되었고, 그들이 만든 생산품은 수요를 충당하지 못하였다. 1919년 겨울, 화교(華僑)인 룽쯔광(容子光) 형제는 상해 최초의 아교공장—중화상피창(中華橡皮廠)을 설립하여 인력거 바퀴와 구두의 굽과 서양 인형 등을 생산하였는데, 초기에는 생산품의 가격이 낮았으나, 영업은 일반적인 상태를 이루었으나, 오래지 않아 품질에 문제가 있어 도산되었다. 1921년 이후 상해에는 모범공창(模範工廠)과 아주상피창(亞洲橡皮廠)이 출현하였는데, 생산된 물품의 품질에 문제가 있어 외국 상품과 경쟁을 할 수 없게 되자 공장 문을 닫았다. 비누와 초[燭]업은 대전기간에 어느 정도 발전을 보였으나, 새로 설립된 공장은 모두 규모가 작고 설비가 조잡하였다. 1921년 남양초비누공장[南洋燭皂廠]은 갑북(閘北) 태양교(太陽橋)에 공장을 확충하여 새로 설립하여 영업에 활기를 띠게 되었다. 같은 해 오주대약방(五洲大藥房)이 장윈장(張雲江)빨래비누공장을 인수하여, 오주고본조약창(五洲固本皂藥廠)이라고 개명하고, 하루에 빨래비누를 300상자나 생산하였다. 1925년에는 또 화홍기 세수비누공장[華興記香皂廠]을 합병하여 생산규모를 진일보 확대시켰다. 1920년 여름 개란매광(開灤煤礦)의 매판 류훙성(劉鴻生) 등이 상해시멘트공장[上海水泥廠]을 설립하였다. 이 공장은 1923년부터 생산을 시작하였는데, 연간 생산량이 36만 배럴이나 되었고, 전국 시멘트업(水泥業) 생산능력의 11.4%를 보유하고 있었다. 국내시장의 많은 부분이 외국 화물에 침식되어 있었던 이유로 상해시멘트공장[上海水泥廠]은 설립 초에 당샨(唐山)의 계신양회공사(啓新洋灰

公司)와 격렬한 경쟁을 벌였고, 후에 쌍방이 타협을 하고, 연합 경영의 협정을 맺고, 공동으로 외국 화물에 대항하기로 하여 영업은 안정되었다. 1925년 상해시멘트공장[上海水泥廠]의 이익은 12,000원(元)이었고, 다음해에는 더욱 많아져 120,000원(元)이 되었다.[17]

모방직업은 전후에 다시 시작되었다. 대전 기간 중, 독일과 영국 등의 국가가 중국에 수출한 털실[絨線]이 크게 감소하게 되자, 일본 상품이 그 틈을 타서 수입되었지만 총 수입량은 크게 감소되었고, 털실의 가격은 전전(戰前)에 매 담(每擔) 즉 100kg에 106량(兩)에서 1919년에는 262량(兩)으로 가격이 크게 상승하였다. 털실 상인인 선롄팡(沈聯芳)과 매판(買辦) 궈젠허우(郭建侯) 등이 북양정부가 경영을 하던 일휘직니창(日暉織呢廠)을 청부받고는 이름을 중국제일모직방직창(中國第一毛絨紡織廠)이라고 이름을 고치고, 기차표 털실[絨線]을 생산하게 되었다. 1921년 리안쉐이(李安綏)가 중국유일의 모방직창을 설립하여 생산을 시작하였고, 1924년에는 구주루(顧九如) 등이 또 선달낙타융창(先達駱駝絨廠)을 설립하여 생산을 시작하였다. 이 두 새로운 공장은 시장의 수요에 영합하여, 낙타털실[駱駝絨]을 생산하였고, 모두 3년 사이에 이익금이 2, 30만량이나 되었다. 직물염색업[染織業]은 5·4운동(五四運動) 전후에 역시 새로운 공장이 많이 생겨났다. 1918년 상해정련공사(上海精煉公司)가 홍구(虹口)에 설립되었는데, 이것이 상해의 첫 번째 정련표백업무(精煉漂白業務)의 민족기업이었다. 주단(綢緞)에 무늬를 새기는 새로운 방법을 채용한 중국기기인화창(中國機器印花廠), 신덕인화창(信德印花廠) 역시 1919년 이후 계속 조업을 개시하였다.

서약제조업(西藥制造業)은 20년대 초 형성되었다. 1920년에 태화약방(太和藥房)은 이미 자체적으로 606종의 약품을 만들었고, 폐와 관련된 약 등 200여 종의 약품을 만들었다. 1921년 오주대약방(五洲大藥

17) 『劉鴻生企業史料』, 上冊, 上海人民出版社 1981年版, p.201.

房)은 천통암로(天通庵路)에 공장을 세우고 약품제조를 시작하였다. 1922년에는 또 전문적인 제약회사인 복강서약점(福康西藥店)이 출현하게 되었다. 이 약방은 규모는 비록 크지 않았으나, 약값이 저렴하여 이름을 날리게 되었다.

단추, 칫솔 및 전기업종도 이 시기에 흥기하였다. 1918년 상해에는 자구(自求), 구개(求介) 두 곳의 단추공장이 설립되었고, 전문적으로 자개단추를 만들었다. 5·4운동(五四運動)후에는 판로가 더욱 확대되었다. 상해에서 첫 번째로 칫솔을 생산한 칫솔공장은—쌍륜(雙輪) 칫솔공장으로 5·4운동(五四運動) 후에 국산품 사용의 분위기 속에서 탄생하였고, 계속해서 일심(一心), 형제(兄弟) 등의 칫솔 공장이 뒤를 이었다. 신해혁명 후, 갑북(閘北)에는 국화전지창(國華電池廠)이 설립되었으나 폐업되었다. 1920년 중국 축전지(蓄電池) 공장이 계속해서 설립되어 대량으로 건전지[干電池], 습전지(濕電池), 전기 카본[電炭精]과 충전기(充電機)등이 생산되었고, 그 생산품은 외국 상품과 경쟁하였다. 먼저 직류전기(直流電機)와 발전기(發電機)의 제조는 1916년 설립된 대효전기창(大效電機廠)과 화생전기창(華生電器廠)에서 제조되었다. 화생창(華生廠)은 원래 7, 8명의 노동자로 출발하였으나, 1922년에는 노동자가 7·80명에 이르렀고, 1923년에는 익중기기유한공사(益中機器有限公司)를 설립하여 동자기(銅瓷器)와 장식등등 전기재료[裝燈電料]등을 생산하는 동시에 교류전기 및 변압기 등을 생산하여 생산품의 판로가 아주 좋았다. 1925년에는 시 전체에 8곳의 전기공장이 있었으며, 이들 규모는 어느 정도의 규모를 갖추고 있었다. 그러나 이러한 공장에서 사용하는 원재료는 거의 수입품에 의존하였고, 제조를 한다고 말하고는 있으나 실질적으로는 수입부품을 조립하는 단계에 지나지 않았다. 이외에 1921년을 전후하여, 영의창(永義昌), 유풍(裕豊) 등의 상호로 서양 상인이 축음기[留聲機] 경영으로 많은 이익을 남겼고, 수입

된 부품으로 조립된 축음기는 선시(先施), 영안(永安)등 큰 상점에서
판매를 하였고, 이를 모방하는 사람들이 계속해서 나타났다.

　기기(機器)공업에도 발전이 있었다. 1919~1924년 사이, 시 전체에
새롭게 세워진 기기창(機器廠)은 116곳이 있었으나 규모는 그리 크지
않았다. 후추이원(胡闕文)은 24,000원으로 신민기기창(新民機器廠)을
설립하였는데, 직공은 50명 정도였다. 이 기간 중에 기기업 동종간의
경쟁이 아주 치열하여, 이윤은 아주 적었고 자본축적이 빠르지 못했
다. 심지어 1922년 후에는 면방직업은 부진을 면치 못하였고, 이로써
많은 방직기계(紡織機械)를 수리하고 제조하는 공장의 상황은 더욱 좋
지 못하였다. 대륭기기창(大隆機器廠)은 직포기를 만드는데 성공하였
으나, 중국상인과 공장주들은 모두 이 새로운 기기를 사려고하지 않았
다. 룽쫑징(榮宗敬)은 창주(廠主)인 옌위탕(嚴裕棠)과의 안면관계로 신
신창(申新廠)의 기계 10부(部)를 사들였으나, 사용하지 못하고 방치하
였다. 옌위탕은 또 2부(部)를 무어우추(穆藕初)에게 보냈으나, 결과적
으로는 판로를 개척하지 못하였다. 이외에 일부 소형 주물공장[小型飜
砂廠]이 설립되었다. 자본은 대개 만 원(萬元) 이하였고, 규모가 가장
컸던 협흥창(協興廠)의 자본도 4만 원을 넘지 않았다.

　이 시기 민족자본상업 역시 곤란한 지경에 처해 있었다. 1922년 전
후 대전기간중에는 백배의 이윤을 거두었던 오금(五金)상업은 수입화물
의 가격 폭락과 외환 파동으로 1,000여 만 원의 손해를 보았고, 일부
상점은 심지어 대전기간(大戰其間) 및 전후 몇 년 간에 벌었던 돈을 한
순간에 모두 날려버렸다. 면포 상업(棉布商業)의 판로는 일본 화물과
중국화물의 브랜드 평판이 좀 좋아졌으나, 서양화물의 브랜드 가치는
부단히 몰락하는 경향을 보였다. 전체 면화업에 종사하던 총호수(總戶
數)는 450여 가(家)였다. 대형백화점(大型百貨店)의 경우는 약간 판매
상황이 좋은 편이었다. 영안공사(永安公司)는 1923년과 1924년의 이윤

총액이 평균 100만 원을 넘었고, 외상백화공사(外商百貨公司)와의 경쟁 중에서 어느 정도의 승리를 거두었다. 1923년에는 초기 자본이 320만 원인 신신공사(新新公司)는 남경로(南京路)의 백화점 빌딩[商場大樓]에 자리를 잡았고, 1926년 1월 정식으로 개장하였다. 1921~1923년 사이, 상해 총상회(總商會)부설의 상품진열소(商品陳列所)에서는 3차례 상품 전람회를 거행하여 사회 여론의 호평을 받았다.

전체적으로 말할 때, 상해 민족자본주의 공상업은 발전의 속도가 비교적 완만하였으나, 중공업은 아직 발전의 기미를 보이지 않았고, 기기업(機器業)은 수리와 조립단계의 수준을 벗어나지 못하였으며, 경공업 중에서도 가장 중요한 방직업과 면분업은 정체와 퇴보의 수준을 벗어나지 못하였다. 그러나 일부 투기성 업종 즉 교역소업(交易所業)과 은행업(銀行業)은 오히려 이 시기에 기형적인 발전을 보였다.

교역소는 상품경제 발전의 필연적인 산물이었다. 일찍이 청말, 상해 자산계급이 교역소 건의를 요구하였으나 허락을 얻지 못하였다. 1916년 겨울 쑨중산이 물품, 증권, 교역 방면에서 외국인을 대리할 대리권한의 필요성을 인식하고 위차칭과 공동으로 상해교역소의 조직 계획을 준비하였으나, 북양군벌의 방해공작으로 무산되었다. 1918년 겨울, 일본 상품(日貨)이 상해 시장을 석권하자 교역소 설립을 주장을 다시하게 되었고, 상해 자산계급은 교역소의 설립을 강력히 주장하였다. 1920년 7월, 위차칭(虞洽卿), 원란팅(聞蘭亭) 등이 발기하여 최초로 화상교역소(華商交易所) 즉 상해증권물품교역소(上海證券物品交易所)를 열었다. 이 교역소의 규정된 자본은 500만 원으로 반년(半年)에 50여 만 원의 이익금을 남겼다. 투기꾼은 이러한 것을 틈타, 십리양행(十里洋行)에 주식교역소(交易所)를 설립하여 광적인 투기를 하였다. 1921년 여름과 가을 사이에 상해에는 여러 종류의 교역소가 약 136곳이나 생겨났다. 이 이외에 또 12곳의 신탁공사(信託公司)가 생겼는데 자본총액은 약 2

억 2천만 원(元)에 달하여, 1920년 전국은행자본의 총액을 초과하였
다. 대량의 자금이 교역소에 들어오자 시장상황에서 자금이 나날이 부
족해졌고, 금융계에서는 긴축정책을 펴기 시작하였다. 이로써 교역소
의 주식 값은 나날이 떨어졌고, 도산하는 곳이 속출하게 되었다. 리핑
수(李平書)의 내지증권교역소(內地證券交易所)는 업무를 시작한 지, 2
개월이 못되어 20여 만 원의 손해를 보았다. 1922년 3월에는 상해시 전
체에 오직 2곳의 신탁회사(信託會社)만이 있었고, 12곳의 교역소만이
존재하였다. 이러한 현상 즉 "신교풍조"(信交風潮)의 급변하는 상황의
두려움으로 일부 은행 역시 빚을 많이 지게 되었고, 인심이 흉흉해졌
다. 프랑스 영사는 이 기회를 틈타 『교역소 단속 규칙』[交易所取締規
則]을 반포하였는데, 규정 내용은 프랑스 조계에 설립된 교역소는 자본
의 4분의 1을 프랑스 국가은행(法國國家銀行)에 보증금으로 입금을 시
켜야 한다는 것이었다. 공부국 역시 『교역소 등기안』[交易所注冊案]을
규정하여 공공조계의 화상교역소(華商交易所)는 일률적으로 공부국에
등기하도록 규정을 준비하였다. 그러나 납세외인특별회에서 정족수가
소집되지 않아, 정족 인원수의 미달로 이 안은 통과되지 못하여 실효
를 거두지는 못하였다.

　이러한 서로의 비교 아래 은행업발전에 약간의 기복이 생겼다. 1919
년~1925년, 상해에 신설된 은행이 약 60곳 정도이었다(외지은행 상해분
점 포함).[18] 1925년 상해 은행동업조합[銀行公會] 24곳의 회원 총 저
축액이 773,775,598원(元)이었고, 이것은 1921년에 비해 55.69%가 증
가한 것이었다. 같은 해 2월 상해 중국은행업계의 은 보유액(存銀額)은
3,238만량에 달하였고, 상해은저총액(上海銀底總額)의 52%[19]를 차지하

---

18) 徐寄廎, 『最近上海金融史』, 上海通社, 『上海硏究資料續集』의 유관자료 통
　　계 참고.
19) 張郁蘭, 『中國銀行業發展簡史』, 上海人民出版社 1957년판, pp.57~58; 『銀
　　行周報』, 10卷 33號.

였다. 상해의 은행은 주로 공공조계 중구(中區)의 동북쪽에 위하였고, 이곳은 즉 북(北)으로는 북경로(北京路), 서(西)로는 산서로(山西路), 남(南)으로는 한구로(漢口路), 동(東)으로는 외탄(外灘)의 협소한 지역 내에 위치하고 있었다. 자연히 은행업의 이러한 발전은 실업발전의 기초 하에서 이루어진다고 할 수 없었다. 그 주요한 이유는 당시 국내의 현금이 부단히 상해로 집중되었고, 상해의 수출입무역은 부단히 증가 되었으며, 아울러 조계의 부동산 투기[房地產投機]와 공채 투기(公債 投機)의 자극 등으로 인해 발생한 것으로 아주 투기성질이 강한 것이 었으며, 기형적인 발전을 하였던 것이다. 사실상 이 시기에 설립된 다수의 은행은 자본금이 빈약하였고, 수명 또한 길지 않았다. 그 예로 화상실업은행(華商實業銀行)은 1920년 1월에 개장하여 같은 해 7월에 문을 닫게 되어 오로지 6개월 동안만 영업을 하였다. 1922~1924년에 는 시 전체의 은행 중에서 폐업한 곳이 16곳(家)나 되었다.[20]

이 시기 사설금융기관업[錢庄業]은 계속적인 발전을 보였다. 1926년 까지 상해 사설금융기관업[錢庄業]은 87가(家)로 늘어났고, 총자본액 은 18,757,000원(元)이었고, 매가(每家) 평균 자본은 215,600원으로 이 자본 총액은 1918년에 비해 3.27배 증가[21]한 것이다. 사설금융기관 [錢庄]은 절대다수가 영파로(寧波路)와 천진로(天津路)에 위치하고 있 었으며, 상업계와 밀접한 관계를 유지하였고, 여전히 금융시장에서 중요한 역량을 담당하고 있었다. 1921년 전업동업조합[錢業公會]에서는 『전업월보』(錢業月報)를 간행하였다. 이 잡지의 주요한 내용은 금융상황 방면의 소식과 자료, 전업영업(錢業營業) 방침과 수속 및 어떤 때는 분석도 하였다. 1922년, 전업공회(錢業公會)는 영파로(寧波路)에 4층짜리의 건물에 공소(公所)를 차리고, 지층은 전업시장(錢業市場, 속칭 錢

---

20) 『上海研究資料續集』, p.227.
21) 『上海錢庄史料』, pp.190~191.

行)으로 만들었고, 시가(市價)로 양리은절22)(洋厘銀折)을 실행하였고, 동업 간에 환율의 조정 등이 이곳에서 진행되었다.

공상업과 금융업의 발전에 따라 상해에는 일부 거대한 민족자본집단이 출현되었다. 예를 들면 룽가(榮家)는 1925년 전후에 이미 6곳의 면방직창(棉紡織廠, 그중 3곳은 外地에 있던 것임)과 12곳의 면분창(面粉廠, 그중 4곳은 外地에 있던 것임)이 있었고, 자본 총액은 3,722만원에 이르렀다. 영안공사(永安公司), 영안사창(永安紗廠)을 소유하고 있던 궈 씨(郭氏) 자본집단(資本集團)의 자산총액은 2,000만원을 넘었다. 이외에 영소윤선공사(寧紹輪船公司), 삼북윤선공사(三北輪船公司), 남양형제연초공사(南洋兄弟煙草公司), 상무인서관(商務印書館), 오주대약방(五洲大藥房) 등 기업의 자본은 모두 백만 원을 초과하였다. 금융업 역시 자금력이 풍부한 대은행이 출현하였는데, 예로 상해 은행계의 지도자격의 지위에 있던 곳인 절강실업은행(浙江實業銀行), 절강흥업은행(浙江興業銀行), 상해은행(上海銀行) 등으로 이 세 은행은 "남삼행"(南三行)이라는 명성을 얻었고, 그들의 자본은 200만원, 250만원과 250만원이었다. 1921년 이후 남삼행(南三行)과 또 유명한 한 곳은 사명은행(四明銀行)으로 전국 은행 저축 총액의 40% 이상을 흡수하였다. 1926년 절강흥업은행(浙江興業銀行)과 상해은행(上海銀行)의 저축액은 3,000만원을 초과하였다. 중국통상(中國通商), 중국간업(中國墾業), 중부(中孚) 등의 은행의 실제적인 능력도 아주 향상되었다.

이러한 때 공업자본집단과 대 은행 역시 일정수준에서 서로 결합하는 형태가 발생하였다. 한편으로는 일부 대자본가가 은행업에 투자하여, 은행의 이사를 담당하였다. 예로 룽쭝징(榮宗敬)은 상해은행(上海銀行)의 주식을 20%나 가지고 있으면서 이 은행의 이사[董事]를 맡고

---

22) 양리은절(洋厘銀折)이란 은전에 대한 순은 환산율로 1934년에는 은화 1원(元)에 대해 순은 0.175량(兩)의 비율로 환산율이 정해졌다. 역자 주.

있었다. 위차칭(虞洽卿)은 사명은행(四明銀行)의 발기인 중의 한명으로
이 은행의 사장으로 쑨헝푸(孫衡甫)를 추천하였다. 주바오싼(朱葆三),
푸샤오안(傅筱庵)은 중국통상은행(中國通商銀行)의 이사[董事]가 되었
고, 팡자오보(方椒伯)는 중국통상은행(中國通商銀行) 남시(南市) 분행
(分行)의 사장[經理]을 맡았다. 또 다른 한편으로는 은행 역시 공업투
자와 대출을 통해 공업에 대해서 일정한 통제와 감시 역할을 담당하였
다. 그 예로 신신사창(申新紗廠), 홍장사창(鴻章紗廠), 상해방직인염공
사(上海紡織印染公司), 대성사창(大成紗廠) 등은 모두 상해은행이 투자
하고 있었다. 절강흥업은행(浙江興業銀行)은 1926년의 공업부문에 대
한 대출이 약 331만 원에 달하여서, 전체 대출총액의 46.3%를 차지하
였다. 그러나 이러한 결합은 일시적인 것이었다. 상해자산계급들은 같
은 지역 출신이라는 지역적인 연고 관계에서 이러한 투자를 하게 되는
데 그들에게 동향이란 관계형성에 있어서 아주 중요한 역할을 담당하
고 있다.23)

---

23) 과거 사람들은 상해 자산계급을 "浙江集團"이라고 불렀는데, 이러한 말은 과학
   적인 것이 아니다. 黃逸平, 「江浙"財團"析」, 『學術月刊』, 1983年 第3期 참고.

제**4**장
북벌군(北伐軍)
동진(東進) 일정(日程)

제1절 상해자치운동(上海自治運動)과
노동자(勞動者) 제1차 봉기

　1926년 이후, 전국 혁명세력의 계속적인 성장으로 상해 자산계급은 제국주의와 군벌통치에 반대하는 것이 나날이 격렬해졌다. 2월 상해 상계에서는 대표를 북경에 파견하여 동맹 파업에 대한 손해 배상을 청구하여 이로써 5·30참안(五卅慘案)의 선결조건을 제시하였다. 이후 총상회에서는 총세무사 애런(F. A. Aglen, 安格聯)이 광동해관에 지시하여 광주항구를 봉쇄시킨 일에 대해 항의하였고, 상계인사(商界人士)들은 애런(安格聯)이 관세(關稅)와 내채 기금(內債基金)을 관리하는 것에 반대를 나타냈다. 4월 총상회는 "상사 참관"[參觀商事]라는 이름으로, 의동(議董) 왕샤오라이(王曉籟)를 광동으로 보내 국민정부의 정책을 이해시키도록 하였다. 5월 총상회 등 단체는 전보로 군벌정부의 가혹하고 잡다한 세금에 반대하였고, 『중일관세호혜협정』(中日關稅互惠協定) 서명에 반대운동을 전개시켰다. 사회의 유명인사인 위안시뤄(袁希洛)[1]가 치셰위안(齊燮元)을 강절(江浙) 전쟁의 원흉으로 지목하자 이

　1) 위안시뤄(袁希洛)의 원명은 倣奮이고, 자는 素民으로 강소성 보산(江蘇宝山) 사람이다. 1876년(光緖二年)에 태어났으며, 청대 말기의 수재(秀才)이며, 상해 용문서원(龍門書院)에서 수학하였다. 후에 일본으로 유학하였으며, 1906년(光緖三十二年)에 동경에서 쑨중산(孫中山)의 동맹회에 가입하였다. 1912년 1월 1일, 쑨중산이 남경에서 임시대총통에 취임하는 전례에서 위안시뤄는 수인(授印) 대표로 대총통인(大總統印)을 쑨중산에게 넘겨주었다. 1928년 1월, 강소성 정부의 동의를 얻어 내어, 원래 숭명현(崇明縣)의 외사지구(外沙地區, 즉 현재의 啓東)에 현을 설립하고, 이름을 계동(啓東)이라 하였으며, 2월에 위안시뤄가 초대 현장에 취임하게 되었다. 1962년 상해 거처에서 가스

로써 민심이 격렬해졌으며, 오송(吳淞)에서는 철제로 치 씨(齊氏)의 상(像)을 만들어 공공(公共) 화장실에 세워놓고, 사람들에게 소변을 보게 하였다. 6월 총상회 회장 위차칭(虞洽卿)은 방일(訪日) 기간 중 1차 연설에서 공개적으로 불평등조약의 폐지와 군벌정치의 반대를 요구하였다.2)

이와 동시에 상해 자산계급은 노동자운동에 대한 두려움이 나날이 증가되었다. 그들은 "노동운동이 길어지면 공업은 쇠퇴하고, 노동운동이 소멸되면 공업은 성장한다. 두 가지가 공존될 수는 없다"고 생각하였다.3) 일부 사람들은 5·30운동(五卅運動)중 공부국에서 전기를 끊어버리는 것과 노동자들의 단체파업 투쟁이 민족공업에 미친 영향을 비교해 볼 때, "정전은 비록 방직업[紡業]에 불행을 초래하였으나, 일시적이고 부분적이었던 것이었으며 그 영향 또한 곧 해소되었다. 그러나 노동운동은 전국으로의 파급으로 인해 수시로 단체 파업이 발생하였고, 중국 공업의 장래에 큰 장애를 일으킬 것이다."4)라고 인식하여 그들은 노동운동을 주도하고 있던 중국 공산당에 아주 큰 불만을 드러내었다. 『상해총상회월보』(上海總商會月報)에서는 광적으로 "전국 상하(上下)가 일치(一致)하여 적화(赤化)를 몰아내고, 발을 붙일 수 없게 하여, 노동운동의 최대 근원을 두절시키도록 한다."5)는 내용을 게재하였다. 『은행주보』(銀行週報)의 주편을 역임하였던 대학교수들은 쑨중산의 연공정책에 대한 비판과 공개적으로 국민당 내의 반공분자에 대해 크게 깨닫게 하도록 하는 문장을 발표하였고, 번스타인(Bernstein, 伯恩斯坦)6)이 마르크스주의의 수정에 대한 효과를 본받아 국민당의 당

중독으로 사망하였다. 그는 예술 방면 특히 서예와 회화 방면에 조예가 깊었다. 역자 주.

2) 虞洽卿, 「對於中日親善之意見」, 『上海總商會月報』, 6卷 6期.
3) 陸輔舟, 「中國工業與工潮」, 『上海總商會月報』, 6卷 4期.
4) 迪先, 「民國十四年之棉業」, 『銀行週報』, 10卷 7號.
5) 陸輔舟, 『中國工業與工潮』.

의(黨義)를 개조하고, 공산당원을 제적시켜야 한다고 강조하였다. 상해
자산계급의 이러한 태도는 국민당내의 반공분자를 격려하였고, 그들에
게 상해를 자기들의 활동 무대로 만들도록 지지를 나타내었다.

1925년 11월 장지(張繼), 셰즈(謝持), 예추창(葉楚傖), 다이지타오
(戴季陶), 우즈후이(吳稚暉) 등은 북경 서산(西山)에서 반공회의를 개
최하고, 공산당과 좌파의 국민당 당적을 제적시키고, 러시아와 연합하
는 정책[聯俄政策]을 포기하고 국민당 중앙집행위원회를 따로 조직함
으로써 공개적으로 혁명을 배반하는 형태를 보이게 되었다.[7] 서산회
의파(西山會議派)들은 광주를 떠나 북경에 보다 가까운 곳으로 접근하
기 위해 상해를 반공의 근거지로 결정하고 반혁명활동을 전개하였으
며, 12월 14일 거짓으로 중앙 당부를 환용로(環龍路) 44호의 상해 집
행부로 이전하게 되었고, 이후 상해에서『강남만보』(江南晚報)를 발행
하여, 유언비어를 날조하고 중상모략하고 이간하여, 국공합작을 파괴
시켰다. 후에 천리푸(陳立夫)의 측근이었던 양젠홍(楊劍虹) 역시 상해
에 상해손문주의학회(上海孫文主義學會)를 건립하였다.

공산당원과 국민당 좌파인사들은 서산회의파의 위장된 중앙을 강하
게 부정하였다. 1926년 1월 1일, 상해특별시당부(上海特別市黨部)는
상해대학에서 성립대회를 개최하여,[8] 윈다이잉(惲代英) 등 11인은 집
행위원과 감찰위원으로 당선되었고, 선옌빙(沈雁冰), 우카이셴(吳開先)
등은 국민당 제2차 전국대표대회의 대표로 선출되었다. 오래지 않아
시당부(市黨部)는 선거를 다시 하여, 왕서우쳰(王守謙), 탕지창(湯濟

---

6) Eduard Bernstein(伯恩斯坦, 1850~1932)은 독일사회민주당과 제2 국제우파
  영수이며 수정주의의 대표적인 이론가이다. 주요 저서로는『社會主義問題』
  (1896~1898),『一個社會主義者的發展過程』(1924),『社會主義的前提和社會
  民主黨的任務』(1899) 등이 있다. 역자 주.

7) 戴, 吳, 葉등은 오래지 않아 西山會議派에서 축출되었다.

8) 上海市黨部籌備工作은 1925년 7월, 국민당 중앙에서 특파한 惲代英, 張廷
  灝, 劉重民 3인이 책임을 맡고 있었다.

滄), 스펑잔(史鵬展), 양싱포(楊杏佛), 주이취안(朱義權), 양셴장(楊賢
江), 우수우(吳庶五), 왕한량(王漢良) 8인으로 집행위원을 담당케 하였
고, 왕서우첸, 탕지창은 상임위원[常委]이 되었고, 사무실을 도이비사
로(陶爾斐司路, 현재의 南昌路)로 이전시켰다. 이때부터 공산당원과 좌
파인사가 상해시당부(上海市黨部) 집행부를 차지하였고, 이것이 국민
당 상해지역의 최고 당무기관(黨務機關)이 되었다.

3월, 서산회의파(西山會議派)는 여반로(呂班路, 현재의 重慶南路)의
건국학교(建國學校)에서 위국민당(僞國民黨) "2대"(二大)를 개최하였
다. 상해시당부(上海市黨部)는 공개적으로 이 회의의 대표인 90여 명
은 전부 쩌우루(鄒魯), 셰즈(謝持), 선쉬안루(沈玄廬) 등이 지명 파견한
사람들로 상해와 남경 두 지역의 사람들이며, 그중 3분의 1이 동남대
학(東南大學) 학생이라고 폭로하였다. 이 사실 역시 서산회의파의 반
공에 대한 의도를 밝힌 것으로 그 영향은 크지 않았고, 그들의 상해
사회에 대한 기초가 빈약하였으므로 사실상 상해 자본계급들로부터는
아무런 지지도 얻지 못하였다. 이러한 국면(局面)이 조성되게 된 원인
은 복잡하였다. 서산회의파는 아무런 군사실력이 없었고, 상해자산계
급 역시 이들과 아무런 역사적 관계가 없었으므로, 상해자산계급의 신
임을 얻을 수 없었던 것은 당연한 것이었다. 그러나 더욱 중요한 원인
은 중공중앙의 당시 분석한 것과 같이 자산계급중의 일부분은 급진분
자들로 이러한 공농(工農) 군중의 세력을 통해 제국주의와 군벌에 대
항하려고 생각하였으며, 이로써 그들은 관세자주, 불평등조약의 폐지,
영사재판권 취소와 조계의 회수를 그들의 현실적 요구를 실현시키려
고 하였다[9]는 것이다.

1926년 7월, 국민혁명군이 광동에서부터 북벌을 단행하였다. 북벌
군은 백전백승(百戰百勝)의 기세로 상해인민의 혁명적 정서를 신속하

---

9) 『中央政治報告』, 1926年 7月.

게 고양시켰으며, 노동운동 또한 고조기를 나타내었다. 7월, 총공회에서는 북벌선언을 발표하였고, 동맹 파업과 단독 파업을 54번이나 일으켰고, 3개 업종의 105가(家)의 공장을 포함하고 있었다. 8월 3일, 일본 "완리 마루"(萬里丸)"의 선원이 선상에서 음식물을 파는 천아탕(陳阿堂)을 때려서 죽인 사건이 발생하자 노동자와 시민의 분노가 들끓었다. 상해 총공회의 호소로 일본사창(日本紗廠)의 노동자들이 28일 동안 동맹파업을 하였고, 노동자와 학생들이 대규모로 거리에서 시위를 벌였다. 6월에서 9월까지 시 전체에서 각종 단체파업[罷工]에 참가한 노동자의 수는 20만 명을 초과하였다.

자산계급 역시 혁명 쪽으로 방향이 기울기 시작하게 되었다. 1926년 7월, 쑨촨팡(孫傳芳)이 총상회의 선거에 대하여 관여하여, 푸샤오안(傅筱庵)을 위차칭(虞洽卿)을 대신해서 총상회 회장으로 임명하자, 위(虞)는 이를 크게 불만으로 삼았다. 8월에는 광동에 가서 참관하던 왕샤오라이(王曉籟)가 상해로 돌아와서는 도처에서 국민정부의 선정(善政)을 선전하자, 쑨촨팡은 "적화 선전"(赤化宣傳)의 죄명으로 체포령을 내렸다. 쑨촨팡은 상해자산계급의 무장역량을 두려워하여, 같은 달 돌연히 갑북보위단(閘北保衛團)을 습격하여 무기를 탈취하자 자산계급은 더욱 큰 불만을 일으켰다. 그러자 쑨은 여론의 압력으로 부득불 갑북보위단의 무기를 되돌려 주게 되었다. 9월, 절강적(浙江籍)의 신상(紳商) 추후이셩(褚慧僧), 웨이보전(魏伯楨), 왕샤오라이(王曉籟), 위차칭(虞洽卿) 등은 북벌에 연합하기 위해 절강성 전체동업조합[全體公會]의 명의로 대규모의 평화운동을 발기시켰고, 봉군(奉軍) 남하(南下)에 반대하며 북벌군(北伐軍)과 함께 작전을 수행하기 위해, 계속해서 "절인치절"(浙人治浙 즉 절강사람이 절강을 다스린다)의 구호를 외치면서, 쑨촨팡(孫傳芳)의 통치를 반대하였다. 이때 상해의 중국은행(中國銀行) 부총재 장궁취안(張公權)은 비밀리에 북벌군 총사령인 장제스

(蔣介石)에게 30만원(萬元)의 군량 비용을 보냈고, 장(蔣)이 무한(武漢)에 도착한다면 100만원(萬元)을 보내겠다고 약속하였다.

이러한 상황아래에서, 중공중앙은 상해 자치운동을 벌이기로 결정하자, 각 계급이 연합하여 군벌통치에 반항하게 되었다. 9월 6일, 중공상해구위(中共上海區委)10)는 상해시민서(上海市民書)를 발표하여, 조계시민(租界市民)이 시정권(市政權)에 평등한 지위로 참정(參政)을 해야 한다는 것과 회심공당(會審公堂)과 월계축로 지구(越界築路地區)의 무조건적인 회수(回收)를 제출하였고, 남북시(南北市)의 시정(市政)은 민선(民選)을 통한 자치기관(自治機關)의 관리(管理)와 인민집회(人民集會)의 보장, 결사(結社), 언론, 출판의 자유와 실업자 구제, 가혹하고 잡다한 세금 징수의 반대 등 16개항을 요구하였고, 아울러 "상해인민 자치의 상해건립"(建立上海人民自治的上海)이라는 구호를 제출하였다.

동시에 중공상해구위(中共上海區委)는 노동자들의 무장을 추진하였고,11) 상해에서 1차 민중폭동을 일으켜 직접 쑨촨팡(孫傳芳)에 타격을 주고, 북벌군의 영접을 준비하였다. 구위조직부장(區委組織部長) 자오스옌(趙世炎)은 갑북(閘北) 보흥로(寶興路)에서 무장인원 훈련반을 설치하였는데, 참가자는 대부분 각 구위(各區委)와 중요 산업 동업조합[重要産業工會]의 책임을 지고 있던 당원(黨員)이었다. 중앙군위(中央軍委) 역시 강제로(康悌路)와 채시로구(菜市路口, 현재의 建國東路 順昌路口) 지역내의 초등학교 내에 5, 60명의 무장 훈련반을 설치하였다. 이 두 훈련반의 학생들은 훈련을 마친 후, 이들이 중심이 되어 일부 큰 공장에는 시간과 인원을 나누어 소형의 훈련반(訓練班)을 만들

---

10) 上海地委는 1925년 8월 區委로 개칭하였고, 江, 浙 兩省을 兼管하였으므로 江浙區委라고도 한다.

11) 1925년 말, 中共滬西區委는 이미 노동자 계층의 배반자[工賊]를 전문적으로 처벌할 수 있는 무장역량을 갖추고 있었다. 일명 개를 때려죽이는 대오(隊伍) 즉 타구대(打狗隊)라 불렀는데, 그 인원수는 아주 적었다.

었고, 노동자 규찰대(糾察隊)를 조직하게 되었다. 10월에 이르러서 상해 노동자규찰대(勞動者糾察隊)는 이미 2,000여 명에 달하였다. 이러한 대오(隊伍)는 아주 훌륭한 조직(組織)과 규율(規律)을 지니고 있었으나, 무기는 오직 22정의 권총만을 보유한 것이 전부였다.

9월 중 국민당 중앙정치회의(中央政治會議)에서는 뉴용젠(鈕永建), 우즈후이(吳稚暉), 장징장(張靜江), 예추창(葉楚傖), 허청쥔(何成濬), 주지쉰(朱季恂), 허우샤오추(侯紹裘) 등 7인을 상해에 특무위원회(特務委員會)를 조직케 하여, 쑨촨팡(孫傳芳)의 후방에 대한 파괴활동을 지시하였다. 특무위원회의 책임자인 뉴용젠(鈕永建)은 위차칭(虞洽卿) 등 자산계급인사의 도움아래, 건달 무장 대오를 끌어들이게 되었고, 동시에 절강성장(浙江省長) 샤차오(夏超)의 내부로 들어가 책동하여 모반을 꾀하게 되었다. 중국공산당은 이러한 상황을 상세히 알고 난 후, 10월 상순(上旬)에 쑨촨팡이 북벌군에 패배한 후, 만약 샤차오(夏超)를 침범할 경우 즉시 뉴용젠(鈕永建)과 합작하여, 상해에서 봉기를 일으킨다는 것을 준비하게 되었다. 비록 뉴(鈕)의 봉기를 반대가 있었으나, 중국 공산당은 시종일관 봉기준비를 하였다.

10월 중순, 북벌군은 무한(武漢)을 공격하여 점령하였고, 남창(南昌)을 공략하게 되었다. 쑨촨팡 군대의 대부분은 강서(江西) 전선으로 이동하였고, 샤차오(夏超)는 이 틈을 타서 절강독립을 선포하였고, 아울러 뉴용젠(鈕永建)에게 정변(政變) 즉 쿠데타를 일으켜서 상해를 점령하여 서로 연합하자고 하였다. 상해 자산계급 역시 활약을 보이기 시작하였다. 총상연회(總商聯會), 강소성교육회(江蘇省敎育會)등 모두 민중을 부추겨 정권을 차지하려는 시도를 보였다. 위차칭(虞洽卿)은 공상(工商) 대표를 소집하고 회의를 개최하여, 상해시정위원회(上海市政委員會)의 조직을 요구하게 되었다. 위화룽(余化龍), 왕샤오라이(王曉籟) 등은 회의를 열어 쑨에게 반대하는 것을 계획하였다. 사람들의 이목(耳目)은 쑨촨팡(孫傳芳)을 위해 아편을 경영하던 우즈하오(鄔志豪)도 공산당원인 린쥔(林鈞)과 담화를 나누었다. 상해에 주둔하고 있던 쑨 군(孫軍)의 장군들도 역시 동요가 일어났다. 호송경찰청장(滬淞警察廳長) 옌춘양(嚴春陽)은 쿠데타를 준비하였다. 해군(海軍)은 중립적인 태도를 취하는 것을 표시하였다.

이때 뉴융젠(鈕永建), 우즈후이(吳稚暉)는 항주에서 상해로 돌아왔다. 뉴(鈕)는 자기 수중에 세력이 없었으므로, 부득불 중공(中共)과 연합하여 폭동을 일으키는 것에 동의하였고, 아울러 노동자규찰대(勞動者糾察隊)에게 100자루의 권총을 지급하였다. 폭동 후의 정권문제에 대해, 우즈후이(吳稚暉)는 상해 자치(上海自治) 구호를 반대하고, 뉴융젠(鈕永建)을 독판(督辦)으로 주장하였고, 위차칭(虞洽卿)과 왕샤오라이(王曉籟)는 오히려 그들이 표면에 나서서 평화유지회(和平維持會)를 조직하여, 정권을 장악해야한다고 강조하고 있었다. 중국공산당은 제국주의, 봉계군벌(奉係軍閥)의 간섭이 없도록 하여야 하며, 후자의 의견에 동의하고, 자산계급의 보안위원회(保安委員會)의 설립을 건의하였고, 노동자는 참가하지 않아도 되도록 하였다.

노동자방면의 봉기 준비 업무는 아주 빠르게 완성되었다. 그러나 국공(國共) 쌍방에 통일적 폭동지휘기관이 없었으므로, 실제적으로는 각자가 스스로 전개하는 것을 묵인하고 있었다. 노동자규찰대를 지휘하던 중공상해구위서기(中共上海區委書記) 뤄이눙(羅亦農)과 왕서우화(汪壽華), 자오스옌(趙世炎), 리전잉(李震瀛)이 총지휘를 맡았다. 10월 20일, 중공상해구위(中共上海區委)는 재차 시민에게 알리는 글을 발표하여, 인민이 쑨 군(孫軍)을 몰아내는데 함께하자고 호소하였고, 위원제(委員制)의 시민정부(市民政府) 조직을 호소하였다.

10월 23일 절강 샤차오(夏超)의 군은 패퇴하고 그 자신은 죽었으나, 상해에 선달된 것은 쑨 군(孫軍)이 패배하였다는 거짓 소식이 전해졌다. 뉴융젠은 24일 새벽에 봉기를 일으킨다는 명령을 내렸다. 중공 상해구위는 샤차오(夏超)의 패배 정보를 뒤늦게 접하였으나, 동시에 북벌군이 구강(九江)을 공격하여 점령하였고, 예카이신(葉開鑫)이 이미 무너졌으므로 다음날 봉기를 일으키기로 결정하였다. 당일 밤, 남시(南市)와 갑북(閘北)의 2, 3백 명의 노동자규찰대[工人糾察隊]는 진지(陣地)를 출발하여, 군함이 포격을 시작할 때를 기다린 후, 기차역과 경찰국으로 진공하도록 연락이 되었다. 그러나 뉴융젠은 군함에 포격(砲擊) 개시 명령을 내리지 않았다. 노동자규찰대 지휘부는 즉각 명령하여 행동을 중지하도록 하였으나, 남시(南市)의 일부 대오(隊伍)는 이미 출격을 한 상태로, 사교(斜橋), 대목교(大木橋), 일휘항(日暉港) 등지에서 군경과 소규모의 전투를 벌이고 있었다. 뉴융젠의 대오(隊伍)는 모두 백 여 명에 불과하였는데, 출동한 후에는 모두 사방으로 흩어졌다. 포동(浦東)방면에는 아직 봉기가 일어나지 않았으므로 노동자규찰대 책임자는 체포되었다. 쑨촨팡은 대규모의 군경으로 이들을 진압케 하였고, 비밀기관을 파괴하였으며, 20여 명의 노동자를 체포하고 공산당원 타오징쉬안(陶靜軒), 시쭤런(奚佐人) 등을 살해하였다.[12] 이로써 상해의 제1차 노동 봉기[第一次勞動起義]는 실패하게 되었다.

봉기 실패 당일 오후, 중공상해구위(中共上海區委)는 임시 주석단 회의를 소집하여, 이번 봉기의 실패 경험과 교훈을 총결산하였다. 회의참가자는 이구동성으로 군중들의 참여가 적었다는 것과 뉴융젠(鈕永建)의 자만과 지휘경험의 결핍이 이번 실패의 주요 원인으로 지적되었다. 다음 봉기를 준비하기 위하여, 각급 당 조직은 반듯이 정치선전을 강화하고, 더욱 강한 군사훈련을 받은 인원의 확보가 필요하다는 것을 인식하였다. 이 회의에서는 선전 구호가 결정되었는데, "쑨촨팡 반대,

---

12) 일설에는 노동자들이 약 100여 명이 체포되었고, 살해된 자는 10여 명이나 되었다고 한다.

주군둔 철수, 강소 사람이 강소성을 통치하고, 절강사람이 절강을 다스리며, 봉천군의 남하 반대"(反孫, 撤退駐軍, 蘇人治蘇, 浙人治浙, 反奉南下)라는 것이었다. 이러한 구호는 중국공산당이 상해지구(上海地區)의 자치운동을 지속적으로 요구하는 것을 나타냈고, 이로써 통일전선으로 혁명의 확대를 꾀하려고 한 것이다.

쑨촨팡은 노동자 봉기를 진압한 후, 리바오장(李寶章)을 상해방수사령(上海防守司令)으로 임명하고 봉군(奉軍)이 남하(南下)하여 상해에서 남경에 이르는 선에 주둔하며 방어선을 구축하자, 강소[蘇], 절강[浙], 상해[滬] 등지에서 완강한 저항을 받았다. 중국공산당의 지원 아래, 상해에는 봉군 남하(奉軍南下)에 반대하는 민중성 지방자치운동이 고조되었다. 11월 9일, 상해 시당부에서는 상해민중서(上海民衆書)를 발표하여, 상해인민은 "전화(戰禍)를 피하기를 원하고 아울러 고통을 털어버리기를 원한다. 그러므로 2백 만 시민의 힘으로 상해시정(上海市政)은 상해시민이 담당하고, 봉군(奉軍)의 남하(南下)를 거부하며, 이로써 군벌(軍閥)의 통치에서 영원히 벗어나야 한다."13)고 주장하였다. 다음날 총공회(總工會) 등 단체에서는 대규모의 노동자와 학생들로 조직된 대오로 가두시위를 벌였고, 지방자치를 실행할 것을 호소하였다. 총상련회(總商聯會) 역시 선언을 발표하여, 시민회의(市民會議)를 조직하여 상해시정(上海市政)을 관리하고, 봉군(奉軍)의 남하(南下)를 반대한다는 주장을 벌였다. 리바오장(李寶章)은 군경(軍警)을 출동시켜, 가두시위와 선전을 하던 학생들을 체포하자, 문학연구회 상해분회(文學硏究會上海分會), 창조사(創造社), 중화농학회(中華農學會) 등 문화단체는 즉각 『옹호인도선언』(擁護人道宣言)을 발표하여 군벌(軍閥)을 비평하였다.

상해 자치운동의 영향아래, 전체 절강 동업조합(全浙公會)은 절강자

---

13) 『申報』, 1926년 11월 10일.

치운동을 발족시켰고, 이것을 확대하여 강소[蘇], 절강[浙], 안휘[皖] 3
성(省)으로 확대하여 자치운동을 전개시켰다. 11월 14일, 주후이썽(褚
慧僧), 황엔페이(黃炎培), 선쥔루(沈鈞儒), 쉬스잉(許世英) 등 50여 명
은 상해에서 소(蘇), 절(浙), 환(皖) 3성 연합회(省聯合會)를 성립하고,
3성(省)과 상해에 민치지구(民治地區)를 설립할 것을 요구하였고, 모든
군정(軍政), 민정(民政)은 모두 인민이 추천한 위원(委員)으로 만들어
진 위원회를 조직하여 이곳에서 처리하고, 아울러 3성(省)내에서의 군
사행동에 대해서는 중지를 요구하였다. 동시에 또 5성 자치연석회의
(五省自治聯席會議), 절민자결회(浙民自決會), 강절화평동지연합회(江
浙和平同志聯合會) 등의 조직들이 속속 나타났다.

　11월 하순 봉계(奉系)는 쑨촨팡의 요청에 따라, 장쭝창(張宗昌) 부
대의 직로군(直魯軍)[14]이 남하하게 되었다. 28일에는 상해의 400여
개 단체의 5만 여 명은 비를 맞으면서도 시민대회를 거행하여, 봉로군
(奉魯軍)의 남하를 결사반대하였고, 상해자치 실행을 결의하였으며, 아
울러 공상학연합회(工商學聯合會)의 복구를 요구하였다. 다음날 3성연
합회(三省聯合會)는 전보를 통해, 3성 육해군 장군(三省陸海軍將軍)들
에게 민치(民治)를 찬성하도록 요구하였고, 그렇지 않을 경우 공동의
적으로 생각하여 모든 공급을 중단하겠다고 엄포를 놓았다. 30일, 상
해총공회는 갑북(閘北)의 횡빈로(橫濱路, 현재의 同心路) 경운리(景雲
里) 14호(號)에 새롭게 공개적인 사무실을 설립하고,[15] 각 협동조합에
5일내에 일률적으로 사무를 시작하라고 통고하였다. 12월 초, 총상회
(總商會)를 제외한 6대 단체는 상해특별시시민공회(上海特別市市民公
會)를 설립하고, 선쥔루(沈鈞儒)를 주석으로 하여 상해 자치의 뜻을 실
현시키고자 시도하였다. 중국공산당은 시민 협동조합 내에서 비밀리에

---

14) 直魯軍은 당시 奉系에 속해있었으므로, 奉魯軍이라고도 불렀다.
15) 總工會는 1926년 6월 제2차 폐쇄되었다.

당단조직(黨團組織)을 건립시켰다. 12월 16일 시민 협동조합[市民公會]은 전보를 통해 쑨촨팡(孫傳芳)의 하야(下野)를 요구하였고, 아울러 시민들에게 동맹파업으로 장쭝창(張宗昌)의 남하(南下)에 대응하도록 호소하였다. 이러한 상해자치운동의 추세는 "강절(江浙) 및 상해의 일부 좌파 자산계급은 이미 쑨(孫)과 양립할 수 없게 되자 쑨을 몰아내려고 한다."는 표어가 나붙게 되었다.

이러한 일이 있은 후, 지방자치운동은 여러 방면에서 대혁명통일전선의 역할을 하였고, 인민들에게 새로운 바람을 불어넣어 주는 작용을 하였으나, 군벌을 완전히 몰아낼 능력을 갖추고 있지는 않았다. 12월 하순, 주후이썽(褚慧僧) 등은 항주(杭州)에서 임시 성정부(臨時省政府)를 설립하였는데, 쑨촨팡은 이때부터 지방자치운동을 강력하게 진압해 나갔다. 쑨은 명령을 내려 3성연합회(三省聯合會), 전절동업조합[全浙公會] 등의 단체를 폐지하고, 그 영수(領袖)인 차이위안페이(蔡元培), 주후이썽(褚慧僧), 쉬스잉(許世英) 등 70여 명에 대한 체포령을 내림과 동시에 "자치(自治)는 곧 적화(赤化)"라는 구호를 제창하였다.16) 계속된 리바오장(李寶章)의 요구로 프랑스 조계당국은 상해 시당부와 시민 동업조합을 폐쇄시켰다. 연약한 자산계급은 즉시 후퇴하고 위축되었으며, 상해자치운동은 흐지부지하게 되었다.

이때 상해노동자계급은 중국공산당의 지도 아래에서 계속적으로 무장봉기를 준비하고 있었다. 1926년 11월, 저우언라이(周恩來)는 중공중앙의 명령을 받들어 상해에서 중앙군위업무[中央軍委工作]를 주관하였고, 그는 중앙부서와 같은 방식으로 정치보위국을 조직하였으며, 원래의 타구대(打狗隊)를 홍색공포대(紅色恐怖隊)로 고치고, 보위국(保衛局)의 3과(科)를 지도하였다. 홍색공포대는 전후로 몇 명의 노동자 계층의 배반자[大工賊]를 제거하여, 노동계급에 사기를 진작시켰다. 12월 8일,

---

16) 彭述之,「怎樣可能解決浙江目前的危急問題」,『嚮導』, 第177期.

군경은 재차 총공회를 폐쇄시켰다. 3일 후, 2,000여 명의 노동자는 경운리(景雲里)의 사무실이 폐쇄된 곳에서 사무용집기를 규강로(虯江路)의 새로운 장소로 옮겼다. 각 지역의 노동자는 산발적인 집회를 가져 이러한 반동당국(反動當局)의 폭행에 항의하였다. 이와 동시에 노동자규찰대의 조직은 계속해서 확대되었다. 중공상해구위(中共上海區委)에서는 노동자규찰대를 무장노동자[武裝工人]와 규찰대(糾察隊)의 양종(兩種) 형식으로 분리시켰다. 전자는 일상적인 조직으로 참가자는 반듯이 산업노동자여야 하였고, 그 임무는 노동자 계층의 배반자[工賊]에 대항하는 것과 봉기 참가를 위한 준비를 하는 것이었다. 후자는 산업노동자가 단체파업 할 때의 임시조직이었다.17) 이렇게 체제를 개편한 주된 이유는 노동자 무장조직을 엄격하게 관리하여 강한 전투력을 확보하고자 하였기 때문이었다.

---

17) 습관상 武裝工人을 工人糾察隊라고 부른다.

제2절 조계 회수(租界回收) 운동중의
상해조계(上海租界)

군벌통치에 반대하는 상해 자치운동(上海自治運動)의 풍조가 일어나고 있을 때, 각계 군중의 반제투쟁(反帝鬪爭) 역시 부단히 확대되었다. 1926년 12월 24일, 상해의 반기독교대동맹[非基督敎大同盟]에서는 선언을 발표하여, 열강의 선교정책의 목적은 중국 국민의 민족정신을 소멸시키고자 하는 것이고, 교회와 교회학교는 이 정책을 실행하는 도구라고 비판하였다. 그러므로 중화민족의 자유는 이러한 허위와 거짓으로 사람을 기만하는 십자가를 중국에서 영원히 축출하는 것이라고 강조하였다. 다음날 시민들이 반기독교대회의 개최를 준비하자, 군경의 저지를 받게 되었고, 이에 대회가 무산되자 산발적인 시위를 벌였다.

제국주의는 계속적으로 안일 무사한 정책을 시행하였고, 자산계급과는 자신들의 이익을 위해 서로 협조하게 되었다. 12월 중순, 북경공사단과 강소성 정부는 4월중 납세외인회에서 통과된 3명의 중국인 이사[華董]를 증설하는 건을 공부국에 건의하자 이를 비준하였다. 납세화인회 등의 단체는 먼저 외국인이 임의로 중국인 이사 수[華董人數]를 지정하는 방법을 반대한다는 것과 토지장정(土地章程)을 고칠 것을 주장하였으나, 반복된 토론 끝에 3명의 중국인 이사[華董]를 증설하는 안만을 받아들이는 것으로 합의하게 되었다. 이후 프랑스 총영사인 나지날(Panl Emile Naggiar, 那齊雅) 역시 공부국의 장정을 고쳐야 한다고 선포하면서, 5명의 중국인과 13명의 외국인으로 프랑스 조계 임시행정위원회(臨時行政委員會)를 조직하고, 공동으로 프랑스조계의 행정관리에 참여케 하였다.

이때 무한(武漢) 인민은 중국공산당의 지도아래, 1927년 1월 5일 영국 순포(巡捕)를 몰아내고 한구(漢口)의 영국 조계를 점령하였다는 소식이 상해에 전달되자, 공부국은 초긴장하게 되었다. 1월 6일~8일 사이, 공부국에서는 연속으로 이사회[董事會]를 개최하여 한구(漢口) 사건과 같은 사건이 상해에서는 일어나지 않도록 하는 대책을 강구하였다. 만국상단(萬國商團) 사령관의 건의로 즉각 조계 및 조계의 외곽 도로 주변에 철망을 둘러쳤고, 이로써 외부로부터의 진공을 막고 내부의 소란을 방지하고자 하였다. 총동 페센든(S. Fessenden, 費信惇)은 살기등등한 자세로 다음과 같은 내용을 발표하였다. "한구(漢口)에서 얻은 교훈은 광동(廣東) 군대 혹은 그들이 추구하고 있는 어떠한 기도 즉 조계점령을 가리키고 있는 것에 대하여, 이러한 행동이 있을 때는 즉각적으로 통렬하게 격퇴시킨다.", "중국인들도 모두 알고 있듯이, 공부국은 그 자체가 지니고 있는 무장역량으로 자체 지구에 대한 보위(保衛)를 견지하는 시대를 맞을 것이며, 이미 때가 왔다."고 언급면서 공부국의 무장역량이 상당수준에 있음을 밝혔다. 이사회[董事會]에서는 결정하기를, "만일 조계를 지키고, 또 조계의 방위를 위해 사격행동을 해야 할 때, 이러한 행동의 책임은 모두 공부국에서 진다."[1]고 하였다.

1월 11일, 공부국에서는 "공공조계와 월계축로의 지역에서 어떠한 정치집회, 왕래, 강연과 정치선전을 금지하고, 아울러 일체의 수단을 동원하여 각종 형식의 폭력행위와 혼란을 진압한다."는 문서를 게시하였다. 이와 동시에 공부국과 공동국은 신속히 조계와 조계 밖의 지구와 모든 길 입구에 모래부대와 철망의 장애물과 바리케이트를 설치하고 수시로 조계를 봉쇄할 태세를 맞추었다. 각국 역시 신속하게 상해에 군함을 증파하였는데, 이러한 것은 모두 상해를 보호한다는 구실 아래에서 이루어졌다. 미국영사가 페센든에게 만약 필요하다면 미국은 현재 약 400명

---

1) Council for the Foreign Community of Shanghai Minutes Book, No.36.

의 병사를 상륙시킬 수 있고, 오래지 않아 1,000명이 도착하기로 되어 있다고 알려주었다. 프랑스는 베트남에 있던 병사 200명을 상해로 급히 이동시켰다. 영국은 인도에서 파견된 400명의 병사가 이미 홍콩에 도착하여 있었고, 300명은 현재 중국으로 이동 중에 있었다. 또 영국인은 16,000명의 병사와 비행기, 탱크, 의료진을 갖춘 영군 군함이 이미 상해에 도착하였다고 말하였다. 일본은 파견되는 사세보(佐世保)의 제1함대가 최초로 외국 함대에 편입될 것으로 현재 중국으로 이동 중에 있고, 4척의 군함은 이미 상해에 도착해 있었다. 한 외국인은 "상해의 외국인 지구는 이미 전쟁 기지가 되었다"[2]고 말하였다.

당시 외국인 사회에는 헛소문이 유행하였는데, 사람들은 이러한 유언비어에 위협을 느끼고 있었다. 포방(捕房)은 거의 매시간 실제인가 아닌가에 대한 진위여부를 묻는 확인전화가 수시로 걸려왔다. 『자림서보』(字林西報)는 "중요한 시기에 상해는 유언비어의 도시로 변하였다"[3]라며 탄식하였다. 많은 사람들의 투서가 신문사로 들어왔고, 영국 정부는 상해에 더 많은 군사를 증파하고, 외국인들은 일치된 행동을 하여야 한다고 주장하였다. 일부 대규모 공장의 공장장은 거액의 자금 들여 반공선전을 주장하였고, 구체적인 방법은 각 외국신문에 모두 일정 부분을 반공(反共) 부간(副刊)으로 만들어 출판해야 한다고 강조하였다. 『자림서보』(林西西報)는 가장 먼저 이러한 부간(副刊)을 만들었고, 『영화관과 공공집회에서 공산당을 어떻게 식별 하는가?』(如何識別 電影院和公共集會中的共產黨)라는 기사를 게재하였는데, 내용이 황당무계(荒唐無稽)한 문장이어서 사람들의 웃음을 자아내었다. 북벌군이 공격하여 점령한 지역의 선교사들이 상해로 피난을 왔고, 여러 차례 기자회견을 통해, 이구동성으로 적색분자(赤色分子)들의 교회와 교회

---

2) Powell, My Twenty-Five Years in China, p.146.
3) 『字林西報』, 1927년 1월 17일.

학교의 파괴 및 모독과 북벌군의 "폭행"(暴行)에 대하여 질책하였다.

영국의 대지배인과 선교사들의 계속되는 북벌군의 진군에 대한 반대가 있었으나, 상해의 미국인과 일본인의 태도는 이들과 같지만은 않았다. 『밀러씨 평론보』(密勒氏評論報)의 주간인 파월(J. B. Powell, 鮑惠爾)은 아주 일찍 이러한 것을 간파하고, 북벌군 총사령 장제스와 공산당 사이에는 아주 큰 한계가 있고, 이러한 것은 북벌군과 공산당이 서로 담화를 나눌 수 없으며 서로 배척하는 상태라고 지적하고 있었다.4) 그래서 일부 영국 지배인들의 반공 선전 때에 그는 결사적으로 적화를 반대하였다. 그는 "어떠한 이유로도 국민당운동에 '적화'(赤化)라는 서명을 하고 적화를 기도한다면, 이 계획을 주도한 사람은 그 원래의 목적을 이룰 수 없다. 왜냐하면 이것은 전 중국인이 반대하는 것으로 전체 국민당운동을 적색분자의 가슴 안으로 들이미는 것이다"5)라며 국민당운동을 공산당운동으로 몰가는 것을 경계하고 있었다. 일본 교민 중에는 두 종류의 서로 다른 견해를 지니는 사람들이 있었다. 하나는 영국인과 일치된 행동을 하는 것으로 조계를 보호하는 것이고, 다른 하나는 수수방관하는 자세를 견지하는 것으로 자기의 생명과 재산에 손실이 있다고 주장하며, 직접적으로 중국정치에 관여하지 말자는 주장의 사람들이다.

군벌 당국은 외국 식민자의 두려운 심리를 정확히 파악하고 있었고, 이 기회를 이용하여 공부국으로부터 군경이 수시로 조계로 진입하는 것을 승인받아 허락받아, 이로써 혁명운동의 진압을 더욱 강화하고자

---

4) 『字林西報』 역시 당시 이렇게 간파하고 있었다. 이 신문은 1월 20일의 社論에서, "작년 3월 장제스(蔣介石)가 군사행동을 시작할 때, 모든 러시아인과 공산당인이 국민당정부에서 축출된 이후, 그는 바오뤄팅(鮑羅廷) 동지의 좋은 친구가 되지 못하였다." 이것은 장(蔣)은 공산당원이 아니라는 것과 그 역시 민족주의자를 혐오한다는 이러한 이유로 공격을 하게 된다는 것이다.

5) Powell, My Twenty-Five Years in China, p.145.

하였다. 1월 13일 상해현경무소(上海縣警務所)에서는 공공조계포방(公共租界捕房)에 통지하여 1월 20일 전후로, 총공회에서 한차례 아주 격렬한 배외운동(排外運動)을 벌일 것이라고 언급하면서, 만일 이러한 일이 발생하였을 때 중국 사병의 조계 진입을 허락한다고 하였으며, 그들은 조계당국과 긴밀히 협력하여 이러한 국면을 타개시킨다는 성명을 밝혔다. 2월 초, 송호경찰청장(淞滬警察廳長)은 다시 공부국에 편지를 보내 각 교차로의 철책 문을 경찰이 관리할 수 있게 해달라고 요구하였다. 쌍방은 더욱 밀접하게 연결되었다. 그러나 표면적으로는 쑨촨팡은 오히려 영국의 상해에 파병을 반대한다는 전문을 발표하고, 북경정부와 교섭원은 영국공사와 영국영사에게 엄중한 항의를 하였고, 이후 외국군대가 월계축로지구의 점유를 반대하는 태도를 보였다.

상해자산계급은 인민군중이 한구(漢口)조계를 점령하였다는 소식에 고무되어, 공부국 화동(華董)문제의 태도에 대해 보다 강경한 자세를 취하게 되었다. 1월말, 총상연회(總商聯會), 은행공회(銀行公會), 전업공회(錢業公會) 등 단체는 선후로 3명 중국인 이사[華董]의 제안을 반대한다는 입장을 표명하였다. 은행공회는 "중국인 이사가 참가하는 것을 중국인들이 갈망하고는 있으나, 그 수 역시 불공평하였고 직권 또한 없었으며, 어쩔 수 없어 만들어 놓았던 것으로 전철을 밟지 않으려면 빨리 처리해서는 안 되고, 이러한 유명무실한 것을 없애야 한다."[6]고 강조하였다. 2월 초, 국민정부 외교부장 천유런(陳友仁)은 영국 참찬(英國參贊) 아마리(Amalie, 阿馬利)와 벌이고 있는 한구(漢口)와 구강(九江) 조계를 회수하는 담판은 이미 거의 완성단계에 이르렀다고 말하면서, 반듯이 영국이 상해에 군대증파를 중지할 때 마지막 서명을 하겠다고 그 뜻을 밝혔다. 이에 상해에 있던 열강 침략자는 상당히 당황함을 금할 수 없었다. 그들은 아무런 예측도 하지 못한 채 영국정부

---

6) 『上海總商會月報』, 7卷 3期.

가 두 곳의 조계를 방치할 것이라고는 생각하지도 못하였고, 더욱이 영국정부가 중국 인민의 압력에 굴복하여 상해에 병력을 증파하지 않는다는 것은 그들에게는 두려움 그 자체였으며, 이로써 상해에서도 한구(漢口)사건과 같은 일이 벌어질 것이라고 예견하였다. 『자림서보』(字林西報)는 연일 사론(社論)을 발표하며 급박한 상황을 말하기를, "상해의 각 영국 단체와 기업은 당연히 국내 상황에 영향을 받고 있으므로, 그들이 가장 믿을 수 있는 전보로 이러한 두렵고 치명적인 가능성에 대해 반대한다."고 강조하였다. 아울러 "외국정부는 장쭤린 대원수[張作霖大帥]를 도와 일을 벌인다는 것에 대한 답변을 즉각적으로 할 수 없고, 최소한 장(張)의 적들에게 위안을 주지는 말아야 한다."[7]고 언급하였다. 그러나 상해 자산계급은 천유런 발표를 듣고 중국 조계문제에 대해 영국의 태도에 근본적인 변화가 있다고 단정하게 되었다. 납세화인회(納稅華人會)는 중국인 이사[華董]의 선거를 중지하기로 결정하고, 별도로 왕정팅(王正廷), 위차칭(虞洽卿) 등 9인을 추천하여 임시위원회를 조직하고, 공부국과 대등한 지위로 조계의 처리되지 않은 문제의 시정(市政) 방법을 협상하였다. 공부국은 수치와 분노로 이 위원회와 교섭을 중단시켰다. 오래지 않아, 『은행주보』(銀行週報)는 또 연일 서명된 문장을 발표하며, 공개적으로 조계 회수에 대한 의식을 고취시켰고, 외국은행을 폐쇄시키도록 주장하며 말하기를, "경제관계상 언급하기를 우리나라는 발전적인 무역국으로 상해가 오래 단절될 수도 없고, 거짓으로 돌려받아도 안 된다."[8]고 강조하였다.

전국의 혁명 상황이 신속하게 발전하였던 관계로 개량주의의 중국인 참정운동[華人參政運動]은 중지되었다. 이것은 더욱 큰 혁명의 폭풍이 상해에서 형성되고 있다는 것을 예시하는 것이다.

---

7) 『字林西報』, 1927년 2월 9일, 10일.
8) 子明, 「時局嚴重中之上海經濟的地位」, 『銀行週報』, 11卷 13號.

제3절 노동자 무장 봉기[武裝起義]의 승리

1927년 2월, 북벌군이 절강(浙江)을 공격하여 쑨촨팡(孫傳芳) 군대를 격파하고, 17일에는 항주(杭州)를 점령하였다. 쑨촨팡은 강북으로 밀려났고, 상해는 장쭝창(張宗昌) 부대의 직노군(直魯軍)이 주둔하여 지키고 있었다. 중공 중앙은 이 두 군벌이 부대를 이동하는 틈을 타서 무장봉기를 거행할 것을 결정하였다. 이전의 봉기에서 군중을 동원하지 못하였다는 교훈을 거울삼아, 공산당원은 시 전체의 총동맹파업[罷工]을 무장폭동의 책략으로 돌릴 것을 계획하였고, 약정된 총파업은 북벌군이 송강(松江)에 도달했을 때 시작한다는 것이었다.

2월 18일 밤, 상해 총공회(總公會)에서 대표대회를 열고 있을 때, 북벌군이 이미 가흥(嘉興)을 점령했다는 보고가 들어왔다. 대표들은 다음날 상해에 도착할 것으로 생각하고, 다음날 총파업을 개시하도록 일치된 결의를 하였다. 자오스옌(趙世炎)은 이 결정에 동의하였으나 시간이 없어 중앙에 보고하지 못하였는데도 파업 명령은 이미 노동자 대표들을 통해 이미 아래 부서로 전달되어 내려갔다. 다음날, 이전에 없던 규모의 총동맹파업이 시작되었다. 22일에 이르러서는 파업 인원의 수가 이미 36만 명에 달하였다. 상해 전체는 마비 상태가 되었고, 전차(電車)는 운행하지 않았고, 윤선(輪船) 역시 정지되었다. 우체국은 문을 닫았고, 공장은 작업을 하지 않았으며, 평일에도 번화하였던 남경로(南京路)는 썰렁하였다. 오직 일부 순포(巡捕)만이 찬바람을 헤치고 돌아다녔다. 총공회에서 총파업 선언을 발표하였는데, 이 발표문 안에는 상해시 전체 인민의 17개 요구조건이 들어있었다. 노동자와 학생들은 산발적으로 거리에서 전단을 뿌렸고, 강연집회도 열었다.

이날 밤, 외국 식민자들은 한구(漢口) 사건이 상해에서 다시 일어나는 것이 아닌가하여 바로 소란스러워졌다. 공부국 총동 페센든은, "광동군대가 한구(漢口)에서 성공을 거두었고, 아주 큰 정도로 노동자규찰대 제도로 힘을 얻었다. 만약 규찰대에 대한 성공적인 진압을 계속한다면, 1차 동맹파업 역시 곧 분쇄될 것이다."라며 진압의 의지를 드러내었다. 이사들은 페센든의 견해에 일치된 동의를 보이며, "공부국에서 연약한 정책으로 조계를 유지하는 것은 좋은 질서를 잡는데 극히 유해하다"[1]고 단정하고, 경무처장(警務處長)에게 권한을 주도록 결정하고, 현재의 규찰대(糾察隊) 혹은 위협하는 모든 사람을 즉각 체포하여 중국군사당국(中國軍事當局)에 이송하도록 하였다. 『자림서보』(字林西報) 역시 군벌정부가 계속적으로 진압을 강화하기를 바랬으나, 군벌이 노동자의 영수(領袖)인 리리싼(李立三)을 체포하여 살해한 것은 비난하였다.[2]

사실 군벌정부는 혁명진압을 독촉하지는 않았다. 동맹 파업을 시작한 첫 날, 상해방수사령(上海防守司令) 리바오장(李寶章)은 선언을 통해 파업은 군법을 파괴하므로 폭도를 처벌하는 방법으로 처리하며, 처벌하는 방법은 사살하는 것이다. 등 뒤에 큰 칼을 차고, 손에는 명령의 패(牌)를 들고 있는 이 대도대(大刀隊) 10여 명으로 하여금 도로에서 북을 치면서 전단을 살포하고 시위 연설을 하며 심지어는 전단을 읽는 자 등은 모두 참수한다고 선포하였다. 한 극장 입구에서 일부 군중이 극(劇)의 설명서를 읽고 있는데 대도대(大刀隊)가 시위 전단을 읽고 있는 것으로 오인하여, 그 자리에서 10여 명을 죽이거나 상해를 입혔다. 포동(浦東)의 소매상이 "빵 사시오"(賣大餅)라고 외치는 소리를 적병

---

1) Council for the Foreign Community of Shanghai Minutes Book, No.36.
2) 『字林西報』, 1927년 2월 22일.

들이 "패잔병을 치자!"(打敗兵)이라고 하는 소리로 듣고 칼로 마구 찔러 죽였다. 반동 군대는 이러한 기회를 틈타 시민들을 협박하고 재물을 강탈하였는데, 시민들이 조금이라도 반항을 하면 체포 구금하거나 사살하였다. 이러한 어지러운 일이 후에 조사되었는데, 12일 동안 시(市) 전체에서 체포된 노동자와 학생은 백 명 이상이었고, 사망하거나 조난된 사람도 31명이나 되었다.

노동자들은 적색테러[紅色恐怖]를 이용하여 백색테러[白色恐怖]에 대응하기로 하였다. 2월 21일 이후, 무장한 노동자규찰대는 군경과 지엽적인 충돌을 벌이게 되었다. 22일, 양수포(楊樹浦)에서 개최된 만 여 명의 노동자집회에서 노동자들이 아주 적대시하는 노동자 계층의 배반자가 회의장으로 몰래 침투하여 정탐을 하고 있다가 군중들에 의해 붙잡혔다. 그는 전체의 결정으로 사형에 처해졌다. 군중은 이미 무장투쟁의 일정을 잡아놓은 상태로써 중공중앙은 북벌군이 상해로 진격하는 것이 중지되었다는 것을 이미 알고는 총파업을 폭동으로 돌리는 결정을 하였다. 22일 새벽, 노동자, 학생, 상인과 국공(國共) 양당의 대표들이 참가한 상해시민 임시 혁명위원회(上海市民臨時革命委員會)의 성립이 선포되었고, 뉴융젠이 주석에 추대되었다. 뉴융젠 등의 국민당원은 수중에 무장역량이 없어, 공산당과 봉기의 주도권 경쟁을 할 수 없었으므로, 공산당이 스스로 봉기 문제를 결정하였다는 구실로 합작을 거절하였다.3) 어쨌든, 공산당원은 완전히 자체적인 역량으로 제2차 노동자 무장봉기를 일으켰다.

당시 황포강(黃浦江)에 정박해 있던 "건강"(建康)호와 "건위"(建威)호등 7척의 군함에는 이미 공산당원이 중요 직무를 맡고 있었다. 22일 오후 6시, "건위", "건강" 두 척은 봉기를 선포하고, 무기 공장, 차량기

---

3) 다음날 뉴융젠은 신문에 자기와 이번 폭동과는 무관하다고 성명을 발표해서, 上海市民臨時革命委員會는 점차 소멸되었다.

지와 방수사령부를 포격하였다. 병공창에서는 먼저 항복의 표시로 백기를 게양하였고, 쑨촨팡의 군용차량은 이미 피격되었으며, 송호 상부독판공서(淞滬商埠督辦公署)는 놀라 즉각 사무를 중단시켰다. 이러한 상황에서 몇 발의 포탄이 프랑스 조계에 떨어진 이유로 프랑스 군함이 출현하여 간섭하자 포격은 중지되었다. 군함의 발포 후, 남시(南市)의 봉기자들은 즉각 전투에 투입되었고, 남시를 거의 점령하였으나, 군경이 조계로 도망하는 길목을 차단해 무기를 회수한다는 계획은 실현시키지 못하였다. 양수포와 남시의 상황은 비슷하였다. 포동규찰대는 배에 올라 무기를 빼앗는 것을 실행할 수 없었다. 갑북규찰대(閘北糾察隊)는 함포(艦砲) 소리를 듣지 못해 행동을 못하였다. 어두워졌을 때, 쑨군[孫軍]은 새롭게 집결하여, 노동자규찰대에 반격을 가했다. 적이 많고, 규찰대 인원이 적었던 관계로 남시의 노동자규찰대[工人糾察隊]는 스스로 해산을 결정하였다. 왜냐하면 경험 부족으로 상해 노동자(上海勞動者) 제2차 봉기 역시 실패하였고, 10여 명이 죽거나 조난당하였으며, 300여 명이 체포되었다.

23일 새벽, 중공중앙, 중공상해구위(中共上海區委)는 연석회의를 거행하고, 다음날 다시 접전(接戰)할 것을 결정하였다. 천두슈(陳獨秀), 뤄이눙(羅亦農), 자오스옌(趙世炎), 왕서우화(汪壽華), 인콴(尹寬), 펑수즈(彭述之), 저우언라이(周恩來), 왕야장(王亞璋) 등 8인이 참가한 특위회(特委會)를 설립하고, 그 아래는 저우언라이(周恩來)를 주축으로 한 특별군위(特別軍委)와 인콴(尹寬)을 주축으로 한 선위(宣委)를 두어 통일적인 지도아래 제3차 폭동을 준비시켰다. 24일, 총공회(總工會)에서는 노동복귀[復工] 명령을 내리고, 노동자들에게 "양식과 정예 사람들을 모아, 더욱 큰 투쟁을 준비할 것"(養精蓄銳, 準備更大奮鬪)[4]을 호소하였다.

저우언라이가 주축이 되었던 군위(軍委)는 제3차 노동자봉기를 위

---

4) 趙世炎의 『上海總同盟罷工的記錄』은 『嚮導』 第189期에 게재됨.

해 많은 준비 업무를 담당하였다. 군위(軍委)는 두 번 실패의 교훈을 받아들여, 군사계획을 아주 주도면밀하게 준비시켰다. 그 특징은 첫째, 총파업[總罷工]을 봉기로 전환시켜 시간을 단축시킨다. 둘째, 각구(各區)간의 동시 행동을 규정하고, 경찰무기를 탈취하여 시 전체의 교통을 단절시킨다. 셋째, 철도노동자[鐵路工人]가 파업을 일으켜 호녕철로(滬寧鐵路)를 마비시키고, 이로써 적군이 병력을 파병할 수 없게 한다. 넷째, 각 구(區)는 모두 상세한 작전계획을 작성하고, 경찰서를 공격할 때는 얼마의 인원이 필요하고, 필요한 총은 몇 자루이며, 어떠한 전술로 행동할 것인가를 명확히 규정하여야 한다. 다섯째, 각급 참모부를 조직하고, 각 참모부에는 정탐부대와 교통부대를 두고, 총참모부의 책임자는 쉬메이쿤(徐梅坤), 자오스옌(趙世炎)과 구순장(顧順章)이 맡는다. 군위의 책임자인 저우언라이는 포동(浦東), 남시(南市), 소사도(小沙渡), 양수포(楊樹浦), 상무인서관(商務印書館) 등지로 가서 친히 규찰대의 군사훈련을 지도하였고, 아울러 노동자와 공산당원을 남시(南市), 갑북(閘北)의 보위단(保衛團)에 투입시켜 이들로써 이러한 자산계급의 무장대를 제압하게 하였다. 이외에 군위(軍委)는 국민당 방면에서 돈을 빌려 100자루의 권총을 구입하는 방법을 세웠다.

각 계층의 인민을 광범위하게 단결시키기 위해, 중국공산당은 시민대표회의(市民代表會議)를 소집할 것을 결정하였고, 선거를 통해 새로운 시정부 출범을 계획하였다. 그러나 국민당의 뉴융젠(鈕永建) 등은 이러한 주장을 결사반대하였다. 그들은 국민당 당의에 비추어 보면, 현재는 군정시기로 민선정부는 불가능하고 동시에 노동자들이 다시 폭동을 일으키는 것도 반대한다는 것이었다. 그들은 공산당의 영향 하에서 신속히 확대되는 노동운동의 발전에 불안감을 감추지 못하였으며, 국민당 우파의 손을 빌어 이들을 진압하기를 희망하였다. 그러나 이러한 반혁명적인 진면목은 이전에 교역소 관리인이었으며 북벌군

총사령인 장제스를 그들의 유일한 희망으로 보았다는 것이다. 일찍이 1926년 9월, 『만국주보』(萬國週報)에서 향후 나아갈 길을 묻자, 장제스는 그들이 장래에 "공산 러시아를 모방하느냐 하지 않느냐의 경제정책에 따라 광동의 노동정책을 장강유역까지 끌고 가느냐 안 가느냐에 달려 있다"고 하였다. 1927년 2월, 상해자산계급 위차칭(虞洽卿)과 첸신즈(錢新之)가 남창(南昌)에서 장(蔣)을 만나, 차관을 제공하는 조건으로 향후 상해에서는 반공정책을 실행할 것을 요구하였다. 그러나 당시 노동 운동 세력이 아주 커서 일반 자본가는 공개적으로 반공을 표시하지 못하였나, 제국주의의 앞잡이였던 두웨성(杜月笙)이 공산당과 관계를 맺으려고 구상하고 있었다. 두(杜)는 몇 차례 총공회의 위원장인 왕서우화(汪壽華)를 만나 병력을 파견해 왕을 보호해주겠다고 하며 말하기를, "현재 당신의 어려움을 내가 도와주겠으니, 이후에는 당신들이 나를 도와주시오"라고 하였다. 또 공산당을 위해 자금을 조달해 줄 것도 약속하였다. 심지어 프랑스 조계 총순(總巡) 역시 왕서우화와 연락을 취하였는데, 이것은 프랑스조계의 치안이 총공회와 협의에 의해 이루어지고 있었으므로, 이것은 조계 내에서 활동하는 중국 스파이를 체포하려하였던 이유에서였다.

그러나 인민군중과 중소상인 모두는 중공이 주장하는 민선시정부(民選市政府)를 보편적으로 찬성하였다. 공산당원의 노력 아래, 상해 제1차 임시시민대표회의가 3월 12일 개최되었다. 이 회의에 참석한 대표는 200여 명으로 그중의 반은 노동자이고, 4분의 1은 상인이었으며 나머지는 학생 및 기타 직업단체의 대표였다. 회의에서는 모든 탐관오리(貪官汚吏), 토호와 악질 지주 그리고 노동자 계층을 배반한 배신자들과 서양인의 억압과 착취로부터 민권을 탈취할 것을 선언하고, 결의안을 통과시켰다. 선거를 통해 집행위원 30명을 뽑았는데, 이것은 공(工), 상(商), 학(學), 국민당, 공산당, 청년당 및 기타 방면의 대표를 모두 포괄하고 있었다. 중공상해구위(中共上海區委)는 당내(黨內)의 통지를 통해 상해임시시민대표회의는 "상해시민이 민주정권을 쟁취하려는 구체적이고도 적극적인 표현이며, 이 조직은 상해시정부의 미래를 향한 첫걸음"5)이라고 하였다.

중국공산당이 적극적으로 제3차 노동자 봉기[工人起義]를 준비하고 있으면서, 북벌군과 함께 작전을 준비하고 있을 때, 장제스를 수장으로 하는 국민당 신우파(新右派)는 오히려 상해에서 반공 쿠데타 거행 계획에 대한 음모를 진행시켰다. 3월 3일, 장제스는 비밀전보를 통해 북벌군의 동로군(東路軍) 총지휘자인 허잉친(何應欽)에게 지시하기를, "모당(某黨)에서 상해혁명정부의 조직을 갖추고 있다고 들었다. 무릇 이러한 기관은 반듯이 폐쇄되어야 한다."6)라며 강조하였고, 동시에 상해에 칩거 중인 우즈후이(吳稚暉) 역시 인정하기를 "당을 척결하지 않으면, 당을 구할 수 없다"고 말하고 음모를 시작하였다. 그들은 서산회의파(西山會議派)와 연합하여 공동으로 공산당을 토벌하려 들었다. 그러나 서산회의파는 "반공선각"(反共先覺)이라고 스스로 생각하고 있었기 때문에, 먼저 신우파(新右派)가 그들에 대한 공개적인 공격을 중지하라고 요구하였다. 그러나 장제스는 자신의 진면목을 드러내지 않았으며, 그들에게 자기의 독재 권력을 나누어 주기를 원하지도 않았다. 이로써 신구우파(新舊右派)의 연합은 잠시 동안도 성공적으로 연합할 수 없었다.

이때 북양군벌은 북벌군의 계속적인 공격으로 이미 와해되고 붕괴될 조짐이 나타나고 있었다. 3월초, 쑨촨팡(孫傳芳)이 부대를 이끌고 강북(江北)으로 후퇴하자, 송호상부독판(淞滬商埠督辦)의 직책을 우광신(吳光新)으로 하여금 계승하게 하였다. 직로군(直魯軍)의 비수청(畢庶澄), 창즈잉(常之英)의 부대 2, 3만 명은 계속해서 강남으로 그 세력

---

5) 『中共上海區委通告』, 第9號.
6) 『中共上海區委通告』, 第9號.

을 확대시켰다. 상해로 들어온 직로군(直魯軍)은 3,000여 명이었고, 그 외의 2,000명은 경찰이었다. 이러한 부대와 200자루의 소총을 지니고 있던 노동자규찰대와 비교해 보면 반혁명세력의 역량이 절대적인 우세를 차지하고 있었다. 그래서 중공중앙에서는 북벌군이 상해부근의 송강(松江)과 진여(眞如)를 점령할 때, 제3차 봉기를 일으킬 것을 결정하였다. 그러나 북벌군(北伐軍)의 동로군(東路軍) 총 지휘자인 바이충시(白崇禧)가 시종 상해 공격의 정확한 시간을 제공해 주지 않았다.

3월 중순, 군위(軍委)는 북벌군의 한 군관이 상해에 있는 자기의 처에게 보낸 편지에서 그 시간을 알게 되었다. 북벌군은 3월 20일~22일에 상해에 도착한다는 것이었다. 3월 16일, 총공회는 전단을 뿌려 이러한 상황을 노동자들에게 알렸다. 전단의 내용은 "본회에서는 이미 재차 총파업을 결정하였다. 그 목적은 첫째는 생활조건의 개선이고, 둘째는 상해자치정부의 주장의 실현이며, 셋째는 노동자 해방과 당군(黨軍) 환영이다."[7]이었다. 19일 오후 2시 반, 중공상해구위서기(中共上海區委書記) 뤄이눙(羅亦農)은 구위(區委) 각 부위(部委)의 각산총연석회의(各産總聯席會議)에 노동자 제3차 무장봉기의 예비동원령을 하달하였다. 21일 새벽, 중공중앙이 이 소식을 접하였고, 호항로(滬杭路)상의 적군은 이미 용화(龍華)방면으로 퇴각하였으며 따라서 당일 오후 12시에 시 전체의 파업을 명령하였고, 오후 1시에 봉기를 일으키도록 명령을 내렸다. 총파업 전에 총공회에서는 공공조계의 포방(捕房)에 1통의 성명을 보내 선포하기를, "쑨촨팡(孫傳芳)과 봉로군(奉魯軍) 등 본국(本國) 군벌(軍閥)의 상해 잔여세력을 소멸하는 견지에서 행동하는 것이므로, 질서적인 행동으로 잔여세력은 제압하겠다."고 전했고, 조계당국에 경고하기를 "주의 깊게 보고 간섭하지 말며, 오해로 인해 의외의 분규를 일으키지 말라"고 당부하였다. 11시 30분 공부국에서

---

7) 『字林西報』, 1927년 3월 17일.

는 계엄을 선포하였고, 공공조계의 주위에 철조망을 치고, 입구를 완
전히 폐쇄하였다.

21일 오후 12시, 시 전체의 모든 공장기업은 정지되고, 교통도 완전
히 마비되었다. 20여 만 명의 노동자 총동맹파업은 성공을 거두었다.
1시간 후, 총성과 함성이 폭발하였고, 노동자규찰대는 동시에 각 예정
된 목표를 향해 돌진하였다. 평시에 아주 흉폭하고 악랄하였던 경찰도
도망을 가거나 투항하였고, 많은 인원은 몇 분 만에 무장해제를 당하
였다. 2시가 되어서, 노동자규찰대가 수거한 총기는 1,000정이 넘었다.
5시를 전후해서는 갑북(閘北)을 제외한 각 지구의 전투는 이미 끝났
다. 갑북(閘北)의 직로군(直魯軍)은 북쪽의 기차역, 동방도서관(東方圖
書館)과 천통암(天通庵) 정류장 등 3곳에서 완강하게 저항하고 있었다.
저우언라이는 북(北)기차역 부근의 경찰분서에서 전투를 지휘하였다.
다음날 낮, 천통암(天通庵) 정류장의 적군 300여 명이 투항하였고, 나
머지는 흩어져 도주하였다. 오후 4시 반, 동방도서관(東方圖書館)의 적
군은 평상복으로 갈아입고 포위망을 뚫고 나가고자 하였으나, 노동자
들에 의해 모두 포로가 되었다. 이때 적군 지휘관 비수청(畢庶澄)이 북
벌군에 투항하지 않고, 모두 조계지역으로 도피하자, 그들의 부하는
전투의 의지를 상실하였다. 5시 전후로 호서(滬西), 호동(滬東) 및 갑
북(閘北)의 노동자규찰대는 모두 북(北)기차역에 집결하였고, 1시간여
동안의 맹공을 퍼부어 마침내 최후의 거점을 점령하였다.

22일 오전, 북벌군의 선봉대는 이미 용화(龍華)에 도착하였고, 총공
회는 교제처장(交際處長)을 파견하여 위문하였고, 북벌군이 제때에 들
어오기를 희망하였다. 그러나 바이충시(白崇禧)는 고의적으로 병사들
을 이동시키지 않았다. 이 부(部)의 제1사(第一師) 사장(師長)인 쉐웨
(薛岳)가 이끄는 부대가 오후 7시 북 기차역에 도착할 때를 기다렸다
가, 이곳이 노동자규찰대에 의해 해방되자, 제1사는 매근로(麦根路) 인

대에 남아있던 잔류병만을 처리하였다.

용맹한 상해의 노동자계급은 중국공산당의 지도아래, 30여 시간의 혈전에서, 오직 200여 정의 구식 총으로, 200여 명이 사망하고, 1,000여 명이 부상을 입는 대가를 치르면서, 적의 군경(軍警) 5,000여 명을 섬멸시키고 승리하였고, 4,000여 자루의 총을 수거하였는데, 이러한 전적(戰績)은 상해혁명사상 아주 휘황찬란한 공적이었다.

22일, 상해임시시민대표회에서는 제2차 회의를 거행하여, 바이충시(白崇禧), 뉴융젠(鈕永建), 양싱포(楊杏佛), 왕샤오라이(王曉籟), 위차칭(虞洽卿), 루원샤오(陸文韶), 허뤄(何洛), 왕서우화(汪壽華), 린쥔(林鈞), 허우샤오추(侯紹裘), 셰푸성(謝福生), 천광푸(陳光甫), 뤄이눙(羅亦農), 왕한량(王漢良), 구셰장(顧順章), 리전잉(李震瀛), 정위슈(鄭毓秀), 왕징윈(王景雲), 띵샤오셴(丁曉先) 등 19인을 상해임시시정부위원으로 선출하였고, 상해현공서(上海縣公署)를 임시시정부(臨時市政府)라고 명칭을 바꾸었다. 23일, 임시시정부는 제1차 회의를 거행하여, 총공회에서 제출한 22개 요구를 승인하였고, 시 전체의 노동자에게 작업에 복귀하도록 명령하였다. 다음날, 장제스는 상해현(上海縣) 현장(縣長)에 샤오수화(邵樹華)를, 송호경찰청청장(淞滬警察廳廳長)에 우중신(吳忠信)을 앉혔다.

26일, 장제스는 군함으로 상해에 도착하였다. 장은 부두에서 제국주의자들이 보낸 자동차를 타고 용화교섭사서(龍華交涉使署)로 갔는데, 공부국(工部局)과 공동국(工董局)에서는 그가 대동하는 10명의 수행원에게 조계의 특별통행증을 발급해 주었다. 제국주의자들이 이렇게 장제스를 대우하는 것은 그들은 반혁명적의 감각을 갖고 있으므로 그들의 몸에서 반공의 냄새가 나고 있다는 것을 알고 있었으므로, 장제스와 공산당의 분열은 이 시간부터 문제가 되었다. 승리와 기쁨중의 상해인민은 이전에 없던 야만적이고 대학살의 시대가 오고 있다는 것을 생각지도 못하였다.

제4절 4·12반혁명 쿠데타[四一二反革命政變]

상해 노동자 제3차 무장봉기 승리 후, 상해 시 전체는 마치 축제분위기였다. 도로에는 옅은 남색 복장을 하고 어깨에는 빨간색과 청색 두 색의 띠를 두른 노동자규찰대[工人糾察隊]를 어디에서나 볼 수 있었다. 호주회관(湖州會館) 총공회를 왕래하는 무리들이 끊이지 않았고, 노자(勞資)간의 충돌이 계속되었으며, 이러한 분규가 가정에도 분란을 일으켰고, 모두들 총공회 혹은 노동자규찰대를 찾아 해결을 요청하였다. 시민과 북벌군 관병은 불시에 환영대회를 거행하여 폭죽을 터뜨리는 등 행사를 치렀다. 노동조합 조직은 신속하게 발전하였다. 3월 말, 시 전체에 등기되어 있는 노동조합은 이미 500여 개였고, 회원은 약 80만 명에 달하였다.

이때, 상해자산계급은 노동운동의 전례 없는 발전에 위협을 받고 있었고, 혁명을 배반할 결심을 하게 되었다. 3월 22일 현상회(縣商會), 갑북상회(閘北商會), 은행협동조합[銀行公會], 전업동업조합[錢業公會], 화상사창연합회(華商紗廠聯合會) 및 면분동업조합[面分公會] 등 주요 상업단체연합(商業團體聯合)은 상해상업연합회(上海商業聯合會)를 조직하고, 위차칭(虞洽卿), 왕이팅(王一亭), 우원자이(吳蘊齋)를 주석으로 추대하였다. 이 회(會)가 설립되자 위차칭은 용화(龍華)에서 바이충시(白崇禧)를 만났다. 공부국에서 수집한 정보에 의하면, 바이(白)는 당시에 "세력을 이용하여 무법상태를 제제하려는 조치를 취하려고 하였다"[1]라고 전하고 있다. 23일, 총상회, 현상회 등 단체는 연석회의를 거행하여, 룽쭝징(榮宗敬)이 적극적으로 바이충시에게 통일적인 명령을 내려 노동운동의 근본적인 해결을 요구하였다. 영안사창(永安紗廠) 자본가 역시 같은 목소리로 먼저 노동자 수중에 있는 무기를 회수하고 그들을 작업장에 복귀시켜야 한다고 강조하였다. 회의에서는 삼상회연 명(三商會聯名)으로 바이충시에게 지방치안 유지와 이로써 민심을 수습하도록 요구할 것을 결정하였다. 26일, 위차칭은 용화에서 장제스를 만나, 장제스와 강소 및 상해재정위원회 조직에 대한 것과 군비 지원 문제에 대한 토론을 벌였다. 28일, 상해상업연합회 대표인 우원자이 등도 장제스를 접견하고, 상계(商界)와 장제스의 철저한 합작을 표시하고, 상업(商業)보호에 대한 방법 결정을 요구하였다. 쟝은 대답하기를, "노자(勞資)문제는 남창(南昌)에 있을 때, 이미 그 방법을 갖고 있다. …상해 방면에서는 무한(武漢)의 태도를 사용할 수 없다"2)고 말하였다. 장제스의 이러한 보증을 받은 후, 자산계급은 아주 흥분하기 시작하였다. 3월 30일의 『시보』(時報)에서는 앞으로 노동운동은 종말을 볼 것으로 예상하였고, 상해자산계급은 즉각 500만 원(萬元)을 장제스에게 전해주었다. 다음날, 장제스는 상해은행사장[上海銀行總經理] 천광푸(陳光甫)를 강소겸상해재정위원회(江蘇兼上海財政委員會)의 주임(主任)으로 임명하였고, 천(陳)은 즉각 은전업(銀錢業)으로부터 300만 원을 빌어, 장제스의 경비를 지원하였다.

1926년 말 소위 중국에 대한 새로운 정책이라는 것을 시행하기 시작하고, 중국 혁명진영을 적극적으로 분열시키고자 제국주의는 장제스를 협박과 유혹으로 회유시켰다. 3월 하순, 영국, 일본, 미국과 프랑스의 상해주둔군은 이미 23,000명을 넘어섰고, 만국상단과 순포, 총병력은 30,000명에 달하였으며, 이외에도 일부 원병(援兵)들이 중국으로 들어오고 있는 중이었다. 제국주의자들은 "장제스 장군과 한구(漢口)

---

1) Shanghai Municipal Council Police Daily Report, Mar.23, 1927.
2) 『1927年的上海商業聯合會』, 上海人民出版社 1983年版, p.48.

공산당간의 틈은 아주 상당히 벌어져 있는 상태이다."3)라고 알고 있었다. 그들은 3월 24일 포격을 가함으로써 남경사건을 일으켰고, 장제스를 압박하여 투항을 기도하였다. 상해 조계의 지배인들이 떠들어대기를, "이때 강경한 행동방법을 취하는 것이 최선책이며, 아울러 자유라는 거짓 이름으로 불법행위를 일으켜야 하므로, 피를 흘리는 것도 아깝지 않다."4)라며 자신들의 주장을 폈다. 3월 26일, 상해주재 일본 영사 야다 시치로(矢田七太郎)는 장제스가 파견한 대표 황푸(黃郛)를 만나 장제스에게 열강이 남경사건에서 제기한 조건을 받아들이도록 권고케 하였으며, 만약 "장제스가 사회질서를 유지시키지 않고 폭동을 진압하지 않는다면, 그와 북벌군의 미래는 보장할 수 없다"고 협박하였다.5)

사실상 장제스는 이미 부서(部署)에서 반혁명 쿠데타(反革命政變)를 시행하였던 것이다. 그는 먼저 제국주의와의 관계를 유지시켰다. 3월 26일, 바이충시(白崇禧)는 대표 영사에게 공개적으로 "질서를 유지시키고, 민중들의 안녕을 바란다."는 성명을 밝혔다. 그 후, 장제스는 각 영사들과 접촉하고, 자신 뿐 만 아니고 위차칭(虞洽卿), 황푸(黃郛), 다이지타오(戴季陶), 우즈후이(吳稚暉), 리스쩡(李石曾) 등에게 영국, 미국, 일본, 프랑스의 영사들과 연락을 취할 수 있도록 조치를 취하였다. 4월 1일, 일본 총영사인 야다(矢田)는 황푸(黃郛)에게 일본외상(日本外相)의 최신 훈령을 전달하였는데, 그 내용은 장제스를 협박하여 혁명을 진압하는 것이었다. 황푸는 즉시 장제스는 신속하게 남경사건을 해결하고, 상해 노동자 무장을 해제하는 것을 급선무로 처리할 것이라고 하고 그에 대한 자세한 행동 및 시기는 신중하게 고려하겠다고 대답하였다. 다음날, 황은 야다(矢田)에게 장제스가 일본정부에 보내는 답변

---

3) 『字林西報』, 1927년 3월 22일.
4) 伊羅生, 『中國革命的悲劇』, p.217.
5) 沈予, 「四一二反革命政變與帝國主義關係再探討」, 『歷史研究』, 1984年 第4期.

을 전달하였는데, "장제스는 이미 국민정부 내부를 정돈할 것을 결심하였고, 장령(將領)들을 소집하여 자세한 검토가 진행 중에 있다. 준비가 완료되면 즉각 행동에 옮기겠다고 하며, 그 시간은 4, 5일 이내"라고 말하였다. 황은 야다(矢田)에게 밝히기를 장제스의 계획은 상해의 중앙집감위(中央執監委)에서 중앙 당부를 탈취하고, 공산당을 배제하는 것으로 이러한 계획을 실행 전에 먼저 노동자 무장[工人武裝]을 해제해야 하는 것이 선결 문제라고 말하였다.[6]

이와 동시에 장제스는 리쭝런(李宗仁), 리지선(李濟深), 황샤오훙(黃紹竑), 다이지타오(戴季陶), 장징장(張靜江), 리스쩡(李石曾), 차이위안페이(蔡元培), 간나이광(甘乃光), 구잉펀(古應芬), 덩저루(鄧澤如), 천궈푸(陳果夫) 등을 상해로 소집하고, 4월 1일부터 용화(龍華)에 있던 바이충시의 사령부에서 연속으로 비밀회의를 거행하면서 반혁명 쿠데타의 실시에 대한 토론을 벌었다. 4월 3일을 기해 귀국한지 얼마 안 되는 국민정부 주석인 왕징웨이(汪精衛) 역시 이 회의에 참여하였다. 왕은 반공(反共)에 대해 반대하지 않았고, 오직 중앙전체회의에서 이 안건을 토론하자고 요구하였는데, 그것은 장제스가 권력을 지나치게 팽창시켜 자신의 지위를 위협하는 것을 면하게 하려는 것이었다. 회의에서는 다음과 같은 내용이 결정되었다. 첫째, 4월 15일 중앙전체 집행, 감독위원 연석회의를 개최하여 "당내 분규"(黨內紛糾)를 해결하고, 왕징웨이는 천두슈에게 통지하여, 개회 전에 각지 공산당원의 활동을 정지케 한다. 둘째, 중앙당부 및 무한(武漢)정부의 명령은 모두 무효이다. 셋째, 각 군대, 당부(黨部), 민중단체와 기관의 최고 장관들은 "그 내부의 음모자"를 제재한다. 넷째, 노동자규찰대 등 무장단체는 총사령부의 지휘를 받아야 하며, 그렇지 않을 경우에는 그 존재를 허락하지 않는다. 그러나 왕징웨이는 4월 5일 천두슈와 함께 발표한 연합선언 중에서 오히

---

6) 沈予, 「四一二反革命政變與帝國主義關係再探討」, 『歷史研究』, 1984年 第4期.

려 "국민당 최고 당부 전체회의 의결은 전 세계에 우당(友黨)을 구축하
는 일도 없고, 노동조합을 억압하는 일도 없다"라고 발표하면서, 장제
스가 노동자계급의 사상무장을 해체시키려는 데 도움을 주었다.7) 그러
나 리쭝런, 우즈후이 등은 오히려 이러한 선언이 그들 스스로가 반공의
손과 발을 묶는 것으로 생각하고 왕에 대한 공격을 시작하였고, 아울러
즉각적으로 무력을 사용하여 노동자들의 무장을 해제시켜야 한다고 결
정하였다. 왕징웨이는 상해를 떠나 무한으로 갔다. 회의 후, 장제스는
우즈후이와 천궈푸 등에게 소위 중앙감찰위원회에서 공산당의 모반자
들을 검거하도록 의견을 제시하였고, 중앙집행위원회에 "이러한 특수한
처리는 대단히 큰 재난에서 보호하기 위한 수단"이라는 자문(咨文)과
회의 기록을 만들어 내었다. 아울러 거짓 작성된 4월 2일 중앙감찰위원
회 회의 문건은 장제스의 반혁명쿠데타와 국민당 기율과 딱 맞아떨어진
다는 것을 나타내고 있다.8)

장제스가 반혁명 쿠데타를 일으킬 것을 결정하였을 때, 상해지구의
역량이 그에게 유리하지만은 않았다. 당시 상해 노동자규찰대는 이미
2,700명이었고, 상해에 들어온 북벌군은 갑북(閘北)의 제1사단이었다.
왜냐하면 이 사단은 진보적인 경향을 지니고 있었고, 혁명분위기에 빠
져 있었으며, 노동자들의 친목회에 참가하였다. 사단장[師長] 쉐웨(薛
岳)는 공산당원에게 노동조합[工會]의 신속한 무장봉기를 희망한다고
표시하였고, 아울러 주동적으로 일부 우파기관의 무장을 해제시켰다.9)

---

7) 당시의 공부국 『경무일보』(警務日報)에서는 "장제스가 정식으로 공산당의
   대항을 제거하기 위해 왕징웨이(汪精衛)를 이용하였고, 왕(汪)은 장제스(蔣
   介石)와 천두슈(陳獨秀)간의 조정을 성공적으로 이루어 내었다."고 말하고
   있다.
8) 黃紹竑, 「四一二政變前的秘密反共會議」, 『文史資料選輯』第45輯. 중앙감찰
   회의 기록을 담당하는 마쉬룬(馬叙倫) 역시 말하기를, 그는 4월 6일 혹은 7일
   오후 이 회의의 기록을 담당하게 되었다.
9) 근거에 의하면, 薛岳은 공산당에게 반혁명 음모죄로 장제스를 체포하고 감금

장제스는 제1사단이 불안하다는 것을 발견하고, 그 부대를 남시(南市)로 이동시켰고, 류치(劉峙)의 제2사단을 갑북(閘北)에 주둔케 하였다. 그러나 제2사단의 많은 중하급 군관 역시 진보적인 경향을 지니고 있었고, 상해 부근의 제21사단 사단장 역시 좌경색채가 강하였다. 각부대의 많은 중하급 군관은 장제스가 왜 반공을 하는 이유에 대하여 묻곤 하였다. 리쭝런의 추억에 근거하면, 당시 "장은 이 일을 설명하기 위해 하루종일 혀가 헐고 입술이 탔고, 욕을 하기도 하며, 위로하기도 하였으나, 나중에는 목소리가 나오지 않았고, 얼굴도 창백해졌다."라고 말하고 있다.[10]

장제스는 상해 인민과 혁명 역량을 업신여길 수 없다는 것을 잘 알고 있어서, 종종 사기적인 방법을 취하였고, 비밀리에 반혁명 역량의 음모를 결집하였다. 3월 28일, 총공회(總工會) 대표는 장제스에게 군대가 노동자규찰대의 무장을 해제시킨다는 소문에 대한 진상을 요구하자, 쟝은 얼굴색도 변하지 않고 "규찰대는 본래 무장을 하여야 하는 것이므로 무기를 반납할 필요가 없다. 일일이 무기와 장비에 대한 반납을 하지 않아도 되는 것을 보장한다."[11]고 대답하였다. 그러나 다음날 상해 임시 특별시정부에서 취임 전례(典禮)를 거행하여, 장제스, 바이충시가 잠시 사무를 보게 되자, 뉴융젠, 셰푸성, 정샤오수, 양싱포 등은 사직서를 제출하였고, 위차칭, 천광푸, 왕샤오라이 등도 역시 그들의 교사(敎唆) 아래 사직을 청구하였다. 후에 공산당원의 업무 분담에 있어서 왕샤오라이는 시정부위원회의 주석을 맡게 되었다. 왜냐하면 장제스의 고의적인 방해로 이 신생정권(新生政權)은 실제상 직무를 제대로 이행하지 못하였다. 동시에 장제스는 사람들을 남경(南京), 항주(杭州) 등에 파견하여 반혁명적인 진압활동을 진행시켰고, 남통(南

하는 것을 건의하였다고 한다. 『中國革命的悲劇』, p.246 참조.

10) 『李宗仁回憶錄』, 廣西文史資料委員會 1980年版, p.601.

11) 『申報』, 1927년 3월 29일.

通)과 양주(揚州)의 쑨촨팡(孫傳芳) 잔여 부대인 리바오장(李寶章) 사단과 바이바오산(白寶山) 사단을 꾀어 상해를 전략적으로 포위시켰다.

반혁명 별동대를 건립하기 위하여, 장제스는 상해의 암흑세력을 수중에 넣었다. 4월 1일, 그는 정부(正副) 강소수상경찰장(江蘇水上警察長)으로 장샤오린(張嘯林)과 두웨성(杜月笙)을 끌어 들여 자리에 앉혔다. 이후 둥푸카이(董福開), 장보치(張伯岐) 등 건달들이 상해공계연합회(上海工界聯合會)를 조직하여 총공회에 대항하였고, 장샤오린과 두웨성 등에게 지시하여 격락극로(格洛克路, 현재의 柳林路) 자양리(紫陽里) 7호에 공진회(共進會)[12]를 조직하게 하여, 이로써 이 청방(靑邦) 분자는 두(杜)와 장(張)의 앞잡이가 되었다. 두웨성은 프랑스조계에 거점을 확보하여 공부국 총동(總董) 페셴든(Fesseden)과 프랑스조계의 총순(總巡)과 비밀리에 접촉을 하고 있었고, 프랑스조계 당국에게 그는 최소한 5,000 자루의 소총과 대량의 탄약을 지급해 줄 것을 요청하였고, 쿠데타시에는 그의 부대가 공공조계를 통과할 수 있도록 허락을 해달라고 요구도 하였다. 공부국은 즉각 이러한 요구에 응답해 주었다.

4월 5일, 장제스는 시 전체에 계엄령을 선포하고,[13] 제1사단과 제2사단으로 나누어서 남경으로 이동하게 하였고, 군벌부대로 바로 개편한 저우펑치(周鳳岐)의 제26군으로 하여금 상해에 주둔케 하였다. 6일, 장제스는 군대를 파견하여 북벌군 총정치부 상해 주재 사무처[駐滬辦事處]를 폐쇄시키고, 각 신문사에는 무한(武漢)에서 온 소식을 게재하는 것을 금지시켰다. 동시에 더 나아가 진일보한 사기극을 벌였는데, 사람들을 총공회에 파견하여 "공동 투쟁"[共同奮鬪]라고 쓴 현수막을 전달하였다. 갑북(閘北)에 들어 온 제26군(第26軍) 역시 노동자들에

---

12) 1912년에 靑邦 인물은 상해에 共進會를 조직하였다. 이것에 대해서는 리우후이우(劉惠吾)편, 신의식 역,『上海近代史』서울 : 경인문화사, 2016년판, p. 553 참조.

13) 이전에 南市, 閘北, 滬西, 浦東에는 분별적으로 이미 戒嚴令을 선포하였다.

대하여 악의가 없었기 때문에, 비교적 느슨한 계엄 상태를 유지하고
있었다. 8일 장제스는 우즈후이(吳稚暉), 뉴융젠(鈕永建) 등 9명으로
조직된 상해임시정치위원회를 구성하고, 이 회에서 결정된 상해의 일
체의 군사, 정치, 재정문제의 권한을 넘겨받았고, 아울러 당무를 관할
하였으며, 정식으로 임시 시정부의 권력을 빼앗았다. 이후, 장제스는
전시 계엄조례를 발표하고, 바이충시(白崇禧), 저우펑치(周鳳岐)를 정
부사령(正副司令)으로 하는 송호계엄사령부(淞滬戒嚴司令部)를 조직하
였다.

　일체의 포석을 끝낸 후, 장제스는 9일 상해를 떠나 남경으로 갔으
며, 그의 심복인 특무처장 양후(楊虎)가 쿠데타 계획을 감독하게 되었
다. 제국주의는 장제스의 이러한 부서에 대하여 만족을 표시하였고,
자산계급은 장의 이러한 태도에 만의를 표시하였고, 오직 장이 쿠데타
전에 상해를 떠나는 것에 대해 불안을 나타내 떠나지 못하게 만류하였
다. 장은 그들에게 "상해의 치안은 바이(白)가 지휘하고, 저우 군장(周
軍長)이 책임을 맡고 있으므로 안심해도 된다."[14]라고 말하였다. 상업
연합회에서는 즉각 임시 긴급대회를 개최하여, 장의 이러한 중요 암시
를 전달하였다.

　당시 중국공산당은 장제스의 이러한 음모 활동에 대하여 잘 알고
있었다. 그래서 3월 25일, 중공총서기 천두슈는 1차 회의에서 현재 우
파의 진공에 대하여 저항을 준비하여야 하고, 만약 우파군대가 무장으
로 나올 경우, 우리들은 그들과 결투를 벌여야 한다고 지적하였다. 이
러한 결투의 의의는 직로군(直魯軍)과의 투쟁보다도 더욱 중요하다.
중공중앙군위의 책임자 저우언라이(周恩來) 역시 3월 30일 경고의 말
을 발표하여, "장제스가 우리들에게 대항하기 위한 준비를 갖추고 있
는데, 그의 진공 목표는 공산당, 노동조합, 노동자 무장과 국민당 좌파

---

14) 『1927年的上海商業聯合會』, p.52.

다"라고 지적하였다. 중국공산당이 제정한 책략은 표면상으로는 장제스와의 관계를 완화하는 것이고, 실제적으로는 암중에 무장역량을 발전시켜 쉐웨(薛岳)의 군대를 제압하고 방어전쟁을 준비하는 것이다. 저우언라이는 황포(黃埔)학생들을 부추켜 혁명교장이라는 것을 옹호하는 구호를 외쳐 장(蔣)에게 압력을 가하였고, 아울러 상해 주위의 부분 북벌군에 대하여 중립을 요구하는 방법을 제기하였다.

그러나 코민테른[共産國際]는 당시의 힘이 열세의 조건에 있었기 때문에 공개적인 투쟁은 삼가고, 무기를 은닉하는 것이 필요하다고 하였다. 중국공산당은 이러한 지시를 따르지 않았다. 4월 4일, 총공회집위회에서는 결의를 하여, 장제스에게 경고하고, 만약 그가 공인의 무장을 해제할 생각을 가지고 있다면 상해 공인이 다시 전체 파업에 돌입한다는 것이었다. 동시에 총공회에서는 규찰대 대원의 임의 체포 및 자유롭게 총을 소지하고 외출을 하는 것을 금지시켰고, 이로써 반동파에게 구실을 주는 것을 방지하고자 하였다. 4월 6일, 중공상해구위(中共上海區委) 서기(書記) 뤄이눙(羅亦農)은 당내의 회의 석상에서 "우리들은 무기를 은닉하려하지 않고 반납하지도 않으며, 투항하지도 퇴각하지도 않는다. 충돌은 이미 피할 수 없는 단계에 이르렀고, 우리들은 대규모의 유혈과 충돌을 피하지 않는다."고 강조하였다. 다음날 총공회에서는 노동자 대표대회를 소집하고 재차 선포하였으며, 파괴와 노동자규찰대에 대한 불이익적인 행동을 금지하도록 요구하였고, 상해의 전체 노동자들은 군중의 행동을 제지시켰다. 저우언라이는 아울러 노동자규찰대의 지도자들에게 양식, 채소, 나무 등의 준비를 명령하였고, 1개월의 식량을 확보케 하였고, 무한(武漢)에서의 소식이 있을 때까지 기다리라고 하였다. 그의 지시에 따라 노동자규찰대 제3대대는 상무인서관에 견고한 창고를 만들어 놓았다.

4월 11일 오후, 갑북(閘北)의 제26군 제2사단은 갑자기 각 도로에 부대를 대규모로 배치하였다. 노동자규찰대 총지휘부는 당일 밤 대규모의 건달들이 조계에 출현하여, 군대와 함께 노동자규찰대를 습격한다는 정보를 입수하였다. 건달 두목인 두웨성(杜月笙)은 총공회 위원장 왕서우화(汪壽華)에게 프랑스조계에 가서 "연회"에 참석할 것을 요청하였고, 왕(汪)은 그것이 사기라는 것을 알고서도 그곳으로 갔으며, 그곳에서 살해당하였다. 형세가 아주 긴장되었다. 노동자규찰대 총지휘부에서는 각 대(隊)에 더욱 경계를 강화하도록 명령을 내렸고, 아울러 제26군에게 사건이 발생하게 되면 원조를 요구하였다. 그러나 이러한 조치는 중외반동파의 주도면밀한 반혁명 쿠데타의 음모에 비하면 아주 보잘 것 없는 책략이었다.

4월 12일 새벽, 대규모로 준비된 기관총, 권총 및 수류탄의 소지한 공진회(共進會)의 건달들이 조계에 나타나 제26군의 사복을 착용한 병사들과 회동한 후 나누어서 갑북(閘北), 오송(吳淞), 포동(浦東), 남시(南市) 조가도(曹家渡) 등지의 노동자규찰대를 향해 진공하였다. 5시 반을 전후하여 백색 천에 검은 색으로 "工"자를 쓴 완장을 찬 한 무리의 건달들이 상무인쇄창(商務印刷廠)으로 진공하자, 규찰대는 즉각 반격하였다. 오래지 않아, 제26군 사병들이 큰 소리로 "우리들은 분쟁을 조정하러 왔다"고 소리쳐서, 노동자들은 그 말을 진짜로 믿고 대문을 열어 주자 사병들이 몰려들어왔고, 60여 명의 규찰대원은 전부 무장해제 당하게 되었다. 총공회 기관이 위치하고 있던 호주회관(湖州會館) 역시 같은 상태가 발생하였다. 남시(南市)에 위치한 화상전기공사(華商電氣公司)와 삼산회관(三山會館)의 두 규찰대는 군대의 무장해제를 거절하여 포격과 습격을 받았고, 결국 적의 수에 대적할 수 없게 되어 무장해제 당하게 되었다. 노동자규찰대 총지휘부가 있던 상무구락부(商務俱樂部)는 2, 3백 명의 건달들이 공격하였으나, 규찰대는 완강히 저항하였다. 제26군 사병이 분쟁을 조정한다는 구실로 내부로 들어와 규찰대의 무장해제를 시키고자 하였으나 거절당하였다. 제2사단 사단장 쓰례(斯烈)는 담판을 구실로 이곳의 지휘자인 저우언라이를 사단본부로 불러들여 감금한 후, 노동자들에게 말하기를 "우리들은 너희들의 무기를 회수하지 않겠다. 그러나 외부 인사들이 오해할 소지가 있으므로 군대와 규찰대가 함께 거리에서 행군을 한차례 하자"고 제의하였다. 노동자들이 구락부의 문을 나서자 부근에 매복해 있던 사병들이 구락부로 진입하여 무기와 재물을 탈취하였다. 중공상해구위서기(中共上海區委書記) 뤄이눙(羅亦農)이 저우언라이(周恩來)의 감금 소식을 듣고는 즉각 중공(中共) 갑북구위원회(閘北區委員會) 황청징(黃澄鏡, 黃逸峰)에게 혁명적인 경향이 있는 제26군 당대표 자오수(趙舒)에게 도움을 청하게 되었다. 자오(趙)는 황(黃)을 대동하고, 2사단 사단 본부로 가서, 저우언라이(周恩來)를 구출할 계획이었다.[15] 10시 전후, 대부분의 노동자규찰대는 모두 무장해제를 당하였고, 반동군대는 총기 3,000자루, 권총 600자루, 기관총 20자루 이외에 대량의 긴 창과 도끼를 회수하였다. 당일 바이충시(白崇禧), 저우펑치(周鳳岐)가 송호계엄사령(淞滬戒嚴司令)의 명의로 전보와 포고문을 공포하였는데, 이사건은 노동자들의 "내분"이라고 무고(誣告)하고, 그래서 규찰대의 무장을 해제시켰다고 하였다.

노동자들은 규찰대가 무장 해제된 진상을 알게 된 후, 조업 정지[停工]를 전개하였다. 오후 12시, 5만 여 명의 노동자와 시민들이 청운로(清雲路)에 모여, 당국이 규찰대로부터 회수한 무기를 돌려 줄 것을 요구하고, 노동자 계층의 배반자인 건달들 및 일체의 반동파(反動派)를 숙청할 것과 규찰대의 무장해제를 시킨 장관(長官)을 엄중 문책할 것 등을 강력하게 주장하였다. 총공회는 군중의 환호 속에서 계속 사무를 보면서, 다음날 시 전체가 단체 파업을 일으킬 것을 결정내렸다. 당일

---

15) 趙舒는 이후에 사직서를 제출하고 떠나, 제26군 정치부의 解散을 선포하였다.

밤, 만 여 명의 노동자가 총공회를 보호하기 위해 회관에서 노숙(露宿)하였다. 남시(南市), 포동(浦東), 호서(滬西)의 노동자들은 각기 군중대회를 벌임으로써 반동파에게 엄중한 항의를 드러내었다.

13일, 시 전체의 20여 만 명의 노동자들이 총파업을 하였고, 6만 여명의 노동자, 시민, 학생이 청운로(靑雲路)에서 집회를 거행하였다. 오후 1시, 집회자들의 무리는 보산로(寶山路) 천주당(天主堂)에 주둔하고 있던 제26군 제2사령부로 가서 즉각 노동자들의 석방과 무기 환수를 요구하였다. 이 대오(隊伍)가 보산로 삼덕리(三德里) 부근에 다다랐을 때, 매복하고 있던 반동군대는 기관총으로 무분별한 사격으로 현장에서 백 명 이상의 사망자가 발생하였고, 부상자는 이루 헤아릴 수 없었다. 마치 비가 좍좍 내리는 것과 같은 사격으로 보산로 위에는 시체가 나뒹굴었고, 유혈이 시내를 이루어 차마 눈뜨고는 볼 수 없을 지경이었다. 계속해서 반동군대는 부근의 민가(民家)에도 침입하여 숨어 있던 노동자들을 일일이 찾아내 사살하였다. 이것이 국내외를 경악케 한 보산로 유혈사태였다. 오후 4시를 전후로 남시(南市)에 있던 5, 6천명의 노동자들이 거리 시위를 벌였고, 또 남부버스터미널(南車站)에서도 군인들에 의한 도살(屠殺)이 이루어져 사망자가 10명, 부상자가 수십 명 발생하였다.

피 비린내 나는 반혁명 도살은 시 전체 시민들의 분노를 일으켰다. 문화계의 저명인사 정전둬(鄭振鐸), 마츠싱(馬次行), 장시천(章錫琛), 후위즈(胡愈之), 저우위통(周予同), 우줴눙(吳覺農) 등은 갑북(閘北)의 주민 신분으로 반동당국에 강렬한 항의를 제출하고 분노에 찬 소리로 "삼민주의"(三民主義)로 무장한 군대가 어떻게 맨손의 군중에게 총격을 가해 사망자가 백 명에 달하게 하였는가. '3·18'안('三一八'案)때 돤치루이(段祺瑞)의 위대(衛隊)도 이렇게 하지는 않았고, '5·30'안(五卅案)의 영국 망나니도 이렇게 잔학한 수단을 사용하지는 않았다."[16]고

울분을 토로하였다.

보산로(寶山路) 참안(慘案)후, "상해공계연합회"(上海工界聯合會)의 건달은 군대의 보호아래, 호주회관(湖州會館)을 점령하고, 총공회의 폐쇄를 선포하였다. 14일, 살기등등한 반동군대는 또 상해임시정부(上海臨時政府), 중국제난회(中國濟難會)를 해산시키고, 공산당이 주도한 각종 노동조합을 폐쇄시켰다. 시당부(市黨部)는 천췬(陳群)이 주도한 임시 집위회에서 맡아 담당하였다17). 양후(楊虎), 천췬(陳群)은 두웨성(杜月笙)의 심복인 루이칭룽(芮慶榮)을 대장(隊長)으로 하는 행동대대를 만들어, 공산당원과 군중의 지도자를 체포 살해하는데 이용하였다. 14일 하루에 행동대대는 1,000여 명을 잡아들였다. 공부국 경무처의 불완전한 통계에 의하면 4월 19일 이전, 100여 명이 비밀리에 살해되었다고 하였다. 4월 25일, 양후가 상해경비사령으로 취임한 후, 2주일 만에 50여 명을 처형시켰다. 상해 인민은 세 차례의 피비린내 나는 무장봉기를 통해 얻은 승리라는 열매를 국민당 반동파의 가장 열악하고 가장 잔인한 수단으로 인해 사라지게 되었다.

상해 자산계급은 오히려 이러한 것을 경축하였다. 상해상업연합회, 은행협동조합 등은 전보를 남경으로 띄워, 장제스가 공산당원을 도살한 것을 지지하였고, 당국이 청당(清黨)의 후원자가 되었다. 남북시상업연합회(南北市商業聯合會) 등의 단체에서는 노동자를 살육한 건달 황진룽(黃金榮), 장샤오린(張嘯林), 두웨성(杜月笙)을 "구국의사"(救國義士)라고 받들었고, 전국 각지에서는 상해를 본받아 각지의 공산당원을 살육하였다. 총상회 역시 장제스의 반공선언을 옹호하게 되었다. 4월 25일, 상해자산계급은 또 장제스에게 두 번째로 300만 원의 차입금을 건네주었다.

---

16) 『時報』, 1927년 4월 15일.
17) 臨時執委會는 清黨委員會라고 할 수 있으며, 6월 사이에는 整理委員會로 개명하고 여전히 陳群이 책임을 담당하였다.

백색테러 아래, 중국공산당은 잠시 퇴각을 결정하였고, 일부 신분이 폭로된 공산당원은 상해를 떠나게 하거나, 혹은 지하로 잠입하게 하였고, 아울러 각 지구 간부들에 대해서는 상응하는 정리가 있게 되었다. 4월 14일 오후, 자오스옌(趙世炎)이 주최하여 총공회 소속의 각 노동조합 책임자급 간부회의가 소집되어, 15일간 추도회의 시간을 가진 후 파업했던 노동자들에게 노동현장에 복귀[復工]를 하도록 요구하였다. 아울러 노동자들의 계속적인 단결을 호소하였으며, 반동세력의 유혹에 빠지지 말고 잠시 은둔하지만 그 기백을 잃지 말기를 당부하기에 이르렀다. 15일 이후, 각 공장의 노동자들은 계속해서 노동현장에 복귀하였다. 상해의 혁명 세력은 침체된 국면을 맞게 되었다.

제5장
백색테러*[白色恐怖]하의
상해(上海)

* 백색테러(white terror)는 프랑스 혁명 직후인 1795년 혁명파에 대한 왕당파의 보복이 그 기원이다. 백색테러란 명칭은 프랑스 왕권의 표장이 흰 백합이었기 때문에 붙은 이름이다. 이 말의 의미는 정치적 목적 달성을 위해 암살, 파괴 등을 수단으로 하는 테러를 가리키는 것으로 특히 극우파나 보수파가 저지른 테러를 말한다. 역자 주.

제1절 상해에서 국민당의 반동통치

4·12(四一二) 반혁명 쿠데타 후, 제국주의의 장제스에 대한 태도가 아주 미묘하였다. 한편으로 그들은 장제스가 공산당원에 대해 가혹하고 악랄한 수단으로의 진압을 찬성하고, 다른 한편으로는 장제스가 "민족주의"(民族主義)를 완전히 포기하지 않은 것에 불안감을 보이고 있었다. 심지어 조계내의 지배인들 사이에서는 상당히 오랜 기간 동안 철망너머 뒷편에 있는 국민당의 일거수일투족을 마음 조리며 주시하고 있었다. 열강의 관원과 지배인들은 비록 장제스가 "적화"(赤化)분자가 아니라는 것을 알고는 있었지만, 그가 안정적인 정국을 건립할 능력을 갖추고 있느냐에 대해서는 아직 파악하지 못하였다. 1927년 말, 영국 외교차장이 하원(下院)에서 말하기를, "중국 정부가 명령을 발표하고, 권한을 가지고 전국을 관할한다면 우리나라는 반듯이 철병(撤兵)해야 한다."[1]고 말하였다. 『자림서보』(字林西報)에서는 간결하게 장제스에 대해 다음과 같이 말하였다. "당신은 파괴의 본성도 있고, 건설(建設)의 본성도 있다는 것을 보여 주었는데, 건설의 본능이 훨씬 좋다."[2]고 하였다.

장제스는 이전의 방식대로 사무를 보았다. 1927년 4월 18일, 남경 국민정부가 성립되었으나 반혁명세력은 여전히 통일되지 않았다. 8월, 장제스의 내부에서 알력이 일어나자, 그는 하야(下野)하고 일본으로 갔다. 서산회의파(西山會議派)[3]와 계파(桂系)[4]가 왕징웨이(汪精衛) 집

---

1) 『國聞週報』, 4卷 49號.
2) 霍塞, 『出賣的上海灘』, p.138.

단이 영한합류(寧漢合流)5)로 특위회(特委會)를 성립하고, 논공행상(論功行賞)의 분배 불균형으로 다시 소란스러웠다. 12월 1일, 일본에서 귀국한 장제스는 상해 대화반점(大華飯店)에서 쑹메이링(宋美齡)과 결혼식을 거행함으로 미국의 매판세력인 쑹 씨 가족과 결합을 단행하였고, 1928년 2월, 장제스는 계계(桂系)와 왕징웨이(汪精衛) 집단과의 모순을 이용하여, 국민당(國民黨) 제2차 4중 전체회의(四中全體會議)를 조종(操縱)하여 다시 재기에 성공하여 세력을 잡으며, 군위회(軍委會) 주석과 중앙정치회(中央政治會)의 주석을 담당하고, 그러한 후 소위 말하는 "2차 북벌"(2次 北伐)을 개시하였다. 같은 해 12월, 장쉐량(張學良)은 동북역치(東北易幟)6)를 선포하였다. 이렇게 장제스가 수장이

---

3) 서산회의파(西山會議派)란 1925년 11월 23일, 셰즈(謝持), 쩌우루(鄒魯), 린썬(林森) 등이 북경 서산(西山) 벽운사(壁雲寺) 쑨중산(孫中山)의 영전(靈前)에서 개최한 국민당 1계4중전회의에서 국민당 중앙위원회중의 우파인 린썬(林森), 쥐정(居正), 쩌우루(鄒魯), 예추룬(葉楚倫) 등 10여명이 반소(反蘇), 반공(反共), 국공합작(國共合作) 반대등의 의안을 통과시켰다. 이때부터 이들을 서산회의파라고 지칭하게 되었다. 역자 주.

4) 계파(桂派)란 1911년 신해혁명(辛亥革命) 후, 선후로 광서(廣西)를 통치지역으로 한, 광서적(廣西籍) 군정인물을 중심으로 하는 군정(軍政)집단이다. 대표하는 인물에 따른 구분은 루룽팅(陸榮廷)은 "구계파"(舊桂派)를 대표하고, 리쭝런(李宗仁), 바이충시(白崇禧)는 "신계파"(新桂派)를 대표한다. 역자 주.

5) 1927년 9월, 남경국민정부와 무한국민정부의 합병을 말하는 것으로 남경의 간칭(簡稱)인 "영"(寧)과 무한의 간칭인 "한"(漢)을 말하는 것으로 역사적으로는 "영한합류"(寧漢合流)라고 한다. "영한합류"의 실질은 중국국민당 각 계파의 잠시 연합으로 그들의 근본이익이 하나가 되었었다. 영한합류후의 정부는 여전히 남경국민정부라고 칭한다. 역자 주.

6) 동북역치(東北易幟)는 황고둔사건(皇姑屯事件)7) 후, 중국 동북을 통치하던 봉계군벌(奉係軍閥), 장쉐량(張學良)이 1928년 12월 29일 전국에 전보로 다음 내용을 선포한 것이다. 선포내용은 동북(東北)에서는 이날부터 삼민주의(三民主義)를 준수하고, 국민정부(國民政府)에 복종하여 깃발을 바꾼다.[북양정부(北洋政府)의 오색기(五色旗)에서 국민정부(國民政府)의 청천백일만지홍기(靑天白日滿地紅旗)로 깃발을 바꾼다는 것이다]. 이것은 북벌이 끝남을 나타내며, 국민정부의 "형식통일" 완성과 북양정부의 정식종식을 의미한다. 역자 주.

된 국민당 반동파의 단기 잠정적인 형식적인 통일을 보게 되었다.

이러한 정권쟁탈의 소란 속에서 국민당의 상해 통치기구 역시 수차례의 번복을 거듭한 후에 안정되게 되었다.

4·12쿠테타(四一二政變)후, 상해의 반동군대는 북벌군 동로군(東路軍) 선봉의 총지휘는 계계(桂系)의 두목인 바이충시(白崇禧)가 지휘하였고, 정치면에서는 장제스의 측근인 상해경비사령 양후(楊虎)와 동로군(東路軍) 선봉지휘군부 정치부 주임, 시당부 책임자인 천췬(陳群)이 담당하였다. 그들은 비록 군대는 없지만 두웨성(杜月笙), 장샤오린(張嘯林) 수하의 많은 건달들을 거느리고 있었다. 양, 천과 두, 장은 여송로(呂宋路, 현재의 連雲路) 18호에 마굴(魔窟)을 설치하고, 그 안에서 아편, 도박, 술과 차, 미녀를 완전히 갖추어 놓고 있었다. 이 4명의 망나니들은 매일 살인을 한 후에, 이곳으로 와서 피로를 풀고, 동시에 다음날 피비린내 나는 살육을 계획하였다. 양후와 천췬은 미친 듯이 공산당원을 살해한 것만이 아니라, 권세를 등에 업고, 청당(淸黨; 당을 깨끗하게 정리한다는 뜻)을 구실로 자기와 같지 않은 사람을 배격하였고, 이로써 무고하게 많은 사람들이 피해를 보았다. 이것은 시민들의 강렬한 증오를 유발시켰을 뿐 아니라, 바이충시(白崇禧) 군대에 까지도 불만을 품었다. 제26군(第26軍) 제2사단 참모장(參謀長) 주샤오저우(祝紹周)는 양(楊)과 천(陳)이 갑북(閘北)에서 사람들을 체포하는 것을 금지시켰다. 양후와 천췬 군은 이에 아주 불만을 갖고, 제26군을 상해에서 쫓아 내려는 음모를 꾸며, 한때 형세가 아주 긴장되었고, 쌍방이 모두 전투를 불사하겠다는 의지를 보였다. 장제스는 후방에서의 내란을 두려워하여, 황망히 저우펑치(周鳳岐)를 지지하자, 양(楊)과 천(陳)이 자제하게 되었다.

----

7) 황고둔사건(皇姑屯事件)이란 1928년 6월 4일 일본 관동군(關東軍)이 심양(沈陽)부근의 황고둔 기차역에서 제조된 폭탄으로 봉계군벌의 우두머리인 장쭤린(張作霖)을 폭살한 사건을 지칭한다. 역자 주.

같은 해 5월 남경정부는 황푸(黃郛)를 상해특별시(上海特別市) 시장(市長)으로 임명하였다. 그러나 상해의 복잡성으로 인해 황푸는 7월 7일에서야 취임하게 되었다. 남경정부는 같은 달 『상해특별시잠행조례』(上海特別市暫行條例)를 반포하고, 특별시정부가 호북공순연국(滬北工巡捐局), 상해시공소(上海市公所), 상해현청장국(上海縣廳丈局), 송호위생국(淞滬衛生局), 송호경찰청(淞滬警察廳), 포동당공선후국(浦東塘工善後局) 등 옛 기관을 접수하였고, 이외에 관원으로 비서처 및 재정, 공무(工務), 공안, 위생, 공용, 교육, 토지, 농공상, 공익(公益) 9개 국(局)을 신설하였다. 상해특별시의 범위는 상해의 모든 현[上海全縣]과 보산현(寶山縣)의 오송시(吳淞市), 강만향(江灣鄉), 은행향(殷行鄉), 팽포향(彭浦鄉), 진여향(眞如鄉), 고교향(高橋鄉), 대장향(大場鄉), 양행향(楊行鄉) 전부와 칠보향(七寶鄉), 신장향(莘庄鄉), 주포향(周浦鄉)의 일부분이었다. 상해특별시정부는 남경정부에 직속되었고, 시장(市長)의 독재가 실행되었다.

1927년 8월, 장제스가 하야(下野)할때, 2개월의 임기가 남아있던 황푸가 함께 사직하였고, 양후와 천췬 역시 직책에서 물러났고, 상해경비사령부의 8개 처장 중에서 7곳의 처장이 바뀌었다. 계속해서 바이충시는 상해경비사령부를 송호위술사령부(淞滬衛戍司令部)로 개명하고, 스스로가 위술사령(衛戍司令)을 겸임하였다. 그의 참모장인 장딩판(張定璠)이 상해특별시 시장이 되었다. 장딩판은 취임 후, 보산현을 특별시의 범위 내로 포함시켰고, 공익국(公益局)을 폐지시키고, 항무국(港務局)을 설립하였으며, 공상국(工商局)을 사회국(社會局)으로 명칭을 바꿨으며, 아울러 특별시잠행조례에 따라 시참사회(市參事會)를 설립하였다. 시참사회(市參事會)는 자문기관으로 그 권한은 다음과 같았다. 첫째, 본 시(市)의 개혁[興革] 사업에 대한 건의. 둘째, 시장의 자문 사건에 대한 의결. 셋째, 시정 성적(市政成績)에 대한 심의 등이었다. 참사회에서는 참사를 파견하여 시정회의(市政會議)에 참여시킨다. 초대 참사(參事)로는 펑샤오산(馮少山), 린캉허우(林康侯), 왕샤오라이(王曉籟), 위차칭(虞洽卿), 구신이(顧馨一), 천광푸(陳光甫), 리핑수(李平書), 왕이팅(王一亭), 예쩡밍(葉增銘), 관지안(管際安), 왕옌쑹(王延松), 자오진칭(趙晋卿), 야오쩡더우(姚曾婑) 등이었다.

1928년 2월, 장제스가 권토중래(捲土重來)하자, 바이충시가 부대를 상해에서 이동시켜 "2차 북벌"에 참가하였다. 송호위술사령부가 또 장제스에 의해 송호경비사령부로 이름이 바뀌었고, 선후로 그의 심복인 첸다쥔(錢大鈞), 슝스후이(熊式輝)가 사령을 겸임하였다. 이로써 계계(桂系)와 장제스 집단의 상해에서의 권력 다툼은 더욱 치열해졌다. 1928년 11월, 시공안국 순경이 초상국(招商局)에서 "강안호"(江安號) 선상에서 아편을 조사하자, 경비사령부에서는 즉각 정찰대[偵査隊]를 파견하여 순경을 잡아들였고, 아울러 한 술 더 떠 아편을 비호하며 운반하였으며, 신문검사위원회(新聞檢查委員會)에게 공안국에서 발표하는 소식을 게재하지 못하도록 명령 하였다. 공안국이 이에 불복하자, 장제스는 공안국 국장 다이스푸(戴石浮)에게 정직처분을 내리고 장딩판(張定璠)으로 하여금 다이(戴)와 함께 정직하도록 하여, 일이 시끄러워지는 것을 방지하였다. 시당국 방면에서는 CC계의 우카이셴(吳開先), 판궁잔(潘公展), 왕옌쑹(王延松) 등이 계계(桂系)의 세력을 배척하고 지도위원회를 설립하였으며, 아울러 시 전체의 국민당원들에게 등기하도록 시켰다. 등기의 결과로 이 때 시 전체의 국민당원은 오직 6,207명으로, 1927년 4월 16,000명이었던 것에서 상당히 줄어든 것을 나타내고 있다. 1929년 2월, 우카이셴 등은 제1차 국민당대표대회를 개최하고 조종하여 그들이 완전히 시당부(市黨部)를 장악하게 되었다.

1929년 3월, 장계(蔣桂)전쟁이 폭발하자, 장딩판은 "병으로 인한 사직"을 하고, 임시로 공금 수 십 만 원(元)으로 장제스를 지원하였는데,

이러한 것은 "(구)상해 역대 시장(市長)중에서는 찾아 볼 수 없는 일"[8]
이었다. 계계(桂系) 세력이 완전히 상해에서 추방되자, 장쥔(張群)이
제3대 시장으로 임명되었다. 이 이후 국민당의 상해에서의 반동 통치
는 비로소 안정을 찾았다. 1930년 7월 상해특별시는 남경정부가 반포
한 『시조직법』(市組織法)에 따라 상해시로 개칭되었다.

국민당 반동통치가 건립된 후, 인민군중은 대혁명 시기 중에 얻었던
자유, 민주권리와 경제이익을 모두 박탈당하였다. 공산당 지도의 노동
조합은 파괴되지는 않았으나, 부득불 지하로 잠입하게 되었고, 반동파
는 이 기회를 틈타 반동노동조합과 어용노동조합이 설립시켰다. 최초
의 반동 노동조합은 상해공계연합회를 기초로 하여 설립된 노동조합
조직통일위원회(공총회)[工會組織統一委員會(工總會)]였고, 이 위원회
의 골간은 졸개 당원과 건달이 주축이 되었으며, 일부 사병들도 포함
되어 있었고, 이들은 어디서 노동운동이 발생하면 즉각 그곳으로 출동
하여 진압하는 것이 그들의 임무였다. 오래지 않아, 일부 당원 졸개들
이 상해노동자총회(上海工人總會)를 설립하였다. 1927년 10월, 영미연
공사(英美煙公司)가 남경정부에 권련특세(卷煙特稅)의 납세를 거부하
자, 이 회에서 조종하여 파업이 거행되었고, 아울러 노동자는 노동급
여의 증가와 8시간 노동제를 요구하였다. 그러나 영미연공사가 납세문
제를 남경정부와 타협을 하자, 이 회에서는 노동자들에게 조업 현장으
로의 복귀[復工]를 강요하였고, 노동자들의 요구는 완전히 무시되었다.
이로써 노동자들을 기만하였다. 1928년 2월, 국민당 중앙에서는 공통
회(工統會)와 노동자총회[工人總會]에 명령을 내려 상해공회정리위원
회(上海工會整理委員會)를 조직하여 반동 노동조합의 통일을 기도하려
하였으나 실효를 거두지는 못하였다. 10월, 당국은 공회정리위원회의
해산을 명령하였고, 반동 노동조합은 철저히 파산되었다. 또 루징스(陸

---

8) 屠詩聘, 『上海市大觀』, 中卷, p.14.

京士) 등이 어용노동조합[黃色工會]을 조종하여 노동자들을 기만하였다. 어용노동조합과 관방(官方)과의 관계는 아주 은밀하게 진행되었고, 이들은 일반적으로 강경수단으로 노동자들을 압박하지 않았고, 어떤 때는 거짓 지도자를 내세워 경제투쟁을 일으키기도 하였다. 1928년 상반기, 어용노동조합은 아주 많은 활약을 보였는데, 가장 큰 것으로는 우편업무[郵務], 상무인쇄소(商務印刷所), 상무발행소(商務發行所), 남양연초창(南洋煙草廠), 영미연창(英美煙廠), 화상전기(華商電氣), 상해 신문계 노동조합[上海報界工會] 등으로 이것을 "7대 노동조합"[七大工會]이라고 하였으며, 이들은 항상 연합해서 행동하였다. 그러나 1928년 10월 우편업무[郵務]를 취급하는 노동자들이 월급의 인상을 요구하기 위해 대파업을 거행하였을 때, 7대 노동조합[七大工會]은 이러한 파업을 지지하지 않았을 뿐만 아니라, 이로써 여우의 꼬리가 공개적으로 드러나게 되어, 노동자들에게 따돌림을 받게 되었다.

반동 노동조합과 어용노동조합이 계속해서 파산된 후, 반동당국은 즉각 파업[罷工] 금지령을 내렸다. 1929년 경비사령부에서는 고시를 발표하여 관방(官方)의 노자(勞資)중재위원회를 설치하여 일체의 노사 분규를 조정한다며, "노동운동을 조장하거나 파업을 일으키는 사람은 법에 의해 처벌하고 결코 용서치 않는다."9)는 선포를 하였다. 오래지 않아, 남경정부에서는 노동조합법[工會法]을 반포하게 되었다. 시당부(市黨部)는 상해특별시총공회주비위원회(上海特別市總工會籌備委員會)를 설립하였으나, 장제스가 총공회(總工會) 설립인가를 하지 않아, 이 회는 1년 후 해산되었다. 1931년 봄, 시당부(市黨部)는 시 전체의 200여 개의 어용노동조합에 대한 정리 개조작업을 벌여, 전후로 44개의 산업노동조합[産業工會]과 37개의 직업노동조합[職業工會]을 설립하였다.

국민당 반동파의 압박아래, 상해 노동자운동은 점차 몰락하여 갔다.

---

9) 駱傳華, 『今日中國勞工問題』, p.116.

자본가는 이 기회를 틈타 거꾸로 노동자를 공격할 계획을 세웠고, 사창(絲廠)과 사창(紗廠)은 모두 12시간 노동제를 부활시켰다. 자본가가 편리하게 착취할 수 있는 여공(女工)과 아동공[童工]을 대량으로 고용하였다. 1929년 5월, 시 전체의 22만 여 명의 산업 노동자중에서 반수 이상이 여공이었고, 아동공은 그 10분의 1일 채 안되었다.10) 노동자의 노동 강도(强度)는 보편적으로 강도가 높아졌고, 급여는 거의 늘어나지 않았으며 물가는 연일 상승하였다. 당시 사회국에서 공포한 표본 조사에 의하면, 상해 노동자가정의 매년 평균 수입은 416.51원이고, 평균지출은 454.38원이었고, 연수입이 200원 이상인 4, 5명의 식구를 거느린 집안에서는 항상 적자로 돈을 빌리거나(借), 외상을 하거나(賒), 전당(當) 등의 방법을 동원해야 생활 할 수 있었다.11) 실업현상이 아주 심각하여, 사회국에서 187개 노동조합의 조사를 근거로 한 것을 보면, 1929년의 실업자는 155,069명에 달하였다. 뿐만 아니라 1930년에는 상해조계 이외 지구의 실업자와 무직자는 약 30만 명에 달하였고, 이는 인구의 18.21%를 차지하였다.12)

상해자산계급 역시 국민당 통치 중에 아무런 좋은 점이 없었다. 장제스는 비록 자산계급을 위한 『상해노자조절조례』(上海勞資調節條例), 『노자쟁의처리법』(勞資爭議處理法) 등의 법령을 반포하였으며, 이러한 면에서 그들은 자산계급에게 일정의 금액을 원하자, 자산계급은 숨을 쉴 수조차 없었다. 1927년 4월말, 상해자산계급으로부터 두 번째로 300만원의 거금을 받은 장제스는 다시 상해상업연합회를 재촉하여 기부금 500만원의 군향(軍餉)을 내도록 하여 남경으로 보내야 한다고 주장함과 동시에 중국은행 상해분점에 다시 1,000만원의 차입을 요구하

---

10) 金應熙,「從四一二到九一八的上海工人運動」,『中山大學學報』1957年 第2期.
11) 민국24년『上海市年鑑』, Q, p.12.
12) 項英,『過去一年來職工運動發展的形勢和目前的總任務』; 鄒依仁,『舊上海人口變遷的硏究』, p.31.

였다.13) 5월, 남경정부는 강해관(江海關)의 2.5%부가세의 국고채권(二五附稅庫券) 3,000만원을 발행하여, 당시 각 기업에게 강제적으로 분담시켰다. 1,000만원 국고채권(國庫券)을 사지 않으려는 자산가인 푸샤오안(傅筱庵)에 대해서는 명령을 내려 그의 재산을 몰수시켰다. 화상사창연합회(華商紗廠聯合會)는 강요에 의해 50만원 국고채권(國庫券)을 구매하였고, 룽쫑징(榮宗敬)은 흥정을 하여 25만원을 내자, 장제스는 이에 룽(榮)이 "쑨촨팡(孫傳芳)에 빌붙었었다"는 죄명으로 구속영장을 발부해 그의 재산을 압류하였다. 선시공사(先施公司) 사장 어우빙광(歐炳光)의 세 살짜리 아들을 납치한 후 풀어주는 몸값으로 그에게 50만원을 국민당 사업에 희사하라는 요구를 해왔다. 어떤 외국인의 주장에 따르면, "장은 이러한 수단으로 약 5,000만 달러를 모집하였고, 이는 근대 상해에 있어서 어떠한 정권아래에서도 이러한 공포정치는 없었다."14)고 말하고 있다.

1928년 초, 쑹쯔원(宋子文)이 재정부장을 담당하면서, 금융계가 주도하여 공채를 구매하는 방법을 사용하여 자산가들에게 강제적으로 분담하는 방법을 대체하였다. 쑹은 공채고권을 발행한 것을 이율을 일반은 8리 인데, 이 이율 중에서 50~40% 혹은 40~30%의 이율을 은행에 입금해 두는 방법을 취해 은행이 공채를 매각할 경우에는 그 3, 4푼(分)의 이자 이익을 얻게 하도록 하였다. 쑹은 아울러 자산계급의 우두머리격인 인물을 공채기금보관위원회에 참가토록 권유하고, 공채 기간이 끝나면 그 이자를 보장하도록 하였다. 이렇게 공채의 매각 청부를 맡는 것은 아주 안전한 폭리의 업무를 담당케 되는 것이고, 이로써 중국은행업은 나날이 번창하게 되었다. 1928년~1931년, 상해에는 23가(家)의 신설은행이 들어섰고, 28가(家) 주요 은행의 총자산은 1926년

---

13) 謨硏, 「四一二反革命政變與資産階級」, 『歷史硏究』, 1977年 第2期.
14) Coble, The Shanghai Capitalists and the Nationalist Government, p.35.

의 13억 9천원에서 1931년에는 25억 6천원으로 증가하였다.15) 그러
나 상해자산계급은 국민당쪽에서 얻었던 이익은 이러한 것만으로 그
쳤다.

상해자산계급은 가혹한 잡세의 폐지를 희망하였으나, 국민당은 낡은
세금은 폐지하지 않고 새로운 세금을 제정하였다. 남경정부가 성립된
지 8개월이 채 안되었을 때, 새로 거둔 세금이 이미 10여 종(種)에 달
하였고, 그중 담배 특세[卷煙特稅]의 세율은 심지어 50%까지 육박하
게 되었다. 1928년 말, 남경정부는 또 이금 폐지[裁釐]16)라는 명목으
로 계속해서 산지소비세[産銷稅]와 특종소비세(特種消費稅)를 징수하
였다. 특종소비세 종류는 16종이나 되었으며, 관세(關稅)의 종류(種類)
를 초과하게 되었다. 1929년에 이르러서는 면방업(棉紡業)을 제외한
민족자본의 소사업(繅絲業), 면직업(棉織業), 면분업(面粉業), 연초업
(煙草業), 성냥제조업[火柴業]은 모두 심각한 퇴보를 보였다. 150여 가
(家)의 면직창(棉織廠)은 10분의 3이 영업중지를 선언하였다. 권련창
(卷煙廠)은 대규모로 도산(倒産)하였고, 처음 설립된 중국산 담배인 남
양형제연초공사(南洋兄弟煙草公司) 역시 포동(浦東)과 상해 2개의 분
창(分廠)이 연속적으로 도산되었다.

상해자산계급은 당국이 민족자본기업을 육성하기를 희망하였는데,
국민당은 오히려 강력한 수단을 이용하여 임의로 몰수를 자행하고, 민
영기업에 제재를 가함으로써 관료자본의 확충을 꾀하였다. 선박 보유
수가 가장 많았던 민영 항운공사[商辦航運公司]인 윤선초상국(輪船招
商局)이 가장 먼저 관청에 의해서 인수인계가 시작되었다. 이어서 상
해의 일부 은행이 산동중흥매광(山東中興煤礦)에 자본을 투자하였으

---

15) 『上海資本主義工商業的社會主義改造』, p.16; Coble, The Shanghai Capitalists
and the Nationalists Government, p.71.

16) 中義植, 「民國時期 정부의 釐金政策 및 裁釐加稅 문제」 『중국근현대사연구』
Vol 4. 1997년 참고.

나, 장제스의 명령으로 투자금이 몰수되었고, 각 화상전창(華商電廠)의 경영 역시 여러 면에서 관방의 제재를 받았다. 1929년 신보관(申報館)의 주인인 스량차이(史量才)는 푸카이싼(福開三) 수중의 『신문보』(新聞報)의 주식 대부분을 매입하여, 『신문보』사람들의 불만을 야기시켜 분규를 조장하였다. 국민당은 이 기회를 이용하여, 전국에서 발매부수가 가장 많은 이 오래된 신문을 접수함으로써 여론을 좌지우지할 계획이었다. 그러나 스량차이가 이 소식을 듣고, 『신문보』내부의 사무에 대해서는 간섭하지 않겠다는 것을 보증하자 이 풍파는 신속히 평온을 되찾았고, 국민당의 음모는 실행에 옮겨지지 못하였다.

상해 자산계급은 신속하게 불평등조약의 폐지를 희망하였으나, 국민당은 오히려 투항 외교를 실행하여, 열강이 일으킨 남경참안(南京慘案)과 제남참안(濟南慘案)을 해결함에 있어 중국에게 굴욕을 안겨주었고, 아울러 "수정신약"(修訂新約)이라는 것을 이용하여 "불평등조약 폐지"(廢止不平等條約) 구호를 몰래 바꾸어 놓았다.

상해 자산계급의 참정요구는 국민당 통치자에 의해 단연히 거절되었다. 일부 자산계급의 대표적인 인물은 계속적으로 전국상업단체에서 대표를 선출하여 경제회의를 조직하고, 이로써 국민회의의 사전 준비회의를 담당케 하고, 모든 경제관계의 법률을 먼저 통과시킨 후, 경제회의 역시 스스로 법률을 제정할 수 있게 해야 한다고 주장하였다. 1927년 말, 상해총상회(上海總商會)에서는 각성 상회연합회의를 개최하여, 총상회 회장으로 펑샤오산(馮少山)을 주축으로 각성상회연합회 총사무소를 설립하고 재차 참정을 요구하였다. 쑹쯔원(宋子文)은 사람들의 인심을 사기위해, 1928년 6월 상해에서 전국경제회의를 개최하였다. 그러나 거기에서는 어떠한 입법 권한도 부여받지 못하였으므로, 회의에서 통과된 의안은 오직 자문의 가치만을 지녔을 뿐 실시되지도 않았다. 1927년 9월 시장인 황푸(黃郛)가 물러난 후, 상해총상회에서는 "물망에 오를 지방지도 인사"를 추천하여, 이를 시장으로 임명하도록 요구하였다. 국민당은 이에 당연히 묵묵부답이었고, 시참사회(市參事會)를 자문기관으로 만들었다. 그러나 1928년 7월, 이 자문기관은 당국의 권유에 의해 취소되었다.

국민당 정권은 종종 시류(時流)에 역행하는 정책을 펴서 상해자산계급으로부터 실망과 불만을 샀다. 1928년 6월 이후 총상회를 중심으로 한 상해자산계급은 국민당에 대한 비평을 격렬하게 나타내었다. 그들은 향후 초상국(招商局)이 국가 소유가 되는 것과 갑북보위단(閘北保衛團)의 해산에 반대하며, 전국상회연합회 설립 발기인을 발족시켜 입법원(立法院)의 49명 위원 중 5명은 자신들이 차지해야 한다고 주장하였다. 뿐만 아니라 당국에 특종소비세의 폐지 요구와 재정부 차장인 장서우융(張壽鏞)의 처벌 및 전국공상계가 일률적으로 특종소비세의 납부 반대를 호소하였다. 당국의 압력에 대해서 총상회 등의 단체는 공동으로 강소성 당국에 예전의 부채를 독촉하여 받아내자며 요구하자, 중앙은행에는 예금 환불소동이 일어났다. 상해자산계급의 국민당에 대한 불만은 이미 공개적인 대항으로 나타나기 시작하였다. 이러한 것을 국민당은 전혀 인정하지 않았다. 1929년 4월, 어용단체인 상민협회(商民協會), 반일회(反日會)에서는 건달들을 시켜, 천후궁(天后宮) 총상회 사무실 건물을 습격하고 협박하여 총상회에서는 사무를 볼 수 없게 되었다. 5월 2일, 국민당 중앙은 총상회와 기타 단체 간에 분규가 발생하였다는 것을 핑계로 상해에 있는 모든 상업단체의 활동에 대해 중지 명령을 내리고, 천부레이(陳布雷), 왕옌쑹(王延松), 위차칭(虞洽卿), 왕샤오라이(王曉籟) 등을 파견하여 상해특별시 상인단체정리위원회(상정회)[商人團體整理委員會(商整會)]를 조직케 하였다. 총상회는 이로써 종말을 고하게 되었고, 상해자산계급의 격렬한 반항은 진압되었다.

1930년 6월, 상해시상회(上海市商會)가 성립을 선포하였는데, 상임위원은 시당부 감찰위원인 왕옌쑹이 맡고, 주석으로는 국민당에서 비교적 공손한 인물인 왕샤오라이가 맡았다. 이때부터 시상회(市商會)는 상해 최대의 자본가단체가 되었고, 일정 정도에서는 국민당의 간섭을 받았으나, 이 회는 과거의 총상회와 같은 역할을 해내지는 못하였다. 또 다른 중요한 자산계급단체로는 상총연회(商總聯會)가 있었는데, 이 역시 개조되어 시당부와 긴밀한 관계를 가지고 있는 시민연합회가 되었다. 계속해서 각 동업 협동조합에서는 남경정부가 반포한 공상(工商) 동업협동조합법에 따라 새롭게 입안하여 등기하였고, 시당부는 이 기회를 틈타 대규모로 동업협동조합을 통제하였다. 이와 동시에 원래 자산계급의 지배하에 있던 보위단 조직 역시 당국에 접수되어, 시정부의 송호(淞滬)보위단 사무처에 예속되게 되었고, 16개 구단(區團)으로 편제되었다. 이때 보위단은 국민당의 상해 통치에 중요한 역량으로 작용하였다. 보위단 사무처는 전후로 보위단정리위원회(保衛團整理委員會)와 보위단관리위원회(保衛團管理委員會)로 명칭이 바뀌었다.

총상회 등 단체의 개편으로 상해자산계급의 정치 실력이 박약해졌으나, 이러한 것으로 상해자산계급과 국민당 정권의 모순을 없앨 수는 없었다. 이후, 상해자산계급은 비록 박약한 실력을 나타내기는 하였으나, 여전히 때때로 여러 우여곡절의 방식으로 그들 이익에 심각한 손해를 가져오는 당국의 정책에 대해서는 불만을 표시하고 비평을 가하였다. 그러나 총체적으로 말하면, 1931년 9·18사변 이전 그들은 정치적으로는 남경정부를 지지하였고, 그들의 모든 비평은 모두 국민당 통치의 전제 아래에서 진행되었던 것이고, 국민당에 대한 재정원조 역시 중지되지 않고 있었다. 이러한 순리적이지 않은 태도의 근본원인은 상해자산계급의 연약성 및 인민혁명에 대한 두려움에서 만들어진 것이다. 이외에 1929년 이후 상해 민족자본주의경제는 계속해서 일부 발전할 수 있는 중요한 원인이 되었다. 1929년 세계경제 위기가 폭발하자,

은본위제(銀本位制)의 중국 역시 금값의 폭등으로 수입화물 가격이 큰
폭으로 올라가자 민족자본경제 발전에 유리한 조건을 가져다주었다.
상해 민족자본공상업의 산업 총생산량과 영업 이익은 지속적으로 상
승하였다. 이러한 국면으로 많은 자산가들은 국민당 통치하의 어려움
에서도 생존할 수 있었던 것이었는데, 어떤 사람들은 심지어 자기 사
업이 발전하고 있다고 착각하고 있었다.

국민당 통치 시기 상해사회의 기형적 발전의 하나는 건달 세력의 악
성팽창을 들 수 있다. 상해 조계는 치안능력의 박약과 당국의 고의적인
비호로 인해, 삼교구류(三敎九流)[17]의 각색의 건달들이 자생하여 세력
권을 형성하고 있었다. 1920년대에 이르러 프랑스 조계에는 황진룽(黃
金榮), 장샤오린(張嘯林), 두웨성(杜月笙)이 상해탄(上海灘)에서 가장 세
력 있는 건달 두목으로 이들을 "삼대형"(三大亨)이라고 불렀다. 황진룽
은 원래 정가목교(鄭家木橋) 일대에서 활약하던 건달이었다. 1892년 프
랑스조계 당국은 건달세력을 제압하기 위해 황진룽을 스파이로 고용하
였다. 황이 정탐꾼으로 임명된 후, 한편으로는 자기가 정탐꾼이라는 신
분을 이용해서 더 많은 건달을 모아 거의 2만 명의 건달을 자신의 휘하
에 거느리게 되었고, 다른 한편으로는 건달들의 정보를 통해, 당국을
도와 일부 사건을 해결함으로써, 프랑스조계의 최대 건달 두목이면서
치안을 담당하는 중요 인물로 등장하게 되었고, 정탐꾼을 이용하여 문
제를 해결하자 여러 차례 훈장을 수여받았다. 1925년 황진룽이 퇴직한
후, 프랑스 조계는 그를 포방(捕房)의 고급고문을 담임케 하면서 그의
지위를 더욱 높여 주었다. 장샤오린(張嘯林)은 원래 항주(杭州) 건달로
군벌 루융샹(盧永祥) 등과 밀접한 관계를 유지하고 있었다. 치루전쟁

---

17) 삼교구류(三敎九流)에서 삼교(三敎)는 유교, 불교, 도교를 지칭하며, 구류(九
流)는 유(儒), 도(道), 음양(陰陽), 법(法), 명(名), 묵(墨), 종횡(縱橫), 잡(雜),
농(農)의 구가(九家)를 지칭한다. 이곳에서는 온갖 사람들이라는 뜻으로 사용
되고 있다. 역자 주.

(齊盧戰爭) 후, 장은 상해로 와서 아편관[煙館]을 경영하고, 황진룽의
문하로 들어갔다. 두웨성(杜月笙)은 원래 황진룽 공관(公館)의 작은 건
달이었는데, 심성이 흉악하고 수법이 잔인하며 지모에 능숙하여 황(黃)
의 마음을 샀다. 1925년에 이르러서는 장(張), 두(杜) 두 명의 지위가
이미 황진룽에 버금가는 정도가 되었다.[18]

북양군벌 통치시기에 황진룽 등은 호군사(護軍使) 루융샹(盧永祥),
허펑린(何豊林) 등과 결탁하여, 공동으로 아편 밀수 활동을 벌였다. 그
러나 일반시민 및 군벌의 마음과 눈 속에 그들은 필경 지위가 낮은 도
적에 지나지 않았다.[19] 그러나 1927년 이후, 국민당 반동파가 이러한
식민당국과 합작 후 건달들이 득세하게 된 것과 제국주의와 결합하여,
이러한 암흑세력을 이용하여 공산당을 진압하고, 자산계급을 위협하
고, 자기의 통치를 유지, 보호하였으며, 각종 방법으로 그들을 도와주

---

18) "삼대형"(三大亨)을 "청홍방두목"(靑洪幇頭目)이라는 것은 부정확한 것이다.
   황진룽은 원래 청방(靑幇)이 아니고, 또 홍문(洪門)에 속해있지도 않았고, 강
   호(江湖)에서는 "공자"(空子) 혹은 "공자"(孔子)라고 하였다. 두웨성(杜月笙)
   은 일찍이 청방에 들어갔고, 아래에서 두 번째 서열인 "오"자("悟"字) 배열에
   속해있었으며, 그 문도(門徒)의 진팅쑨(金廷蓀) 등과의 서열상에서 그보다 높
   지 않았는데, 그의 행적으로 볼 때, 황진룽이 그를 높이 올렸다는 것을 알 수
   있다. 사실상, 당시 상해 청방(靑幇)중 당가(當家)의 "대"자("大"字) 배열은
   예로 장런쿠이(張仁奎) 등이 있었는데, 그의 세력은 황(黃), 장(張), 두(杜)보
   다 훨씬 위에 놓여 있었다. 후에 황진룽 등이 그 스스로 암흑사회에서의 자신
   의 지위를 진일보 향상시키고자, 장런쿠이를 배알하고 그를 스승으로 삼으며,
   "통"자("通"字) 항렬을 받았으나, 이것은 1927년 이후의 일이다. 그래서 이 암
   흑세계는 예전의 방회(幇會)의 분파가 아니고, 상해의 반식민지 토양에서 자생
   한 것으로, 중외(中外) 통치자와 공동으로 배양한 "신식"(新式) 건달이었다.
19) 한번은 루융샹(盧永祥)의 아들 루샤오자(盧筱嘉)가 경극(京劇)을 볼 때, 황진
   룽(黃金榮)이 대중 앞에서 루샤오자(盧筱嘉)의 뺨을 때렸다. 수모를 당한 루샤
   오자(盧筱嘉)가 사병을 풀어 황(黃)을 체포한 후, 구타하고 옥에 가두었다. 후
   에 장샤오린(張嘯林), 두웨성(杜月笙)이 루융샹(盧永祥), 허펑린(何豊林)에게
   거액의 배상금을 주고 황진룽을 풀어줄 것을 요구하였고, 아울러 이후에 보복
   을 않겠다는 약속을 한 후에야 황(黃)은 살아서 돌아올 수 있었다.

고, 보호해주는 것을 아끼지 않았다. 또 그들의 건달들을 조계 각 구석의 반혁명 별동대로 활동케 하였다. 4·12(四一二) 쿠데타 후, 장제스는 삼대형(三大亨)에게 관작(官爵)을 수여하며, 분별하여 소장(小將)들을 회의에 참석시키고, 행정원의 회의에 참여하여 관직을 받도록 하였다. 1928년, 황진룽의 60세 경축을 하는데, 장제스는 친히 황의 공관에 들러 축하해 주었다. 삼대형(三大亨)은 분수에 넘는 대우를 받고 놀랐으며, 스스로 사회적 신분을 상승시킬 수 있다고 생각하였다. 이러한 사회에 해를 끼치는 쓸모없는 인간들이 기세를 얻어 당시의 사회 명류로 되고, 관료와 귀인들 사이를 출입하게 되었다. 그러나 당(黨)의 세력을 배후에 두고 나쁜 짓을 일삼던 우두머리인 루징스(陸京士), 우사오수(吳紹澍), 양관베이(楊管北) 등도 삼대형(三大亨)과 결탁하여 영예를 얻으려고, 그들에게 머리를 조아리고 그들의 수하로 들어갔다. 이렇게 건달과 당의 세력을 이용하여 나쁜 짓을 일삼는 사람들이 뒤섞여 이들을 가려낼 수가 없었다. 쟝샤오린, 두웨성은 지방의 영수 자리를 차지하고 프랑스 조계 납세화인회를 조직하여 표면에 나섰고, 아울러 전후로 공동국(公董局)의 중국인 이사[華董]를 역임하였다.

1928년 이후, 황진룽이 일선에서 물러난 후에는 두웨성이 가장 유명한 건달 두목이 되었다. 두(杜)는 야심이 많아 아편 밀매 수입에 만족하지 않고, 민가를 습격하여 약탈하였고, 또 그의 새로운 정치 지위를 이용하여 암흑가의 세력을 강화하고 확대시켜, 금융계와 공상계로 손을 뻗쳤다. 자본가들은 그 음흉함에 두려워하여 부득불 굴복하여 그의 뜻에 따랐고, 심지어는 주동적으로 그를 자신의 기업에 가입시킴으로써 그의 보호를 받으려 시도하였다. 1929년 두(杜)는 금융계의 거부인 첸신즈(錢新之)의 도움 아래, 중회은행(中滙銀行, 은행 건물 터는 현재 상해박물관 자리)를 건립하고, 스스로 이사장[董事長]에 취임하였다. 계속해서 그는 또 가종 사기 수단을 동원해 금업교역소(金業交

易所), 사포교역소(紗布交易所), 대하대학(大夏大學), 영파인제의원(寧波仁濟醫院), 초상국(招商局) 및 6가(家) 대은행(大銀行)의 이사장[董事長] 또는 이사[董事]로 재직하면서, 몇 년 되지도 않은 시간동안에 상해탄에서 사람들의 주목을 받는 재벌이 되었다. 두웨성의 생활은 아주 사치스러웠다. 그는 4명의 부인이 있었고, 자가용이 9대나 되었다. 두(杜)의 공관(公館)에서는 1년의 경비로1, 2백 만 원(元)을 소비하였고, 세뱃돈만으로도 4, 50만 원이 지출되었다. 1932년 두웨성은 또 공개적으로 자신의 건달 핵심조직인 항사(恒社)를 건립하고, 입회자는 어느 정도 신분 이상을 갖추어야 한다고 규정하였다. 예를 들면 문관 과장급 이상, 군인은 소령[少校] 이상, 공상계는 주임직 이상으로 그 주요 내용은 루징스(陸京士) 등의 인물이 담당하였다. 왜냐하면 제국주의의 지지와 국민당 통치자의 총애를 받고 있는데다가 강력한 암흑사회 세력과 거액의 재부를 갖고 있던 두웨성은 당시 상해 최대 영향력이 있는 인물 중의 하나가 되었다. 1931년 여름, 상해은행에서 저축금을 빼내가는 풍조가 발행하자, 이사장 천광푸(陳光甫)가 해결할 길을 찾지 못하여, 부득불 두웨성에게 도움을 청하였다. 두(杜)는 즉각 표면에 나서서 예금주들을 소집해서 회의를 개최하여 예금인출을 정지하게 하자, 어떤 사람은 인출금액을 다시 은행에 입금시키는 사람도 있었다. 두(杜)의 세력이 나날이 커지자, 눈뜨고 볼 수 없을 정도로 그의 태도가 가관이었다. 1930년 6월, 두웨성은 포동(浦東)에 두(杜) 씨 종사(杜氏宗祠)를 건립하고 낙성식을 거행하는데, 장제스(蔣介石), 쉬스창(徐世昌), 차오쿤(曹錕), 돤치루이(段祺瑞), 장쭝창(張宗昌), 장쉐량(張學良), 우페이푸(吳佩孚) 등 조정과 재야의 군벌 두목들에게 모두 편액을 보냈고, 반찬라마(班禪喇嘛), 선교사, 각국 영사에게 역시 선물을 보냈으며, 이 전례의 거행은 전체 상해를 진동시켰다. 이것은 상해 건달들이 아주 보기 드물게 자신들의 지위를 완전히 갖추게 된 것은 중외통치 계급이 공동으로 만들어낸 것임이 극명하게 드러난 것이다.

건달들이 세력을 얻자, 본래 아주 파괴되어 있던 상해의 치안상황이 더욱 악화되었다. 『공부국연보』에 의하면 1923~1926년 사이에 공공 조계에서 발생한 무장약탈 사건은 1,010건(件)으로 매년 평균 252건(件)이 발생하였는데, 1927~1930년에는 매년 평균 962(件)이 발생하였다. 이외에 매년 5,000건(件) 이상의 강절도(强竊盜) 사건이 발생하였는데, 이로서 250여 만 원의 시민 재산의 손실을 가져왔다.[20]

---

20) Shanghai Municipal Council Report, 1930, p.91.

제2절 대상해(大上海) 계획과 회심공당(會審公堂); 회심공당[합동심사법정]의 회수(回收)

상해는 국민당 신 군벌의 아주 중요한 기반이었다. 동북역치(東北易幟)[1] 후, 국민당 명의로 전국을 통일하게 되었고, 실제상으로 남경정부는 강소(江蘇), 절강(浙江) 두 성을 완전히 제압하였고, 재정수입의 대부분은 상해에 의존하였다. 남경정부의 재정수입의 40% 이상은 관세에 의존하였으며, 강해관(江海關) 관세 수입은 관세의 50% 이상을 차지하고 있었다. 총세수입은 대다수가 상해에서 조달되었고, 염세수입 역시 상해에서 받아내는 비중이 상당부분을 차지하였다. 상해 금융계의 일시 차입금, 차관과 공채 구매 등도 역시 재정의 주요한 재원이었다. 어떤 한 명의 CC[2]분자가 직언(直言)하기를, "누가 상해를 통제

---

1) 동북역치(東北易幟)는 황고둔사건(皇姑屯事件) 후, 중국 동북을 통치하던 봉계군벌(奉系軍閥) 장쉐량(張學良)이 1928년 12월 29일 전국에 전보로 "오늘부터 삼민주의(三民主義)를 준수하고, 국민정부(國民政府)에 복종하며, 국기를 북양정부(北洋政府)의 오색기(五色旗)에서 국민정부(國民政府)의 청천백일만지홍기(靑天白日滿地紅旗)로 바꾼다."고 선포한 것을 말한다. 이것은 북벌의 종식과 국민정부의 통일을 의미하며 아울러 북양정부가 정식으로 종료됨을 나타낸 것이다. 동북역치는 당시 중국이 명의상 혹은 형식상 통일을 드러낸 것이다. 역자 주.
    황고둔사건(皇姑屯事件)은 일본 관동군이 중화민국 육해군 대원수이며 봉계 군벌의 수장인 장쭤린(張作霖)을 모살한 사건이다. 1928년 5월 4일 새벽 5시 30분, 장쭤린이 전용 열차를 타고 경봉(京奉, 베이징-봉천)철로와 남만철로 교차 지점인 삼동교(三洞橋)를 지날 때, 일본 관동군이 미리 매설해 놓은 폭약을 폭파시켜 장쭤린은 중상을 입고 심양(沈陽)으로 되돌아갔으나, 당일 사망하였다. 역자 주.
2) CC란 명칭의 내력은 1927년 9월 상해에 성립된 "중앙구락부"(中央俱樂部, Central Club의 약칭)이라는 것이 비교적 광범위하나, 구전이나 간접적인 추

하는가는 누가 전국을 통제하느냐와 같다."3)고 하였다.

국민당원의 마음속에는 상해가 제2의 수도임을 의심하는 사람은 없었다. 중요한 기구는 모두 상해에 위치하고 있었다. 국민당 통치 초기에 제국주의는 국민당 통치를 즉각 승인하지도 않았으며 대표를 수도인 남경에 파견하기를 원하지 않았다. 상해에 상주하는 외국공사와 대리공사가 있던 나라가 11개 나라가 넘었다. 국민당은 상해에 특별히 외교부 상해주재 사무처[外交部駐滬辦事處]와 외교부 정보처를 설립하고,4) 적극적인 교류를 요청하였다. 그 중앙기관보인 『중앙일보』(中央日報) 역시 1927년 11월 상해에서 창간하였고, 1929년에 남경으로 이전하였다. 재정부와 교통부는 상해에 관련기관이 가장 많은 부(部)로써 전자는 세무서(稅務署), 조계권련사집판사처(租界卷煙査輯辦事處), 국정세칙위원회(國定稅則委員會), 강해관감독공서(江海關監督公署), 중앙조폐창(中央造幣廠), 정리내외채위원회(整理內外債委員會), 염무계핵총소판사처(鹽務稽核總所辦事處), 소절환구총세무국상해사검소(소환절은 강소, 절강, 안휘를 지칭함; 蘇浙皖區統稅局上海査檢所) 등이고, 후자는 중국항공공사(中國航空公司), 구아항공공사(歐亞航空公司), 홍교항공공

억을 통해 말하는 문자 이외에 직접적인 연원의 내력을 밝혀진 것은 없다. 천씨 형제(陳果夫, 陳立夫) 형제는 수 십 년 동안 계속 CC계파의 존재를 부정하고 있다. 또 중심 간부들 역시 이에 대해 입을 다물고 있다. CC계파는 일종의 정치계파인데, 이 CC계파의 세력은 주로 국민당 중앙당무부문에서 조직부(組織部)의 세력이 강하였으며, 지방의 각 당부 및 교육 계통(특히 대학) 등에 분산되어 있었다. 역자 주. 천가(陳家), 장가(蔣家), 쑹가(宋家) 그리고 쿵가(孔家)를 민국4대가족(民國四大家族)이라고 한다. 역자 주.

3) 薩孟武, 「十年來的中國政治建設」, 『抗戰前十年之中國』, 龍田出版社 1980년판.

4) 사무처는 초기에는 龍華에 交涉使署를 설치하고, 오래지 않아 하비로(霞飛路, 현재의 淮海中路) 1066호로 이전되었다. 1930년 1월 교섭사서(交涉使署)가 철수된 후, 사무처는 다시 龍華에 설립되었고, 정보처는 남경로에 설립되었으나, 후에는 인기로(仁記路, 현재의 滇池路) 35호에 위치하였다.

창(虹橋航空工廠), 해군제조비기처(海軍制造飛機處), 국제전신국(國際電
訊局), 국제방송국[國際電臺], 교통부상해항정국(交通部上海航政局) 등
이다. 실업부(實業部)는 상해에 국제무역국, 상해상품검험국(上海商品
檢驗局) 등의 기관을 설립하였다. 국민당은 금융을 독점하고 관료자본
을 발전시키기 위해 중앙은행을 상해에 설치하였다. 이 은행은 1928년
11월에 개업하였는데, 설립 자본은 2,000만원이었고, 국고를 관리할 수
있는 권한을 향유하였고 수표를 발행하였으며, 외채를 모금하는 등 각
종 국가은행으로서의 특권을 누렸다. 이외에 국민당 요인은 조계에서
사용하고 있던 공관 혹은 별장을 모두 관리하였고, 재정을 주관하였던
쑹쯔원(宋子文), 쿵샹시(孔祥熙) 등은 오랫동안 상해에 거주하였다.

그러나 조계의 존재는 국민당이 상해를 통제하는데 있어 상당 부분
완전한 통제가 불가능하게 되어 있었다. 공공조계와 프랑스조계는 상
해에서 가장 교통이 편리한 지역을 점거하고 있었을 뿐만 아니라, 상
업금융업의 집중으로 발전된 시가지를 형성하고 있었으므로, 시 전체
에서 볼 때 사실상 중심 구역이었다. 1930년대 초기의 조사에 의거하
면, 시 전체의 화상공창(華商工廠)과 상점은 모두 74,545가(家)였고,
그중 반 수 이상이 이 두 조계지역에 밀집되어 있었다.5) 그러나 이 조
계 지역은 조계 식민통치당국 만행으로 중국정부의 관할을 거부하였
을 뿐 아니라, 남경당국으로서도 감당하기 어려운 지역이 되었다.
1927년 8월, 중국 영공을 침범한 영국 군용비행기가 강만(江灣)에 추
락하였는데, 국민당 주둔군이 비행기를 압류하고, 영국 영사에게 항의
를 하였다. 영국 영사는 잘못을 시인하지 않았을 뿐만 아니라, 더 나아
가 일부 영국군이 조계를 넘어 호서(滬西)에서 철로를 파괴하고, 대포
를 사용하며 국민당 정부를 위협하였다. 이에 국민당은 굴복하여 추락
한 비행기를 건네주었다. 1년 후, 외교부 정보처가 순포(巡捕)의 수사

---

5) 上海市地方協會, 『上海市統計』, 1933年 印行.

를 받게 되자, 국민당 정부는 공부국에 항의를 제기하였는데, 공부국에서는 오히려 정보처의 설립이 공부국의 허락을 얻지 않고 설립된 것이라 주장하며 사과도 하지 않았다. 이외에 두 조계는 갑북(閘北)과 남시(南市)를 갈라놓으려고 시도하는 등 국민당의 통치에 많은 불편을 안겨주었다. 시정부는 시 중심에서 멀리 떨어진 풍림교(楓林橋)의 옛 도서(舊道署)내로 옮겼는데, 이곳은 강당도 없었을 뿐만 아니라 시설이 형편없어, 시장(市長) 취임 의식도 마당에서 조촐하게 하였다. 이러한 국면은 상해를 제2 수도로 만들고자 하였던 국민당 통치자들에 있어서는 확실하게 불편함을 안겨주었던 것으로 볼 수 있다.

이러한 상태를 변화시키기 위해, 국민당은 상해 시정에 대한 배치에 변화를 주려는 생각을 하였는데, 그 핵심은 조계를 현 상태에서 건드리지 않는 한에서 새로운 시 중심 구역을 건립하는 것으로, 이로써 조계의 협박에서 벗어나고, 아울러 조계와 연결된 경제 이익을 얻으려고 하였던 것이다.

황푸(黃郛)가 시장(市長)으로 재직할 때, 먼저 상해를 개조하는 것에 대해 두 가지 생각을 가지고 있었다. 첫째는 조계의 외곽을 순환하는 도로를 건설하는 것으로 조계에서 다시 조계의 범위를 넘어 도로를 건설하는 것을 방지하려 하였던 것이다.6) 두 번째는 오송(吳淞)에 항구를 건설하여, 오송(吳淞)과 조계의 사이에 새로운 시구(市區)를 만드는 것으로, 이로써 조계의 중요성을 삭감시키려는 것이었다. 1927년 겨울, 후임 시장인 장딩판(張定璠)이 조계를 순환하는 중산로(中山路) 건설을 명령하였다. 이 도로는 용화(龍華)에서 시작되어, 남에서 북으로 조계 밖의 많은 도로를 관통하여 갑북(閘北)까지 연결되고, 동쪽으로 군공로(軍工路)까지 연결되는 것으로 전체의 길이가 17Km나 되었다. 동시에 장딩판은 설계위원회를 설립하여, 상해시정(上海市政)의 방안

---

6) 이것과 유사한 의견은 당시 사회에서도 여러 사람이 주장하고 있다.

을 개조하는 것을 논의하였다. 장췬(張群)이 후임으로 시장이 된 후, 1929년 7월 정식으로 강만(江灣)을 갑은로(閘殷路) 이남(以南), 상은로(翔殷路) 이북(以北), 송호로(淞滬路) 이동(以東), 황포강(黃浦江) 이서(以西)의 약 7,000여 무(畝)의 토지(현재 五角場 일대)를 새로운 상해시 중심구역으로 지정을 결정하게 되었다. 이후, 상해시중심구역건설위원회(上海市中心區域建設委員會)가 정식으로 성립되었고, 아울러 계속해서 시중심구(市中心區)의 분구계획(分區計劃), 도로계획(道路計劃), 황포강(黃浦江) 규강(虯江)부두건조계획, 상해시분구(上海市分區) 및 교통계획 등이 제출되었다. 국민당은 이러한 계획을 모두 "대상해계획"(大上海計劃) 혹은 "신상해의 건설계획(新上海的建設計劃)"이라고 하였다.

대상해(大上海) 계획의 근거는 상해조계의 번영으로 주로 황포강에 있던 부두가 이익을 얻었다. 선박 왕래의 증가에 따라서 조계 및 부근의 기존 부두에서는 이러한 물동량을 수용할 수 없어 수심이 비교적 깊은 오송(吳淞) 일대에 새로운 항구를 건설하는 것이 필요하게 되었다. 그러나 조계와 갑북간의 호녕(滬寧)철로가 시내 교통에 장애를 미치므로 철로의 이전이 불가피하였다. 만약 상업 항구가 북쪽으로 이동하면, 철로는 아주 멀리 떨어지게 되고, 조계는 시 전체의 교통중심지가 될 수 없게 되었으므로, 강만(江灣)일대에서는 "북쪽에 임시로 새로운 항구를 설립하여 남쪽은 조계와 인접하게 하고, 동쪽으로는 황포와 가까우므로 교통이 편리하다"는 이유로 새로운 시중심(市中心)이 된다고 하였다.[7] 이러한 생각은 이치에도 맞았다. 왜냐하면 오송(吳淞)부근에 새로운 항구가 건설되면, 철로와 긴밀하게 연결이 되고, 화물의 집산이 조계보다 편리하게 되고, 조계의 교통중심과 경제중심의 지위는 어느 정도 영향을 받게 되기 때문이다.

---

7) 「大上海核心的完成」, 『上海市通志館期刊』, 第1年 第4期.

그러나 대상해 계획은 본질적으로 볼 때에는 실현 불가능한 공상이었다. 먼저, 국민당은 이러한 건설에 드는 비용을 부담할 능력이 없었다. 남경정부는 계속되는 내전으로 군비가 많이 사용되어, 국고는 비어있는 상태이고, 외채에 의해 하루하루를 넘기는 상태로서, 이러한 거액의 비용을 제공할 수 없었다. 상해시 정부의 재정은 1929년 이래로 계속 적자상태의 어려움에 처해있었다. 다음으로는 대상해(大上海) 계획이 비록 조계와 어깨를 견주려는 것을 표방하고 목표로 하고 있었는데, 실제상으로는 국민당 정부의 최대 관심은 통치거점을 시중심 구역으로 옮기는 것이었지, 조계의 지위에 대한 동요를 가져오는 개항과 철로를 옮기는 것에는 관심이 없었다. 같은 해 상해시공무국 국장 선이(沈怡)는 "대상해 계획이 만약 오송(吳淞)의 개항과 철로가 북쪽으로 옮겨가는 등의 상황이 연계되지 않으면 시 중심 구역 발전의 결과는 단지 정치구와 주택구로만 형성되는 것이다."[8]라고 말하였다. 관방(官方)에서는 이를 부정하지 않고, 시중심 구역은 대상해의 핵심이고, 시정부 건물은 시중심구역의 핵심[9]이라고 하였다. 그러므로 부두를 건설하고 철로를 이전하는 것은 아무런 의미가 없고, 시중심구역의 도로와 시정부건물의 건설만이 서둘러 시공되었다.

시정부 건물 및 부근 도로의 건설에 대한 자금은 시정부에서 "초령여지"(招領餘地) 즉 나머지 토지에 대한 국가회수 명령이란 명목 하에서 일차적인 토지 투기를 벌인 것에서 제공되었다. 강만(江灣) 일대가 시 중심 구역으로 확정된 때, 시정부는 이 지구의 토지 매매 중지를 선포하였고, 아울러 당시 1,000원 좌우였던 1무(畝) 지가(地價)의 토지 5,400여 무(餘畝)를 후에는 1무당 가격을 2,000~2,500원으로 그 가격을 올렸고, 이렇게 하여 거둔 차액은 179만 5천원이었다. 1930년 12

---

8) 沈怡,「上海市工務局十年」,『傳記文學』, 17卷 2期.
9) 『大上海核心的完成』.

월, 시중심 구역(市中心區域)의 기미로(其美路, 현재의 四平路), 황흥로 (黃興路, 한때 寧國北路라고도 하였다)와 삼민로(三民路, 현재의 三門路), 오권로(五權路, 현재의 五星路)에서 먼저 토지 정지작업을 시작하였다. 다음 해 5월, 주썬지영조창(朱森記營造廠)이 이 새로운 시정부빌딩 건축을 맡는 것이 표결에 의해 결정되었다. 7월 7일, 궁전양식의 시정부 건물의 착공식이 거행되어 정식으로 건축을 시작하였다. 그러나 오래지않아 1·28전쟁(一二八戰爭)의 영향과 경비의 부족으로 이 건축은 1933년 10월에서야 겨우 준공(竣工)될 수 있었다.

국민당의 상해에서의 반동정치가 점차 안정되자 제국주의의 태도 역시 점차 누그러지게 되었다. 상해노동자 제3차 무장기의 때에, 외국 군대와 만국상단은 일부 직로군(直魯軍) 패잔병의 무기를 회수해갔다. 장제스는 강소교섭원(江蘇交涉員)에게 명령하여, 공부국에 이때 회수해 간 무기를 돌려달라는 요청을 하게 하였으나, 공부국은 시간만 끌 뿐 돌려주지 않았다. 1928년 6월초, 영국 공사 램프슨(M. Lampson, 蘭普森)과 영국 영사 볼튼(S. Barton, 巴爾敦)은 "공부국과 중국 경찰의 밀접한 협력으로 중국정국을 평정한 것을 비추어보아"란 문장을 발표하고는, "현재 중국 경찰[華警]의 장비로는 폭력행위를 벌이는 단체를 진압할 수준이 되지 못한다."는 구실로, 공부국에 명령하여 이러한 무기를 비밀리에 상해시 공안국에 넘겨주도록 하였다.[10] 『자림서보』(字林西報) 역시 남경정부에 취한 행동은 비평보다는 많이 도와주는 태도를 나타내 보였다. 계속해서 제국주의는 또 회심공당(會審公堂)을 국민정부에게 돌려주어, 한편으로는 그러한 것에 대한 지지를 표시하고, 다른 한편으로는 이 기회에 『토지장정』(土地章程)의 합법화를 추진하여 조계제도를 공고히 하려고 하였다.

앞에서 서술한 바와 같이, 1926년 쑨촨팡과 영사단은 3년의 기한으

---

10) 『1927年的上海商業聯合會』, p.188.

로 두고 『상해공공조계회수회심공해잠행장정』[收回上海公共租界會審
公廨暫行章程]을 체결하였을 때, 국민당에서는 이것을 부인한다고 발
표하였다.11) 그러나 남경정부 성립 후, 오히려 중앙의 명의로 이 장정
을 승인한다고 하였으며, 전후로 루싱위안(盧興原), 허스전(何世楨), 쉬
웨이전(徐維震)을 임시법원원장으로 임명하였다. 이후 영사단과 공부
국이 계속해서 법원의 사무를 관여하게 되었다.12) 1929년 4월, 국민당
정부는 "관세자주"(關稅自主)를 선포한 후, 또 "영사재판권 폐지"를
큰소리쳤다. 이에 각국은 영사재판권제도에 대해서 일부를 개선 할 의
도를 나타내었다. 5월, 남경정부는 임시법원장정(章程)의 만기를 기다
렸다가, 영국, 미국, 프랑스, 네덜란드, 노르웨이, 브라질(英, 美, 法,
荷, 挪, 巴) 6국공사(六國公使)들의 조회(照會)를 요구하였고, 금후의
방법에 대한 논의를 하게 하였다. 공사단은 상해 영국 영사 블랙번(A.
D. Blackburn, 包克本), 미국 영사 스티븐스(Stevens, 司蒂文斯), 공부
국 총재 페센든(S. Fessenden, 費信惇),13) 공부국 포방(捕房) 변호사
보량(博良) 등이 방침과 책략을 담판지었다. 그들은 당시의 형세를 분
석하고, 회심공당과 임시법원의 영사배심제도를 계속 존속시키는 것이
사실상 불가능하다는 것을 알고, 기타의 방법으로 제재를 가하려고 하
였다. 그들의 담판 내용은 첫째, 명문화된 토지장정[地皮章程]의 합법
화. 둘째, 사법경찰, 경장(警長)을 공부국에서 임명한다. 셋째, 법원은

---

11) 본 책 제11장 제5절.
12) 1928년 초, 국민당은 정위슈(鄭毓秀)으로 법원원장을 담임케 하였으나, 영사
   단은 거절로 허스전(何世楨)으로 바꾸었다. 허(何)의 임명 후, 국민정부는 그
   로 하여금 정안사묘(靜安寺廟) 재산과 성쉬안화이(盛宣懷) 후예(後裔)의 가
   산(家産) 전부를 몰수(沒收)할 것을 지시하였으나, 허(何)는 법률에 부합하는
   규정이 없다고 하여 집행을 거절하였고, 영사단은 허(何)의 항명(抗命)에 지
   지를 보냈다.
13) 1929년, 공부국(工部局)에서 총재직(總裁職)을 설치할 때, 행정기관의 수뇌
   (首腦)로는 전임 총동(總董) 페센든(費信惇)을 임명하였다.

토지장정[地皮章程]의 범위 내에서만 제제를 하지 않고, 그 적용범위를 입법원과 남경정부의 법률공포에 까지 영향을 미쳤고, 기타 법원은 "이제"(移提)[14]로 명백한 증거를 제공한다. 넷째, 외국국적의 변호사가 법원에 출정할 수 있는 특권을 쟁취한 것 등이었다.

반 여 년의 홍정을 통해, 각 제국주의 국가가 위에서 말한 예정된 목표가 전부 도달된 상황 하에서, 1930년 2월 남경정부는 『상해공공조계특구법원협정』(上海公共租界特區法院協定)의 10조(十條)와 부건(附件) 8칙에 서명하였고, 명의상 정식으로 회심공당을 취소시켰다. 이 협정 및 관련 부건에 비추어 공공조계 회심공당(會審公堂, 임시법원)을 상해 제일특구지방법원(第一特區地方法院) 및 제2심 항소법원강소고등법원(第2審上訴法院江蘇高等法院) 제2분원으로 만들었다.[15] 이 두 법원의 법원장과 재판관은 중국정부가 임명하였다. 영사배심제(領事陪審制)는 폐지시켰다. 또 검찰관(檢察官) 약간 명을 신설하였는데, 역시 중국 정부가 임명하였다. 그러나 검찰관의 기소 권한은 중화민국『민법』(民法)제103-186조의 일반 형사안건에 의해서만 기소할 수 있었는데, 예를 들면 이러한 안건은 오직 공부국 포방 혹은 관계인의 기소가 있을 때에만 기소할 수 있었고, 그들도 이러한 사건을 재차 기소하지는 못하게 하였다. 그 나머지 안건으로 아편, 도박, 상해(傷害), 약탈, 강도 등은 공부국 포방에서 기소를 담당하게 하였고, 그래서 기소의 실제 권한은 실제로 공부국의 수중에 있었다. 법원의 사법경찰은 공부국에서 추천하여 원장이 임명하였고, 그중 한 사람은 공부국에서 지정하였다. 일체의 소송문건은 모두 등기하게 하였고, 집행은 서기관장(書記官長)의 고유한 역할이었다. 법원의 관할범위는 공공조계(公共租界)

---

14) 이제(移提)란 법원이 다른 법원으로부터 범인의 신병(身柄)을 인수하는 것을 말한다. 역자 주.

15) 江蘇高等法院은 蘇州에, 第1分院은 청강포(淸江浦)에 설치하여 소북(蘇北) 각지(各地)의 2심(審) 안건(案件)을 처리하게 하였다.

및 월계축로(越界築路)의 지역으로 제한시켰다. 법원은 중국 최고법원으로 제3심 상소법원으로, 중국법률을 적용하였고, 현행 지피(地皮) 장정에 대한 고려를 하였다. 당시 중국학자들이 지적하기를, 『양경빈장정』(洋涇濱章程, 즉 地皮章程-引者)은 원래 외국인(外國人)이 만들어 낸 불법적인 것이므로, 중국정부는 시종 이를 정식 승인을 하지 않았다. 이번 협정 중에서는 이러한 것을 회복시키는 것은 언급하지 않고, 이 항의 장정에 대해서는 승인을 하지 않았으며, 법리상의 근거로 법원의 필요성을 강조하고 '반드시 고려하여'라는 것을 첨가하고, 외국인이 불법으로 취득한 각종의 권리에 대해 인정하고, 다시금 중국 법률의 존엄에 손해를 끼치게 되었다."[16]라고 말하고 있다.

1930년 2월, 프랑스 총영사 역시 단독으로 프랑스조계 회심공당 사무처리 간장5조(簡章五條)를 공포하고, 중국법관 단독으로 형사안건을 심사하는 것을 윤허하였고, 윤허 부분에는 중국변호사가 형사안건의 소송에 참여할 수 있게 하였다. 1931년 7월, 국민당 정부와 프랑스공사는 공공조계의 방법을 따라, 14조(條)의 협정에 서명하였고, 7개의 교환문서를 작성하고, 앞으로 프랑스조계 회심공당을 상해 제2특구지방법원과 강소(江蘇) 고등법원 제3분원으로 개조하였다.

회심공당 교환 후, 외국 영사는 배심조종의 권한을 잃었으나, 포방 및 외국 국적의 사법경찰이 특구의 법원을 장악하였고, 사법행정에 관여하였으며, 그들은 이러한 것을 통해 오히려 『토지장정』(土地章程)의 합법화라는 이익을 얻었다. 대 지배인들은 60여 년 동안의 목표를 청정부와 북양군벌통치 시기에 모두 실현하지 못하였던 "이권회수"(收回利權)를 크게 노래 불렀던 국민당 반동파에 의해 그 염원을 해결하였다. 국민당 반동파들은 지피장정(地皮章程)을 승인하고, 조계의 현 상태를 유지하는 것은 아무런 "실책"(失策)이 아니라고 생각하였다. 거

---

16) 徐公肅, 丘瑾璋, 『上海公共租界制度』.

꾸로 이러한 교환은 "회심공당 회수"(收回會審公堂)를 하였으므로, 이 것은 외교적인 "승리"라고 허세를 부렸다. 더욱 중요한 것은 제국주의 자가 법정심판에 간섭하지 않겠다는 것과 범인의 이송을 허락한다고 답변하자, 그들에게 조계 내에서 활동하던 공산당원에 대한 살육의 문 을 개방시켜 주었다. 회심공당의 반환은 실제상 제국주의와 국민당 반 동파간에 진행되었던 일종의 정치교역이었다.

제3절 공산당의 지하투쟁

상해의 혁명역량은 비록 4·12반혁명(四一二反革命) 쿠데타와 이에 따른 백색공포로 인해 심한 타격을 받았으나, 공산당원과 혁명인민은 사라지지도, 정복되지도, 진압되지도 않았다. "그들은 지하에 엎드려서, 몸에 묻어있던 피의 흔적을 닦고, 동반자들의 시신을 매장하고, 계속 전투를 하였다."[1]

4·12반혁명(四一二反革命) 쿠데타 후, 중공중앙은 리리싼(李立三), 천옌녠(陳延年)으로 국제공산(코민테른을 말한다) 대표인 보이틴스키(Voitinsky, 維經斯基)를 상해특위회에 참가토록 하였고, 천옌녠은 상해구위(上海區委)의 서기를 대리하였다. 4월 16일의 특위회 회의에서 저우언라이(周恩來)는 중앙의 제3차 무장기의후 우경(右傾)의 착오를 맹렬하게 비평하였고, 즉각 국민혁명군을 조직하여 장제스(蔣介石)의 토벌을 주장하고 나왔다. 회의 참석자들은 모두 일치된 의견을 보였고, 저우언라이가 기초한 내용을 토대로『신속하게 장제스 토벌 출병』[迅速出師討伐蔣介石] 의견서를 만들어 내었다. 그러나 당시 중공중앙과 무한(武漢) 정부는 모두 북벌을 우선 주장하였고, 그런 연후에 장제스에 항거하자는 주장이 우세하였으므로, 저우언라이 등의 주장은 벽에 부딪치게 되었다.

1927년 6월, 중공 상해구위(上海區委)는 강소와 절강 두 성의 성위(省委)로 개조되었고, 상해는 강소성위(江蘇省委)의 직접적인 지도를

---

1)『毛澤東選集』, 合訂本, p.937.

받아, 호동(滬東), 호서(滬西), 호중(滬中), 법남(法南), 갑북(閘北), 포동(浦東)과 오송(吳淞) 7개 구위(區委)로 나누어 설립되었다. 6월 26일, 초대 강소성위 서기(書記) 천옌녠이 체포되었으나, 그는 자신의 실제의 이름을 밝히지는 않았다. 아동도서관(兒童圖書館) 주인 왕멍쩌우(汪孟鄒)는 천옌녠 부친 천두슈(陳獨秀)의 친구로, 후스(胡適)를 찾아가 그의 석방을 부탁하였다. 후스는 이 사건을 우즈후이(吳稚暉)에게 알렸고, 우(吳)는 양후(楊虎)에게 이 내용을 비밀리에 알려, 천옌녠은 7월 4일 살해당하였다. 계속해서 성위서기(省委書記)는 자오스옌(趙世炎)이 대리하였는데, 그 부하가 자오를 고발하여, 그는 7월 19일 풍림교(楓林橋) 형장에서 이슬로 사라졌다.

천옌녠(陳延年), 자오스옌(趙世炎)의 희생 후, 중공중앙은 또 덩중샤(鄧中夏), 뤄덩셴(羅登賢), 런비스(任弼時), 리웨이한(李維漢)과 천윈(陳雲), 리푸춘(李富春), 허멍슝(何孟雄), 류샤오(劉曉), 타오주(陶鑄), 천차오녠(陳喬年), 펑파이(澎湃) 등 저명 공산당원이 상해로 와서 강소성 성위서기와 성(省)과 구위(區委)의 지도 직무를 담당하게 되었다. 1927년 9월과 10월 사이, 중공중앙이 무한(武漢)에서 상해로 이주하여 왔고, 조계내의 일부 지방에 비밀리에 사무 기관을 설립하였다. 운남로(雲南路) 447호 생려의원(生黎醫院 건물, 현재 雲南中路 171호와 173호)에 중앙정치국 기관이 설립되었다. 국민당의 어용문인들은, "민국 16년(1927년) 봄, 상해에서 공산당 척결을 9월 중순까지 계속하였으나, 9월 추석을 전후하여 계수나무 꽃향기가 퍼져가듯이 공산당은 모두 제거되지 않았고, 심지어 공산당 중앙까지 상해로 이주해왔다."[2]고 씩씩 거리면서 이러한 상황을 인정하였다.

중앙과 강소성위의 지도 아래, 상해의 공산당인은 8·7회의(八七會議)에서 제정된 국민당 반동파에 무장으로 반항하기로 한 총 방침에

---

2) 章君谷, 『杜月笙傳』, 第2冊, p.96.

따라, 각 교현(郊縣)에서 농민무장폭동을 일으켰다. 1928년 1월, 천윈(陳雲), 우쯔시(吳子禧) 등이 먼저 청포(靑浦)에서 샤오정(小燕)이 주도하는 농민폭동을 일으켰다. 계속해서 송강(松江), 가정(嘉定), 봉현(奉賢), 남회(南滙) 등지의 농민 역시 계속해서 폭동을 일으켰고, 그중 1929년 1월 천윈(陳雲), 류샤오(劉曉)가 지휘하던 봉현장행(奉賢庄行)의 폭동은 3, 4백 명의 참가로 한때 공안 분국을 점령하였고, 아울러 반동 상단(商團)을 격파하였으며, 폭동을 일으킨 부대가 안전하게 장행(庄行)에서 철수한 후, 또 2, 30명으로 유격대를 조직하여 봉현(奉賢), 송강(松江), 남회(南滙) 등지에서 접전하였다. 상해는 국민당 통치의 중심지대로서, 반혁명 역량이 비교적 강대하였으므로 이러한 농민폭동들은 모두 잔학한 방법으로 진압되었으므로 무장대치의 국면까지 발전하지는 못하였다.

1927년 5월, 지하로 들어가 간 상해총공회(上海總工會)는 새로운 형세에 적응하기 위해 한때 각 공회(工會, 노동조합)에 공통회(工統會)에 참가하여 적극 역량을 비축하라고 지시하였다. 그러나 8월 이후에는 각 공회들에게 공통회(工統會)에서 나오기를 호소하며 총공회를 지지하였다. 같은 해 11월, 중국공산당 지도기관에서는 좌경맹동주의(左傾盲動主義)의 착오가 발생하여, 강소성위는 제8호 통고(通告)에서 상해에서의 총파업을 실행할 것을 요구하였고, 이 파업을 폭동으로 발전시키려 하였다. 그러나 결과적으로 총파업은 실현되지 않았다.

좌경맹동주의(左傾盲動主義)가 잘못을 바로 잡은 후, 1928년 후반기, 중국공산당 조직은 규모가 제법 큰 의류업 점원(店員), 가공업[熟貨業]과 사창 공인(絲廠工人)의 파업을 지도하였다. 상해의 노동자 당원은 1,300명에 달하였다. 1929년 5월 공산당원은 남경로에서 1차 4만 여 명의 군중이 참가한 5·30기념(五卅紀念) 시위를 성공적으로 거행하였고, 남경로 일대에서는 상거래가 몇 시간동안 정지되었다. 연말

(年末)에 이르러서는 상해의 선원[海員], 철로(鐵路), 전차(電車), 사창(紗廠), 사창(絲廠)과 가공업[熟貨業] 등 업종에 공산당 지도의 적색공회(赤色工會)가 존재하였고, 회원 총수는 2,753명이었다. 1929년 5월에서 12월까지 시(市) 전체에서 188건의 파업이 발생하였는데, 그중 134건은 적색공회가 주도한 것이었다. 1930년 5월과 6월, 공산당원은 영상전차공사(英商電車公司)와 프랑스상인수전공사(法商水電公司)의 대파업을 지도하였고, 모두 어느 정도의 승리를 거두었다.

1930년 8월, 중공중앙은 노동운동을 지도하였던 『상해보』(上海報)와 『홍기』(紅旗)를 합병하여 『홍기일보』(紅旗日報)를 만들었다. 이 신문은 중공중앙의 기관보로 매일매일의 전국 정치사건을 게재하였고, 각지의 혁명 활동 소식을 보도하였으며, 중공중앙의 지시를 전달하였다. 이 신문은 창간한 지 한 달이 채 안되었는데도, 판매량은 12,000부를 넘어섰다. 1930년 2월, 국민당 당국은 포방(捕房)과 결탁하여, 『홍기일보』(紅旗日報)의 인기인쇄소(仁基印刷所)를 폐쇄시키고, 공산당원 및 노동자 다수를 체포하여 갔다. 그러나 반달도 채 지나지 않아 『홍기일보』는 계속해서 다시 출현하였다.[3] 기타 공산당의 선전 물품 역시 상해에서 많이 나돌게 되었다. 1929년 7월, 국민당에서 발표한 금지 간행물 보고에서 나타나듯이 당시의 홍색출판물(紅色出版物이란 공산당과 관련된 간행물을 지칭함-역자 주)은 그 종류는 많지 않았으나, 보편적으로는 "회색"(灰色) 심지어는 황색(黃色) 즉 음란물로 위장하였다고 말하고 있다. 예를 들면 『소년선봉』(少年先鋒)의 표지는 『규중여영』(閨中麗影)이나 『동화』(童話)로 되어 있었고, 『볼세비키』(布爾什維克)는 『중앙반월간』(中央半月刊)과 『소녀회춘』(少女懷春)이란 이름으로, 『공인보감』(工人寶鑑)은 『찰리채플린고사』[charlie chaplin고사; 卓別麟故事]

---

3) 1931년 2월, 『紅旗日報』는 中共中央의 江蘇省委 機關報가 되었고, 같은 해 3월, 『紅旗週報』로 명칭을 바꾸었다.

의 이름으로 발행되었으며, 『중국공인』(中國工人)은 『홍불야분』(紅拂夜奔), 『남극선옹』(南極仙翁), 『만화집』(漫畵集) 등의 이름으로 발행되었고, 『홍기』(紅旗)의 다른 이름으로는 『쾌락지신』(快樂之神), 『일고경성』(一顧傾城), 『경제통계』(經濟統計), 『홍니고낭』(紅妮姑娘), 『염사』(艶史), 『출판계』(出版界) 등의 이름으로 발간되었으며, 『레닌청년』(列寧靑年)은 『아전』(何典) 또는 『열강의 중국에서의 경제적 정치적 세력 및 그 외교 정책』(列强在華經濟的政治的勢力及其外交政策)이라는 표지로 발행되어졌다.

국민당 특무경찰[特務警探]과 조계당국의 결탁으로 그들은 건달과 반역자들을 이용하여 도처의 공산당원을 체포하며, 중공 상해 지하조직에 상당한 위험요소로 작용하였다. 이러한 국면을 타개하고 생존을 유지해야 하였던 중공중앙은 1927년 11월 원래의 중앙군위 특무공작처의 기틀위에 전문적인 정치보위기구인 중앙특과(中央特科)를 설치하고, 군위(軍委) 서기인 저우언라이(周恩來)의 지도를 받게 하였다. 특과(特科) 아래에는 총무(總務), 정보(情報), 행동(行動), 교통(交通) 4개의 과를 두었고, 중앙기관에서는 사무실을 배치하고 물품을 구매하며, 체포된 사람들의 석방과 무선통신 연락망을 구축하고, 반역자의 처벌과 정보 수집 등의 업무를 담당하였다.

특과(特科)의 행동과(行動科)는 원래 홍색공포대(紅色恐怖隊, 紅隊)가 발전한 것으로 전문 군사훈련을 받은 상해 공인규찰대(工人糾察隊)의 노전사들이 주축을 이루었다. 1928년 4월, 중공중앙정치국상위 뤄이눙(羅亦農)이 반역자 허자싱(何家興) 부부의 고발로 어려움을 당하자, 특과 책임자인 천겅(陳賡)이 직접 사람을 인솔하여 허자싱(何家興)의 집을 습격하였다. 1929년 8월, 중앙군위 비서 바이신(白鑫)이 변절하여, 펑파이(澎湃) 등 4명이 희생되었다. 저우언라이는 친히 사람들을 배치하여 바이신의 진압에 나섰다. 11월 11일, 홍대대원(紅隊隊員)은 하비로(霞飛路, 현재의 淮海中路)와 합방(合坊)에서 바이신(白鑫)을 처형하고, 바이(白)를 수행하던 신변보호자와 국민당 특무 2명을 살해하고, 2명은 상해를 가하였고, 앞에서 가로 막던 순포 1명을 사살하였다. 이 사건은 상해를 떠들썩하게 진동시켰다. 특과행동과(特科行動科)의 이러한 행동은 순포와 경찰에게 두려움을 안겨주었다. 그들은 사람들에게 전단을 뿌리는 것을 보고도 간여하지 않았고, 또 공산당 기관의 주택임을 알고도 습격하지 못하는 두려움을 갖게 되었다. 1929년 후반기에 이르러서 행동과는 이미 40여 명의 대원을 확보하였고, 권총과 최류탄을 보유하였으며, 필요시에는 국민당 군대에서 기관총을 빼내오기도 하였다.

1928년 10월, 저우언라이는 특과교통과(特科交通科) 책임자인 리창(李强)에게 무선전보[無線電] 기술을 연구하도록 하였고, 아울러 장선촨(張沈川)을 상해무선전학교(上海無線電學校)에서 힉습히도록 파견하였다. 1년 여의 노력으로 리창(李强)은 15와트의 무선전수발보기(無線電收發報機)를 만들었다. 1929년 겨울 중국공산당의 제1부 비밀방송국이 극사비이로(極司非爾路, 현재의 萬港渡路) 복강리(福康里) 9호에 탄생하였다. 1930년 6월, 중공중앙의 도움아래 거뢰달로(巨籟達路, 현재의 巨鹿路) 사성리(四城里) 1동 3층 건물의 아파트에, "상해복리전기공사공창"(上海福利電氣公司工廠)이라는 팻말을 걸고, 20여 명이 참가하여 비밀 훈련반을 만들어, 소비에트구(蘇區)와 홍군의 무선전기술인원 배양되었다. 공산당원 마오치화(毛齊華)는 대련만로(大連灣路, 현재의 大連西路)의 지하 공장에서 소비에트구(蘇區)지역을 위해 5,6대의 수발보기(收發報機)를 조립하였다. 1931년 9월, 중공중앙은 또 상해에 공산국제 즉 코민테른과 연결을 위한 국제방송국을 건설하게 되었다.

특과(特科)의 정보과(情報科)는 1928년 4월에 설립되었고, 천경(陳賡)은 왕융(王庸)으로 이름을 바꾸고 과장을 맡았고, 리커눙(李克農),

후디(胡底), 첸좡페이(錢壯飛), 천서우창(陳壽昌), 천양산(陳養山), 류딩(劉鼎), 커린(柯麟), 허청(賀誠) 등의 인물들의 이 과(科)의 업무를 담당하였다. 당시, 국민당 특무기관에서는 중앙조직부 조사과에 재직하고 있던 양덩잉(楊登瀛, 다른 이름은 鮑君甫)으로 하여금 상해의 특무(特務) 기관을 조직, 발전시키게 하였다. 양(楊)은 원래 국민당 좌파였는데 당시 혁명을 동경하여 공산당원 천양산(陳養山)과 관계를 맺었고, 공산당의 임무를 부여받고 파견되었으며, 수집된 정보를 천에게 제공하였다. 이렇게 과특(科特)은 최초로 이중 스파이 관계를 건립하였다. 양덩잉(楊登瀛)이 적들로부터 신임을 얻기 위해 천경(陳賡)은 그에게 공산당선언, 선전, 공개적인 간행물과 일부 진짜 정보와 가짜 정보를 제공하였고, 후에는 그를 위해 자가용도 사주었다. 오래지 않아 양덩잉은 정식으로 국민당중앙 상해주재 특파원[駐滬特派員]으로 임명되었다. 공공조계 포방(捕房) 정치부 주임 램프슨(M. Lampson, 蘭普遜)은 양(楊)을 일본문제의 전문가로, 어떠한 정보도 그에게 알리지 않은 것이 없었고, 또 자신이 조계로 잡아들인 사람들에 대한 조사와 심문절차도 그를 거쳐야 한다고 생각하게 되었다. 이렇게 여러 방면에서의 신임으로 국민당 방면에서 양(楊)에 대한 비중은 점차 커지고 있었다. 1929년 첸좡페이(錢壯飛), 리커눙(李克農), 후디(胡底)는 국민당의 최고특무기관을 뚫고 들어갔으며, 리커눙은 국민당 상해의 정보기관을 주관하였고, 첸좡페이는 특무두목인 쉬언쩡(徐恩曾)의 비서를 담당하게 되었다. 이외에 송호경비사령부(淞滬警備司令部)와 두 곳의 조계 포방 역시 공산당원의 이중스파이 요원이 침투하였다. 1929년 양덩잉 등의 엄호로 공공조계 내에 체포되어 있던 린비스(任弼時)과 관샹잉(關向應) 등을 구출해 낼 수 있었다.

중국공산당은 사회명류와 문화계 인사에게 광범위한 전개 공작을 벌였다. 주안회(籌安會) 6군자(六君子)의 한 명인 양두(楊度)는 이 시기에 상해에서 판한녠(潘漢年)의 소개로 저우언라이의 비준을 얻어 중국 공산당에 가입하였다. 양두(楊度)는 군벌, 정객, 관료로써 인생의 대부분을 살았었고, 정학계(政學係)와 개조파 및 두웨성(杜月笙) 등 모두와 밀접한 관계를 맺고 있었다. 그는 혁명대오에 가입한 후, 자신의 특수신분을 이용하여 중국 공산당을 위해 가장 중요한 정보를 수집해 주었고, 심지어는 두웨성의 주택을 중공지하 업무 담당자들의 접촉지점으로 만들어 놓기도 하였다. 청방(靑帮)과 국민당의 상층 인물과 광범위한 접촉이 있던 목사 둥젠우(董健吾) 역시 비밀스러운 혁명가였다. 그가 관리하던 애문의로(愛文義路, 현재의 北京西路)의 성 피터 교당은 저우언라이 등 중공 책임자들의 일상적인 개회 장소였다. 1930년 3월, 둥은 중국 공산당의 경비로 혁명가 자녀의 양육을 위해 대동유치원(大同幼稚園)[4]을 설립하여 마오쩌둥(毛澤東), 펑파이(澎湃), 리리싼(李立三), 윈다이잉(惲代英), 양인(楊殷) 등의 자녀들은 모두 이곳에서 생활하였다.

1930년 2월, 중공당원과 진보인사 펑쉰펑(馮雪峰), 판한녠(潘漢年), 둥젠우(董健吾), 위다푸(郁達夫), 루신(魯迅), 톈한(田漢), 정바이치(鄭伯奇) 등 51명은 연명으로 중국자유운동대동맹(中國自由運動大同盟)의 설립을 발족시켰다. 이것은 중국공산당의 하나의 외관조직으로 이 대동맹의 주석과 중공당단(中共黨團) 서기는 상해 총공회 비서장인 룽다다오(龍大道)였고, 참가자는 대부분이 문화계 인사였으며, 그 종지(宗旨)는 "피압박 민중(被壓迫民衆)의 자유 쟁취를 호소"[5]하는 것이었다. 동맹은 상해에 20여 개의 분회를 설립하였고, 주요 활동은 강연을 개최하고, 기관 간행물인 『자유운동』(自由運動)을 출판하는 것이었다. 1930년 2, 3월간, 루쉰(魯迅), 위다푸(郁達夫) 등은 중화예술대학(中華

---

4) 院의 자리는 초기에는 戈登路 武定路의 모퉁이(현재의 江寧路 441號)였다. 1931년 봄에 環龍路(현재의 南昌路 324號)로 이전하였다.

5) 『自由運動』, 第1期.

藝術大學), 대하대학(大厦大學), 기남대학(暨南大學)과 중국공학대학부(中國公學大學部)에서 5차례의 연설을 하였고, 학생들의 열렬한 환영을 받았다. 동맹은 적극적으로 각종 투쟁에 참가하였고, 아울러 대표를 파견하여 중국공산당의 상해에서 비밀리에 개최되는 중화소비에트대표대회준비회[中華蘇維埃代表大會籌備會]에 참가하였다. 자유대동맹의 활동은 국민당 반동파들의 극도의 원한을 샀고, 결국 51명의 발기인은 모두 구속영장을 받게 되었다. 반동파의 압박아래, 자유대동맹의 활동은 점점 곤란해졌다.

1930년 상반기, 중국 공산당 내의 좌경 사조가 또다시 머리를 들게 되었고, 결국 모험주의라는 시행착오를 범하게 되었다. 4월 중에 리리싼(李立三)이 주관하던 중공중앙은 홍 5월(紅五月) 활동을 결정하였고, 당(黨), 단(團), 공회(工會) 조직을 모두 합병하여 각급 행동위원회를 만들고, 상해에서 5·1(五一), 5·30(五卅) 등 기념일에 활동을 전개하기로 하고 총동맹파업 거행을 준비하였다. 결과적으로는 파업이 조직적으로 일어나지 않아, 당원만 많이 잃게 되었다. 리리싼은 이 실패를 인정하지 않고 무책임하게 말하기를, 노동자들은 크게 일을 해야 하고 작아지지 말아야 하며, 계속 조직적인 파업과 폭동을 일으킬 준비를 하라고 명령하였다. 좌경 모험주의의 시행착오는 상해의 혁명역량에 중대한 손실을 입혔다. 저명한 무산계급혁명가 윈다이잉(惲代英)과 많은 우수한 공산당원들이 군중투쟁에 참가하였다가 체포되었다. 적색공회 조직 역시 심각한 파괴를 당해, 회원은 3,000명에서 700명으로 줄어들었고, 군중들로부터 민심이 이반되게 되었다. 본래 합법 혹은 반합법 투쟁 중에서 큰 역할을 담당하던 자유대동맹(自由大同盟) 역시 지도자가 "투쟁의 방법"을 고수 견지함으로써, 그들의 행동 중점을 파업 방면으로 옮겨 놓음으로써 자신들의 특징을 잃게 되었다. 1930년 8월 이후에 동맹은 사실상 자진 해산 상태가 되어 버렸다.

1930년 9월, 모스크바에서 돌아온 취추바이(瞿秋白), 저우언라이(周恩來)는 맥특혁사탈로(麥特赫司脫路, 현재의 泰興路)의 서양 건물 내에 중공6차 3중회의[中共六届三中會議]를 개최하고, 좌경모험주의 통치의 종말을 알렸다. 그러나 중국공산당내의 왕밍(王明)을 주축으로 하는 교조주의 종파(敎條主義宗派) 집단은 오히려 "리싼 노선"(立三路線)을 반대하는 집단을 타도하자는 구호를 내세우며, 6차 3중전회[六届三中全會]에서 중앙 지도기관의 탄생을 반대하였다. 1930년 12월, 공산국제(코민테른) 대표 미푸[6]가 비밀리에 상해로 와서, 왕밍(王明) 등의 종파활동을 지지하였고, 아울러 1931년 1월 7일 한구(漢口)로 절강로(浙江路) 입구의 동방여행사[東方旅社, 현재의 南湖旅社]에서 중국 6차 4중전회[中國六届四中全會] 개최를 조종하고 있었다. 4중전회가 개최된 첫 날 회의 대표는 37명으로 그중 왕밍(王明) 등 15명은 중앙위원이 아님에도 불구하고, 발언권, 표결권, 선거권과 피선거권을 행사하였다. 회의에서 왕밍은 중공중앙정치국위원과 중앙서기로 당선되어 권력을 장악하게 되었다. 좌경교조주의가 당 전체를 통치하기 시작하였다.

왕밍이 권력을 장악한 후, 강소성성위위원(江蘇省省委委員)인 허명슝(何孟雄) 등의 사람들에 대해 타격을 가하였다. 허 등은 간부들을 조직하여 반격을 가하였다. 1931년 1월 17일, 허명슝 등이 동방여행사에서 회의를 열었는데, 반역자들의 고발로 이들은 모두 포방에 체포되어 바로 국민당국에 이첩되었고, 오래지 않아 죽음을 맞이하였다. 그중 후예핀(胡也頻), 러우스(柔石), 인푸(殷夫), 바이망(白莽), 펑겅(馮鏗) 5명은 유명한 좌익작가였다. 이후, 왕밍은 강소성위의 개조작업을 진행

---

6) 미푸(Pavel Mif, 米夫)는 1901년 8월 3일에 우크라이나에서 태어난 유태인. 1930년까지 상해주재 코민테를 중국대표단 단장 다음해인 1931년 중공 6차 4중전회의에서 왕밍(王明) 지지하며, 좌경모험주의 통치를 주장. 1938년 사망함. 역자 주.

시켰다. 그는 성위서기를 계속 겸임하는 것을 제외하고는 캉성(康生)을 공회당단(工會黨團) 서기로 임명하고, 샤시(夏曦)로 하여금 성위(省委)선전부장을 맡게 하였으며, 천창하오(陳昌浩), 리쭈성(李竹聲) 등으로 구위(區委)를 담당케 하고, 의견이 다른 간부들에 대해서는 일률적으로 무정한 타격을 가하였다.

좌경교조주의자는 국민당 통치의 위기와 혁명역량의 발전을 과도하게 확대하여, "홍군의 중심도시 탈취"(紅軍奪取中心城市), "보편(普遍)적인 무장공농(武裝工農)의 실행"등 시행착오적인 구호를 제기하였고, 심지어는 총동맹파업을 거쳐 상해 노동자 제4차 무장기의를 실행하는 것은 불가능한 일이 아니라고 생각하였다. 그래서 그들은 초급간부들에게 파업[罷工], 철시[罷市], 수업거부[罷課]와 기습 시위를 호소하고 조직케 하였다. 왜냐하면 기습시위의 지점은 팔선교(八仙橋), 니성교(泥城橋), 신세계(新世界), 대세계(大世界), 호서대자명종(滬西大自鳴鐘), 호동팔태두(滬東八埭頭) 등지였고, 일시는 3·8(三八), 5·1(五一) 등을 혁명 기념일로 정하였으며, 중외반동 당국이 이러한 때에는 사복경찰을 파견하여, 매번의 집회에서 일부 사람들을 체포해 갔다. 체포되는 사람들이 점점 많아지자 군중은 참가하기를 두려워하였고, 오직 당 단원들만이 참가하였는데, 그중 적지 않은 사람들이 당 간부와 문화 전선상의 투쟁에 유효한 당원 작가이었으며, 이들을 잃는 손실을 보았던 것에 비해 당시 사회에 미친 영향은 아주 미미하였다. 노동운동을 조직할 때, 좌경교조주의 분자는 단지 노동자의 경제적인 요구위에 일부 파업투쟁을 첨가시켰고, 정치 구호에는 관여하지 않았다. 아울러 자주 실제적인 역량을 고려해 보지 않고 끝까지 고수함으로써 한 작업장의 파업이 전 공장으로 확대되고, 이 공장의 파업이 전 업종의 동맹파업으로 확대되는 방법을 채택하였으므로, 그들의 노동운동은 실패를 면할 수 없었다. 이러한 실패는 군중들의 적극적 참여에 심각한 타격을 입혔다. 그러나 투쟁의 결과가 어떻든 보다 큰 승리를 위해 필요하였던 것이라고 하며, 그렇게 하지 않으면 "우경"(右傾)이라고 지적하였다.

1931년 4월 24일, 중공중앙정치국 위원이었던 구순장(顧順章)은 무한(武漢)에서 체포되자 변절하였다. 적진의 심장부에 들어가 있던 첸쟝페이(錢壯飛)는 즉각 이러한 위급한 정보를 중공중앙에 알렸다. 저우언라이(周恩來), 천윈(陳雲) 등은 즉각 하루 내에 당 중앙과 강소성 위기관 및 공산국제 상해주재 기관[共產國際駐滬機關, 코민테른 상해주재 기관] 전부를 이전시킴과 동시에 구순장(顧順章)과의 모든 관계를 끊었고, 관련 인원들을 모두 피신시켰다. 4월 28일을 기해 국민당 특무는 구순장의 진술을 근거로 두 조계의 포방에 대해 대대적인 수색과 체포를 명령하였을 때, 이미 각 기관에서는 이미 모두 그 건물을 빠져나간 상태로 그 건물은 텅 비어 있었다. 이것은 중국 공산당이 상해에서 벌인 지하투쟁 중에서 가장 신출귀몰한 한 사건이 되었다.

구순장의 변절이 있은 후, 국민당 반동파는 힘을 얻게 되었다. 그는 상해, 무한 지하당의 기관 및 중공중앙과 소비에트정부(蘇維埃政府)의 정보를 팔아먹은 것뿐 아니라, 그는 직접 소주(蘇州) 감옥으로 가서 가두시위에 참가했다가 체포된 사람들 중 자신의 신분을 밝히지 않고 있었던 공산당원 윈다이잉(惲代英)을 적발해 내자, 국민당 반동파는 윈을 즉각 사살하였다. 또 이중간첩 관계에서 중요한 역할을 담당하던 양덩잉(楊登瀛) 역시 구(顧)의 고발에 의해 실체가 탄로나게 되었다. 구순장은 자신의 죄가 아주 크다는 것을 알고, 특과(特科)에 의해 살해될 수 있다는 것을 두려워하여 상해로 오지는 않고 상해에 있는 친구들로 하여금 중공의 책임자에 대한 종적을 정찰하게 하여, 그 내용을 국민당에 보고하려고 하였다. 왜냐하면 이러한 사람은 오랜 시간동안 지하기관에 주재하였던 사람이었으므로 중국공산당에 대한 많은 양의 기밀을 알고 있었기 때문에 그의 변절은 그 피해가 적지 않았다. 중공 중앙은 같은 해 5월에 이에 대한 조치로 이 인물의 처형을 지시하게 되었다. 구(顧)의 어린 딸에 대해서는 사람을 보내 보산현(寶山縣)에서 부양토록 하였다.

좌경교조주의의 위해와 구순장의 변절은 중국공산당이 상해에서 지하투쟁을 전개하는데 더 많은 어려움으로 다가왔다. 1931년 6월, 중공 중앙 총서기 샹중파(向忠發)가 국민당에 체포되어 사망하자, 왕밍(王明)이 총서기를 대리하였다. 9월중, 왕밍은 형세가 아주 악화되고 위험하다는 것을 인지하고, 총서기 직에 대한 사표를 내고 상해를 떠나 모스크바로 가자, 친방셴(秦邦憲)이 임시 중앙서기를 담당하였다. 이때 상해에는 오직 700여 명의 공산당원만이 남아 있었고, 적색공회 역시 500여 명의 회원만이 남아있었다.

제4절 좌익(左翼)문화운동(文化運動)의 흥기(興起)

대혁명 실패 후, 상해의 혁명문화전사(革命文化戰士)는 중국공산당의 지도아래, 용감하게 백색테러[1]를 파괴하였고, 5·4시기(五四時期) 일어났던 신문화운동은 좌익문화운동의 진일보한 발전을 가져오게 되었다.

5·4(五四)시기에 나타난 많은 문화전사는 중국공산당 성립 후 일정 기간 내에 모두 정치투쟁에 종사하였고, 잠시 신문화운동의 시간에는 두루 돌볼 수가 없었다. 그러나 개별적으로 공산당원과 한 무리의 혁명 소자산계급지식분자는 이 문화 전선에서 활약하였고, 계속해서 옛 문화 전개에 맹렬한 공격을 하였다. 상해를 기지로 한 문학연구회와 창조사(創造社)는 그들이 발기 성립한 가장 영향력 있는 신문화 단체였다.

문학연구회(文學硏究會)는 선옌빙(沈雁冰), 정전둬(鄭振鐸) 등이 발기하여, 1921년 북경에서 성립되었다. 오래지 않아, 선옌빙, 정전둬는 선후로 상무인서관 출판의 『소설월보』(小說月報)의 편집을 담당하였고, 이 오랜 기간 동안 구(舊)문인이 편집 간행하였던 간행물을 신문화운동의 주요 기지로 바꾸어 놓았다. 1921년 5월, 선옌빙, 예성타오(葉聖陶) 등이 문학연구회 상해분회를 설립하였고, 『문학순간』(文學旬刊, 후에 『文學週刊』으로 개명됨)을 발행하였다. 이외에 문학연구회는 상해에서 문학총서를 발간하였고, 러시아, 프랑스와 북유럽의 문학명저를 대량 번역 소개하였다. 문학연구회는 비교적 느슨한 단체로 회원은

---

1) 권력자나 지배 계급이 반정부 세력이나 혁명운동에 대하여 행하는 탄압을 일컬음. 역자 주.

전후로 약 170명이 있었고, 통일된 의견이나 강령이 없었으나, 다수 회원들은 진보적인 경향을 띄었고, 인생을 위해 예술을 고취하고, 봉건문학과 저급한 취미의 원앙호접파(鴛鴦蝴蝶派, 청말 민초에 상해에서 성행하였던 문학의 한 유파로 浮薄한 艶情을 소재로 삼았다)를 반대하였다. 1925년 이후, 구성원의 분화가 이루어지면서, 이 회의 활동은 점차 감소되었다.

창조사(創造社) 역시 1921년에 설립되었으며 담당책임자는 일본 유학생인 학생은 귀모뤄(郭沫若), 청팡우(成仿吾), 위다푸(郁達夫)등이었다. 이 단체는 선후로 상해에서 『창조사총서』(創造社叢書)와 『창조계간』(創造季刊), 『창조주보』(創造週報), 『창조일』(創造日), 『홍수』(洪水), 『창조월간』(創造月刊) 등의 간행물을 출판하였다. 창조사의 문학 주장은 문학상의 공리주의(功利主義)를 반대하고, 영감과 천재(天才)를 강조하면서 낭만주의와 유미주의(唯美主義)의 경향을 가져왔다. 대체적으로 그 구성원은 제국주의와 봉건주의에 대한 반항성과 혁명성적인 표현이 아주 강렬하여, 당시 문예계와 청년 지식분자들에게 상당한 영향을 주었다. 1926년 봄, 위다푸(郁達夫), 청팡우(成仿吾) 등은 "혁명문학"라는 구호를 제기하였으나, 당시 창조사의 책임자를 포함하여 많은 진보작가들이 잇달아 남쪽으로 내려가 혁명에 참가하여, 이 구호는 사람들의 주의를 끌지 못하였다.

대혁명 실패 후, 많은 혁명 문화종사자는 각지에서 사람들을 모아 상해로 보냈다. 그들은 중국공산당의 부름아래 단체를 조직하고 간행물을 펴냈으며, 혁명문학의 큰 기치를 내걸고, 좌익문화운동의 서막을 열게 되었다.

1927년 8월, 장광츠(蔣光慈), 첸싱춘(錢杏邨)등이 상해에서 춘야서점(春野書店)을 건립하고, 태양사(太陽社)를 설립하였다. 10월, 루쉰(魯迅)이 광주(廣州)에서 상해로 왔고, 정보치(鄭伯奇), 장광츠(蔣光慈) 등이 상의하여 『창조주보』(創造週報)를 복간(復刊)시키고, 『어사』(語絲) 주간(週刊)을 상해로 옮겨와 출판하게 되었다. 1928년 초, 창조사와 태양사는 선후로 상해에서 『문화비판』(文化批判) 월간을 창간하였고, 『기형』(畸形) 격주간, 『사상월간』(思想月刊), 『태양월간』(太陽月刊)과 『해연주간』(海燕週刊)을 창간하였다. 이외에 예링펑(葉靈鳳), 판한녠(潘漢年), 양한성(陽翰笙), 리이망(李一氓), 루쉰(魯迅), 위다푸(郁達夫), 린보슈(林伯修), 홍링페이(洪靈菲) 등이 편집한 『현대소설』(現代小說) 월간, 『과벽』(戈壁) 격주간, 『류사』(流沙) 격주간, 『분류』(奔流) 월간, 『대중문예』(大衆文藝) 월간, 『우리월간』(我們月刊) 및 러우스(柔石) 등이 조직한 조화사(朝華社)에서 펴낸 『조화주간』(朝華週刊), 『예원조화』(藝苑朝華), 『조화순간』(朝華旬刊)등이 출간되었다. 상해 문단에는 한때 새로운 조류의 한 파가 출현하였다. 창조사와 태양사 구성원의 절대 다수는 갑북(閘北)에 거처하였고, 중공 강소성위는 이러한 당원 소속의 갑북구(閘北區) 제3가도 지부(第3街道支部)를 성위(省委) 직속 문화지부로 이름을 바꾸고, 선후로 판한녠(潘漢年), 황야오(黃耀), 양한성(陽翰笙) 등으로 서기를 담당케 하였다.

1928년 초, 창조사와 태양사의 일부 구성원은 "무산계급 혁명문학"의 구호를 내걸고 마르크스주의(馬克思主義) 이론을 대대적으로 선전하였으며, 문학운동을 마르크스주의와 결합시켜 부흥시키려는 노력을 벌였다. 그러나 그들은 정치 경험의 부족으로 중국공산당내 좌경사조의 영향을 받아 혁명문학의 제창 과정에서 그들보다 중국사회와 민중의 심리를 잘 알고 있던 혁명문학 진영의 루쉰(魯迅), 마오둔(茅盾은 沈雁冰의 필명임) 등을 혁명문학의 반대파로 여기고 맹렬히 공격하는 착오를 범하였다. 이들의 공격 일부는 종파주의의 정서와 개인의 의지가 담겨져 있었다. 이에 대해 루쉰은 신랄한 어조로 회답을 해왔다. 혁명문학의 논쟁은 이러한 결점을 안고 있었으나, 쌍방 모두 마르크스주의 이론을 무기로 삼는 것을 견지하였고, 아울러 일부 마르크스주의 저작을 번역, 소개하였고, 이것은 당시 백색공포의 상황 아래에서 말이나 글로 어리석은 사람을 크게 각성시키는 작용을 하였다.

혁명문학의 진영내부에 논쟁이 진행되던 시기에, 자산계급 우익의 대표인 신월파(新月派)가 혁명문학에 대해 광적인 공격을 가해왔다. 신월파의 주요 구성원은 후스(胡適), 량스추(梁實秋), 쉬즈모(徐志摩), 천위안(陳源) 등으로 그들은 당시 상해에서 신월서점 운영과 『신월』(新月) 월간을 출간하고 있었다. 신월파는 무산계급혁명문학은 "표어파"(標語派), "주의파"(主義派)라고 멸시하며, 문학의 원칙은 건강과 존엄이 방해와 좌절을 받지 않아야 한다고 하며, 이 두 가지 원칙을 위해 분투해야 한다고 강조하였다. 루쉰 및 창조사의 평캉(彭康)과 펑나이차오(馮乃超) 등은 즉각 문장을 발표하여, 신월파의 사상전선상의 반동정치계급에 대한 서비스의 본질을 폭로하고 정면에서 신랄한 비판을 가하였다.

공동 적들과의 투쟁 중에서 혁명문학 진영은 소극적인 견해를 갖게 되었고, 단결작전이 필요하다는 것을 알게 되었다. 오래지 않아, 중공중앙은 일부 당원이 루쉰에 대해 정확하지 않은 비평을 하는 것에 대한 주의를 주었다. 1929년 가을, 리푸춘(李富春)은 중공중앙을 대표하여 창조사에 혁명문학의 논쟁에 대한 것을 그쳐줄 것을 요구하였고, 루쉰과 단결을 꾀하였다.

이와 동시에 좌익희극운동, 좌익미술운동 역시 상해에서 일어났다. 1929년 11월, 샤옌(夏衍), 정보치(鄭伯奇) 등이 발기하여 설립한 예술극사(藝術劇社)는 『예술월간』(藝術月刊)을 출판하여 희극이 대중화되는 것에 앞장을 섰다. 1930년 2월, 예술가 쉬싱즈(許幸之), 선예천(沈葉沉), 왕이류(王一榴) 등 발기인으로 설립된 시대미술사(時代美術社)는 청년미술가들에게 배금주의(拜金主義) 화가들의 가면을 찢어버리고, 민중을 선전하도록 호소하였다.

당시 창조사, 태양사, 루쉰 및 미술 종사자, 희극 등에서 종사하는 혁명문예 종사자는 모두 통일된 조직 건립을 희망하였다. 중공중앙과 문화지부의 직접적인 지도 아래, 1930년 3월 2일, 루쉰 등 40여 명의 혁명문예 종사자는 두락안로(寶樂安路, 현재의 多倫路) 중화예술대학 (中華藝術大學)에서 비밀리에 중국좌익작가연맹(左聯) 성립대회를 열게 되었다. 대회에서는 샤옌(夏衍), 펑타이차오(馮乃超), 첸싱춘(錢杏邨), 루쉰(魯迅), 톈한(田漢), 정보치(鄭伯奇), 홍링페이(洪靈菲) 7인이 좌련 상무위원으로 추대되었고, 17개 항의 제안을 통과시켜, 각 혁명단체와 국제혁명예술 조직이 서로 관계를 유지하고, 공농혁명(工農革命) 활동에 참가할 것을 결정하였다. 대회에서는 통과된 강령을 정중하게 성명으로 발표하였는데, 그것은 "반봉건 계급과 반자산 계급으로 '온고한 사회지위'(穩固社會地位)의 소자산계급의 경향을 반대한다는 것이다."[2]라고 말하고 있다. 좌련은 루쉰 위주로 진행되었고, 일상 업무를 주관하는 서기와 중국공산당 당단(黨團)이 설립되었다. 1930~31년 사이, 좌련 당단 서기에는 판한녠(潘漢年), 펑나이차오(馮乃超), 양한성(陽翰笙) 등의 인물이 담당하였다. 좌련 성립 후, 전국 각지의 중요 지구에는 연속적으로 분부(分部)가 설립되었고, 아울러 전후하여 창간(創刊)된 주요 잡지는 『맹아』(萌芽), 『척황자』(拓荒者), 『현대소설』(現代小說), 『문화월보』(文化月報), 『세계문화』(世界文化), 『파이저산』(巴爾底山), 『북두』(北斗) 등의 간행물로, 이러한 간행물은 창작물로써 일부 군중에 환영을 받는 작품이 나타났고, 상해의 혁명문학은 신속하게 발전하게 되었다.

좌련의 성립은 전체 좌익문화운동의 발전을 가져왔다. 1930년 3월 18일, 예술극사(藝術劇社), 남국사(南國社), 마등극사(摩登劇社) 등이 발

---

2) 『拓荒者』, 1卷 3期.

기하여 상해희극운동연합회를 발기 성립하였고, 중국 좌익극단연맹(劇
聯)으로 이름도 고쳤다.3) 4월 보라시사(普羅詩社)가 성립되었고, 성원
의 대부분은 노동자와 학생이었다. 5월에는 중국사회과학가연맹(中國社
會科學家聯盟, 社聯)이 성립되었고, 성립대회에는 덩추민(鄧初民), 우리핑
(吳黎平), 린보슈(林伯修), 주징워(朱鏡我), 왕쉐원(王學文) 등 40여 명이
참석하였다. 7월 중국 좌익미술가연맹(左翼美術家聯盟, 美聯)이 성립되었
다. 이러한 좌익문화단체의 기초위에서 중국공산당은 중국좌익문예총동
맹(中國左翼文藝總同盟, 文總)을 발기 조직하였고, 그 핵심은 저우양(周
揚), 샤옌(夏衍)등이 담임하였던 중공문화공작위원회(中共文化工作委員
會, 文委)가 지도하였다. 문총의 기관간행물은 1930년 8월에 창간된『문
화투쟁』(文化鬪爭)이었다.

국민당의 교육계에 심각한 해독을 끼치는 청년들의 모임을 분쇄시
키고,4) 혁명사상의 전파를 확대시키기 위하여, 창조사와 사련(社聯)을
선후로 많은 저명작가와 이론 종사자들이 상해법정대학(上海法政大
學), 상해예술대학(上海藝術大學), 중화예술대학(中華藝術大學), 군치대
학(郡治大學), 기남대학(暨南大學)으로 가서 강의를 하게 하였다. 루쉰
역시 여러 학교에서 강연을 하였다. 이외에 사련(社聯)은 스스로 일부
학교를 창설하였는데, 예를 들면 화남대학(華南大學), 문예서기보습반

---

3) 中國左翼劇團聯盟은 후에 中國左翼戲劇家聯盟으로 이름을 고치고 단체 회
  원을 盟員이라고 고쳐 불렀다.
4) 국민당 반동파는 자신의 통치를 공고히 하기 위해, 교육방면에서 黨化교육정
  책을 실행하였는데, 이것은 삼민주의를 이용하여 청년의 사상을 통일시키려
  던 것이었다. 1927년 市黨部는 黨化敎育委員會를 설립하고, 시 전체 각 학
  교에서 黨化교육의 실시를 감독하고 심사하였으며, 그들 비위에 맞지 않는
  교과서는 없애도록 명령하였다. 이후, 남경정부는 또 법령을 반포하여 반듯이
  국민당원을 교장과 훈육주임으로 임명하여야 한다는 규정을 제정하였다. 상
  해의 많은 학교는 관료들의 개인적인 장소기 되었고, 일부 進步學校 예를 들
  면 建華中學, 華南大學, 中華藝術大學 등은 선후로 폐쇄되었다.

(文藝署期補習班), 현대학예연구소(現代學藝硏究所), 포강중학(浦江中學), 외국어학교[外語學校] 등이다. 왜냐하면 반동파의 잔혹한 진압으로 이러한 학교의 존립기간은 아주 짧았고, 일반적으로 50일을 넘기지 못하고 폐쇄 조치 당하였다. 젊은 이론적인 무장을 한 전사(戰士)를 배양하기 위하여 사련(社聯)은 1930년 겨울에 사회과학연구소(社會科學硏究所)라는 기관을 설립하게 되었다. 이 회에 참가한 사람들 대부분은 대학생이었으며, 일부는 학업을 중단한 청년이었다. 국민당 반동교육과의 투쟁 과정 중에 공산당원 양센장(楊賢江)은 마르크스주의(馬克思主義) 관점에서 본 신 교육사상의 논저를 많이 발표하여, 진보적인 문화교육 종사자들로부터 환영을 받았다.

정치 이론전선에서 좌익문화전사는 국민당 어용문인과 트로츠키(托派)파들과 중국사회성질에 대한 논전을 전개하였다. 당시 국민당의 타오시성(陶希聖), 구멍위(顧孟余) 및 트로츠키파인 옌링펑(嚴靈峰), 런수(任曙) 등은 중국공산당 지도의 인민혁명에 반대하기 위해 중국은 이미 자본주의 사회라고 단언하고 있었다. 사련(社聯)의 왕쉐원(王學文), 판둥저우(潘東周) 등은 창조사의 이론 간행물인 『新思潮』에 계속해서 문장을 발표하여 이러한 관점을 반박하였고, 중국경제는 제국주의 침략하의 반식민지적인 봉건경제라고 주장하고, 중국 공산당은 이렇게 중국 사회의 성질을 단정한다고 설명하였다. 일부 중간적인 성향의 지식분자 역시 이 논전에 참가하고 있었다. 왕쉐원(王學文) 등의 관점은 완벽하지는 않았으나, 많은 사람들의 인정을 받았다.

이외에 좌익문화전사는 일본에 있는 교민을 대상으로도 업무를 전개시켰다. 1930년 3월, 몇 명의 진보적인 일본 교민이 왕쉐원의 정치경제학을 공부하고, 이후에 중일투쟁동맹(中日鬪爭同盟)을 결성하였는데, 그 구성원은 20명에 달하였다. 중국공산당의 직접적인 지도 아래 혁명 활동을 진행하였고, 그중 니시사토(Nishisato, 西里龍夫)는 중국

공산당에 가입하기도 하였다.

좌익문화운동의 흥기는 국민당 반동파에게 극도의 불안감을 안겨주었다. 1928년 9월, 국민당의 일부 간행물은 좌익작가가 혁명문학에 대해 검토하는 것을 "최근 공산당의 문예 폭동계획"이라고 놀라 소리쳤고, 국민당 역시 "자신들 스스로의 문예정책이 있다"고 큰소리로 떠들었다.5) 좌익문화 전사는 중국공산당의 지도아래, 위험을 피하지 않았고, 희생을 두려워하지도 않았으며, 국민당이 문화를 포위하여 토벌을 전개하는데도 용감한 기지를 발휘하고 불굴의 정신으로 투쟁하였다.

국민당의 문화 포위와 토벌의 제1방법은 사단(社團) 및 출판부분을 폐쇄시키는 것이었다. 1929년 2월, 국민당 당국은 창조사(創造社)의 출판부를 폐쇄시켰다. 그러나 창조사 출판부는 강남서국(江南書局)이라는 이름으로 계속 활동하였고, 아울러 상해커피숍을 설립하여 문화 전사의 활동 장소로 제공하였다. 1930년 4월, 상해시 공안국이 예술극사(藝術劇社)를 폐쇄하였고, 사원(社員) 여러 명을 체포하였다. 5월, 텐한(田漢)이 주관하던 남국사(南國社) 역시 폐쇄되었고, 기타 극사(劇社) 역시 활동을 계속하기가 어려웠다. 극련(劇聯)은 또 다른 조직으로 대도극사(大道劇社)를 조직하여, 대학으로 가서 활동하였다. 9월 국민당 중앙 비서처에서는 송호경비사령부(淞滬警備司令部), 상해시정부(上海市政府), 시당부(市黨部)에 좌련(左聯), 사련(社聯), 보라시사(普羅詩社), 자유대동맹(自由大同盟) 등 조직에 대한 폐쇄를 명령하고, 책임자를 구속하라는 명령을 내렸다. 그러나 이러한 조직들은 은폐를 아주 잘하여, 당국의 조사는 모두 허탕을 치게 되었다. 1931년 3월, 국민당이 "반동서적 판매"의 죄명으로 북신(北新), 군중(群衆), 강남(江南), 낙군(樂群) 네 곳의 서점을 폐쇄시켰다. 그러나 좌익작가 수중에 있던 서점은 여전히 많아, 좌익작가들의 작품은 여전히 판매가 계속되었으

---

5) 『三十年代左翼文藝資料選集』, 四川人民出版社 1980년판, p.23에서 인용.

며, 당시 복주로(福州路) 상의 작은 서점 대부분은 그들과 연계를 맺고 있었고, 비교적 보수적인 아동도서관(亞東圖書館)에서도 좌익작가인 장광츠(蔣光慈), 홍링페이(洪靈菲), 양한성(陽翰笙)의 소설을 출판하였다.

문화토벌의 두 번째 방법은 도서와 신문[書報] 검열제도로써, 출판물에 대한 조사와 출간 금지조치였다. 1929년 2월, 남경정부는 『선전품 심사조례』(宣傳品審查條例)를 공포하고, 공산주의나 계급투쟁을 선전하거나 국민당의 정강, 정책, 결의안에 반대하거나, "유언비어로 혼란을 유발시키는" 것에 대해서는 모두 반동 선전품으로 간주하여 일률적으로 금지 혹은 처벌한다고 하였다. 각급 당부가 먼저 "반동" 간행물이라고 인지하면, 해당 정부는 먼저 구류하고, 다음에 중앙에서의 처리를 기다린다. 이러한 이후 좌익간행물은 조사받은 후 출판금지된 것이 끝이 없었다. 루쉰(魯迅) 주편의 『문예연구』(文藝研究)는 1기를 출판하고는 폐쇄되었고, 좌련(左聯)의 『파이지산』(巴爾底山), 『맹아』(萌芽), 『척황자』(拓荒者), 『신지』(新地), 『세계문화』(世界文化)와 예술극사(藝術劇社)의 『사륜월간』(沙侖月刊) 등은 전후로 모두 출간 금지되었다. 1930년 12월, 국민당은 『출판법』(出版法)을 반포하였고, 다음 해에는 『출판법시행세칙』(出版法施行細則)을 공포하여, 신문, 잡지와 서적의 출판과 발행에 많은 제약을 가하였다. 이후, 당국은 좌익출판물의 조사와 금지를 더욱 강화시켰다. 1931년 9월 1개월 내에 228종의 서간(書刊)이 폐쇄조치 당하였다. 이러한 서보(書報)의 검사라는 질곡을 타파하기 위해 좌익문화전사는 교묘한 투쟁을 전개시켰다. 왜냐하면 당시의 서보(書報) 검사관이 자주 문장의 작자와 작품명만을 보고 금지대상을 적발하기 때문에, 많은 작가들은 자신의 필명(筆名)을 바꾸어 문장을 발표하고, 어떤 사람은 작품의 이름을 바꾸어 출판하기도 하여, 일부 중요한 간행물들을 비밀리에 출판되었다. 『출판법』(出版法)에 따르면 출판물은 발행될 때에 심사를 받게 되어 있었다. 루쉰 등은 이러한 것을 이용하여, 거짓으로 출판사의 명의를 빌리고는 자비로 인쇄하였다. 국민당이 조사 금지의 명령을 내릴 때에는 책(書)은 이미 독자의 수중에 들어갔고, 출판사 역시 어디로 갔는지 알 수 없었다. 『신사조』(新思潮)의 통계에 의하면, 1929년 상해 번역출판의 마르크스(馬克思)주의 사회과학 저작은 155종이 넘었다고 한다.

문화토벌의 또 다른 방법은 반동 문인의 조잡한 경멸과 이간질이었다. 좌련 성립 후, 『국민일보』(國民日報)가 게재한 글중 루쉰을 공격한 것이 있었다. 국민당 특무는 좌련의 명의를 사용하여 일부 작가들에게 중간 색채의 간행물과 공포적인 내용의 서신을 보냈다. 예를 들면 1931년 8월, 『중학생』(中學生)과 『동방잡지』(東方雜誌)에 나누어 좌련(左聯)의 명의로 편지를 보냈는데, 내용은 이 간행물에서 소비에트 러시아의 논문이나 문예작품을 3분의 1이상 싣는다면 수류탄을 투척하겠다는 내용이었다.

국민당 반동파는 또 소위 "삼민주의 문학"으로 혁명문학을 대항하려고 기도하였다. 그러나 그들은 아주 저급한 문인들로서, 근본적으로 작품을 낼 수 있는 능력을 갖추지도 못한 사람들이었다. 제1부 "삼민주의문예"의 소설은 루줴(魯覺)가 쓴 『두견제권류화비』(杜鵑啼倦柳花飛)로써, 북경과 상해에서 대대적인 광고를 하였다. 그러나 국민당의 서보(書報) 검사관들 모두가 말하기를, "그가 집필한 것은 기교가 없다……내용 또한 아주 평이하고, 묘사의 기술이 아주 조잡하며, 수식어를 적절하게 사용하지 못하였으며, 문구도 아주 이상할 정도로 생소하고, 당의선전(黨義宣傳)은 더욱 기묘하고, 근본적으로 문예작품이라고 할 수 없다."[6]라고 지적하고 있었다. 국민당은 일부 서점을 개업하였으나, 당연히 찾아오는 사람이 없어 한적하였다.

"삼민주의 문예"라는 것의 깃발을 내리고 선전을 멈춘 후, 1930년

---

6) 國民黨檢定黨義敎師委員會檔案.

6월, 상해시 당부는 일부 정객, 건달 예로 푸옌창(傅彦長), 주잉펑(朱應鵬), 판정보(范爭波), 왕핑링(王平陵) 등의 부류를 규합하여 소위 "민족주의 문학"이라는 것을 제창하였다. 그들은 선후로 『전봉주보』(前鋒週報), 『전봉월보』(前鋒月報), 『현대문학평론』(現代文學評論) 등의 간행물을 창설하였고, "문예의 최고주의는 곧 민족주의"라고 주장하면서 이러한 "민족주의문예"를 자랑하고, 혁명문예는 자연히 제거될 것으로 생각하였다. 1931년 『전봉월간』(前鋒月刊)이 계속해서 몇 편 "민족주의 문학" 작품이 실렸고, 군벌혼전(軍閥混戰)을 적나라하게 칭송하면서, 반공과 반인민의 사상을 고취하였다. 이러한 시류에 역류하는 것은 즉각 좌익문화전사의 정면 타격을 받았다. 루쉰 등은 이것을 비평하기를, "민족주의 문학"은 칼로써 보호하고 지휘하고 있지만, 결국에는 어떠한 독자도 그러한 것을 쫓지는 않을 것이다.

좌익문화운동은 반동파의 문화폐쇄라는 압박을 받으면서도 계속해서 발전해 가는 과정 중에, 중국 공산당 내의 좌경사조의 영향으로 좌경과 관문주의(關門主義, 폐쇄주의)를 대동하는 착오를 빚게 되었다. 예를 들면, 좌련은 엄격한 조직규율을 정하고, 거의 통일전선적인 성질의 문예단체를 무산계급혁명정당의 조직으로 바꾸려고 하였는데, 이러한 견지에서 작가들이 거부로 스스로의 역량이 줄어들었다. 이외에 좌련, 사련 등은 맹원들에게 비행집회 등 공개투쟁을 요구하는 등의 부적당한 요구를 하였고, 그 결과 많은 맹원들을 잃게 되었고, 또 일부 혁명의 동정자들은 두려워서 가까이 하지 않게 되었다. 간행물 편집 역시 마찬가지로 문장이 나날이 격렬해져서, 출판되자마자 곧 간행 금지조치가 내려지곤 하였다. 맹원은 상업성질의 간행물상 작품을 발표하였고, 또 회(會)는 우경화되는 경향을 보이면서 그들과 타협하게 되었다. 이로써 1931년 봄, 좌련의 진지는 이상할 정도로 냉랭해졌고, 인원수는 90여 명에서 10여 명으로 줄어들었으며, 공개적인 간행물은 완

전히 없어지게 되었다.[7]

이와 동시에 충격을 받았던 원앙호접파(鴛鴦蝴蝶派) 문학은 오히려 쇠퇴하지 않고, 그 세력을 확대하였다. 이러한 현상이 벌어지게 된 주된 원인은 첫째로는 소시민의 봉건의식이 아주 강해졌고, 그들은 현실에 대해 불만을 표시하였고, 출로(出路)를 찾을 수 없었으므로, 오로지 괴력난신(怪力亂神)의 이야기로 스스로를 마비시켰고, 다정하게 이야기를 나눌 수 있는 소재로 만족하고, 세찬 외압에서 병으로 신음하지 않기를 바랐다. 둘째로는 출판상(出版商)은 이익을 도모하기 때문에 시민의 구미에 맞는 것이 무엇인가를 찾아 그것을 출판한 것이다. 셋째로는 원앙호접파 작품의 형식, 언어는 비교적 당시 사람들의 습관과 음미하기에 적당한 것으로 서술되어졌다. 완전한 통계는 아니지만, 1920~1931년간, 상해에 새로 출판된 원앙호접파의 간행물은 60여종이나 되었고, 수명 또한 비교적 긴 것은 『홍매괴』(紅玫瑰)(1924~1931), 『소설세계』(小說世界)(1923~1929), 『자라난』(紫羅蘭)(1925~1930)이었다. 소책자는 수를 헤아릴 수 없었고, 비교적 이름이 났던 것은『정보』(晶報, 1919년 창간)와 『금강첩보』(金鋼鉆報)였다. 이러한 보간(報刊)상 발표된 작품의 대부분은 "권선징악"(勸善懲惡)을 표방하였으나, 실제상 내용의 대부분은 독자들의 구미에 맞추어 수시로 변화시켰고, 어떤 때는 슬픈 소설(哀情小說)이 주류를 이루었고, 어떤 때는 사회소설이 유행하였으며, 어떤 때는 무협소설이 범람하여, 내용이 조장하고, 작품의 수준도 나날이 저하되었으며, 문자 역시 나날이 저급해졌다.[8]

중국의 영화업은 당시에 원앙호접파의 천하통일시대였다. 1922년 신교풍조(信交風潮)후, 투기상들은 잇달아 교역소에서 나날이 발전하고 있는 영화 촬영장을 찾았다. 1925년 전후, 상해에는 141개의 영화

---

7) 茅盾,「關於"左聯"」,『左聯回憶錄』, 中國社會科學出版社 1982년판, 上册.
8) 范烟橋,「國民舊派小說史略」,『鴛鴦蝴蝶派硏究資料』, 上卷, 上海文藝出版社 1984년판.

공사가 생겨났으나, 대부분은 영화필름을 제작할 능력이 없어 판매만
을 담당하였다. 1926년, 시 전체에 40여개의 영화공사가 영화를 제작
하였다. 이러한 공사(公司)의 창립인은 대개 매판(買辦), 건달, 자본가
(資本家)들로써 국외에서 유학을 하고 온 지식분자도 있었고, 대부분
은 제국주의 혹은 봉건세력과 각종 연결을 맺고 있었다. 영화공사는
소시민들의 구미를 맞추기 위해, 많은 부분을 원앙호접과 문인의 글을
편극(編劇)하였으나, 저급한 내용이 아니었고, 도적이나 매음 등을 고
발하고, 봉건도덕과 괴력난신 등을 선양하는 종류였다. 예로 1921년
중국 영희연구사(影戱研究社)에서 만든 중국 최초의 영화는『엔뤠셩』
(閻瑞生)[9]으로 회화적인 색채로 범죄행위를 묘사하였고, 이것은 수구
(守舊)의 상해총상회에서는 이것을 공연하지 못하게 해달라고 요구하
였으나, 이 영화는 1주 동안에 4,000여 원(元)의 이익을 보았다. 대혁
명 실패 후, 상해영화계는 더욱 혼란해졌고, 조잡한 영화가 범람하였
고, 무협신괴(武俠神怪) 형상이 범람하였다. 완전하지 않은 통계에 의
하면, 1928~1931년, 상해에는 약 50여 곳의 영화공사(映畵公司)가 있
었는데, 촬영된 것은 약 400편 정도로 그중 무협신괴 편이 약 60%이
상을 차지하였다. 일부 내용이 아주 유해한 외국영화 역시 상해의 도
처에서 방영되었다. 예로 1930년 1월, 대광명영화원[大光明電影院]에
서는 공공연히 미국매화(美國梅花) 필름『죽음을 두려워하지 않는다』
를 방영하였다. 진보영화공작자 홍선(洪深)은 무대 위로 올라가 강연
을 하여 군중의 민족 의분을 격발시켰고, 대광명영화원 사장이 서양
순포를 사주하여 홍선(洪深)을 구타하고 모욕을 주었다.

---

9) 閻瑞生은 상해 洋行의 직원으로, 1920년 경마도박으로 재물을 탕진한 후, 妓
女를 유혹해서 郊外로 데려가 살해하고, 재물을 약탈하여, 후에 체포되어 사
형에 처해졌다. 이 사건은 당시 상해에 충격을 안겨 주었고, 신문에서는 서로
경쟁하여 게재하려고 하였고, 어떤 사람은 이것을 文明戱으로 개편하여 반
년 동안 연출하였고, 시종 관객의 호응이 좋았다.

제5절 기타 정치조직의 활동

중국공산당 지도하에 공농(工農) 군중들은 힘든 투쟁을 벌이는 동시에, 기타 일부 반장제스(反蔣介石)를 표방하는 정치조직 역시 상해조계를 은신처로 하고 반장(反蔣)활동을 계속하였다.

상해로 이주해 온 자산계급, 소자산계급 지식분자는 비교적 지방에 집중해서 생활하였고, 대혁명 실패 후, 많은 혁명행렬에 참여 하였던 실의에 찬 청년들이 이러한 지방으로 내려왔다. 그들은 국민당 반동파의 시류에 역행하는 시책회의를 느꼈고, 또 그들은 생활속에서 노동운동이 저조한 도시에서는 혁명의 방향을 바로 볼 수 없기 때문에, 또는 용기가 없어 공산당과 함께 하질 못하였기 때문에 이곳으로 이주해 왔다. 어쨌든, 많은 사람들은 반장 또는 반공의 정치조직에 연결되어 있었고, 다른 출로를 찾으려는 환상을 갖고 있었다. 왜냐하면 이러한 사람은 사회의 기저로써 대혁명 실패후 상해에서 각종 반장정치 아주 활발하게 조직되었다.

국민당 통치 집단 내부에서 유리되어 나온 개조파는 1930년 이전에 가장 영향력 있던 반장정치(反蔣政治) 조직이었다. 개조파는 왕징웨이(汪精衛) 집단과 장제스 집단이 정권쟁탈의 부산물이었다. 1928년 2월, 장제스가 다시 복권한 후, 서산회의파(西山會議派)와 연합하여 왕징웨이 집단을 배척하였다. 왕파 분자는 실패를 인정하지 않고, 상해 프랑스조계로 은닉한 후, 1924년 국민당의 정신 개조를 호소하면서 실력을 회복하였고, 장제스에 대항하는 행동을 벌였다. 같은 해 5, 6월 사이, 왕파의 골간인 천궁보(陳公博), 구멍위(顧孟余)는 쑹쯔원(宋子文)

에 의존해서 매월 3,500원의 보조를 받으면서 상해에『혁명평론』(革命評論)과『전진』(前進)이라는 두 간행물을 펴냈고, 그들의 정치 주장을 체계적으로 선전하였다. 그들은 국민당은 이미 군벌, 관료, 매판, 열신, 토호의 침식과 자리 점령으로 이미 혁명을 지도할 능력을 상실했다고 생각하였고, 그러므로 1924년 쑨중산이 확정한 정신개조를 회복하여 다시 새롭게 국민당을 개조해야 한다고 주장하였다. 그 구체적인 주장은 첫째, 공, 농, 상민의 운동을 회복시킨다. 둘째, 당의 전정(專政)을 실행하고, 공산당에 반대한다. 셋째, 당 조직을 엄격히 하고, 1인 독재를 반대한다. 넷째, "혁명외교"를 확정하고, 제국주의에 반대한다. 이러한 주장과 쑨중산의 정신개조와는 상당한 차이가 있으나, 이러한 주장은 어려움을 겪고 있던 민족자산계급의 요구가 반영되었고, 이로써 많은 자산계급, 소자산계급 지식분자의 지지를 받았다. 심지어 천궁보가 주편한『혁명논평』(革命評論)은 대학교수 쉬더헝(許德珩), 스춘퉁(施存統), 류칸위안(劉侃元), 장선푸(張申府), 샤오수위(蕭淑宇) 등이 편집에 참가하였고, 아주 진보적인 관점으로 단어들이 아주 신랄하였고, 남경정부의 부패와 서산회의파의 반동적인 세력에 대한 비평으로 청년학생들의 환영을 받았다. 발행량은 최고였을 때가 15,000책이었다. 1928년 8월에 천궁보(陳公博) 등은 이미 3,252통의 국민당 개조에 찬성한다는 편지를 받았다. 제국주의자는 이러한 간행물에 대해 상당한 주의를 보였다.『자림서보』(字林西報)에서는 최소한 30만명 이상의 중국 청년이 이 간행물에 영향을 받았다고 말하고 있다. 프랑스공사가 상해에 와서 비밀리에 밀탐을 보내 천궁보를 보호하였다. 같은 해 겨울, 왕파(王派)의 중위(中委), 후보중위(候補中委) 천궁보(陳公博), 왕파친(王法勤), 구멍위(顧孟余), 왕러핑(王樂平), 주지칭(朱霽靑), 판윈차오(潘雲超), 바이윈티(白雲梯), 궈춘타오(郭春濤) 등은 상해에 중국 국민당(國民黨) 개조(改組) 동지회(同志會)를 설립하고, 통칭하여 개조파라고 불렸다. 개조파의 성원과 기층 간부의 대부분은 대학생과 당정기관의 직원으로 최초의 인원수는 1만 명이 되지 않았고, 주로 상해와 남경에 분포되어 있었다. 개조파는 왕징웨이를 추대하여 영수로 하고, 실제적으로는 천궁보가 담당하였으며, 총부기관은 매이서애로(邁爾西愛路, 현재의 茂名南路) 314호였고, 각 도시(各城市)와 해외에도 분회(分會)를 두었다. 1929년 1월, 천궁보는 장제스가 2만원의 뇌물 수수한 후 외국을 나간 사건을 접수하고, 개조파의 실제적인 사무는 왕러핑(王樂平)이 담당하였다.

개조파 상해시 지부의 책임자는 황훼이핑(黃惠平)으로, 그는 주로 대학교에서 활동을 하였고, 청방(靑幇) 홍방(紅幇)과 포방(浦房)중에도 연결을 갖고 있는 사람이 있었다. 당시 상해 학련의 대표로 출석한 사람은 모두 개조파 성원이었다. 상해 학생운동 중, 교통대학(交通大學)이 오랫동안 영수의 지위를 차지하였으므로, 교대의 학생 수석대표이며 개조파 분자인 우치위(吳其鈺)가 상해시(上海市) 학련(學聯) 주석이 되었다. 전국학련중에서도 상해학련이 주도적인 지위를 차지하였으므로, 우(吳)가 전국 학련의 주석을 맡았다. 천궁보(陳公博), 구멍위(顧孟余), 왕파친(王法勤), 주지칭(朱霽靑) 등 개조파의 리더와 각 학교 개조파 분자는 모두 직접적인 관계를 맺고 있었고, 아울러 그들은 왕왕 학교로 가서 반장(反蔣) 연설을 하였다. 개조파는 매번 군사상, 정치상 반장 활동을 벌였고, 각 대학의 개조파 회원들은 모두 종종 학생운동이라는 구실로 이들과 합세하였고, 수업거부와 시험거부를 결행하였다. 이외에, 개조파는 그들이 스스로 기초 간부를 배양하는 대륙대학(大陸大學)을 과등로(戈登路, 현재 江寧路) 199호에 설립하고, 천궁보를 교장을 류칸위안(劉侃元), 쉬더헝(許德珩), 스춘퉁(施存統) 등은 주임 교사를 맡았다. 학교는 설립된 지 얼마 안 되어 공산당이 이 내부에 조직을 건립하였다. 1929년 5월, 공공조계 당국은 남경정부의 요구에 따라, 이 학교를 "공산 선전을 하는 혐의"로 강제 폐쇄시켰다. 따라서 스춘퉁(施存統), 쉬더헝(許德珩), 류칸위안(劉侃元), 샤오수위(蕭淑宇) 등은 개조파 탈퇴에 대한 성명을 발표한 후 사회과학연구소를 세웠는데, 개조파의 대륙호교운동위원회(大陸護校運動委員會)와는 원래의 학생을 놓고 쟁탈하였다.

개조파 역시 노동자들 중에서 활동을 전개하였다. 1928년 5·30참안(五卅慘案) 후, 상해의 각계에는 반일회(反日會)가 성립되었다. 개조파 성원 장하오(姜豪)는 반일 공회 참가의 기회를 이용하여 일부 노동운동의 공산당 탈당분자와 무정부주의자들을 개조파로 끌어들였고, 상해 노동자운동위원회를 성립하였다. 그들은 혁명노동자대동맹[革命工人大同盟]의 명의로 부정기적인 작은 신문『혁명노동자』[革命工人]을 출판하였고, 공인들에게 배부하였으며, 여러 차례 노동 임금 인상을 호소하였고, 부두나 사창(紗廠)에서 노동운동을 일으켰고, 이로써 반장세력을 확대하였다.

개조파는 상해에서의 선전활동으로 비교적 활발하였다. 그러나 1928년 말, 장제스의 압박으로『혁명평론』(革命評論)과『전진』(前進)은 정간되었다. 개조파에서는 계속해서『민의』(民意),『광명주간』(光明週刊),『민간』(民間),『결투』(決鬪) 등 20여 종의 간행물을 발간하였으나, 그 수명은 길지 않았다. 이외에 개조파는 상해에 중화통신사(中華通訊社)와 민력서국(民力書局)을 창설하였다.

1929년 후반기, 개조파는 반장군사(反蔣軍事) 투기를 시작하였고, 먼저 장파쿠이(張發奎)를 왕(王)이 포용하여 반장하고, 계속해서 계파(桂係)와 연합하고, "당을 보호하는 구국군"이라는 기치를 내걸었다. 1930년 초 펑위샹(馮玉祥), 옌시산(閻錫山) 및 서산회의파와 합작하여 중원대전(中原大戰)을 책동하였다. 장제스는 이것을 아주 뼈아프게 느끼고, 심복인 특무 천시쩡(陳希曾)를 상해에 파견하여 개조파 총부를 파괴토록 하였다. 1930년 2월 18일, 천시쩡(陳希曾)은 사복경찰을 대동하고 매이서애로(邁爾西愛路)의 개조파 총부기관을 습격하여 현장에서 왕러핑(王樂平), 판싱젠(潘行健)과 문을 지키던 노동자를 그 자리에서 때려죽이고, 많은 사람에게 상처를 입혔다. 많은 개조파 분자는 두려움에 총부로 가지 못하였고, 잇달아 북평에서 확대회의에 참여하려고 떠났다. 왕러핑이 살해된 후, 장제스는 또 하나의 연극을 꾸몄는데, 송호경비사령 슝스후이(熊式輝)에게 명령하여 원흉을 현상금 2,000원을 걸고 체포하라는 명령을 내렸다. 개조파는 이러한 간교에 빠지지는 않았다. 같은 해 7월 24일, 개조파의 모범 노동자인 왕야차오(王亞樵)가 초상국의 입구에서 왕러핑의 살해를 건의했던 초상국 총판(總辦) 자오테차오(趙鐵橋)를 총으로 살해하였다.[1]

1930년 9월, 장쉐량이 장(蔣)과 결탁을 선포하고, 무기를 휴대하고 입관(入關)하였다. 왕(汪), 펑(馮), 옌(閻)은 북평에서 확대회의를 개최하였는데, 그러나 군사상의 실패로 인해 연기처럼 사라지게 되었다. 왕징웨이는 홍콩으로 도망가고, 천궁보는 다시 해외로 나갔으며, 왕파친, 주지칭 등은 천진에 일본 조계에 은거하였다. 잘못하여 옆길로 빠졌던 많은 개조파 청년들은 왕, 천 등이 행동하는 것을 보고는 그들은 통렬하게 군벌, 서산회의파를 같은 "썩은 세력"이라고 욕하며 그들의 추문을 자세히 볼 수 있었으므로, 그들은 잇달아 그들을 떠나, 일부는 혁명진영에 투신하게 되었다. 결국 개조파는 해체되는 수순을 밟았다. 1931년 1월 왕징웨이는 개조파 해산을 선언하였다. 상해의 개조파 기초 조직은 여전히 남아 일정한 역량을 보유하고 있었으므로 완전한 와해는 되지 않았으나, 그 세력은 이전과 비교할 수도 없었다.

당시 덩옌다(鄧演達)가 지도하던 중국국민당 임시행동위원회 역시

---

1) 다음해 7월 23일, 王은 또 사람을 北站으로 파견해 宋子文을 살해하도록 하였는데, 잘못 조준하여 宋의 비서인 탕위루(唐腴盧)가 사망하였다.

상해를 중요 기지로 하였다. 덩옌다는 일찍이 쑨중산(孫中山)을 따라 혁명하였고, 황포군관학교 교육장을 역임하였고 국민당 좌파의 영수중 의 하나였다. 대혁명 실패 후, 덩은 소련, 독일 등의 국가로 망명하였고, 쑨중산의 유지를 계승하자고 주장하고 반제 반봉건혁명을 견지하였으나, 동시에 중국혁명은 국제 공산의 범위 빠지지 말게 해야 한다고 생각하고, 국제공산의 계획은 듣지 않았다. 1927년 말, 덩옌다는 국내의 추종자(주요한 인물은 일부 공산당 탈당분자와 장, 왕 과 합류를 원하지 않던 국민당 좌파인사)들이 상해에서 중화혁명당을 성립하였고, 그 주요 지도자는 탄핑산(譚平山), 장바이쥔(章伯鈞), 주원산(朱蘊山), 정타이포(鄭太朴), 덩추민(鄧初民) 등이었다. 1930년 5월, 덩옌다는 비밀리에 상해로 왔고, 중화혁명당을 중국국민당 임시행동위원회로 개조하는 것을 착수하였다. 같은 해 8월 19일, 중국국민당 임시행동위원회가 프랑스조계에서 성립 외회를 소집하여, 황치샹(黃琪翔), 장바이쥔(章伯鈞), 리팡(季方), 주원산(朱蘊山)등 10여개 성에서 온 19명의 대표가 회의에 참석하였고, 덩옌다가 기초한 『정치주장』(政治主張)을 만장일치로 통과시켰다. 이 당의 중앙기구는 간부회로써, 덩옌다가 총 간사를 맡았고, 정타이포(鄭太朴), 장바이쥔(章伯鈞), 황치샹(黃琪翔)이 조직, 선전, 군사위원회의 주임을 맡았고, 기관보는 『혁명행동』(革命行動) 월간이 있었고, 리스장(李世璋)이 주편을 맡았다. 총부기관은 우원로(愚園路) 우원방(愚園坊) 20호와 격라희로(格羅希路, 현재의 延慶路) 대복리(大福里)에 위치했었다. 임시행정위원회의 정치주장은 두 가지 면에서 중요성을 나타내었다. 한 방면에서는 철저한 반제를 주장하고, 장제스의 반동정치를 뒤집고, 농공(農工)이 중심이 된 평민정권 건립으로 경작자에게 토지를 제공하는 것이다. 다른 한 방면은 공산당 지도의 토지혁명과 노동자독재정권을 반대하고, 심지어는 중국 공산당의 세력을 제거하려는 움직임도 보였다. 왜냐하면 이 당은 반장, 또는 공산당을 질책함으로써 국공(國共)간의 중간노선을 걷고자 기도하였고, 그랬기 때문에 사람들은 이른 "제3당"이라고 불렀다.

제3당의 주요 투쟁은 시종 국민당 반동파에 향한 것이었다. 그 성립 3개월 만에, 11개 성(省) 3개 시(市)에 그 조직이 건립되었다. 덩옌다는 아울러 황포혁명동지회를 조직하고, 황포학생들이 일어나 반장(反蔣)하도록 호소하였고, 아주 빠르게 장제스의 적계(嫡係)부대 중에서 일부 동참자를 만들어 냈고, 천청(陳誠) 뿐아니라 덩옌다가 파견한 두 명의 군관도 그의 소속 휘하인 제18군안에서 활동하였다. 1930년 영월분열(寧粤分裂)이 있자, 덩옌다(鄧演達)는 천밍수(陳銘樞), 양싱포(楊杏佛), 차이위안페이(蔡元培) 등과 상의하여 반장(反蔣) 군사계획을 논의하였고, 천밍수가 19로군(路軍)을 광동으로 이끌고 와서, 내전 종식과 반쟝의 구호를 내걸기로 약속하였다. 덩옌다가 강서(江西)에 가서 천청의 18군이 기의하기를 책동하였고, 동시에 무한(武漢)에 주둔하고 있던 및 원래의 서북군이 일제히 이에 호응하였고, 차이위안페이가 이끄는 제3세력의 정부가 출범하게 되었다. 이러한 계획의 실행을 위해, 제3당은 우원방(愚園坊) 20호 총부에서 간부 훈련반을 창설하였다.

덩옌다와 제3당의 활동은 군사책동으로 장제스에게 커다란 위협을 가하는 것이었다. 덩을 따르는 무리의 주된 구성원은 황포(黃埔)군관학교 3기 이후의 학생으로 이러한 사람들은 당시 대부분 병사들을 거느리는 중급군관이었고, 그들은 이러한 행동에 대한 의의를 지니고 있었다. 그래서 장은 덩을 가장 위험한 적(敵)이라고 생각하였고, 반드시 그를 처벌하려고 하였다. 1931년 8월 17일, 반혁명분자인 천징자이(陳敬齋)의 고발로 우원방 20호의 간부훈련반의 졸업전례에 참석한 덩옌다와 학생 첸푸광(錢福光) 등 12명을 공공조계 포방에서 체포하여, 두 차례의 간단한 심문을 거친 후 즉시 송호경비사령부로 이첩되었고, 남경으로 보내졌다. 같은해 11월, 장제스 하야(下野) 전날, 다이시타오

(戴季陶)는 연설에서 말하기를 오늘날 가장 두려운 적은 천지탕(陳濟棠), 왕징웨이(汪精衛)가 아니고, 황포(黃埔)의 역량을 분산시키며 정부를 동요시키는 덩옌다라고 하였다. 장은 11월 29일 남경 기린문(麒麟門)밖의 사자강(沙子崗)에서 비밀리에 덩을 살해하였다. 덩옌다가 체포된 후, 황포혁명동지회로 파괴되었다. 제3당의 중앙업무는 황치샹(黃琪翔)이 주관하였으나, 점차 활동이 식어갔다.

이 시기 중국공산당에서는 트로츠키파[托派]가 분열되어 나와 상해에서 조직을 갖추고 아주 활발한 활약을 하였다. 중국에서의 조기(早期) 트로츠키파는 중국공산당 당내의 소자산계급과 같은 사람들이 그 기초를 이루었고, 기본상 두 부분의 사람들로 구성되었다. 하나는 소련에서 트로츠키파에 가입하여 유학생 조직을 만든 사람들이고, 다른 하나는 대혁명 시기에 중요 직무를 맡고, 천두슈를 옹호하는 소위 "천두슈 파"들이 그들이었다. 그들은 국민당정권은 자산계급이 정권의 주축을 이루고, 자본주의생산관계가 이미 중국 통치의 지위를 점령하였다고 그들은 생각하였다. 당시 혁명적인 분위기가 고조되지 않았을 때, 반드시 국민회의를 소개해야 한다는 것을 주장하고, 이러한 민주주의 구호를 제창해야 한다고 하였다. 아울러 중국공산당에 농촌무장투쟁은 중국노동운동을 팔아먹는 행위라는 것을 견지하라고 지적하고 있었다. 왜냐하면 전체 트로츠키 대오(隊伍)는 모순을 많이 내재하고 있었고, 파벌이 심했으며, 이로써 시종 안정된 통일조직을 갖추고 있지 못하였다.

1927년 소련 10월 혁명 10주년 기념 시, 트로츠키 분자인 량간차오(梁干喬), 루이위안(陸一淵) 등은 반 스탈린의 시위에 참가하였고, 오래지 않아 체포되어 중국으로 추방되었다. 그들이 상해에 도착한 후, 북사천로(北四川路) 횡빈교(橫濱橋) 부근에 신우주서점(新宇宙書店)을 열고, 국내 최초의 트로츠키 조직을 설립하였다. 중국 볼세비키 레닌주의(布爾什維克列寧主義) 반대파는 그들이 출판한 간행물인 『우리들의 말』(我們的話),[2) 또는 사람들에 의해 "우리들의 말 파"(我們的話派)라고 불려졌다. 그들은 스스로를 중국 트로츠키파의 정통이고, 다른 트로츠키파의 조직은 모두 천시하며 서로 연결을 맺지 않았다. 그들의 주된 활동은 공산당 내에서 조직을 비밀리에 발전시키고, 아울러 중국 혁명에 대한 약간의 트로츠키의 문건, 문장, 강연과 서신을 발표하는 것이었다. 1929년 이 파는 각지 트로츠키 회의를 소집하였다. 같은해 8월, 트로츠키파의 두목 류런징(劉仁靜)은 터키에서 트로츠키로부터 받은 지시를 가지고 상해에 도착하였고, 그는 "우리의 말파"(我們的話派)와 연계를 맺었다.

이러한 전후, 중국공산당 "6대"(六大)노선을 받아들이기를 거절한 천두슈 등이 트로츠키파의 관점에 빨려 들어가기 시작하였고, 자신들이 제기한 주의의 취소를 주장하게 되었으며, 아울러 공산당 내에 소조직을 형성하였다. 1929년 11월, 중공중앙은 국제공산(코민테른)의 지시에 근거하여 천두슈, 펑수즈(彭述之) 등을 당 밖으로 몰아내었다. 천은 지지자 56명을 규합하여 중국공산당 좌파반대파를 설립하고, 본인이 총서기를 담당하였고, 『우리의 정치의견서』(我們的政治意見書)를 발표하였고, 공개적으로 트로츠키의 강령을 발표하였으며, 아울러 출판기관에서는 『무산자』(無產者)라는 간행물을 발간하여, 이후 사람들로부터 "무산자파"(無產者派)라고 불리게 되었다.

계속해서 "우리들의 말 파"[話派]는 천두슈의 무산자파와 연합하는 문제로 분열이 발생하였다. 1930년 10월, "우리들의 말 파"의 구성원인 쑹펑춘(宋逢春)은 중공중앙조직부에 침투하여, 후에 명백하게 트로츠키파라는 것이 드러난 왕판시(王凡西)와 함께 류런징(劉仁靜), 푸칭

---

2) 十月革命이전에 트로츠키는 파리에서 이와 같은 이름의 간행물을 地下에서 출판하였다.

촨(濮淸泉) 등과 연합하여 시월사(十月社)를 조직하고, 『시월』(十月)이라는 잡지를 출판하면서, 트로츠키 조직의 제3방파(帮派)를 일으켰다. 이를 중국좌파공산주의자동맹(中國左派共産主義者同盟)이라고 불렀다. 후에 류런징(劉仁靜)은 시월사(十月社)에서 추방되었고, 독자적으로 몇차례 간행물 『내일』(明天)을 출판하였고, 스스로 중국좌파공산주의 반대파 명천사(明天社)라고 이름 하였다.

1930년 12월, 모스크바에서 상해로 돌아온 류인(劉胤), 자오지(趙濟) 및 옌링펑(嚴靈峰) 등은 각파간의 일부 트로츠키분자와 결탁하여 전투사(戰鬪社)를 성립하고, 『전투』(戰鬪)라는 잡지를 출판하였다. 트로츠키파 내부와의 관계는 그들 스스로, "각양각색으로 뒤죽박죽이었다.[五花八門, 烏烟瘴氣], ……개인 야심과 파별편견(派別偏見), 그리고 '혁명사상의 진성(眞誠)' 차이는 있지만 함께 조직하여 때때로 아주 이상한 것들을 탄생시켰다."3)라며 이러한 것을 인정하였다.

트로츠키 조직은 모두 선전을 비교적 중시하였고, 잡지를 출판하는 것 이외에, 일부 트로츠키와 마르크스의 저작을 번역하였고, 대부분은 신주국광사(神州國光社)에서 출판하였다. 1930년 이 출판사에서 출판된 『동력』(動力)이라는 잡지의 주요 기고(寄稿)자들은 모두 트로츠키파였다. 이외에 어떤 트로츠키 분자들은 노동자운동(工人運動)에 침투를 기도(企圖)하였다. 1930년 7월, 두 명의 트로츠키 분자는 양수포전창(楊樹浦電廠)에서 파업을 선동하였으나, 노동자들이 호응하지 않아 두 명은 창방(廠方)에 의해 해고되었다.

1931년 초, 위에서 서술한 4개의 트로츠키 조직은 트로츠키의 압력과 천두슈의 적극적인 추동으로 통일을 모색하였다. 같은해 5월 1~3일, 사파(四派) 대표는 대련만로(大連灣路, 현재의 大連西路)의 건물에서 통일대회를 개최하고, 중국공산당 좌파반대파를 성립하였고, 천두슈, 펑

---

3) 王凡西, 『雙山回憶錄』, p.148.

수즈 등을 중앙위원 선출하였고, 천두슈를 총서기로 추천하였다. 그러나 통일적 트로츠키파는 더욱 빠른 속도로 붕괴 분산되었다. 오랜 기간 천두슈를 따르던 인콴(尹寬)이 중앙위원으로 뽑히지 않게 되자, 사람들을 규합해서 몇 개의 지부를 장악하고, 중앙의 활동에 대한 반대를 진행하였다. 마위푸(馬玉夫)는 중앙위원으로 선출되지 않은 것에 불만을 품고 송호경비사령부에 고발을 하여, 트로츠키 중앙은 성립된 지 1개월이 채 안된 상태에서 파괴를 당하게 되었다. 천두슈, 펑수즈, 인콴 3명 이외에, 그 나머지 중앙 위원은 모두 체포되었다. 동시에 량간차오(梁干喬) 등 4명은 남경으로 도피하였고, 국민당 특무기관에 투항하였다. 9월 사이, 인콴(尹寬) 등도 체포되었다. 이로써 본래 인원수가 적었던 트로츠키파의 가련한 조직은 천두슈 등 몇 명만이 남아 참담한 경영을 유지하고 있었다.

제6절 중국인 참정운동(參政運動)의 발전과 『피트 햄 보고』(R.Feetham 보고, 費唐報告)[1]

4·12 쿠데타(四一二政變) 후, 상해지구의 혁명운동은 비록 저조하였으나, 상해에서 중외민족간의 모순은 상당히 첨예화되었고, 대혁명 때의 민족주의 정서가 그러한 상태에 첨가되어, 상해자산계급과 시민은 조계식민통치투쟁과 아울러 백색공포가 완전히 끝나지 않은 것에 반대하고, 개량주의의 중국인참정운동을 심지어 발전을 보이고 있었다. 국민당 통치자는 한편으로는 민족주의를 수용하여 인민을 사기하고, 다른 한편으로는 조계의 권력에 대하여 일정부분을 통제할 수 있다는 희망으로 일반적인 상황 하에서 이러한 운동을 반대하지 않았다.

1927년 4월 13일, 공공조계 납세외인회는 공부국 재정이 적자라는

---

1) 『피트햄 보고』는 Hon. Richard Feedham이 상해에서 2년간 생활한 후 1932년 4월에 제출한 보고서이다. 원명은 Report of the Hon. Richard Fccthan to the shanghai Municipal Council. Shanghai : North-China Daily News & Herald, 1931~1932. 4V. 한자로는 『費唐法官研究上海公共租界情形報告書』이다. 내용은 서언, 공공조계 및 그 법제적 역사와 현상, 상해의 상무이익, 정치와 행정문제의 진술 및 그 평론, 공공조계 전도의 주요문제, 조계밖 도로지면등에 대해 언급하고 있다. 전체는 모두 4권(券)으로 되어 있으며, 공공조계의 연혁과 현상에 대해 비교적 자세히 언급되어 있고, 특히 조계의 인구, 면적, 경제 규모 등이 모두 상세한 자료와 통계로 구성되어 있다. 이 보고서는 중력본도 있었고, 공부국 華文度에서 번역하고, 1931년 출판되었다. 후에 또 피트햄요약보고(Short Summary of V.1-2 of report to shanghai Municipal Council/Richard Fcedham. shanghai : North-China Daily News & Herald)의 증역본 『費唐君提交上海公共租界工部局報告書第二卷摘要譯文』이 1932年에 出版되었다. 역자 주.

이유로, 7월 1일을 기해 집세[房捐]에 2리(厘)를 증세한다고 결정하였
다. 세금문제[稅捐問題]상 공공조계와 일치된 행동은 취하고 있던 프
랑스조계 당국 역시 같은 결정을 내렸다. 이 당시 장제스를 도와 혁명
을 진압하던 상해자산계급은 이 일에 대해서는 침묵으로 한동안을 보
낸 후, 5월 중순 항쟁을 시작하였다. 납세화인회는 증세에 대하여 자
신들에게 동의를 구하지 않았으므로, 먼저 교섭사서(交涉使署)가 영사
단에 항의하도록 하였고, 아울러 상업연합회에 일종의 행동을 건의하
였다. 6월 23일, 공공조계 시민은 대표대회를 거행하여, 집세[居捐]세
금납부를 거부하였고, 아울러 공공조계납세화인회(公共租界納稅華人
會)를 상해조계납세화인회로 명칭을 바꾸었다. 7월 3일, 공공조계내의
중국상점은 세금 증가에 반대하여 하루 철시(撤市)를 하였다. 계속해
서, 두웨성(杜月笙) 등을 조종해서 프랑스조계 납세화인회를 설립케
하였고, 공동국에 3가지 조건을 제출하였는데 내용은 다음과 같다. 하
나, 공동국(公董局)은 이 회의 성립의 모든 것을 승인한다. 둘, 이번 세
금증가[加捐]을 취소한다. 셋, 공동국 중국인 이사는 반드시 이 회에서
선출한다.2)

　　조계당국은 즉각 국민당 반동파와 연결을 맺고 이번 증연반대(增捐
反對) 투쟁을 진압하였다. 7월 21일, 상해경비사령 양후(楊虎), 군법처
장 천쥔(陳群)과 공안국장 선위린(沈毓麟)이 연합하여 "일체의 유치한
배외(排外)행동을 금지한다."고 연합 공포하였다. 공부국은 순포를 출
동시키고, 수 십 곳의 상점을 협박하여 영업을 정지시키고, 절강흥업은
행(浙江興業銀行) 역시 피소되었다. 상해자산계급은 굴복하였다. 프랑
스조계 납세화인회가 우선 공동국과 타협하였다. 타협 내용은 다음과
같은 내용이었다. 상민은 각 4계절에 특연(特捐) 2리(厘)를 납부한다.
공동국은 2명의 중국인 이사, 5명의 중국인 고문(顧問)을 추천하는 것

---

2) 프랑스租界 華董 즉 중국인 이사는 公董局에서 選任하였다.

을 동의한다. 이에 상업연합회는 긴급대회를 개최하고, 대책을 상의하였다. 위차칭(虞洽卿)은 공부국에서 세금 증가를 확정한 것은 재정곤란이 그 이유이고, 중국인 주권을 멸시하는 마음이 있는 것이 아니므로, 만약 강경 대처하는 국면이 오래간다면, 시 전체가 철시(撤市)될 것이며, 철시(撤市)가 되면 파업[罷工]을 유발시키고, 그렇게 되면 사태를 수습하기 어려워진다. 그래서 그는 "쌍방이 고려하여 서로의 체면을 손상하는 일이 없게"조정되어야 한다고 주장하였다[3]. 대회는 점차 위차칭이 대표인 상업연합회, 총상회 및 총상련회가 납세화인회와 공부국간에 조정이 진행되었다. 8월 하순, 납세화인회는 상업연합회등 단체의 조정방법을 받아들이기로 선포하였다. 일, 항의 아래 2리(厘)의 증가된 세금을 납부한다. 이, 공부국에 중국인 이사를 설치하는 문제는 연말(年末) 이전에 해결한다. 三, 다음해 공부국에서 증연(增捐)하고자 한다면 반듯이 납세화인회 대표와 상의한다. 이렇게 공부국은 세금증가라는 목적을 이루었으나, 중국인참정문제로 다시 의사일정에 제기하도록 하였다.

5·30운동(五卅運動)이래, 특히 중국인민이 한구(漢口), 구강(九江) 조계를 회수한 이후, 지배인들은 상해조계제도의 전도에 대해 위기감을 갖고 있었다. 어떻게든 중국인민의 민족주의 정서를 가라앉히고, 조계의 지위를 공고히 하여, 그들의 중대한 문제를 빠르게 해결하고자 하는 노력을 벌였다. 일부 사람들은 파시스트주의 운동을 희망하였다. 예로 1927년 8월, 영국인 휠쓰(B.Firth, 番斯) 등은 『대륙보』(大陸報)에 공개적으로 상해파시스트단체의 조직을 선언하였다는 것을 게재하였고, 외국인이 조계내의 급진주의를 없애주기를 호소하였고, 이로써 조계의 지위를 유지하고 외국인의 해관 및 염무(鹽務)에 대한 관리를 유지시키려고 하였던 것이었다. 또 다른 일부 사람들은 사기를 도모하였다. 예를 들어 1928년, 일부 제국주의 분자는 "상해 선전부"라는 명의로 『불평

---

3) 『1927年的上海商業聯合會』, p.195.

등조약과 중국』(不平等條約與中國)이라는 소책자를 살포하였고, 불평등
조약의 나쁜 것을 감추고 선전함으로써 침략자들에게 감사하여야 한다
는 내용이었다. 공부국과 상해영사단은 조계제도의 불변이라는 실질적
인 전제하에서, 화동(華董) 즉 중국인 이사 설치, 공원 개방 등의 일련
의 조치를 취해 자산계급과 연합하였고, 인민군중이 그들에 대한 적대
감정을 완화하도록 하였다.

　당시, 공부국에서는 중국인 이사 설치에 대한 일은 이미 결정되었
고, 문제의 관건은 중국인 이사의 임원수와 보수를 어떻게 책정 하느
냐였다.[4] 납세화인회는 중국인참정은 합법권리로 결정하는 것으로 공
부국 혹은 외국인의 일방적인 급여 지급이 아니고, 중국인 이사의 인
원수는 임의로 결정할 것이 아니며, 납세세금의 비례에 따라 확정해야
한다고 주장하였다. 외국인이 납세하는 납세연(納稅捐)은 공부국 수입
의 45%로이었고, 9명의 중국인 이사가 있었다. 그러므로 이와 같은 비
율로, 납세연(納稅捐)이 공부국 수입의 55%를 차지하는 중국인은 11명
의 중국인 이사가 있어야 한다고 주장하였다. 공부국에서는 이유야 어
떻든 이것에 동의할 수가 없었다. 그래서 교섭은 소강상태에 빠졌다.
1927년 12월, 공부국 총동 페센든(S. Fessenden, 費信惇)은 위차칭에게
서신을 보내, 먼저 중국인으로 구성된 특별고문위원회를 조직한 후,
1928년의 공부국 예산을 심의하자고 하였으며, 이것은 공부국에서 중
국인참정의 성의를 보인 것이라고 강조하였다. 상해 일부 자산계급의
대표는 이러한 것에 약해졌다. 1928년 1월, 페이쑹썬(貝淞蓀) 등 7인으
로 조직 구성된 특별고문위원회가 그 직무를 수행하였다. 오래지 않아
납세화인은 납세액에 비례해서 중국인 이사인원수를 결정하자는 입장
을 방치하고, 공부국과 타협을 취하게 되었다.

　3월 26일, 납세화인회의 정부회장인 위차칭과 펑샤오산(馮少山)이

---

4) 본 서 제4장 제2절 참조.

페센든에게 편지를 띄어, 아래의 조건이 중국인 이사인원수 문제를 해
결할 수 있다고 표시하였다. 제조, 먼저 3명의 화동과 6명의 공부국
각 위원회의 중국인 위원으로 과도기적인 방법을 사용하며, 이후 중국
인 이사를 6명으로 늘린다. 제2조, 공부국 각급의 상급직원은 최소한
1명의 중국인으로 하여금 처리하게 한다. 제3조, 중국인교육회는 원칙
상 중국인이 조직하고 화동(華童)학교의 중요한 행정인원은 반듯이 중
국인을 쓴다. 페센든은 답신에서 제1조는 승인하고 그 나머지 2개조에
대해서는 화동 취직 전까지 미루었다가 다시 논의하자고 하였다. 4월
10일, 납세화인회는 페이쑹썬(貝淞蓀), 위안뤼덩(袁履登), 자오진칭(趙
晋卿) 3인을 중국인 이사로, 린캉허우(林康侯), 쉬신류(徐新六), 리푸쑨
(李馥蓀), 친룬칭(秦潤卿), 천팅루이(陳霆銳), 첸룽장(錢龍章)을 중국인
(華人)위원으로 추천하여 선출하였다. 4월 16일, 납세화인회에서는 연
회에서 공부국 중외이사[中外董事] 및 위원, 위차칭(虞洽卿), 페센든
(費信惇), 페이쑹썬(貝淞蓀) 등을 차례로 강연을 하게 하였고, 공부국
에서 중국인 이사설치에 대한 것을 "중외합작"(中外合作)의 "신기원"
(新紀元)이라고 하였고, "장래의 상해는 영원히 세계최대의 상업 항구
일 뿐만 아니라, 세계 최대 상업 항구[商港]의 주도권을 쥘 것이다."[5]
라고 하였다. 이틀 후, 납세화인회는 공공조계내의 공원을 6월 1일부
터 중국인에게 개방한다는 안건을 통과시켰다. 4월 19일, 3명의 중국인
이사가 공부국에 취임하고, 총상회 등 5개 단체에서는 공공조계 각 상
점에 이것을 경축하는 플랭카드까지 내걸렸다.

1905년 말, 상해 신상(紳商)이 최초로 공부국에서의 중국인 이사문
제를 거론한 이래로 20여년이 흘렀다. 상해자산계급이 주체가 된 중국
인참정운동은 이로써 좋은 결과를 맺었다. 비록 몇 명의 자산계급대표
인물들이 첨가되어 중국인 이사를 담임 하였으나, 조계식민통치제도에

---

5) 『新聞報』, 1928年 4月 17日.

는 아무런 변화가 없었으나, 조계당국은 중국이 조계관리에 참여하는 것을 거절하였으나, 중국인 이사의 설치를 승인하였다는 사실은 외국 침략자가 대혁명의 충격아래에서 두려움과 불안함을 가졌다는 것을 반영하는 것이고, 아울러 중국인민과 제국주의의 역량에 모종의 변화가 일어나고 있다는 것을 반영한 것이다.

중국인 이사를 설치한 후, 상해 자산계급은 아주 크게 흥분하였고, 이로써 개량을 통해 조계제도의 변화를 추진할 수 있는 방법을 찾았다고 생각하였다. 일부 은행가들은 과거 상해경제의 번영과 공공조계에서 생명재산의 안전에 상당한 영향을 제공하였다고 하였다. 그러나 근래에 들어오면서 인질을 잡고 돈을 요구하는 유괴가 성행하였고, 안전도 이미 상실한지 오래되었으며, 그 최대 원인은 조계당국이 중국국정을 파악하는 것과, 통치하는데 무방하기 때문이라는 것이었다. 그래서 일종의 광범위한 자치성질을 포함하고 있었고, 상해 전체에 중국행정체계내의 헌장(憲章)을 토대로 토지장정을 대신하고, 조계제도를 고치려고 하였다. 그러나 이러한 것 이전에 중국인(華人)은 광범위한 참정(參政)을 과도기적인 방법으로 활용하기를 원했다.6) 그래서 20년대 말과 30년대 초기 중국인참정운동은 계속적인 발전을 보였다.

1929년 2월, 공부국 3명의 중국인 이사는 대표 이사에게 서신을 보내, 장래에 중국인 이사를 5명까지 증가해야 한다는 요구를 하였다. 이후, 납세화인회는 결의를 통해, 이러한 항목에 대한 교섭의 진행을 독촉하였다. 그러나 공부국은 "때가 아니다, 적당한 때가 아니다"라는 이유로, 이 항목의 토론을 거절하였다. 같은 해 겨울, 납세화인회는 다시 이 안건을 제출하였다. 1930년 4월, 이 회는 위안뤼덩(袁履登), 위차칭(虞洽卿), 쉬신류(徐新六), 페이쑹썬(貝淞蓀), 류홍성(劉鴻生) 등 5명의 중국인 이사를 선출하였다. 같은 달 거행된 납세외인회에서는 공

---

6) 『費唐法官研究上海公共租界情形報告書』, 第1卷, pp.638-639.

부국 대표이사 안뤄더(安諾德)이 납세화인회의 요구에 동의하였으나, 영국 변호사 맥도날드(R. G. McDonald, 麥克唐納)는 성명을 발표하기를 조계는 외국인을 위한 조계이므로, 중국인참정(華人參政)이 불필요하고, 외국인이 중국인 이사의 참정을 동의하는 것은 장래에 중국인에 의해 경시될 뿐 아니라, 중국인의 야심이 더욱 커지게 된다고 말하였다. 맥도날드의 선동아래, 납세외인회는 대표이사의 제안을 부결하였다. 상해자산계급은 크게 분노하였다. 납세화인회는 긴급회의를 거행하여, 선언을 발표하였고, 납세외인회가 유권적으로 중국인 이사문제를 결정한 것에 반대하였고, 아울러 전보로 남경 외교부에 연락을 하여 교섭을 요구하였다. 총상련회, 국화유지회(國貨維持會) 등 단체 역시 전후로 선언을 발표하였고, 외국인의 만행적 행동을 규탄하였다. 4월 26일, 납세화인회에서는 중문과 영문으로 장문의 문장을 발표하고, 맥도날드의 사상은 아수 낡아 빠신 것이라고 반박하고, 시대정신에 위반된다고 하였다. 이러한 상황 하에서, 남경정부 외교부장 왕정팅(王正廷)은 선언을 발표하는데, 납세외인회의 행동에 대하여 "해괴하다"란 표시를 하였고, "분명한 사리를 갖춘 외국인이므로 이것의 해결방법을 능히 찾을 수 있다"[7]라고 하였다. 영사단은 부득불 5월 2일 납세외인특별회의를 소집하고, 중국인 이사 2명을 증가시키는 제안을 통과시켰다.

이에 따라, 국민당 당국은 또 계속해서 조계 교육권(租界敎育權), 조계전화공사(租界電話公司)의 회수를 요구하였고, 공부국이 노자중재부[勞資調解部]의 설립과 월계축로 지구의 경찰권의 회수를 요구하였다. 납세화인회 등 단체는 이러한 요구를 지지하는 것을 견지하였고, 아울러 더 나아가 월계축로지구(越界築路地區)의 모든 것을 반환할 것을 요구하였다.

같은 해 10월, 프랑스조계 납세화인회의 여러 차례 요구에 의해, 프

---

7) 『申報』, 1930年 4月 19日.

랑스 총영사는 공동국 대표 이사의 명의로 프랑스조계에서의 중국인
이사의 수를 5명으로까지 늘린다고 선포하고, 시민들의 선거로 결정하
며, 9명의 특별위원을 증설한다고 하였다. 11월 8일, 프랑스조계 납세
화인회는 장샤오린(張嘯林), 두웨성(杜月笙), 주옌즈(朱炎之), 웨이팅룽
(魏廷榮), 루보훙(陸伯鴻)을 1930년의 중국인 이사로 선출하였다.

　중국인참정운동의 부단한 발전과 회심공당의 교환은 이미 각국 정
부가 영사재판권문제에 대하여 양보를 결정하였다. 이 두 가지 일에
대하여 대 지배인은 상해조계의 앞날이 암담해 지는 것에 진일보 속도
를 붙인 격이라고 하였다. 1929년 11월 일본에서 거행된 태평양학회
제3차 회의에서, 법률적인 관점에서 볼 때, 영사재판권은 일단 취소되
어야 하고, 조계의 공부국도 장래에 자연히 정지되어야 한다고 생각하
였다. 이것이 지배인들에게는 상당한 충격을 주었다. 이러한 국면에 대
항하기 위해, 공부국은 남아프리카 최고법원 원장 피트햄(R.Feetham,
費唐)을 고문으로 초청하였고, 피트햄은 공부국을 위해 영사재판권 폐
지전의 과도시기에 건설적인 계획을 작성해주기를 바랬다. 공부국은
성명을 발표하면서, 이 계획은 "장래 중국인민의 희망이 충분히 고려
된 것으로 이와 동시에 과도시기에, 상해발전의 위대한 외국상무의 이
익을 충분히 보장해 준다."고 발표하였다. 공부국은 이러한 계획이 통
과되기를 희망하였고, 계속해서 그들은 중국인과 합력한다는 인상을
주어 그 통치의 안정을 꾀하였고, 종말의 도래를 좀 더 지연시키고자
하였다.

　1930년 1월, 피트햄이 상해에 도착하였고, 바로 공부국에 제의한 모
든 요구에 대한 계획을 제출하기위하여, 그는 먼저 모든 조사에 대한
제한을 두지 말 것을 요구하였고, 이로써 공공조계의 현상 및 모든 관
련상황을 명백히 알고자 함이었다. 공부국은 그의 요구에 완전히 만족
하였고, 그기 공부국의 모든 문건 및 서류를 조사 검열하는 것을 허락

하였고, 아울러 각국단체, 회사 및 개인은 적극적으로 피트햄에게 소식과 의견을 제공하기를 희망한다고 포고하였다. 그러나 상해인민은 피트햄의 사명에 대해 흥미를 갖지 않았고, 공부국에 대한 포고에 대해서도 호응하는 자가 많지 않았다.

　피트햄은 1년 여의 조사와 연구를 거친 후, 1931년 아주 두꺼운 『피트햄 법관이 연구한 상해공공조계 상황보고서』[費唐法官硏究上海公共租界情形報告書, 일반적으로 피트햄 보고(費唐報告)라고 함]을 제출하였다. 그는 이 보고서에서 공공조계의 역사와 현상에 대하여 비교적 체계적인 논문이었고, 아울러 그가 조계에 대한 앞으로의 전망과 건의를 표시하였고, 그 중심사상은 공공조계의 현행제도를 변호하기 위하여, 역사적, 법률적인 각도에서 조계제도의 계속적인 유지의 필요와 가능에 대한 적극적으로 역설하였다. 보고는 1853~1855년간 상해에서 발생한 사건들은 "직접 혹은 간접으로 조성된 일종의 특별주의였고, 조계 밖의 외국인도 그 특수한 지위로 인해, 각종 특권을 향수할 수 있었다". 그러므로 즉각 방위권, 무장중립권 및 중국군대의 조계 출입의 권한을 거절하였다. 외국인이 건립한 공부국과 만국상단에 의거하여, 이러한 권력을 갖게 된 것이다. 피트햄이 공공조계제도에 대한 분석을 진행하면서 이러한 제도가 완전히 서방국가의 자치와 법치정신에 부합되고, 아울러 조계제도가 상해 경제발전에 도움이 되고, 상해 경제 이익이 중국 및 각국경제에 중요하게 작용하므로 조계제도는 폐지되지 말아야 한다는 것을 암시하고 있다. 그러나 그는 또 조계의 지속을 말하지도 않았다. 왜냐하면 그는 공부국에서 조계제도 폐지전의 과도계획을 정하는 것이며 승인을 얻는 것으로, "중국인민이 바라는 희망을 만족시키기 위하여 또 국민정부가 그 자신의 권력을 사용하여 장래에 공공조계에 시정부를 건립하는 것으로 공공조계는 최후에 중국에 회수되고, 이러한 정당성과 그 필요에 의해서 이루어지는 것이다"8)라고 하였다. 그러나 그는 또 중국 국내정치가 정상궤도에 이르기 전에는 조계는 반환될 수 없고, 반듯이 과도시기를 거쳐야 하며, 국민당이 헌정(憲政)을 실행하기 전에 반듯이 훈정(訓政)시기로 과도시기를 갖는 것과 같은 것이다. 뿐만 아니라 이 과도 시기는 길게는 수 십 년으로 이 시간 내에 조계제도는 반듯이 개선되어야 한다. 피트햄이 제출한 개량 조치 중의 가장 중요한 내용은 공부국의 권력을 확장하는 것으로 그 구체적인 방법은 첫째, 납세 외인회는 자문기관으로 바뀌어야 하고, 공부국의 권력을 감독할 필요가 없다. 둘째, 납세화인회의 선거법은 중국인 이사 선출건을 제안하고, 공부국이 비준한다. 셋째, 공부국은 토지장정 부칙을 제정할 권한을 갖는다. 넷째, 공부국 중국인 이사의 수와 급여는 나라별로 분배한다는 것이었다. 피트햄은 온갖 지혜를 다 짜내 조계 식민통치제도를 변호하였고, 공부국의 지배인들이 이익을 얻기 위해 폭로된 추악한 면을 보호하는데 전력을 다하였다.

피트햄 보고 발표 후, 중외 각계의 커다란 반향을 불러 일으켰다. 식민주의자는 대대적으로 찬성하였다. 공부국 대표이사 맥도날드는 말하기를 "피트햄 보고는 현재 이후 앞날에 대하여 우리들의 서가에서 중요한 자리를 차지하는 것이 될 것이다. 그 작자는 학자의 태도를 구비한 영국 신사였고, 우리들은 그를 기념할 것이고,……'이미 낙성된 견고한 큰 건물과 같다'"고 하였다. 일본인이 창간한 잡지에서는 "피트햄의 건의는……공정을 위해 권력자 편에 서지 않은 가장 좋은 내용이었다."9)라고 말하고 있다. 영국 하원은 피트햄 보고 제2권을 읽고 난 후 중국에서 영사재판권 교섭문제 대하여 다시 토론하기 시작하였다. 그러나 상해인민은 피트햄 보고서에 대해 극도의 분노를 나타내었다. 보고 제2권 발표 후, 상해 70여개 노동조합은 선언을 발표하여 정

---

8)『費唐法官硏究上海公共租界情形報告書』, 第1卷, p.276.
9) 徐公肅, 丘瑾璋,『上海公共租界制度』,附錄.

부는 피트햄을 국경 밖으로 몰아내야 한다고 요구하였다. 일부 외국인 역시 피트햄 사상의 부패함에 놀라움을 보였다. 어떤 사람은 『대륙보』(大陸報)에 글을 실어 피트햄의 몇 십 년 후 조계를 반환한다는 논점에 대하여 비평하며 말하기를, "우리는 중국을 어떻게 제재하려는 지 이해할 수 없다. 그 본심은 무엇인가?"라고 하였다. 『밀러씨 평론보』(密勒氏評論報)는 더욱 풍자해서 말하기를, "어째 수 백 년이라고 말 하지 않는가?"[10]라고 말하고, 공부국의 외국 이사중에는 공부국이 피트햄 보고서 의견에 찬성한다고 발표할 것인가에 대하여 서로 다른 견해를 보이고 있었으나, 결국 대표이사 맥도날드에 의해 공부국은 피트햄의 견해를 받아들인다고 선포하였다.

1931년 6월 말, 피트햄은 상해를 떠났다. 그가 공부국을 위해 전심을 다해 만든 청사진은 실시도 되기 전에 1·28(一二八)의 포화로 소멸되었다.

---

10) 徐公肅, 丘瑾璋, 『上海公共租界制度』, 附錄.

제6장
제1차 송호(淞滬)항전

제1절 항일(抗日) 구국운동(救國運動)의 흥기

1931년 7월, 일본제국주의는 중국 동북의 침략하기 위한 전쟁을 계획하고, 중국 농민의 도살과 조중관계(朝中關係)의 만보산(萬寶山) 참안(慘案)을 일으켰으며, 계속해서 그 식민지였던 조선에서 대규모의 배화(排華)사건을 일으켰다.

상해 인민 및 자산계급들은 이러한 행동에 대하여 즉각 강렬한 반응을 보였다. 7월 11일, 상해 납세화인회(納稅華人會)는 남경 외교부에 전보를 보내, 일본의 폭행에 대해 강력한 항의를 요구하였고, 아울러 중국에서 일본의 영사재판권 및 군대 주둔에 대하여 효과적인 처리를 당부하였고, 그렇지 않을 경우 정부에서 조선에 파병하여 중국인 교포의 보호를 요청하였다[1]. 7월 13일, 시의 각계 대표 500여 명은 시상회(市商會) 건물에 모여 반일호교대회(反日護橋大會)를 거행하였고, 시당부(市黨部)와 시상회(市商會), 시민연합회(市民聯合會), 납세화인회(納稅華人會) 등의 단체가 주축이 되어 단체 공동의 상해시 각계 반일원교위원회(反日援橋委員會, 反日會)를 결성하였고, 즉각 일본상품(日貨)불매운동을 전개시켰다. 시상회(市商會) 주석인 왕샤오라이(王曉籟)는 과거 일본상품 불매운동은 상계의 각자 추구하는 바에 의해 각계의 뜻에 따라 행동하였는데, 이번 일본인의 배화(排華)사건은 교민을 살상하는 것이고, 상점을 훼손하는 일이며, 그 화가 상민들의 생명에도 지장이 있는 것이므로, 상인들은 반듯이 일본상품 불매운동에 참

---

1) 『國民日報』, 1931년 7월 12일.

여해야 한다고 강조하였다. 반일회(反日會)는 7월 20일 검사원을 파견하여 전시에 일본 화물을 등기하도록 하였고, 아울러 현재 존재하는 일본 화물의 이동을 금지시켰다.

기세등등하고 오만방자한 일본 제국주의는 고압수단으로 상해인민의 일본상품 불매운동을 저지하려는 기도를 시도하였다. 7월 16일, 일본의 상해주재 부영사 시라이 야쓰시(白井康), 중의원(衆議員) 가토 타이치(加藤鯛一)는 반일회 주석인 위차칭(虞洽卿)에게 반일회 활동 중지를 요구하였으나, 위챠칭에 거절당하였다. 8월 7일, 시라이 야쓰시는 『민국일보』(民國日報)의 기자가 발표한 도전적인 담화에 대하여, 『민국일보』에서 말하는 반일이 "가장 격렬"하고, "우리들은 아주 나쁜 감정을 가지고 있다"고 말하고 말하면서, "중일분규를 철저히 해결하기 위해서는 오직 한 차례의 전쟁만이 있을 뿐이다"[2]라고 강조하였다. 계속해서 일본 제국주의자는 직접 무력을 사용하여 일본상품 불매운동을 진압하기 시작하였다. 8월 12일, 상해 일교상회(日橋商會)는 일본 당국에 일화불매운동에 대한 계속적인 진압을 요구하자, 해군육전대가 당일 사병을 파병하여 일부 압류되어 있던 일본 화물을 빼앗아갔고, 아울러 4명의 중국 검사원을 군함으로 끌고 가 뭇매를 가했다. 다음날, 일본상인들은 회의를 열어, 육전대의 무장 보호아래 일본화물을 운반하기로 결정하였다. 동시에 일본 해군은 군함을 상해로 증파시켰고, 중국정부에 다시금 일본인의 생명 및 재산에 위협을 가한다면, 즉각 보복행동을 취하겠다고 으름장을 놓았다. 상해에 주둔하고 있던 일본 해군 당국 역시 유사시에 그들은 독립적인 행동을 취할 것이고, 영사의 통제를 받아들이지 않겠다고 선언하였다.

일본제국주의의 무력 위협 하에, 국민당 상해시당부(上海市黨部)는 즉각 굴복을 표시하였다. 9월초, 실제적으로 시당부의 통제하에 있던

---

2) 『國民日報』, 1931년 8월 8일.

반일회의 일본 상품 검사 업무(檢查日貨工作)를 시상회(市商會)로 넘겨주었다. 자산계급 역시 위축되었다. 시상회에서는 금후의 중국에 도착하는 일본의 필수품과 공업원료에 대해서는 세금을 징수하고 물건을 운송시키겠다고 성명을 발표하였다.

상계(商界) 위주의 일본 상품 불매운동이 하향세를 타고 있을 때, 일본군은 9·18사변(九一八事變)을 일으켰는데, 동북군은 저항하지 말라는 명령으로 일본군에 대항하지 않고 있다는 경악할 소식이 상해에 전해졌다. 9·18사변으로 이전에 볼 수 없었던 민족위기를 당하게된 상해 인민은 거대한 항일 구국운동의 풍조를 일으키게 되었다. 9월 22일, 반일회에서는 각 단체 대표 5,000여 명을 모아 회의를 거행하여 결의를 통과시키고, 정부에 즉각적으로 전국총동원을 실행하고, 일본군을 중국 밖으로 내몰고, 아울러 반일회는 각계항일구국위원회(抗日會)로 명칭을 바꾸기로 결정하였다. 대학생과 교육계는 상해 각 학교에 항일구국연합회와 교육계구국연합회를 성립시켰다. 24일, 35,000여명의 부두 노동자들은 반일 대파업을 거행하며, 일본 선박의 하역과 선적 작업에 대해서 일체 거절하였다. 10만 대학생 역시 당국의 저지를 뚫고, 전시(全市)의 수업거부(罷課)를 실행시켰고, 아울러 대표단을 남경에 보내 항일 출병을 청원하였다. 계속해서 각 일본 상호의 상점과 일본인이 고용한 고용인들은 일을 하지 않았다. 10월 초, 23곳의 일본사창 노동자[日本紗廠工人]들은 상해일상사창노동자항일구국회[上海日商紗廠工人抗日救國會]를 결성하고, 계속해서 시 전체 노동자항일구국연합회[全市工人抗日救國聯合會]를 성립하였다. 좌련(左聯)과 대규모의 문화계 인사들은 일본 침략에 강력한 항의를 벌였다. 노동자, 학생과 자산계급은 자발적으로 각종 명의의 항일 의용군을 조직하게 되었다. 11월 중순에는 구국의용군에 참가 신청한 사람이 17,000여 명에 이르렀다.

국민당 통치자는 항일구국운동의 발흥에 대해 두려움을 갖게 되었고, 지도원 파견[派員指導]을 시도하였으며, 군중단체 혹은 회의 방식 등을 조종하려 하였다. 항일의 기치를 틀어쥐어 이로써 항일운동의 발전을 저지시켰다. 이러한 반동통치에 인민들은 분통을 터뜨리게 되었다. 그러나 인민군중은 아주 빠르게 두쟁의 방향을 나라를 망친 또 나라를 팔아먹은 남경정부로 돌렸다. 9월 25일, 호강(滬江) 등 10개 대학의 총장은 정부에 즉각적으로 대일방침을 선포하여 인민의 분노를 가라앉히도록 요구하였고, 그렇지 않을 경우에는 학교 당국에서는 즉각 학생들과 일치된 행동을 하겠다고 선포하였다. 다음날, 시당부(市黨部)는 공공체육장에서 수 만 명의 시민들을 소집한 시민대회를 거행하였다. 회의가 시작되자, 모든 국민당의 거물들은 군중의 저주와 비평의 대상이 되었고, 동전, 돌, 과일 껍데기 등의 투척을 받았다. 일부 공산당원은 기회를 틈타 회의 진행 석상으로 올라가 공개적인 연설을 발표하고 대회에 "대일항전"(對日宣戰), "왕정팅 사살"(槍斃王正廷), "장제스 매국 투항 반대"(反對蔣介石賣國投降) 등의 안을 제출하였다. 격앙된 군중들은 일순간에 이 안을 통과시켰다. 10월 2일, 시당부(市黨部)와 일부 황색공회(黃色工會)의 우두머리들은 시 전체 노동자대표대회[全市工界代表大會]를 조종하였다. 노동자대표의 노력으로 대회 선언 때에 부득불 당국의 부저항 정책과 국제연합에 동정을 구하는 행동 등의 방법을 비난하였다. 10월 10일, 중국 공산당은 성공적으로 상해에서 대규모의 시위를 벌였다. 상해 자산계급의 국민당 정부에 대한 불만은 나날이 증가되었다. 9월 28일, 시상회(市商會)는 대일경제절교위원회(對日經濟絶交委員會)를 조직하여 한층 더 강화된 일본상품 불매운동(日貨不買運動)을 폈다. 10월 중순, 상해에서의 중일무역은 완전히 정지되었고, 많은 일본 매판(買辦)들은 사직하였다. 자산계급의 신문과 일부 대표 인물은 국민당이 국가와 국민에 재앙을 가져온 내전정책과 부저항정책에 예리한 비평을 가하며, 지적하기를 "수년 이래에,

통일은 환상에 불과하고, 평화 또한 절망적이다. 물건들에서는 모두 부패하여 벌레가 나오고, 사람들은 모욕과 사기를 당하고 있다. 일본의 심양 즉 봉천침략은 이러한 기회를 틈타 일어난 것이다."[3]라고 하였다. 그들은 국민당에 즉각 내전을 중지할 것과 일치하여 일본침략자들을 동북으로부터 몰아내자고 강력하게 요구하였다.

예로 성냥과 차의 항일구국운동은 일본의 상해에서의 침략이익에 상당한 타격을 주었다. 1930년, 매달 상해에 수입되는 화물의 29%는 일본 상품이었으나, 1931년 12월에는 일본 화물의 점유율이 3%에 불과하였다. 일청공사(日淸公司)의 모든 선박은 운행 중단하였다. 11월 말에는 시 전체에서 80% 이상의 일본 자금으로 운영되는 공장들은 문을 닫게 되었다.

일본 제국주의는 동북을 점령한 후, 상해 침략을 목표로 세우고, 대규모의 군수품과 육전대를 실은 군함을 계속해서 황포강으로 들여 보내고 있었다. 일본군은 홍구(虹口) 파자장(靶子場, 경마장)에 총포제조창을 세우고, 계속적인 무장시위를 벌이며 도발적인 행동을 계속하였다. 미국 영사와 공부국은 일본 측에 치안에 주의할 것을 희망하였고, 일본총영사 무라이(村井)는 사태를 확대시키지 않는 범위 내에서 중국인의 항일운동을 제제한다는 조건을 내세웠다. 이와 동시에, 일본 군국주의분자들의 적극적인 책동으로 상해의 일본 교포들은 분쟁을 일으키려고 하였다. 9·18사변 후, 상해의 일본교포들은 관상합작(官商合作)의 시국위원회(時局委員會)를 설립하고, 총영사 무라이(村井)를 위원장으로 선출하였다. 10월 초, 관동군 고급 참모 이타가키 세이시로(板垣征四郎)가 상해의 일본 무관 부관인 다나카 류키치(田中隆吉)에게 전보를 쳐서 지시하기를 "상해에서 중대사건을 일으키기를 바라며, 이로써 각국의 시선을 돌리기 바란다."고 하였으며, 아울러 그에게 2

---

3) 藹廬, 「日軍侵略東省痛言」, 『銀行週報』, 15卷 36號.

만엔[日元]의 경비를 제공하였다. 10월 11일, 상해 일본교포는 곧 제1차 전체대회를 거행한 후, 일본정부와 군정 요인들에게 선언과 결의를 보내면서, 아주 거만하게, "대일경제절교(對日經濟絶交)의 불법적인 횡포를 두절시키기 위해 강경하고 효과적인 방법을 채택하라."[4]라고 요구하였다. 회의 후, 수 천 명의 일본인은 북사천로(北四川路)에서 시위를 벌이면서 중국점포를 파손시켰고, 항일표어를 찢어버렸으며, 상해 시민들과 심각한 충돌을 일으키게 되었다. 이 사건 후, 일본 침략분자들의 상해에서의 소란과 파괴활동은 현저히 증가하였으며, 규모 역시 계속적으로 확대되어 나갔다. 10월 27일과 12월 6일, 일본교포들은 선후로 상해에서 장강유역 일본인 연합대회와 전중국일본교민대회(全中國日本僑民大會)를 소집하였고, 더욱 노골적으로 일본정부에게 상해에 대해 강경 정책을 펼 것을 요구하였다.

당시 일본 제국주의는 침략 준비를 더욱 가속화하고 있던 때였는데, 국민당정부는 오히려 계속적인 내전만을 고집하였다. 9·18사변(九一八事變) 후, 남경정부와 왕징웨이(汪精衛), 쑨커(孫科), 천지탕(陳濟棠), 리쭝런(李宗仁)을 우두머리로 하는 광동정부의 무력대치 상태는 전국민의 분노와 질책을 받았으며, 이전의 모든 원한을 버리고 일치단결하여 국난을 극복하자는 목소리가 높아졌다. 10월 초, 쌍방은 상해에서 평화회의를 거행하기로 약정하였다. 장제스의 무력위협에서 벗어나고자 광동방면에서는 중립적인 태도의 십구로군(十九路軍)으로 계속해서 남경과 상해[寧滬]경비를 담당케 하였다. 장제스는 이 요구에 어쩔 수 없이 동의하였다. 10월 21일, 영월(寧粤; 남경정부와 광동정부를 말함) 평화회의는 화약연기가 충만한 분위기에서 개막되었다. 광동측은 장제스의 하야(下野)를 요구하였으나, 장제스는 그 직위에 연연하여 동의하지 않자 회의는 소강상태에 빠졌다. 상해 각계 인민들은 이러한 회

---

4) 信夫淸三郞, 『日本外交史』, 下册, pp.568~569.

의 상태에 대해 강렬하게 힐책하였다. 11월 6일, 상해의 각 대학 교직원 청원단, 각 노동조합 청원단, 전국학생항일회 등 단체들은 평화회의에 대한 시위를 벌였다. 호강대학교(滬江大學校) 교장 류잔언(劉湛恩)은 왕징웨이(汪精衛) 등에게 가장 짧은 시간에 평화방법을 선포하고, 변호사 선쥔루(沈鈞儒) 역시 왕징웨이 등이 조계에서의 흥정으로 움츠려드는 것을 힐난하였고, 아울러 조계의 우페이푸(吳佩孚)등도 역시 같다고 지적하였다. 상해은행공회 역시 평화회의를 촉진시키자는 선언을 발표하였고, 아울러 장궁취안(張公權), 리푸쑨(李馥蓀) 등을 추대하여 대표로 파견하여 쌍방대표를 만나게 하였으나, 이러한 노력은 모두 허사가 되었다.

인민군중의 압력 하에 영월(寧粵) 쌍방은 11월 7일 절충적인 협의로 쌍방은 각자 국민당 4전대회를 개최하고 아울러 나뉘어 중앙위원을 만들기로 하였고, 그 후 이 두 위원회를 하나로 하기위해 남경에서 4차 1중전회[4屆1中全會]를 개최하였고, 장제스 하야(下野)문제는 잠시 언급하지 않기로 하였다. 광동의 4전대회는 광주에서 개최되었는데, 이권을 나누는 문제가 공평하지 않다는 이유로 또 분열되었다. 왕징웨이(汪精衛) 일파는 12월 초에 상해로 돌아왔고, 새로운 하나의 조직을 만들어 제3차 4전대회를 개최하였다. 이것은 왕이 4전대회(全大會)를 대세계기생(大世界妓女)들이 노래를 부르는 장소인 공화청(共和廳)을 회의장으로 하였기에, 당시 선출되었던 중앙위원을 당시의 사람들은 "야계중위"(野鷄 中委 즉 賣春婦 中委)라고 비아냥거렸다. 3개 4전대회(三個四全大會) 폐막 후, 광동측은 계속해서 장제스 하야를 주장하자, 장제스는 강경대처가 좋은 방법이 아니라고 생각하고, "이퇴위진"(以退爲進, 한걸음 나아가기 위해 퇴보한다)한다는 생각으로 12월 15일 하야(下野)를 선포하였다. 9·18사변 이래 침체되어 있던 상해의 채권시장은 잠시 호조세를 나타냈다.

이때, 일본 침략자들은 그들의 침략 목표는 금주(錦州)로 향하고 있었다. 국민당 당국은 금주를 중립구(中立區)로 선포하여 영, 프, 미의 군대 파병으로 고수하고자 하였다. 이러한 국민당의 태도로 전국의 여론이 크게 일어나, 항일반장(抗日反蔣)의 풍조가 더욱 고조되었다. 12월 5일, 북경대학생 시위단이 남경에서 시위를 벌였고, 국민당에 의해 200여 명이 체포되었다. 상해 15,000명의 학생들은 7일에 총시위를 거행하여 당국의 애국운동 진압에 항의하였다. 9일, 상해 각 학교의 항일구국연합회는 대표대회를 개최하고 시당부와 공안국에서 파견하여 북경대학생 대표를 살해하도록 한 흉수 왕푸성(王福生)이 현장에서 학생들에 의해 잡혔다. 수 만 명 학생들은 시당부를 훼손하였고, 시정부를 포위하였고 아울러 민중법정을 거행하여 왕푸성(王福生)을 공개 심판을 벌였고, 시당부 상위(常委) 타오바이촨(陶百川), 시공안 국장 천시쩡(陳希曾)에게 소환장과 소집영장을 보냈다. 대학생들의 강한 압력 하에, 시장 장쵠(張群)은 명령을 내려 북경대학생들을 석방케 하였고, 타오바이촨을 수색하여 체포하게 하였고, 천시쩡에게는 정직처분을 내렸다. 타오와 천은 두려움으로 온 가족이 은신하였다.

군중운동의 기세 높은 반항운동의 계속적인 충격아래에, 국민당의 상해에 대한 엄격한 통제는 해이하게 되었다. 12월 중순 시장 장쵠과 시당부 집행위원과 감독위원이 잇달아 사직을 선포하였다. 자본가 왕한량(王漢良)등은 이 기회를 틈타 전시국민당원을 소집하여 긴급회의를 거행하였고, 시당부를 부인하였으며, 새로운 당무개진회(黨務改進會)를 설립하게 되었다. 전 총상회 책임자인 펑샤오산(馮少山), 스즈쿤(石芝坤) 등은 그들을 추종하는 사람들을 모아 상인운동위원회를 조직하였고, 시상회의 인수 인계를 기도하였다. 상총연회(商總聯會) 역시 자동적으로 회복되어 사무를 보게 되었다. 신문사들은 대중집회를 통히여 각 신문사는 이후 어떠한 검사와 간섭을 받지 않는다는 것을 선포하였다.

이와 동시에, 중국 공산당은 인민군중의 영향아래 그 세력을 부단히 확대시켰다. 12월 초, 중국 공산당은 유일귀국 학생들이 소집한 60여 개 단체가 반제대표대회에 참가하는 것을 통과시키고 상해 민중반일구국회(上海民衆反日救國會, 줄여서 反日會라고도 함)를 공개적으로 설립하였다. 12월 3일, 반일회에서는 시민대회를 개최하고, 중국공산당이 제출한 구호를 통과시켰고, 회의 후 3,4시간 동안 시위를 벌였다. 반일회는 아주 빠른 속도로 300여 개의 단체 회원을 수용하였고, 아울러 각 구에 분회를 설립하여, 당시 상해에서 가장 영향력 있는 구국단체의 하나가 되었다. 12월 17일, 상해 문생씨(文生氏) 영문전수학교(英文專修學校) 학생이며 청년단원인 양퉁헝(楊桐恒)이 남경에서의 시위에 참가하여 시위를 벌이던 중 군경에 의해 살해당하자, 반일회는 1932년 1월 10일 공공체육장에서 양퉁헝(楊桐恒)을 추도하는 시민대회를 거행하였다. 국민당은 대규모의 군경을 파견하여 감시하였으나, 회의 참가자들은 조금도 두려워하지 않고, 큰 소리로 "공산당 만세", "홍군을 추대한다.", "국민정부 타도"등 혁명구호를 외쳤다. 회의 후, 군중은 관을 들고 시위를 벌였으며, 연도에서 자발적으로 시위에 참여하는 사람들이 계속적으로 늘어났다. 이 대오(隊伍)가 남경로에 이르렀을 때, 그 인원은 만 명에 이르렀다. 17일, 반일회는 재차 시민대회를 소집하였는데, 참가자는 5,000여 명이었다. 회의 후 군중은 시정부로 가서 시위를 벌였고, 시정부를 포위하여 몇 시간 동안 농성을 벌였다.

노동자와 학생의 항일구국운동은 나날이 격렬해지고, 국민당은 통치위기가 나타나게 되자, 국민당정권에 대한 상해 자산계급의 태도에 중대한 변화가 보이기 시작하였다.

1932년 1월 12일, 쑨커(孫科) 등은 상해에서 회의를 개최하여 잠시 공채의 이자 6개월분의 배분을 정지시키고 재정위기를 상해자산계급에 넘기려고 하였다. 9·18(九一八)사변 이래, 채권이 계속 하락하였고, 이미 상해 자산계급은 거대한 손실을 보고 있었다. 정부가 다시 공채의 이자에 대한 지급을 거부하자, 각 종류의 채권은 휴지로 변하였다. 상해자산계급은 이로써 분노가 폭발하게 되었다. 은행노동조합, 금융계노동조합, 시상회(市商會) 및 기타 채권을 소지하고 있던 사람들은 즉각 남경방면에 강렬할 항의를 제출하고, 저주와 욕설을 퍼부으며, "백성들에 상해를 입히고, 백성을 죽이는 행동"이라고 규탄하였다. 시상회 주석 왕샤오라이(王曉籟)는 큰 소리로 "머리를 잘릴 수는 있지만 공채기금의 용도가 변하는 것은 절대로 인정할 수 없다"[5]고 하였다. 원래 신정부와 합작을 준비하였고, 재정부의 차장(우리나라의 차관과 같은)인 금융계의 거부 린캉허우(林康侯) 역시 사직을 선포하였다. 쑨커(孫科)정부는 잠시 양보 하며 말하기를, "공채 이자 지급 정지는 논의에 불과하였고 결정되지 않았다."고 발뺌하였다.

이후, 상해자산계급의 국민당 정권에 대한 반감은 더욱 심화되었고, 반항의 용기는 더욱 증가되었다. 1932년 1월 13일을 기해, 스량차이(史量才), 황옌페이(黃炎培), 류홍성(劉鴻生) 등이 "임신구락부"(壬申俱樂部)의 명의로 은행공회와 기업은행 건물에서 빈번히 집회를 가졌고, 국민당의 통제를 받지 않는 상해자산계급중심의 기구를 설립하려는 분위기가 조성되었다. 직교사(職敎社)의 『인문』(人文)월간과 아울러 『대사유표』(大事類表)라는 칼럼에 쑹칭링선언(宋慶齡宣言)을 발표하여, 이 선언은 장제스의 개인독재를 통렬히 비판하였고, 중국 국민당은 조기에 혁명단체의 지위를 상실하였다고 지적하였다. 상해자산계급은 비로소 일당 독재를 비평하였고, 국민당의 정권 개방을 요구하게 되었다. 1931년 11월, 남경 4전대회(四全大會)에서 국난회의 개최 소집을 요구하였고, 각 방면의 인사들이 모두 국사에 대한 논의를 수용

---

5) 『國民日報』, 1932年 1月 14日.

해야 한다고 주장하였다. 상해자산계급의 일부 대표적인 인물들은 이것이 참정의 기회라고 생각하였으며, 아주 흥분하게 되었다. 마샹보(馬相伯), 황옌페이(黃炎培), 무어우추(穆藕初)와 구관료인 슝시링(熊希齡), 자오펑창(趙鳳昌), 원쭝야오(溫宗堯)등은 중화민국국난구제회(中華民國國難救濟會)와 강소성국난구제회(江蘇省國難救濟會)를 조직 발기하였고, 아울러 선언을 통전하여 당부에서 인민의 자유를 간섭하는 것을 금지하고, 정당의 설립과 활동 금지를 개방하는 것, 지방자치의 이행, 헌정(憲政)의 실행 등을 요구하였다. 공채의 원금 상환 연기라는 사건 발생 후, "민치"(民治)를 요구하는 목소리가 더욱 강렬하게 되었다. 『신보』(申報)에 발표했던 제목인 『취소당치』(取消黨治)부분은 독자들의 항의 편지를 받았다. 마샹보(馬相伯) 등은 중국민치촉성회(中國民治促成會)를 설립하고 정권은 "1인(一人), 일가(一家), 일계급(一階級)이 조종하거나 점유해서는 안 된다"하고 지적하였다.6) 『시사신보』(時事新報)는 심지어 "당(黨)이 당(黨)으로서의 역할을 하고 있는지 회의를 갖고 있고, 정부가 당치(黨治)로써 정치를 하는 것인지에 대한 회의를 품고 있다"7)고 힐난하였다.

조계내의 영국과 미국의 대 지배인들은 상해인민의 계속적인 항일구국운동의 노력을 아주 좋지않은 시각으로 보았으므로, "상해 자유시"라는 음모로 이러한 풍조 및 추세를 없애려고 하였다. 9·18사변(九一八事變) 발생 후, 영미 지배인들은 비록 일본의 행동에 불안을 느꼈으나, 일본 공부국에 한번 고생으로 영원히 편해지는 방법은 상해조계의 법률적 지위를 조성하는 것으로 이것은 아주 어렵게 얻은 기회라고 설득하고 있었다. 10월 28일, 공부국 이사회의[董事會議]가 열렸는데, 총재 페센든(費信惇)과 일본 이사 후쿠시마(福島)는 당면해 있는 문제

---

6) 『馬相伯先生文集』, p.861.
7) 『時事新報』, 1932년 1월 15일.

를 국제연합의 국제회의에 건의하여 상해문제를 해결하려고 하였다.
11월 초, 상해의 외국인 사이에서 영국 영사는 이미 중국정부와 치외
법권의 조약 폐기에 대한 문서를 기초하고, 정안사로(靜安寺路, 현재의
南京西路)에서 만국체육회가 개최한 태평양국제학회 제4차 대회에서
역시 조계교환 전 중외연합의 행정조직을 설립하여 조계를 관리하는
것에 대하여 건의하였다는 이야기가 널리 퍼져 있다. 일부 영국 지배
인은 단결하여 국내에 압력을 가하였고, 천 명에 달하는 인원이 참가
한 상해 영국교민연합회에서는 결의를 통해 치외법권 폐지에 결사반
대한다고 의사를 표시하였다. 영미 침략자는 항일구국운동으로 장래
조계의 지위를 동요시키는 것과 그들의 기존 이익이 침해되는 것을 두
려워하였다. 그러므로 그들은 한편으로는 조계내의 항일운동을 강력하게
진압하였고, 다른 한편으로는 일본 여론을 동정하는 것으로 일본인이 당
연히 무력으로 중국의 항일운동을 진압할 것을 암시하고 있었다.

11월 중순, 19로군(十九路軍) 78사(七十八師)가 상해로 들어와 주둔하
였고, 다이지(戴戟)가 송호경비사령(淞滬警備司令)을 담당하였다. 19로군
(十九路軍)의 전신은 북벌시기에 이름이 있던 "철군"(鐵軍)의 일부로
영광적인 혁명 전통을 지니고 있었다. 9·18(九一八)사변 후의 둘째 날,
이 부대가 강서(江西)에서 홍군을 포위하고 공격하고 있을 때, "단결
하여 일본을 때려 부수자"는 구호가 부대내부에서 흘러나왔고, 항일
정서가 고양되는 분위기였다. 이러한 행동은 영미 대 지배인들을 더욱
불안하게 만들었다. 11월 27일, 공부국 대표이사는 각국의 상해주둔
군대 대표 및 만국상단 사령부 등의 사람들을 방위위원회(防衛委員會)
특별회의에 참가시켰고, 각국 군대는 필요한 때에는 구(區)를 나누어
조계를 담당하는 원칙을 제기하였다. 12월 18일, 방위위원회에 참가했
던 각국 군대의 사령관들은 『긴급시기에 외국의 상해주재 방어군과
현지 군사역량 연합행농의 협정』(緊急時期各外國駐滬防軍和當地軍事

力量聯合行動的協定)에 서명을 하게 되었다. 이 협정에 의하면, 공공조계 서구(西區) 및 월계축로(越界築路) 지구(地區)는 이탈리아, 영국, 미국 3국의 군대가 책임을 지고, 조계북부 변계(邊界)와 상업중심지역은 만국상단이 책임을 지며, 공공조계의 동북구(東北區, 즉 虹口) 및 북사천로(北四川路) 이서(以西)에서 송호철로(淞滬鐵路)의 갑북(閘北)까지는 일본군대가 책임을 지기로 합의를 보았다. 북사천로(北四川路) 이서(以西)는 조계 밖의 지구로서, 불평등조약에 의해서도 공공조계당국과는 전혀 무관한 지방으로 방어를 담당할 이유가 없는 곳이었다. 그러나 일본은 오히려 이곳의 방어에 전념을 하였고, 아울러 일본군대의 군사행동에 대한 독립성을 강조하고 있었다. 일본의 표면상 이유는 그 지역에 많은 일본 교포가 거주하고 있다는 것이었으나, 실제상으로는 일본군의 방어선을 북사천로(北四川路)만으로 설정을 해 놓을 경우, 상해 침략전쟁이 폭발하였을 때 중국군대가 그 길의 서쪽 주택을 방어선으로 작전을 펼 경우, 이것은 일본에게 아주 불리하게 작용하기 때문이었다.[8] 당시 대 지배인들은 "일본인들이 19로군(十九路軍)을 몰아내면, 외국 조계의 안전과 존엄이 진일보하므로 나쁜 일이 아니다"라고 생각하고 있었다.[9] 그래서 공부국은 일본의 이러한 음험한 요구를 들어주었고, 아울러 중국당국에 대해서는 비밀로 하였다.

영국과 미국의 대 지배인들은 이러한 비열한 침략행위를 조종하고, 대대적으로 일본제국주의가 기세를 펼 수 있도록 조장하였으며, 뿐만 아니라 일본군이 상해침략전쟁[侵滬戰爭]을 일으키기 위한 구실과 군사상의 편리를 제공하고 있었다. 1개월 이후, 일본군은 방위협정이란 명목으로 갑북(閘北)을 향하여 진공하기 시작하였다.

---

8) 關寬治, 島田俊彦, 『滿洲事變』, 上海譯文出版社 1983년판, p.372.
9) Johnstone, The Shanghai Problem, p. 276.

제2절 1·28사변(一二八事變) 폭발(爆發)

1932년 1월, 일본제국주의자는 상해를 더욱 조여들기 시작하였고, 각종 요구를 국민당 당국에 제기하여 이로써 혼란상황을 조성한 후, 이러한 상황을 정리한다는 구실로 상해로 진공하였다.

1월 9일, 『민국일보』(民國日報)는 "천황이 열병(閱兵)을 마치고 도쿄로 돌아가는 도중에 습격을 당하였고, 불행히도 흉수(凶手)는 체포되었다"라는 표제로 일본천황 테러 소식을 보도하였다. 일본정부측에서는 이러한 보도는 천황을 모욕한 것이라고 주장하며, 상해시정부에 트집을 잡았다. 『민국일보』는 중국 정부측의 신문으로, 시장(市長) 우테청(吳鐵城)은 비굴하게 일본에 빌붙기 위해 이 무리한 항의를 받아들여, 민국일보의 보도를 취소할 것과 사죄를 위한 배상 그리고 관련자를 처벌할 것을 다짐하였다. 1월 18일, 일본 무관 부관 다나카 류키치(田中隆吉)의 지시에 따라, 여자특무(女特務) 가와시마 요시코(川島芳子)는 중국에 뒤집어 씌울 계략을 세우고, 마옥산로(馬玉山路, 현재의 双陽路) 삼우실업사(三友實業社) 부근에서 5명의 일본 승려를 습격하여, 일본 승려 1명은 죽고 2명은 상해를 당하는 사건을 일으켰다. 일본 영사는 이것을 구실로 시정부에 항의를 하였고, 아울러 기타 권리의 보류를 선포하였다. 1월 20일 새벽, 다나카(田中隆吉)는 부하인 헌병 대위 쓰기토(重藤)에게 일본청년동지회 소속의 폭도들을 지휘하여 삼우실업사(三友實業社)를 습격하게 하였고, 공장을 불태웠으며, 아울러 이전에 탄압을 받던 공부국 화포(華捕) 1인을 때려죽이고, 2명에게 상해를 입혔다. 오후, 상해 일본교포들은 일본군의 성원 아래 제2차 대회를 거행하며 살기등등하게 "현재 항일폭행은 이미 극에 달하였다. 제국정부는 최후 결심을 해야하고, 즉각 육해군을 파견하여야 하며, 자위권(自衛權)을 행사하고, 이로써 항일운동을 분쇄시켜야 한다."[1]라는 성명도 발표하였다. 회의 후, 수 천 명은 손에 곤봉을 들고 시위를 벌였으며, 연도(沿途)의 전차, 버스 및 중국 상점을 파괴하였고, 중국 행인들에게 상해를 입혔다. 이어서, 일본총영사 무라이(村井)는 일본 승려가 습격을 받았던 일에 대해 상해 시정부에 정식으로 사과, 흉수 처벌, 배상, 항일회의 해산 및 항일운동의 해체 등 5개항의 요구조건을 제기하였다.

계속해서 일본 해군은 직접적으로 상해 시정부에 압력을 가하기 시작하였다. 1월 21일, 일본 해군 제1 파견 외함대(外艦隊) 사령 시오사와 고이치(鹽澤幸一)는 각 일본 신문에 경고서를 발표하고, 상해시정부가 무라이(村井)가 제출한 요구에 원만한 대답을 하지 않는다면, 일본 해군은 앞으로 적절한 수단을 취하겠다고 으박질렀다. 다음날, 한 일본 해군 군관이『민국일보』사옥으로 가서, 이 신문에서 삼우실업사 습격에 대한 그릇된 보도는 일본 해군을 모욕하는 것이므로 직접적인 사과를 요구하고 나섰다. 23일, 일본인들은 상해시정부가 일본 영사의 요구를 거절한다면, 육전대가 상해를 점령할 것이라는 소문을 퍼뜨렸다. 동시에 일본 해군함정과 육전대가 대규모로 상해를 지원하였고, 일본 사병은 계속적으로 홍구지구(虹口地區)에서 무장 순찰을 실행하면서 더욱 긴장된 분위기를 만들었다. 25일, 무라이(村井)는 우테청(吳鐵城)을 만나서, 28일 이전까지 기본적인 대답이라도 발표할 것을 요구하였다. 같은 날, 일본 육전대 지휘관 사메지마(鮫島)는 공부국 방위위원회에서 성명을 발표하였는데, 일본이 어쩔 수 없이 군사행동을 취할 때, 해군사령관 시오사와(鹽澤)는 먼저 계엄령 발포를 해줄 것을 요

---

1) 信夫淸三郎,『日本外交史』,下冊, p.569.

구하였다. 이것과 똑같은 내용을 정식으로 공부국에 통지하였고, 일본의 상해진공은 공부국의 계엄령 집행을 구실로 진공하기로 하였다. 오래지 않아, 시오사와는 또 공부국과 협의에서 "장래 공부국 행정의 완정에 아마도 큰 도움을 줄 것이다"라고 하며, "공부국과 상의 없이는 조계에서 군사행동을 하지 않는다."2)고 보증한다고 큰소리쳤다.

이때, 영미 정부는 상해에서 그들의 이익에 대한 걱정을 하기 시작하였다. 1월 25일, 미국 국무원의 대변인이 발표하기를, "미국정부는 일본의 상해 공공조계에서의 단독행동에 대하여 상당한 관심을 갖고 있다."고 언급하고 있었다. 로이터 통신사에서도, "영국정부가 상해 방면에서 일본의 간섭이 나타나는 것에 대해 신중한 검토와 주의를 하는 중"이라고 말하였다. 26일, 미국신문에서는, "일반적인 현상들을 볼 때 미국은 단독적 또는 영국과 함께 강력한 행위를 취하기로 하였다"3)라고 발표하였다. 공부국에서는 중국 정부를 굴복시키는 방법으로 전쟁을 피할 수 없게 되었다는 일본의 주장을 역성을 들어 지지하였다. 대변지인『자림서보』(字林西報)는 남경당국을 지칭하여 "먼저 어떠한 보복이나 범죄적인 성질의 군사행동에 대해서는 힘을 다해 신속히 방지해야 한다. ……이로써 각 항일회의 방종한 행위를 제지하여야 하고, 이러한 교훈과 명확한 노력으로 이러한 단체를 해산시켜야 한다. 군사당국은 사령관을 엄격히 통제해야 한다."4)는 내용의 글을 게재하고 있다. 26일, 공부국은 일본 해군 육전대가 민국일보사(民國日報社)에 대하여 최후의 조치를 통첩하자, 포방(捕房)에 이 신문사를 폐쇄시킬 것을 명령내렸다.5) 27일, 공부국은 장래에 일본이 공부국의 행정에 대한 것

---

2) 『字林西報』, 1932년 1월 27일.
3) 『大公報』, 1932년 1월 27일.
4) 『字林西報』, 1932년 1월 25일.
5) 다음날『民國日報』는 공부국의 권고를 받아들여 "暫行[잠시]" 정간한다고 선포하였다. 그러나 실제상 이 신문사는 1945년 10월에 가서야 復刊되었다.

은 모두 존중한다는 보증을 받아낸 후, 일본을 두둔하는 것이 노골적으로 드러나기 시작하였다. 『자림서보』(字林西報)는 직접적으로, "공부국은 외부의 압력에 의해 조계내의 반일운동을 진압하는 일부 조치를 취하는 것에 대해 고려하고 있다. 만일 일본이 관할 범위내의 토지를 점령하면, 이 행동은 더욱 강경해질 것이다. 왜냐하면 조계는 일본이 그들의 면제권을 이용하여 일본의 이익 때문에 자신들의 이익이 파괴되는 행동을 할 경우에는 이를 용인하지 않을 것이다."6)라고 직접적으로 언급하였다.

영미 방면의 이러한 태도는 일본의 침략 야심을 저지할 수 없었다. 1월 26일, 일본 해군 최고회의에서 상해를 진공한다는 결정이 내려졌고, 필요시에는 제3 외함대를 파견하여 오송구(吳淞口)를 봉쇄시킬 것이라고 하였다. 당일, 각지 일본 영사들은 강남일대의 일본 교민들에 대해서는 1,2일 이내에 상해에 집합하도록 권고하는 글을 발표하게 되었다. 27일, 일본 총영사 무라이(村井)는 상해시정부에 최후통첩을 제출하여, 만약 28일 오후 6시 전에 만족할만한 대답을 하지 않는다면, 일본인은 장래에 필요한 행동을 취하겠다고 엄포를 놓았다. 일본 거류민단은 즉각 일본 교포들을 지역에 따라 방위 조직을 갖추었다. 같은 날, 일본군 사령부 대표는 공부국 총재에게 전보를 보내 언급하기를, 중국당국이 만약 배일운동(排日運動)을 제지하지 못할 경우, 그들은 조계 내 천후궁(天後宮)내의 항일회총부(抗日會總部)와 호서(滬西) 조가도(曹家渡)의 일본상품검사처[日貨檢查處]를 단속하고, 압류되어 있는 일본 화물과 배일전단, 반일전단(상품 진열대의 일체의 배일 표어 및 장식품)을 돌려받는 행동을 취하겠다"고 엄포를 놓았다. 그들은 공부국이 자신들의 행동에 혹은 일본 해군에 협조할 것인가 아닌가에 대해 알기를 희망하였다. 이러한 행동은 페센든이 명확한 해답을 들려주

---

6) 『字林西報』, 1932년 1월 27일.

지 않았기 때문이다.

일본 제국주의의 무력 위협은 상해인민의 일본에 대한 분노를 더욱 확산시키는 결과를 초래하게 되었다. 일본 폭도들이 삼우실업사(三友實業社)를 습격한 후, 각 단체는 잇달아 신언을 발표하고, 흉수(凶手)의 체포를 요구하였다. 1월 24일, 반일회에서는 일부 단체로 하여금 인상항참안[7]후원회(引翔港慘案後援會)를 조직하여, 흉수의 처벌을 요구하고, 배상과 일본군 철수와 아울러 국민당 당국에 무기 대여와 무장의용군의 설립을 요구하였다. 일본의 최후통첩이 발표된 후, 각 항일단체는 즉각 시위를 벌여, 정부에 대일 단교를 요구하고, 당국에 일본의 무리한 요구를 절대 수용하지 말 것을 강력하게 요구하며 투쟁의 의지를 보였다. 동시에 인민군중은 일부 새로운 의용군을 조직하였다.

상해의 경비를 담당하고 있던 19로군(十九路軍)은 이때 인민군중의 항일 애국운동의 영향을 받게 되었다. 여단장[旅長] 웡자오위안(翁照垣)이 여관에 숙박을 하고 있을 때, 시중을 드는 사람이 그에게 묻기를, "당신들은 왜 일본인과 전쟁을 하지 않는가?"라고 하자, 웡은 수치스러운 표정으로 아무 대답을 하지 못하였다. 다른 군관들 역시 이러한 상황에 처해 있었고, 이러한 것으로 더 이상 군복을 입을 수 없다고 하여 많은 군인들이 제대를 하였다. 사병들이 부대 밖에서 물건을 살 때, 역시 매번 시민들의 냉대를 받고 있었다.[8] 이러한 어려운 상황은 관병들의 항일 요구를 더욱 강하게 만들었다. 1931년 12월, 군장 차이팅카이(蔡廷鍇)는 군중(軍中)에 지원군을 조직하고, 서남국민의용군(西南國民義勇軍)의 명의로 동북으로 가서 항전에 참가할 것을 준비시켰다.

---

7) 1932년 1월 20일 일본폭도가 삼우실업사(三友實業社)를 불태우고, 중국인 순포 1명을 살해하고, 다른 두명의 순포의 귀와 손가락을 자른사건을 말한다. 역자 주.
8) 翁照垣, 『淞滬血戰回憶錄』, pp.14-15.

1932년 1월 중순이후, 일본 침략자의 상해에서의 도발이 나날이 난폭해지고 있을 때, 19로군(十九路軍) 지도자들은 군사작전을 수행하기 시작하였다. 1월 22일, 두 명의 군관이 차이팅카이(蔡廷鍇)에게 일본이 상해를 공격하려는 것이 분명하다는 것을 보고하였다. 차이(蔡)는 분노의 소리로, "일본인이 우리 국민을 우롱하고 모욕하였다. 차이팅카이(蔡廷鍇)가 상해에 있는 동안 일본인은 우리 국토의 한 치의 땅도 밟을 수 없다"[9]고 하였다. 다음날 정오, 차이팅카이(蔡廷鍇)와 19로군(十九路軍) 총지휘자인 장광나이(蔣光鼐), 송호경비사령(淞滬警備司令) 다이지(戴戟)는 상해주둔[駐滬] 부대의 영관급 이상 간부들과 긴급 군사회의를 열어, 상해 사수(死守)가 결정되었다. 아울러 재화와 장비가 일본군에 비교가 안 되는 상항 하에서 강서(江西) 홍군(紅軍)의 "피중취경"(避重就輕; 강함을 피하고 쉬운 쪽을 택한다)의 전법을 채택해야 한다고 강조하였다. 회의 후, 장광나이(蔣光鼐)등은 그들의 결정을 남경정부에 보고하기로 결정내렸다. 쑨커(孫科)정부는 당시의 상황을 외교방법으로 상해문제를 해결하기를 희망하였으나, 군대의 전쟁 준비에 대해서도 동의하지 않을 수 없었다. 당일 저녁 7시, 장광나이(張光鼐), 차이팅카이(蔡廷鍇), 다이지(戴戟)는 부대에 비밀 명령이 하달되었다. 명령 내용은 "만약 일본군대가 우리들의 주둔 부대를 공격할 때, 전력을 다해 소멸시켜야 한다."고 하면서, 아울러 주의를 요구하기를, "一, 일본군을 제외한 다른 나라의 군대나 순포와는 충돌을 피하라. 二, 조계나 각국이 화계(華界)내에 설립한 공창투자부동산[工廠投資房產], 교민 등에 대해서는 엄격히 보호를 하라. 三, 우리 군이 작전을 수행할 때 조계의 경계선을 침범하지 않는 범위에서 수행하라."[10]는 것이었다. 명령이 하달되자 관병들의 사기는 진작되었고, 어느 때라도 일본

---

9) 張襄, 「十九路軍一二八淞滬抗戰回憶錄」, 『上海文史資料選輯』, 第7輯.
10) 國民黨政府軍事機關 檔案.

군과 일전을 결행할 수 있는 준비가 갖추어졌다.

상해 군민의 적에 대한 분노는 전투를 준비하게 되었다. 그러나 국민당 정부와 일부 자산계급의 상층 인물은 오히려 일본의 비행기와 대포의 두려움으로 타협 투항을 결정하였다. 1월 24일, 두웨성(杜月笙), 스량차이(史量才)는 차이팅카이(蔡廷鍇)를 청해 두(杜)의 자택에서 장징장(張靜江)과 만났고, 장은 차이에게 향후 부대를 남상 이서(南翔以西)로 이동시켜 일본군과의 충돌을 피하라는 중앙의 의지를 전달했다. 군정부장(軍政部長) 허잉친(何應欽) 역시 상해로 와서, 차이(蔡)에게 권고하기를 "모욕을 참고, 어려움을 견디자"라고 하였고, 군대를 철수하여 남상 이서(南翔以西)로 옮기도록 하였다. 이때, 장제스는 이미 중앙정치회의 상임위원 및 군사위원회 위원의 신분으로 다시 새롭게 남경의 최고 권력을 장악하고 있었다. 25일 새벽, 국민당 중앙위원 구멍위(顧孟余)가 명령을 받고 상해로 왔으며, 남경정부의 "상해경제 중심의 보전과 충돌을 피하는 원칙"을 전달하였다.[11] 우톄청(吳鐵城)은 당일 밤 공상금융계(工商金融界)의 거두(巨頭)들과의 회의에서 그들의 동의를 얻어 일본화물의 제지와 각 단체의 명의로 되어있던 "항일"(抗日)이라는 글자를 삭제하였다. 다음날 오후, 상해 국민당 중앙위원 쥐정(居正), 장췬(張群), 예추창(葉楚傖), 허잉친(何應欽) 등과 우톄청(吳鐵城)은 시부(市府)회의를 열고, 정식으로 일본과 충돌을 피하는 방침을 결정하게 되었다. 27일, 시당부는 100여 개의 동업공회(同業公會) 및 상해시 총공회[12]와 시정부(市政府)에 항일회에 대한 견책을 요청하고 "이러한 조치는 경제에 해가 된다", "전 국민의 기대와 희망에 위반 된다"는 등의 요구로 해산시킬 것을 요구하였다.[13] 당일 밤, 우톄청(吳鐵城)은 천후궁(天後宮)의 항일회 총부를 폐쇄하도록 군경(軍警)

---

11) 胡璞玉, 『抗戰史料叢編初輯』(一), p.155.
12) 上海市總工會는 1931년 12월 19일에 설립되었다.
13) 『申報』, 1932년 1월 28일.

에 명령하였다. 같은 날, 허잉친(何應欽)은 정식으로 헌병이 제19로군 (第十九路軍)을 대체하여 갑북(閘北)의 방어 임무를 수행하도록 명령 을 내렸다.

상해인민은 국민당 정부의 비겁한 행동에 대해 불만을 표시하였다. 항일회는 그들이 장래에 해산된다는 소식을 접한 후, 바로 상임위원회 와 집행위원회를 소집하여 대책을 토론하였고, 집행위원들은 해산을 반대한다는 일치된 표시를 나타내었다. 당일 밤, 시상회(市商會) 및 은 행동업조합 등 26개의 단체는 공동 선언을 발표하여, "9·18"(九一八) 이래의 연약하고 무능한 국민당의 대처에 대해 날카롭게 질책하였다. 28일 오전, 시민연합회는 사원대회를 열어 시정부가 항일회를 폐쇄한 데 대해 엄중한 경고를 하였고, 정부에 일본과의 절교를 요구하였고, 아울러 또다른 결사단 조직을 결정하였으며, 무력으로 일본 상품을 판 매하는 간상(奸商)들에게 대항하겠다고 하였다. 갑북(閘北) 노동자와 시민 역시 거리 시위를 통해, 무장을 하고 침략군 일본에 대행하겠다 는 그들의 의지를 행동으로 드러내었다.

항일회가 폐쇄 조치된 후, 일본방면에서는 모든 "항일"(抗日) 단체 의 해산을 요구하였다. 28일 오전, 일본 해군사령 시오사와(鹽澤)는 공 부국 방위위원회에 통보하기를 중국이 만족할 만한 답변이 없을 때, 일본군은 다음날 새벽 행동을 개시한다고 통지하였다. 공부국은 즉각 당일 오후 4시에 계엄령 실시 결정을 내렸다. 정오, 일본 군함 13척이 황포강으로 진입했고, 일본군은 명령을 내려 군대가 주둔하고 있는 부 근의 일본 교민을 5시 전까지 조계로 들어가도록 하였다. 국민당 정부 는 재차 양보로 타협하였다. 1시 45분, 상해시정부(上海市政府) 비서 장 위훙쥔(兪鴻鈞)은 일본 측의 요구 조건인 5개 항을 모두 접수한다 는 것을 일본 영사관에 보내자, 일본총영사는 만족을 나타내었다. 이 후, 시공안국은 또 오후 3시에 개최예정인 시민대회를 제지시켰다. 조

계 당국은 국민당 정부가 이미 굴복하였고, 일본 영사가 영사단에게
만족을 표시하였고, 국세는 평온한 상태로 기울었으나, 원래의 계획대
로 계엄령은 반포되었다.14) 오후 4시, 영국, 미국, 이탈리아, 프랑스 4
개국 군대와 만국상단(萬國商團)은 지정된 구역으로 진입하였으나, 일
본군은 아무런 행동도 하지 않았다.

   같은 날 밤, 상해의 일본군은 이미 각종 군함 38척을 보유하고 있었
고, 그중 항공모함 "능등여"호(能登呂號)도 포함되었고, 비행기 40대,
장갑차 수 십 대가 있었으며, 해군육전대는 1,800여 명이었고, 또 무장
건달[武裝浪人]이 3,000여 명이었다. 11시, 일본 해군육전대는 집합을
하였고, 15분후 방구(防區)로 진입하기 시작했다. 11시 20분, 일본 영
사는 돌연히 상해시정부를 향해 시오사와(鹽澤)의 성명을 직접 건네주
고, 즉각적으로 갑북(閘北)의 중국 군대의 철수를 요구하고 나왔다. 우
테청(吳鐵城)은 조치를 취할 시간이 없었고, 약 10분 후에 일본군은

---

14) 공부국에서 이렇게 한 것은 왜냐하면 "그들은 일본이 평화적으로 해결하는
   것을 원치 않았기 때문에, 動亂의 구실을 잡기 위한 것이었다"라는 것이다.
   이것은 아주 명백히 일본의 침략계획(Christopher, Conflict in the Far East,
   p.282)이었다. 그러나 영사단은 후에 공부국의 답변을 위해, 두 가지 구실을
   말하였다. 그 원인의 하나는 이러한 결정은 중국이 항복을 하지 않았기 때문
   이고 다른 하나는 중국인민은 어쩌면 이러한 결정에 반대하여 반항 폭동을
   일으킬지 모른다는 것이었다. 그러므로 계엄령은 일종의 예방조치였고, 아울
   러 어떠한 특정단체를 지정해 일격을 가하려고 한 것이 아니라는 것이
   다.(Willoughby, The Sino-Japanese Controversy and the League of Nations,
   pp.314~315). 그러나 이것은 완전한 사기극이었다. 공부국이 동란의 예방조
   치로 계엄령을 선포하였다면 일본군이 침략을 하고자 하였던 閘北의 중국당
   국에 통지를 하여, 이로써 쌍방의 충돌을 막았어야 하였는데, 그들은 이렇게
   는 하지 않았다. 현존하는 자료에 의하면 공부국은 일본의 요구가 채택된 후
   에 계엄령을 반포한 것이 아니라, 일본의 진공과 그들이 조치를 취하기 전에
   계엄령을 선포한 것이다. 이러한 것은 불문으로 한다고 하여도, 공부국에서
   계엄령을 신포한 것은 전쟁이 바로 시작된다는 것을 알려주는 것이었으므로
   완전한 사기극이라고 할 수 있는 것이다.

장갑차(裝甲車)와 전차(電車)의 엄호아래 갑북(閘北) 보산로(寶山路),
규강로(虯江路), 광동가(廣東街, 현재의 新廣路), 보홍로(寶興路), 횡빈
로(橫浜路), 천통암로(天通庵路), 청운로(靑雲路) 각 거리의 입구로 부
대를 진격시켰다.

27일 허잉친(何應欽)은 19로군(十九路軍)에게 갑북에서 철수하라는
명령을 내리자, 19로군(十九路軍) 지휘관들은 아주 불만이었으나, 명
령에 복종하여 철수를 준비하였다. 그러나 형세가 긴박하게 되자, 그
들은 부대로 모일 수가 없었다. 상해주둔해 있던 부대는 78사(七十八
師)의 두 여단(旅團)이었고, 115여단(一一五旅團)은 호녕로(滬寧路)에
서 용화(華龍)에 분산 배치되어 있었고, 116여단(一一六旅團) 제4단(第四
團)은 보산(寶山)에, 제5단(第五團)은 대장(大場)에 주둔하였고, 갑북(閘北)
에는 제6단(第6團) 천 여 명만이 있었다. 28일 밤, 방어를 교체하러 온
헌병(憲兵) 제6단이 진어(眞如)에 도착하였다. 장광나이(張光鼐)와 차
이팅카이(蔡廷鍇)는 일본군 진공의 승기를 막기 위해, 다음날 새벽 방
어 임무를 교대하기로 하였다. 11시, 송호경비사령 다이지(戴戟)는 일
본군이 갑북(閘北)을 점령하려 한다는 보고를 받은 후, 즉각 116여단
장 윙자오위안(翁照垣)에게 삼엄한 경계명령을 내렸다. 11시 30분, 제
6단이 윙(翁)의 명령으로 진지에 투입될 때 일본군이 갑자기 달려들었
다. 제6단은 즉각 반격에 나섰고 저항을 하였다. 1·28(一二八) 송호항
전(淞滬抗戰)은 이렇게 폭발되었다.

제3절 송호혈전(淞滬血戰)

　일본의 괴수 시오사와(鹽澤)는 미친 듯 발표를 하기를, 일본군은 4시간 내에 완전히 상해를 점령할 수 있다고 하였다. 그러나 19로군(十九路軍)은 상해인민의 전폭적인 지지아래 용맹하게 항전하였고, 철저하게 그들의 꿈을 깨뜨렸다.

　일본군은 진공을 시작하자, 19로군 관병은 즉각 가로변의 가옥을 보호막으로 하여, 격렬한 시가전을 전개하였다. 장광나이(張光鼐), 차이팅카이(蔡廷鍇), 다이지(戴戟)는 임시지휘부를 설립하고, 선후로 헌병 제6단과 대장(大場)에 주둔하고 있던 제5단(第5團)을 갑북(閘北)으로 이동시켜 참전하도록 하였고, 아울러 소주(蘇州), 진강(鎭江)에 주둔하고 있던 제60, 61사(第60, 61師)에 명령하여 신속하게 상해로 진격하라는 명령을 내렸다. 29일 새벽, 일본군은 전투기를 출동시켜 지상군을 원조하였고, 상무인서관과 동방도서관은 포탄을 맞아 불타고 있었고, 불길은 하늘로 치솟았다. 일본군은 화력의 우세에 의존해 공격을 반복하였고, 쌍방은 여러 차례 백병전을 벌였고, 일본군의 사상자가 많았고, 장갑차 3량을 소실하였고, 패색이 짙어갔다. 일본 관방의 전사 기록에 의하면, 이 날 일본군은 20명이 사망하고 부상자는 100여 명이었다고 전하고 있다.[1] 당일, 장광나이 등은 전국으로 통전하여 일본의 침략 죄행을 폭로 하면서 "국가와 국토를 보호하기 위해서는 철저한

---

1) 沈毅, 『淞滬戰事瑣聞』이라는 책에 기재되어 있는 것을 근거로 보면, 당일 200여 명의 일본 사병은 戰敗아 不服從이라는 비난으로, 압송되어 귀국조치 당하였다.

저항을 하여야 하고, 한 명이 희생당하면 총알 하나를 없애는 것이므로 절대 위축되지 말아야 한다."[2]고 강조하였다.

1·28(一二八)사변 폭발 후, 국민당 최고 당국은 당황하여 조치를 취할 시기를 놓치고, 일체의 아무런 준비도 없었으므로, 결국은 실패한다는 것을 알고 있었고, 즉각 수도를 낙양(洛陽)으로 천도한다는 것과, 남경을 방어할 군정인원(軍政人員)으로 허잉친에게 지휘를 맡기고, 상해는 문직관원(文職官員)인 쑹쯔원(宋子文)이 지도하게 하였다. 동시에 19로군(十九路軍)의 항전을 깨뜨릴 방법을 생각하였고, 일본과 타협을 하도록 전력을 다하였다. 29일, 외교부장 뤄원간(羅文干)은 미국에 "직접적인 우호 조치로 중국의 전쟁을 마무리 짓기"[3]를 원한다고 표시하였다. 천밍취(陳銘區) 역시 비밀전문을 장광나이, 차이팅카이, 다이지에게 보내 1·28사변(一二八事變)은 외교적으로 볼 때, 국부(局部)적인 문제에만 유리하게 작용한다고 전하였다. 이때, 일본군은 그 피해와 손실이 심각함을 느끼고 지원을 받고, 숨을 돌릴 틈이 필요하여, 중국 방면에 정전을 요구하였다. 우톄청(吳鐵城)은 이러한 요구를 영국과 미국의 영사들이 표면에 나서 해결해 주기를 요청하였다. 19로군(十九路軍) 지휘자들은 일본이 성의가 없음을 알고 있었지만, 그러나 부서 조정의 필요와 영미의 조정으로 잠시 휴전되었고, 일본 측과는 29일 밤 8시를 기해 3일간 휴전을 약속하였다. 30일, 일본 군부는 지원병이 도착하고, 갑북(閘北)을 향한 출동이 갖추어지자, 재차 엄밀한 방어를 하고 있는 19로군(十九路軍)을 격퇴하기 위해 출동시켰다. 31일, 허잉친(何應欽)은 우톄청(吳鐵城) 등에게 비밀전문을 보내 19로군(十九路軍)이 엄격하게 정전협정을 지킬 것을 요구하고, 임의로운 사격을 하지 말고, 아울러 민중단체의 반일운동에 대한 엄격한 통제를 지시하였다.

---

2) 國民黨政府軍事機關檔案.

3) Willoughby, The Sino-Japanese Controversy and the League of Nations, p.319.

전투가 폭발한 후, 공공조계 당국은 계속해서 일본 침략자를 두둔하였으나, 영국과 미국 내에서는 또 다른 태도가 나타났다. 영국 외교부의 고문은 "일본이 상해를 침략한 것은 전 중국을 통제하겠다는 서막이다. 만약 수수방관을 하면 영국의 이익에 아주 심각한 영향을 받을 것이고, 영국은 극동지방에서 철수해야 한다. 즉 인도와 같이 철수해야 하는 결과를 초래할 것이다."라고 일본의 상해 진출에 대한 경계의 태도를 보였다. 당일 영국과 미국은 4척의 군함을 상해로 보냈다. 미국군방(美國軍方)은 "미국인을 보호하기 위해 필요한 조치를 취한다."4)고 하였다. 영국과 미국의 상해 영사는 일본군이 조계를 중심으로 작전을 수행하는 것에 대해 상당한 불만을 표시하고, 일본 측에 조계 내에서의 군사행동을 중지하도록 요구하였다.

이때, 전 상해시 인민의 항전 지원에 대한 열기가 고조되었다. 1·28(一二八)사변 발생의 이틀째, 중국 공산당은 중화전국총노동조합[中華全國總工會]을 통해 일본제국주의자의 상해 침략 선언에 반대를 발표하였고, 노동자와 모든 민중의 무장기의로 철저한 항전을 견지할 것을 호소하였다. 상해에 있던 56곳의 일본공장의 근 7만 여 명의 노동자들은 대파업을 거행하였고, 뒤이어 자동적으로 공장을 나왔다. 중국 공산당은 호서반일파업위원회[滬西反日罷工委員會]를 조직하였고, 통일적인 지도로 호서일창노동자[滬西日廠工人]의 항일활동을 담당하게 되었다. 부두[碼頭] 노동자와 선적노동자는 일본 군수물자의 선적을 거부하였다. 전신노동자[電信工人]는 적의 통신연락망을 단절시켰다. 야송(耶松), 서용선창노동자[瑞鎔船廠工人]는 일본 선박의 수리를 거부하였다. 일본 상점과 기관에서 일을 하던 직원들이 잇달아 사표를 내고 퇴사하였다. 좌익문화인사는 모두 천왕다오(陳望道)가 주최하였던 저작계항일협회(著作界抗日協會)에 가담하게 되었다. 이 회에서는 『숭

---

4) 洪育沂, 『1931~1939年國際關係簡史』, 三聯書店 1980년판, pp.16~17.

국 저작자는 일본의 상해 진공으로 위해 도살당한 민중을 위한 선언』 (中國著作者爲日本進攻上海屠殺民衆宣言)이라는 책을 발표하고, 전국 인민의 즉각적인 무장기의를 호소하였고, 일본 침략 반대를 견지하였으며, 항일 선전 신문을 발행하였다. 상해 상인은 시상회의 명령에 따라, 1월 29일 파시(罷市)를 시행하였고 상해 19로군(十九路軍)의 항전을 도왔다. 1월 31일, 상해자산계급의 주된 인물 100여 명은 스량차이 (史量才), 왕샤오라이(王曉籟), 두웨성(杜月笙)을 정부(正副) 회장으로 하는 상해시민지방유지회(上海市民地方維持會)를 설립하고, 일률적인 공상금융계의 전선(前線) 지원, 지방 질서 유지, 금융시장 유지와 난민 등의 호송을 적극적으로 지원하였다. 상해의 각 학교에서는 항일구국회, 변호사공회(公會), 국난구제회, 직교사(職敎社), 납세화인회, 시상회(市商會)등 몇 십 개 중요한 단체 역시 같은 날 새롭게 연합하였으며, 상해 각 단체의 구국 연합회도 설립되었다. 전쟁 폭발후 이틀도 되지 않아, 19로군이 받은 각종 위문품은 산더미처럼 쌓였고, 전선에서의 장군과 사병의 식사는 주변의 인민들이 매일 두 끼를 나누어 해결해 주었다. 쑹칭링(宋慶齡), 허샹닝(何香凝) 등은 친히 왕림하여 군대를 위문하고, 의무소를 설립하였다. 2월 5일, 시 전체에는 개인들이 설립한 의원이 이미 11개소나 되었다. 각계에서는 의용군, 감사대 등을 조직하여 총알이 비오는 듯 하는 전선에서의 수리공사, 부상병운송, 전령, 한간(漢奸)들을 잡는 일을 하였다. 19로군(十九路軍)은 고급참모 화천중(華振中)을 여장(旅長)에, 웡자오위안(翁照垣)으로 하여금 의용군 총부지휘를 담당하도록 맡겼다. 이밖에 상해인민은 구급대를 조직하여, 허샹닝과 천밍취(陳銘區) 부인 등은 친히 부녀구급대 조직하고 인솔하여 156여단(一五六旅團)에서 부상병 구급행동을 벌였다.

　상해 인민의 대대적인 지원 아래, 19로군(十九路軍)의 관병(官兵)들의 투혼은 더욱 고조되었다. 2월 2일, 일본군 지원병들이 또 도착하였고, 오후 2시에 일본군은 정전협정을 깨뜨렸고, 갑북을 향해 대대적인 진공을 취하였다. 19로군(十九路軍)의 맹렬한 타격 아래, 일본군의 전선에는 한 무더기의 시신이 쌓이게 되었다. 다음날, 일본군은 다시 공격하였으나 실패하였다. 2월 4일, 일본군은 다시 전선을 재정비하여 1차 총공세로 공격하여 강만(江灣), 오송(吳淞)일대까지 전화(戰火)가 만연하였고, 전체의 전선에서 격렬한 전투가 전개되었고, 쌍방의 사상자가 심각하게 발생하였다. 3일 후, 갑북(閘北)의 진지(陣地)와 오송(吳淞) 요새는 우뚝 솟아 움직이지 않았고, 일본군의 총공격은 완전히 분쇄되었다. 시오사와(鹽澤)는 파면되어 귀국하였고, 상해를 침략하였던 육해군은 새로 도착한 제3함대 사령 노무라 기치사부로(野村吉三郞) 중장(中將)이 총지휘를 맡았다. 해군 육전대 역시 우에무라 하치미가쿠(植村鉢磨)의 지휘로 교체되고, 사메시마코(鮫島降)가 참모장이 되었다. 2월 7일, 일본 육군 제24여단 쿠루메여단(久留米旅團)은 오송(吳淞)으로 상륙하였고, 화력이 우세한 그들은 오송(吳淞)과 강만(江灣) 일선을 주 공격대상으로 삼았다.

일주일 정도의 격전이 경과한 후, 원래 공장이 숲을 이루고 있고, 건물들이 비늘처럼 서 있던 갑북(閘北)과 북사천로(北四川路) 일대는 포탄으로 평지로 초토화되었으나, 전선에서는 첩보(捷報)가 날아들었고, 인민은 항전(抗戰)의 열정이 나날이 고조되었다. 지방협회에서는 정부에 전보를 보내, 신속하게 대군을 보내 19로군(十九路軍)을 지원하도록 요청하였다. 상해 금융계 역시 국민당 정부에 4년 내에 새로운 공채를 발행하지 않고, 유관 비용으로 내전에 사용하지 않는다는 조건에 동의한다는 조건으로, 공채 기간 만기의 이자를 받지 않기로 하여, 이로써 희생을 감수하여 정부가 이 어려운 난국을 헤쳐 나가는데 협조하였다.

이때, 홍구(虹口)는 이미 완전히 일본군사의 근거지가 되었다. 일본군은 공공조계의 기타 방위 세력인 영국, 미국 군대와 만국상단의 홍구 진입을 차단하고, 그곳의 순포들도 모두 무장해제시키고 소방대 역시 활동을 중단시켰다. 공부국은 일본의 압박에 의해 홍구에 있는 학교와 병원들도 모두 철수시키게 되었다. 영국과 미국의 홍구(虹口) 통치는 실제상 반신불수의 상태였다. 그러나 일본군은 공공조계의 기타 지역의 진입에는 아무런 저항도 받지 않았고, 남경로에서는 몇 차례 무장시위까지 벌였다. 이것에 대해 납세화인회 등 단체와 중국정부는 여러 차례 영사단과 공부국에 일본군이 이미 조계의 중립지위를 파괴하였다고 지적하였다.5) 그러나 공부국과 영사단은 오히려 일본에 압력을 가하는 것을 원하지 않았다. 그러나 일본군의 만행으로 자신들의 이익이 손상을 입는 것에 대하여 공부국은 일본의 침략적 태도를 용인하는 것이 올바른 것인지를 심각하게 고려하였다.

19로군(十九路軍)은 연전연승하였고, 인민들의 정서는 아주 고양되었으며, 열강의 일본에 대한 태도 역시 강경노선으로 돌아서게 되었다. 그러나 국민당 최고 당국은 여전히 송호항전(淞滬抗戰)을 "적당한 선에서 그치는" 방침을 세우고, 평화를 모색하였다. 전투가 폭발한 후, 장제스(蔣介石)의 직속부대[嫡係部隊]인 제87, 88사(第八十七, 八十八師) 고급군관 위지스(兪濟時), 쑹시리안(宋希濂) 등이 지원을 위해 상해로의 부임을 청하였으나, 장제스(蔣介石)와 허잉친(何應欽)에 의해 거절되었다. 장(蔣)과 허(何)는 일본과 타협을 모색하기 위해 고의로 19로군(十九路軍)을 고군분투하는 위험 속에 처하게 하였다. 이로써 사회각계와 국민당내의 반대파의 강렬한 비난을 듣게 되었다. 장은 형세가 불리하게 작용하자, 2월 6일 원군(援軍)을 조직하였다. 장(蔣)과 허(何)는 87. 88사(八十七, 八十八師)를 제5군에 편입시켜 장즈중(張治

---

5) 엄격히 말하면 공공조계는 중립을 유지하는 아무런 권력을 갖고 있지 않았다. 공부국이 오랫기간 동안 "中立"을 천명하였던 것은 중국 주권에 대한 조잡한 침범이었다.徐公肅, 丘瑾璋, 『上海公共租界制度』참고.

中)을 군장(軍長) 겸 87사(八十七師) 사장(師長)으로 하고,[6] 상해로 출발시켜, 장광나이(張光鼐)의 지휘를 받게 하였다. 이 전에 국민당 공군 역시 참전하게 되었다. 그러나 허잉친(何應欽)은 공군에 명령하기를 "일본 전투기에 저항하는 것 이외에, 일본 해군에는 절대로 폭탄을 투하하지 말라"[7]고 하였다. 2월 6일, 행정원장 왕징웨이(汪精衛)는 19로군(十九路軍)에게 전보를 보내 말하기를, "영국과 미국은 이미 일본군을 자동적으로 조계 밖으로 밀어내려고 하고 있으므로, 우리는 비행기를 파견하여 교전하는 것을 희망하지 않는다. 이대로 처리하라."[8]고 하였다. 상해에 머물러 있던 국민당 해군은 19로군(十九路軍)에게 어떠한 원조도 하지 않았고, 또 일본 해군과는 상호 불공격 협정을 체결하였으며, 뿐만 아니라 일본 함정에 음식물을 제공하는 일까지 벌어졌다. 해군 차장 리스자(李世甲)는 심지어 일본 사령관 노무라(野村)와 함께 자동차를 타고 각처의 전투 상황을 둘러보기까지 하였다.

2월 8일, 제5군이 강교(江橋)와 남상(南翔) 일대에 도착하였다. 허잉친(何應欽)은 다시 우톄청(吳鐵城) 및 상해에 있던 요원 쑹쯔원(宋子文), 쿵샹시(孔祥熙) 등에게 전투를 다시 지속하도록 지시하였고, 19로군(十九路軍)의 힘을 다 소모케 하였고, 오송(吳淞)과 남상(南翔)에 보급품을 제공하지 않음으로, 그들이 중의를 모아 먼저 전쟁을 중지하도록 하게끔 하였다. 장제스의 지령을 받은 부대가 상해에 들어와서 전투를 하였으나, 퇴각과 방어만을 하였고, 일치된 전투를 벌이지 못하였다. 그러나 상해의 쑹쯔원(宋子文) 등은 어떻게 타협하느냐에 대해 약간 다른 견해를 갖고 있었다. 2월 9일, 쿵샹시(孔祥熙)는 허잉친(何應欽)에게 전보를 보내 말하기를, "현재 사람들의 일본에 대한 분노는

---

6) 2월 14일에 정식으로 임명되었다.

7) 국민당정부군사기관당안.

8) 국민당정부군사기관당안. 사실상 근본직으로 영국, 미국은 수동적으로 일본 군대를 조계 밖으로 밀어내려는 압력을 넣은 적은 없었다.

극에 달하고 있다. 만약 상당하는 조건 없이 양보만 하는 것은 민중들의 분노를 면하기 어렵기 때문에 정부 역시 분란에 휩쓸릴 수 있다."고 상황을 파악하고 있었다. 그래서 그들은 먼저 원병을 강력하게 뒷받침하고, 군민의 열정을 이용하여, "19로군(十九路軍)과 공산당과 함께 토벌하는 작전을 수행하는 것이 효과적이다"라고 하며, 일본군에 항거하는 것을 견지하고, 그런 후 외교 수완으로 다시 이것을 이용해 "다음의 방법을 모색하는 것이 좋다"9)고 강조하였다.

국민당 내부에서는 평화협정의 결정을 내리지 못한 상태에서 일본군은 2월 11일 오후, 갑북(閘北), 온조빈(蘊藻浜), 조가교(曹家橋) 일대에 맹공을 퍼부었다. 19로군(十九路軍)은 완강히 저항하였고, 일본군과 육박전을 치렀고, 전황은 아주 극렬하였으며, 개전 이래 보기 드문 전황이었다. 밤 7시가 되어서야 일본군은 전면 퇴각하였다. 13일 새벽, 일본군은 연막탄의 엄호아래, 온조빈(蘊照浜)을 긴너 기가교(紀家橋) 진지(陣地)를 점령하였다. 19로군(十九路軍)은 즉시 반격에 나섰다. 일본군은 지원부대가 없자 적지 않은 사람이 물에 익사하였고, 진지(陣地)는 다시 원상으로 중국측으로 되돌아갔다.

2월 14일 이후, 일본 육군 정예부대 제9사단이 상해에 상륙하자, 상해의 일본군 총병력은 3만 여 명에 달하였다. 지휘자는 우에다 켄기치(植田謙吉) 중장(中將)이 담당하고 있었다. 이때, 국민당 제5군 역시 전부 전장에 투입되었고, 강만(江灣), 묘행(廟行), 호가택(胡家宅), 조가교(曹家橋) 일선의 방어를 담당하여, 중국 방어군[守軍]의 총병력은 이미 5만 여 명에 달하였다. 우에다(植田)는 전선을 시찰한 후, 보유하고 있는 병력으로는 중국군대를 격파할 수 없다고 생각하고 국내에 다시 지원병 파견을 요구함과 동시에 영국 영사 램프슨(M. Lampson, 蘭普森)의 거처를 방문하여 중국군대와 직접 담판을 짓겠다는 뜻을 내비쳤

9) 국민당정부군사기관당안.

다. 이 이전에 국민당은 이미 일본 장군과 안면이 있는 왕쥔(王俊), 천이(陳毅) 등의 인물을 상해로 오게 하여, 일본의 상해 주둔 무관(武官) 하라다(原田) 및 일군(日軍) 참모장(參謀長) 타시로 칸이치로(田代皖一郎) 등을 비밀리에 접촉하였으나, 아무런 결과도 얻지 못하였다. 당시 일본이 담판에서 원하는 것은 그 도가 지나쳤다. 일본군은 19로군에 대표를 파견하여 담판을 짓도록 하였다. 19로군 지도자들은 남경으로 전보를 보내 일본의 성의 없는 태도를 지적하고, 이러한 요구에 응하지 말고, 아울러 3개사(個師)를 상해에 파견해 달라고 청하였다. 인민 군중은 담판에 대해 더욱 분노를 느꼈다. 300만 시민을 대표한 시민연합회는 "일본 군대를 먼저 중국 영토에서 몰아내지 않으면 어떠한 평화조약도 체결 여지가 없다"고 선포하였다. 그러나 당국은 여전히 담판하기를 바랬다. 2월 18일 오전, 19로군(十九路軍) 대표 판치우(範其務)와 일본군 대표 타시로(田代)는 프랑스조계에 있는 중일연의회사(中日聯誼會社)에서 만났다. 타시로(田代)는 전승자의 태도로 중국군대는 20Km의 후퇴와 상해에 영원히 진주하지 못하며, 영원히 상해에 주둔하지 못하도록 하였으며, 자신들의 도발에 대한 책임은 거절하였다. 당일 밤, 우에다(植田)는 19로군(十九路軍)에게 최후통첩을 하였고, 20일 새벽 7시전에 중국군대가 20km후퇴를 하지 않는다면 일본군대는 자유행동을 취하겠다고 엄포를 놓았다.

20일 새벽 7시, 19로군(十九路軍) 포병이 일본 진지에 맹렬하게 포격을 퍼부었는데, 이것이 최후통첩의 대답이었다. 일본군 역시 동시에 제2차 총공격을 감행하였다. 한 차례의 교전이 시작되었다. 일본군은 전투기, 대포, 장갑차의 엄호아래, 갑북(閘北), 강만(江灣), 묘행(廟行), 오송(吳淞)에 맹공격을 퍼부었다. 중국 군대의 화력은 비록 약하였지만 응전을 하였고, 수류탄으로 적 보병을 대량 살상시켰다. 21일, 일본군 수 천여 명이 우에다(植田)가 친히 지휘하는 아래 제5군 88사(師)

의 묘행(廟行) 진지를 맹렬히 공격하였고, 전투는 이상하리만큼 악전이었고, 쌍방의 사상자는 아주 심각하게 발생하였다. 22일, 일본군 일부(一部)가 방어선을 뚫었으나, 제5군 군장 장즈중(張治中)은 친히 교도총대(教導總隊)를 이끌고 지원하였고, 19로군 61사 일부(一部)가 적의 후방을 습격하자, 일본군은 큰 혼란을 맞았고, 일부(一部)는 섬멸당하였으며, 나머지는 퇴각의 여지도 없었다. 이것이 유명한 묘행대첩(廟行大捷)이었다. 당일 밤, 일본군의 한 부대가 강만진(江灣鎭)을 습격하였으나, 결과는 군관 대부분이 사망하였고, 아무런 수확도 없었다. 23일, 일본군은 다시 강만정류장[江灣車站]을 공격하였으나, 중국군대는 전력을 다해 반격하여 일본군을 물리쳤다. 일본군은 연전연패로, 다시 국내에 증병을 요청하지 않을 수 없었고, 동시에 전술을 바꾸어 한 지점을 돌파하는 것을 기도하였다. 25일, 일본군은 병력을 집중시켜 강만, 묘행(廟行) 일선에 맹공을 퍼부었고, 격전 하루 만에 참담한 사상자를 내면서 중국 군대 전방의 몇 부분의 진지를 점령하였으나, 더 이상 진군을 감행하지는 못하였다. 우에다(植田)의 총공격은 철저히 파괴되었다. 일본관방의 전사(戰史)는 이러한 실패를 인정하고, 일본군은 이 6일간의 격전중에 사망자 323명, 부상자 1,010명 , 실종 4명으로 인원과 탄약을 충당하지 못하여 다시 전쟁을 지속할 수 없었다.

2월 25일, 일본 군부는 제11, 14사단을 상해에 증파하여 작전을 수행하도록 결정하였고, 아울러 지휘자를 다시 경질하여 시라가와 요시노리(白川義則) 대장으로 담임케 하여 상해군사령(上海軍司令)으로 파견하였다. 상해를 침략한 일본군 총병력은 57,000여 명에 달하였고, 동3성(東三省)의 병력을 초과하였다. 그러나 19로군과 제5군은 근 한 달간의 혈전으로 사상자가 이미 8,000명이 넘었고, 이것을 보충하는 것은 적은 수의 신병이었으며, 이렇게 임시 모집된 병사들로 전투력에는 많은 차이를 보이고 있었다. 26일, 일본 공군 폭격기가 항주 견교

(筧橋) 공항을 폭격하려하였으나, 중국 공군이 이에 응전하여 실패하였다. 이러한 상황은 역량을 비추어 보아도 중국 군대가 아주 불리하였다는 것이다. 다음날, 장광나이는 재차 증원을 요청하였고, 지방유지회에서는 다음날 같은 성명을 발표하였으나, 장제스는 병력을 증원해 주지 않았다. 상관(上官) 윈샹스(云相師)는 이미 무석(無錫)과 소주(蘇州) 전선으로 부대를 이동 시켰고, 또 2개 영(營)은 황도(黃渡)공사에 투입하였고, 주력의 일부인 3개단(3個團)은 진강(鎭江)과 남경(南京)으로 이동을 시켰다. 다이웨(戴岳)의 독립여단은 항주로 이동하였고, 절강성 주석 루디핑(魯滌平)은 즉각 그 부대를 상해로 이동시키는 것에 반대하였다. 원군의 도착은 이루어지지 않게 되었고, 이러한 상황에서 이 지역을 고수하는 것은 불리하게 되어, 19로군(十九路軍) 총지휘자인 장광나이는 27일 오후 부대를 나점(羅店), 유가행(劉家行), 대장(大場), 진여(眞如), 용화(龍華) 일선(一線)으로 후퇴시켰다. 차이팅카이(蔡廷鍇)는 시상회(市商會)에 통보 하여 3월 1일에 개시(開市)하도록 청하였다. 그러나 19로군(十九路軍) 각급 군관은 후퇴를 원하지 않았고, 상총연회(商總聯會)와 시민연합회는 개시(開市)를 거절하였으며, 제5군 군장 장즈중(張治中) 역시 후퇴에 반대의사를 보였다. 그러나 이러한 확고하지 않은 군심(軍心)에 민중은 실망한 것으로 생각하였다. 장광나이(蔣光鼐)는 전선(全線)을 이전과 같은 방법으로 바꾸지 않는다는 결정을 내렸다.

29일, 일본군은 시라가와(白川)의 지휘아래 진공이 개시되었다. 팔자교(八字橋) 진지를 여섯 번째로 수중에 넣었으나, 일본군은 사상자가 심하였고, 연대장 무라구쯔(村崛)도 사망하였다. 3월 1일, 일본군은 제3차 총공격을 감행하였고, 제9사단(第九師團) 및 구루메여단(久留米旅團)은 묘행(廟行) 일선(一線)으로 진공하였고, 제11사단(第11師團)은 중국군대의 좌측 배후를 우회하여 류하(瀏河) 칠아구(七丫口)로 상륙

을 기도하였다. 장광나이(蔣光鼐) 등은 류하(瀏河)의 위험을 알면서도
부대를 뽑아 수비를 강화시킬 수밖에 없었다. 일본군의 정면 진공은
좌절되었으나, 제11사단은 류하 상륙에 성공하였다. 좌측 배후의 적의
위협으로 장광나이(蔣光鼐)는 당일 밤 전군(全軍)을 가정(嘉定)과 황도
(黃渡)의 제2선에까지로 후퇴할 것을 명령 내렸다. 갑북(閘北), 강만
(江灣), 묘행(廟行), 오송(吳淞) 일선(一線)을 방어하던 부대는 원래의
진지를 떠나게 되었다. 3월 2일, 일본군은 추격을 개시하였으나, 중국
군대 후위부대의 강력한 저항으로 일본군은 류하(瀏河), 가정(嘉定),
남상(南翔), 진여(眞如) 일선(一線)에서 추격이 정지당하였다. 3월 2일,
장광나이(張光鼐) 등은 연명(聯名)으로 병력지원을 원한다는 통전(通
電)을 보냈는데, 통전내용은 "우리 군대는 병력이 지원이 되지 않아
후퇴하게 되었다."고 말하였다. 그러나 여전히 그는 "일본에게 우리나
라를 내주는 것 보다는 탄환 하나와 사병 하나를 맞바꾸는 전술을 택
하겠다."[10]고 상해고수의 강한 의지를 드러냈다.

왜냐하면 국민당 최고당국의 내부적 분열조장과 파괴로 인해 송호
혈전(淞滬血戰)에도 중국군대의 후퇴로 끝나게 되었다. 그러나 상해군
민은 이 33일 동안의 혈전 중 교만하고 무례한 일본 침략군에게 상당
히 큰 타격을 입혔다. 비록 축소되었지만 일본 관방이 공포한 보고에
의하면, 일본군 사상자는 최소한 12,000~13,000명[11]이라고 발표하였
다. 더욱 중요한 것은 이 일전(一戰)은 일본의 전승 신화와 그들의 속
전속결(速戰速決)로 상해를 침략하려고 했던 계획을 완전히 파괴하였
고, 중국인민의 항일 투지를 극대화시켰다는 것이다. 『신보』(申報)는
중국군대 철수때에 송호항전(淞滬抗戰)을 "우리민족 역사 중에서 비장
하고, 위대하고, 영광스럽고 영원히 사라지지 않는 아주 큰 의의를 지

---

10) 華振中, 朱伯康, 『十九路軍抗日血戰史』, pp.341~342.
11) 중국 군대의 사상자와 실종자 총수는 14,801명이었다.

니는 중요한 사건이었다! ……우리들은 이러한 저항을 결심하고, 우리
의 피와 희생을 통해, 더욱 위대한 영광스러운 역사를 세상 사람들에
게 보이자"[12]라고 기록하고 있다.

---

12) 華振中, 朱伯康, 『十九路軍抗日血戰史』, p.569 인용.

제4절 일본군의 만행과 『송호정전협정』(淞滬停戰協定)

일본 침략군은 상해 군민의 영웅적인 저항아래, 그들 병력에 상당한 피해를 입으면서 실패를 거듭한 끝에 상해를 점령하자 상해인민에 대한 광적인 보복을 일으켰다.

1·28사변(一二八事變) 당일 밤, 일본군은 대패하자, 즉시 상해의 중요 문화기구에 대해 전투기를 출격시켜 광적인 폭파를 시작하였다. 동방도서관 소장 서적 34만 책, 도서 사진 5,000셋트, 선본서(善本書, 고서) 5,844종(種), 59,435책(冊), 목록카드 40만 장, 및 가치 20만원의 소장 잡지가 전부 훼손되었다. 강만(江灣)과 갑북(閘北) 등지의 공립과 사립학교 역시 정도의 차이는 있지만 상당 부분이 파손되었다. 완전하지 않은 통계에 의하면, 중대상학원(中大商學院), 노동대학(勞動大學), 지지학원(持志學院), 상해법학원(上海法學院), 중국공학(中國公學), 동제대학(同濟大學), 예술전과학교(藝術專科學校) 등 7개 대학과 오송상선학교(吳淞商船學校), 시북중학(市北中學), 오송중학(吳淞中學) 등 12개소의 중등학교(中等學校) 및 24개소 소학교(小學校)의 자산이 전부 파손 혹은 전소되었고, 손실 가격은 800여 만원에 달하였다. 이밖에 복단(復旦), 기남(暨南), 동오법학원(東吳法學院)등 21개소의 대, 중, 소학교의 자산은 부분적인 피해를 보았고, 자산피해액은 340여 만 원이었다.

갑북(閘北), 강만(江灣), 오송(吳淞) 등지의 공장, 상점과 주택 역시 일본군의 계획적인 파괴 대상이 되었다. 전후의 초보적 통계에 의하면, 전체 일본군 점령구(3월 1일 이후 새로이 점령한 지구를 포함)에는 중국 공장 597가(家)중 반은 파괴되었고, 그 손실액은 약 6,800만 원에 달하였고, 상점 12,915가(家)중 약 70%가 정도의 차이는 있지만 파손되었다.[1] 단강만(單江灣) 일대의 가옥 파손은 약 7,539간(間), 갑북(閘北)에 집이 없이저 돌아갈 수 없는 사람이 5·60만 명에 달하였다. 상해시 사회국 통계에 의하면, 전체 일본군 점령구에서의 중국인 민이 직접, 간접으로 받은 손실액은 9억8천5백만 원이었고, 시 전체의 각종 유형, 무형 손실액의 총 피해액은 약 15억 원에 달하였다.[2]

상해시민은 이에 더해 일본의 야만적인 도살에 희생당하였다. 전쟁이 폭발되자, 일본군 사병과 재향군인회(在鄕軍人會), 청년동지회(靑年同志會)에서는 자경단(自警團)을 조직하여 홍구(虹口)에서 사복 정찰대를 소탕한다는 구실 하에 시민을 체포하고 총살시켰다. 일본 국내 신문의 보도에 의하면 1월 29일 하루 동안에 일본인은 "사복 정찰대 300명을 처형하였다"라고 말하고 있다.[3] 19로군은 광동군대였으므로, 광동 사투리를 사용하는 상해거주 시민은 일단 일본인에 의해 체포되었고, 체포된 후에는 살아 돌아오기가 아주 힘들었다. 일본인은 광동대극원(大劇院)에 중국인 구금소[華人拘禁所]를 설립하였는데, 두 명의 생존자의 말에 의하면 그들은 그곳에서 5일 동안 갇혀 있었는데, 4·50명이 처형당하는 것을 목격하였다고 하였다.[4] 일본 군용기는 각처의 난민 수용소에도 폭격을 가해 무고한 시민들을 살해하였고, 갑북(閘北) 부근의 국제 수재구제회(國際水災救濟會) 난민수용소에는 8,000여 명의 난민이 수용되었는데, 2월 15일~17일 연속적인 일본 군용기의 폭격으로 50여 명의 사상자를 내었다. 완전하지 않은 통계에 의하면, 시 전체 평민의 사상(死傷) 및 실종자의 총수는 3,000명 이상이었다.[5] 일

---

1) 吳醒亞, 「吳淞抗日戰爭與上海的産業」, 『新中華』, 1권 2호.
2) 華振中, 朱伯康, 『十九路軍抗日血戰史』, pp.694~717.
3) 橫地剛, 「魯迅與鎌田誠一」, 『魯迅硏究資料』, 第14輯.
4) 華振中, 朱伯康, 『十九路軍抗日血戰史』, p.662.

본군은 중국 부녀자에 대해 금수와 같은 만행을 저질러 치가 떨리도록 화나게 하였다. 그들은 홍구(虹口)에서 검사라는 미명하에 거리를 통행하는 부녀자들을 붙잡고 제 멋대로 능욕하였고, 조금이라도 반항을 하면 그 자리에서 살해하였다. 일부 일본군 사병과 건달은 대명천지(大明天地)에 민가를 침입하여 부녀자를 강간하거나 윤간하는 등의 만행을 일삼았고, 임산부와 어린 아이도 이러한 위험에서 벗어날 수 없었다.

침략을 조종하였던 영국과 미국의 지배인들 역시 일본군 폭행을 맛보고 있었다. 일본군은 홍구(虹口)의 공부국 순포를 몰아낼 뿐 아니라, 공공조계의 행정 역시 파괴시켰고, 영국과 미국의 교민들에게도 추악한 폭행을 가하였다.

이러한 것은 영국과 미국 정부에 심각한 불안감을 불러일으켰다. 일본군의 계속적인 증원군 파병으로 전투는 진일보 확대되는 조짐을 보이자, 그들은 상해에서 자신들의 이익을 보호하기 위해, 일본의 태도에 대해 강경한 입장으로 태도를 바꾸게 되었다. 2월 2일 일본군이 정전협정을 무시하자, 영국 태평양 함대 사령 켈리(H.Kelly, 凱累)는 "켄트"(肯特)호를 이끌고 황포강으로 진입하였고, 재차 조정방안을 제출하였으나, 일본 측에 거절당하였다. 2월 중순 이후, 영국과 미국은 일본에 대하여 강경한 자세를 보이게 되었다. 16일, 국제연합(國際聯合)의 각 이사국(중국과 일본은 포함하지 않았음)은 일본이 상해를 공격한 것에 대해 일본 정부에 국제 맹약을 준수할 것을 호소하였다. 2월 23일, 미국 국무경 스팀슨(Stimson, 史汀生)은 참의원(參議院) 외교위원회 주석 폴라(波拉)에게 서신을 보내 미국은 일본에 대해 "문호개방"(門戶開放) 원칙을 파괴하는 것에 대해 걱정을 한다는 것을 명백하게 표시하였고, 만약 일본이 계속적으로 9국 공약(九國公約)을 파괴한다면, 미국은 해

---

5) 『商業月報』, 12卷 11期.

군 전투력 방면에서 상응한 반응을 보일 것이라는 것을 암시하였다.[6]

영미의 압력과 상해 침략 전쟁의 계속적인 실패로 일본의 통치계층은 위기감을 느끼게 되었다. 일본 정부는 마추가제 요스케(松風洋右)를 상해로 파견해 각국 영사에게 일본은 상해에 완충지대를 계획하고 있는 것이지 중국에 주둔하려는 것이 아니라는 것을 표시하였다. 그러나 이것은 각국의 지지를 얻지 못하였다. 마추가제는 만약 적당한 방법이 있다면, 일본 역시 군사행동을 마감하는 것을 희망한다는 암시를 나타내었다.[7]

2월 28일, 중국 대표 황창(黃强), 구웨이쥔(顧維均)과 일본 대표 노무라(野村), 마추가제(松風)가 영국함정인 "켄트"호(肯特號)상에서 "개인적인"회담을 가졌는데, 쌍방은 철병문제(撤兵問題)에 대한 토론을 벌였다. 다음날 중국대표 구웨이쥔(顧維均), 궈타이치(郭泰祺)와 일본 영사(日使) 시게미추 마모루(重光葵) 및 마추가제가 다시 "켄트"호에서 회담을 열었고, 영미 공사가 중국과 일본 쌍방에 중국군대는 진여(眞如)까지, 일본군대는 공공조계(公共租界) 및 월계축로(越界築路) 지대까지의 후퇴를 건의하였으나, 일본이 거절하였다. 국제연합 이사회에서는 중일(中日)이 직접 접촉을 갖고, 쌍방은 두 가지 원칙에 의해 담판을 진행하도록 건의하였다. 첫째, 일본은 상해에 영토를 차지할 시도를 하는 데, 상해에서는 일본의 조계설정 혹은 일본 독단적인 이익을 취할 수 없다. 둘째, 중국은 상해 공공조계의 안전과 완정(完整)을 유지해야 한다. 이 건의에서 서구 열강이 일본에 대해 압박을 강화하는 유일한 목적은 상해에서 자신들의 이익을 유지시키려는 것이라는 것이 명백히 나타났다. 3월 1일, 중국군대가 후퇴한 후, 일본은 체면이 깎였지만 어쩔 수 없이 3일 오후에 정전 성명(停戰聲明)을 발표

---

6) 洪育沂, 『1931~1939年國際關係簡史』, p.17.
7) 吳相湘, 『第二次中日戰爭史』, 綜合月刊社 1973年版, 上册, p.108.

하였다. 동시에 그들은 "켄트"호상의 회담을 중단하고, 전승자(戰勝者)의 태도로 새로운 요구를 제기하기에 이르렀다. 4일, 국제연합대회에서는 결의를 통과시키고, 중일(中日) 양국에 정전(停戰) 담판을 요구하였다. 6일, 19로군 총지휘부에서도 역시 정전을 공고하게 되었다. 계속해서 중일정부는 영국, 미국, 프랑스, 이탈리아 4개국 대표와의 회동아래 정식 담판에 착수하였다.

상해 인민은 국민당 정부와 일본 제국주의와의 타협을 결사반대하였다. 19로군(十九路軍)의 철수 때 중공중앙은 갑북(閘北)이 진공지대로 되는 것을 인식하고, 무장폭동을 결정하고, 공농소비에트[工農蘇維埃]정권을 설립하고 계속 반일전쟁을 전개하였다. 3월 2일 새벽, 반일회(反日會) 의용군 수 백 명은 항풍로교(恒豊路橋)에서 군중대회를 거행하고, 상해 혁명군사위원회 선언 및 19로군 사병에게 보내는 글 등을 뿌리며 지속적인 반일전쟁을 호소하였고, 국민당이 상해를 팔아먹은 것을 반대하고 혁명정권을 발족시켰다. 국민당의 갑북보위단(閘北保衛團)은 회의장을 습격하여 반일회의 의용군 군사지도원(反日會議義勇軍軍事指導員) 쑨샤오바오(孫小保)를 죽이고 20여 명을 체포하였다. 계속해서 공공조계 포방에서는 반일회 총부와 각 지부를 폐쇄시켰다. 이렇게 반일회는 공개적인 활동을 할 수 없었고, 이들의 폭동 계획은 실패로 돌아갔다. 상해자산계급은 중국군대가 외세의 힘에 의해 철수하는 것에 분노하고 있었다. 시상회에서는 3월 4일과 10일 두 차례 "증원군을 보내지 않은 것에 대한 질책", "고군분투하게 두었던 것과 후퇴하지 않은 것에 대한 장(張) 장군의 높은 기개에 대한 갈채"라는 내용의 전보를 국민당 정부에 보냈고, 아울러 즉각 대군을 파견하여 송호(淞滬)를 회복하는 것이 "이러한 것에 대한 속죄"라고 강하게 강조하였다.[8]

그러나 국민당 반동파는 홍군(紅軍)을 진압하기 위한 수단으로 일본

---

8) 『商業月報』, 12卷 3期.

과 굴욕적인 타협을 맺기로 결정하였다. 3월 14일 이후, 외교차장 귀타이치(郭泰祺)와 일본영사(日使) 시게미추 마모루(重光葵)는 영국 영사관에서 비공식 담판을 진행하여, 19일에는 3개 기본항목에 대해서 합의를 보았다. 첫째, 중국군대는 잠시 현재의 상황으로 방어를 수행할 것. 둘째, 일본군은 질서를 갖추어 1·28사변 이전의 상태에서 방어할 것. 셋째, 각 우방 대표의 위원회 감독을 포함하여 첫째, 둘째 두 개의 항목을 실행한다. 24일, 정전회의는 정식으로 개회되었다. 참석자로 중국대표는 귀타이치(郭泰祺), 다이지(戴戟), 황창(黃强) 등 7인, 일본대표는 시게미추 마모루(重光葵), 우에다(植田), 타시로(田代) 등 9인, 영국과 미국 공사와 이탈리아 대리인 지아 프로메사(Zia Promessa, 齊亞諾)가 참석하였다. 국민당 대표는 아주 흔쾌히 중국이 소주하(蘇州河) 이남(以南)과 포동(浦東) 주둔군이라는 굴욕적인 조관을 받아들였으나, 일본은 확정적인 철군(撤軍) 시간에 대해 밝히기를 거절하여, 담판은 4월 초순까지 소강상태에 빠졌다.

중국 방면에 대한 압박 강화의 조치로, 일본 건달은 홍구(虹口)에서 일본교민대회(日本僑民大會)를 개최하고, 갑북(閘北)을 중립구(中立區)로 요구하였다. 4월 1일, 일본 침략자는 한간(漢奸) 후리푸(胡立夫), 창위칭(常玉淸) 등을 이용하여 꼭두각시 정권 형태의 상해북시인민지방유지회(上海北市人民地方維持會, 閘北政治事務所라고도 함)를 조직하였고, 그 소재지는 일본헌병 제5대대 부대내였다. 4월 29일, 일본군은 홍구공원에서 천장절(天長節; 일본 천황 생일)을 경축하는 대회를 거행하여, 대규모의 열병활동도 하며, 상해인민에 대해 무력을 과시하고자 하였다. 대회를 시작하려고 할 때, 조선독립당(朝鮮獨立黨) 당원(黨員)인 윤봉길(尹奉吉)[9]이 단상에 폭탄을 투척하였다. 회의장에는 일본

---

9) 윤봉길(尹奉吉, 1908. 6. 21~1932. 12. 19)은 충남예산 출신으로 아버지 윤황(尹璜)과 어머니 김원상(金元祥)사이에 태어났다. 본관은 파평(坡平)이고 호는 매헌(梅軒)이다. 1932년 4월 26일 한인애국단에 입단하여 김구를 비롯한

에서 파견된 시라가와(白川) 군사령관(軍司令官), 제9사단장(第九師團長) 우에다(植田), 공사(公使) 시게미추 마모루(重光葵), 총영사(總領事) 무라이(村井), 거류민단(居留民團) 단장(團長) 가와바타(河端居) 등이 전부 폭탄에 의해 상처를 입었고, 가와바타(河端居)와 시라가와(白川)는 사망하였다.10) 이에 상해 인민은 경례자세로 경의를 표하면서 좋아서 어쩔 줄 몰랐다.

이러한 때, 영국과 미국 등 국가들의 압력으로 일본군은 결국 철병 일시(撤兵日時)를 확정지었다. 5월 1일, 중국외교부는 훈령을 통해 궈타이치(郭泰祺)로 하여금 정전협정에 서명을 하게 하였다. 소식이 전파되자 인민 군중은 분노를 참지 못하였다. 상해 각 단체 구국연합회는 상해를 팔아먹는 정전협정을 결사적으로 반대한다는 통전을 전국에 띄웠다. 3일 새벽, 이 회의 대표 40여 명은 궈타이치(郭泰祺)의 집을 포위하고, 궈(郭)를 구타하였는데, 그중 2명은 포방(捕房)에 의해 체포되었다. 국민당 정부는 이러한 사태에 큰 우려를 나타냈고, 우톄

이동녕(李東寧), 이시영(李始榮), 조소앙(趙素昂) 등 지도자들과 협의하여 거사구상함. 윤봉길은 1932년 4월 29일 폭탄(저격용물통모양의 폭탄1개, 자결용 도시락모양 폭탄1개)을 감추고 식장에 입장하였다. 식이 한참 진행할 때, 단상에 수류탄을 투척하여 시라가와(白川) 일본군대장과 일본인 거류민단장 가와바타(河端貞次)는 즉사하고, 제3함대 사령관 노무라(野村吉三郎) 중장과 제9사단장 우에다(植田謙吉) 중장, 주중공사 시게미추 마모루(重光葵) 등이 중상을 입었다. 윤봉길은 현장에서 일본군에 체포되었고, 일본 군범회의에서 사형선고를 받았다. 그는 일본 오사카(大阪) 위수형무소에 수감되었다(1932. 11. 20) 그리고 그해 12월 19일 총살형을 받고 25세의 젊은 나이에 순국하였다. 이 사건은 중국 등 세계에 알려졌고, 중국의 장제스는 "중국 100만 대군도 하지 못한 일을 조선의 한 청년이 해냈다"고 격찬하였다. 1962년 건국훈장 대한민국장이 추서되었다. 현재 중국 상해 루쉰(魯迅)공원[이전의 홍구(虹口)공원] 안에 매헌(梅軒)기념관이 세워져 있는데, 수류탄을 투척한 장소에는 수류탄 투척한 장소라는 비석이 세워져 있다. 역자 주.

10) 王述樵, 郭超,「王亞樵生平活動紀略」,『江蘇文史資料選輯』, 第13輯, 이 폭탄투척은 왕야차오(王亞樵)가 조선독립당(朝鮮獨立黨)을 책동하여 일어난 것이다.

청(吳鐵城)에게 신속하게 흉도(凶徒)를 조사케 하였고, 그 안건을 해결하도록 하였으며, 아울러 각 단체 구국연합회를 해산시켰다. 귀타이치는 군중의 분노를 가라앉히는 방법을 알고 있고, 또 자기가 매국노가 아니라는 것을 표명하기 위해, 포방에 사람을 보내 2명의 체포된 사람들을 보석으로 풀어주어, 군중의 정서에 부합하려 노력하였다.

5월 5일, 중일(中日) 수석 대표 귀타이치(郭泰祺)와 시게미추 마모루(重光葵)는 병원 침대에서 『송호정전협정』(淞滬停戰協定)에 서명을 하는 등 최후의 수속을 마쳤다. 이 협정에 따라서 일본군은 4주내에 갑북(閘北)과 오송(吳淞) 등지에서 철병을 해야 하였으나, 공공조계와 월계축로의 지역에서는 여전히 주둔하였고, 아울러 상기 지역에서도 잠시 주둔이 허락되었다. 그러나 중국 군대는 여전히 일본군이 철수한 지역에는 진입할 수 없었고, 오직 경찰만을 파견하여 접수를 하게 하였다. 이러한 협정은 하나의 비밀 부건(附件)이 있었는데, 중국방면에서는 포동(浦東) 및 화조진(華漕鎭), 홍교진(虹橋鎭), 용화진(龍華鎭) 이동(以東) 및 부근 지구에 병력을 주둔시키는 것을 금지한다는 것이었다.[11] 이것은 주권을 상실한 것으로 상해인민의 항전 성과를 팔아먹은 치욕적인 협정이었다.

국민당 당국은 비밀조관이 있다는 것을 부정하였고, 일본 당국 역시 비밀에 부쳤으나, 쩌우타오펀(鄒韜奮)의 『생활』(生活)이라는 주간(週刊)에서 이러한 사실을 폭로하였다. 5월 9일, 중앙공농민주정부(中央工農民主政府)는 통전을 통해 이 항목의 협정은 승인할 수 없다고 거부의사를 분명하게 나타내었다. 각 단체구국연합회 역시 선언을 발표하여 전국인민이 일치하여 이것을 부인하여야 한다고 호소하였다.

---

11) 1932년 8월, 국민당 당국은 또 楊虎를 處長으로하는 上海保安處를 설립하고, 그 아래 警察大隊와 憲兵團을 개조한 保安隊를 지휘하게 하였고, 이들로 하여금 위에서 말한 군대가 주둔할 수 없는 지역의 치안을 딤딩케 하였다. 1936년 4월, 保安處는 保安總團으로 개칭되었다.

정전협정이 효력을 발생하자, 상해를 침략한 일본군은 계속해서 갑북(閘北)과 오송(吳淞)등지에서 철병하였고, 그들이 갑북(閘北)에 설립하고자 하였던 사해북시인민지방유지회(上海北市人民地方維持會) 역시 구름과 같이 사라졌고, 한간(漢奸) 후리푸(胡立夫)는 체포되어 처형되었다. 그러나 일본제국주의는 갑북(閘北)에서의 철병을 달가와 하지 않았다. 5월 중순, 상해의 일본교민들은 비밀회의를 거행하여 정부가 무력으로 상해에 자유시(自由市) 설립을 보장해 달라고 요구하기에 이르렀다. 계속해서 일본 외상(外相) 요시사와(芳澤)는 영국, 프랑스, 미국, 이탈리아 4개국 공사를 청해 원탁회의를 건의하였고, 상해를 국제자유시로 만들 것을 건의하였다. 이러한 항목의 건의는 즉각 영국과 미국 지배인들의 흥미를 유발시켰다. 앞에서 언급한 바와 같이, 9·18사변(九一八事變) 후, 자유시 음모는 이미 일부 대 지배인들에 의해 나타났다.[12] 19로군(十九路軍)은 갑북(閘北)에서 철병할 때, 시장(市長) 우톄청(吳鐵城)은 공부국에 자문을 구해, 소방대가 갑북(閘北)에서 소방활동에 어떠한 도움을 줄 수 있겠는가를 문의하였다. 공부국에서는 즉시 갑북(閘北) 경무(警務)와 위생방면에 협조를 제공하는 것은 허락한다고 하였다. 이러한 것은 일본군이 신속하게 갑북을 점령하는 것에 대한 방지와 시민의 분노를 가라앉히는 역할을 하였지만,[13] 공부국의 갑북에 대한 야심에는 오히려 고무되었다. 이로써 일본은 자유시 건의를 제출한 후, 상해의 영국교민협회에서는 5월 14일 각국 상회에 서신을 보내 납세외인특별회의 소집을 건의하였고, 공부국에서 국제 원탁회의를 통해 결의의 통과를 얻어내, 상해 주위에 주둔하고 있는 중국 군대의 배치 문제에 대한 해결을 하려고 하였다. 상해 인민은 이에 대해 강렬한 항의를 나타냈다. 시상회는 각국 상회(商會)에 서신을 보내

---

12) 본 장(章) 제1절 참고.
13) 상해 각 단체 救國聯合會에서는 이번 일은 "치욕의 극치"라고 말하고 남경 정부에 吳의 사직을 요구하였다.

자유시에 대한 언급은 잘못된 것이라고 비평하였다. 일부 애국단체는 이러한 논조를 견지하는 영국과 미국의 지배인들에게 경고성의 글을 보냈다. 오래지 않아 공부국과 일본 간에는 월계축로 문제 교환에 대해서도 틈새가 벌어지게 되었고, 자유시(自由市) 계획에 대한 것은 재차 무의로 끝났다.

국민당 반동파의 매국 본질은 송호항전(淞滬抗戰)에서 심지어는 송호정전협정(淞滬停戰協定)의 서명 과정 중에서도 명백히 폭로되었다. 그들은 상해 시민들의 위신을 역사상 가장 낮게 떨어뜨렸고, 일반 노동자, 학생, 직원, 지식인사와 하층 자본가들은 그들이 통치에 아주 불만을 가졌고, 많은 상층자산가 역시 일당 독재를 취소하라는 주장을 제기하였으며, 국민당 통치에 대한 격렬한 반대주장을 하였다. 1·28전쟁(一二八戰爭) 폭발 후, 국민당 정부는 4월 7일 국난회의(國難會議)를 개최한다고 선포하였다. 초빙된 국난회의 회원은 왕짜오스(王造時), 왕윈우(王雲五), 스량차이(史量才), 리푸쑨(李馥蓀), 왕보치(汪伯奇), 두웨성(杜月笙), 디추칭(狄楚靑), 선쥔루(沈鈞儒), 후비장(胡筆江), 후둔푸(胡敦復), 쉬신류(徐新六), 천광푸(陳光甫), 장궁취안(張公權), 루보홍(陸伯鴻), 황옌페이(黃炎培), 황진룽(黃金榮), 펑샤오산(馮少山), 위차칭(虞洽卿), 룽쫑징(榮宗敬), 류홍성(劉鴻生), 무어우추(穆藕初), 쳰신즈(錢新之) 및 유레(尤列), 쭤순성(左舜生), 구중슈(谷種秀), 리황(李璜), 장야오쩡(張耀曾), 자오헝티(趙恒惕), 장스자오(章士釗)등 62명으로 3월 하순에 연명으로 서명한 하나의 제안 및 요구를 하였다. 첫째, 어떠한 희생도 국토와 주권의 완정을 위해서는 아까와 하지 않는다. 둘째, 인민의 언론, 출판, 집회, 결사의 자유를 확보한다. 당을 개방하고, 국고에서 국민당 당비를 지불하지 않는다. 셋째, 헌정(憲政)을 준비하고, 8개월 내에 민주주의 헌법을 제정 실행한다. 이외에 그들은 국난회의 개회시에 국민당 개회의식을 하지 않기를 요구하였다. 이러한 요구는 실질적이었고, 이것은 일당(一黨)에 대한 반대로, 국민당이 국가 생활의 지도 지위를 부인하는 것이었다.

국민당은 당연히 일당(一黨) 독재를 방치하지 않았다. 3월 27일, 행정원장 왕징웨이(汪精衛)는 성명을 발표해, 국난회의에서는 외부의 침략을 막는 것과 구재(救災) 그리고 공산당을 토벌하는 것 3개 문제에 대해서만 토론하고, 그 나머지 문제에 대해서는 언급하지 말도록 하였다. 위에서 말한 62인에 천빈허(陳彬和), 장위안지(張元濟) 등이 더 참가하였고, 선포하기를 만약 정부가 헌정문제(憲政問題)에 대한 토론을 허락하지 않는다면, 그들은 "우리의 뜻을 굽힐 수 없고, 계속 밀고 나가겠다."고 자신들의 의지를 밝혔다. 그 결과 4월 7일 국난회의(國難會議)가 낙양(洛陽)에서 개최되었을 때에는 겨우 백사·오십 명 만이 참석하였다. 상해에서는 왕샤오라이(王曉籟), 왕한량(王漢良) 등 소수 사람만이 회의에 참석하였으나, 그들은 일본에 대한 철저한 저항을 주장하였고, 당치(黨治)를 마감하고 민치(民治)를 주장하였으며, 이러한 것은 회의에 참석하지 않은 사람도 모두 같은 생각이었다. 왕샤오라이(王曉籟)는 회의에서 1933년 연초에 헌정(憲政)의 의안 준비를 시작할 것을 제의하였고, 그의 제자인 마샹보(馬相伯) 역시 6개월 내 지방자치를 완성하고, 국민대회를 개최하여 헌법을 제정하고, 헌정(憲政)을 실시하여야 한다고 건의하였다.

이 시기, 상해(上海)와 평(平; 北京), 진(津; 天津) 등지에서는 헌정(憲政)을 고취하는 단체들이 나타났다. 예로 민치협회(民治協會), 헌정촉진회(憲政促進會), 민헌기성회(民憲期成會) 등으로 이러한 시기에 상해자산계급 위주로 일당 전제의 정치 조류를 없애자는 활동을 벌여 "중국 역사상의 제2차 헌정운동"(憲政運動)이라는 칭호를 듣게 되었다. 이러한 단체의 출현은 국민당이 송호항전(淞滬抗戰)을 팔아먹고 인심을 상실했다는 것에 대한 일종의 중요한 반발표현이었다.

제7장
국난(國難)중의 상해(上海)

제1절 국민당 파시스트 통치의 강화와
항일민주운동 발전의 곡절(曲折)

1·28전쟁(一二八戰爭) 후, 민족위기의 심화와 계급 모순은 격화되었고, 국민당 반동파는 반혁명통치를 더욱 강화하였다. 1932년 3월, 장제스는 황포(黃埔) 군인을 중심으로 파시스트 조직인 "부흥사"(復興社 또는 力行社 혹은 藍衣社1)라고도 한다)를 조직하였다. 이 단체는 전문적으로 감시, 암살 등의 활동을 하는 특무처로서 다이리(載笠)가 처장의 책임을 맡았다. 장제스는 이 특무기관에 반공과 자기를 배척하는 단체 및 개인에 대한 배제라는 양대 임무를 부여하였다. 같은 해 9월 이후, 부흥사(復興社) 특무처는 명의상으로는 천리푸(陳立夫)를 국장으로 한 군위회(軍委會) 조사통계국(調査統計局)에 예속되었으나, 실제상으로는 천의 아무런 통제도 받지 않았다.2)

복흥사 특무처(復興社特務處)는 특별히 상해를 주목하였고, 성립된 지 오래지 않아 상해에 특구(特區)를 설립하고, 남시(南市), 프랑스조계(法租界), 공공조계(公共租界), 갑북(閘北)에 4개의 정보팀[情報組]과 1개의 행동팀[行動組] 그리고 이밖에 공개적인 직업을 가진 사람들로 충원된 직속 통신원등으로 상해에서의 조직은 아주 엄밀한 특무망을 갖추고 있었다. 정보팀과 직속 통신원의 주요 임무는 진보주의자와 장제스 반대로 위장하고 중공지하 조직에 침투하여, 진보단체와 장제스

---

1) 남의사(藍衣社, Blueshirts)란 국민당 열성분자들이 독일 나치돌격대인 Brown-shirts를 벤치마킹하여 설립한 단체임. 역자 주.
2) 抗戰 폭발 후, 復興社 特務處는 軍委調査統計局(軍統)으로 확충되었다. 원래는 軍委會調査統計局 제1처가 中央執委會調査統計局(中統)으로 확대되었다.

반대조직에 대한 감시, 고발, 파괴 등이었다. 행동조의 주요 업무는 암살과 납치 등의 공포활동이었다. 1934년 이후, 상해 특구는 또 송호경비사령부(淞滬警備司令部) 정찰대대(偵察大隊), 경호항철로 경찰총서(京滬杭鐵路警察總署), 상해시 공안국 경사교련소(上海市公安局京士敎練所), 초상국 경위계사실(招商局警衛稽査室)등 공개적인 기관을 장악하였고, 아울러 조계(租界)의 포방(捕房)에 잠입하여 국민당 통치에서 상해의 가장 중요한 도구중의 하나가 되었다. 당시, 복흥사특무는 많은 공포활동을 행하였는데, 조계에서 빈번히 발생하는 신비스러운 실종사건과 정치인 납치 사건 등을 일으켰다. 예를 들면 비밀리에 체포된 공산당원이 불복종하면 특무에 보내 비밀리에 살해하였고, 살해 후 시신을 불태움으로써 흔적을 없앴다. 특무는 또 어떤 때는 살해한 사람의 심장을 요리해서 먹었고, 이러한 행동들의 잔인함과 참담함이 극에 달하였다.

국민당은 반동 통치를 강화하려는 상황아래, 중국 공산당 내의 좌경 교조주의자(左傾敎條主義者)들은 세력의 대비가 현저한 차이가 있는것은 무시하고, 상해의 지층조직을 움직여 파업을 감행하고, 비행집회와 시위 등을 조직하였으며, 심지어는 공개적으로 당원의 발전을 요구하기도 하였고, 홍군을 모집하기도 하였다. 이러한 것으로 인해 중국공산당의 상해에서의 역량은 상당한 손실을 입었다. 1932년 7월 17일, 중공(中共) 강소성위(江蘇省委)는 호서(滬西)의 노발생로(勞勃生路, 현재의 長壽路) 교주로(膠州路) 입구의 공화대극원(共和大戲院)에서 반공개적인 행사로 시 전체의 반일단체(反日團體) 대표대회가 거행되고 있을 때, 특무에 의해 81명이 체포되었고, 그중 13명이 살해되는 사태가 벌어졌다. 1932년 겨울, 중공중앙은 상해의 당조직을 정돈하였고, 성위(省委)에 순시원(巡視員) 영도구(領導區)를 설정하고, 순시원(巡視員)과 구위서기(區委書記), 구위서기(區委書記)와 지부(支部) 사이에 하나의 연락선을 만들었다. 그러나 이것은 중공이 상해에서 겪는 근본적인 곤란함을 해결해 주지는 못하였다. 1933년 초에 이르러서 중공중앙은 상해에서 존립할 수 없게 되어, 강서(江西) 소비에트구[蘇區]로 이동하였고, 이외에 상해중앙집행국(上海中央執行局)설립하여 중앙지도[中央領導]로 백구(白區)의 지하에서의 업무를 대표하였으며, 그 책임은 공산국제 즉 코민테른에서 담당하고 연계를 갖고 있었다. 중앙국(中央局)은 계속 좌경노선(左傾路線)을 고수하였다. 1933년 5월 1일, 지하당에서는 집회시위를 거행하였고, 또 대규모의 공산당원과 혁명군중이 체포되어, 상해시 공안국에는 잡아 온 사람이 너무 많아 소 외양간조차에도 누울 자리가 없었다. 이 한해 상반기에 체포된 공산당원은 약 600여 명에 달하였다.

국민당의 고압정책 아래에서, 상해에서의 군중성 항일운동은 저조하게 되었고, 대규모의 군중활동도 아주 석어졌으며, 자산계급의 소위 제2차 헌정운동(憲政運動) 역시 목소리조차 흔적이 없어지게 되었다. 그러나 앉아서 죽기를 기다릴 수는 없다는 각 계층 인민은 이에 각종 형식으로 민족을 멸망위기에서 구하려는 노력을 기울였다.

1932년 7월과 8월 사이, 원래의 19로군(原十九路軍) 사병 원후이팡(惲蕙芳) 등은 피로써 간단(奸團) 즉 간사한 무리들을 없앤다는 명의로 폭탄을 일본 화물을 판매하는 상점에 투척하였다. 이후 벽력살간단(霹靂殺奸團), 열심제간단(熱心除奸團), 청년의용주간단(靑年義勇誅奸團), 민혼금간단(民魂禁奸團) 등 15개 종류의 유사한 단체가 출현하여, 시 전체를 진동케 하였으며, 일본 화물 불매운동이 다시 전개되었다. 일본 제국주의는 크게 당황하여 순라반(巡邏班)을 조직하였고, 밀탐대(密探隊)와 일경단(日警團)은 이러한 간사한 무리를 제거하는 인사들을 체포하였다. 8월 6일, 겨우 16세인 원후이팡(惲蕙芳)은 민국로(民國路)에서 폭탄을 투척하고 체포되었는데, 시 전체의 200여 단체가 그를

석방시키려고 법원에 증인을 세웠다. 당국에서는 2개월의 구류와 2년
의 집행유예를 선고하였다.

상해 자산계급 역시 활발한 활약을 보였다. 1·28(一二八)전쟁 후,
그들은 "저항해야 생존할 수 있고, 단결해야 저항할 수 있다."(唯抵抗
可以生存, 唯團結可以抵抗)는 구호를 내걸었다.3) 1932년 6월, 상해자
산계급은 상해시민지방유지회(上海市民地方維持會)를 상해시지방협회
(上海市地方協會)로 이름을 바꾸었다. 지방협회는 표면상으로는 "본
시 시민의 복리와 각 항 지방사업의 설립과 개진에 협력 도모"(協力圖
謀本市市民之福利與各項地方事業之擧辦及改進)라는 종지(宗旨)를 세웠
으나,4) 실제상으로는 오히려 "국가와 민중 우편으로 통한다"(通國家與
民衆之郵)5)라는 것을 표방하면서, 정부에 "민의"(民意)를 전달하려는
것이었다. 이 회의는 첫 1년 동안에는 회원이 100여 명이었으나, 거의
가 각계의 지도자급의 인물이었다. 회장 스량차이(史量才)는 『신보』와
『신문보』(新聞報)의 대부분의 주식을 지니고 있었고, 뿐만 아니라 중
국은행(中國銀行)의 상무 이사와 대주주로서, 또 민생사창 등의 기업
등을 소유하고 있었으며 직교사(職敎社)와의 관계도 아주 밀접하게 유
지하고 있었다. 그는 여론계, 금융계, 실업계 모두에서 상당한 영향을
지닌 사람으로 상해자산계급의 공적인정된 지도자였다. 부회장 왕샤오
라이(王曉籟)는 시상회 주석과 납세화인회 주석이었다. 또 다른 1명의
부회장은 건달 두목인 두웨성(杜月笙)으로 그는 이때 여러 기업의 이
사장이라는 직함을 가지고 사회의 명사로 부상하였다. 장궁취안(張公
權), 첸신즈(錢新之), 친룬칭(秦潤卿), 린캉허우(林康侯), 천광푸(陳光
甫), 무어우추(穆藕初), 류훙성(劉鴻生), 궈순(郭順), 위차칭(虞洽卿) 등
금융계, 실업계 지도자들은 모두 이 회의의 이사였고, 직교사(職敎社)

---

3) 『上海市民地方維持會報告書』, 서론.
4) 『上海市地方協會年報』, 第1年.
5) 『上海市民地方維持會報告書』, 폐회 선언.

책임자인 황옌페이(黃炎培)는 총비서 겸 총무팀장을 맡았다. 이러한 진용으로 볼 때, 지방협회는 상해자산계급의 중심적인 지도기관인 것을 의심할 여지가 없었다. 이 시기 상해 자산계급의 정치활동은 지방협회 중심으로 전개되었다.

내전을 저지시키고, 국내단결을 촉진하기 위해 상해 자산계급은 내전폐지 운동을 벌였다. 1932년 4월 21일, 호강대학교장(滬江大學校長) 류잔언(劉湛恩)은 『시사신보』(時事新報)에서 문장을 발표하여, 국내 비전(非戰)과 건설운동의 진행을 주장하면서, "전국 인민이 평화를 갈망하는 심리를 이용하여 내전을 종식시키고, 함께 외세에 대항해야 한다"고 하였다. 이러한 주장은 상해자산계급의 많은 지도자급 인사와 일부 재야 정객(政客)의 찬성과 동조를 받았다. 지방협회의 지지와 린캉허우(林康侯), 우딩창(吳鼎昌) 등의 사람은 구체적인 계획아래, 전국상연회(全國商聯會), 상해시상회(上海市商會), 은행공회(銀行公會), 전업공회(錢業公會) 등 4개 단체와 우딩창(吳鼎昌), 장궁취안(張公權), 류잔언(劉湛恩) 등 18인은 각지 상회, 은행공회, 전업공회 및 평(平; 북평), 진(津; 천진), 호(滬; 상해)지역 민간 가계의 지도인물에게 전보를 보내 내전을 종식하고 대동맹을 결성하자는 호소문을 보냈다. 8월 하순에 이르러, 401개 단체의 1,057명이 이 대동맹에 참가하였다. 같은 달 27일, 대동맹은 시상회의 강당에서 성립대회를 거행하였고, 참가 대표는 400여 명을 넘었고, 명예위원 및 상무위원이 선출되었다. 『대공보』(大公報)에서는 이것을 최근 민간 최고의 힘을 갖춘 집회였다라고 하였다. 상해 자산계급의 거물은 거의 모두 이 대동맹에 참가하였고, 아울러 중요한 지도 직무를 담당하였다.

내전중지 대동맹의 취지와 핵심임무는 "내전 폐지"(廢止內戰)이었으나, 대동맹 지도자들은 내전을 어떤 방식으로 중지시키는 가에 대해서는 명확한 해석을 내리지 못하였다. 절대다수 사람의 마음에 내전은 남경정부가 무력통일을 위한 내전을 하고 있다는 생각에는 의심의 여지가 없었으나, 공산당을 토벌하는 것이 내전으로 봐야하는지 아닌지에 대해서는 이해가 상반되는 경향을 보이고 있었다. 일부 우익인물은 "공산당을 토벌하는 것은 토비(土匪)를 토벌하는 것으로 생각하고 내전이 아니다."라고 하였으나, 일부 인물은 "공산당 토벌이 바로 내전이라고 생각하고 그것도 중지하여야 한다."고 하였다. 대동맹에서는 "정부가 공산당을 받아들이고 내전을 중지함으로써 동북(東北)을 회수할 수 있다"는 제안에서 볼 때, 사람들이 당시 적지 않은 사람들이 이러한 생각을 하였던 것을 알 수 있다. 『신보』(申報) 역시 계속해서 이러한 시사평론을 발표하고, 공산당토벌의 내전을 반대하고, 국민당에서 토벌하는 "비"(匪)는 모두 우리의 동포이고, 기근에서 절박한 생활을 유지하려 하였던 양민으로, 이러한 사람들을 토벌하는 것은 중지하여야 한다고 하였다. 이러한 상황은 민족 모순위로 부각되어 주된 모순으로 등장한 이후, 상해 자산계급에서는 일치 단결하여 항일하자는 심정이 절박하게 표현되고 있던 것이다.

내전폐지대동맹은 내전제지(內戰制止)의 수단으로 "내전을 하지 않는 사람과 합작"(不與內戰者合作)이라는 것을 발표하고, 린캉허우(林康侯)는 그것을 "힘들게 애걸한다."(苦苦哀求)라는 네 글자로 표현하였다. 이러한 방법은 원동(遠東)에서의 어떠한 예방 혹은 내전을 중지시키는 실제적인 효과를 보지 못하였다. 대동맹이 성립된 지 얼마 안 되어, 산동군벌 한푸쥐(韓復榘)와 류전녠(劉珍年) 사이에 전쟁이 폭발되었다. 사천군벌 계속해서 다시 전쟁을 유발시켰다. 대동맹은 몇 장의 분노 섞인 전문을 보내는 것 이외에는 속수무책이었다. 그러나 이 운동은 전국민족자산계급의 보편적 지지를 얻었고, 내전 반대를 주장하는 강력한 여론을 형성하였고, 어느 정도 사회에 영향을 주었다.

이와 동시에 상해자산계급과 기타 계층인민은 일치하여 적극적으로 동북의용군과 만리장성[長城]항전의 활동을 지원하기 시작하였다. 지방 협회, 시상회와 각 구국연합회단체 등은 서로 나누어 동북난민구제회 (東北難民救濟會)와 동북의용군후원회(東北義勇軍後援會) 등을 조직하고, 시민들로부터 의연금을 모금하였다. 슝시링(熊希齡)은 상해에서 의용군을 위한 모금을 위해 위의 두 단체에서 두 차례 연석회의에서만 50여 만 원을 모금하였다. 지방협회에서 모금한 구국의연금[救國捐]은 93만 여 원이었고, 그중 반 정도의 액수는 적에 항거하다 죽은 사병들의 위로금으로 쓰였다. 1933년 1월 화북(華北)이 심각하다는 정보를 입수하고 지방협회에서는 황옌페이(黃炎培), 첸신즈(錢新之), 두중위안(杜重遠)등을 북상시켜 장쉐량(張學良), 탕위린(湯玉麟)을 책동하여 항일을 하게 하였다. 3월간, 쑹저위안(宋哲元) 부대는 희봉구(希峰口) 일대에서 일본군과 격전을 벌였고, 지방협회에서는 구호대를 조직하여 의약품을 공급하는 등의 지원을 하였다. 자본가 쿠이옌팡(賁延芳), 리푸쑨(李馥蓀) 등은 1차 의연금으로 5,000원을 쑹저위안(宋哲元)에게 건네주어 위로하였다. 동시에 지방협회에서는 또 중화기독교청년회 총간사 위르장(余日章)을 민중대표로 미국에서 활동하게 하여, 미국 조야에서 중국인민의 항일투쟁의 지원을 호소하였다. 7월 중순, 펑위샹(馮玉祥)은 항일동맹군을 인솔하여 다륜(多倫)을 회복하였다. 『신보』(申報)는 이 일을 아주 칭찬하며 "희봉구 혈전(喜峰口血戰) 흥분된 민심을 만족케 하는 소식이었다."라고 하였다.6) 각 구국연합회단체, 학련(學聯), 부녀협회, 해원공회(海貝公會), 우전공회(郵電公會), 상인구국협회, 기련회(機聯會) 등도 전보로 동맹군의 후원을 하겠다는 표시를 나타내었다. 내전폐지대동맹 역시 남경으로 전보를 보내, 동맹군을 소멸시키려고 출병하는 것에는 반대를 분명히 하였다. 같은 해, 국민당은 항공구국운동(航空救國運動)을 일으켰다. 상해자산계급의 적극적인 참가로 의연금으로 5대의

---

6) 『申報』, 1933년 7월 1일.

비행기를 구입하였고, 그 중 천주미정창(天廚味精廠) 한 곳에서는 비행기 두 대를 헌납하였다. 시상회 역시 스스로 구입한 비행기 "호상"(滬商)호 겉면에 "불공내전"(不供內戰)이라는 4글자를 인쇄해 넣었다.

항일구국운동이 굴곡의 발전을 보임과 동시에, 일부 진보인사들은 국민당의 파시스트통치에 반대하여, 상해에서 민권보장운동을 일으켰다. 1932년 여름, 쑹칭링(宋慶齡)과 중앙연구원 총간사 양싱포(楊杏佛) 등은 중국민권보장동맹을 만들었다. 12월 17일, 동맹준비위원회에서는 쑹칭링을 주석으로 선출하고, 차이위안페이를 부주석, 양싱포(楊杏佛)를 총간사로 선정하고 최고 지도기관은 임시 전국 집행위원회가 담당하였다.[7] 18일, 쑹칭링 등은 『신보』(申報)에서 선언을 발표하고, 민권보장동맹의 목적은 정치범 석방과 불법구금, 혹형 및 살육을 폐지하고, 집회실현, 언론과 출판의 자유를 쟁취하기 위해서였다. 동맹의 이러한 주장은 상해 자산계급과 각 주요 신문사의 보편적인 지지를 얻었다. 1933년 1월 17일, 중국민권보장동맹 상해분회(中國民權保障同盟上海分會)는 아이배로(亞爾培路, 현재의 陝西南路) 중앙연구원에서 성립대회를 거행하고, 쑹칭링, 차이위안페이, 양싱포, 린위탕(林語堂), 저우타오펀(鄒韜奮), 천빈허(陳彬和), 후위즈(胡愈之), 루쉰(魯迅), 이뤄성(伊羅生)등 9명의 상해 분회 집행위원을 선출하였다.[8]

민권보장동맹(民權保障同盟)의 주요 업무는 공산당 혐의로 체포된 정치범을 석방하는 것으로, "공산당원이라도 불법체포를 불허한다."[9]고 말하였다. 3월 28일, 공산당원 랴오청즈(廖承志), 뤄덩셴(羅登賢),

---

7) 民權保障同盟 總會는 정식으로 성립되지 않았다.
8) 1933년 3월, 宋慶齡, 蔡元培, 楊杏佛, 伊羅生, 鄒韜奮, 林語堂, 胡愈之 7인은 동맹의 임시중앙집행위원을 담당하였으므로, 상해분회 집행위원직을 사퇴하였다. 상해분회는 또 새롭게 郁達夫, 洪深, 吳邁, 沈鈞儒, 工造時, 錢華, 寧明 등 7인외 집행위원을 선출하였다.
9) 『時事新報』, 1933년 4월 12일.

천경(陳賡) 등 5인이 공공조계에서 체포되었다. 동맹은 변호사 우카이성(吳凱聲)을 법정에 출두시켜 변호하였다. 4월 초, 동맹은 또 정치범위원회를 설립하여 쑹칭링 등을 남경으로 파견하여 정치범 석방을 위해 탄원하였다. 쑹칭링은 남경(南京)에서 왕징웨이(汪精衛) 등을 만나, 반복적으로 공산당 토벌 중지, 국공합작(國共合作) 실현, 공동항일(共同抗日)을 주장하였다. 5월 중순, 국민당 특무는 공공조계에서 비밀리에 좌익작가 딩링(丁玲), 판쯔녠(潘梓年) 등을 납치하였다. 민권보장동맹은 국민당에서 진행하고 있는 납치의 확실한 증거를 가지고 당국을 문책한 결과 딩(丁), 판(潘)을 그들이 납치하였다는 사실을 승인하게 되었다. 더 많은 군중과 단결하기 위해, 민권보장동맹은 또 국민어모자구회(國民御侮自救會), 우무공회(郵務工會), 동북의용군후원회(東北義勇軍後援會), 상해학생극단원조동북의용군유예회[上海學生劇社援助東北義勇軍游藝會]등 20여 단체가 이 조직에 참가하였다. 1933년 3월 8일, 국민어모자구회 등은 상해청년회 준비 결성대회에 참가하였다. 쑹칭링은 회의 연설에서 전국인민이 연합하여 일어나기를, 조직을 결성하기를 호소하여 이로써 단결된 항전, 무장인민, 민권회복 및 홍군(紅軍)에 대한 공격 중지 등을 호소하였다. 대회는 쑹의 연설을 근거로, 정부에 잃어버린 토지 회복에 대한 요구를 하게 되었고, 즉각 전체민중의 무장과 민권 보장에 대한 결의를 하게 되었다.

국민당 반동파는 상해의 통제를 확보하고 강약정책을 실시하기 위하여, 힘을 다하여 항일구국운동과 민권보장운동을 파괴하려하였고, 아울러 상해자산계급이 자신의 곁을 떠나는 것을 제지하였다.

국민당은 우선 상해자산계급의 주요 대변지인 『신보』(申報)에 압력을 가하기 시작하였다. 1932년 8월, 장제스는 『신보』(申報)에 대해 "일반 무뢰한 문인, 당(黨)과 국가의 업무를 위협하는 사람들과 결탁하고 있다"는 말을 하고, 우편사무를 금지시켰고, 스량차이(史量才)는 압력을 가해 총편집자(總編輯者)인 천빈허(陳彬和), 설계부 주임 황옌페이(黃炎培)를 해임하도록 하고, 국민당 중선부(中宣部)에서 지도원을 파견하는 조건을 승인케 하고, 아울러 신문에 대한 검사를 가일층 강화하게 하였다. 그러나 이러한 상황을 맞은 스량차이 등은 강경하게 반대하였다. 이와 동시에 국민당은 정치수완으로 자산계급의 거물들과 연계를 맺었다. 1932년 10월, 국민당은 전례를 깨뜨리고 상해시임시참의회를 성립하고, 스량차이, 위차칭, 왕샤오라이, 첸신즈 등 19인의 임시시참의원을 선출하고, 스량차이를 회장으로 하였다. 이후, 또 아주 빠르게 지방자치준비위원회를 승낙하여 이것으로 이러한 인사들이 지방사무 방면에서 발언권을 얻는 것에 대한 뜻을 표시하였다. 초상국(招商局)이 국가로 편입된 후, 장제스는 또 상해 자산계급의 주요 지도자들에게 직접 초상국의 이사, 감사로 임명하고, 류홍성(劉鴻生)을 초상국의 최고책임자로 임명하였다. 장제스는 또 광동성 성장의 직무를 미끼로 삼아 변호사공회 회장, 각 단체구국연합회 책임자 리츠산(李次山) 등을 유인하여 정치 태도를 바꾸어 놓았다. 그러나 리츠산(李次山)은 장제스의 조건을 거절하였고, 임시 시참의원(臨時市參議員) 혹은 초상국 이·감사(招商局理監事)의 일부 사람들은 오래지 않아 국민당 당국과 심각한 충돌을 일으켰다.

쑹칭링을 주축으로 한 민권보장동맹에 대하여 국민당 당국은 더욱 감시를 강화하였고, 천방백계(千方百計)의 수단으로 파괴를 하려 하였다. 특무 딩모춘(丁默邨), 리스췬(李士群) 등이 세운 반동간행물『사회신문』(社會新聞)은 동맹에 대해 아주 심한 비방을 계속하였고, 시당부에서는 정부에 동맹회원 이뤄성(伊羅生)이 주편한『중국논단』(中國論壇)의 금지를 요청하였다. 조계당국 역시 국민당 반동파와 적극적으로 협조하여 국민어모자구회(國民御侮自救會)를 폐쇄케 하였다. 상해에서 이러한 민권보장운동(民權保障運動)을 말살하려고하는 방법이 실패한 후, 장제스는 공포수단 시행을 채택하게 되었다. 1933년 6월 18일, 양 싱포(楊杏佛)는 아이배로(亞爾培路) 중앙연구원(中央研究院)에서 차를 타고 외출을 하였는데, 미리 도로변에 잠복하고 있던 남의사(藍衣社) 특무들의 총격으로 살해당하였다.

국민당의 양싱포(楊杏佛)암살은 민권보장운동(民權保障運動)을 진압 하기 위한 것과 기타 진보인사와 상해자산계급에 경고를 하기 위한 것 이었다. 특무는 『중국논단』(中國論壇)에 "구명단"(鉤命單)이라는 한통 의 서신을 보내, 일부 중공지도자, 좌익작가와 반장(反蔣)의 군인(軍 人), 정객(政客) 등을 암살하겠다고 공언하였으며, 상해(上海)의 루쉰 (魯迅), 마오둔(茅盾), 천빈허(陳彬和), 후위즈(胡愈之), 톈한(田漢), 왕 짜오스(王造時) 등도 모두 그 명단에 있었다. 그러나 적들의 총격의 공 포아래에서도 진정한 혁명가는 굴복하지 않았다. 쑹칭링은 성명을 발 표해, 국민당 반동파가 양싱포를 암살한 비열한 행위에 대해 분노의 비난을 하였고, 양싱포 사업의 큰 뜻을 계속 이어나가, 목표에 달성하 지 않으면 중지하지 않겠다고 하였다. 6월 20일, 양싱포의 시신은 만 국빈의관(萬國殯儀館)에서 염(殮)을 하였는데, 특무(特務)는 또 이날 민권보장동맹(民權保障同盟)의 기타 사람들을 암살한다고 공포하였으 나, 쑹칭링(宋慶齡), 루쉰(魯迅), 후위즈(胡愈之), 저우타오펀(鄒韜奮)등 은 추도식에 참석하였다.

양싱포가 살해된 후, 민권보장동맹은 공개적인 활동을 하기가 어려 워졌다. 그러나 쑹칭링 등은 중국공산당원의 협조아래, 계속해서 반제 애국투쟁(反帝愛國鬪爭)을 전개시켰다. 당시, 세계반전위원회(世界反戰 委員會)에서는 8·9월에 상해에서 원동반전대회(遠東反戰大會)를 개최 하기로 결정하였다. 중공강소성위(中共江蘇省委)와 쑹칭링의 지도아 래, 상해인민은 선후로 중국영토보장동맹회(中國領土保障同盟會), 상 해민중환영원동반전대회총주비회(上海民衆歡迎遠東反戰大會總籌備會),

원동반전대회지지단체협회(遠東反戰大會支持團體協議會) 등 반공개적 군중단체를 결성하였고, 루쉰(魯迅) 등 100여 명의 좌익작가와 좌련 (左聯)에서는 세계반전위원회(世界反戰委員會) 대표단의 선언 발표를 환영한다는 내용이 발표되었다. 8월 18일, 세계반전위원회(世界反戰委員會) 대표 말러(馬萊勛爵, 英國工黨議員), 쿠구리(古久烈, 프랑스 공산당원이며,『인도보』(人道報)의 주편), 말트(馬爾度, 벨기에 社會民主黨黨員) 등이 상해에 도착하였다. 말러(馬萊) 등은 회의장문제를 위해 선후로 공부국(工部局) 대표이사, 총재(總裁), 상해시(上海市) 시장(市長) 우톄청(吳鐵城)과 영국(英國) 총영사(總領事) 등을 만났다. 공부국의 답변은 두 명의 감찰원을 말러(馬萊) 일행(一行)에 보내 "특별보호"를 하였다. 우톄청은 공산당이 이 대회를 이용할까봐 지지하지 못하였다. 영국영사는 두 조계(租界) 당국(當局)에서 모두 일본과의 마찰을 원하지 않는다고 표시하였고, 그들에게 어느 장소가 좋다고 제공할 수 없다고 하였다. 어쨌든 중공강소성위(中共江蘇省委)의 주도면밀한 배려 아래, 원동반전대회(遠東反戰大會)는 9월 30일 당산로(唐山路) 부근의 한 서양식 가옥에서 비밀리에 거행되었다. 참석자는 말러(馬萊)를 제외한 3명의 외국대표 이외에, 쑹칭링(宋慶齡)과 상해공인(上海工人), 동북의용군(東北義勇軍), 19로군(十九路軍), 각지 홍군대표(紅軍代表) 60여명이었다. 회의에서 곧 마오쩌둥(毛澤東), 주더(朱德), 펜산첸(片山潜), 루쉰(魯迅), 가오르치(高爾基), 파비싸이(巴比塞), 타이르망(臺爾曼)이 대회 명예주석(大會名譽主席)으로 선출되었고, 쑹칭링을 집행주석으로 선출하고, 일련의 제국주의전쟁 반대, 파시스트 반대, 일본의 중국침략(日本侵華) 반대와 홍군공격반대(紅軍攻擊反對)의 문건 등을 통과시켰다. 아울러 쑹칭링을 주석으로 한 세계반전위원회(世界反戰委員會) 중국분회(中國分會)를 설립하였다. 회의가 끝난 후, 상해거리에 서는 즉각 회의결과에 대한 승리의 전단이 출현하였고,『대미만보』(大

美晚報)에서는 이를 보도하였다. 공부국에서 이 비밀회의장을 찾았을 때, 그들은 이들 집회장소가 한 비밀 정찰대원의 집 옆이었다는 것을 알게 되었다.

이 시기 상해자산계급은 국민당에 대해 냉담한 태도를 취하였다. 1932년 임시 시참의회(市參議會) 성립 전, 상해시정부(上海市政府)는 시정(市政)의 부흥을 명의로, 600만원의 시정공채(市政公債)를 발행하였고, 이 발행된 금액은 갑북(閘北), 강만(江灣), 오송(吳淞) 등지의 전쟁으로 인해 훼손된 건축물 및 교량 및 도로 건축비로 사용하려고 하였다. 그러나 실제상 대부분의 금액은 공산당의 홍군을 토벌하는 군비와 관료자본을 확충하는 데 사용되었고, 일부분은 강만(江灣)의 시 중심 구역(市中心區域)을 건설하는데 사용되었다. 1933년 9월 시중심구역의 시정부 빌딩 및 사회(社會), 토지(土地), 위생(衛生), 교육(敎育), 공무(公務) 5개국(局)의 새로운 건물이 낙성하게 되었다. 당국은 이로써 허풍을 떨기를, 대상해 계획(大上海計劃)의 첫 걸음[第1步]이 완성되었다고 하였다.10) 그러나 상해자산계급은 국민당이 이렇게 새로운 정치중심을 건설하는 것에 아무런 흥미도 느끼지 않았다. 9월말, 임시 시참의회(臨時市參議會)는 신문사에 부흥공채(復興公債)의 대부분은 다른 곳에 사용되었다고 폭로하였고, 시정부(市政府)에 질문서를 제출하자, 시정부는 오히려 교활한 변론을 하기에 이르렀다. 스량차이를 중심으로 한 전체 참의원은 총사직서를 제출하였고, 후에 장췬(張群) 등이 다방면에서 화해를 시켜 손을 놓게 되었다. 장제스는 이것에 대

---

10) 연말까지 시정부 및 각 국(局)은 계속해서 새롭게 건축된 곳으로 이전하였다. 이후 국민당은 비록 강만(江灣)에 체육관, 도서관, 박물관, 시 병원 등을 건설하였으나, 대상해계획의 관건공정인 규강(蚯江) 부두건설과 기차역을 북쪽으로의 이전에는 관심밖에 있었다. 1934년, 시장 우테청은 심지어 대상해계획을 완전히 바꾸어, 외자를 도입하여 황포강대교(黃浦江大橋) 건설을 준비하였다.

하여 스량차이에 대한 분노가 극에 달하였고, 스량차이가 국민당에 대항하려고 인식하고 살해할 기회를 찾고 있었다.

1933년 11월, 복건인민정부(福建人民政府)의 성립이 선포되었다. 상해자산계급은 이러한 반장투쟁(反蔣鬪爭)을 찬성하지 않았다. 국난의 어려운 시기에 어떠한 내부적인 쟁탈도 외세에 대항할 국가의 역량을 약화시킨다고 생각하였으므로, 남경정부가 복건(福建)에 대해서 군사를 일으키는 것에 대해서도 반대하였다. 이러한 생각으로 상해자산계급은 장제스에 대한 압력을 점차 강화시키기 위해, 즉시 복건(福建)을 공격하는 것에 반대한다는 내전대동맹(內戰大同盟)을 폐지하여, "조역"(助逆) 즉 역도를 돕는다는 혐의를 받게 되어, 강제로 활동을 중지당하게 되었다.

내전폐지대동맹(廢止內戰大同盟)이 강압에 의해 활동이 정지된 후에도 스량차이 등은 내전을 반대한다는 입장을 고수하였다. 『신보』와 『신보월간』(申報月刊)에 계속해서 루쉰, 마오둔(茅盾) 등 좌익작가가 국민당에 대한 냉조한 분위기의 내용을 발표하였다. 중화서국(中華書局)의 『신중화』(新中華) 반월간(半月刊)에도 비교적 객관적인 태도의 소비에트지구 경제상황(蘇區經濟狀況)과 공산당 경제정책(共產黨經濟政策)을 소개하는 문장이 실렸고, 이러한 측면에서 국민당 반동파의 공산당에 대한 배척을 혐오한다는 내용을 실었다.[11] 1934년 후반기, 스량차이, 장궁취안 등은 금융계에 공채(公債)에 대한 투자를 감소하라고 적극 주장하였다. 8월 30일, 『신보』는 국민당정부에서 발행을 선포한 수리공채(水利公債) 2,000만원에 대해 시평(時評)을 하면서, 단도직입적으로 말하기를 만약 당국에서 제국주의의 중대한 압박을 해결할 유효한 방법을 시행하지 않는다면, 상해은행계의 적극적인 도움을 받을 수 없을 것이라고 지적하였다. 이것은 국민당 반동파의 극한 분

---

11) 漆琪生,「中國的區的經濟組織」,『新中華』, 2卷 4號.

노와 불안을 유발시켰다. 부흥사(復興社) 특무의 우두머리 다이리(戴
笠)는 스량차이가 상해시독립운동(上海市獨立運動)을 주장하고 있고,
상해를 국민당 통치에서 떼어놓으려고 한다고 생각하였다. 장제스는
이러한 정보를 듣고, 스량차이가 중공 지하조직의 경비를 받고 있다고
하였다. 그래서 그들은 스량차이 암살을 결정하였고, 이로써 상해자산
계급의 목적을 억압하려는 목적을 달성하고자 하였다.

　1934년 11월 14일, 부흥사(復興社) 특무는 호항(滬杭)고속도로에서
스량차이를 살해하였다. 이 소식이 상해에 전파되자 시 전체는 진동하
였다. 장제스가 3차례 공개적으로 흉수(凶手)를 잡으라는 명령을 내렸
으나, 사람들은 명백히 스량차이가 국민당의 손에 죽었다는 것을 알고
있었다. 추후이썽(褚慧僧)은 스량차이의 만련(挽聯) 위에 "직언(直言)
을 하였던 것이 화(禍)를 불렀다"라는 구절을 썼고, 이것은 국민당 당
국을 직접직으로 지적한 것이다. 『인문』(人文) 월간(月刊)은 이러한 보
도를 하는 동시에, 유명한 지위의 잡지에 위안스카이(袁世凱)가 정적
을 암살한 것을 빗대어 이러한 상황을 게재하였다. 그러나 상해자산계
급은 명확히 스량차이의 참사에 놀라움을 금치 못하였다. 신문언론은
이후로 근신하였고, 이후로 국민당에 항쟁하지 않았다. 장제스의 하수
두웨성은 이 기회를 틈타 지방협회(地方協會) 회장의 직을 승계하였
다. 이 상해에서 가장 역량이 있는 자산계급단체는 이렇게 일정한 정
도의 국민당의 통제를 받게 되었다.

　같은 시기, 중국 공산당은 상해의 역량(力量) 심각한 손실을 가져오
게 되었다. 1934년 6월, 상해 중앙국 서기(書記) 리주성(李竹聲)이 내
부의 고발로 체포되었고, 10월, 제2의 서기(書記)를 담당했던 성중량
(盛忠亮) 역시 내부 고발로 체포되었으며, 지하 방송국과 강소성위(江
蘇省委) 기관(機關)이 모두 국민당 손에 접수되었다. 1935년 2월 국민
당 반동파는 두 조계(兩租界) 당국의 적극적인 협조아래, 시 전체의 중

공지하 조직에 대한 일차적인 대규모의 파괴활동을 벌였다. 이에 임시 중앙국(中央局) 서기(書記) 황원제(黃文杰)과 문위(文委), 좌련(左聯) 책임간부 톈한(田漢), 양한성(陽翰笙), 쉬디신(許滌新) 등 36명이 체포되었고, 이로써 중공은 상해의 지하중앙국(地下中央局), 강소성위(江蘇省委)와 각구위조직(各區委 組織)에 막대한 손해를 입었다. 국민당은 득의만만하여, "상해의 지하공산당원은 존재하지 않는다."라고 허풍을 떨었다.

상해는 가장 심각한 암흑기, 가장 답답한 암울한 시기로 접어들게 되었다.

제2절 문화면에서의 통제(統制)와 반격(反擊)

항일민주운동(抗日民主運動)의 우여곡절의 발전시기에 중국 공산당이 지도하던 좌익문화운동(左翼文化運動)은 국민당이 민심을 상실해가고, 자산계급의 반공에 대한 태도변화와 단결항일주장 등으로 사회조건의 유리함을 획득하여, 이러한 상황에서 국민당에서의 문화정리 계획타파하고자 하였고, 이러한 계획을 한층 강화 시행하였다.

1932년 이후, 좌익문화전선(左翼文化戰線)에서는 선후로『문예신지』(文藝新地), 『문학월보』(文學月報), 『신시가』(新詩歌), 『문화월보』(文化月報), 『현대문화』(現代文化), 『문학』(文學), 『문예』(文藝) 등 잡지를 창간하였고, 대량의 전투적인 문예작품을 발표하게 되었다. 소설방면에서는 많은 뛰어난 단편들이 한꺼번에 나타난것 이외에, 우수한 장편들이 발표되기 시작하였는데, 그중에서 마오둔(茅盾)의 역작『자야』(子夜)가 가장 유명한 작품이었다. 『자야』는 당시의 상해를 배경으로 한 자본가의 생동적인 형상을 묘사하였고, 반식민지 반봉건의 중국사회가 자본주의 사회의 법칙을 따라가서는 안 된다는 내용을 서술한 것이다. 희극방면에서는 톈한(田漢)이 쓴『난종』(亂鍾), 『회춘지곡』(回春之曲) 등 극본이 나날이 심화되는 민족모순의 현실을 표현하였다. 좌익시가(左翼詩歌) 역시 새로운 면을 창조해 내었다. 1932년 3월, 좌련(左聯)의 지도아래 중국의 시가회(詩歌會)가 성립되었고, 시가의 대중화(詩歌大衆化)를 제창하고, 시인(詩人)들에게 국민당 통치에 반항하고, 시가를 부르면서 항일 정서를 고양하자는 것을 호소하였다. 미련(美聯)은 대오를 확대하여, 선후로 "춘지"(春地), "야풍"(野風), "대지"(大地)

3개의 화가 협회[畫會]를 발족시켰다. 루쉰(魯迅)이 역설하여 제창하였던 진보목각예술(進步木刻藝術)은 더욱 풍성한 성과를 거두었다. 1932년 7월, 상해 미술전과학교(美術專科學校)의 일부 청년은 미련(美聯)의 지지아래, MK목각연구회(木刻研究會)를 설립하고 목각 작품 100여 점을 전시하였다.

당시 일부 자산계급 지식분자는 소위 "자유인"(自由人), "제3종인"(第三種人)이라는 입장으로 출현하여, 무산계급혁명문학을 반대하였고, 문화예술이 정치를 위해 서비스하는 것을 반대하였고, 좌익작가들이 그들의 창작욕망을 말살하려는 것을 비평하고 책임을 물었다. 좌익작가는 이러한 것에 대하여 반격하였다. 상해의 쥐추바이(瞿秋白)는 문장을 써서 계급 사회 중에서 모든 각 문학가는 각 계급의 의식형태를 대표하는 것인데, 무슨 "제3인종"(第三人種) 등으로 대변하는 것은 합당하지 못하다고 지적하였다. 루쉰은 한 걸음 더 나아가 "좌익작가의 비평은 욕이 아니고, 일부 선의의 도움이다. 왜냐하면 그들은 함께 길을 가는 '동로인'(同路人)이므로, 주변에 서있는 사람들과 함께 걸으면서 전진하자고 하는 것이다"[1]라고 강조하여 말하였다.

좌익문화전사는 당시 루쉰의 도움아래, 일부 문총(文總)에 참가하지 않은 각 단체의 진보작가들이 단결하게 되었다. 예를 들어 바진(巴金), 차오위(曹禺)등이 그들이다. 이러한 작가들은 반제반봉건의 입장에서 출발하여 예술 수준이 높은 창작 작품을 내놓았고, 이로써 폭넓은 독자층을 형성하고 있었다. 예를 들어 바진(巴金)의 소설 『가』(家), 『애정삼부곡』(愛情三部曲), 차오위(曹禺)의 극본 『뢰우』(雷雨) 등이 그것이다. 이러한 작품은 심각하게 불합리한 구제도(舊制度)를 폭로하고 질책하였고, 이러한 제도는 반듯이 멸망의 운명에 처해 있다는 것을 예시하였고, 인민 군중에게 거대한 교육적 의의를 심어주었다.

---

1) 『魯迅全集』, 第4卷, p.439.

폭넓은 자기의 진영을 갖추기 위해, 좌익문화전사(左翼文化戰士)는 이전의 중간자적인 입장 고수와 상업성 신문에 투고를 하는 오류를 범하지 않았고, 신문을 확대하여 부간(副刊)을 만들었다. 그러나 이러한 적극적인 일치된 항전을 주장하던 상해자산계급 거물들은 자신의 영향을 확대시키기 위하여, 국민당에 대해 더욱 강한 여론 압력을 가하도록 하였고, 심지어는 진보인사인 좌익작가글 초빙하여 신문사의 편집업무나 자신들의 원고를 다음게하거나, 그들의 문장을 빌어, 타인의 필명으로 자기가 생각하고 있는 사상을 발표하거나, 발표하지 못하는 심경을 토로하였다. 1932년 12월, 스량차이는 진보작가인 리러원(黎熱文)을 초빙하여『신보』(申報)와 부간인『자유담』(自由談)의 편집을 담당케 하였다. 리(黎)는 임명된 후, 루쉰(魯迅), 마오둔(茅盾) 등을 초빙하여 이 간행물에 원고를 부탁하여, 국민당을 비평하는 글이 대량으로 게재되었고, 원앙호접파(鴛鴦蝴蝶派)가 점거하였던『자유담』(自由談)을 좌익문예의 중요한 진지로 만들었다. 이후,『대만보』(大晩報),『대미만보』(大美晩報) 및 왕징웨이(汪精衛) 집단의『중화일보』(中華日報) 부간(副刊)에도 역시 좌익작가의 문장이 게재되기 시작하였다.『동방잡지』(東方雜誌)는 후위즈(胡愈之)가 편집을 맡게 되었다. 주간지인『생활』(生活) 편집장인 저우타오편(鄒韜奮)이 당국의 언론이 나날이 극렬해져가는 것을 비평하자, 직교사(職敎社)에서는 이를 더욱 간섭을 하였다. 그래서 주간지인『생활』(生活)은 독립되었고, 편집부 사람들이 서로 모여 생활서점(生活書店)을 만들어 간행물을 판매하게 되었다.

각 대형 잡지들의 부간(副刊) 발행 전략은 좌익문화운동의 발전에 중요한 의의를 지니고 있다. 당시『신보』(申報)와『동방잡지』(東方雜誌) 등과 같이 영향력 있던 잡지들은 국민당이 쉽게 폐쇄시키지 못하였고, 이에 국민당은 자본가에 대한 압력을 실시함으로 파괴시키고자 하였으나, 그 효과는 아주 미미하였다. 예를 들어『자유담』(自由談)에

대한 대항으로 국민당에서는 선후로 리러원이 이미 좌련에 참가하고
있는 것을 알고 있었으므로, 『자유담』을 "알 수 없는 논조"의 잡지라
는 명복으로 무고하였고, 스량차이에게 이 간행물의 발행인들과 언론
방침에 변화를 가져와야 한다는 것을 암시히였다. 국민당의 압력을 가
볍게 하기 위하여, 리러원은 『자유담』을 남녀간의 사랑에 대한 지면을
많이 할애하고, 문제가 되는 작품을 적게 실어야 한다고 선포하였다.
그러나 이름 없는 문인들이 풍월을 논하는 것이 『자유담』에 여전히
게재되지 않았으며, 좌익작가의 풍월을 노래한 문장은 계속 게재되었
다. 창을 던지는 것과 비수를 던지는 것과 같이 날카로운 부분이 있다
는 것을 특무는 재빠르게 알아차렸다. 어쨌든, 시당부(市黨部)의 거두
인 우싱야(吳醒亞)가 친히 스량차이를 압박해 리러원을 다른사람으로
바꿔 앉히려고 하였으나, 스가 거절하였다. 1934년 5월, 리러원은 사
직하였으나, 장즈성(張梓生)이 그 계속 임무를 맡고 루쉰(魯迅) 등이
필명으로 원고를 발표하였다.

동시에 『신보』(申報)와 『신문보』(新聞報) 등의 신문은 일부 진보기
자와 복단(復旦)대학 신문방송학과 그리고 민치신문학원(民治新聞學
院)의 개별 사생(師生)은 중국공산당의 지도아래, 중국신문학연구회(中
國新文學硏究會)를 설립하였고, 아울러 좌련(左聯)의 외부 간행물인 『문
예신문』(文藝新聞)에 『집납』(集納)2) 부간(副刊)을 만들어 무산계급신
문학 이론을 선전하였다. 1932년 3월 20일, 중국 좌익기자연맹(左翼記
者聯盟)이 정식으로 성립되었고, 오래지 않아 프랑스조계에서 국제신
문사(國際新聞社)가 문을 열게 되었다. 이 신문은 항일활동의 보도 원
고를 게재하였고, 적지 않은 국내외 신문들이 이 기사를 인용하였다.

1933년 2월 17일, 영국의 저명한 작가 버나드 쇼(George Bernard
Shaw, 蕭伯納, 1856~1950)가 상해에 도착하였고, 좌익문화인사는 열

---

2) "集納"은 영어 journal의 음역이다.

렬히 환영하였다. 중외 반동 통치자는 두려움을 느낀 나머지, "뭬! 버나드 쇼의 국제연합전선"(國際聯合戰線)을 조성한다고 각종 중외신문 지상에 공격하였고, 일부 너절한 문인들도 이에 가담하였다. 이로 인해, 쥐추바이는 루쉰의 협조아래, 각 신문의 유관언론을 해석과 편집을 하였고, 이로써 가장 신속하게 『상해에서의 버나드 쇼』라는 책을 발행하여, "문인, 정객, 군벌, 부랑자, 각양 각색의 사람들 모두에게 거울 역할을 할 수 있는 책을 제공하여 자기 스스로를 돌아볼 수 있게 하였다."[3]하여 반동파의 공격에 맞받아치는 공격을 하였다.

이 시기, 좌익문화운동은 영화계에서 사람들의 이목을 끄는 성적을 보였다. 1931년 9월, 극련(劇聯)은 『최근행동강령』을 통해, 중국의 좌익영화운동을 전개하기를 요구하였다. 1932년, 중국 공산당은 샤옌(夏衍)을 우두머리로 하는 영화팀을 성립하여 좌익영화운동을 지도하였다. 당시 상해 영화계는 이미 극심한 불경기였고, 홍구(虹口), 갑북(閘北), 강만(江灣) 등지의 영화회사와 영화관은 모두 1·28의 포화로 파괴되었고, 그 나머지 회사 역시 휴업을 하고 있었다. 명성(明星), 연화(聯華), 천일(天一) 등 회사는 모두 유지가 어려운 상태에 처해 있었다. 다른 한편으로 명성 등 회사는 1·28전쟁(一二八戰爭) 기간에 항일투쟁의 기록편(記錄片), 동화편(童畵片)을 방영하였던 관계로 폭넓은 민중의 환영과 여론계에서도 긍정적으로 평가받고 있었다. 이러한 상황 아래에서, 상해 영화계는 좌익인사들의 도움을 받기를 희망하였다. 극련(劇聯)의 많은 맹원(盟員)은 예를 들어 선시링(沈西苓), 왕잉(王瑩), 아이샤(艾霞), 후핑(胡萍), 천닝추(陳凝秋), 저우보쉰(周伯勛), 정쥔리(鄭君里), 수슈원(舒秀文), 웨이허링(魏鶴齡), 쓰투후이민(司徒慧敏) 등이 계속적으로 영화계로 들어왔다. 1933년 2월에는 한 좌익문화단체인 중국영화문화협회(中國電影文化協會, 電協)가 상해에서 탄생하였다.

---

3) 『蕭伯納在上海』, 魯迅序言.

좌익문화 전사(戰士)는 익숙하지 않은 영화계에 뛰어 든 후, 오래지 않아 자신의 노력으로 재화를 모음으로써 동업자들의 존경 대상이 되었고, 아주 빠른 시간 내에 새로운 면모를 보이는 좌익영화를 만들어 내었다. 1933년 3월, 샤옌(夏衍) 편극의 최초의 좌익영화는 명성공사(明星公司)에서 탄생하였고, 공개적인 방영 후 관중들의 열렬한 환영을 받았다. 계속해서 샤옌, 청부가오(程步高)는 마오둔의 저명한 작품 『춘잠』(春蠶)을 은막위에 올려놓아 성공을 거두었다. 정정추(鄭正秋), 차이추성(蔡楚生) 등은 진보적인 영화 『자매꽃』(姉妹花), 『도회의 아침』(都會的早晨)등은 아주 충격적인 영화였다. 『자매꽃』은 신광대극원(新光大劇院)에서 상영될 때, 60여 일의 상영기록을 세웠다. 좌익영화와 전체 좌익문화운동의 영향아래, 관중들의 영화감상은 눈에 띄는 변화를 가져왔다. 무협신괴(武俠神怪) 같은 장르는 이미 설 자리가 없어졌고, 새로 설립된 작은 영화회사에서는 모두 반제반봉건 내용의 진보적인 영화와 직접 항전을 기록한 기록영화들을 앞을 다투어 제작하였다. 이전부터 있었던 영화회사의 창작 역시 상응하는 변화를 보였다. 연화공사(聯華公司) 자본가들은 당국과의 관계영향으로, "나라를 구하는 영화를 만들어, 국위를 선양하고, 국업(國業)을 제창하여 국가에 서비스한다."(挽救國片,宣揚國粹,提倡國業,服務國家)는 구호를 만들어 그러한 영화를 제작하려고 하였으나, 직원과 창작 인원의 결사적인 반대를 받았다. 사업주측은 압박에 의해서 좌익영화 제작을 허락하게 되었다. 1933년 9월, 건달 옌춘탕(嚴春堂)⁴⁾은 좌익영화들의 표 팔리는 상황을 보고 그의 영화필름공사를 개조하여 톈한(田漢) 등으로 담당하여 촬영을 하게 하였다. 예화공사(藝華公司)는 좌익영화운동의 한 방법으로 선후로 『민족생존』(民族生存), 『육박』(肉搏) 등 기치가 선명한 반제(反帝)영화를 찍었다.

---

4) 옌춘탕(嚴春棠)이라고 쓰기도 함. 역자 주.

이와 동시에 극련(劇聯)은 영화평론팀을 만들고, 각 대형 신문에 영화 부간(副刊)을 만들었고, 『영화예술』잡지를 만들어 영화평론과 영화이론 연구를 전개시켰고, 더 나아가 강대한 좌익영화운동의 세력을 형성하였다. 1932년 7월, 미국 상인은 상해에 250만원의 자본으로 소위 "중국의 헐리우드"를 건설하고자 하였다. 영화평론팀은 곧 각 영화 부간(副刊)에 이러한 야심의 발동은 문화침략 계획이라는 비평하는 글을 실었다. 많은 저명한 영화예술가 역시 그들과의 합작을 거절하였다. 그 결과 "중국의 헐리우드"를 신문에 게재하여 주식을 모았는데, 1개월도 못되어 문을 닫게 되었다. 같은 해, 연화공사(聯華公司)는 봉건윤리도덕을 선양하는 악습 영화인 『인도』(人道)를 상영하였는데, 영화평론팀은 즉각 이것에 대한 비판을 하였고, 관중을 교육하는 것 이외에 영화업 종사들의 교육도 담당하게 되었다.

계속해서 흘러넘치는 좌익문화의 홍수를 막기 위해, 국민당 반동파는 더욱 광폭한 문화억압정책 및 공포수단을 채택하였다. 1933년 5월, 중통특무(中統特務) 마사오우(馬紹武)는 홍구(虹口)에서 저명한 좌익작가 딩링(丁玲), 판쯔녠(潘梓年) 등을 납치하였고, 체포를 거부하는 사람들을 현장에서 살해하였다. 같은 해 11월, 특무는 영화계 산공동지회(鏟共同志會)의 명의로 예화전영공사(藝華電影公司)를 습격하였고, 이 회사가 영업방침을 변경하지 않을 경우, 더욱 강력한 수단으로 대응하겠다고 엄포를 놓았다. 각 크고 작은 영화관 역시 모두 이러한 경고를 받았고, 이로 인해 톈한(田漢), 샤옌(夏衍), 푸만창(卜萬蒼), 진옌(金焰), 후핑(胡萍) 등의 영화를 상영하지 못하게 되었고, 그렇게 하지 않을 경우에는 예화공사와 같은 대우를 받게 될 것이라고 협박하였다. 계속해서 양우도서공사(良友圖書公司)와 『중국논단』(中國論壇)을 인쇄했던 러폴인쇄소(勒佛爾印刷所)와 신주국광사(神州國光社)는 계속해서 폭도의 습격을 받았다. 영화계의 산공동지회(鏟共同志會)는 전단을 뿌리고, 각 서점(書店)에 경고하기를 루쉰(魯迅), 마오둔(茅盾), 샤옌(夏衍), 첸싱춘(錢杏邨) 및 기타 적색작가의 작품, 극평과 소련 정황 등을 소개하는 문장을 게재하거나 발행하지 못하도록 하였다. 12월 21일, 상해 각 대학 좌익문예단체의 구성원 100여 명이 동시에 국민당 반동파에 의해 체포되었다. 1934년 1월, 특무는 또 중국청년 산공대동맹(中國靑年鏟共大同盟)의 명의로, 각 영화공사, 영화관에서 다시는 좌익영화의 촬영과 상영을 못하게 금지시켰고, 각 영화간행물에서도 다시는 좌익영화평론을 게재하지 못하게 하였다. 이렇게 하지 않을 경우에는 폭탄으로 대응하겠다고 협박하였다. 이것은 실속 없이 떠벌리며 허세를 부린 것이 아니었다. 생활서점(生活書店)은 몇 차례의 폭탄 습격을 받았다.

동시에 국민당은 문예작품에 대한 검열도 강화시켰다. 1934년 3월, 시당부(市黨部)는 25곳(家)의 출판사에서 모두 149종의 문예서적을 검열후 판매 금지시켰고, 『중국논단』 등 76종 간행물 역시 간행을 중단시켰다. 같은 해, 남경정부는 계속해서 『도서잡지심사판법』(圖書雜誌審査辦法), 『영화검사법』(電影檢査法), 『극본심사등기판법』(劇本審査登記辦法) 등의 법규를 공포하였다. 7월, 당국은 먼저 상해에 도서잡지 심사위원회를 설립하고 전문적으로 문예 및 사회과학 저작, 잡지의 원고를 검사하여 자신들에게 불리한 내용은 삭제시키거나 원고를 새롭게 고쳤다. 이후에 만들어진 극본심사위원회는 1934년 11월에서 1935년 3월의 4개월 동안 83개의 영화 극본을 심사에서 불합격처리 시켰다.

나날이 미친듯한 반혁명 문화파괴는 좌익문화운동에 아주 큰 어려움을 안겨주었다. 중국영화문화협회는 활동을 중지하게 되었고, 샤옌(夏衍)은 압력에 의해 명성공사(明星公司)를 떠나게 되었고, 톈한, 인한성(陰翰笙) 등의 예화(藝華), 연화(聯華)공사 역시 공개적인 활동을 하지 못하게 되었다. 각 영화 신문의 부간 역시 정간되있고, 일부는 선

향하였다. 1934년 11월 스량차이가 피살된 후, 루쉰의 잡문은 거의 발
표되지 못하였다. 좌익문화대오중의 개별적으로 좌익을 지지하였던 사
람들은 소극적으로 돌아서게 되었다. 양춘런(楊邨人)과 야오펑쯔(姚蓬
子)는 선후로 반공선언과 혁명을 배반하는 것에 대한 발표를 하였다.
일부 서점의 주인들과 중간파 인사들 역시 반동파의 압력에 굴복하여,
도서잡지의 원고를 검사하는 것에 동의하였고, 일부 인사들은 고서(古
書)와 유모어 책을 읽도록 제창하여 현실투쟁의 도피를 기도하였다.

   그러나 공산당원의 지도하에 있던 좌익문화전사는 상황이 이렇게
악화되었음에도 불구하고, 계속 반동파와 완강한 투쟁을 벌여 나갔다.
1934년 장제스는 "신생활운동"(新生活運動)을 전개하여 적극적으로
"존공독경"(尊孔讀經)의 교육의 복고를 추진하게 되었다. 상해의 각
신문에서는 원칙상 찬성을 표시하였다. 1935년 봄, 허빙쑹(何炳松), 싸
멍우(薩孟武), 타오시성(陶希聖) 등 10명의 교수는 국민당의 시사 아래
봉건문화건설을 선양하고, 국민당 파시스트 통치에 대한 서비스하기
위하여『중국본위문화건설선언』(中國本位文化建設宣言)을 발표하였다.
1934년 5월, 복고파 왕마오쭈(汪懋祖)는 문언(文言)의 제창을 지지하
고, 백화(白話)의 주장을 반대하는 글을 발표하였다. 6월에는 루쉰, 천
왕다오(陳望道), 마오둔, 후위즈(胡愈之) 등의 일부 좌익작가와 진보인
사들은 대중어운동(大衆語運動)을 전개하고, 문언(文言)을 반대하고, 백
화(白話) 보호에 나섰다. 그들은『태백』(太白)이라는 반월간을 창간하
여, 1년 동안에 500여 편의 대중어(大衆語) 문장을 발표하였다. 루쉰은
선후로『현대 중국에서의 공부자』(在現在中國的孔夫子),『고기 맛도
모르고, 물맛도 모르고』(不知肉味和不知水味) 등 저명한 공자 비판 격
문을 발표하여 반동파의 맹렬한 반격을 받았다.

   따라서 백색공포(白色恐怖)가 영화의 내용에 첨가됨에 따라, 영화계
의 소극적인 영화제작으로 반동파의 영화가 고개를 들게 되었다. 많은

영화회사는 좌익영화를 촬영하지 못하게 하자, 영업은 나날이 악화되었고, 경영난에 지친 회사는 계속적인 휴업을 하였다. 1935년 말에 이르러, 시 전체에는 오직 2개의 작은 영화회사만이 남게 되었다. 이러한 상황 하에서 좌익영화제작자는 다시 새로운 부서에서 그들의 역량을 발휘하는 것으로 방식을 바꾸고 계속 투쟁하였다. 그들은 각 영화회사 연출들과 긴밀하게 연계를 갖고, 극본을 제공받았고, 아울러 영화의 상영시 연출과 편집자들은 자신의 이름을 드러내지 않는 방식을 채택하여, 자신들의 이름을 숨겼다. 1934년은 대량의 "연출과 편집"(導演兼編劇)의 영화가 출현하였으며, 사람들로 하여금 "연출의 해"(編導年)라는 우스운 말을 듣게 되었다. 좌익음악종사자 역시 영화음악의 창작에 적극적으로 활동하였다. 이외에 그들은 우수한 문예종사자들, 예를 들어 위안무즈(袁牧之), 잉윈웨이(應雲衛), 왕잉(王瑩), 우인셴(吳印咸), 완라이밍(萬籟鳴), 네얼(聶耳), 루지(呂驥), 허뤼팅(賀綠汀), 쓰투후이민(司徒慧敏) 등을 모아 큰 무리로 전통영편공사(電通影片公司)를 설립하고, 독자적으로 촬영에 들어갔다. 좌익문화전사(左翼文化戰士)의 노력아래, 1934년 이후, 상해영화계에는 계속적으로 일부 우수한 영화, 예를 들어 『어광록』(漁光曲), 『신여성』(新女性), 『도리겁』(桃李劫), 『풍운아녀』(風雲兒女) 등이 제작되었다. 『어광곡』(漁光曲)은 84일 동안 상영되었고, 1935년 모스크바 영화제에서 영예상[榮譽獎]을 수상하였고, 중국 최초로 국제적인 영예를 받은 영화가 되었다. 안어(安娥), 런광(任光)은 이 영화의 극본을 쓰고, 주제가를 불러, 당시 유행하는 노래로 만들었다. 영화공사(公司)가 촬영한 『도리겁』은 중국 최초의 유성영화(有聲映畵) 방법으로 창작한 영화로, 여주인공 천보얼(陳波兒)은 이 영화에서 뛰어난 연기력을 보여 일약 유명해지게 되었다. 톈한(田漢), 네얼(聶耳)은 영화 『풍운아녀』의 주제가인 『의용군행진곡』(義勇軍行進曲)은 당시 가장 유행하였던 혁명가곡으로 해방 후 중화인민공화국에 의해 국가(國歌)로 지정되었다.

좌익영화평론가들은 국민당의 어용문인 고취한 "연성전영론"(軟性電影論)에 대한 토벌을 진행하였다. 1933년 12월, 예화영화공사(藝華影片公司)는 특무의 습격을 받은 후 얼마되지 않았을 때, 일부 어용문인들은 좌익영화를 "영화계상의 시끄러운 의식"(在銀幕上鬧意識)이라고 비평하고, "영화는 눈으로 아이스크림을 먹는 것", "당연히 연약한 것"이라고 공격하였다. 루쓰(魯思), 샤옌(夏衍), 탕나(唐納) 등은 『민보』(民報)영화 부간을 대변지로 진지로 구축하고, 조직적인 반격을 진행하였는데, "연성영화론"의 실질은 국민당 반동파의 이익을 대변하는 것이라고 폭로하였다. 이에 시당부 우두머리인 판궁잔(潘公展)은 분노가 극에 달하여 더욱 좌익영화평론을 억압하도록 지시하였다.

좌익문화운동의 발전은 제국주의로 하여금 두려움을 두려움을 갖게 만들었다. 그들은 상해에서의 자신들의 동지를 보호하기 위해 조계당국은 좌익문화운동의 압박에 참가하게 되었다. 공부국은 아주 일찍이 영화검사제도를 실시하였고, 중국영화가 조계에서 상영되기 전에 반듯이 경무처(警務處)의 심사를 거치도록 규정하였다. 1·28항전(一二八抗戰)의 기록편인 『상해전사』(上海戰史), 『상해지전』(上海之戰), 『상해항일혈전사』(上海抗日血戰史) 등은 개봉과 동시에 조계 내에서의 방영이 금지되었고,5) 일본 제국주의가 촬영한 9·18사변(九一八事變), 1·28사변(一二八事變)을 배경으로 한 "황군위용"(皇軍威容)의 파시스트 영화는 오히려 조계내의 일본 영화관에서 상영되었다. 1933년 가을, 당시의 상해사회를 묘사한 『상해의 24시간』(上海二十四小時)이 촬영되고 있을 때, 공부국은 사람을 파견하여 이 촬영장에서의 촬영활동을 간섭하였다. 『향초미인』(香草美人), 『발버둥』(掙扎) 등 영화는 조계에서의

---

5) 국민당 당국은 이후 계속 이러한 영화를 조계지역 외에서 방영하는 것도 금지시켰다.

방영이 금지되었다. 우화(寓話)형태의 항일영화편인 『나쁜 이웃』(惡鄰)
은 상영 후 3일이 채 안되어 공부국으로부터 상영금지의 명령을 받게
되었다. 1933년 11월 특무가 예화영화공사를 습격하였을 때, 실제상
조계당국의 묵시적인 허락을 받고 있었던 것이다.

1935년 5월, 두중위안(杜重遠) 주편의 『신생』(新生) 주간(週刊)지에
이쉐이(易水)의 잡문(雜文) 『한화황제』(閑話皇帝)를 발표하였는데, 고금
(古今)과 중외의 군주제를 총망라한 것이었다. 일본 총영사는 이 문장이
일본 천황을 다루어서 "천황 모욕, 선린외교 방해"라는 구실로 남경정
부에 엄중한 항의를 제출하였고, 이 잡지의 폐간을 주장하고, 편집자
및 작가를 엄벌하라는 무리한 요구를 하였다. 남경정부는 바로 "돈독
한 외교관계령"을 명문화한 규정으로 만들고, 반일 선전자는 모두 "선
린외교 방해죄"를 적용한다고 하고, 아울러 상해시 정부에게 일본 영
사에게 사죄하도록 명령하고, 상해시 공안국장을 해임하고, 두중위안
을 체포하여 14개월의 징역형을 선고하게 하고 상소는 허락하지 않았
다. 두중위안은 법정에서 비분하여 말하기를, "나는 이러한 중국의 법
률을 따를 수 없다!"고 하였다. 7월 20일, 고등법원은 공부국의 요구
에 따라 『신생』주간지의 발행을 금지시켰다. 이 사건은 국민당 통치자
와 제국주의자들의 사악한 간계와 언론의 압박을 받은 굴욕적인 면모
를 폭로한 것이다. 당시, 상해 각계의 군중은 신생사건후원회를 조직
하고, 당국의 역행적인 조치에 반대하였다. 상해자산계급 역시 이러한
처사에 불만을 드러내었다. 무어우추(穆藕初)는 상인신분으로 시상회
에 의견서를 제출하였고, 고등법원의 판결은 법률질서를 위반한 것이
라는 것을 지적하였다. 상해법률협회 역시 같은 식의 의견을 제출하
고, 사법원의 잘못을 바로 잡도록 요구하였다.

신생사건 후, 샹더옌(項德言)등 7명 도서검사관은 물러나 실직하었
고, 도서잡지 심사위원회는 없어졌으나, 국민당의 권한은 측정할 수

없을 정도로 그 부패는 오히려 더욱 심해졌다. 루쉰을 기수로 하였던 좌익문화전사는 계속해서 투쟁을 전개한 것 이외에도 대부분의 보간 (報刊)은 모두『신중화』(新中華) 반월간에서 탄식한 것과 같이 "돈독한 선린외교의 명문화된 법령아래에, 새로운 시대에 남의 비위를 맞추는 며느리를 만들려고 한다.", "할 말이 없을 뿐만 아니라, 닦을 눈물이 없다."[6]고 말하고 있다.

---

6)『新中華』, 3卷 15號.

제3절 민족자본의 쇠퇴와 관료자본의 팽창

1932년 이후, 상해의 민족자본주의 경제는 전면적으로 곤란한 상태로 빠져들었다.

상해의 밀가루, 면직품, 고무제품 등 많은 생산품은 동북이 중요한 시장으로 대두되었다. 동북이 일본에 함락된 후, 이러한 산업은 계속해서 역경에 처하게 되었다. 1933년 상해 각 공장(廠)에서 생산된 밀가루는 매일 겨우 5만여 포의 밀가루가 팔렸는데, 이것은 일일 생산량의 절반이었다. 10월에는 시 전체 밀가루가 적재되어 있던 것이 300만 포였다.[1] 밀가루가격은 생산가격 이하로 떨어졌고, 이러한 불황으로 복신(福新) 밀가루공장은 압박을 받아 생산을 중단하게 되었다. 고무업은 1931년 48가(家) 공장이 있었으나, 1933년에는 34가(家) 만이 남았고, 그중 10곳은 휴업 상태였고, 휴업을 하지 않은 대중화창(大中華廠)이외의 공장은 10에서 70%를 감소하여 생산하였다. 아교로 붙인 신발인 가격 역시 교혜(膠鞋) 1931년의 가격에 비해 40~50% 떨어졌고, 하루 생산량은 25,000켤레에 지나지 않았으며, 이것은 생산능력의 22.7%정도였고, 창고에 적재되어 있는 화물가치의 금액은 200만 원에 달하였다.[2] 상해 면방업은 화북(華北)이 주요 시장이었으나, 동북시장이 일본국내 사창에서 독점하고 있었으므로, 중국에 있던 일본공장들은 일본 정부에서 보조금을 지급하여 화북(華北)에서 판매를 지원해 주었으므로, 화북시장을 판로의 중심으로 한 중국상인의 사창(紗廠)은

---

1) 『銀行周報』, 17권 42호.
2) 『上海民族橡膠工業』, pp.34-35; 『國貨年鑑』, 甲, p.189.

심각한 타격을 받고 있었다. 1933년 4·5월, 화상사창연합회에서는 각 창에서 전체적으로 23~25%의 감량 생산을 결정하였다. 항풍사창(恒豊紗廠)의 사(紗), 포(布)의 적체는 마치 산처럼 쌓였고, 부득불 창고밖에 쌓아 놓을 수밖에 없었다. 영예(永豫) 등 3가(家) 사창(紗廠)은 은행에 담보로 잡혀 있었다. 상해 화상사창의 자본은 3,720만 량에서 2,700만 량 정도로 축소되었다. 룽쭝징(榮宗敬)은 탄식하면서 사창에 대해 말하기를 "하루도 근심에 서려 있지 않은 날이 없다"3)라고 말하였다. 권련업(卷煙業) 역시 나날이 쇠퇴하였다. 1931~1933년 사이 동북 시장의 상실과 영미연공사(英美煙公司)의 가격 파괴로 36가(家) 공장이 외부적 압력에 못 이겨 생산을 중단하거나 폐업하기에 이르렀다.

국민당 정부의 반동 경제정책은 상해 민족 자본주의 경제에 더욱 가중된 고통을 주었다. 국민당은 관세자주를 선포한 후, 세칙을 부단히 수정하여, 평균 수입세율은 1930년의 10.4%에서 27.2%로 올려놓았다. 이렇게 만들었던 목적은 오로지 세수입을 증가시키기 위함이지, 민족공업을 보호하기 위한 것은 아니었다. 1933년 5월, 남경정부는 새로운 세칙을 반포하여, 여러 종류의 수입화물의 세율을 높이는 것이었으나, 이러한 관세보호정책은 허풍에 지나지 않았다. 그러나 이 세칙에서는 국내에서 스스로 자급할 수 없는 공업원료, 연료, 기기 등에도 높은 수입세를 적용하였고, 아울러 외국에 수출하는 국내 제품에 대해서도 수출세를 징수하였다. 상해 단창 동업공회(上海蛋廠同業公會)에 의하면, 이러한 업종에서 수출하는 계란노른자 분말[蛋黃粉]과 젖은 계란노른자[濕蛋黃]의 판매가와 수출세를 나누어 계산하여 보면 50%와 36%였다.4) 이밖에 외국 자본이 투자한 화공창(華工廠)에서는 이러한 규정의 관세를 납부하지 않았다. 1년 후, 국민당은 이러한 "보호"

---

3) 『榮家企業史料』, 上冊, p.362.
4) 許滌新, 「捐稅繁重與民族産業的沒落」, 『東方雜誌』, 31卷 14號.

라는 글자조차도 걷어 치워 버리게 되었다. 1934년 7월, 남경당국은 일본 정부의 압력에 굴복하여 4개의 새로운 세칙을 반포하였는데, 그 내용을 일본이 중국에서 판매하는 화물에 대해서는 감세 우대조치를 하고, 민족공업인 면화와 기기 및 부품에 대해 더욱 무거운 세금을 물린다는 것이었다. 상해 자산계급은 분노에 찬 비평을 하기를 이것은 "실업(實業)이란 멸망 전 단계의 소리", "사람을 죽이라고, 목에 칼을 댄것과 같다."[5]고 말하였다.

국민당은 통세 세율을 부단히 높여, 민족자본 공상업의 골수를 빼먹는 정책을 사용하였다. 권련 통세(統稅)는 최초에는 매 상자에 2원(元)을 받았으나, 1932년에는 매 상자에 55원(元)을 받아 26배 이상의 증가를 보였다. 1934년 남양형제연초공사에서 납부한 통세는 연초 판매액의 34.8%[6]이었다. 시멘트 통세는 초기에는 매 통(桶)에 6각(角)이었으나, 1932년 말에는 1원(元) 2각(角)으로 올랐고, 화물 가치의 34%에 달하였다. 성냥 통세(火柴統稅) 역시 1933년에는 80~170%가 증가하였고, 세액은 일반적인 화물 가치의 반 정도 즉 50%정도였고, 어떤 것은 심지어 생산 단가와도 비슷하였다.[7] 면사, 밀가루 통세 역시 아주 복잡하고 무거웠다. 1931~1934년, 룽가(榮家)기업이 납세한 세금은 1,500여 만 원이었고, 신신일창(申新一廠)이 1934년에 부담한 세금은 1929년에 비해 무려 30배나 증가하였다. 세금 우대를 받는 사람의 대부분은 외자(外資) 공장이었다. 예를 들어 면사를 두가지 차별화 세금을 받았는데, 많은 외국 상인의 사창의 세사(細紗)생산가격이 비쌌는데도, 세율은 상대적으로 낮았고, 많은 화상(華商)의 사창에서 생산된 조악한 사의 가격은 상대적으로 낮았으나, 세율은 높게 책정되었다. 권련 통세 역시 이와 비슷하였다. 1932년, 화창(華廠)의 저급연(低級

5) 『申報』, 1934년 7월 5일; 『銀行周報』, 18권 26호.
6) 『南洋兄弟煙草公司史料』, pp.387~388.
7) 『劉鴻生企業史料』, 中冊, pp.77~78, 164~165.

煙)은 최고 세율이 14%나 뛰었으나, 영미연공사의 고급연(高級煙)은 10%밖에 오르지 않았다. 국민당은 표면적으로 말하기는 통세를 납부한 화물에 대해서는 다시 세금을 부과하지 않겠다고 하였으나, 실제적으로는 이것과 상이하였다. 중국상인 왕제안(王介安)은 "국화(國貨)는 원료가 완제품으로 되기까지 많은 부분을 돌아야 하고, 그 때마다 세금을 납부하였으며, 번번이 세금을 내는 결과를 가져왔다.……즉 일반 관리들의 계속적인 착취와 계속되는 수색으로 상인들의 발을 묶었으므로 국화에 대한 판로는 요원하였다."[8]라고 강하게 불만을 토로하고 있다.

상해자산계급은 이러한 곤경을 타파하기 위해, 한편으로는 단결 항전을 주장하여 정부의 실지(失地) 회복을 주장하였고, 다른 한편으로는 국산품 애용 운동을 일으켜 사회 각계에서 민족 공상업에 대한 동정을 환기 시키기를 희망하였다. 1932년 12월, 상해지방협회에서는 1933년을 국산 상품의 해[國貨年]로 정하였다. 각 상업단체는 잇달아 저명인사들을 초청하여 강연을 방송하였고, 국산품생산공장의 생산품을 전람하고, 국산품의 선전을 확대하고, 사람들의 구매를 호소하였다. 기련회(機聯會)와 중국은행은 공동으로 발기 조직한 중화국화산소합작협회(中華國貨産銷合作協會; 중국국산품생산소비협력협회)를 조직하여 각 큰 공장의 노동자를 기본 회원으로 하여 남경로의 대륙(大陸)백화점에서 국산품만을 전매하는 중국국화공사(中國國貨公司)를 설립하였고, 아울러 중국국화공사를 설립하여 전국 연판처(聯辦處)에 소개하고, 외지창상(外地廠商)과 합작하여 국화분공사(國貨分公司)의 조직을 준비하였다. 1934년 1월, 지방협회, 시상회 및 부녀들의 국산품 사용할 것을 제창하는 단체를 조직하였으며, 아울러 이 해를 부녀자들이 국산품 애용하는 해[婦女國貨年]로 결정하였다. 새해 첫 날인 원단(元旦)

---

8) 王介安, 「發展國貨之精義」, 『中華國貨維持會二十周紀念刊』.

당일, 아포이전기창(亞浦耳電器廠)등 40여 가(家) 국화창상(國貨廠商)
은 50여 량의 자동차를 출동시켜 국화대시위(國貨大游行)를 거행하였
고, 모두 경적을 울려 연도에 관중이 10만여 명이나 운집하였다. 국화
운동 때에 반일저화(反日抵貨)를 제창하지 않았으므로, 국민당 당국은
구두로 지지를 표시하였다. 자신들의 부저항(不抵抗) 정책을 덮어두기
위해, 많은 인민의 시선을 당국은 1934년 "1·28" 2주년의 시기에, 국
화운동 선전주간(宣傳週)으로 정하고, 국화물건(國產物件)을 사용하는
것이 구국하는 것이라고 선전하였다.

그러나 제국주의의 압박과 국민당 반동통치하에서 선전을 확대하고
자 하였으나, 이러한 합법적인 방법으로 민족자본공업은 근본적으로
발전이 불가능하였다. 이외에 상해 자산계급은 스스로 투기가 몸에 배
어 있었고, 남을 속여야 자신이 돈을 벌 수 있다는 것이 그들의 유일
한 계급 본성이었으므로, 국화운동의 발전에 심각한 장애를 가져왔다.
일단 어떤 공장이 상품의 판로를 개척하여 영예를 얻으면, 동업자들은
모두 경쟁적으로 이러한 것을 모방하여 원료를 감소하여 품질을 저급
하게 만들었으며, 이에 판매가 되지 않자 염가로 판매하여, 최초로 설
립, 판매한 기업에 타격을 주었고, 국화의 명예를 훼손시켰으며, 최후
로는 모두의 생산품이 판로를 잃게 되는 상황이 종종 벌어지게 되었
다. 진화모융방직창(振華毛絨紡織廠)은 "1·28"후 견사사(絹絲紗)를 발
명하였으나, 이러한 운명에 처하게 되었다. 일부 투기자들은 있는 지
혜를 모두 짜내, 같은 상품의 위조품을 만들어 내고, 상표도 사람들을
속이도록 만들어 고객이 진짜와 가짜를 쉽게 구분하지 못하게 하였고,
이 브랜드 역시 이러한 것을 감히 세상에 알리지 못하였다. 예로, 가정
공업사(家庭工業社)의 무적표[無敵牌] 치분(牙粉, 가루치약)이 아주 잘
팔리자, 사람들이 모두 "무적"을 알게 되었고, 공장 주인인 천뎨셴(陳
蝶仙)의 별명인 "호접"(蝴蝶)이라는 음절과 비슷하기 때문(둘다 상해

말로 발음하면 "우띠"라고 읽히기 때문)에 이러한 상표를 만들었다. 다른 한 공장은 치분 공장에 "호접"이라고 자기 생산품의 상표를 만들었다. 가정공업사는 이 공장에서 자신들의 상표를 도용하고 있다고 지적하자, 그 공장의 상표는 영화 배우인 호접(胡蝶)의 이름이라고 답변하였다. 많은 자본가는 이러한 같은 업종간의 경쟁을 중지할 것을 호소하였고, 이러한 것은 동반 자살과 같으므로 정부가 관여하여 중재해 줄 것을 희망하였으나, 정부는 아무 관심도 보이지 않았다. 악덕상인은 외국상품 중에서도 주로 일본 상품을 겉 모양만을 바꿔치기하여 국산품으로 둔갑시켜 판매하는 일이 비일비재하였다. 동시에 대대적으로 국산품을 애용하자고 주장하는 자본가는 오직 다른사람들이 자신의 물건을 구매해 주기만을 희망하였으며, 정작 자신의 기업에서는 국산품을 활용하지 않았다. 당시 상해 민족 기기업은 이미 전동기, 추수기(抽水機) 및 방직, 징미[碾米], 착유기(榨油機)등의 기계를 생산할 능력을 갖추고 있었으며, 일부 생산품은 외국 제품과 견주어도 손색이 없었다. 그러나 찾는 사람이 드물었다. 류홍성(劉鴻生)의 장화모융방직공사(章華毛絨紡織公司)에서는 한 가지 종류인 918화기(嘩嘰)를 생산하였으나, 이러한 종류는 애국상표의 이름을 달고 중국 생산품이라고 홍보하고 있었으나, 실제로 이것은 몰래 일본 재료를 들여와 조립하여 만든 것에 불과하였다.

시끄러웠던 한 때의 국산품 애용 운동은 아무런 민족자본주의 경제의 상황을 바꾸어 놓지 못하였다. 당시 사람들이 지적하기를, 1933년은 "사람들 모두 국산물건을 사용하기 위해 노력한 해로 국화(國貨) 사용의 결과, 7억 원이 초과되는 신기록을 달성하였다"[9]라고 하였다. 그러나 같은 해, 시 전체에는 214곳의 민족자본이 경영하는 공장과 상점이 도산이나 폐업하였고, 압박으로 업종을 전환한 곳이 61가(家)나

---

9) 巴玲, 「夾玫中的奮鬪」, 『機聯會刊』, 第90期.

되었다. 1934년과 1935년의 위기는 더욱 심각하여졌다. 1934년 상반
년, 전국 최대의 민족자본방직공사인 신신총공사(申新總公司)는 자금
의 고갈로 통세를 납부하지 못하고 연체하고 있다는 것이 시 전체가
놀랐다. 이 한해 6월 이전에는 금귀은천(金貴銀賤)의 영향과 현금이
계속 상해에 집중되는 경향으로, 상해의 은값은 비교적 안정되어, 금
융업은 비교적 안정되어 있었다. 유동 자금의 출로를 찾기 위해, 금융
계에서는 새로운 공채에 대한 투기를 시작하였고, 대량의 자본이 부동
산에 투자되었다. 24층 건물의 국제반점(國際飯店)과 소주하(蘇州河)
북안(北岸)의 사행창고(四行倉庫)에 자리 잡고 있던 사행저축회(四行
儲蓄會)는 이 시기에 대형 건축물을 세웠다. 그러나 하반년에는 미국
의 은(銀) 구매 정책의 영향으로 은가(銀價)가 폭등하였고, 은가 시세
의 폭등으로 금융은 공황에 처하였고, 금융업도 쇠퇴를 시작하였다.
어려움 속에서 견디고 있던 민족자본주의 경제는 이러한 어려움으로
더욱 큰 타격을 받게 되었다. 이로 인해 도산과 개조의 바람이 시 전
체에 불어 닥쳤다. 이 한 해 동안, 시 전체 민족자본경영의 공장, 상점
(商店), 은행(銀行), 전장(錢庄)중 도산한 곳은 모두 425가(家)였고, 경
영 곤란으로 인해 개조된 곳이 1,383가(家)로 전년에 비해 21배 증가
하였다. 1935년에는 시 전체에서 도산한 민족자본주의 기업은 895가
(家)로 증가되었다.

예전에 없던 이러한 공황에 직면하였음에도 국민당 정부는 유효한
구제조치를 실시하지도 않았고, 거꾸로 민족자본가의 어려움을 이용하
여, 개인기업을 집어 삼킴으로써 관료자본을 확충시키고자 하였다.

1932년 11월 남경정부는 윤선초상국(輪船招商局)을 몰수하여 국유
화하기로 결정하여 초상국(招商局) 주주들에게 주식 액면가격이 270
여량(兩)의 주식을 50량(兩)의 가격으로 정부에 판매하라고 협박하였
다. 주주들은 굴복하지 않고, 주주법익유지회[股東法益維持會]를 조직

하여 대항하자, 당국은 고압수단으로 이 단체를 해산시켰다. 다음해, 철도부와 초상국에서는 연합회동을 갖고, 초상국이 스스로 독단적으로 전국 수륙연운(水陸聯運)을 담당케 하였다. 참모본부가 예속되어 있는 자원위원회는 상해에 전구창[燈泡廠]을 창업하고, 높은 급여제시로 아포이등포창(亞浦爾燈泡廠)에서 공정사(工程師), 기술원, 숙련 기술자를 빼내어 갔고, 이로써 아포이창은 거의 생산을 할 수 없게 되었다. 이 공장 역시 외국 자본의 전구창과 결탁하여 통일 가격을 형성하였고, 연합하여 화상창(華商廠)을 압박하였다.

1934년 7월, 신신총공사(申新總公司)가 난관에 봉착하게 되어, 룽쭝 징(榮宗敬)은 정부의 유관부문에 구제를 호소하였다. 실업부(實業部)는 오히려 이 기회를 틈타 합병을 하려는 계획을 세우고, 구체적인 조사 보고서를 작성하여 신신총공사 자본이 채무를 감당할 수 없고, 조직이 불량하여, 경영에 계통이 없다른 것을 지적하며, 이로써 정부에 채권 인을 소집하여 이로써 신신공사를 접관하여 개조하도록 건의하였다. 이에 룽가(榮家)는 크게 놀라 동향인 우즈후이(吳稚暉)를 통해 장제스 에게 청원하도록 하였다. 왜냐하면 국민당 내부의 모순으로 인해, 실 업부의 병탄음모는 미수에 그쳤다. 이 난관을 겪은 지 오래되지 않아, 신신7창은 또 회풍은행(匯豊銀行)의 200만원 대출금을 갚지 못해 위 기에 처하였다. 룽가(榮家)는 정부에 도움을 청하지 않았고, 그 결과 회풍은행은 1935년 2월 26일에 이 공장을 경매에 부쳤다. 이 공장의 노동자들은 경매를 절대 반대하였고, 사회여론 역시 제국주의자의 만 행을 비평하고, 중화국산창상연합회(中華國産廠商聯合會)에서는 모든 중국상인들에게 외국은행과의 단절을 호소하였다. 이때, 국민당 정부 는 신신7창을 원조할 마음도 없었지만, 다시 탄병(呑倂)할 계획을 세 우고, 300만원 채권을 회풍은행으로부터 사들여, 면업통제위원회에 "정리"라는 명목으로 위임하려 하였다. 회풍은행은 군중의 반대로 경매를 취소하였고, 대출금 회수 기간을 연장시켜 주어, 이러한 음모는 실패로 돌아갔다.

1935년 쿵샹시(孔祥熙)는 또 50만원의 대가로 장쭈핑(張竹平) 수중의 『시사신보』(時事新報), 『대만보』(大晩報), 영문『대륙보』(大陸報)와 신시통신사(申時通訊社) 등 "4사"(四社)를 구매하였고, 이 4개사는 여론계에서 상당한 영향력을 가지고 있던 신문기관으로 이후에는 관료자본의 대변인 역할을 하게 되었다.

국민당은 또 탄병(呑倂)방식으로 금융을 독점하는 활동으로 전개시켰다. 1928년 설립된 중앙은행은 명의상은 "은행 중의 은행"으로 비영리를 목적으로 하였지만, 실제상은 보통은행과 영업을 경쟁하였고, 행정명령으로 타 은행의 영업을 박탈하였다. 1933년 상해 각 대은행의 이윤은 최다 100만원에 지나지 않았으나, 중앙은행 홀로 1,200만원의 잉여 이익을 보았다. 1934년 7월, 남경정부는 또 각 저축은행에 저축보관액의 4분의 1을 채권으로 중앙은행에 넣어 두라는 명령을 내렸고, 이러한 것을 강제적인 실력으로 해결하였다. 이러한 전후에 관료자본은 관의 주식을 사들이는 방법으로 중국은행과 교통은행에 침투하였고, 아울러 상해신탁소(上海信託所), 상해시은행(上海市銀行)과 일부 지방은행을 설립하였다. 그러나 1935년 이전에는 이러한 관료자본이 은행을 통제하게 되고 금융독점을 하게 되는 것은 요원한 일이었다. 통계에 의하면, 1934년 개인 주주들이 통제하고 있던 30가(家)의 상해 내국은행은 국내 은행 총자산의 72.4%를 차지하고 있었고, 이에 비해 전체 국영은행의 총 자산은 은 18.2%를 점유한 것에 지나지 않았다. 중국은행은 비록 20%의 관료주주들이 있었으나, 통제권은 개인 주주 수중에 있었고, 중앙은행의 저축액과 대출액은 모두 그의 절반정도였다. 1934년 하반기, 중앙은행은 정부에 의해 13,000만 원을 투자하라는 유혹에 빠져 그들의 욕망의 굴레로 빠져들게 되었다.

1935년 초, 국민당 정부는 상해 자산계급이 스량차이(史量才)의 피살로 두려움을 느끼고 있는 기회를 틈타, 민족자본을 통제하고, 상해 국내은행업에 피를 빨아들이려고 입을 크게 벌렸다. 2월에는, 재정부장 쿵샹시가 상해로 왔고, 백성들을 위한다는 거짓행동을 하면서, 지방협회 회장의 두웨성(杜月笙)과 의기투합하여 중앙과 교통 두 은행에 대하여 압력을 가하였고, 그들과 중앙은행이 함께 공상업의 구제 대출금을 푼다고 하였다. 상해의 많은 중소기업주는 중국공상구제협회(中國工商救濟協會)를 조직하고, 중앙, 중국, 교통 세 곳 은행에 파산한 기업에 500만 원의 신용 대출을 요구하게 되었다. 은행가들은 이러한 구제 조건에 어쩔 수 없이 동의하였으나, 전장(錢庄)과 정부 역시 이들에게 대출을 요구하였다. 쿵샹시는 거짓으로 대답하고, 3월 20일, 남경 정부는 1억 원 금융공채를 발행하는 것을 선포하였다. 은행가들은 아주 즐거워하였고, 이 공채로 화물의 담보를 대신 충당하고, 그 분배 방법에 대해 토론을 하기 시작하게 되었다. 그러나 예기치 못하게, 쿵샹시는 3월 23일 돌연 다음과 같이 이 1억 원 공채의 용도를 선포하였다. 3,000만 원은 중앙은행에 증자를 하는 것에 사용하고, 2,500만원은 중국은행에 관료 주식을 증가하는데 사용하고, 1,000만원은 교통은행의 정부보유주식을 증가하는데 사용하고, 그 나머지 금액은 중앙은행의 대출금 지불상환에 사용한다고 하였다. 중국은행의 원래 액정 자본은 2,500만원, 내관고(內官股) 500만원에 다시 2,500만원의 정부보유주식을 늘려, 정부 소유의 주식이 전 자본의 60%를 차지하게 되었다. 교통은행은 원래 액정자본이 1,000만원이었고, 내관고(內官股)가 200만원이었는데 정부보유주식 1,000만원을 증자하여 정부보유주식의 점유율이 55%를 차지하게 되었다. 이렇게 국민당은 이러한 명령으로 몇 종류의 채권을 중앙과 교통 두 은행에 지급케 하여, 이로써 이 두 은행이 중국 최대의 은행으로 관료자본의 가산(家産)이 되게 되었다.

장제스는 말하기를, "3행(3行)의 정보보유주식 증가는 금융 통제를 실시하는 것이다"[10]라고 하였다. 국민당이 중앙(中央), 교통(交通) 두 은행을 통제한 후, 중국은행의 총경리 장궁취안(張公權)은 조용히 사표를 내었다. 중앙과 교통 두 은행의 주주총회 역시 아무도 정부보유주식을 증가한 데 이의를 표시하지 못하였고, 중국은행 주주는 앞으로 자본을 4,000만원으로 한다는 청구를 하여, 정부보유주식, 사업주보유주식이 각 반씩을 차지하게 하였다. 국민당은 이렇게 탈취하여 힘을 얻은 후, 관육상사(官六商四) 또는 관상반반(官商半半)에 대해서는 마치 관심을 갖지 않고 이러한 요구에 동의하여 양보하는 것처럼 보이게 하였다. 이어서 쑹쯔원(宋子文)이 중국은행의 이사장(董事長)이 되었다.

중앙과 교통 두 은행의 증자 개조 후, 중앙은행은 또 중앙신탁국(中央信託局)을 설립하여 관료자본의 실력이 크게 증대시킨 후, 은전업(銀錢業)을 공격하기 시작하였다. 같은 해 5월 말, 전업(錢業)에는 위기가 발생하였고, 국민당정부는 구제라는 미명하에 2,500만원 금융공채를 발행해 지원하였고, 상해 전장업감독위원회(錢庄業監督委員會)를 조직하여, 중앙, 중국, 교통 3행(3行)의 어음할인을 통하여 이러한 곳의 어음을 모두 사들이자, 이후 전업(錢業)은 관료자본의 통제아래에 놓이게 되었다. 이렇게되어 상해 전장업(錢庄業)은 이후 다시는 금융시장을 조종하는 역량을 발휘할 수 없게 되었다. 계속해서 관료자본은 일부 발행권을 가지고 있는 2류 은행을 공격하기 시작하였다. 당시 중국통상(中國通商), 중국실업(中國實業)등 3가(家)는 신용이 있고 오래된 은행으로 총자산은 모두 5,000원 이상이었으나, 경영은 모두 조금 부패하였다. 국민당은 이러한 점을 정확히 보고, 중앙, 중국, 교통 세 곳의 은행은 사명(四明) 다른 세 곳 은행에서 발행한 수표를 대규모로 수집하여 대규모 보유하고 있다가, 6월중의 하루 갑자기 각 은행에게

---

10) 『TV宋豪門資本內幕』, p.26.

현찰로의 지급을 요청하는 바람에 중국통상은행, 중국실업은행, 사명
은행은 파산의 국면을 맞게 되었다. 중국통상은행 이사장 푸샤오안(傅
筱庵)은 재정부 차장 쉬칸(徐堪)의 집으로 뛰어가 머리를 땅에 조아리
며 애걸하였으나 헛수고가 되었다. 3개 은행은 속수무책으로 유린되었
고, 정부의 개조 명령을 듣게 되었다. 두웨성(杜月笙), 예쥐탕(葉琢堂)
과 푸루린(傅汝霖) 등이 세 곳 은행의 이사장(董事長)이 되었고, 이 세
곳 은행[三行]은 2류의 관료자본은행이 되었고, 쑹쯔량(宋子良)의 중국
국화은행(中國國貨銀行)과 함께 사람들로부터 "소사행"(小四行)이라는
말을 듣게 되었다.

　이러한 병탄(呑倂)과 확장 활동을 통해, 국민당의 금융독점체계는
기본이 형성되게 되었다. 이후, 상해자산계급은 금융업에 대한 통제권
을 상실하였다. 마치 등뼈에서 골수를 빼낸 것과 같이 되어 경제상의
모든 권한은 관료자본의 주식 안에 있게 되었다.

제4절 외국인 거류지[洋場]¹⁾의 흑막(黑幕)과 사회 분위기

1930년대 서방자산계급의 난잡한 생활방식이 상해로의 계속적인 이
입과 상해가 두 개의 조계로 나뉘어 져 있는 것 등으로 인해 검은 세
력이 창궐하였고, 치안은 극도로 혼란하였으며, 각종 사회문제가 이전
에 볼 수 없었던 정도의 대혼란을 초래하였다.

제1차 세계 대전 후, 중국정부와 공공조계당국은 "금연"(禁煙)운동
즉 아편흡입금지운동을 벌였다. 그러나 프랑스조계 당국은 오히려 아
편 상인들과 관계를 유지하며, 프랑스조계의 한 구석으로 모아놓아 거
액의 아편세 수입을 거두어들이고 있었다. 이리하여 프랑스 조계는 신
속하게 상해 아편무역의 중심이 되었다. 1920년대 초기, 프랑스 조계
에는 12가(家)의 대형 생아편²⁾판매상[煙土販賣商]이 있었고, 조그만 생
아편판매상[煙土販賣商] 40가(家)가 집중적으로 모여 있었고, 아편흡

---

1) 원문에서는 '洋場'이라고 쓰여 있는데, 洋場이라는 말은 외국 조계지(租界地)
   또는 거주지 외국인이라는 뜻으로 번역될 수 있다. 주로 상해를 가리키는 말
   이기도 함. 역자 주.
2) 생아편(煙土)란 덜 익은 양귀비 열매에 상처를 내어 거기서 흘러나오는 액을
   채집하여 건조시켜 덩어리를 만든 것을 말한다. 흡연용 아편은 생아편을 물
   에 녹여 증발시키거나 농축시키는 방식으로 엑기스로 만든 거을 곰방대를 사
   용하여 흡연하거나, 액체 그대로 주사하기도 한다. 효과로는 중추신경을 마비
   시키고, 진정·진통·진경(鎭痙; 경련을 가라앉힘)·진해(鎭咳; 기침을 가라앉
   힘)·지사(止瀉; 설사를 멎게 함)·최면제 및 마취보조제로 쓰이며 작용은 완
   만하다. 부작용으로는 오심(惡心; 가슴이 불쾌함)·구토·두통·현기증·변비·피
   부병·배뇨장애·호흡억제·혼수 등의 만성중독을 일으켜 폐인에 이르게 된다.
   역자 주.

입관[煙館]은 부지기수였고, 공동국은 매월 특별세 12만 원을 거두어 들였다. 연토(煙土;생아편, 날아편)를 구하기 위해 서로 경쟁하였고, 각 지역의 건달들이 모두 등장하게 되었고, 당연히 우위에 있던 사람은 "삼대형"(三大亨)무리였다. 1925년, 황진룽(黃金榮), 장샤오린(張嘯林), 두웨성(杜月笙)은 조주방 연토상(潮州帮煙土商) 21가(家)를 연합하여 삼흠공사[三鑫公司, 사회에서는 "흑로공사"(黑老公司)라고 부르고, 자 본금은 270만원이었다]를 설립하고, 프랑스조계 대부분의 아편무역을 관할하였고, 매년 수익은 최고 5,600만 원에 달하였다. 프랑스조계 당 국은 매월 삼흠공사(三鑫公司)에서 18만 원의 특별세를 받았고, 이로 써 공개적으로 그들을 보호하고 있었다. 1930년대 초기, 프랑스 총영 사 간그린(甘格林)은 삼흠공사에 매월 50만 원의 특별세를 내도록 요 구하였고, 그렇지 않을 경우에는 프랑스조계내에서 아편 흡입 금지를 실시하겠다고 엄포를 놓았다. 두웨성 등은 받아들일 수 없다는 기색을 표명하고, 국민당 당국에 중재를 요청하였다.

국민당 통치자는 일찍이 아편무역의 풍부한 이윤을 챙기고 싶어 침 을 흘리고 있었다. 1928년 남경정부는 "우금어징"(寓禁於徵, 아편금지 를 하게 하기 위한 세금징수)이라는 미명아래 세금을 거두었고, 주둔 군이 아편을 운송한다는 것은 공개된 비밀이었다. 그러나 프랑스조계 내에서 진행되고 있는 대규모 아편무역에 대해서 국민당은 기회가 없 어 그 이윤을 나누자는 말을 하지 못하였다. 두웨성이 주동이 되어 국 민당을 찾아 온 것을 계기로, 상해 시장 우테청은 즉각 그를 통해 각 아편상을 남시(南市)와 갑북(閘北)으로 이동하게 하는 동시에 두웨성 에게 이윤을 보장하고, 통일적인 세금을 징수할 것을 알렸다. 이렇게 되어 성황을 이루었던 프랑스조계의 연토업(煙土業)은 쇠락하게 되었 고, 남시와 갑북에는 "복수궁"(福壽宮)과 "능연각"(凌煙閣)이라는 아편 소굴이 등장하여 새로운 아편 흡연의 중심지가 되었다.

1933년, 국민당 정부는 군비 확보를 위해, 금연독찰처(禁煙督察處)를 설립하고, 정식으로 아편전매를 실행하였다. 상해금연독찰처장은 호주(湖州) 대연상(大煙商) 정서우즈(鄭壽芝) 아래에 아편 채집상 12가(家)를 설립케 하고, 과거 프랑스조계의 12가 연토행(煙土行) 주인에게 그 책임을 맡겼다. 남시와 갑북 등지의 토고행(土膏行), 점(店)과 아편판매 흡입처는 새롭게 변하여, 이 처(處) 아래에 아편전매기구를 두게 되었다. 독찰처(督察處)에서는 토고점(土膏店)과 판매 흡입소는 1량의 아편을 판매하고, 토고행(土膏行)에 아편 꽁초를 4전에 납부해야 한다고 규정하였다. 토고행은 다시 독찰처에 연세(煙稅)를 납입하게 되었다. 조계 당국은 아편이익이 다른 수중으로 넘어간 것을 달갑게 생각하지 않고, 아편전매에 대하여 통제를 하였고, 독찰처 소속의 각 행과 각 점이 조계에서 아편을 운송해 가는 것을 금지시켰다. 정서우즈는 두웨성과의 소통을 통해, 매월 조계당국에 7만 원의 "특별경비"를 납부하여, 관방에서 전매하는 아편에 대해서는 프랑스조계의 통행에 제한을 받지 않게 되었다. 오래지 않아 공공조계 당국은 아편 자유 진출입을 허락하였다. 이외에, 국민당 당국은 또 상해에 대규모의 제독(制毒)기구를 건설하였다. 이름하여 마비창(嗎啡廠)이라 하였다. 그 하나는 류하(瀏河)에 설치한 것으로 부흥사(復興社)가 직접 경영하였고, 다른 하나는 남시(南市)에 건설된 것으로 쿵샹시(孔祥熙), 우톄청(吳鐵城), 두웨성(杜月笙)이 경영하였던 것이다. 시정부 보안처장 양후(楊虎)는 류하(瀏河)의 마비창(嗎啡廠)이 부흥사(復興社)에서 설립한 것을 모르고 횡재하기 위해 이 창의 주식을 몰수하고자 하였다. 부흥사 특무는 이것을 큰 치욕으로 잘못 생각하여 남시의 마비창 주식 역시 몰수하자 성내에 큰 소요가 일어났다.

아편연(鴉片煙)이 사회풍기의 독소라는 것은 다 알고 있는 사실이다. 피곤이 상점하게 되고, 얼굴이 희얗게 된 사람들이 종일 연관에서

누워서 아편을 피워대어, 이러한 것으로 인해 재물을 날리고, 흡식(吸食)을 할 수 없게 되면, 하루 종일 바람 부는 대로 다니고, 정신 또한 온전하지 못하고, 심지어 눈물만 흘리고 다녔다. 일부 백만장자인 강절(江浙) 부상의 자제가 이 아편굴로 들어온 지 수년이 지난 후에는, 바지 하나만을 걸친 채 집으로 돌아갔다. 아편 흡입으로 모든 것을 탕진하고, 자살로 생을 마감하는 일이 매일 신문지 상에 오르고 있었다.

도박(賭博)은 구 상해사회의 또 다른 근본적인 큰 독소였으나, 조계 당국과 중국반동정부는 대량의 도박세를 거두어 도박장을 보호하고, 확장시키는 태도를 견지하였다. 1930년대, 상해의 대도박장은 경마장 이외에, 회력구장(回力救場)과 부생(富生), 영생(榮生), 의생(義生), 이생(利生), 이원(利原)의 오대(五大) 도박대(賭博臺)가 있었다. 1930년 2월, 외국 건달인 부웨이셴(步維賢) 등이 현재의 노만구(盧灣區) 체육관에 회력구(回力球)[3]라는 도박 도구의 대도박장을 설치하였다—회력구장(回力球場, 정식명칭은 "中央運動場"이다). 프랑스 영사관은 이러한 도박장에 8만 량의 주식을 갖고 있었고, 그러므로 곳곳에서 이익을 얻었다. 1932년 8월, 구장의 영업 총액은 191만 천 원에 달하였고, 15%만을 이익으로 본다고 하였고, 구장(球場) 28만 6천 원의 수입이 있었는데, 이는 황금 2,770량(兩)과 같은 정도였다. 이래서 사람들은 회력

---

3) 回力球는 일종 운동량이 아주 많은 체육활동으로 그 공의 무게는 1파운드 좌우였다. 시합 때에, 한편의 선수가 공을 앞의 벽으로 쳐서 되돌아오는 공이 떨어진 것을 상대방이 다시 쳐서 앞의 벽을 향해 치는 것으로 한번 치고 한번 되돌아오는데, 공을 못 치거나, 공이 밖으로 나가거나 하면 점수를 잃는 것이다. 도박사들의 도박은 서로 다른 선수에게 금전을 걸어 누가 이기는 가에 따라 도박을 하는 것으로, 그래서 운동원의 신분을 경마장, 경구장(競拘場)상의 말이나 개와 같이 취급하였다. 회력구장은 도박자들에게 입장료를 받지 않고, 도박자금에서 그 이익을 얻었다 : 回力球는 펠로타(Pelota)를 말하는 것으로 벽을 향해 공을 튀겨 상대방을 공격하는 스포츠로 스쿼시와 비슷한 경기이다. 프랑스와 인접한 스페인 바스크(Basque)지방에서 유래한 전통스포츠이다. 역자 주.

구장(會力球場)을 Hai-Alai라는 원음4)을 번역하여 "하이아라"(害阿拉)라고 불렀다.5)

5대 도박장 중에서 복후로(福煦路, 현재의 금릉서로) 181호에 위치한 부생공사(富生公司)의 규모가 가장 컸고, 이곳은 건달 두목인 장샤오린이 경영하는 곳이었다. 그중 골패[牌九], 마장(麻將), 룰렛 등의 도박 도구를 모두 갖추었고, 휴식 공간에는 중국과 서양의 유명한 요리, 아편 연토(煙土), 미모의 시중을 드는 아가씨 등을 모두 갖추고 있었다. 도박장 주변에는 불철주야 돈을 바꾸어 주는 영업을 하는 전당포(押店) 이외에도 수예점[手飾], 외투점[大衣], 서양 양복점[西裝] 심지어 내의(內衣)를 판매하는 곳에서도 도박자금을 바꾸어 주었다. 이 대도박장이 문을 연 후 황포강변의 도박 바람은 신속하게 만연하게 되었고, 지나가던 사람의 발길을 멈추게 하였다. 성쉬안화이(盛宣懷)의 몇 아들과 그 손녀 사위인 샤오쉰메이(邵洵美)가 이곳에서 도박을 할 때 가장 크게 도박을 할 때에는 아예 비록 적은 땅이지만 금싸라기 땅의 땅문서를 걸어 판 돈 3, 50만 량의 돈을 잃기도 하고 따기도 했다. 대 건달 주루산(朱如山)은 그곳에서 또 마장(麻將)에서 도박자금으로 황금 6, 7백 량을 사용하였다. 1931년 프랑스조계 당국은 상해시의 새로운 면모를 조정한다는 구실로, 각 도박장에 한 번의 도박 금액을 100원을 초과하지 못하게 규정하였으나, 복후로(福煦路) 181호의 도박장은 이러한 제한을 받지 않았다.

이러한 간판을 걸고 영업하는 도박장 이외에, 황진룽, 두웨성의 공관(公館)은 반 공개된 대 도박장이었다. 두의 공관 낙성 후 2개월이 안 되어 도박에서 거두어들인 수입이 15만 6천 원이 넘었다. 더 많은 도박장은 총회라는 간판을 걸거나 구락부라는 간판을 걸고 도박장 운영

---

4) 하이 알라이는 'Jai alai'로 스페인이나 남미에서 하는 핸드볼 비슷한 구기운동이다. 역자 주.

5) "아라"(阿拉)는 상해 방언으로 "나"(我) 혹은 "우리들"(我們)"이라는 뜻이다.

을 하였다. 대총회는 대부분 외국인을 위해 개업한 곳으로 전문적인
포커, 마장(麻將) 등을 하였고, 도박사들은 먼저 주마(籌碼, 도박장에
서 사용하는 표 딱지) 즉 도박칩(chip)을 사는데, 도박 칩은 100원에서
1,000원까지 몇 종류가 있고, 차별적인 대우를 받도록 되어 있다. 소총
회는 대부분이 건달, 불량배들이 설립한 곳으로 작은 정자의 한 칸, 혹
은 작은 응접실에서 이름은 아주 우아하게 "식려"(息廬), "창유거"(暢
幽居)라는 등의 이름을 붙이었다. 구락부 역시 많은 도박장 이름의 대
명사였다. 우원로구(愚圓路口)의 한 구락부는 말타기 경주(騎馬), 노새
타기경주(騎騾)를 도박으로 하였는데, 도박자들은 하루에 몇 천 명에
달하였고, 이틀 동안의 이익이 20여 만 원에 달하였다.

　1·28 전쟁 후, 장제스는 "국방강화"(加强國防)의 명의로, 항공길[航
空公路] 건설 복권을 발행하였다. 두웨성과 다이리(載笠)는 합작하여,
대운공사(大運公司)를 설립하고 복권을 판매를 하였다. 이 복권은 장
당 10원으로 일등상으로 55만 원을 받을 수 있어, 그 유혹의 힘이 아
주 컸고, 이 복권의 출현 후, 상해는 전국적인 도박의 중심지가 되었
다. 당국과 복권 판매인들의 사기적인 금전을 모으는 방법은 듣는 사
람을 놀라게 하였다. 강소, 절강지구의 복권 판매자인 진팅쉰(金廷蓀)
은 두웨성에게 매월 30여 만 원을 바쳤다. 당시 중외 당국은 도박에서
거두어들인 거액의 수입으로, 통치자는 착복[中飽私囊]을 할 수 있는
기회를 얻었고, 그래서 상해탄의 도박 풍기는 계속 극성을 부리게 되
었다.

　1930년대의 상해는 또 세계상 매음(賣淫) 문제가 가장 심각한 도시
중의 한 곳이었다. 중외당국은 기녀의 몸에 "화세"(花稅)라는 명목으
로 세금을 거두어 들였고, 창기(娼妓)제도를 보호하여, 구상해(舊上海)
에서 기원업(妓院業)이 번영하게 된 중요한 원인중의 하나가 되었다.
불완전한 통계에 의하면 19세기 70년대, 영미 조계의 창기는 4,000여

명에 달하였다. 1915년에 창기는 9,791명이었다. 1928년 국민당정부
는 한편으로는 일부 성(省)에서 금창(禁娼) 즉 매춘 금지를 실행하자,
환(皖, 안휘), 소(蘇, 강소), 절(浙, 절강) 3성의 기녀들이 대량으로 상
해로 몰려들었다. 한편으로는 계속해서 상해에서 "화연"(花捐)을 거두
었고, 심지어는 특무기생집[特務妓院]을 설립하여 정치 정보자료의 수
집과 정적에 대한 대항으로 이용하였다. 이로써 1930년대 상해의 창기
의 수는 급증하게 되었다. 1934년, 상해조계는 이미 기녀가 53,930명
이었고, 시 전체의 각종 명창암기(明娼暗妓) 및 동성(同性) 창기(娼妓)
의 수는 12만 명에 달하였다. 『신보』(申報)에서는 당시 런던에는 960
명중에 1명이 창녀(娼女)였고, 베를린은 580명중의 1명이, 파리는 481
명중 1명이, 시카고에는 430명중에 1명이, 동경에는 250명 중의 1명
이, 상해에는 130명 중의 1명이 기녀(妓女)가 있었다고 밝혔다.[6] 인구
의 숫자에 비추어 계산한 것은 상해는 세계상 기녀의 비율이 가장 높
은 도시(城市)였다.

　당시의 기녀는 몇 종류로 나뉜다. 신분이 가장 높은 사람은 "장삼"
(長三)으로, 술, 연회, 유숙(留宿) 등을 모두 함께 하는 것으로 3원(元)
이면 이러한 것이 해결되었다. "장삼"(長三)에는 비종(婢從)이 있었는
데, 비종(婢從) 역시 단독으로 손님을 받았다. 다음으로는 "마이"(麼
二)가 있었는데, 접대비를 받음으로 이름이 나게 되었다. 다음으로는
"추기"(雛妓)가 있었는데, 속명으로는 "야계"(野鷄)라고 하였으며, 이
에 종사하는 사람이 가장 많았고, 늦은 밤에 매음가에서 손님을 끌었
다. 이들은 한구로(漢口路)와 복주로(福州路) 일대에 집중해 있었다.
각 아편연관 역시 기원(妓院)을 영업하였고, 그곳의 기녀들을 "화연

---

6) 『申報』, 1934년 12월 3일. 당시 상해시 전체의 인구가 350만 명 정도였는데,
　　이러한 숫자에 비추어 보면, 기녀는 27,000명에 못 미치게 되었으나, 이러한
　　수치는 앞의 것과 상당한 차이를 보인다. 이것은 통계의 방법이 동일하지 않
　　은 것에 연유한다.

간"(花煙間)이라고 불렀다. 반공개적으로 영업을 한 것으로 "사창"(私娼) 혹은 "함육장"(咸肉庄)이라고 불리는 것도 있었다. 가장 아래의 급으로는 "정붕"(釘棚)이 있었는데, 어떤 때에는 하루에 수 십 차례 손님을 받았고, 매번 몇 각(角)의 돈을 받았다. 이 이외에 전문적으로 외국의 선원을 받았던 월기(粤妓)가 있었는데, "함수매"(咸水妹)7)라고 불렀다. 이외에, 일부 외국기녀가 있었는데, 주로 백러시아, 유태인, 집시 사람[吉普賽人], 조선인과 일본인이 있었다.

구 상해 기녀의 대부분은 기근과 홍수, 병비(兵匪)로 인해 고향을 떠났던 사람이나, 사기를 당해 건달, 매춘업자 등에 의해 가난한 사람의 자녀들을 사서 끌어들기녀가 되었는데, 기원(妓院) 주인으로부터 잔학한 학대를 받았다. 기원에서 기녀(妓女)에 대해 행하였던 착취방법은 다음과 같은 4종류였다. 하나는 단장(斷帳)으로, 기녀가 몸을 팔아 기원에 돈을 지불하는 것으로, 기녀의 생사도 기원 주인의 손에 달려 있었다. 둘째는 포장(包帳)으로 기원은 기녀를 산 값으로 3~5년간의 영업기한을 대가로 그 값을 상환토록 하였다. 그 기간 내에, 그녀들의 지위는 단장(斷帳)의 기녀와 같은 지위를 가지고 있었다. 세 번째는 압장(押帳)으로 기녀(妓女)의 가족들이 기녀(妓女)가 매음(賣淫)하는 돈을 담보로 기원으로부터 돈을 빌려 받는 것이다. 이상의 세 종류의 기녀 신분을 속칭 "곤적"(捆的)이라고 하였다. 넷째는 절장(折帳) 즉 꺾기로 속칭 "참적"(站的)이라고 하였는데, 기녀의 수입에서 4·6 혹은 3·7로 기원에서 절장(折帳)을 하는 것이었는데, 이것은 방값이 오르고, 화연(花捐)을 부담하는 것 등의 명목으로 그녀들은 필경 "곤적"(捆的)보다 좋을 것이 없었다. 이외에 기녀들은 건달들에게 "보호비"(保護費)의 명목으로 영업세를 납부하였고, 그렇지 않을 경우에는 영업을 할 수 없었다. 기녀의 생활은 아주 굴욕적이었고 비참하였다. 많은 사

---

7) 英語 Handsome Maid의 해음(諧音) 즉 독음이 같거나 비슷한 발음이다.

람들이 성병에 걸렸고, 아편에 인이 박히게 되었다. 그녀들은 일단 기원(妓院)의 주인에게 금전을 제공할 수 없게 되면, 아무런 정도 없이 쫓겨 나게 되었다.

상해의 암흑사회 세력은 각 부두, 시장, 거리, 극장, 오락장 등에 산재되어 있었다. 당시 연독패(煙毒覇), 부두패(碼頭覇), 도장패(賭場覇), 팔절패(扒竊覇), 분패(糞覇), 인판패(人販覇), 채장패(菜場覇), 인력거패(人力車覇), 어시패(漁市覇), 밀수패(走私覇) 등 10대 악패(惡覇)가 있었고, 이러한 악패들은 이러한 영업 분야에서 사람들을 협박하여 금품을 강탈하였다. 부두패의 대부분은 홍방(洪幇) 출신의 도급업자[包工頭]로써 부두의 노동자관리라는 책임을 지고 있었다. 부두 노동자들이 화물을 배에 선적하고 받은 수입에서 부두패는 60%의 세금을 거두어들였다. 그들은 일부 좀도둑을 양성하였고, 전문적으로 여행객들의 소지품을 훔친 후 서로 나누어 가졌다. "대도관승"(大刀關勝)이라는 별명을 가진 부두패는 그 아래에 1,000명 정도의 수하인을 거느렸다. 상해의 소매치기[扒手] 역시 조직이 엄격하였고, 그 거두가 팔절패(扒竊覇)였다. 소매치기[扒手]는 세절(細竊)과 조절(粗竊) 두 종류가 있다. 세절(細竊)은 특등소매치기[特等扒手]가 하였는데, 아주 어렸을 때부터 훈련을 받았고, 가장 유명한 소매치기를 "소산야"(小山爺)라고 불렀다. 소매치기 조직에 들어가면 빠져 나올 수 없었고, 조직 이탈자는 팔절패에 의해 살해되었다. 소매치기는 주로 차량, 부두, 기차역, 상점, 극장 등에서 활동하였고, 매일 밤 팔선교(八仙橋) 부근의 황금무주점(黃金茂酒店)에서 재물을 나누었고, 팔절패는 앉아서 재물을 모으게 되었다. 중외(中外)의 허다한 관원과 팔절패는 서로 연결을 갖고 있었다. 1934년 공공조계 포방에서 명단을 발견하였는데, 두 조계의 포방에서 82명이 팔수 즉 소매치기들로부터 상납을 받고 있었다는 것이 나타나게 되었다. 30년대, 야채시장[菜場]은 이미 시구(市區)로 편입되었다.[8] 채판(荣販)들이 노점을 점용하였고, 노점들은 회비를 상납하여야 하였다.
이로써 일부 건달들이 노점을 독점하면, 채판(荣販)에 대해서 협박을
하여 금품을 요구하였다. 두웨성의 제자인 쉬하이타오(徐海濤)는 공동
국 연무처(捐務處) 관원과 결탁하여 130여 종의 노점의 회비를 징수하
였고, 이렇게 매월 거두어들인 금액이 700원(元) 이상이 되었다.

이외에, 거리에는 대규모의 미모를 미끼로 사기치는 "절백당"(折白
黨)과 사람들을 사기 치는 것을 생업으로 하는 "백상인"(白相人)들이
있었다. 루쉰은 이 백상인(白相人)에 대하여 다음과 같이 예리하게 묘
사하고 있다. "재물을 탐하는 사람을 보면 이익으로 유혹하고, 분개하
는 사람을 보면 동정하고, 재수없는 일을 당한 사람을 보면 강개하게
대해주고, 강개한 사람을 보면 비통한 척하여, 결과적으로 상대의 물건
을 빼앗습니다. 만약 사기가 효과가 없거나, 상대에게 이러한 행위가
간파되었을 때 바로 얼굴을 바꿔 말하는 사람이 무례하다고 하거나, 사
람을 모함한다고 하거나, 무뢰한이 돈을 빚졌다는 이유로 또는 어떤 이
웃인지 말하지 않고, '도리를 말하면서 상대의 물건을 빼앗았다.'"9)

중외 착취계급의 생각과 의식 그리고 생활방식과 태도는 통치계급
을 위해 암흑사회의 세력을 도와 그 세력과 독기가 확산되게 하였고,
이로 인해 일반시민의 오염과 상해 사회 풍기의 부패는 아주 극에 달
하는 심각성을 초래하였다.

시민 중에는 권세 있는 자에게 나아가 빌붙는 사람들이 많아졌다. 부
유한 사람은 가난한 사람을 업신여기고, 더 나아가 자기들보다 부자들
을 부러워하였다. 서비스 업종의 노동자들은 가장 낮은 등급의 사람들
로 장삼(長衫)을 입고 있었던 사람들이었는데, 이들은 또 짧은 홑적삼
을 입은 이들을 업신여겼다. 특권계층의 서양인과 서양인과 가까운 중

---

8) 당시 영업이 가장 잘 되었던 곳은 홍구(虹口) 삼각지(三角地) 야채시장[菜場]
   과 야채시장거리[菜市街, 현재의 順昌路]의 노천(露天) 야채시장[菜場]이었다.
9) 『魯迅全集』, 第5卷, p.208.

국인들을 많은 소시민들이 숭배하고, 그들과 연계를 갖으려고 노력하였다. 처음 이곳에 온 외지인들은 형상이 기이하고 색채가 다양한 조계지를 잘 모르므로, 매번 건달들에게 사기와 모욕을 당하고, 일부 사람들은 자기가 "상해의 본토박이"라고 허풍을 떠는 시민들 역시 그들을 "시골뜨기"[阿鄕], "멍텅구리"[阿木林], "돼지대가리"[猪頭三], "수두마자"(壽頭10)碼子)라고 부르는데, 이것은 그들보다 자신이 위에 있다는 것을 나타내는 말이었다.

사회에서는 의복과 겉치레가 신분과 지위를 나타내는 유일한 표시가 되었다. 루쉰은 "상해 생활에서는 유행하는 의복을 입은 것이 선비들의 체통보다도 더욱 높은 위치의 사람으로 대우 받는다. 만약 몸에 낡은 옷을 입고 있다면 공공전차의 차장은 차를 세우라고 하지 않을 것이고, 공원의 수위는 입장권을 보여 달라고 할 것이며, 큰 저택 혹은 호텔 로비에서는 당신을 보고 들어가지 못하게 할 것이다."라고 말하고 있다. 그래서 외모에 중시하여야 하고, 사치를 하는 것에 많은 신경을 써야 한다. "일부 사람들은 도둑맞는 것과 벌레 먹는 것을 두려워하여 잠을 잘 때는 베개 밑에 양복 한 벌을 넣고 잠을 자서 바지에 매일 접힌 흔적이 남아 있었다."11) 또 "하늘이 불에 타도 두렵지 않으나, 하수구에 다리가 빠지는 것은 두려워한다."12)라는 상해 속담이 있는데, 이것은 의관은 그럴듯하나, 집안에는 아무것도 없는 소시민을 빗대어 한 말이다. 시민들에게 있어 기쁜 일이란 외모에 신경을 쓰고 서로 비교하는 것으로 소비가 극대화 되었다. "무거운 적삼을 입은 사람은 중요한 사람이 아니다"라고 하는 말에서도 볼 수 있듯이, 이러한 습속을 따르지 않으면, 사람들로부터 천시를 받았고, 하는 일마다 어려움을 겪게 되었다.

---

10) 수두(壽頭)는 상해말로 "돼지대가리"란 뜻의 욕이다. 역자 주.
11) 『魯迅全集』, 第4卷, p.563.
12) "不怕天火燒, 兄怕陰沟里跌一跤."

　세력자에 빌붙는 반면에 한편으로는 약한 자들을 사기치고, 능욕하는 일이 많이 벌어지고 있었다. 당시 도로에서는 "상등화인"(上等華人)이라고 자처하는 놈들은 도로에서 마구잡이로 다녔고, 결코 길을 양보하는 일이 없었다. 행인들은 피할 수 없게 되면, 부딪쳐서 넘어지게 되었다. 순포와 서양인이 고용하고 있는 중국인 그리고 문지기 등도 일반적으로 보통 중국인을 업신여기고, 곤봉과 주먹 그리고 경멸하는 눈초리로 중국인을 대하곤 하였다. 신문업계에서는 반동당국에 대해서는 감히 아무 말도 못하였으나, 영화계의 스타들과 같은 비교적 연약한 사람들에게는 그 위엄을 발휘하였다. 소시민들은 일부 유명인들의 스캔들에 관한 기사 읽기를 좋아하였다. 롼링위(阮玲玉)는 이러한 사회 분위기에서 희생된 가련한 희생물이었다. 1935년 롼(阮)은 결혼문제로 인해 소송(訴訟)이 걸렸다. 일부 무료한 문인들이 이를 무고하고 과장하여 선전하였고, 인신공격을 서슴치 않았다. "여론은 무섭다"라고 하며 롼링위(阮玲玉)는 반항하지 않고, 한을 품고 자살하였다.

　사회에서는 투기를 하려는 심리 역시 아주 심각하였다. 이는 상해에 도박장이 산재해 있는 것과 직접 관계가 있었다. 정치에 변화가 있으면, 각종 투기꾼들은 앙금처럼 가라앉았다. 1·28(一二八)전쟁 기간 동안, 상해에는 "의용군"(義勇軍)의 명의를 사칭하면서 공공연히 사기를 치는 사병이 많았다. 19로군(十九路軍)의 한 부상병은 단장(團長)으로 추대되어 매관매직을 하였다. 구국운동(救國運動)의 홍기 때에는 각종 기괴한 "구국(救國)의 길"이라는 것도 출현하였다. "은행가들은 저축을 해야 구국할 수 있고, 원고를 파는 사람은 문학으로 구국(救國)해야 한다고 하였고, 그림을 그리는 사람은 예술로 구국(救國)을 해야 한다고 하였으며, 무용을 좋아하는 사람은 가정을 오락 중심으로 만드는 것이 구국(救國)이라고 하였고, 더 나아가서는 연초(煙草)공사에서는 마점산(馬占山)상표의 담배를 피우지 않으면 구국하는 길이 아니다"[13]

라고 하였다. 노동 인민 중에서는 이러한 투기로 인해 재물을 벌 수 있다는 생각에 물들어 있던 사람들이 있었고, 도박장에서 행운을 잡기를 기도하는 사람들도 있었다. 회력구장(回力球場)의 많은 도박꾼들은 봉급으로 살아가는 샐러리맨들이 대부분이었다. 방직공장의 직원은 도박에 미쳐 가정이 파탄이 나거나 자살을 하였는데, 그가 죽은 후 사람들은 그이 책상서랍에서 회력구장의 도박첩을 찾아내었다.

많은 노동자들은 교육을 받을 기회가 없어서, 문화수준이 아주 낮았고, 사회의 나쁜 습속에 오염이 되어 있었다. 1930년대의 노동자들은 미신을 믿는 사람이 아주 많았다. 방직공장의 남자 노동자들중 적지 않은 사람들이 청홍방(靑洪幫)에 참여하였고, 두목을 숭배하였고, 관공(關公) 즉 관우(關羽; 도교에서는 關公으로 신으로 추대되고 있음)를 숭앙하였다. 노동자들 중 매매혼인이 성행하였고, 여공의 몸값은 많게는 2,3백 원에서 적게는 몇 십 원까지로 등급이 있었다. 어떤 가장은 돈을 구하기 위해, 자신의 자식을 다른 사람의 첩으로 몸을 팔게 하였는데, 안타까운 일들이 종종 일어났다. 청년 남녀 노동자들의 자유 혼인을 "알펑두"(軋姘頭) 즉 '동거하는 남녀'라고 하였는데, 성공률이 아주 낮았는데, 그 이유는 오로지 여자를 보는 표준은 아름다운가? 남자는 돈이 많이 있는가? 의복은 유행을 따르고 있는가? 등이었기 때문이었다. 쌍방 모두가 정당한 방법이 아니기 때문에 만남이 오래갈 수 없었다.

---

13) 『魯迅全集』,第5卷, p.16.

제8장

항일구국운동
(抗日救國運動)의
급증(急增)

제1절 법폐[1]개혁(法幣改革)

1935년에는 일본제국주의가 화북(華北)에서 대규모 무장밀수활동을 벌였고, 아울러 한간(漢奸)들과의 음모로 "화북자치"(華北自治)라는 명의로 화북을 동북(東北)과 같은 상태로 만들려는 기도를 하였다.

일본의 부단한 침략 확장은 영국과 미국의 심각한 불안을 유발시켰다. 상해 조계의 대 지배인들은 먼저 일본이 사람들을 압박하는 상태를 느끼고 있었다. 1932년 8월 일본은 공부국과 한 차례 실력을 겨루어 보았다. 당시 공부국은 월계축로의 관할문제로 상해시정부와 초보적인 협의를 이루었고, 조계 외곽도로를 중국정부에 "교환"(交還) 한다는 것을 결정하였고, 경찰업무만 외국과 공조체제하에서 특별경무기관의 관리를 한다고 하였다. 이에 일본은 즉각 특별경무기관은 당연히 일본인이 책임을 맡아야 한다는 제출서를 내었고, 그렇지 않을 경우에 일본은 조계 밖의 외곽도로의 경찰권을 보류하고, 아울러 공부국을 퇴출시킨다고 하였다. 그 결과 공부국은 이러한 압력에 의해 "교환"을 중지시켰다. 1·28(一二八)전쟁 후, 홍구(虹口)는 실제상으로 이미 "일본조계"(日本租界)가 되어 있었다. 일본군대는 그 곳에 토치카를 구축하였고, 북사천로(北四川路) 이북에 해군육전대 사령부를 핵심으로 하는 공사시스템을 진행하고 있었다. 일본해군 육전대는 순포를 대신하여, 그곳에 거주하는 중국인이나 외국인을 임의로 구속하였고, 도로를 폐쇄하였다.

---

1) 法幣란 1935년 이후 중국 국민당 정부가 발행한 화폐 지칭함. 역자 주.

화북사변 발생 후, 영국과 미국의 대 지배인들은 더욱 불안을 느꼈다. 상해에 있던 영국과 미국 상회에는 부단히 일본 밀수 문제에 대하여 본국 정부에 알리면서 자신들의 고충은 알렸고, 어떤 사람들은 "만약 열강이 정책을 바꿔서 무력으로 자신들의 점유물에 대한 보호를 하지 않는다면, 일본인들은 소비에트 지구와 기타 지방까지도 점령할 것이며, 우리들의 도시의 미래는 그들의 영향 하에 놓이게 될 것이다."[2]라며 우려를 표시하였다. 영국의 대지배인들은 관료자본과 합작을 시작하면서, 남경정부가 일본의 세력확장에 대항하는 것에 대해, "'중국인은 자기의 이익을 위해 우리를 대신하여 싸운다.' 그리고 만리장성 이남[長城以南]에서 영국의 이익을 침범하는 일본인을 격퇴한다."라면서 지지하게 되었다.[3] 공부국 이사[董事]이며 이화양행(怡和洋行)의 대지배인 케스위크(W. J. Keswick, 愷自威)와 영미연공사(英美煙公司), 제국화학공사(帝國化學公司) 등이 선후로 쑹쯔원(宋子文)과 쌍방 합작을 위하여 접촉하였고, 태고윤선공사(太古輪船公司) 역시 초상국과 합병하기를 희망하였다.

화북에서 일본의 맹렬한 세력 확장은 국민당에게도 거대한 압력으로 작용하였다. 국민당정부는 화북의 관(關), 염(鹽), 통(統) 등 각 세수입에 대한 엄청난 손실을 보고 있었고, 대규모의 백은(白銀)이 화북에서 국경을 빠져 나갔으므로 상해에서도 은이 아주 부족하여 심각한 지경에 이르고 있었으며, 당국에서는 놀라워하면서 "이러한 상황이 오래 지속되면, 경제가 붕괴되고, 어떠한 일도 할 수 없게 된다."[4]고 상황의 위중성을 알렸다. 이러한 상황 하에서 국민당내의 친영미파는 영국과 미국 역량의 도움을 받아 일본에 대해 진일보적으로 침략을 제지하고

---

2) Arthur & Sopher, The Profitable Path of Shanghai Realty, p.99.
3) Coble, The Shanghai Capitalists and the Nationalist Government, p.221.
4) 「二十四年十一月份國民政府財政部錢幣司工作報告」, 『歷史檔案』 1982年 第1期.

자 하였다. 그들은 한편으로는 일본과 외교정책 방면에서 약간의 변화
를 타협하였고, 다른 한편으로는 영국과 미국의 지지아래 화폐개혁을
실행하여, 이로써 재정경제위기를 해결하고, 아울러 이 기회를 타서
금융업의 완전한 독점을 이룩하려고 하였다.

오랜 기간 동안, 상해에서는 은량(銀兩), 은원(銀元)이 화폐로써 통
용되었다. 국제수지와 상업왕래의 대량의 금액은 은량으로 결산하였
고, 실제적으로 은원(銀元)이 많이 사용되었고, 소매상들은 수집된 은
원(銀元)을 판매하였고, 화물이 들어올 때에는 은량(銀兩)을 필요로 하
였다. 이러한 종류의 화폐는 폐단이 아주 많았다. 경상적으로 양(兩),
원(元)을 바꿀 때는 아주 불편하였고, 이 두 화폐의 가격비교는——양
리(洋厘)가 계속 변하기 때문에 국제 무역업자는 위험을 감수하여야만
하였다. 두 번째로는 양(兩)과 원(元)을 함께 사용하므로, 기업은 이러
한 두 종류의 화폐를 동시에 준비하고 지불하는 수단으로 삼아야 하였
고, 부족할 때는 공황이 발생할 가능성이 많았고, 이러한 상황은 자금
순환에 영향을 주었다. 상해 자산계급과 국내 일부 경제학자들은 아주
조기에 이러한 두 종류의 화폐를 폐지하고 원(元)으로 바꾸어야 한다
는 생각을 제기하였으나, 정국의 동란을 우려하였고, 더우기 은량(銀
兩)을 저축하는 것은 전업(錢業)을 방해하는 것이었으므로, 두 종류의
화폐를 원(元)으로 통일하는 것은 현실적으로 어려웠다.

국민당정부는 금융독점을 실현하기 위하여, 양종(兩種) 화폐를 원
(元)으로 통일할 것을 주장하였다. 1932년 7월, 쑹쯔원은 화폐제도개
혁의 구상을 발표하였고, 먼저 양종(兩種) 화폐를 원(元)으로 통일하
고, 통일적인 화폐제도를 실시한 후, 화폐정책을 실행하도록 하였다.
전업(錢業)에서는 은량(銀兩)을 소지하지 못하여 회획(滙劃, 화폐가치
계획)을 주도하는 지위를 잃는 것을 두려워하여 적극적인 반대를 하였
다. 그러나 은행업에서는 이러한 양종(兩種)화폐를 원(元)으로 통일하

는 것에 대하여 찬성하였다. 쌍방이 신문지상에 일대 변론을 전개하게
되었다. 1933년 3월 남경정부는 정식으로 양종(兩種) 화폐를 정식으로
원(元)으로 통일하는 것을 선포하였고, 일체의 교역에서 반듯이 은원
(銀元)을 사용하도록 규정하였고, 은량(銀兩)을 사용하는 사람에 대해
서는 법률상 무효로 하기로 하였다. 양원(兩元) 병용의 국면(局面)이
끝나게 된 것은 중국 화폐제도상의 일대 진보였으나, 국민당 정부에서
는 단지 그 의의를 화폐제도의 실행과 금융독점의 수단으로만 생각할
뿐이었다. 한 외국인은 당시에 예견하기를 양종(兩種) 화폐를 원(元)으
로 단일화 시키면, "중국 은원(銀元)의 가격은 떨어질 것이고, 이에 따
라 지폐를 남발하는 위험을 야기할 것이다"5)라고 말하였다.

1935년 관료자본이 계속해서 중국(中國), 교통(交通), 사명(四明), 중
국통상(中國通商), 중국실업(中國實業) 등 발행권(發行權) 은행을 병탄
(呑倂)한 후, 전국 화폐발행액의 88%를 장악하였다. 같은 해 9월, 영
국정부는 재정부 고문 레이쓰로스(F.W.Leith-Ross, 李滋羅斯)를 중국
에 파견하여 남경정부와 내통하게 하였다. 레이쓰로스의 계획하에, 국
민당정부는 11월 4일 화폐개혁을 선포하게 되었다. 그 주된 내용은 중
앙, 중국, 교통 세 곳 은행에서 발행하는 화폐를 "법폐"(法幣)6)로 하였
고, 이후 일체의 세금 납부 및 공사(公私) 대출금액을 이 화폐로 지불
하게 하였고, 일률적으로 법폐(法幣)를 사용하게 하였으며, 은원(銀元)
의 유통을 금지시켰고, 기타 은행에서는 과거 발행하였던 화폐를 회수
하도록 지시를 내렸다. 법폐(法幣)만이 오직 외국 돈을 바꿀 수 있는
태환권(兌換券)이었고, 백은(白銀)으로 바꿀 수는 없게 하였다. 은량
은원(銀兩銀元)의 소지자는 반듯이 3개월 내에 은량 은원(銀兩銀元)을
모두 법폐(法幣)로 바꾸어야만 하였다.

---

5) 『銀行週報』, 17卷 14號.

6) 1936년 1월, 當局은 中國農民銀行에서 발행하는 화폐 역시 法幣라고 규정하
   였다.

화폐개혁에 있어 장애물을 감소시키기 위하여 남경정부는, 재정부(財政部)를 중심으로 중앙, 중국, 교통 3곳의 은행 및 은전업(銀錢業) 대표들로 발행준비관리위원회를 설립하고 구성하였으며, 법폐(法幣)준비금을 보관하였다. 쿵샹시(孔祥熙)는 두웨성(杜月笙)을 이 위원회로 끌어들였다. 레이쓰로스는 두웨성의 명성이 아주 나쁨을 알고 이의(異議)를 제출하였고, 쿵샹시는 그에게 두(杜)는 "비록 말할 필요도 없는 투기가(投機家)이지만 방회(幇會)의 수령(首領)이다. 그러나 상해 인구의 수 천 수 만 명 이상이 그의 명령에 따르고 있으므로 그가 어느 때이고 성가시게 굴 수 있다"[7]라고 알려 주었다.

법폐(法幣)개혁은 관료자본이 금융을 독점하기 위한 구체적인 조치의 결정이었다. 이러한 개혁을 통하여 관료자본은 화폐발행권을 독점하였고, 대량으로 백은(白銀)을 긁어모았다. 당시 전국에는 약 30억 원의 백은(白銀)이 있었는데, 군벌들이 할거하였으므로, 인민들은 법폐(法幣)를 불신임하였고, 국민당은 그들이 소지하고 있는 백은(白銀)을 수집할 수는 없었으나, 남경정부는 직접적으로 상해와 절강성 등을 통제하였으므로, 각 화상은행과 전장(錢庄)에 있던 은(銀)은 빼돌릴 수 없는 액운을 당하였다. 쑹쯔원의 말에 의하면 1936년 말, 정부가 회수한 백은(白銀)은 중앙, 중국, 교통 3은행이 원래 보유하고 있던 은(銀)이외에 3억 원 이상이 되었다고 하였다. 백은(白銀)을 거의 다 모았고, 상해의 화상은행과 전장에서는 아무 가치도 없는 또 휴지와 같은 화폐를 저장하는 장소로 이용되었고, 이러한 것은 전체 민족자본금융업이 독립적인 생존의 조건을 상실하게 되었으며, 은행가와 전장주(錢庄主)는 어쩔 수 없이 관료자본의 눈치를 보지 않을 수 없게 되었다.

법폐 개혁은 영국의 도움아래 이루어졌고, 아울러 무제한적인 외화를 매매하는 것에 의존하였다(처음에는 영국의 파운드, 후에는 미국의

---

7) Coble, The Shanghai Capitalists and the Nationalist Government, p.207.

달러). 이렇게 하여 법폐의 가치를 유지하였고, 그러므로 영국과 먼저 합작적인 태도를 보여야만 하였다. 남경정부가 화폐개혁을 선포한 당일, 영국 공사는 『현은사용금지 조례』[禁用現銀條例]를 반포하였고, 중국에 있는 영국인과 영국회사는 영국은행과의 현은(現銀) 사용을 금지시켰다. 상해 조계의 영국과 미국의 대 지배인 역시 이와 같은 태도를 유지하였다. 회풍(滙豊), 맥가리(麥加利) 두 은행은 중국인이 예금한 12,500만 원을 중앙은행으로 이전시켰고, 아울러 무조건적으로 수천 만 원을 출금시키는 것을 허락하였고, 미국을 포함한 각국 은행은 은(銀)을 인출해주지 않았으며, 현은(現銀)을 다시 사용할 수는 없었다.

표면상으로 볼 때, 법폐 개혁은 당시 통화긴축의 작용을 완화하였다. 법폐 발행후, 물가는 다시 회복되기 시작하였고, 외화의 가치는 안정되게 되었다. 왜냐하면 당시 이탈리아는 에티오피아[8]를 침략하여 전쟁이 폭발하여 국제적으로 긴장하게 되었고, 제국주의자들은 전쟁준비에 박차를 가하였으므로, 중국의 전략물자의 수출을 자극하였다. 외화의 가치가 안정된 것은 수출에 유리하게 작용하였고, 수입 역시 증가하였다. 이외에 1936년 전국 각지 농업은 보편적으로 풍작을 이루었고, 시장은 점차 활기를 띠게 되었다. 1936년에서 1937년 상반기까지 상해민족자본주의 경제는 회복하는 기이한 현상을 나타냈고, 도산의 바람은 점차 평온을 되찾았고, 일부 행업과 기업들은 서로 다른 정도의 회복과 발전을 보였다. 1937년 6월 말, 시 전체에는 공장이 5,525가(家)로 1936년에 비해 20%이상이 증가하였다. 대륭기기창(大隆機器廠)은 완전한 한 셋트의 면방기기(棉紡機器)를 만들어 내었는데, 이것은 중국기계공업사상의 일대 사건이었다. 그러나 한 외국학자는 다음

---

8) 원문에는 아비시니아(阿比西尼亞, Abyssinia)로 표기되어 있는데, 이는 아라비아에서 에티오피아로 이주해 온 부족의 이름에서 유래하였는데, 어감이 좋지 않아 번영을 누린 고대 지방의 이름인 에티오피아(Ethiopia)로 바꾸었다. 역자 주.

과 같이 지적하고 있다. 경제 회복은 "남경정부의 재정전문가들이 말
하는 것과 같이 계획된 것도 아니었고, 예견한 것도 아니었으며, 실제
적으로는 그들의 본뜻에는 위배되는 것이었다."9)라고 말하였다.

법폐 개혁 후, 관료자본은 금융역량의 막강한 힘을 수중에 지니고,
이로써 더욱 흉악한 자태로 사회경제의 각 영역에서 확장을 꾀하였다.

금융업이 가장 먼저 그 충격을 받았다. 개조후의 중국은행과 중앙신
탁국(中央信託局)은 전후로 저축업무를 시작하였는데, 자신의 든든한
자본으로 대규모의 고객 예금을 흡입하였고, 중소은행을 숨도 못쉬게
압박하고 있었다. 영파통상은행(寧波通商銀行), 강남은행(江南銀行),
통역신탁공사(通易信託公司) 등은 이러한 이유로 도산되었고, 이어 상
해은행(上海銀行) 조차도 어려움에 처하게 되었다. 광동은행(廣東銀行)
은 심지어 쑹쯔원(宋子文)에 의해 개조된 후 병탄(吞倂)되었다.

공상업은 관료자본 확장의 중요한 목표였다. 1936년, 룽쭝징(榮宗
敬)은 중국은행에 신신방직공사(申新紡織公司)를 구제해 주도록 도움
을 요청하자, 쑹쯔원(宋子文)이 룽쭝징에게 말하기를 "신신(申新)의 이
러한 어려움을 당신이 관여할 바가 아니다. 당신 집에는 매월 2천 원
의 지출이 소요되고 있는데, 그것을 내가 부담하겠다."10)라고 하였다.
룽(榮)은 쑹(宋)의 권세를 두려워하여, 정면으로 거절하는 말을 하지
못하였다. 단지 후에 신신공사(申新公司)의 다른 채권인(債權人)인 상
해은행(上海銀行)의 반대로 쑹(宋)의 음모는 실행되지 못하였다. 그러
나 오래지 않아 신신2창(申新二廠), 5창(五廠)의 경영관리권이 중국,
상해 두 은행으로 조성된 은행단에게로 넘어가게 되었다. 궈가(郭家)
의 영안방직인염공사(永安紡織印染公司)는 중국은행에 500만원의 대
출을 요구하였는데, 쑹쯔원은 아주 지독한 조건을 내세웠다. 그 내용

---

9) Coble, The Shanghai Capoitalists and the Nationlist Government, p. 204 인용.
10) 『榮家企業史料』, 上冊, p.511.

은 다음과 같다. 첫째, 영안백화공사(永安百貨公司), 영사3창(永紗三廠) 및 귀가(郭家)소유의 두 동 사택의 가치 1,000만 원 이상의 재산을 담보로 해야 한다. 둘째, 쑹(宋)이 파견한 사람이 영사(永紗)의 이사[董事]를 담당하여야 한다. 셋째, 영사(永紗)는 일부분의 주식을 그에게 지급해야 한다. 귀가(郭家)는 쑹(宋)의 속마음을 알고 있었으나, 다급하여 이러한 요구에 대답을 하였고, 아울러 20%인 20만 원의 주식을 이러한 일을 성사시켜준 대가로 액면가 20만 원어치의 주식을 쑹(宋)에게 넘겨주었다. 이후, 쑹쯔원은 또 남양형제연초공사(南洋兄弟煙草公司)의 곤란함을 이용하여, 그를 수탈하기 위해 광동은행(廣東銀行)으로부터 105만원을 대출받도록 하였고, 이 공사의 200만 원 상당의 20만 주식을 매입하였고, 아울러 "보관"(保管)을 한다는 조건으로 21만 원 상당의 주식을 담보로 잡았고, 이로써 중국 최대의 민족자본(民族資本) 연초공사(煙草公司)를 한입에 삼켜버렸다.

투기시장 역시 이러한 관료자본의 마수에서 벗어날 수 없었다. 국민당의 권위에 대해서 말해보면 투기시장을 조종하는 것은 손바닥을 뒤집는 것만큼 쉽다. 어쩌다 손실을 보면, 역시 메우는 방법을 생각해 내면 되었다. 리즈뤄쓰(李滋羅斯)는 이러한 한 옛 말을 들었다. 화폐 개혁 후, 쑹아이링(宋靄齡)은 먼저 두웨성(杜月笙)의 외화정책의 정보를 알려주었고, 두(杜)에게 투기를 하라고 하였다. 예기치 않게, 두위에성은 몇 개의 글자의 뜻을 잘못알고, 오히려 5만 파운드의 손실을 입게 되었다. 두(杜)는 쿵샹시(孔祥熙)에게 보상을 요구하였으나, 쿵(孔)은 대답하지 않았다. 두웨성은 그날 밤 사람들을 보내 아주 큰 관(棺)을 쿵(孔)의 문 앞에 옮겨 놓도록 시켰다. 둘째 날, 중앙은행 동사회에서는 특별회의를 개최하였는데, "애국공민"(愛國公民)이 외환시장에서 당한 손실을 완전히 보상하는 것에 동의하였다. 1936년, 국민당정부는 공채의 이자를 상환해 줄 수 없었기에, 통일공채(統一公債)를 발행하였고, 이전 채권의 기간을 연장시켰다. 쿵샹시, 쑹아이링 등은 이 일이 있기 전에 공채를 마구 팔아 대량을 판매하였고, 이로써 자금을 확보하였다. 1937년, 쑹아이링 등은 또 거대한 자본으로 상해 사포교역소(紗布交易所)를 조종하여 투기하였다. 대량 면사를 그들이 독점하였고, 시장은 혼란하게 되었고, 많은 공장들은 한 순간에 생산을 중단하게 되어, "사교풍조"(紗交風潮)를 만들었다. 여론이 불길 같았고, 계속해서 CC계 판궁잔(潘公展) 주편의 『신보』(晨報) 역시 쿵샹시를 욕하였다. 장제스는 명령을 내려 철저히 조사하는 것과 같이 위장하였고, 그 결과 원흉(元凶)에 대해서는 말이 없었고, 또 그들을 쫓던 주구(走狗)들도 처벌하지 않고, 오히려 『신보』(晨報)는 장제스의 명령으로 인해 정간되게 되었다. 상해자산계급이 투기시장을 조종하여 권세와 영화를 누렸고, 쿵샹시(孔祥熙), 쉬칸(徐堪), 천싱(陳行, 중앙은행부총재), 쑹쯔량(宋子良)을 사람들은 "4흉"(四凶)이라고 불렀고, "쿵샹시는 상서롭지 못하고, 쉬칸은 뛰어나지 못하며, 천싱은 나쁘며, 쑹쯔량은 좋지 않다."(孔祥熙不祥, 徐堪不堪, 陳行不行, 宋子良不良)고 그들의 이름을 빗대어 비난하였다.

제2절 구국회(救國會)의 성립

화북위기가 더욱 심화됨에 따라, 밀수된 일본 화물은 홍수와 같이 내지로 쏟아져 들어왔다. 이것은 화북지구의 많은 민족공업을 직접 훼손, 파괴하였을 뿐 아니라, 상해의 민족자본공상업에도 재난을 가져왔다. 민족의 위기아래, 자산계급을 포함한 상해 각계 각층의 인민의 항일 정서가 한층 고양되었다.

스량차이(史量才)가 피살되고, 『신생』(新生) 주간(週刊)이 폐쇄된 것 등은 여론계를 더욱 압박하는 계기가 되었고, 이를 빈정대는 방법으로 국민당의 투항외교에 대한 통한을 지적하기 시작하였다. 1935년 7월, 아첨하는 문인(文人) 딩원쟝(丁文江)은 『대공보』(大公報)에 대일타협을 주장하는 글을 실었고, 이것은 소비에트 러시아가 브레스트(布列斯特) 조약1) 때 독일과 타협한 것과 같은 것으로 화북(華北)과 화중(華中) 그리고 심지어는 사천(四川)까지 버릴 수 있으며, 후퇴를 "캄차카"(Kamchatka, 堪察加) ― 운남(雲南), 귀주(貴州)까지 가는 것을 준비하여야 한다고 주장하였다. 이 글이 발표되자, 상해 각 신문은 일제히 성토대회를 갖고, 이러한 논조는 "간단히 말해 전 중국을 식민지화하려는 불구덩이 속으로 완전히 던져 버리는 것"2)이라고 통렬하게 배척하였다. 한간 인루겅(殷汝耕)이 괴뢰의 하북성동부 방공자치정부[僞

---

1) 정식명칭은 브레스트 - 리토프스크(Brest-Litowsk, 布引斯特·立陶夫斯克條約)로 1918년 3월 3일 브레스트 - 리토프스크에서 소련정부와 동맹국(독일, 헝가리, 불가리아, 오스만터키)가네 체결한 평화조약이다.
2) 『新中華』, 3卷 17號.

冀東防共自治政府]를 설립하자, 『동방잡지』(東方雜誌)는 "만약 당국에서 재차 그럭저럭 자기의 의견을 굽히고 일을 성사시키려고 이러한 종류의 한간들을 처벌하지 않으면, 정부의 위신 역시 땅에 덜어질 뿐 아니라, 국민이 정부에 대해 갖고 있는 마음도 모두 사라질 것"이라고 지적하였다. 애국 노인 마샹보(馬相伯)는 연속적으로 신문에 『일일일담』(一日一談)이라는 글을 연재하였는데, 인민의 언론, 집회 자유의 보장을 주장하였고, 당국에 공개적인 외교를 요구하는 내용이었다. 이러한 여러 방면에서의 주장은 국민당 정부의 고압정책아래에서도 상해자산계급의 불만 역시 감정을 억누를 수 없었다는 것을 나타내고 있는 것이다.

1935년 8월, 중국공산당은 『8·1선언』(八一宣言)을 발표하여, 내전중지를 제의하고, 전국 각 당, 각 파, 각 군, 각 계가 단결하여 일본에 항전할 것을 주장하였다. 저우양(周揚) 지도의 중공 상해지하문위(中共上海地下文委)는 그중 민족통일전선의 정신을 근거로 업무의 변화를 토론하였고, 항일정신의 분위기를 받아들이려는 준비를 하게 되었다. 중국공산당의 호소와 영향아래에서, 상해 각 계층 인민의 항일 경향은 진일보 증가되었다. 은신하고 있던 문화계의 개별적인 공산당원과 일부 급진적인 자산계급 및 소자산계급 지식분자인 선쥔루(沈鈞儒), 장나이치(章乃器), 타오싱즈(陶行知), 리궁보(李公朴), 저우신민(周新民) 등은 식사모임의 형식으로 서로 연락을 취하면서, 뜻이 있는 지사들을 연합할 준비를 하였고, 구국조직을 성립하고자 하였다. 11월, 쩌우타오펀(鄒韜奮)은 『대중생활』(大衆生活) 주간을 창간하였다. 이 간행물은 항일의 기치를 더욱 높여, 인민군중의 지지를 받았고, 매 기의 발행부수는 약 20만 부가 팔려 전국에 유행되었다.

1935년 12월 9일, 북평 학생 6,000여 명은 "화북자치"를 반대하는 시위를 벌였다. 12·9(一二九)학생운동은 압박을 받고 있던 상해인민의 마음에 분노의 불을 당겼다. 12월 11일, 『신보』(申報)는 시평(時評)에서 12·9(一二九)운동을 아주 높게 평가하였다. 다음날, 상해문화계 대표 마샹보 등 280여 명은 연합성명으로 『상해문화계구국운동선언』(上海文化界救國運動宣言)을 발표하였고, 북평(北平)학생운동에 대해 "12만 명의 동정"[十二萬分의 同情]을 표시하였고, 문화계 사람들의 구국운동의 참여를 호소하였고, 아울러 기동(冀東, 하북성 동부)과 동북(東北)의 괴뢰조직의 토벌과 전국의 병력과 재력을 모두 침략에 대항하는데 집중시키고, 인민의 결사, 집회, 언론, 출판자유와 전국민중이 스스로 이러한 조직을 만들어 일어나야 한다는 것을 주장하였다. 이러한 선언에 서명을 한 사람으로는 공산당원, 좌익인사와 많은 영화계, 예술계, 신문출판계, 학술계, 교육계 지명인사들이 있었는데, 예를 들어 왕짜오스(王造時), 스시민(石西民), 장원위(江問漁), 우리푸(伍蠡甫), 뤼쓰몐(呂思勉), 선쥔루(沈鈞儒), 샤팅(沙汀), 리궁보(李公朴), 우용강(吳永剛), 진옌(金焰), 진중화(金仲華), 저우신민(周新民), 저우졘런(周建人), 저우위퉁(周予同), 저우구청(周谷城), 탕타오(唐弢), 쉬마오용(徐懋庸), 장유위(張友漁), 장쯔성(張梓生), 루이(陸詒), 타오싱즈(陶行知), 천쯔잔(陳子展), 차오쥐런(曹聚仁), 쉬제(許杰), 양인푸(楊陰溥), 쩌우타오펀(鄒韜奮), 정전둬(鄭振鐸), 정쥔리(鄭君里), 류량모(劉良模), 차이추성(蔡楚生), 첸지보(錢基博), 첸거촨(錢歌川), 첸쥔루이(錢俊瑞), 주칭라이(諸靑來), 쉐무차오(薛暮橋), 녜간누(聶紺弩), 웨이진즈(魏金枝) 등이었고, 이 외에 금융계공상계인사 예를 들어 장나이치(章乃器), 왕즈선(王志莘), 차이청신(蔡承新), 옌어성(嚴諤聲) 등과 심지어는 CC분자인 뤄칭화(駱淸華), 군통특무 췌이만추(崔萬秋) 역시 이러한 명단에 이름이 올라 있었다. 이것은 항일 구국은 이미 상해 각계층 인민의 공동된 염원이었다는 것을 말하고 있는 것이다.

12·9운동 폭발 후, 영광적인 혁명전통이 있던 상해학생들은 아주

빠르게 행동으로 나타났다. 12월 12일, 복단대학교 학생들은 전보로 북평 학생들을 지지하고 나섰다. 14일, 상해 각 대학 학생들은 대표대회를 열어 학생구국연합회를 성립하고 정부에 정당한 애국운동과 언론을 보장할 것을 요구하였다. 18일, 상해 80여개의 중학연합은 선언을 발표하였는데, 화북자치의 반대와 상해중학연합회의 성립이었다. 19일 오후 복단과 교대 즉 교통대학의 뜻있는 학생 수 천 명은 강만(江灣) 시정부에 모여 화북자치반대, 언론 및 집회의 자유를 청원하였다. 학생들의 분노어린 소리에 아래에서 시장 우테청(吳鐵城) 등은 강압에 의해 학생들의 요구를 들어준다는 도장을 찍었다. 학생들의 정서를 완화시키기 위하여 우테청은 10여 량의 차량을 보내 그들을 학교로 되돌려 보냈다. 계속해서 광화(光華), 대동(大同) 및 중학연합회의 학생 청원대오들이 강만에 도착하였다. 재차 당국의 서면대답을 듣고자, 수 백 명의 학생들은 모진 비바람 속에서 꿇어 앉아 일어나지 않았다. 12월 23일과 24일, 복단과 동제(同濟) 등의 학생 3,000여 명은 "부경청원토역단"(赴京請願討逆團)의 기치를 내걸고 북쪽 기차역으로 모여 들었으나, 학생들의 남경으로의 이동은 통제되었다. 그러나 학생들은 뜻을 굽히지 않고, 기차역을 떠나지 않았다. 각 단체 대표 역시 빵과 과자 등을 싸가지고, 그들을 위문하는 사람들이 끊이지 않았다. 당국에서는 북쪽 기차역에 점점 사람들이 모이는 것을 보고, 위장으로 학생들을 출발시키게 하는 것처럼 하는 허락하는 것으로 꾸며, 이로써 형세를 완화시키려고 하였고, 청양항(靑陽港)에 군경을 매복시켜 열차를 습격토록 준비시켰다. 그러나 기관사는 학생들의 격려아래 청양항을 무정차 통과하였다. 당국에서는 열차 습격이 실패하자, 이후에는 열차의 궤도를 철거하였으나, 학생들이 스스로 수리하고 계속 전진하여, 26일 무석(無錫)에 도착하였다. 이때, 대규모의 헌병이 길을 막았고, 열차를 상해로 돌아가도록 하였으며, 먼저 가서 그들과 담판을 하였던 학생 대표들을 잡아다가 유치장에 구류(拘留)시켰다. 학생들은 무석시내로 들어가 가두시위를 벌였다. 무석학생들 역시 시위를 벌였고, 인쇄공장 노동자들은 하루 동안 파업을 하면서 학생들의 시위를 원조하였다. 상해에서 도착한 교육국장 판궁잔(潘公展)은 부득불 학생 앞에 무릎을 꿇고, 군중이 상해로 되돌아가도록 종용하였다. 청원단의 지도자들은 학생들이 이미 5일 동안 엄동설한에서 악전고투한 것을 생각하고, 전체적인 휴식을 필요로 하였고, 또 당국이 구류(拘留)한 학생을 석방하였으므로, 27일 밤 상해로 돌아오는 기차에 올랐다.

부경청원토역단(赴京請願討逆團)의 출발 당일에 중국 공산당은 각 학교의 학생과 일부 노동자, 점원, 부녀자 등을 조직하여 함께 대규모의 시위를 벌였다. 당국은 당황하여 시 전체에 계엄을 선포하였다. 이에 26일 상해 각 학교는 수업거부[罷課]를 벌였다.

학생운동이 나날이 격렬해지자, 인민군중의 애국열정 역시 고조되었고, 각 계에서는 구국단체들이 성립되었다. 선쥔루(沈鈞儒)는 문화계 애국단체가 성립되는 분위기에서 단체 명의로 더 이상 "항일", "반일"의 글자를 사용하지 말고, 구국회라는 명칭을 사용할 것을 정하도록 하여, 이로 인해 일본제국주의의 간섭 구실을 피하자고 하였다. 이 의견은 군중의 지지를 받았다. 12월 12일, 중학생구국연합회와 스량(史良), 후쯔잉(胡子嬰), 천보얼(陳波兒) 등은 상해부녀계구국연합회(上海婦女界救國聯合會) 성립을 먼저 선포하고, 천 여 명의 부녀자들이 남경로에서 학생애국행동의 시위를 지원하였다. 27일, 상해문화계 구국회 300여 명은 서장로(西藏路)에서 영파(寧波)동향회의 성립대회를 갖고, 마샹보, 장나이치, 타오싱즈, 선쥔루 등 35인을 집행위원으로 선출하고, 아울러 상해문화계 제2차 구국운동선언을 발표하였고, 나아가 개방적인 민중조직을 제기하였고, 애국운동의 보호와 민족통일전선과 일체의 내전중지, 모든 정치범의 석방을 주장하였다. 계속해서 싱해 각 대학교수구국회, 상해시 전문대학교항일구국학생연합회(상해학연), 상해영화계구국회, 직업계구국연합회, 국난교육사(國難敎育社), 공인구국회(工人救國會) 등 단체들이 계속해서 설립되었다.

1936년 1월 28일, 문화계구국회, 대학교수구국회등 단체 대표 800여 명은 시상회(市商會) 비서장인 옌어성(嚴諤聲)의 도움아래에 천후궁(天后宮) 시상회 강당에서 "1·28"(一二八) 4주년 기념대회를 거행하였다. 모인 사람들은 목청껏 『의용군진행곡』 불렀고, 선쥔루, 왕짜오스, 뤄칭화(駱淸華)등이 계속해서 강연을 하였다. 회의에서 상해 각계구국연합회의 성립과 애국분자 등에 대한 원조를 결의하였고, 상해각계구국연합회 이사 30인을 선출하였고, 아울러 전국구국연합회를 조직할 것을 결정하였다. 회의 후, 대표들은 모두 강만(江灣)으로 가서 "1·28" 사망자들에 대한 공제(公祭)를 지냈고, 길 가의 상점주인, 점원 및 길 가의 사람들이 자원해서 가입하였고, 대오(隊伍)는 2만 여 명으로 많아졌다.

상해 각계구국연합회 성립 후, 전후로 『상해문화계구국회회간』(上海文化界救國會會刊)과 『구망정보』(救亡情報)가 창간되었고, 아울러 "3·8"(三八), "5·9"(五九), "5·30"(五卅) 등 기념일에 대규모의 집회와 시위를 거행하였다. 이와 동시에 구국회의 일부 책임자들은 식사모임의 형식으로 상층 자산계급과 광범위한 연계를 가졌고, 그들의 지지를 얻어냈다. 지방협회에서는 특별히 선쥔루를 전문회원으로 보험공사를 경영하는 자본가들은 비밀리에 장나이치(章乃器)의 경호원이 되었다. 구국회의 활동은 쑹쯔원으로부터 어느 정도 지지를 얻어 냈는데, 그는 쑹칭링을 통해 구국회에 수 천 원의 경비를 제공하였다.

구국회는 느슨하게 반공개적인 군중조직으로 항일을 주장하였고, 민족통일전선을 찬성하는 사람은 모두 참여할 수 있었으므로, 구성원은 대량의 무당파(無黨派) 애국인사와 공산당원 이외에 또 국민당, 국사당 및 제3당 인사들이 참가하였다. 이러한 사람들은 항일에 대해서는 찬동하나, 항일의 방법에 있어서는 마치 국민당의 문제에 대하여 어떻게 보고 있느냐와 마찬가지로 아주 크게 차이를 보이고 있었다. 소수의 사람들은 반장항일(反蔣抗日)을 주장하였고, 대부분의 사람들은 막연하게 국민당 반대를 동의하지 않았고, 뿐만 아니라 그들의 부저항과 내전정책을 반대하였다. 핵심 공산당원이 된 후에는 태도의 변화가 보였고, 상해 각계 구국연합회는 시종 이러한 방향을 견지하였다.

상해구국회의 성립은 각지에 연쇄반응을 일으켰다. 북평(北平), 남경(南京), 무한(武漢), 천진(天津), 광서(廣西), 산동(山東) 등지의 부녀계와 문화계는 연이어서 구국회를 성립하였는데, 상해 구국회와 연관을 갖게 되었다. 전국구국연합회의 성립 후, 의사일정을 제출하였다.

1936년, 중공 북방국(北方局) 책임자인 류샤오치(劉少奇)는 사람을 상해에 파견하여 연계공작을 폈다. 류는 상해는 화중(華中), 화남(華南)과 연락을 하기 편리하였고, 아울러 은폐하기도 좋은 지역이므로, 전국각계 구국연합회와 전국 학련(學聯)을 상해에 설치해야 한다고 주장하였다. 아울러 "정지내전, 일치항일"(停止內戰, 一致抗日)의 기치를 내걸도록 지시하였다. 북평학련 역시 계속해서 사람들을 상해에 파견하여 연락을 맺었고, 전국학련과 전국각계연합회의 준비를 서둘렀다. 같은 해 2월, 덩지(鄧浩), 후차오무(胡喬木)를 위수(爲首)로 한 중공강소성임시위원회(中共江蘇省臨時委員會, 臨委)가 성립되었고, 저우양(周揚)을 지도로 하는 문위(文委)와 공동으로 상해에서의 업무를 지도하였다. 단결을 위해 더욱 많은 문화계 인사들이 참가한 통일전선인 문위(文委)는 좌련(左聯)과 문총(文總) 소속의 기타 좌익문화단체를 해산하기로 결정하였다. 3월 사이, 임위(臨委)는 북평학련이 상해 대표와 북방국의 비정식적 관계의 성립을 통과시켰다. 4월, 중공중앙에서는 평쉐펑(馮雪峰)을 상해에 파견하여 임위(臨委)의 업무를 지도하게 하였다. 펑(馮)은 준의회의(遵義會議)의 정황과 와요보회의(瓦窯堡會議)

의 결정 및 민족 통일전선의 정신을 건립하는 것을 전달하였고, 상해 당조직은 혁명의 군중단체를 진보군중단체로 조직하기를 요구하였다. 이렇게 상해 당 조직과 중앙은 회복관계에 놓이게 되었다.

공산당원의 적극적인 지지아래, 1936년 5월말, 전국학련과 전국각 계구국연합회(全國各界救國聯合會, 全救會)에서는 계속해서 원명원로 (圓明園路)에서 청년회 성립대회를 거행하였다. 전구회(全救會)는 성립 대회를 통해 선언과 정치 강령 등 문건을 통과시켰고, 선쥔루(沈鈞儒), 장나이치(章乃器), 리궁보(李公朴), 스량(史良), 샤첸리(沙千里), 왕짜오 스(王造時) 등 14인이 상무위원으로 선출되었다. 전구회(全救會)의 문 건규정에서, 이 회는 단결로써 전국의 구국역량, 통일구국방책, 영토의 완정 보장, 민족해방을 도모하는 것을 종지로 하고, 현재의 주요 임무는 전국 각 당, 각파의 공동항일을 촉성하였다. 이 회는 1925~1927년의 혁 명정신을 계승하고, 정치범을 석방하며, 각 당과 각파간이 군사충돌을 정지하고, 대표를 파견하여 담판을 진행하고 이로써 공동의 적에 대항 하는 강령을 제정하였고, 통일적으로 적에 대항하는 정권을 건립하는 데 있었다. 전구회는 비밀의 간사회를 갖추고 있었고, 총부 간사는 후 쯔잉(胡子嬰), 쉬쉐한(徐雪寒), 주추신(朱初辛)이었고, 간사로는 장진푸 (張勁夫), 펑원잉(彭文應), 저우광밍(周光明) 등이었다.

전구회에서는 일련의 전보를 쳐서, 국민당 통치자가 즉각적으로 정 책을 바꾸어 단결하여 항일하는 정책을 실행하도록 강력하게 요구를 나타내었다. 6월, 양광(兩廣) 당국(當局)은 출병하여 항일을 하는 성명 을 발표하였고, 전구회는 즉각 남경당국에 항전 결심을 표시하고, 항 전을 지도할 것을 호소하였다. 6월 21일, 상해 각계 인사 3,000여 명 은 구국회의 지도아래, 북쪽 기차역에 집결하여, 정부가 서남방면의 항일 주장을 접수하도록 요구하게 되었다. 인민군중의 내전반대에 대 한 강력한 여론의 압력아래에서, 남경에서는 국민당 5계 2중전회의를 개최하여, 양광(兩廣)사변에 대한 평화해결방침을 받아들였고, 장제스는 아울러 회의에서 "만약 어느 사람이 우리들에게 강압적으로 국가에 해를 입히고 영토와 주권에 손해를 입히는 일에 서명을 강요하면, 우리는 참을 수 없다. 이것은 우리들이 최후의 희생을 할 시기이다"라고 말하였다. 장제스의 이러한 태도는 적지 않은 사람들의 호감을 샀다. 7월 15일, 선쥔루, 장나이치, 타오싱즈, 저우타오펀 4인은 연명으로 문장을 발표하였고, 명확하게 중국공산당이 제출한 항일민족통일전선의 건립을 주장하면서, 국민당에 홍군과 연합하여 공동으로 항일을 요구하였고, 아울러 인민에게는 항일언론과 구국행동의 자유를 주도록 요구하였다. 중공 지도자인 마오쩌둥(毛澤東)은 9월 18일, 그들에게 한 통의 편지를 보내는데, 그 내용은 그들의 언행에 대해 동정과 경의를 표한다는 내용이었다.

전구회 성립 후, 상해 군중성 구국운동은 아주 큰 발전을 보였다. 7월, 마오둔(茅盾), 푸둥화(傅東華), 샤가이준(夏丏尊) 등은 중국공산당의 지지아래, 중국문예가협회(中國文藝家協會)를 발기 성립하였고, 입회자는 백 여 명이었으며, 구국회의 주장을 옹호한다고 선포하였다. 계속해서 상해공인구국회, 학생구국회 역시 공개적으로 활동을 하기 시작하였다. 샤첸리(沙千里)등은 직업계구국회를 조직하여 10월 사이에 이미 7개의 간사회를 갖추었고, 회원은 1,300여명이었으며, 공산당원 왕지화(王紀華) 등은 핵심 지도원으로 자리하였고, 이 조직은 상해 구국운동의 큰 활력군이 되었다. 11월중, 공산당원 장청쭝(張承宗) 등은 중앙에서 적극적으로 군중 역량을 축적시키라는 지시를 받고, 공개적으로 직업인인 군중단체를 조직하였는데, 그것이 바로 은전업아마추어동호회[銀錢業業余聯誼會]이다. 이것은 "감정의 교류, 학식의 교류, 정당한 오락의 제창, 취미생활의 개선, 서비스 효능의 증진, 은전업 업무의 촉진"을 종지로 한 단체로, 많은 직공들의 지지를 받았고, 중상층

인사들에게서도 호응을 불러일으켰다. 직공과 학생의 지지아래, 자산
계급 상층인물의 정치태도 역시 적극적으로 바뀌었다. 10월 18일, 상
해 실업계, 교육계 인사 추후이썽(褚慧僧), 무어우추(穆藕初), 샹캉위안
(項康元), 선언푸(沈恩孚), 황옌페이(黃炎培) 등 215명은 전보를 통해
정부에 무력으로 일본을 제지하는 "규칙 밖의 행동"[軌外行動]을 주장
하였다.

상해에서의 구국운동이 부단히 고양되고 있을 때, 중국문화혁명의
선봉장인 루쉰이 10월 19일 상해에서 병사하였다. 이는 민주를 요구하
고, 항일의 하던 중국인민에 있어 크나큰 손실이었다. 쑹칭링은 즉각
구국회가 주관하여 루쉰(魯迅)의 장사를 치를 것을 요구하였고, 장례
를 통해 진일보한 민중의 애국 열정을 격발시키고자 하였다. 구국회의
주관아래, 시 전체의 3만 여 시민들은 만국빈의관(萬國殯儀館)의 루쉰
을 참배하기 위하여 이곳으로 모였다. 10월 22일, 상해 각계 인사 약
만 여 명은 루쉰을 보내기 위하여, 2km의 길에 줄지어 섰고, 연도에는
"루쉰 선생 정신은 죽지 않는다!", "중화민족해방만세"라는 아주 비장
한 소리가 터져 나왔다. 만국공묘(萬國公墓)의 루쉰 묘 앞에, 쑹칭링,
차이위안페이, 선쥔루, 장나이치, 우치야마 간조(內山完造), 쩌우타오
펀, 샤오쥔(蕭軍) 등이 연설을 하였다. 애도 중에 바진(巴金), 황위안
(黃源), 리례원(黎烈文), 후펑(胡風) 등 14명의 작가들이 루쉰의 관을
하관시켰다. 이때 융중한 장례 예식이 있었고, 인민군중은 이 위대한
사람을 애도하였으며, 그들은 국민당 반동파에 시위를 하였다.

11월, 수원(綏遠)을 지키던 푸쭤이(傅作義) 부(部)가 용맹스럽게 만
주지역의 만주국을 쳐들어갔다. 상해인민은 구국회의 추동아래 수원의
행동을 지지하였다. 시상회, 지방협회등 공상업단체에서는 수원초비위
로구호회(綏遠剿匪慰勞救護會)를 성립하고, 공개적으로 왕샤오라이(王
曉籟), 황옌페이 등이 10만 원의 의연금을 지니고 수원군을 위로하기

위하여 갔다. 전구회는 또 남경정부와 장쒜량(張學良), 쑹저위안(宋哲元), 한푸쥐(韓復榘) 등에게 전보를 보내, 즉각적인 출병으로 수원으로 돕도록 요구하였고, 아울러 장쒜량에게 "전투 화기로 중앙이 남경외교 담판의 중지를 요구하고, 아울러 전국적인 항일전쟁을 일으키고, 아울러 전보로 각 군사영수들이 중앙과의 일치를 독촉해 줄 것"3)을 약속 하도록 요구하였다.

이러한 구국운동의 영향아래, 상해 일본사창(日本紗廠) 45,000여 명의 노동자들은 11월 9일 반일총동맹파업을 거행하였는데, 급여의 인상과 노동자권익 보호 그리고 일본 군인의 공장 진입하여 노동자를 박해하는 것에 대한 반대 등의 조건을 내세웠다. 구국회에서는 선언을 발표하여 전국동포들이 파업 노동자들을 원조하기를 호소하였고, 아울러 파업[罷工] 후원회를 발기하여 의연금을 받은 것을 쌀 배급표로 바꾸어 노동자에게 지급하였다. 각계 인민의 큰 지원 아래, 이번 총동맹 파업[罷工]은 12월에 승리를 거두었다.

---

3) 『救國會』, 중국사회과학출판사, 1981년판, p.3.

제3절 7군자(七君子)의 감금

화북(華北)사변 발생 후, 국민당 정부는 대일외교방면의 태도에 약
간의 변화를 보였으며, 아울러 공산당원과 함께 비밀 접촉과 담판을
시작하였으나, 전체적으로 보아서는 아직도 "먼저 국내를 편안하게 한
후 외세를 물리친다."(攘外必先安內)는 기본정책을 버리진 못하였다.

상해 항일구국운동의 부흥이 일어나자마자 국민당 통치자는 극도로
불안해 하였다. 심지어는 공개적으로 공산당과 연합한 항일구국회는
전국 규모의 구국단체로 발전하였다고 큰 소리로 외쳤으며, 사회상으
로는 점점 더 그 위상을 떨치고 있었으므로, 국민당 반동파는 더욱 참
기 힘들었다. 상해 각계 구국연합회가 성립된 지 오래지 않아, 국민당
중선부(中宣部)에서는 국민에게 고하는 글을 발표하고, 구국운동은 공
산당과 사회민주당을 위하는 것이며, "민국을 위해(危害)하고, 질서를
파괴하는 음모"라고 무고(誣告)하였고, 그 선언은 "중앙에 반대한다고
말하지 않는 것이 정부를 전복시키는 것이다."[1]라고 하였으며, 그 행
간(行間)에는 살기가 배어있었다. 계속해서 남경정부는 『유지치안긴급
판법』(維持治安緊急辦法)를 반포하였다. 이로써 군경이 "국가에 위해
한 사변"(危害國家之事變)에는 무력으로 진압을 할 수 있도록 규정하
였고, 인민 집회와 시위를 임의로 해산시킬 수 있으며, 아울러 지도자
의 체포와 해산명령에 불복하는 사람을 혐의자로 체포할 수 있었다.
이후, 당국은 "학생운동 옹호, 정부 비방"(鼓動學潮, 毀謗政府)의 죄목
으로 『대중생활』(大衆生活)등 24종(種)의 항일간행물을 정간시켰고,

---

1) "不日反對中央, 卽日顚覆政府" 『申報』, 1936년 2월 12일.

복단대학 학생구국회의 11명의 책임자를 체포하였다.

　구국회 성립 후, 선쥔루(沈鈞儒), 쟝나이치(章乃器)는 이 회의 선언과 강령을 시장 우톄청(吳鐵城)에게 보냈고, 이로써 당국의 인가를 얻어 이 회의의 조직을 공개적으로 합법화하기를 희망하였다. 우톄청은 지지하지도 않았을 뿐만 아니라, 오히려 구국회를 비방하며 말하기를 "소수 야심가"(少數野心家)의 조직이라고 하며, "간단히 말하면 하나의 반동적인 것"(簡直是一個反動的東西)라고 힐난하였다.2) 쟝지에쓰 역시 친히 앞에 나서서, 위유런(于右任), 위빈(于斌) 등 사람들에게 지시하기를 구국회의 명에 지도자인 마샹보(馬相伯)를 유인하여 남경으로 오게 하여, 선쥔루, 쟝나이치, 리궁보, 쩌우타오펀 등을 만나 회견을 하게 하였고, 그들에게 국민당이 구국회를 지도하는 것에 동의하도록 요청하고 있다. 그러나 그들에게 거절을 당한 후, 쟝제스, 우톄청은 건달들을 동원 수단을 쓰기로 하였다. 남경으로 오는 4명을 유인하여 시정부로 오게 하였고, 위협적으로 말하기를 구국회를 해산하지 않을 경우 바로 그들을 구속시키겠다고 하였으나, 그들은 두려워하지 않았다. 이후, 쩌우타오펀은 또 쟝제스로부터 온 전갈을 들었는데 '그가 남경에 가서 쟝제스를 도와 일을 하지 않으면, 뜻밖의 일을 당할 것이다.'라고 하였다. 쩌우타오펀은 압력에 의하여 떠나게 되었다. 우톄청은 절강(浙江) 실업은행 총경리인 리푸쑨(李馥蓀)에게 압력을 넣어 쟝나이치를 사퇴하게 하였다. 리푸쑨은 당국에 대항하는 것을 두려워하여, 그는 쟝나이치에게 좋은 대우를 하여 줄 것을 약속하고, 외국으로 나가 있으라고 권고하였다. 쟝나이치는 당연히 거절하였고, 사직을 선포하였다. 직업계 구국회 200여 명의 회원은 공개적인 서신을 발표하여, 쟝나이치의 행동에 칭찬을 하였다. 공상계 상층인사 역시 쟝의 행동을 치하하였고, 한 제지공장은 그를 총경리로 초빙하였다. 이러한

---

2) 『救國會』, p.200.

것은 모두 당국을 질투하고, 미워하는 행동의 표현이었다.

1936년 7월, 중공중앙은 상해에 사무소를 설립하고, 판한녠(潘漢年), 펑쉐펑(馮雪峰)을 정부 주임으로 임명하였다. 판한녠은 중앙의 지시에 따라, 상해에서 국민당 대표 천리푸(陳立夫), 장충(張沖)과 연합항일의 담판을 진행하고 있었다. 그러나 장제스는 변화가 무쌍하였고, 아울러 성의도 보이지 않았다. 심지어는 1936년 10월 이후, 장제스는 한편으로는 홍군 3대 주력이 있는 서북(西北)에서의 군사행동에 크게 놀랬컸고, 다른 한편으로는 양광(兩廣)사변을 진압한 후, 의기양양하여, 공산당과 항일운동에 대한 태도가 강경하게 돌아서기 시작하였다. 11월 사이, 판한녠은 천리푸의 담판 중 중공 중앙에서 기초한『국공양당항일구국협정』(國共兩黨抗日救國協定)을 제출하였고, 천리푸는 장제스의 답변을 대신해서 말하기를, 비록 합작하나 공산당은 조건을 제시하지 말아야 하고, 공산당은 반듯이 홍색정권을 취소해야만 하고, 홍군이 보유하고 있는 3만 여 명의 사(師) 이상의 간부는 사직하고 외국으로 나가야 한다. 그러면서 국민당 당국은 11월 22일 심야에 구국회 지도자인 선쥔루, 장나이치, 쩌우타오펀, 리궁보, 샤첸리, 왕짜오스, 스량 7인을 체포하였다.[3]

7군자의 옥은 국민당 반동파의 완고함과 인민을 적으로 보는 가증스러운 면목을 진일보하게 드러낸 것으로, 상해 인민의 분노는 극에 달하였다. 구국회에서는 긴급히 선언과 전국동포에 드리는 글을 발표하였고, 절대 굴복하지 않는다는 것을 드러내었다. 쑹칭링과 마샹보는

---

3) 장제스(蔣介石)는 사적으로 "체포된 7군자는 그들이 이쪽에서도 회의를 열고, 저쪽에서도 회의를 열어, 일을 만들고, 나를 비방하였기 때문이다"라고 하였다. 장은 "오랑캐를 몰아내는 것은 빈 말이 아니다. 반드시 먼저 계획을 세워야 한다. 이렇게 시끄럽다면 어떻게 계획을 세울 수 있겠는가?"라고 말하였다.(攘外不是空言可攘的, 必須先有計劃, 如此吵吵鬧鬧, 教我怎樣做計劃呢?) 魏白楨,「西安事變前到洛陽見蔣介石的回憶」,『上海文史資料選輯』, 제6집.

성명을 발표하여 7군자의 불법 체포에 대해 강력하게 항의하였다. 상해 자산계급은 7군자의 옥에 대해 아주 큰 불만을 표시하였으나, 용기 있게 공개적으로 당국을 비평하지는 못하였고, 오직 완곡한 표현으로 정부에 "의법판안"(依法辦案)"이라고 하여 이 안을 법대로 처리하도록 요청하는 정도였다. 위차칭, 왕샤오라이, 린캉허우(林康侯), 장원위(江間漁) 등은 따로 공안국으로 가서 체포된 사람들을 면회하였고, 황옌페이, 리푸쑨 등은 보속으로 석방시키는 방법을 도모하였다. 문화계의 양웨이위(楊衛玉), 장쉐청(張雪澄), 샤가이쥔(夏丐尊) 등 역시 문장을 발표하여 정부는 법률을 엄격히 지키라고 완곡하게 당부하였고, 국가와 민족의 보전을 위해 모두 하나가 되는 분위기이었다. 동시에 해외 교포 및 국제 저명인사 루소(Rousseau, 羅素), 로맹롤랑(Romain Roland, 羅曼羅蘭), 아인슈타인(Einstein, 愛因斯坦), 듀이(Dewey, 杜威), 먼로(Monroe, 孟祿) 등도 역시 전보를 남경정부에 보내 7인을 자유인으로 회복시킬 것을 요구하였다.

7군자의 옥은 애국 장군인 장쉐량(張學良), 양후청(楊虎城)의 강렬한 분개를 야기 시켰다. 장쉐량은 다시 장제스에게 7군자의 석방을 요구하자, 장은 단연히 거절하면서 "나는 혁명정부이며, 나는 이렇게 한다. 바로 혁명이다."[4]라고 성명을 발표하였다. 장제스의 만행적인 태도는 장과 양 두 장군에게 "군사 쿠데타"를 결심하게 만들었다. 12월 12일, 장과 양은 서안사변(西安事變)을 일으켰고, 장제스를 체포하였고, 전국에 전보를 보내 항일구국 8항의 주장을 제출하였으며, 그중 제3항은 바로 상해에 체포되어 있던 애국지사들의 석방을 요구하는 것이었다.

서안사변은 상해에서 강렬한 반응을 야기시켰다. 부분 공산당원과 애국인사는 장과 양이 장제스를 체포하였다는 것에 고무되었다. 미국

---

4) 『解放日報』(西安), 1936년 12월 17일자.

기자 스노우(Snow, 斯諾)의 기록에 의하면 당시, 쿵샹시는 쑹칭링에게 장쉐량을 견책하는 성명에 서명하기를 요구하였으나, 바로 거절당하였다. 쿵은 눈을 크게 뜨고 그 원인을 묻자, 쑹칭링은 "왜냐하면 그(장쉐량)가 한 일이 옳기 때문이다. 만약 내가 그의 지위에 있다면 나 역시 같은 일을 벌였을 것이고, 심지어는 그를 아주 먼 곳으로 쫓아 버렸을 것이다."5)고 하였다. 상해 법학원 교수 판다쿠이(潘大逵) 역시 "장제스를 죽여라"고 주장하였다. 일반 시민들은 자산계급과 상당 수의 청년학생, 애국민주인사를 포함하여, 한 편에서는 장과 양의 애국주장을 동정하였고, 다른 한편에서는 이러한 비상사변은 국내 혼란을 가속화하므로 단결 항전에 방해가 된다고 하였다. 『대공보』기자 왕이성(王藝生)은 대하대학(大夏大學)에서의 강연 때에, 장쉐량이 국가에 유해하다고 생각하는 사람을 거수하라고 하였는데, 200여 청중 중에서 과반수가 손을 들었고, 오직 5, 6명만이 장슈에렁이 국가에 이롭다고 손을 들었다. 전구회에서 발표한 대 시국 긴급선언에서도 역시 장과 양의 쿠데타 방식을 찬성하지 않는다고 표시하였고, 그들은 즉각적으로 장제스를 자유롭게 회복시켜 줄 것과 중앙에서 공동으로 한 항일 대계(大計)를 논의할 것을 요구하였다. 다수 시민은 장과 양의 거동을 찬성하지 않았으며, 남경정부중의 친일파 요구인 무력으로 장과 양을 토벌해야 한다는 주장에는 더더욱 반대하였고, 평화적으로 이 사변을 해결하기를 희망하였다. 12월 14일, 지방협회와 시상회에서는 전보를 장쉐량에게 보내, 그가 민족 이익을 위해 주요하므로, 장제스의 안전을 보장하라고 요구하였다. 동시에 또 전보를 옌시산(閻錫山)에게 보내, 그에게 계속 수원(綏遠)항전6)을 지원하도록 하였고, 한편으로는 장제스를 위험에서 건져내는 방법을 모색토록 요구하였다. 15일, 지방협회는

---

5) Snow, Random Notes on Red China, p.1.
6) 百靈庙战役이라고도 함.

각 방면에서 장제스는 안전하고 아무 일도 없다는 소식을 듣게 되었으나, 남경의 군대는 서안으로 진공할 준비를 하였고, 왕샤오라이, 첸신즈(錢新之)의 뜻을 따라, 현재 가장 중요한 일은 장제스의 구출과 수원(綏遠)항전의 지원이라고 하였다. 『신보』(申報), 『신문보』(新聞報), 『신보주간』(申報週刊) 등 역시 계속해서 사론(社論)을 발표하여, 한편으로는 장과 양이 "중앙을 배반"(背叛中央)한 것을 지적하였고, 다른 한편으로는 장제스는 중국 군사정치의 중심인물로써 없어서는 안되므로, "신중한 결정"을 주장하며, 그의 안전을 도모하였다. 17일, 지방협회 정부회장 두웨성, 첸신즈, 왕샤오라이 3인은 연명하여 전보를 장쉐량에게 인질에 대한 보상을 할 테니 쟝을 남경으로 되돌려 주기를 바란다는 내용을 보냈다.

영국과 미국의 대 지배인들은 자신의 이익을 위해, 서안사변의 평화적인 해결을 희망하였다. 회풍은행 역시 대규모의 외화를 팔아 이로써 법폐(法幣) 가격을 유지하고, 금융시장을 안정시켜 인심을 안정시켰다.

전국인민과 각 방면의 압력 아래에서 특별한 것은 중국공산당의 노력으로, 남경당국은 무력토벌 정책을 버리게 되었고, 서안사변은 평화로운 해결을 보게 되었다. 12월 25일, 장제스는 석방되었다. 당일 밤, 이 소식이 상해에 전달되었고, 시민들은 무거운 짐을 벗은 것과 같이 되어, 폭죽을 터뜨리며 환영을 표시하였다.

서안사변의 평화적인 해결 후, 국민당의 홍군에 대한 진공이 기본적으로는 정지되었다. 1937년 2월, 국민당은 5계 3중전회의를 개최하여, 평화의 정책과 국공합작의 원칙을 확정하고, 만약 "인내의 한계를 넘어서는" 양보를 한다면, "항전을 한다."고 말하면서 처음으로 항전이라는 두 글자를 사용하게 되었다. 이때부터 내전은 중지되고, 단결된 항일의 국면은 시작하였다. 『신보주간』(申報週刊)은 5계 3중전회는 구체적으로 전국단결과 일지로 대외 두 문제를 해결하였고, 전국민중은 이

것에 고무되었다. 4월중, 이 잡지의 기자 위쑹화(兪頌華), 쑨언린(孫恩霖)은 연안(延安)을 방문하여, 주더(朱德), 쉬터리(徐特立), 푸롄장(傅連璋) 등 중공 지도 간부와 회견하였고, 아울러 탐방한 것을 공개적으로 보도하여, 비교적 상세하게 상해인민에게 중국공산당의 주장과 소비에트 지구의 정황을 소개하였다.

그러나 국민당의 변화는 철저하지 못했다. 국내가 평화로운 국면이 되자 사람들은 보편적으로 단결하여 항일하자고 하였던 7군자가 쉽게 석방되리라고 생각하고 있었다. 남경정부의 일부 요인 역시 말하기를 조사가 끝나면, 7인의 구류문제는 취소된 것이라고 말하였다. 그런데 국민당내에서는 반공 반인민의 부패한 세력을 견지한다는 미명하에, 그들을 박해하였다. 4월 3일, 강소고등법원 검찰관은 "공산당은 민국에 위해하는 단체를 조직하려는 목적을 가지고 있고, 아울러 삼민주의와는 서로 화합할 수 없는 주의를 선전하고 있는 잘못을 저지르고 있다"(共犯以危害民國爲目的而組織團體, 幷宣傳與三民主義不相容之主義)는 죄명을 씌웠다. 구국회 대표는 7군자의 석방을 요구하기 위해 상해 상인 구류신(顧留馨), 소학교원 런쑹가오(任頌高) 등 사람들이 함께 소송을 제출하였다. 상해 각계 인사는 이것에 대하여 아주 심한 불만을 표시하였고, 자산계급 역시 실망을 드러내었다. 『신보』와 『대공보』에서는 7군자 일에 대하여 모두 비평의 글을 게재하고 있었다. 그러나 반동당국은 6월 11일 소주 강소고등법원에서 7군자에 대한 심판 법정을 열었고, 『민국에 해를 입히는 것에 대한 긴급 치죄법』(危害民國緊急治罪法)에 따라 그들에게 2년간의 징역형을 선고하였고, 이들을 남경반성원(南京反省院)으로 압송하였고, 그들에게 회개하는 글을 쓰면 석방해 주겠다고 하였다. 7군자는 크게 분노하고, 반동파와 법정투쟁을 결정하였다. 심판장이 선쥔루에게 묻기를 "항일구국은 공산당의 구호가 아닌가?", "당신도 당신들이 공산당에게 이용당한 것을 알고 있습니까?"라고 묻자, 선(沈)이 회답하기를 "공산당도 밥을 먹고, 우리도 밥을 먹는 것이 설마 공산당이 항일을 한다고, 우리는 항일을 하지 않아야 하는 것은 아니지 않는가?", "만약 공산당이 우리를 이용하여 항일을 하려고 했다면, 우리들은 그들에게 기꺼이 이용당했을 것이다."[7] 라고 변론을 마치자 심판관은 자신의 말이 이치에 닿지 않아 말이 막혔고, 더 이상의 낭패를 당하지 않기 위해 심판을 마쳤다.

이때 상해와 전국각지에서는 7군자 구명운동이 일어나기 시작하였다. 6월 13일, 상해 시민 5,000여 명이 항의(抗議) 대회를 거행하였고, 『위해민국긴급치죄법』의 취소를 요구하였고, 7군자의 무죄를 선포하였다. 상해시민은 7군자의 석방운동을 요구하기 위해 서명운동을 벌였는데, 서명자가 만 여 명에 달하였다. 6월 25일, 쑹칭링, 허샹닝(何香凝), 주칭라이(諸青來)등 16인이 구국입옥운동(救國入獄運動)을 발기하였고, "기꺼이 선쥔루 등과 함께 구국을 위해 길을 가겠고, 발생하는 모든 것에 대한 책임을 지겠다. … 애국이 죄라면, 선쥔루 등과 함께 처벌 받겠다."[8]고 자신들의 의지를 밝혔다. 영화계 저명인사 잉윈웨이(應雲衛), 위안무즈(袁牧之), 자오단(趙丹), 정쥔리(鄭君里), 바이양(白楊) 등과 여자 시인 관루(關露), 공상계 인사 장위안(姜源)등 11인이 계속해서 이 운동에 가입하였다. 7월 5일, 쑹칭링 등 12명은 간단한 소지품을 가지고, 소주(蘇州)로 가서, 투옥되기를 요구하였다. 국민당 당국은 쑹칭링을 투옥 시킬 수 없어서, 조사를 이유로 발뺌을 하기에 급급하게 되었다.

전국인민의 열렬한 성원과 7군자의 투쟁을 견지하였던 아래에, 장제스는 결국 7군자의 죄에 대한 판결을 포기하게 되었다. 이때, 위대한 항일전쟁은 이미 폭발하였다.

---

7) 『救國會』, p.278.
8) 『救國會』, p.331.

제2차 송호항전
(淞滬抗戰)과 상해의 함락

제1절 8·13(八一三)사변

1937년 7월 7일, 일본 침략군이 노구교(盧溝橋)에서 진공을 시작하였고, 중국 주력군이 저항을 하였던 것이 항일전쟁의 폭발이었다. 상해인민은 즉각 이 위대한 투쟁에 몸을 던졌다. 22일, 500여 개의 단체 연합인 상해시 각계 항적후원회(上海市各界抗敵後援會)가 조직되었고, 책임자로는 두웨성(杜月笙), 황옌페이(黃炎培), 첸신즈(錢新之), 판궁잔(潘公展) 등이었다. 노동자, 교사, 학생, 배우, 자본가 등이 계속적으로 이러한 구국단체에 가입하였고, 동분서주하면서 전 시민이 적극적으로 항진에 참가하기를 호소하였다.

이때, 상해의 일본군은 일측즉발의 태도를 보였으므로, 송호(淞滬)강변은 전쟁 분위기가 고조되었다. 대만해협에서는 일본 제3함대가 작전을 펼치고 있었고, 사령관 하세가와 키요시(長谷川淸)의 지휘아래 상해로 항해하고 있었다. 7월 20일, 일본군은 만행적으로 중국 비행기들의 상해 항공 비행을 중지하라는 요구를 해왔다. 4일 후, 일본군은 해군 병사인 미야자끼 사다오(宮崎貞夫)의 "납치 실종"[1]을 구실로, 육전대를 출동시켜 북사천로(北四川路), 두락안로(寶樂安路, 현재의 多倫路), 횡빈로(橫浜路, 현재의 同心路) 일대에 바리케이트를 설치하고 지나는 행인을 검문, 검색하였다. 28일, 한구(漢口)의 일본 교포 및 육전대의 일부 사병들이 상해로 들어왔다. 당일 밤, 동경(東京)에서는 하세가와에게

---

[1] 3일 후, 이 실종된 병사는 상해로 되돌아 왔다. 원래 그는 일본군이 지정한 이외의 기생집을 다니다가 같은 동료에 발견되자, 처벌을 두려워하여 도주하였다.

일본의 화중(華中)과 화남(華南)에서의 이익을 "보호"하라고 명령하였
다. 8월초, 상해의 일본 육전대와 재향군인은 이미 6,600명이나 되었
다.[2] 8일, 하세가와는 또 도쿄(東京)에 600명의 노동자를 상해로 보내
달라고 요청하였는데, 이것은 비행장을 건설하려고 하였던 것이다. 9일
오후, 일본 육전대 서부파견대 중위 오오야마 이사오(大山勇夫)와 일등
병 사이토(齋藤)가 비밀리에 차를 몰고 홍교비행장으로 돌진하여 정찰
활동을 하였다. 비행장을 수비하던 보안단의 위병이 총을 쏘아, 이 두
명은 사살되었다. 일본군은 이것을 구실로 전쟁을 서두르게 되었다. 11
일, 일본은 16척의 군함과 수 천 명의 사병을 송호(淞滬)에 상륙시켰다.
일본군은 나누어 출동하여 홍구(虹口)를 점령하고, 양수포(楊樹浦) 등에
진지를 구축하였으며, 다음날 밤, 일본 거류민단 총부에 명령을 내려,
일본교포들을 모두 일본인 소학교에 집결시켰다. 일본 내각 역시 이날
상해 파견군을 증파하기로 결정하였다.

경(京), 호(滬), 항(杭)지구는 국민당 통치의 중심 지대이었다. 전쟁
을 하지 않고, 상해를 방치한다는 것은 국민당 정부의 중대한 경제적
인 손실을 의미하는 것이었고, 쉽게 후퇴할 수도 없었으나, 통치를 할
수도 없었다. 그래서 국민당은 상해에서 응전을 준비하였다. 송호지구
는 교통이 발달하여, 운수가 편리하고, 빈민 촌락이 밀집되어 있으므
로 쉽게 방어할 수 있고, 침공하기는 어려웠으므로, 중국 군대는 적의
상륙을 저지하였고, 뒤로는 장강(長江)이 있으므로 배수진을 치고 다
시 저항하는 방법을 택하게 되었다.[3] 이외에 남경정부는 송호 개전

---

2) 『淞滬會戰兪鴻鈞文電』

3) 국민당 정부는 淞滬지구에서 군사상의 준비를 갖추고, 1935년에는 吳縣에서
福山까지, 無錫에서 또 江陰사이에 두 곳의 국방 진지를 구축하였고, 상해에
는 300여 곳의 토치카와 매복할 곳을 만들었다. 1936년, 張治中은 육군군관
학교에 "고급교관실"(高級敎官室)을 설립하고, 京滬지구의 병력부서, 방어선
설비 등에 대한 연구를 하였고, 이후에 이곳은 "군교야영판사처(軍校野營辦
事處)"로 되었으며, 蘇州 留園에서 사무를 보았고, 1차례 5개 사단으로 대항

후, 중일전쟁에 대해 관심을 확대시키게 하여, 영국과 미국이 조정을 담당하거나 무력간섭을 하도록 압력을 가하고 있었다. 8월 7일, 남경 정부는 제87, 88사에 명령을 내려 소주, 무석 일대에 집결토록 하였다. 11일 장즈중(張治中)은 이 두 사단을 이끌고 송호(淞滬)를 향해 진격하였고, 송강(松江), 오현(吳縣)에 주둔하고 있던 독립 제 20여단과 방부(蚌埠)에 주둔하고 있던 18사(師), 서안(西安), 한구(漢口)에 주둔하고 있던 36, 98사 역시 상해를 행해 진격하게 되었다. 해군은 강음(江陰) 이하의 장강 하류중의 선박을 모두 파괴하여, 강음(江陰)의 강 위에 있던 선박 43척(그중 중국 군함이 12척)이 침몰되었고, 강음에 요새를 구축하여 대부분 군함을 장강에 띄워 남경을 보호하였다. 12일, 중국군대는 스스로 굴욕적인 『송호정전협정』(淞滬停戰協定)을 체결하여서 5년 이후에 처음으로 다시 상해로 들어오게 되었다. 시민들은 이 광경을 보고 이 소식을 바쁘게 서로에게 알려 주고 있었다. 당일, 제88, 87사와 보안총단(保安總團), 상해보안단(上海保安團)의 방어가 완비되었고, 경호경비사령(京滬警備司令), 제9집단군사령(集團軍司令)인 장즈중(張治中)은 13일 새벽에 총공격을 개시하였다. 그러나 남경정부는 영국과 미국방면의 간섭을 받아, 군대에 "진공하지 말 것"을 명령 내렸다.4)

이때 일본 침략자는 재차 전쟁을 일으켰다. 8월 13일 오전 9시 15분, 일본군 무장 사복부대가 횡빈로(橫浜路) 상해 보안단 방어진지로 쳐들

연습을 거행하였다.
4) 『張治中回憶錄』, 문사자료출판사 1985년판, 상책, p.121. 『字林西報』에 게재된 것에 의하면, 8월 11일, 영미방면에서 중국정부에 경고하기를 "경솔하게 분쟁을 일으키지 말 것"이라고 하였고, 일본인의 무력을 남용하는 행위는 어떠한지를 막론하고 사람들로 하여금 참을 수 없게 하고 있으나, 모두 승인하지 않을 수 없다. 중국이 무력을 사용하여 저항한다면, 아무 일도 되지 않고, 뿐만 아니라 장래에 재난을 가져 올 것이라고 하였다. 霍塞, 『出賣的上海灘』, pp.237~238.

어 왔고, 초병의 저지를 뚫고 들어와, 중국 측의 경고를 무시한 채, 먼저 총격을 가하였다. 오후 4시, 일본군은 팔자교(八字橋), 강만로(江灣路), 보산로(寶山路), 천통암로(天通庵路) 등지의 중국 수비대에 공격을 가하였다. 이것이 8·13사변(八一三事變)이다.

당시, 상해에 주둔하고 있던 중국군대는 3개사 1개 여단으로 약 40,000명 이상이었다. 그러나 일본군은 오직 1개의 보병연대만이 있었고, 거기에 재향군인, 육전대, 상륙해군으로 모두 14,000명이었다. 중국군대는 병력 각 방면의 장비에서 우세하였으므로, 공세를 취하였다. 당일 밤, 국민당 군사위원회에서는 제9집단군에게 명령하여 다음날 새벽 홍구(虹口)의 적을 공격하는 것을 시작으로 공격 개시를 명령하였고, 소절(蘇浙, 강소와 절강)변구(邊區) 부대를 제8집단군에 편입시켰으며, 장파쿠이(張發奎)를 상해전투에 참가시켰다. 공군은 다음날 육군과 합동작전을 펼쳤고, 해군은 강음(江陰) 해안을 봉쇄시켰다. 장즈중은 명령을 내려 다음날 새벽 홍구 공원과 일본 해군사령부를 공격하도록 하여 공군의 엄호아래 적을 섬멸하였다.

14일 새벽, 중국군대는 일본에 대한 전면 진공을 벌였고, 계속해서 호강대학(滬江大學), 지지대학(持志大學), 오주공묘(五洲公墓), 풍전사창(豊田紗廠) 등 일본군의 거점을 점령하면서, 그 포위망을 점점 좁혔다. 일본 해군 사령부를 공군과 합동으로 포위공격하여, 3일 동안 일본 전투기 30대를 폭파시키며 적진을 대파하였다. 시민들은 원기왕성하여 외탄(外灘)과 높은 건물에 올라 전투를 지켜보았다. 해군은 일본군이 남시(南市)와 포동(浦東)으로 연결되어 중국군대의 측면을 공격하지 못하게 하기 위해, 황포강 동가도(董家渡) 항도(航道)에 저지선을 구축하고, 각 항구의 부근에 지뢰를 매설하였다. 16일, 일본군 기함인 "출운"호(出雲號)가 중국 어뢰를 맞아 타격을 받았다. 포동으로 상륙한 일본군은 섬멸되었다. 그러나 중국군대는 일본 해군사령부를 진격

하는데 있어, 중화기가 그 효과를 발휘하지 못하였다. 18일, 중국군대
는 주공격의 방향을 바꾸어 도착한 지 얼마 안 되는 36사로 하여금 회
산(滙山) 부두를 공격하게 하여, 홍구(虹口)와 양수포(楊樹浦)의 적을
분산하여 공격하였다. 공격부대는 탱크로 길을 열며 적진을 돌파하고,
건물로 들어가 적과 교전하여, 21일에는 회산(滙山) 부두에 가까이 진
격할 수 있었다. 그러나 일본군의 완강한 저항으로, 300명의 중국 관
병이 화덕로 입구[華德路口]에서 전사하였고, 상당한 손실을 보게 되
어 회산 부두를 점령하는 계획은 좌절되었다.

다시 전쟁의 국면이 확대됨에 따라 쌍방은 부서(部署)를 조정하게 되
었다. 19일, 국민당 군위(軍委)에서는 천청(陳誠)을 송호전선전적총사령
(淞滬前線前敵總司令)으로 임명하였다. 다음날, 전국을 5대 전쟁지역으
로 나누고, 경호항(京滬杭; 남경, 상해, 항주)을 제3전구(戰區)로, 펑위샹
(馮玉祥)이 사령관으로 임명되었다. 제3전구는 송호전투[淞滬戰役] 제1
기 작전계획을 하달하였는데, 그 작전 방침은 "수도를 공고히 지키고,
경제의 근원지를 보호하며, 신속히 상해시 부근의 적을 섬멸하고, 아
울러 연강(沿江)에서 상륙을 기도하는 적군을 타파한다."5)는 것이었
다. 송호지구의 중국군대는 5개 구로 나뉘었다. 송호포위공격군[淞滬
圍攻軍] [총지휘 장즈중(張治中)], 장강남안수비구[훠쿠이장(霍揆章)],
북안수비구[창언둬(常恩多)], 항주만북안수비구[장파쿠이(張發奎)]와 절
강수비구[류젠쉬(劉建緖)]로 총 병력은 19개 사단, 6개 여단이었다. 펑
위샹은 소주에 사령장관부(司令長官部)를 설립하였다. 26일, 군위회에
서는 구주퉁(顧祝同)을 제3전구 부사령장관으로 임명하였다. 일본 방
면은 제3, 11사단이 상해에 파견군이 조직되어, 육군대장 마쯔이 이와
네(松井石根)를 사령관으로, 이누마 마모루(飯沼守)를 참모장으로 하여
송호(淞滬) 지역의 일본군을 지원하도록 증파되었다.

---

5) 『第三戰區各期作戰計劃指導方案』.

8월 22일, 상해 파견군은 오송구에 도착하였고, 비행기의 엄호 아래 상륙하였다. 천청(陳誠)은 제15집단군을 이끌고, 갑북(閘北)과 홍구(虹口)에서 월포(月浦), 나점(羅店), 오송(吳淞), 보산(寶山)일대로 진격하였고, 이로 인해 전선은 또한 최초의 10km에서 50km로 연장되었다. 23일, 상륙한 일본 육군은 나점(羅店)을 탈취하는데 성공하였다. 일본군은 나점을 거점으로 호녕철로를 단절하고, 갑북을 포위 공격하자, 전국(戰局)은 일시에 돌변하였다. 어쨌든 천청이 이끈 제15집단군은 나점을 다시 탈취하기 위하여, 일본군 제11사단과 격전하여, 10일 동안 5,000여 명이 사상자를 내었으나, 작전 실패와 화력의 부족으로 뜻을 이루지 못하고 있었다. 이 전쟁에서 일본군 역시 3,000여 명의 사상자를 내었으며, 그들은 나점(羅店) 방어의 두려움을 "피와 몸을 가는 방앗간"이라고 말하였다.

일본군은 또 포병을 증파시켰는데, 천곡(天谷) 지대(支隊), 중등(重藤) 지대(支隊) 및 제9, 13, 101사단 등으로 하여금 상해지역을 지원하도록 하였다. 이때, 장즈중(張治中) 부대는 홍구(虹口)의 적을 포위 공격하였으나 진전이 없었고, 공군 역시 상당한 손실을 입어 낮에는 비행을 정지하게 되었다. 일본군은 나점 전선을 발판으로 한 후, 2,000명의 병력으로 보산성(寶山城)을 포위하고, 20대의 전투기와 100문(門)의 대포의 엄호아래, 공격을 강행하여 보산성은 포화가 만연하였으나, 그곳을 방어하던 98사 야오즈칭(姚子青)이 진지를 잘 고수하였으나, 최후에는 탄약과 식량이 떨어져 이 진지의 관병(官兵) 500여 명은 장렬한 희생을 맞게 되었다. 9월 6일, 보산은 적의 수중에 들어갔다.

장제스는 전국(戰局)이 불리함을 보고, 펑위샹을 제6전구사령장관으로 이동시킨 후, 자신이 친히 제3전군사령장관을 겸임하게 되었다. 아울러 제2기 작전계획을 반포하고는 만약 송호(淞滬)의 일군(日軍)을 섬멸하지 못한다면 적의 함포사격의 사정거리 밖으로 후퇴하였다가,

목표를 정해 놓고 적 해군과 육군 화력이 협조체제를 갖추지 못하였을 때를 틈타, 일거에 섬멸한다는 계획을 강조하였다. 송호군은 3개의 작전군으로 편성되었다. 우익작전군[장파쿠이(張發奎), 남교(南橋)에 지휘부가 있었다]은 포동 방위의 책임을 졌고, 중앙작전군[장즈중(張治中), 진여(眞如)에 지휘부가 설립되어 있었음]은 송호시구 및 근교의 책임을 졌고, 좌익작전군[진청(陳誠), 곤산(昆山)에 지휘부가 설립되었음]은 유하(瀏河)에서 나점(羅店) 일선의 방어책임을 맡았다. 11일, 중국군대는 류하(瀏河), 온조빈(蘊藻浜), 묘행(廟行), 강만(江灣), 북참(北站) 일선으로 후퇴하면서, 방어단계로 돌입하였다.

8·13사변 폭발 후, 상해인민은 중국공산당의 지도아래, 항일구국의 새로운 고조기를 맞았다. 당시 중국공산당은 상해에 상해주재 사무처[駐滬辦事處]를 설립하고, 8월 하순에는 팔로군 사무처[八路軍辦事處]로 개명하였으며 판한녠(潘漢年), 리커눙(李克農)과 류샤오원(劉少文) 등 선후에 이 사무처의 책임자가 되었다. 사무처는 초기에는 애문의로(愛文義路, 현재의 京西路)에 있었으나, 후에는 복희로(福熙路) 다복리(多福里) 21호(현재의 延安中路 504弄 21號)로 이전하였다. 상부계층의 통일전선, 정보, 정책에 대한 반대와 중공의 정책 선전이 그 주된 임무였다. 같은 해 11월, 중공 강소성위가 회복되어, 류샤오(劉曉)가 서기에 임명되고, 류창성(劉長勝, 工委서기), 장아이핑(張愛萍, 軍委서기), 왕샤오산(王曉山, 조직부장), 사원한(沙文漢, 선전부장) 등을 성위 위원으로 하였고, 계속해서 주건(籌建) 공위(工委), 직위(職委), 학위(學委), 교위(敎委), 문위(文委), 부위(婦委)와 난위(難委, 난민공작위원회)등 하부 기구를 조직하였다. 중공 강소성위는 저우언라이(周恩來)가 대대적인 통일전선 업무를 전개하는 것을 근거로 은폐와 역량 축적을 지시하며, 여러 차례 문건을 발표하여 상해 각계 인민들이 일어나 항전(抗戰)에 참여하라고 호소하였다.

노동자계급은 상해 항일운동의 주력군이었다. 상해 전투의 반향으로 더욱 많은 노동자들이 일본인이 투자한 기업에서 퇴직하게 되었다. 9월 2일 『시보』(時報)보도에 의하면, 상해서쪽의 한 지역에서만 일본인 공장을 떠난 노동자가 약 7만 명에 달하였다. 그들은 퇴직 후 별동대에 가입하기도 하고, 일부는 전선에 참여하여 항전을 하기도 하였다. 일본군이 류하(瀏河)에 상륙하자, 묘행(廟行)일대에 은폐된 작은 대포는 발사방향이 바뀌어 사용할 수 없게 되어, 건축노동자들이 신속하게 전선에 투입되어, 포탄이 빗발치는 가운데 발사방향을 바뀌어 놓았다. 강남조선소의 노동자들은 해군과 연합하여, 십육포(十六鋪) 동가도(童家渡) 일대의 13척의 선박에 구멍을 뚫어 침몰시켰고, 수뢰를 부설하여 봉쇄선을 구축하였다. 그들은 대규모의 수뢰와 지뢰를 만들었으며, 친히 전선에 참가하여 지뢰를 매설하였고, 일본 유조선 2척을 폭파시키면서 일본 군함에 치명타를 가하였다. 한 무리의 노동자 조직의 별동대는 오가고(吳家庫)의 전투에 참가하여 이곳을 지켰는데, 그중 3분의 2는 생명을 잃었다. 100명의 무장노동자는 사산(佘山)에서 일본군에게 포위되어 완강히 저항하였으나, 최후에는 5명만이 포위를 뚫고 살아났다.

상해 문화계는 항전 중 거대한 선전 작용을 담당하였다. 8월 19일, 궈모뤄(郭沫若), 바진(巴金), 저우타오펀(鄒韜奮), 마오둔(茅盾), 커링(柯靈), 후위즈(胡愈之) 등이 『저항』(抵抗)이라는 삼일간(三日刊)을 발행하였다. 24일에는 상해 문화계 구국협회기관보인 『구망일보』(救亡日報)가 세상에 나오게 되었다. 한 때 상해에는 항일운동에 관한 신문들이 많았고, 화보로는 『항전화보』(抗戰畫報), 『항일화보』(抗日畫報), 『철혈화보』(鐵血畫報) 등 20여 종이었다. 셴싱하이(冼星海), 허뤼팅(賀綠汀) 등에 의해 대량의 구국 가곡이 창작되었고, 국민 구국가창단[救亡歌咏團]은 민중을 대상으로 노래로서 구국을 선전하였다. 화가들 역시 만화협회 등을 조직하였다. 영화계에서는 톈한(田漢), 홍선(洪深) 등이 항일희극을 만들어 내었다. 10월, 위안무즈(袁牧之), 천보얼(陳波兒), 쑹즈디(宋之的), 추이웨이(崔嵬), 허루팅(賀綠汀), 진산(金山), 잉윈웨이(應雲衛), 정쥔리(鄭君里) 등은 13개 상해 구극연극대[救亡演劇隊]를 인솔하여, 각지의 항일전쟁터로 가서 『놓아버린 너의 채찍』[放下你的鞭子], 『대상해 보호』[保衛大上海], 『간신을 몰아내자』[促漢奸] 등의 선전극을 연출하였고, 이는 중국 희극사상 최초의 위대한 사업이었다.6)

상해 각계 부녀자들 역시 분분히 항일 구국운동에 참여하고 있었다. 상해 노동 부녀전시복무단(上海勞動婦女戰時服務團)은 여작가 후란치(胡蘭畦)의 지도아래, 기포(旗袍)를 벗어던지고, 짧은 치마를 입고, 구호(救護), 교통, 봉제, 세탁, 모금 등의 일을 하면서 전선에도 배치되었고, 국민당 제18군 안에서도 항일을 선전하였다. 부녀계는 또 가정부녀전시복무단, 상해부녀국방회, 상해여자동맹회, 상해여청년구망협회(上海女靑年救亡協會)와 무녀구망협회(舞女救亡協會) 등 수 십 개의 항일 구국 단체가 설립되었다. 중국 부녀위로자위항전장사회(婦女慰勞自衛抗戰將士會) 상해 분회에서는 27개의 구급반 훈련을 실시하였고, 훈련을 받은 사람들은 1,300명 정도에 달하였다.7) 8월 중순, 상해부녀계에서는 모금운동을 벌여, 금은 장식품을 2,000만 여원을 모금하게 되었다. 그들은 허샹닝(何香凝) 등의 추진아래, 서화(書畵)전람회를 개최하며 작품을 판매하여 거둬들인 금액으로는 전방의 사병들을 위문하는데 사용하였다.

---

6) 공산당원 조직아래, 9월 3일, 전쟁고아들로 아이들 극단은 설립하고, 항일 구국을 선전하였다. 이 극단은 이후, 선전으로 일색하였고, 무한(武漢), 계림(桂林)에서 중경(重慶)까지 선전하였으며, 1942년 문을 닫을 때까지 많은 우수한 인재를 배출시켰다.

7) 張辰 「上海婦女救亡團體的活動」, 『抗日風雲錄』, 下册, p.252.

상해의 많은 자본가 역시 남경정부에 신속하게 군용품 생산을 지도하는 지도원 파견을 요구하였고, 이로써 항전의 힘을 배가하는데 힘썼다. 공산당은 "돈이 있으면, 돈을 내고, 힘이 있으면, 힘을 제공하자"라는 호소에 의해, 공상계의 많은 갑부들이 금은과 자동차 그리고 각종 물자를 헌납하였다. 9월 1일, 남경재정부에서는 구국공채를 찍어내었다. 다음날, 상해시 상회에서는 각 도시의 상회(商會)에 통전하여 적극적으로 구국공채 구매인들을 모집하라는 지시를 내렸다. 연안(延安) 『신중화보』(新中華報)의 보도에 의하면, 1938년 말까지 각 대은행과 백화점을 제외하고, 그 나머지 각 업종에서 공채를 2,100만 원어치를 샀다. 공상계에서는 원래 일본과 체결한 47,000만 원 가치의 무역계약을 전부 취소시켰다. 9월 12일, 상해 직업계 구망협회(上海織業界救亡協會)가 성립되어, 적극적으로 자본가와 노동자의 협력으로 항일을 촉진하였다.

종교계 인사 역시 뒤쳐지지 않았다. 기독교청년회는 1937년 겨울 상해에서 전국청년회군인복무위원회(全國靑年會軍人服務委員會)가 설립되고, 그 아래에 50여개의 지회가 설립되었으며 교도들이 중국군대에 가서 위로와 선교를 하였다. 중국불교회 주석 위안잉(圓瑛) 법사는 상해에서 중국불교회 재구구호단(中國仏敎災區救護團)을 조직하고 전선으로 달려갔다. 의무계(醫務界)에서는 일부 의사들이 난민산부의원(難民産婦醫院)을 설립하고 무료 진료를 벌였다. 각 자선기관과 동향회 역시 구호대와 수용소를 만들었다. 산해관로(山海關路) 야채시장의 10여개 노점상들은 천 여 근(斤)의 소금에 절인 생선으로 난민을 구제하게 하였고, 일본군이 그들에게 와서 비싼 값에 사겠다고 하는데도, 그들은 거절하고 판매하지 않았다. 각계 군중 중에서 가장 활약이 돋보인 것은 청년학생이었다. 학생항일단체가 우후죽순(雨後竹筍)처럼 생겨났으며, 거의 모두 학생들은 모두 항일구국의 행렬에 참가하였다. 동자군

전지복무단(童子軍戰地服務團) 역시 전선에서 부상당한 병사들의 치료를 맡아 총알이 빗발치는 속에서 구급의무를 다하여 병사들의 감탄을 자아냈다.

전쟁이 발발한 후, 각종 신문의 판매는 크게 늘어났고, 매번 발행되는 호외(號外)는 순식간에 팔려나갔다. 이치이(市井)는 일본 야쿠자에게 말하여 한간(漢奸)에게 아편을 팔고 정찰, 신호 보내기 등을 지시하게 하였다. 그래서 일본 화물의 검사와 한간의 체포사건은 계속 이어졌다. 일부는 성난 군중에 의해 맞아 죽었다. 9·18사변 6주년 기념일인 이날 정오 12시, 남경로 일대 모든 전차, 기차와 행인은 모두 정지하였고, 사람들은 3분간 묵념하며 6년 동안 일본의 칼날아래 쓰러져간 동포를 애도한 후, 동자군(童子軍)과 전지복무단(戰地服務團)은 시민을 인솔하여 모든 것을 희생하더라도, 끝까지 항전한다는 선서를 하였다.

당시 중일전쟁의 포화가 송호(淞滬)에 까지 이르렀을 때에는, 조계당국은 "중립"의 팻말을 내걸고, 전쟁을 관망하였다. 일본군은 공공조계 동쪽지구의 대규모 군사행동에 대해서 공부국은 "본국은 어쩔 수 없이 사실을 관망하고, 구역의 안전과 질서를 유지하는 것을 가장 중시한다. 그러므로 엄격한 중립을 준수한다."라고 선포하였다.[8] 8월 12일, 조계당국은 만국상단(萬國商團)의 긴급동원을 명령하고, 공공조계변의 녹지대에서 방어를 담당케 하였다. 다음날, 공부국은 재차 성명을 내 "중립"의 태도를 견지하였고, 아울러 각계 민중과 협력을 진행시켰다. 영국당국은 급히 홍콩의 영국군 1,000명을 선박에 태워 상해로 오게 하여, 공공조계의 방어를 강화하였다. 15일, 영국군과 미국 군함이 계속해서 상해로 들어왔다. 두 조계는 곧 계엄을 선포하여, 야간 10시에는 통행이 금지되었고, 다음날 새벽 5시에 해금되었다. 조계 둘레에는 대량의 모래부대, 거친 나무, 철사망 등 장애물이 설치되었다. 18, 19일 공공조

---

8) 『上海公共租界工部局年報』, 1937년, p.24.

게 당국은 또 중립구의 주장을 제출하고, 중일군대는 조계 및 그 주위
에서 후퇴하기를 요구하는데 이는 조계의 중립구의 치안을 유지하기
위함이라고 강조하였으나, 일본군은 거절하였다. 조계당국 역시 인식하
고 있듯이, 일본 측의 이러한 행동은 상해의 대외무역과 공공조계의 현
재 이후 세수(稅收)에 중대한 타격을 준다는 것을 인식하고 있었으나,
그들은 감히 일본에 대해 강경한 태도를 취하지 못하였다. 또 조계당국
은 중립의 입장을 고수하면서, 일본군의 조계 침략을 반대하고, 또 중
국이 군용 비행기로 조계 상공을 비행하는 것에 항의하는 정도였다. 일
본군의 포격거리가 확대됨으로 인해 적사위로(狄思威路, 현재의 溧陽
路)의 포방, 양수포(陽樹浦) 포방과 가홍로 포방 등이 계속해서 자리를 옮
기었다. 8월 26일, 영국의 중국주재 대사 허거슨(Sir Hughe Mont-
gomery Knatchbull-Hugessen, 許閣森, 1886~1971)은 남경에서 상해로 오
는 도중, 일본 비행기의 습격을 받아 부상을 당하였는데도 영국측은 입으
로만 항의할 뿐이었다. 30일, 일본군 대포가 황포강에 정박해 있던 미
국 기함인 "오터스터"[奧打士打]호를 포격하였으나, 미국 역시 별다른
반응이 없었다. 이 날 일본군이 상해를 점령한 후, 조계의 지위는 더욱
위험하게 되었다.

제9장 제2차 송호항전(淞滬抗戰)과 상해의 함락 489

제2절 송호회전(淞滬會戰; 상해 전투)의 패배

중국군민은 송호(淞滬) 전면전쟁에 완강하게 저항하면서, 당시 교만해 하고 있던 일본군에게 일격을 가하였다. 9월 10일, 상해에 와서 시찰을 하던 일본 군관은 중국군대의 저항은 실제로 완강하고, 포격을 가하거나 포위를 하여도 절대 후퇴하지 않는다고 상황을 언급하였다. 또 중국주민은 자신들에 대해서 강한 적개심을 지니고 있다고 도쿄에 보고하고 있다. 일본군은 심각한 고전에 처해 있다고 보고하면서,[1] 일본인들이 제공한 것을 근거로, "일본군 아마다니(天谷)지대의 보병 제12연대는 9월 4일 송호(淞滬)에 상륙하였는데, 채 10일이 안되어 원래 3,400여 명의 병력이 900명으로 줄어들었다.[2]"고 보고하고 있다. 중국 군민의 저항아래 일본군의 사기는 떨어졌고, 제58연대의 사병이 쓴 일기에 '보산(寶山)의 월포(月浦)에서 숙영하던 우리 군인과 말의 시체가 도처에 널려 있어 눈뜨고 볼 수 없이 비참하다'라고 기록하고 있다. 또 8월에는 '오송(吳松)에 상륙한 나고야(名古屋) 연대의 대부대가 섬멸되었고, 기부(岐阜)연대 역시 같은 운명에 처해 사람을 두렵게 한다.'[3]고 기록하고 있다.

9월 11일, 중국군이 제1방어선에서 후퇴하자, 일본군은 제3, 9, 11사단의 주력과 시게토오(重藤)지대로 하여금 중국의 좌익작전군에 대한

---

1) 日本防衛廳研究所戰史室, 『中國事變陸軍作戰史』, 北京中華書局 1981년판, 제1권, 제2분책, p.27.
2) 井本熊南, 『作戰日誌で綴る支那事變』, 東京芙蓉書店 昭和53年版, p.176.
3) 『十六軍團羅卓英部淞滬會戰陣中日記』에서 인용.

집중 공격을 시작하였다. 일본군의 밀집포화공격 아래 중국군의 사상자는 심각하여, 25일 류하(瀏河), 조왕묘(曹王廟), 고가진(顧家鎭), 강가택(江家宅) 일선으로 후퇴하게 되었다. 중앙작전군과 우익작전군은 일본군의 진공을 막아내고 있었으나, 전선에는 변화가 없었다. 21일 장즈중(張治中)이 사직하고 주사오량(朱紹良)이 중앙작전군 지휘관겸 제9집단군 총사령으로 임명되었다. 9월 30일, 제15사와 55, 77사의 연접부분의 진지가 일본군에 의해 돌파 당하였다. 다음날 좌익작전군은 온조빈(蘊藻浜) 남안(南岸) 즉 진가행(陳家行), 광복(廣福), 시상공묘(施相公廟), 류하(瀏河) 일선으로 철수하였다. 이때, 중국참전부대는 제8(장파쿠이, 張發奎), 제9(주사오량, 朱紹良), 제10(류젠쉬, 劉建緖), 15(뤄줘잉, 羅卓英), 제19(쉐웨, 薛岳)집단군, 35개사, 모두 40여 만 명이었다. 송호 일본군 육군은 19만 명에 해군을 더해 총 병력이 20만을 넘었고, 300문의 대포, 50여척의 군함, 200량의 탱크와 300여대의 군용기의 협공이 이루어졌다.

일본이 전면적으로 중국을 침략할 때, 국민당 정부는 주력을 집중시켜, 송호전투[淞滬戰役]를 조직하였고, 이것은 일본군의 역량을 소모시키고, 광란한 기염에 타격을 주고, 정부와 문화기관과 중요한 기업이 이전할 수 있는 시간을 주기 위해서였다. 또 아울러 중국인민의 항일에 대한 용기를 고무시키고, 세계 각국으로부터 중국 항전에 대한 동정을 얻어 내는 아주 중요한 의의를 지녔다. 그러나 중일 쌍방의 병력을 비교하여 보면, 중국군대가 장기간 상해라는 이 큰 연해 대도시를 고수한다는 것은 불가능하였다. 중국 방면에서의 정확한 전략은 광범위하게 민중을 동원시키고, 그곳에 진지를 구축하여 대량의 적군을 섬멸할 수 있는 기지를 구축한 후, 상해에서 후퇴하여 내지로 철수하고, 장기적인 항전을 이어나가는 전략은 수립하게 되었다. 그러나 이러한 정책을 수립한 후, 국민당 정부는 오히려 편면적인 항전 노선을 견지하고, 단순한 방어의 시행착오적인 전략만을 실행하였고, 국민당 군대제도의 부패와 더불어 송호전투[淞滬戰役]는 실리(失利)하게 되었다.

당시 국민당은 정부와 군대의 항일만을 허락하였고, 인민이 항일전쟁에 참여하는 것을 허락하지 않았으며, 공산당과 군중의 항일활동이 군대의 통제에 영향을 미칠까 두려워하여, 제한하고 있었던 것이다. 8월 13일 밤, 장제스는 한편으로는 "전면적인 항전"을 말하면서, 한편으로는 자기 일기에 쓰기를, "공산당이 외국과 전쟁의 기회를 틈타, 음모를 발동하고 있으니 방지 대책을 세워야 한다."4)고 기록하고 있다. 팔로군(八路軍) 상해주재사무소와 군중단체의 항일활동은 모두 국민당 특무의 감시를 받고 있었다. 상해 각계 단체들이 병원에서 부상당한 사람들을 위로할 때도 자주 특무에 의해 저지되었고, 모든 위문품은 특무들이 검사(檢査)라는 구실로 그들이 모두 가져갔다. 일부 항일단체는 향촌으로 침투하기 위해 농민을 조직하려 하였으나, 시정부의 저지를 받았다. 그 결과 전방에서 일하는 사람은 아주 적었고, 후방에서 항전하는 사람들이 너무 많아졌다. 전방의 일로 참호 등을 복구할 인원이 없었으며, 후방의 수십만 난민은 구제품으로 하루하루를 연명하였다. 전방의 병사는 배고픔과 갈증을 참아내야 하였고, 후방에는 산더미 같은 위문품이 썩어 변질되게 되었다. 당국의 무능으로 민중을 일으키지 못함으로 인해, 송호전쟁에서까지 한간의 간첩(間諜) 활동들이 창궐하였다. 중국군대의 행동, 자질, 실력, 번호 등을 일본군은 손바닥같이 알고 있었다.

군사상 국민당은 소극적인 방어인 진지전(陣地戰)을 실행하였고, 수십 개의 병력을 분산시켜 방어선을 만들었기 때문에, 곳곳에서 쉽게 돌파되는 상황을 맞게 되었다. 일부 부대는 하루 종일 일본의 해군과 육군의 화공의 습격을 받아야 하였고, 사상자가 아주 심각하게 발생하

---

4) 古屋奎二, 『蔣總統秘錄』, 제11책, p.112.

였다. 장제스는 대일(對日) 작전은 "전술로서 무기의 부족을 보충하고, 전략으로 전술의 결점으로 보강한다."5)고 말하였으나, 사실상 이러한 종류의 소극적인 진지 방어전은 무기의 부족을 보충할 수 없을 뿐만 아니라, 무기 부족을 더욱 명백하게 폭로시키는 것이 되었다. 동시에 중국군대 역시 유격전을 실행하지 못하였다. 9월 쌍방이 대치되었을 때, 개별부대를 증파하여 평상복으로 일본군대를 습격하여 상당한 효과를 보였다. 천청(陳誠)은 말하기를 "적이 우리나라 국경에서 전쟁을 벌이는 것은 유격대들에 의해 습격을 당하는 것과 같은 상당한 고통을 받고 있다."6)라고 하였다. 이러한 상황을 명확히 인식하고 확산시켜야 하였으나, 각급 지휘관은 중시하지 않았다. 국민당의 군대제도는 아주 부패하였고, 지휘관의 군사지식은 아주 열악하였으며, 군내의 파벌이 상당히 많았으므로 서로 견제하였다. 또 부대의 규율은 엄격하지 않았고, 훈련 수준도 아주 낮았으며, 이러한 것에 장비가 부족하고, 통신이 낙후하여 이러한 것을 보충할 완전한 제도가 없어, 전투에서 계속 패배하는 것이었다.

일찍이 9월 초, 장파쿠이와 장즈중(張治中)은 "상해작전에서 대해서는 아주 치밀하게 군대의 역량을 최대한으로 발휘하도록 계산을 해야 한다", "만약 이러한 한도를 초과할 때는 당면한 적을 압제할 수 없다. 우리들의 전략을 지구전, 소모전으로 바꾸어야 하므로, 먼저 10개 사단의 병력으로 소가(蘇嘉)와 오복선(吳福線)을 점령하여 진지를 구축해야 하고, 이로써 제2 방어선을 구축해야 한다."7)고 주장하였다. 그들은 자진하여 부대를 이끌고 오복선(吳福線)을 3개월간 지킬 것을 드러내었다. 이후, 부참모장 바이충시(白崇禧)는 장제스에게, 송호전투는 현재 상황에서 그치는 것이 좋겠다고 하였고, 중국군대는 장기 진지전

5) 虞奇, 『中國抗日簡史』, 上册, p.156.
6) 『16軍團羅卓英部淞滬會戰陣中日記』,
7) 張發奎, 『八一三淞滬戰役回憶』.

으로 피동적인 자세를 취해야 한다고 보고하였다. 리쭝런(李宗仁) 역시 전보로 장제스에게 중국군을 유리한 지대로 후퇴시켜, 적을 깊이 유인해내어야 한다고 강조하고 있었다. 그러나 장제스는 "내가 상해에서 오래 버틴다면, 국제적인 간섭을 야기 시킬 것이다."[8]라고 생각하였다. 장제스가 전쟁을 시작한 이래, 여러 차례 외국기자를 접견하여, 서방열강이 중일 전쟁에 대하여 관여해 줄 것을 요구하고 있었다. 10월 16일, 장제스는 구국공약(九國公約)에 참가하여 서명을 하겠다고 국회의 통지서를 받고는 영국, 미국이 간섭하기를 바랐고, 아주 흥분하여 송호전선의 장군들에게 말하기를 이 전쟁은 국가 운명과 아주 관계가 큰 것이라고 하였다. 이 회의 영향을 확대시키기 위해, 장은 "전략(戰略)은 정략(政略)에 복종한다."라고 하며, 천청(陳誠)에게 신속히 병력을 조직하여 전면적인 반격을 취하라고 명령을 내렸다.

10월 21일, 중국군대는 반격을 개시하였다. 같은 날 밤, 약간의 진전이 있었으나, 둘째 날 부터는 우세한 일본군의 반격을 받게 되었다. 23일에는 일본의 반격으로 세 곳의 반격부대 약 30,000명이 거의 전몰하였다. 일본군은 이러한 기회를 틈타 전력을 다해 반격하였고, 대장(大場) 방어군인 제18사는 내부 분열로 인해 각자 실력을 보유하고자 하여, 25일 핵심 진지를 잃게 되었고, 이 사단의 사단장 주랴오화(朱僚華)는 분을 참지 못하고 자살하였다. 대장(大場)을 잃은 후, 갑북(閘北)수군은 포위될 가능성이 있었으므로 다음날 소주하(蘇州河) 이남 강교(江橋)에서 남상(南翔) 일선으로 후퇴하였고, 제88사의 일개 영(營)의 부단장인 셰진위안(謝晉元)은 군대를 이끌고 갑북교전을 고수하고 있었다. [9] 27일, 대부대의 일본군은 사행창고(四行倉庫)를 향해

---

8) 程思遠, 『政壇回憶』, p.105.
9) 10월 26일 갑북(閘北)을 방어하던 부대의 후퇴시, 장제스는 국제영향을 확대시키기 위해, 88사는 남아 그 지역을 고수하게 하였고, 몇차례의 요청에야 비로소 1개 군영(營)을 갑북(閘北) 방어에 파견하였다.

맹렬한 공격을 퍼부었다. 411명 전사가 세진위안의 지휘아래, 응전을
하였다. 상해인민의 열정적인 지원으로 "팔백장사"(八白壯士)라고 불
렀던 위문품을 창고(倉庫)로 들여갔고, 여자아동군[女童子軍] 양후이민
(楊惠敏)은 국기를 보내주었다. 고독한 방어군은 4일 동안을 고수한
후 10월 31일에서야 공공조계로 후퇴하였다.[10] 사행(四行) 고립군의
영웅적인 사적은 상해 군민이 일본 침략자에 대한 항전을 한 성공이고
모범적인 사례이다.

중국군대는 강교(江橋), 남상(南翔) 일선으로 후퇴한 후, 진지전(陣
地戰)의 형태로 계속 일본군에 완강하게 저항하였다. 일본군 6개 사단
은 오랜 공격에도 점령하지 못하자, 최고사령부에서는 다급해져서, 침
략군의 주공을 화북으로 이동시켜 경호(京滬)를 공격하였고, 제4개 사
단 조직으로 형성된 제8차 원군(援軍)이 상해로 도착해 작전에 참여하
게 되었다. 그중 제6, 18, 114 사단은 제10군에 편입되어 야나가와 헤
이스케(柳川平助)가 지휘하였고, 기회를 틈타 항주만으로 상륙하였다.
제16사단은 백묘구(白茆口)로 상륙을 준비하고 있었다.

이때, 중국군대는 소주하(蘇州河) 일선을 고수하는 것이 이미 쉽지
않았으나, 장제스는 외국의 조정을 구걸하고, 죽을힘을 다해 저항하고
있으면서, 명령을 내리길 "이곳에서 후퇴하는 사람은, 군장(軍長) 이하
전구사령장관(戰區司令長官)이 즉시 총살하라."[11]고 명령을 내렸다.
11월 4일, 구국공약(九國公約)에 서명한 국제회의인 브뤼셀(Brussels,
布魯塞爾) 회의가 개막되었으나, 일본은 참가를 거절하였고, 영국과 미

---

10) 당시 工部局은 謝晋元에 대해 "상해지역에서 벌이는 전투를 상해지역을 벗어
난 지역에서 벌이고, 당신들의 일은 당신들의 정부로 가지고 돌아가시오."라
고 하였다.(「謝晋元致工部局函」『歷史檔案』1982년 제4기) 그러나 사실상
고립된 군대가 조계로 후퇴하여 들어가자, 부대 전체가 무장해제 당하였고,
오랫동안 싱가폴로(星加坡路, 현재의 余姚路)44호 주둔지에 구금되어 사람들
이 "고립된 군영"이라고 불렀다.
11) 『十六軍羅卓英部淞滬回戰陣中日記』

국 태도는 연약하고, 애매모호하였으므로, 이 회의는 어떠한 강경행동
도 취할 수 없음을 예시하였다. 장제스는 아직도 열강이 전쟁을 중재
해 줄 것이라는 꿈속에서 깨어나지 못하고, 5일까지 제26, 18군을 소
주하 전선에서 반격을 전개하도록 명령내렸다. 이때, 일본군 제10군은
중국군대가 방어의 임무교대를 하는 틈의 허점을 이용하여 침입하여
항주만(杭州灣) 중부의 금산위(金山衛)로 상륙하였으며,12) 아울러 송
강(松江)까지 구축하였다. 7일, 일본군 최고 사령부는 제10군과 상해
파견군을 화중(華中) 방면군으로 재편하고, 마쯔이 이와네(松井石根)를
사령관으로 임명하고, 동서 협공을 시도하여, 중국 군대를 섬멸시켰다.
이때, 후퇴 아니면 방어를 해야 하는 국민당 당국은 어쩔 줄 몰라 하
였다. 11월 9일에는, 일본군이 송강을 공격하여 함락시키자, 장제스는
비로소 부대의 청수명령을 내렸다. 이에 중국부대는 부대간의 연락이
두절되어, 서로 먼저 퇴각하려고 극도의 혼란한 상태에 빠져들게 되었
다. 10일, 일본군은 남시를 공격하였고, 방어군은 즉시 와해되었으며,
11일에는 남시를 빼앗겼다. 이때까지 조계 이외의 상해시구는 전부 일
본군에 함락되었다.

　11월 13일 밤, 제3전구 사령부에서는 오복선(吳福線)을 방어하라는
명령을 발표하였고, 14일, 일본군 제16사단은 백묘구(白茆區)로 상륙하
여 포위 공격하자 중국군대는 앞다투어 서로 먼저 도주하였다. 19일,
오복선을 잃게 되었다. 좌익작전군은 석징선(錫澄線)까지 후퇴하였고,
당시 방어 공사임무를 보갑장(保甲長)이 이미 도주한 후여서, 공사도

---

12) 金山衛는 수심이 평평하고, 상륙하기 좋게 모래가 있으며, 진지를 구축하기
　　유리하여, 전략적으로 아주 중요한 지역이었다. 제2차 송호항전이 개시된 후,
　　張發奎는 최고지휘부에 전보로 말하기를 "송호(宋滬)에서 전투하는 사이 적
　　의 군함이 항주만을 위협하고 있고, 본 구역에서의 일본군의 상륙 조짐이 보
　　이나, 현재 병력으로는 대응할 수 없다. 유력부대를 이곳으로 파병해 주기를
　　청합니다."라며 원군을 청하였다. 이후 그는 또 여러 차례 파병을 요청하였으
　　나, 최고당국의 마음을 돌리지는 못하였다.(『淞滬會戰張發奎文電』 참조)

(工事圖)를 참고할 수 없어, 다시 환남(皖南; 안휘 남쪽)으로 옮겨가 남경(南京) 서쪽교외로 이동하였다. 우익작전군은 남심(南潯), 청진(靑鎭), 해녕(海寧) 일선과 오흥(吳興)과 장흥(長興) 사이의 선에서 방어를 하였으나, 오래지 않아 일본군에 의해 돌파되어 내지로 부대를 이동시켰다. 12월 1일, 강음(江陰)이 적의 수중으로 넘어갔고, 13일에는 남경(南京) 역시 함락되었다.

8·13 송호항전은 비록 실패하였으나, 중국의 항일전쟁사상에서 휘황 찬란한 한 장을 수식하였다. 중국 군대는 일본군과 약 3개월 여 간의 교전으로 일본군 60,000여 명의 사상자를 내게 하였고,[13]일본 비행기는 200여 대가 파손되었고(남경, 항주 등지에서 격추된 전투기 포함), 폭탄으로 폭파된 일본 함정이 10여 척, 파괴된 탱크와 장갑차는 수 십 량으로 일본 제국주의의 "속전속결"(速戰速決) 전략은 시작하자마자 상당한 타격을 받았다. 또 일본군이 중국을 공격하는 주 공격 노선을 바꾸게 하였으며, 전국 인민의 항일에 대한 믿음과 용기를 아주 극대화시켰으며, 중국의 국제지위와 명성을 높이게 하였다. 이번 대규모의 전투는 국민당 정부의 대일정책에 대한 기조 변화를 가져왔으며, 이때부터 전국항전의 국면이 형성되기 시작하였다.

---

13) 일본방위청 전사실(戰史室)은 이 전쟁에서 사망한 사망자를 40,472명으로 보고 있다. 이것은 일본과 러시아(口俄) 진쟁 중, 여순(旅順) 선생 때의 일본군 사망자수와 같다. 『中國事變陸軍作戰史』, 藤原彰, 『日中全面戰爭』참조.

제3절 전례없던 재앙

　대규모의 일본 침략군은 상해로 진공하여, 상해 도시에 대하여 잔혹한 폭파와 방화를 하였고, 송호 인민에 대하여는 포로, 도살, 간음 등 파시스트 폭행의 만행을 저질러, 상해 역사상 유례없는 대재앙이 되었다. 그 죄행은 필설(筆舌)로 다 말할 수 없다.

　송호 전쟁 기간 동안 일본군은 대량의 폭격기를 동원하여, 공장, 의원, 학교, 촌진(村鎭) 등의 비군사 시설을 폭파하였다. 8월 18일, 일본 군용기는 국제법 규정을 무시하고, 이미 부상병의원으로 개조하고 또 문 앞에 적십자 깃발을 내걸고 있던 진여동남의학원(眞如東南醫學院)과 남상적십자회[南翔紅十字會]에서 세운 부상병의원, 광화대학(光華大學)과 호강대학(滬江大學) 역시 전후로 일본 군용기에 의해 폭격 당하였다. 대규모의 폭격으로 상해 인민의 생명과 재산은 심각한 손실을 가져왔다. 신신일창(新申一廠)이 폭격을 당하였을 때, 공장 내에는 200여 명의 노동자들이 있었는데 전부 사망하였다. 27일에는 일본 군용기가 양행(楊行)정거장의 부상병과 난민집결지 등을 폭격하여 200여명 이상이 사망하게 되었다. 다음날 일본 폭격기는 남터미널(南車站)을 폭격하고, 기관차와 기차역의 시설을 파괴하였으며, 기차를 기다리던 난민 800여 명의 사상자를 내었다. 9월 14일, 15대의 일본 폭격기는 북신경(北新涇), 주가교(周家橋)의 평민들을 폭격하여 300여 명이 폭사 당하였다. 8일 낮, 상해에서 가흥(嘉興)으로 가던 난민 전용열차가 송강(松江)역에 도착했을 때 일본 군용기가 폭격을 가해, 수 백 명이 사망하였고, 그중 다수가 부녀자와 아이들[1]이었다. 이틀 뒤, 일본 폭격기는 용화(龍華), 고사(古寺) 등의 여러 곳을 습격하여, 승려, 평민의 사상자가 무수하였다. 상해의 시가지와 농촌은 폭격을 안 받은 곳이 없었고, 곳곳에서 폐허와 선혈의 흔적을 볼 수 있었다.

일본 침략자는 향촌을 대규모로 파괴하였다. 전쟁이 폭발한 후, 일본군과 일본 간첩은 홍구(虹口)의 주택에 방화하여, 이로써 잘 볼 수 있도록 시계를 확보하기 위해 폭파한 후 진지 구축 공사를 진행시켰다. 8월 17일, 일본군은 양수포 인상진(引翔鎭)에서의 전투에서 대규모 방화(放火)와 백성을 도살하여, 진(鎭) 전체가 불바다가 되었고, 시체가 즐비하게 널려 있었다. 21일 새벽, 일본군은 백로회로(百老滙路, 현재의 大名路)로 퇴각할 때, 동쪽으로는 항로(恒路, 현재의 東余杭路), 동한벽례로(東漢壁礼路, 현재의 東漢陽路), 등탈로(鄧脫路, 현재의 丹徒路), 조풍로(兆豊路, 현재의 高陽路), 당산로(唐山路), 동희화덕로(東熙華德路, 현재의 東長治路) 일대를 불바다로 만들었다. 10월 27일, 일본군은 갑북(閘北)을 점령하여, 도처에 방화를 하였고, 수천동의 민방(民房)을 전소시켰다. 송강(松江)에 진입하였을 때, 2명의 일본 사병이 한 촌장(村庄)에서 부녀자를 강간한 후 농민에 의해 살해당하자, 일본군은 방화대(放火隊)를 조직하여 한 밤에 2리(里)의 촌장 전부를 불태웠다. 그러나 가장 처참하고 손실이 컸던 곳은 남시(南市)였다. 일본군은 점령한 후 도처에서 약탈과 방화를 하였고, 그 불길은 22일 동안 꺼지지 않았다.

일본군은 점령지에서 야만적인 약탈을 진행하였다. 홍구(虹口), 갑북(閘北), 양수포 등을 점령한 후, 일본 해군은 "청소반"(淸掃班)을 조직하여, 매일 만 여 명의 사람으로 하여금 공장에서 물자를 약탈하여, 고양로(高陽路)에 쌓아 놓은 것이 최소한 몇 천 톤은 되었다. 몇 개월 내, 일본군이 상해에서 약탈한 강철은 10만 톤을 넘었고, 매일 두 세

---

1) 陳公溥, 『炮火下的上海』, 上海中正出版社 1997年版, pp.170, 187.

척의 선박에 실어 일본으로 실어 날랐다. 수사하는 과정에서 일본 관 병 역시 대단한 횡재를 하였다. 전쟁 후 일본 사병이 인정한 것을 근 거로, 당시 그들은 상해에서 "도적과 다를 바 없는 행동을 하였다"[2]라 고 말하였다.

이외에 일본군은 공공연히 "비준"(批準)하여 일본 상인들이 강제로 점령지역내의 중국기업을 강점하고, 일본교포들이 중국 주민의 재산을 약탈하는 것을 허락하였다. 용화(龍華)의 상해 시멘트공장과 17가(家) 방직공장은 일본인에게 그 소유권이 넘어가게 되었다. 일본 화중잠사 공사(日本三興面粉公司)는 3곳의 사창(絲廠)을 강점하였다. 일본 삼흥 면분공사(三興面粉公司)는 복신(福新) 1, 3, 6창(廠)을 점령하였고 기 타의 제분창 역시 일본 제분공사와 일청제분공사(日淸製粉公司)가 나 누어 강점하였다. 강남조선소등 조선창(造船廠)은 삼릉중공업공사(三 稜重工業公司)에 강점되었고, 일부 선창의 기기는 일청공사(日淸公司) 가 점용하게 되었다. 동시에 일본군은 상해에서 강제로 군용표를 유통 시켰고, 이것은 화폐와 바꿀 수 없는 종류로, 일본상인 역시 "군인이나 군속이 아닌 사람이 군표를 갖고 있으면 받지 않는다."(非軍人軍屬, 其 所持軍票不收)[3]라고 하여, 공공연히 그것에 대한 증오를 표시하였다.

흉악하고 잔인한 일본 침략군은 사람을 죽이는 데는 이골이 났다. 8월 23일(음력 7월 18일), 일본군이 소천사(少川沙)에 상륙하였고, 나경(羅涇) 일대에서 도살당한 군중이 2,488명이었고, 훼손된 가옥이 10,908간(間) 이었다. 이후, 현지 인민은 비분하여 7월 15일 "제귀절"(祭鬼節)을 7월 18일로 고쳤다. 같은 날 오전, 240명의 난민이 원창로(元昌路)를 지날 때, 일본 침략자들은 그들의 모든 재산을 약탈하였고, 그중에서 백 여 명의 청장년이 집단적으로 도살당하였다. 다음날 새벽 일본군은 백로

---

2) 森山康平,『南京大屠殺與三光作戰』四川敎育出版社 1984年版, p.35.

3)『日本帝國主義在中國淪陷區』, 上海人民出版社 1958年版, pp.101~116.

회로(百老滙路)에서 난민 300명을 구류시키고, 그중 청장년을 살해하였다. 9월 1일, 외탄 일대의 황포강에서는 일본인에 의해 살해된 평민 시체 100여 구(軀)가 떠올랐고, 남자의 두 손은 묶여 있었고, 여자는 사지가 거의 찢겨졌고, 또 어린아이들도 있었다. 조계의 각 자선단체들이 선박을 준비하여 시체를 건져 올릴 때, 일본군의 제지를 받았다. 일본 침략자는 전쟁 포로에 대해서도 놓아주지 않았고, 그들을 나무에 묶어놓고 살아 있는 과녁으로 살해 연습을 하였다. 더욱 심한 것은 일부 일본 사병은 뚱뚱한 농부를 살해하고 난 후, 살을 떼어내어 구워먹기도 하는 등 야만의 정도가 상상을 초월하였다.[4] 11월 5일, 일본 지원군은 금산위(金山衛)에 상륙한 후, 3일 동안 1,015명을 살해하고, 3,059간(間)의 민가를 훼손하여, "만인의 무덤"[萬人坑], "살인 저수지"[殺人塘] 등의 무시무시한 말들을 만들었다. 상해의 한 예총회(夜總會)에서는 일본군 소위(少尉)인 무카이(向井)와 노다 이와미나미(野田岩南)는 살인 시합을 벌이기 위해, 누가 먼저 100명의 중국인을 죽이는 가 약속을 하고는 오래지 않아 남경에서 105명과 106명의 중국인을 살해하는 기록을 "창조"하였다.[5]

전투지구 내의 인민은 일본군의 유린을 피하기 위하여 계속해서 서로 협조를 하여, 조계쪽으로 옮겨갔다. 8월 13일 당일, 조계로 들어온 난민은 6만 명 정도로 조계 난민은 약 70만 명에 달하였다.[6] 난민의 생활은 극도로 비참하였다. 인구가 격증하자, 조계의 임대주택 값이 상당히 뛰었다. 전쟁 전에는 월 임대료가 7원(元)의 집 건물이 50원(元)으로 올랐고, 그것뿐 아니라 먼저 3개월의 보증금을 내야 하였다. 많은 난민들은 어떠한 신분도 없고, 일가친척도 없었으므로 아이들을 데리고 농당(弄堂)의 입구와 처마 밑에서 또는 외탄 일대의 평지 중에

---

4) 『李宗仁回憶錄』,下册, p.709.
5) 「鮑惠爾回憶錄」, 臺北『傳記文學』, 제20권, 세2기.
6) 『立報』, 1937년 8월 31일.

수 천 명의 난민들이 운집해 있었다. 추위와 습기의 침투로 전염병이 생겨났고, 사망률은 나날이 증가되었다. 보선산장(普善山庄) 한 곳에서의 암매장 통계는 다음과 같았다. 매일 어린아이의 시체 300구(具)정도와 성년 사망자는 약 100명에 달하였다.[7] 몸을 숨기기 위하여 일부 난민은 조계의 편벽한 지역에 판잣집을 짓고 거주하였으므로, 많은 새로운 판자촌이 나타나게 되었다.

11월 초, 전쟁의 주 전쟁터가 남시(南市)까지 이동되었다. 상해 국제구제회는 11월 9일, 남시 난민구 감찰위원회를 설립하였고,[8] 남시 성벽의 남쪽에서 방빈로(方浜路)까지, 동서북에서 프랑스조계의 구역구분까지를 난민안전거류구로 정하였다. 당시 일본군은 이미 남시, 포동(浦東), 호서(滬西)의 난민들을 분산시켜 거류구 구내로 들여보냈다. 난민구감찰위회는 프랑스조계 당국과 재차 교섭하여, 난민을 조계내로 이동시키고자 하였으나, 프랑스조계 당국은 난민이 들어올 경우 일본인이 앙심을 품을 것을 두려워해 거절하였다. 10만 명의 남녀노소는 협소한 난민 구역 내에 거주하여야 하였고, 기아와 추위로 인해 죽어갔다.

전쟁이 일어나자 각 화상은행(華商銀行), 전장(錢庄), 신탁공사는 전부 영업을 정지하여, 일시에 인심이 두렵고 불안해하였고, 시장은 혼란하게 되었다. 17일, 은전업은 영업을 시작하여, 재정부의 명령을 받들어, 출금은 1주일 동안에 저축액의 5%만을 찾을 수 있고, 그 금액은 150원으로 인출한계를 정하였다. 그러나 이러한 규정은 관리와 귀인들에게는 아무런 제한을 주지 못하였고, 그들은 조계에서 그 이상을 찾아 유홍비로 사용하였다. 소주하(蘇州河)는 두 곳 세계의 경계선을 담

---

7) 『申報』, 1937년 9월 17일.

8) 이 회는 工部局의 Plant(W.H.Plant, 普蘭特), 公董局의 Jaspar(A.S.Jaspar, 雅斯帕爾), 상해 국제구제회의 Jacjuinot(R.P. Jacjuinot, 饒家駒)등 외국 國籍人士로 조직되었고, Jacjuinot가 주석을 담당하였다.

당하였다. 한쪽은 포성이 진동하며 참혹하게 살육이 진행되었고, 다른 한쪽은 노래와 춤이 새벽까지 끊이지 않았다. 조계의 몇 개 영극원(影劇院)의 입구에는 "『풍류천금』(風流千金) 금일개봉" 대형 광고가 붙어 있었다. 술집과 무도장 및 오락장등은 여전히 만원으로 사람들의 발길이 끊이지 않았다.

그러나 이곳 역시 안전한 피난처는 아니었다. 사변 후의 2일째, 조계에서는 두 참안이 발생하였다. 당일 오후, 일본군의 포탄이 남경로 외탄에서 폭발하여, 길가의 점포 진열장은 전부 파괴되었고, 회중반점(匯中飯店)의 벽에는 혈흔이 흩뿌려져 있었고, 사상자는 1,694명이었으며 그중 외국인은 15명이었다.[9] 반시간 이후, 또 포탄 하나가 대세계(大世界) 건물 앞의 길에 떨어졌는데, 이곳은 난민집중구역으로 포탄이 떨어진 곳에서는 일시에 몸의 일부가 떨어져 나가는 등 주위가 볼 수 없는 참혹한 상태로 변하였으며, 사상자가 2,021명이나 되었다. 23일 오후, 일본 전투기가 남경로(南京路)를 습격하여, 선시공사(先施公司)는 포탄에 맞았으며, 영안공사(永安公司)는 일부분 파괴되었고, 그 자리에서 죽은 사람이 785명이 되었다.[10] 유탄에 맞아 발생하는 부상자는 거의 매일 생겨났다. 10월 중순까지 조계 시민 중 파편에 맞아 사상한 사람은 5,000명이 넘었다.[11]

전쟁은 식품과 원료 보급을 중단시켰고, 시민들은 식량을 모아두어 어려움을 예방하려 하였고, 난민의 유입으로 조계 내에서도 생활용품은 날이 갈수록 부족하게 되었다. 식량 가격이 가장 먼저 올랐으며, 멥쌀의 가격은 매담(每擔) 13원에서 17원으로 올랐고, 석탄, 고기, 야채

---

9) 『上海公共租界工部局年報』, 1937년, p.109. 외국 교포 중에는 일본제국주의가 중국을 침략한 것을 반대하는 사람도 있었는데, 국민당 전제 독재를 비평한 저명한 선교사인 로린슨(R. J. Rawlinson, 樂靈生)이 있었다.

10) 『上海抗戰一月』, p.44.

11) 陶菊隱, 『孤島見聞』, 상해인민출판사, 1979년판, p.9.

등 생활필수품 역시 큰 폭으로 올랐다. 쌀가게 주인은 쌀을 쌓아두고 재물을 벌려는 욕심으로 시민들의 사활은 고려하지 않고, 하루에 2, 3시간씩만 영업을 하였다. 상해가 함락된 후, 쌀 가격은 계속 올라 매담 에 18.50원, 석탄은 매담(擔) 1원에서 2.40원으로, 두부는 한근(每斤) 0.25원에서 0.60원으로, 심지어 소금에 절인 야채의 가격도 1배나 뛰었다. 하층 시민의 생활 역시 아주 어려웠다.

전쟁은 상해 공업에 재난성 타격을 가져왔다. 31가(家) 화상면방직창(華商棉紡織廠)은 어느 정도씩 파손되었고, 그중 백리남로(白利南路, 현재의 長寧路)의 신신 8창은 거의 전부 훼손되었고, 하간로(河間路)의 신신6창 역시 손실이 심각하였다. 면분가공업방면에서, 복신(福新) 2, 4, 7, 8 각 창과 부풍창(阜豊廠) 등은 모두 심각하게 파괴되었고, 그 손실액은 80만 원 이상이나 되었다. 시 전체 31가(家)의 권련창(卷煙廠)중 18가(家)는 홍구(虹口)에 설립되어 있었는데, 역시 일본군의 포격을 받았다. 남양형제연초공사(南洋兄弟煙草公司)의 창방기기(廠房機器)는 모두 훼손되어, 500만 원의 손실을 가져왔다. 갑북(閘北) 평강교(平江橋)의 중국 성냥공장도 일본의 폭격을 받아, 공장 기계 및 성냥 1,000여 상자가 모두 불에 탔다. 상해의 소사창(繰絲廠)은 갑북에 집중되어 있는데, 전쟁 중 전소되었는데, 적여(積余), 구여(久余), 구풍(九豊) 등 30가(家)였다. 사직업(絲織業)은 상해 창가(廠家)의 가장 많은 업종중의 하나로, 공장이 427가(家)였는데, 전쟁 중에 훼멸성 타격을 입었다. 강남조선소의 도크 2곳이 파괴되었고, 일반 기기도 모두 파괴되었다. 백련경(白蓮涇)의 공무선창(公茂船廠), 양수포(陽樹浦)의 대중화선창(大中華船廠) 역시 모두 파괴되었다. 주정(酒精)생산, 염산(鹽酸)의 중국주정창(中國酒精廠)과 천원전화창(天原電化廠)은 일본의 포탄에 폭파되어 존재하지 않았다. 화학공업손실액은 600만 원에 달하였다. 상해의 인쇄업 손실 역시 거대하였다. 상무인서관은 "1·28" 참극의 재연으로 보산로(寶山路) 인쇄창은 다시 훼손되었고, 세계서국(世界書局) 역시 손실액이 100여 만 원이었으며, 개명서국(開明書局)의 인쇄창은 오직 3분의 1만이 남아있었고, 기타 대업인쇄공사(大業印刷公司), 삼일인쇄공사(三一印刷公司), 서승기잔방(徐勝記棧房) 등도 역시 일본 침략자들의 파괴로 파괴되었다. 일부 제혁창(制革廠)으로 예를 들면 정익(精益), 협원창(協源廠), 노영삼(老永森) 등의 숙피원료(熟皮原料)는 같은 창방(廠房)에서 모두 전소되었다. 전쟁지역의 고무업의 각창 손실은 600만 원에 달하였다. 자본 200만 원의 중국식물유료창(中國植物油料廠)이 포탄에 맞아 큰 불이 나서 몇일 동안 불길이 치솟았다. 공부국 통계에 의하면 일본군이 완전히 파괴시킨 공장은 모두 905가(家)이고, 파괴 정도가 심하거나 손실을 입은 공장이 1,000가(家)였다.[12] 상해시 사회국에서는 상해 공업계의 손실액이 8억 원에 달한다고 보았다.[13]

전쟁기간 동안 문화교육사업의 손실 역시 아주 컸다. 강만(江灣)전투지구에 자리한 기남(暨南), 동제(同濟), 복단(復旦) 등 학교의 교사(校舍), 도서(圖書), 교구(敎具) 등은 일본군의 포화에 격파되었다. 성요한 대학은 한 차례 문을 닫았었고, 복단대학은 일본의 화중(華中) 육군 참모 본부로 사용되었다. 경업(敬業), 무본여중(務本女中), 시북(市北) 등 6개소 시립중학의 손실액은 82만 원에 달하였고, 시 전체 68개 사립중학교는 1,571만 원의 재산피해를 보았다.[14] 개명(開明)서점에 있던 서적 수 백 만 책이 모두 손실되어, 총자산의 80%이상의 손실을

---

12) 『上海公共租界工部局年報』, 1987년 p.40. 국민당 경제부 통계에 의하면 훼손된 공장은 2,370여 가(家)이었다. 高敬亭, 『日寇在淪陷區的經濟掠奪』, p52; 어떤 사람은 상해 및 주위지구의 중국인 자본공장은 52%의 파괴를 당했다고 하였다. 鄭友揆, 『中國的對外貿易和工業發展』, p.145.

13) 金城銀行, 『事變後之上海工業』.

14) 『上海市中等敎育槪況』, 上海市敎育局 1948年編, pp.22~26.

보았다.15) 의원 및 기타 기관단위 역시 상당한 피해를 보았다.

3개월 동안 일본제국주의 현대화된 살인무기와 파시스트 금수(禽獸)와 같은 잔인함 아래, 상해 도시와 시골[城鄉]에서 보이는 사람은 모두 상처를 입은 사람들뿐이었다. 일본군에 의해 살해된 사람은 부지기수로, 100여 만 주민은 돌아갈 집이 없는 난민이 되었고, 시 전체 총 손실액은 30억 원 이상으로 1·28(一二八)전쟁기간에 받았던 손실을 초과하였다.

---

15) 範洗人, 「"八一三"以來的開明書店」, 『中學生』 戰時 半月刊, 第65號.

제4절 공장의 내지 이전

항전초기 상해 민영기업은 1차로 공장을 내지로 이전하기 시작하였다.

상해는 근대중국 최대의 공업중심지이고, 항전 전날 자본총액이 전국의 40%를 차지하였고, 노동자 수는 전국의 43%, 생산 가치는 전국의 50%를 차지하고 있었다. 시 전체의 공장은 모두 5,525가(家)였고, 규모가 비교적 큰 것이 1,373가(家), 기술 노동자가 전국 총수의 40%를 차지하였다.[1] 상해의 공업경제를 항전(抗戰)에 이용할 수 있다면, 물자공급과 인민생활의 개선이 이루어질 수 있을 뿐만 아니라, 일정한 수량의 군공산품을 제공하고, 지속적인 항일의 역량을 증강시킬 수 있다. 그러나 전쟁으로 인해 그 기반이 훼손되면, 중국의 전체경제는 심각하게 약화되며, 적의 수중에 떨어지게 되면 일본의 중국 침략전쟁의 경제실력이 강화되기 때문이었다.

전쟁반발의 일촉즉발 시기에 일부 사람들은 "전쟁이 발발하기 전에, 원료의 생산, 화물의 판로 상황을 숙지하고, 각종 신식 공장을 각 성으로 이주시켜야 한다."고 건의하였다.[2] 7월 30일, 상해기기오금동업공회(上海機器五金同業公會)는 회의를 개최하여 상해기기창(上海機器廠), 신민기기창(新民機器廠), 대흠강철창(大鑫鋼鐵廠) 등의 기업들을 서쪽 내지(內地)로 이전한 것을 표시하였고, 이로써 항전(抗戰)의 힘을

---

1) 陳眞, 『中國近代工業史資料』, 제4책, p.97; 鄭克倫, 「淪陷區的工礦業」, 『經濟建設季刊』, 제1권 제4기; 民國二十六年 『上海市年鑑』; 任扶善, 「戰時技工缺乏的對策」, 『新經濟』, 제4권 제10기.
2) 劉百川, 『國防工業建設實施』, 1937年版, p.118.

비축하고자 하였다. 상해 중화국화산소협회(中華國貨産銷協會), 중화
공업총연합회(中華工業總聯合會), 국화운동연합회(國貨運動聯合會) 등
역시 상해 경공업을 내지로 이전하기를 바랐고, 후방 민생의 수요를
보장할 것을 바랐다. 공장의 내지로 이전은 공장 면적을 크게 확보해
야 하므로, 지출이 상당했으므로, 상해자산계급은 내지로의 이주에 대
해 국민당 정부에서 사람을 파견하여 내지 이주비, 건물토지와 건물
건축 등에 대한 제공을 계획 제정해 줄것을 요구하였다.

심각한 형세와 사회 여론의 맹렬한 요구의 압박으로 남경정부는 노
구교사변 이후, 상해기기오금동업공회 책임자인 옌야오추(顔耀秋)를
남경으로 소환하여 상해 공업을 살리라고 요구하였고, "재야인사들과
연결하여 내지로 이전하는 것을 준비하라"고 지시하였다.3) 7월 22일,
국민당 정부는 국가총동원설계위원회(國家總動員設計委員會)를 설립
하게 되었다. 28일, 자원위원회에서는 린지융(林繼庸)등 3명을 상해로
파견하여, 상해 각창의 현재 소유하고 있는 설비 및 내지로 이동해야
하는지 안해야 하는지를 조사시켰다. 8월 9일, 자원위원회에서는 상해
공장 내천(內遷) 계획을 제정하고, "중요 기계 2천부(千部)와 공구, 그
리고 연강(煉鋼), 연양(煉氧), 제관(制罐), 고무 타이어 및 방독면(防毒
面) 제조구 등 중요 생산설비 및 각 공장의 노동자 3천 명을 모두 후
방(後方)의 지정된 지점으로 이주시키고 생산을 시작한다."는 결정을
내렸다. 56만원을 기기업(機器業) 각창(各廠)의 내지 이주비로 지불하
였고, 329만원은 대출 형태로 하여 이러한 공장의 공장 건설비용으로
지급하였다.4) 다음날, 행정원 회의에서 이 제안이 통과 되었고, 자원
위원회(資源委員會), 재정부, 군정부, 실업부 등이 책임을 지고 감독위
원회를 조직하여 엄격한 감독과 기한 안에 이전을 독려하게 되었다.

---

3) 顔耀秋,「抗戰期間上海民營工廠內遷紀略」,『文史資料選集』(상해), 제13집.
4)『上海民族機器工業』, 中華書局 1966년판, p.666.

12일, 린지융(林繼庸)을 주임으로 한 상해공창천이감독위원회(上海工廠遷移監督委員會)를 상해에 설립하고, 상해공창연합천이위원회(上海工廠聯合遷移委員會)를 조직하여, 옌야오추(顔耀秋), 후줴원(胡厥文)과 즈빙위안(支秉源)을 정부 주임으로 하여, 내천(內遷) 각 항의 구체적인 업무를 담당하게 하였다.

송호항전 발발 후, 철로로 군용품을 날랐는데, 때에 따라서는 폭격을 당하였으며, 강음(江陰) 요새는 봉쇄되었고, 운수 통로는 오직 소주하(蘇州河)만이 남게 되었다. 어쨌든 천위회(遷委會) 결정으로 남시에서 내지로의 이전 공장[南市內遷廠]의 기계들은 남시(南市) 혹은 민행(閔行)에서 운반되었고, 갑북(甲北), 홍구(虹口), 양수포(楊樹浦)의 내지 이전 공장 역시 기계를 소주하(蘇州河) 이남의 조계지역으로 이동시켰고, 그런 후 배로 무창(武昌) 서가붕(徐家棚)까지 이동시켰다. 8월 22일, 순창기기창(順昌機器廠) 각 기계의 부품이 모두 완전하게 배에 실렸고, 처음으로 내지로 운반되었다. 이후, 상해(上海), 신민(新民), 계문(啓文), 신중(新中), 이용(利用), 정익(精益) 등 기기창(機器廠)의 기기원료(機器原料)가 계속되어 선적되었고, 수 백 명의 기술 노동자들은 친인척과 작별하여, 배를 타고 내지로 출발하였다. 이러한 목선(木船)은 완전히 인력에 의해 이동되었고, 각각의 배는 약 반리(半里) 정도의 거리를 유지하였고, 배 위를 나뭇가지, 풀등으로 덮어 위장하여 소주(蘇州)까지 도달하였다. 그런 후 작은 동력선으로 이 배를 끌어 진강(鎭江)까지 이동시켰으며, 다시 배로 한구(漢口)까지 이동시켰다. 초기 시범적인 운항의 성공 후, 중국건설공정공사(中國建設工程公司), 신창철공창(愼昌鐵工廠), 중화철공창(中華鐵工廠), 강원제관창(康元制罐廠), 익풍당자창(益豊搪瓷廠), 중국요업공사(中國窯業公司), 호창철공창(鎬鋁鐵工廠), 회명전지창(滙明電池廠), 삼북조선창(三北造船廠), 중국기기창(中國機器廠), 미예강칠창(美藝鋼鐵廠), 달장기기창(達昌機器廠), 개명서점(開明書店) 등이 계속해서 이러한 노선으로 서쪽으로 이동하였다. 갑북(閘北)이 적의 수중으로 넘어간 후, 소주하(蘇州河)의 교통로역시 통제되었고, 내천(內遷)통로 역시 황포강(黃浦江)에서 송강(松江)으로 들어가 다시 소주(蘇州), 무석(無錫)을 거쳐 진강(鎭江)에 도착하게 되었다.

많은 자본가는 공장을 내천(內遷)하는 것에 대해 적극적이었다. 화공업계의 거부 우원추(吳蘊初)는 "공장의 자산을 적에게 넘겨 줄 수없다"[5]고 하며, 천원전화창(天原電化廠), 천성도기창(天盛陶器廠)과천리담기창(天利氮氣廠)의 주요 설비 뿐 아니라 내지로 이전할[內遷]대상(對象)에 들지 않았던 천추미정창(天廚味精廠)도 이전시키겠다고하였다. 화생전기창(華生電器廠) 주인 예유차이(葉又才)는 "죽음을 두려워하지 않겠다."라고 표시하고, 물자 약 1,250톤을 내지로 이동시켰는데, 다른 공장보다 가장 많은 짐이었다.[6] 문화계의 상무(商務), 중화(中華), 개명(開明), 대동(大東) 등 출판 기업 및 중국연필창(中國鉛筆廠)은 후방(後方)에서의 교육 사업을 고려하여 주동적으로 500만 톤교과서와 부분 기기를 내지로 이전하였다. 적지 않은 기업이 초기에내천하였고, 이러한 소식은 사방으로 퍼져나갔다. 그들은 민족대의를중시하여 위험을 무릅쓰고 공장을 내지로 이전시켰으며, 이것은 중국인민이 망국의 백성으로 남기를 원하지 않는 애국정신을 표현한 것이다.

당시 일부 자본가는 내지로 이동의 위험을 두려워하여, "위험이 많아내지로 이동이 불가함"이라고 하며 책임을 회피하였다. 일부 사람들은형세에 대한 착각으로, 전시가 곧 바로 평화로와질 것으로 생각하고,내지 이전은 준비하지 않았다. 또 일부 공장 특히 외국 상인과 관계가비교적 돈독하였던 공장은 영국과 미국의 세력이 강대하므로 일본은

---

5) 「戰時工業的調整」, 『中國戰時經濟志』.
6) 『華生電器廠關於受戰火損失及內遷情形復資源委員會公函』.

쉽게 모험을 하지 않을 것이고, 상해를 잃는다 하여도 조계에서 생산하면 된다고 생각하였다. 그래서 일부 공장은 위급한 시기에는 조계 또는 무석(無錫), 청도(靑島), 강음(江陰), 상주(常州) 등지의 일부 공장 역시 특수한 시기에는 상해 조계로 이주한다고 생각하고 있었다. 이외의 일부 공장은 미국, 영국, 독일, 프랑스 등 외국상인 팻말을 걸어놓기도 하였다.

내지로의 이전[內遷] 과정 중에서 많은 노동자들은 거대한 힘을 발휘하기도 하였다. 그들은 전 식구를 데리고 공장과 함께 내지로 이주하여, 기기를 운반하는 도중 자기의 생명을 희생하는 것을 아까와 하지 않았다. "일본 폭격기가 왔을 때, 잠시 엎드려 피신하다가, 비행기가 가면 다시 일어났고, 몸을 구부려 걸어 다녔다. 동반하였던 사람이 폭격에 희생되면 눈뜨고 볼 수 없었으나, 다행히 살아남은 자는 시신을 다른 곳으로 옮기고 작업을 계속 하였다. 낮에는 일하기가 힘들었으므로, 밤에만 일을 하였다."[7]며 당시의 상황을 언급하였다.

상해가 함락될 때까지, 내지로 이전한 민영공장은 148가(家), 노동자 2,100여 명, 기기물자는 12,400톤이었다. 이외에 국영 강남조선소 등 역시 일부 기기, 공구와 기술인원 등을 내지로 이동시켰다. 이러한 공장의 내지로의 이전은 항전(抗戰)을 위해 실력을 보존하기 위함으로 후방 공업의 주력군이 되었다. 통계에 의하면 당시 후방 민영창에서는 매월 수류탄 30만 발, 박격포탄 7만발, 각종 폭탄과 포탄 7만 발, 비행기 폭탄 6천 여 매(枚), 기관총 부품 수천 세트를 제조하였는데,[8] 그중 대부분은 상해에서 내천(內遷)한 공장에서 생산한 것이었다. 강남조선소 내천 인원은 수뢰제조창에서 대규모의 수뢰(水雷)를 제공하였고, 이 수뢰는 일본 함정의 활동을 방해하는데 주효하였다. 후에 또 중경(重慶)에 해군 제1공장이 설립되었고, 이곳에서 생산된 선반, 밀링머신

---

7) 孟憲章, 『中國近代經濟史敎程』, 中華書局 1951年版, p.235.
8) 譚熙鴻, 『十年來之中國經濟』, 中華書局 1948年版, 上册, p.55.

은 100대에 달하였다.9) 동시에 내지로 이전한 공장과 함께 왔던 기술
인재와 최신 기계 역시 서남지구(西南地區)공업의 발전에 큰 추동력이
되었다.10)

그러나 이러한 내지로 이전하는 것이 완전히 성공한 것은 아니었다.
내지로 이전한 공장은 상해 시 전체 공장의 2.7%에 불과하였으며, 그
주요 원인은 국민당 정부가 편면적 항전 노선을 집행하였던 이유로,
상해 공장의 내천의 순리적인 진행을 방해하였기 때문이다.

우선, 그들은 주도면밀한 계획을 세우지 못하였고, 내지로 이주할
생각을 별로 하지 않는 등 소극적인 태도를 보였다. 9월 중순, 상해 신
문에 내천을 희망하는 공장이 이미 125가(家)나 되었고, 그들이 정부
에 내천 경비를 요구하였는데 남경정부는 고의로 적은 수의 군화 제조
의 공장만을 내천하도록 하자, 이에 대해 공장주들은 내천에 흥미를
잃게 되었다. 시간 제약으로 내천은 감위회(監委會)에서 엄격하게 생
산품의 운수를 통제하였고, 우선 무한(武漢)의 운수 보조비를 반으로
삭감하였고, 또 규정을 만들어 진강(鎭江)으로 운반하는 것에 대한 비
용만을 보조하였으며, 이후의 운반비는 모두 자비로 처리하도록 하였
다. 이러한 명령은 상해 자본가들의 내천에 대한 열정에 찬물을 끼얹
는 것과 같았다. 룽쭝징(榮宗敬), 류훙성(劉鴻生), 귀순(郭順), 왕윈우
(王雲五), 옌위탕(嚴裕棠), 우원추(吳蘊初), 후궤원(胡厥文) 등 32명은
연명으로 행정원에 정부가 내천에 대한 일 처리가 불합리하며, 장기 항
전 계획의 결핍이라고 비평하며, 정부에 내지로 이전하고자 하는 업무
에 적극협조를 요구하였으나, 국민당은 누가 뭐라고 해도 자기 멋대로
행동하여, 인민이 민족공업을 살리고자 하는 것과 항전에 대한 실력을

---

9) 上海科學院經濟研究所, 『江南造船廠廠史』, p.225.

10) 항전전(抗戰前) 重慶의 대소공장은 겨우 39가(家)에 불과하였다. 그러나 1944년
   까지 1,518가(家)로 증가하였다. 李紫翔, 「大後方戰時工業鳥瞰」, 『經濟週報』, 제
   1권 제6기.

보존하려는 열망을 저버렸다. 일부 내천을 시작하였던 화공, 인쇄 등
업의 중심 공장은 이에 대응하기 위해, 자원위원회에 9월 18일『상해
공창천이내지확충범위청증경비안』(上海工廠遷移內地擴充範圍請增經費
案)을 제출하고, 천리(天利), 천원(天原), 천성(天盛), 천주(天廚) 4 공
장의 보조금 지급과 삼북(三北), 중화(中華) 등 8가(家) 조선창 및 상무
(商務), 중화(中華), 개명(開明) 등 8가(家) 인쇄창에 대한 이전경비를
지불하라고 요구하였다. 국민당 정부는 어쩔 수 없이, 526,000원의 이
주비를 증액시켰으나, 동시에 "상해 현행의 공장 이전 방법은 여기서
끝낸다."라는 성명을 반포하였는데, 그 이유는 "재정상 부담이 너무
과중할 뿐 아니라, 각 창이 경쟁적으로 내지 이전을 주장하고 있으므
로 해결방법이 없기 때문이다. 또 이러한 것은 이후 반듯이 좋지 않은
영향을 줄 것이다."[11])라고 발표하였다. 자본가의 서쪽으로의 이전 즉,
서천(西遷)을 없애려는 마음으로, 국민당은 또 경고하였고, 기타 각창
은 내지로 이전할 경우, 일체의 비용을 스스로 지불하여야 하였고, 벌
어질 상황에 대한 부담 또한 안고 있었으며, 이에 대해 정부는 어떠한
책임도 지지 않는다고 하였다. 이후, 자원위원회는 잠시 책임을 내천
의 군위회(軍委會) 제3부에서 맡아 보충 조문(條文)을 제출하게 하였
고, 규정에는 내지 이전 공장이 규정에 부합한 경우에만 이전 경비를
보조해 준다고 했는데, 규정 내용은 경영이 좋지 못하거나, 내지이전
비용을 감당할 수 없는 공장이 부득이 내지로 이전을 할 경우에는 보
조를 해 준다는 것이었다. 각 공장은 충격을 받고, 내지 이전의 열기는
수그러들게 되었다.

다음으로 정부 각 기구는 서로 발뺌을 하여 효율이 아주 낮아졌고,
내지 이전에 상당한 방해를 주었다. 행정원에서 규정하기를 감위회(監
委會)는 오직 자원위원회에서 지정한 기기업(機器業) 공장에 대한 책

---

11) 『工礦調整委員會關於遷移工廠問題的會議記錄及決議』.

임을 지도록 규정하였고, 기타 행업의 내천에는 잘못을 물을 권한이 없다고 하였다. 문화인쇄소의 내지 이전은 교육부에서 책임을 지고, 조선업은 교통조(交通組)에서 주관하고, 나일론공장(呢絨廠)은 피복조(被服組)에서 맡아하였는데, 그 담당처가 마주하였다. 이러한 기구는 서로 그 부담을 떠 넘기려고 하여, 내지 이전을 진행하는데 상당한 어려움을 주었다. 11월 14일, 국민당은 창광천이(廠礦遷移)감독위원회를 설립하고 창광(廠礦)의 내지 이전에 통일된 책임을 졌으나, 그 시기가 이미 너무 늦었다. 내지 이전 과정 중 종종 곤란한 일이 발생하였는데 경비문제는 처음부터 나타났다. 8월 15일, 천이회(遷移會)는 내지 이전 경비를 수표로 지급받았으나, 이 수표가 태환[兌現]이 정지된 것인 줄 누가 알았겠는가. 며칠 뒤에 이것은 금지되고 폐지되었고, 어떤 것은 기한이 있는 수표였다. 예로 화생전기창(華生電氣廠)은 매 주일 오직 150원만을 찾았고, 이러한 금액은 내지 이전에 필요한 경비라고 할 수 없었고, 오직 끼니를 유지하는 돈 밖에는 되지 않았다. 후에 해결하였으나, 이미 많은 시간을 낭비되었고, 배가 없었다. 전쟁이 일어난 후, 선박은 모두 군대에서 몰수하였다. 각 내지 이전 공장[內遷廠]은 시공용국(市公用局)에 구원을 요청하였는데 거절당하였다. 상해 은행계는 시운수위원회(市運輸委員會)를 설립하여 쑹쯔원(宋子文)은 1차로 200척을 주었으나, 그중 30척 만이 동력 선박이었으므로 천위회(遷委會)는 이 조직에 가입하여 선박을 더 많이 받아 내려고 노력하였다. 이 조직은 오로지 관료자본을 위한 명령이었고, 내지이전 공장[內遷廠]은 한 척의 선박도 얻어내지 못하였으나, 대관료의 이삿짐은 창문 목판까지 운반을 시켰다. 당시 사람들의 기억에 의하면 "상해 민영창의 내지로의 이전 때에는 필요한 선박의 2%밖에 조달되지 않았으므로,12) 그 나머지는 각 창이 스스로 방법을 구해 해결하였다. 내천선대

---

12) 『新華日報』, 1942년 1월 14일.

(內遷船隊)의 항해 중, 군경 각부의 통행증제도 역시 상당한 문제로 등장하였다. 내지 이전 공장은 초기에는 경찰국의 통행증을 소지하고 있었는데, 군대가 방어하는 지구[軍隊防區]에 들어가면 운항이 어려웠다. 경호경비사령부 판사처(京滬警備司令部辦事處)는 통행증을 요구하였으므로, 내천 공장들은 판사처의 처리가 이렇게 어려운 줄은 몰랐고, 내지 이전 공장은 남경에 머물러 있어야 하였다. 9월 중순 어렵게 100장의 통행증을 받았으나, 쑹쯔원의 시운수위원회(市運輸委員會)에서는 99장을 탈취하였다. 문제는 10월 중순까지 해결되지 않았다. 그러나 통행증이 있는데도, 부대에서는 통과시키지 않았다. 국민당 군대는 상해에서의 패배 이후, 내지 이전에 대해서 더욱 심하게 탄압하였다. 10월 28일, 천원(天原), 천리(天利) 두 공장의 내천 선대(內遷船隊)가 북신경(北新涇)에 막 도착하였을 때, 국민당 군대는 이들을 저지시키고, 이들의 배를 자신들의 도망용 부교(浮橋)로 사용하였다.

　세 번째로는 아주 부적당한 곳을 공장의 내지 이전 지점으로 선택하게 한 것이다. 국민당 정부는 연해(沿海) 국방선(國防線)이 일본군에게 저항할 수 있고, 장강(長江) 중류는 난공불락의 요새로 무한(武漢)을 내천 생산의 중심으로 지정하였다. 그러나 무한(武漢)에는 생산할 수 있는 준비시설이 갖추어져 있지 않았다. 예로 전기가 없었고, 석탄이 없었으며, 원료가 부족하여 많은 공장들이 무한에는 공장을 세울 수 없었다. 일부 공장은 간신히 공장을 세웠고, 안돈화(安頓華) 공장은 복공(復工)을 준비하였는데, 일본군이 성(城) 아래까지 이르러 제2차 내천(內遷)을 하여야만 하였다.

　국민당의 편면(片面)적인 항전 노선 및 국민당 관료기구의 부패로 상해 공장의 내천에는 심각한 방해를 받았고, 상해가 일본군에 함락된 후에는 일본군의 중국 침략 기지로 사용되었다. 국민당 정부는 이러한 손실에 대한 책임을 지지 않았다.

제10장
고립된 섬의 시기

제1절 고립된 섬[孤島]의 지위

중국군대가 서쪽으로 철수한 후, 일본군은 그 점령지인 남시(南市), 갑북(閘北), 홍구(虹口), 포동(浦東), 양수포(楊樹浦) 등지의 도처에 관잡(關卡)을 설치하고, 소주하(蘇州河) 연안의 각 교각 입구에는 보초를 세워 삼엄한 계엄을 실시하였다. 행인들이 다리를 지날 때는 반듯이 일본 병사를 향해 모자를 벗고 허리를 굽혀야 했으며, 아울러 몸수색도 받아야 하였다. 일본군에 의해 많은 지역이 군사경계구로 지정되었고, 그곳의 주민들은 강제로 이주 당하였고, 건물들은 철거되었으며, 새로운 건물을 지어 군인들의 병영(兵營), 부상병의원, 비행장과 조련장으로 만들었다. 함락 지구 내 도처에서는 공포분위기에 휩싸여 있었고, 시가지는 조용하였고, 행인들은 적었으며, 많은 지역에서는 심지어 들개들이 떼 지어 다녔다.

이때 공공조계와 프랑스 조계는 영국, 프랑스, 미국의 "중립"을 발표해 일본에 의해 점령을 당하지는 않았지만, 그러나 일본군이 사면을 포위한 상태로 '고립된 섬'이라는 칭호를 듣게 되었다. 그 범위는 동은 황포강(黃浦江)까지, 서는 법화로(法華路, 현재의 新華路), 대서로(大西路, 현재의 延安西路), 남으로는 민국로(民國路, 현재의 人民路), 북으로는 소주하(蘇州河)에 까지 인접하게 되었다. 영국, 미국, 프랑스, 이탈리아 등 군대는 조계 변경에 철문 혹은 철사 가시망을 설치하는 공사를 실시하였다. 11월 13일, 공부국 총재 페센든(Fessenden)은 조계 당국을 대표하여 발표하기를 공부국은 중립태도를 유지하고 중일 전쟁 중 어느 한쪽도 지지하지 않고, 조계 내에서의 쌍방의 권익에 대해

동등하게 대하고, 또 조계의 행정권에는 아무런 변화도 없다고 하였
다.1) '고립된 섬'(孤島)은 중외(中外)의 모험가들이 이때를 기회로 투
기를 하여, 큰 재미를 보았다. 그러나 실제상으로 그것은 야심이 있는
일본 침략자들의 주머니 안에 있는 물건으로 조계의 "독립"지위는 아
주 위험하게 되었다.

일본군은 상해를 점령하자마자 화중(華中)방면 군사령관인 마츠이
이시네(松井石根)에게 담화를 발표하게 하여 일본군이 이미 상해의 주
인임을 천명하고 필요시에는 조계에서 어떠한 행동도 취할 수 있게 하
였다. 11월 12일, 마츠이는 일본 총영사 오카모토 수에마사(岡本季正)
를 조계당국에 파견하여 5개항의 조건을 제시하게 하였다. 5개항의 내
용은 1. 일체의 반일기관의 폐쇄, 일체의 반일성질의 선전품의 금지.
2. 중국정부기관 및 대표의 축출. 3. 중국정부의 우편전신의 검열 금
지. 4. 중국방면의 신문 검사 금지 5. 허가나지 않은 중국 무선통신기
구의 금지 등이다. 이 5개항이 완전히 접수되면, 조계의 "중립"성은
존재하지 않게 되고, 이것은 영국과 미국의 지배인들의 마음을 불안하
게 하였다. 그러나 그들은 이미 대세를 파악하고 있었고, 교만한 일본
인을 직접적으로 제어하지 못하였다. 어쨌든 공부국은 표시하기를 본
국은 가능한 범위 내에서 일본인의 요구를 만족시키고, 앞으로 조계내
의 일부 인물은 조계를 떠나게 하여 일본인의 단독행동을 하지 못하게
한다고 발표하였다.2)

일본 침략군은 조계당국의 완전한 협조소리를 듣지 못하자, 조계에
서 무장시위를 결정하였고, 무력으로 영국과 미국에 압력을 가하였다.
12월 3일, 오전, 5,000명의 일본군은 야포, 기관총을 휴대하고 열 맞추
어 공공조계를 통과하였다. 공부국은 제지하지 못하고 오직 대규모의

1) 『抗戰以來中外大事記』, p18, 1939年 『文滙年刊』에 게재.
2) 『抗戰以來中外大事記』, 上海美商華美出版公司, pp. 36, 38..

순포를 파견하여 일본군이 지나가는 지역에 경비를 서게 하였고, 아울러 교통을 통제하였으며 고층 건물은 창문을 모두 닫게 하였고, 남경로의 수백곳의 상점들에게는 영업을 정지하게 하였다. 일본군은 무장을 하고 대세계(大世界)건물에 도착했을 때, 건물위에서 등을 수리하고 있던 수리공 양젠핑(楊劍萍)이 큰 소리로 "중국만세"(中國萬歲)를 외치고 뛰어내려 순국하였다. 일본군이 남경로(南京路) 광서로 입구(廣西路口)에 도착하였을 때, 한 애국 청년이 수류탄을 투척하여 일본군인 3명에 상처를 입혔고, 자기는 순포에게 잡혀 타살되었다.3) 일본군은 바로 사고가 발생한 지역을 봉쇄하고, 행인을 수색하였으며, 밤 8시가 되어서야 철수하였다. 계속해서 일본군은 이것을 구실로 하여 공부국에 새로운 요구조건을 제시하였다. 첫째, 금후 일본군이 공공조계를 통과하는 시간은 사전에 통고하지 않는다. 둘째, 금후 공부국은 이러한 사건이 발생하지 않도록 충분한 노력을 한다. 셋째, 이러한 사건이 다시 발생할 경우, 일본군은 단독으로 적절한 조치를 취한다. 넷째, 공부국의 치안을 원조를 하기 위해 일본군은 필요시에는 언제든지 조계 내에서 혐의자의 검사 등의 조치를 실시하겠다. 공부국에서도 일본군인을 상해한 사람은 모두 일본 군인 측에 넘기겠다고 하였으며, 공부국에서는 그들을 보호하지 않는다고 말하였다. 12월 4일, 일본군은 5대의 차량에 분승하여 프랑스조계에서 거리시위를 벌였고, 공동국역시 순포를 파견하여 호송하였다.

일본군의 이 두 차례의 도발성 시위는 영국과 미국의 세력을 완전히 상해에서 몰아내려고 하는 서막이었다. 뿐만 아니라 조계 당국의 연약한 태도에 그들은 점점 영국과 미국이 확보하고 있던 상해와 양자강 하류의 이익을 탈취하려고 하였다. 11월 중 일본군 사령부는 선포

---

3) 『上海敵軍游行示威目擊記』은 天行의 『淪陷後的上海』, 華中圖書公司 1938 年版에 게재.

하기를 영국 교민이 조계 이외의 기업을 시찰하는 것을 허가하지 않는다고 하였다. 오래지 않아, 일본 해군에서 또 선포하기를 외국 선박의 양자강 항운을 허가하지 않는다는 것을 공포하였다.[4] 이렇게 양자강의 항운권은 일본에 의해 완전히 점령되었다. 11월 26일 이후, 일본은 상해 해관의 강(江) 연안(沿岸) 부두의 관리권을 탈취하였고, 일본군은 아울러 해관 세수권(稅收權)의 일상 업무도 감시하였다. 1938년 2월, 일본 외교부와 영국대사는 동경에서 상해해관에 대한 담판을 거행하였고, 영국은 5월 3일 압력아래에서 일본과 협정을 체결하여, 일본이 점령한 구내(區內)의 중국 해관수입 전부를 횡빈정금은행(橫濱正金銀行)에 입금시키고, 회풍은행(滙豊銀行)에 입금시키지 않는다는 조건에 서명하게 되었다.

일본인은 영국과 미국 교민들을 모욕하고 심지어는 살해까지 하는 등 교민들의 사건이 점점 많이 발생하게 되었다. 11월 30일, 일본군은 황포강 위에 있던 한 책의 미국상선에 올라 물건을 약탈하고, 성조기를 강물에 던져버렸다. 1938년 1월, 공부국의 2명의 미국 순포는 공무를 수행하기 위해 상해 주재 일본 해군참모부를 향해 가던 도중 일본군에 의해 몰매를 맞았다. 2명의 영국 국적의 경찰 역시 백리남로(白利南路, 현재의 長寧路)에서 일본 병사에게 모욕을 당하였다. 미국 상인 미얼쓰(米爾士)는 홍구(虹口)에서 이사를 하던 도중 몰매를 맞고 12시간 동안 동양(東洋)감옥에서 감금되기도 하였다. 『밀러씨평론보』(密勒氏評論報) 주필인 포웰(J. B. Powell, 鮑惠爾) 역시 사천로(四川路) 광동로(廣東路)에서 폭탄 테러를 당하였다. 1939년 10월, 미국정부는 미국교포들이 당하는 모욕에 대해 일본에 항의서를 제출한 것이 594건이나 되었다. 1940년 1월, 공부국 총재 필립스(G. G. Philipps, 費利浦)는 정향화원(丁香花園) 부근에서 일위특무(日僞特務)의 습격을

---

4) 『讀賣新聞』, 1938년 1월 18일.

받아, 생명을 잃을 뻔하였다. 12월 16일, 공동국 정무독판(政務督辦) 듀로(Duro, 杜洛)는 저격에 의해 사망하였는데, 이것은 상해 조계 외국 국적 관원으로 최초의 사망자였다. 1941년 1월 23일, 일본 교민회 회장 하야시 유우키치(林雄吉) 등은 공공조계(公共租界) 납세외인회(納稅外人會) 회의장(會議場)을 무단 침입하여, 공공연히 총격을 가해 대표이사[總董] 케스윅(W.J.Keswick, 愷自威)에게 총상을 입혔다.5) 이러한 폭행에 대해서 영국과 미국 정부는 쉬쉬하며 작은 일로 만들면서, 강한 인내심을 보이며 참는 태도를 보였다. 1938년 2월, 미국은 상해에 주둔하였던 육전대(陸戰隊) 6개 단(團)을 철수시켰다. 1940년 8월, 상해 주재 영국군 역시 철수를 시작하여, 조계에서의 그들의 실력은 더욱 약함을 초래하였고, 그 지위는 나날이 하락하였다.

조계 당국(當局)은 비록 반복적인 "중립"(中立)을 표시하였으나 실제적으로는 오히려 다시 한번 일본에 굴복하는 것이었고, 또 이러한 것은 조계 내 인민의 반일투쟁을 진압하는데 도움을 주게 되는 것이었다. 상해 함락 시, 공공조계에는 많은 신문들이 중국측 입장을 견지하여, 항일(抗日) 언론을 주도하였다. 이에 일본군은 공부국에 이러한 언론을 진압하도록 요구하였다. 1937년 11월 24일, 공부국의 "권고"(勸告)아래, 중앙통신사 상해분국(上海分局), 『민보』(民報), 『시사신보』(時事新報), 『중화일보』(中華日報)와 『입보』(立報)등은 발행 정지를 당하게 되었다. 계속해서 일본군은 국민당 중앙선전부가 합동빌딩(哈同林婁, 현재 남경동로 233호)에 설치하였던 신문검사소를 접수하게 되었고, 공부국에서는 각 신문사에게 그곳의 검열을 받도록 강제하였다. 『신보』(申報), 『대공보』(大公報) 등은 일본군의 검열을 거절하여, 12월 14일 정간을 선포하게 되었다.6) 『역보』(譯報), 『문회보』(文滙報), 『도보』(導報)

---

5) 『滙豊—香港上海銀行』, p.135.
6) 1939년 『文滙年間』.

등은 일본의 통제를 피하기 위해 일찍이 서양 상인의 명의로 신문사를
등기하여, 속칭 "양기보"7)(洋旗報)라고 하여 항일 언론을 상세히 발표
하였다. 일본은 등 뒤에서 비수를 맞은 것과 같은 모양으로 공부국에
항의하고, 직접행동을 취하라고 요구하였다. 공부국은 바로 각 신문사
에 압력을 가하여 태도를 낮추라고 하였고, 그렇지 않을 경우에는 허가
증을 회수한다고 협박하였다. 1939년 5월 1일, 두 조계 당국은 일본군
의 의지에 순응하며, 조계내에서의 모든 정치활동을 금지한다는 명령을
나리고, 위반자는 보호해줄 수 없다는 성명을 발표하게 되었다. 18일
이후에는 대규모의 탐정으로 행인과 주민 주택을 조사하였다. 같은 달
『역보』(譯報), 『문회보』(文滙報)는 압박으로 2주간 정간하였고, 『대미
만보』(大美晩報), 『중미일보』(中美日報)는 영업허가가 취소되었다.

8·13(八一三)전쟁 때, 일본 교포는 대규모로 본국으로 돌아갔다. 10월
까지 상해에 일본 교포는 약 5,000여 명에 불과하였다. 상해전쟁이 끝난
후, 상해는 일본군 천하가 되었고, 일본인은 계속해서 다시 상해로 돌아
왔고, 신속하게 전쟁전의 규모를 회복하게 되었다. 1942년에 이르러서
상해의 일본 교포는 10만 명에 달하였다.8) 그들은 이미 홍구(虹口) 일
대의 점령에 만족하지 않고, 점차 소주하(蘇州河) 남쪽으로 침투하였
고, 남경로에는 대규모의 일본 상점과 기구가 출현하게 되었다. 그러
나 이때에도 조계의 행정권은 여전히 영국과 미국의 수중에 있었다.
조계 당국은 질서를 유지하기 위하여 기득 이권을 보호하기 위해, 매
국노들이 조계에서의 명백한 파괴행위와 상해(傷害) 사건을 용인하려
하지 않았다. 조계내의 항일 역량을 철저히 소멸하고 영국과 미국의
세력을 배척하기 위하여 일본 침략자는 조계내의 경찰권과 행정권을
탈취하기로 결정하였다. 1938년 5월 1일, 남경로에서 폭발사건이 발생

---

7) "洋旗報"의 외국 국적의 "주인"(老板)은 신문사의 사무를 보지 않았을 뿐 더
   러, 실제적으로 그는 신문사에 고용된 양보표(洋保鏢) 즉 서양인 보디가드였다.
8) 沖田一, 『日本と上海』, 上海大陸新聞社 昭和十八(1963)年版, p.40.

하자, 대규모의 일본군이 즉각 조계로 들어왔고, 사건발생 지점을 봉쇄하고 대대적인 수사를 벌였고, 다음날 노갑포방(老閘捕房)을 점령하였다. 일본군은 공개적으로 조계의 경찰권을 파괴하였으므로, 조계 당국의 체면이 손상되어 일본군의 조계 통과를 허용할 수 없었으므로, 영국군은 노갑구에서 경계를 시행하려고 출동하여 형세는 아주 긴장되었다. 그러나 공부국은 마침내 강력하게 대처하기 위해 당일 사람을 신아주루(新亞酒樓)에 보내 일본군과 담판을 짓기 위해 파견하였고, 조계내의 공포사건에 대한 단속에 대한 대답을 들은 후, 일본군은 비로소 포방에서 철수하였다. 13일, 사천로, 남경로 등지에서 연속적으로 6번의 폭탄폭발사건이 발생하였는데, 그곳에서 폭탄테러를 일으킨 사람은 모두 일본인이 있었다. 이렇듯 조계당국은 일본에 대해 아첨을 하는 냄새를 풍기면서, 심지어 대규모의 체포조를 조직하여 "공포분자"를 체포하였고, 아울러 중국의 애국인사들을 일본군에게 이송하기도 하였는데, 이러한 것을 "필요에 의한 조치"라고 하였다. 이러한 종류의 악행은 상해 인민의 강렬한 분노를 야기시켰고, 『밀러씨평론보』(密勒氏評論報)에서도 역시 "이것은 공부국이 일본군에 대하여 굴복을 한 것으로 경찰권과 집행권을 일본군에게 넘겨주는 것이고, 일본 헌병이 최고 법관이자 형벌 집행관이다"[9]라고 비평하였다.

1938년 1월, 일본 총영사 미우라 요시아키(三浦義秋)는 공부국 대표 이사[總董] 프랭클린(C. S. Franklin, 樊克令)에게 일본 국적의 경찰을 대량 증가시킬 것을 요구하였다. 공부국은 항의할 수 없어, 선후로 2명의 일본인을 독찰장(督察長)에 임명하고, 일본인 아카기 오야꼬레(赤木親之)를 경무처 특별부처장에 임명하였으며, 아울러 구미(歐美) 국적의 고급경관이 퇴직할 때 일본인이 이러한 고급관리의 직책을 계속 계승하도록 하였다. 계속해서 공부국은 아주 비굴하게 "일본 헌병

---

9) 陶菊隱, 『孤島見聞』, p.34.

대의 합작으로 조계를 안전하게 지키는 것을 환영한다."[10]고 1939년 3월, 공부국과 일본군은 『상해공공조계유지치안상세협정』(上海公共租界維持治安詳細協定)을 체결하여, 일본 헌병이 조계에 상주한다고 규정하였고, 공부국과 협력으로 조계의 치안을 유지한다는 규정을 명문화시켰다. 일본 헌병은 공공조계에 기관을 설립하고 수시로 항일 운동가들을 체포하였다. 1939년 말, 공부국은 재차 일본의 압력을 받고, 경무특별정치처(警務特別政治處)를 폐지시키고, 일본처(日本處)를 설립하게 되었다.[11] 1940년 12월, 공부국의 일본 국적 경관은 이미 277명에 달하였다. 일본군은 순포방의 경찰력이 부족하다는 이유로, 일본경찰이 필요하다는 것을 주지시키고, 일본 특무 고토(五島), 우메모토(梅本), 고바야시(小林)가 순포방의 각 주요부문을 접수하도록 파견시켰다.

일본군의 일부분은 조계의 경찰업무 대권을 더욱 통제하였고, 다른한 부분은 호서월계(滬西越界)지대를 점거하려는 음모를 꾸미고 진일보 조계의 세력범위를 압축하였다. 가장 먼저 일본군령은 괴뢰 유신정부의 상해 특별시정부로 가장하여 표면에 나타났고, 호서 월계(滬西越界) 지대의 경찰권을 요구하고 나섰다. 공부국은 괴뢰 유신정부로 가장한 것을 승인하지 않고, 상대하지 않았다. 그러자 일본군은 경찰과 특무에게 이 지대에서 도발을 일으키도록 하였다. 1939년 8월, 일본군은 경찰과 순포로 가장하고 극사비이로(極司菲爾路, 현재의 萬航渡路) 흔강리(忻康里) 입구에서 총격전을 일으켰고, 쌍방은 3시간여 동안 대치하였다. 9월, 유럽에서 전쟁이 폭발하자 일본군은 더욱 기세가 등등하여졌고, 공개적으로 호서(滬西)에서 순포를 몰아내고 위장 경찰국에 고시를 하여 호서(滬西)의 경찰권을 접수한다고 게시하였다. 공부국은 어쩔 방법이 없어 1940년 1월 위장 정부 즉 왕징웨이(汪精衛) 정부와

---

10) 野口謹次郎等, 『上海公同租界と工部局』, 東京日光書院 昭和14年版, p.137.
11) 羽根田市治, 『上海縣城の記』, 東京龍溪書舍 昭和54年版, pp.309, 312.

협정에 서명을 하고, 호서특별경찰총서를 설립하고, "공동관리"라는 이름을 걸었으나 실제상으로는 중요한 직무는 모두 일본인이 담당하게 되었다. 이렇게 호서월계지대 역시 일본군의 점령구로 바뀌게 되었다.

이와 동시에 일본 침략자는 대규모로 조계 관리 기구에 침투하기 시작하였고, 이로써 점차적으로 조계 행정권을 탈취해 나갔다. 일본은 공부국이 조계내의 항일활동을 없애지 못한다는 것을 구실로 일본인을 대표이사[總董]로 추천할 것을 요구하였다. 교섭이 진행되자, 공부국은 일본인 대표이사[總董]의 추천을 어쩔 수 없이 동의하고 일본인 오카(岡琦)를 부총동(副總董)에 임명되고, 와타리 아키라(渡正監)를 부총재(副總裁)로 임명되었다. 이 두 사람의 직책은 비록 부(副)에 해당하지만 일본의 무력이 배후에 있었기에 세력은 정직(正職)을 초월하였다. 유럽 전쟁의 폭발은 특히 1940년 5월 이탈리아의 참전 후, 상해에서의 영국, 미국, 프랑스 조계의 교민과 이탈리아 교민과는 왕래가 두절되었고, 상해에 주둔하고 있던 병력은 상호 경계를 하게 되면서 분위기는 아주 긴장되었다. 일본의 상해주둔 해군사령관은 각국 해군사령관에게 조계의 모든 책임은 제3국이 대리 관리하며, 이 제3국은 당연히 유럽 전쟁에서 "중립"을 지키고 있는 일본이 담당해야 한다고 건의하였다. 영국, 미국, 프랑스 3국의 거절로 일본의 이 음모는 실행되지 못하였으나, 그들의 조계에서의 실력은 더욱 증가되었고, 공부국과 공동국이 일본에 대해서는 거의 무조건 맹종하는 성향이 전개되었다. 1940년 7월 5일, 공부국 총판은 국민당 시정부에 보관되어 있던 조계의 312상자(箱子)의 당안(檔案) 전부를 일본 정부에 넘겨주었다. 또 8월 1일에 공동국은 일본측이 마사남로(馬斯南路, 현재의 思南路)의 우체국 우편을 검사하는 권한에 동의하였다. 11월 8일, 공동국은 또 제2특구 법원을 일본의 괴뢰 정부에 넘겨주었다.

이렇게 하여 조계와 그 주위의 일본 점령구와의 차이는 거의 없어졌고, 그것을 소위 "중립"(中立)이라고 불렀으며, 이것은 괴뢰정권의 "독립"과 같은 것으로 웃기는 일이었다. 바진(巴金)은 "이곳을 고도(孤島)라고 말하고 있는데, 나는 작은 새장이라고 생각한다."[12]라고 말하였다.

---

12) 巴金, 『一點感想』의 글은 張一塱의 『淪陷前後的上海』, p.62에서 인용.

제2절 대도시(大道市) 정부와
위상해특별시정부(僞上海特別市政府)

일본제국주의는 중국을 멸망시키기 위해, 정치적으로 "이화제화"(以華制華), "분이치지"(分而治之)의 정책을 시행하였다. 일본군은 한 지역을 공격, 점령하면 그 지역의 매국노를 모았고, 이로써 괴뢰 정권을 세우고, 중국인민을 통제하고 진압을 강화시켰다.

1937년 11월 국민당 군대가 서쪽으로 철수한 후, 일본군의 도움으로 일부 매국노는 남시(南市), 포동(浦東) 등지에서 계속적으로 자치회를 설립하였고, 일본 침략자의 흉세를 도와주고 있었다. 12월 5일, 일본군은 포동(浦東)에서 괴뢰조직을 육성하였는데, 그것을 대도시정부(大道市政府)라고 한다. 그들은 대만에서 데리고 온 한간 쑤시원(蘇錫文)을 시장으로 하고, 양 조계 이외의 상해 시구를 관할하게 하였다. 대도시정부는 한 쪽에는 희한한 행황기(杏黃旗)를, 정중앙에는 한 폭의 태극도(太極圖)를 걸어놓았다. 그들이 발표한 제1호 고시는 아편연세(鴉片烟稅)를 징수한다는 것이었고, 아편상[烟商]은 반듯이 허가증을 지니고 있어야 하였으며, 갑등(甲等)은 매월 5원(元), 을등(乙等)은 3원, 병등(丙等)은 6각(角)을 납부하여야 한다는 것이었다. 그들은 포동의 동창로(東昌路) 부두, 기창잔(其昌棧), 고교(高橋), 동구(東溝) 등지에 검문소[卡]을 설치하고는 공개적으로 소비세를 징수하였다. 그 후, 그러한 검문소[卡]는 호서(滬西), 동가도(東家渡), 진여(眞如), 백연경(白蓮涇) 등에 세무서를 설치하고 세금징수를 강행하였고, 세금의 종류로는 상점 영업세, 영업소득세, 산업세, 혼상세[婚喪捐], 공안세[公安

捐], 교육세[敎育捐], 위생세[衛生捐], 자선세[慈善捐] 등 수 십종으로 한 상자나 혹은 한 부대를 포동진(浦東鎭)이나 혹은 다른 곳으로 이동 할 때, 세금을 내야 하였고, 그렇지 않을 경우에는 물건을 몰수하여 공 공으로 사용하였다. 또 한간 정부 즉 매국노 정부가 두 번째로 실시한 사건은 경찰국을 설립한 것으로 일본군이 호구(戶口)를 조사하는데 협 조를 하였고, 상해 인민의 항일활동을 진압하는데 일조를 하고 있었 다. 다음해 6월, 대도시정부는 남시(南市), 호서(滬西), 갑북(閘北), 남 회(南滙), 천사(川沙), 보산(寶山) 등 10개 지구에 경찰 분국을 세웠고, 또 특경대(特警隊), 수순대(水巡隊)와 정집대(偵緝隊)를 설립하여 그들 도 구성된 무장인원이 약 1만 명에 달하였다. 그들은 또 13개구 공소 (公所)를 설립하여 괴뢰정부의 기초조직의 역할을 담당하고 있었다. 상해인민은 이러한 노예정부를 깔보고 비웃었고,『밀러씨평론보』(密勒 氏評論報)에서도 평론하기를 "그들은 원래 열등한 사기범과 도적들의 무리로 많은 사람들이 이전에 경찰국에서 조사를 받은 경험이 있다."[1] 고 말하였다.

대도시정부의 명성은 아주 악랄하였고, 사기적인 내용의 효과는 이미 사라졌으므로, 일본군은 일부 신상(紳商)들을 물색하여 1938년 12월 29일 상해시민협회를 성립하여, "구제난민, 회복생산"(救濟難民, 恢復生產)의 구호를 내걸고, 조계 내에 위장정권의 설립을 준비하였다. 국민당 군통 (軍統)은 조계내에서의 잠복 조직이 발각된 후, 12월 30일 과일상으로 위장 파견하여, 상해시민협회의 남시 수전공사(水電公司) 사장 루보홍 (陸伯鴻)을 피살하였는데, 이는 조계에서 저격 피살된 최초의 한간(漢 奸)이었다. 또 한 명은 시민협회 회원으로 상해 쌀업계(米業界)의 거두 구신이(顧馨一)로 그의 주택의 한 곳에서 경고성 수류탄이 발견되었 다. 이러한 두 번의 일로 인해 일부 한간(漢奸)은 동요하였고, 공개적

---

1) 『密勒氏評論報』, 1938년 10월 15일.

인 장소에 출석하는 것을 두려워하게 되면서, 시민협회라는 것은 자연히 구름처럼 사라지게 되었다.

1937년 12월, 일본군은 북평(北平)에 괴뢰 중화민국임시정부를 세웠다. 같은 달 24일, 일본 내각회의는 『처리중국사변강요』(處理中國事變綱要)를 통해 시기가 성숙해지면 상해에 괴뢰 정부를 설립하는 것을 결정하였다. 오래지 않아 일본 육군성은 『화중신정권건립방안』(華中新政權建立方案)을 만들어 위장정권(僞裝政權)의 명칭을 화중임시정부로 정하고 지점을 상해에 설치한 후 남경으로 이전한다는 것으로 오색기를 사용하였다. 괴뢰정권의 건립 순서는 먼저 중앙정부를 세우고, 특별히 입법과 행정부문을 갖춘 후, 상해시정부 및 각성(各省) 정부를 건립하고, 다시 현 이하의 기구를 설립하는 것으로 되어 있었다.

일본군은 아주 빠르게 화중(華中) 현지연락위원회를 설립하고, 괴뢰정권의 책임을 맡게 되었다. 그 주요 임무는 뤄즈(羅致)가 담당하였는데, 그는 정치상 어느 정도의 지위를 갖춘 인물로 위정권의 수뇌를 담당하였다. 당시, 화중에 파견된 일본 군사령관 마츠이 이시네(松井石根)는 상해에 거주하고 있던 탕샤오이(唐紹儀)를 공작대상으로 삼았다. 12월 중순, 화중 일본군(華中日軍) 특무부 부장 하라다 쿠마키치(原田熊吉)는 천중푸(陳中孚)와 일본인 특무 야마다(山田) 등 사람을 통해 탕사오이(唐紹儀)를 설득하였고, 하라다(原田) 역시 여러 차례 탕샤오이와 회담을 가졌다. 마츠이(松井)은 차로 해격로(海格路, 현재의 華山路) 28호의 탕(唐)의 집을 방문하고, 이후 특무의 두목인 도이하라 겐지(土肥原賢二)도 역시 방문하여 탕샤오이를 괴뢰정권 조직에 참여하도록 요청하였다.[2] 당시의 상해 인민은 항일의 소리가 여전히 높았고, 군통 특공인원 또 상당한 활약을 하였으므로, 탕(唐)은 망설이면서 답변을 지연하고 연기를 하는 태도를 보였고, 일본군의 요구에 대해서는

---

2) 森島守人, 『陰謀·暗殺·軍刀』, 黑龍江人民出版社 1980年版, p.151.

"충분히 생각해 보겠다"3)고 표시하였다.

일본군 침략자는 탕샤오이가 지연만하고 결정을 하지 않는 것으로 보고, 1938년 1월 우수다(臼田寬三)를 위수로 한 "우수다 기관"(臼田機關)을 설립하고, 양홍즈(梁鴻志), 원쭝야오(溫宗堯), 천췬(陳群)을 포섭대상으로 하였다.4) 2월 14일, 하라다(原田熊吉)는 상해에서 위의 3인을 협상에 소집하여 위정권(僞政權)을 조직하게 되었다. 이후, 이 세 사람은 홍구(虹口) 군사령부로 가서 일본군의 거두를 배방(拜訪)하면서, "우리들은 나라를 구하기 위해 노력하였으나, 국가 시책의 착오로 민중의 비참한 희생을 겪었고, 비록 역량이 박약하나, 힘을 다한다면 신중국을 건립하여 동아시아의 영원한 평화를 가져올 것이다. 이러한 환경에서 일본 우방이 각 방면에서 도움을 주고 있다."5)라고 언급하였다. 3월 20일, 양홍즈(梁鴻志), 원쭝야오(溫宗堯), 천췬(陳群) 등 대소한간(漢奸)들이 남경의 국민당 정부 대회당에 모여 괴뢰중화민국유신정부(僞中華民國維新政府)를 성립하였고, 양, 원, 천 등이 행정, 입법, 사법 원장을 나누어 맡았다. 그 통치구역은 스스로 강소, 절강, 안휘 3성 및 상해와 남경 두 곳의 특별시지구로 구분하였다. 수정군(綏靖軍)을 건립하고, 런웬다오(任援道)를 군장(軍長)으로 하고 그 아래에 4개 사(師)를 전문적으로 지원하여 항일 유격대에 대항하는 일을 전문적으로 맡았다. 위유신정부(僞維新政府)의 출현 후, 상해시민들의 거리에서의 경축 행사를 벌이라고 협박하였다. 시민들은 제약을 받았고, 한간들은 방법이 없어 한 사람에게 1원씩을 나누어 주고 사람을 모으는 웃

---

3) 『上海方面建立政權的動向』, 『日本駐上海總領事岡本致北平大使館參事官森島電報』, 密合 제55호, 1938년 1월 9일.

4) 梁鴻志, 溫宗堯는 모두 북양정부의 구 관료로 두 명은 오랜 기간 상해에 거주하였다. 陳群은 원래 북벌군 동로군(東路軍) 정치부 주임으로 4·12정변의 주된 망나니였고, 1927년 파직된 후 상해에서 변호사업을 개업하고 있었다.

5) 原田熊吉, 「維新政府成立當時之回顧」, 『維新政府成立初周紀念』.

음거리의 행위를 하였다. 각 신문에서는 위정부(僞政府) 성립의 반동 전단을 뿌렸다. 위유신정부는 남경에서 개장한 후, 홍구(虹口)의 신아주점(新亞酒店)에 사무소를 설립하고, 일본군 군도(軍刀)의 보호아래 활동하였다. 6월 이후, 각부 기구는 계속해서 상해에서 남경으로 이전되었다.

위유신정부는 출현 후, 즉각 쑤시원(蘇錫文)에게 대도시정부의 취소를 요구하였고, 태극 행황기(太極杏黃旗)를 내걸므로써 상해시정독판공서(上海市政督辦公署)를 대신한다고 하였다. 쑤시원은 오히려 잘못을 인정하지 않고 "우리 모두는 노예이다. 노예는 상사에게 잘난 척을 해서는 안 된다."6)라고 말하였다. 일본군이 관여하자 쑤시원은 4월 22일에 상해시정독판(上海市政督辦)이라고 명칭을 바꾸었다. 28일, 상해시정독판공서가 설립되고, 오색기가 내걸렸다. 반역분자 푸스쉐(傅式說), 장즈핑(張資平), 장쑤민(張素民) 등은 우원로(愚園路) 연안방(聯安坊)에 중화경제문예과학연구사(中華經濟文藝科學研究社)를 설립하고, 수집된 경제정보를 일본에 제출하고 한간(漢奸)문학으로 포장하였다. 일본 침략자들은 나누어서 통치하자는 '분이치지'(分而治之)를 실시하자 대소 한간(漢奸)의 사이에 모순이 발생하였고, 유신정부는 상해시정부를 통일하지 못하였고, 상해시괴뢰정부 역시 시 전체의 각 구를 통일하지 못하였다. 당시 남시, 갑북, 민행(閔行), 오송(吳淞) 각지에는 치안유지회가 있었는데, 그들은 모두 일본군이 한간(漢奸)을 기층 정치조직으로 심어놓은 것이었다. 쑤시원(蘇錫文)은 남시, 갑북의 유지회에 명령을 내려 유지회를 구공소(區公所)로 개칭하게 하고, 이러한 작은 괴뢰역시 그가 유신정부가 하는 것을 따라하는 것이었다. "우리 모두는 노예이고, 노예는 상사 앞에서 잘난 척을 하지 말아야 한다."는 말을 또 하였다. 4월 7일, 쑤시원은 소주하(蘇州河) 북안 천후궁(天後宮)의 상

---

6) 陶菊隱, 『孤島見聞』, p.35.

해시상회를 접수하였으나, 각 업 공회는 조계 내에서 업무를 볼 수 있게 되어 있어서 쑤시원은 이러한 것을 접수한 것은 이름뿐인 것으로 되었다.

상해시민협회의 난산(難産) 이후, 일본군은 공상계의 갑부 야오무롄(姚慕蓮), 여우쥐쑨(尤菊蓀), 저우원루이(周文瑞), 상무장(尙慕姜)등을 중용하고자 하였다. 1938년 2월, 상해시민협회는 활동을 개시하였고, 이 회에서 갑북, 남시 주민들에게 선포를 하고 옛 거주지로 돌아갈 것을 종용하였다. 이러한 행동은 일본군이 점령한 3월 1일부터 남시와 갑북 지구를 개방하였다. 그러나 고향으로 돌아가라고 한 후, 일본인들에게 아첨하는 무리가 늘어났고, 시민협회의 구신이(顧馨一), 여우쥐쑨(尤菊蓀) 두 명의 한간들은 루바이홍(陸伯鴻)에게 빌붙어 그와 함께 좋지 않은 말로를 보게 되었다.

10월 14일, 위유신정부(僞維新政府)는 상해시정독판공서(上海市政督辦公署)를 취소하고, 상해특별시정부를 성립하고, 아울러 위시부(僞市府)를 포동(浦東)에서 강만(江灣)으로 이전하고, 푸샤오안(傅筱庵)을 위시장(僞市長)으로, 쑤시원(蘇錫文)을 위시정부(僞市政府) 비서장겸 교육국 국장(局長)으로 임명하였다. 푸샤오안은 한간(漢奸) 시장으로 임명된 후, 일본의 위세를 등에 업고 세력을 부렸으나, 일본인이 그에 대한 불신임으로 카이 야지로(甲斐彌次郎)를 고문으로 임명하여 그의 방종을 감시하고 있었다. 그는 행사에서도 주인 역할을 하지 못하였고, 수거하는 재물은 모두 일본인의 주머니로 들어갔다. 그는 탄식하며 말하기를 "나의 매달 급료는 2천원으로, 일본해를 갔다 오는 육군 군관과 낭인의 수준에 불과하고, 어떤 때는 급료가 깎이고, 이러한 것은 밑지는 장사로 처음에는 생각지도 못했던 일이다.", "현재는 권세의 뒤에서 의지하고 있으나, 나는 홀로서기를 하지 않으면 안 된다."[7]

---

7) 『民國人物傳』, 제4권, 中華書局 1984年版, p.158.

라고 하였다. 그는 더욱 시민들을 압박하였고, 상해인은 그에 대해 이를 갈았고, 그의 동향인들은 그의 조상 묘를 파헤쳤다.

위유신정부 성립 후, 극사비이로(極司菲爾路)에 있던 원래 송강염무관리국(松江鹽務管理局)은 괴뢰소절환염무관리국(僞蘇浙皖鹽務管理局)으로 성립하였고, 위정부 재정부 소속의 염무관리기구가 되었다. 통세와 염세의 수입은 아주 적은 일부분을 위정부의 판공비로 사용하였고, 대부분은 일본군이 탈취하였다. 계속해서 일본군은 즉각 위정부의 해관 진출구세(進出口稅)와 중계세금[轉口稅]을 낮게 하여 대규모의 일본 면포, 인조비단 및 그 제품, 사탕, 기기 및 그 부속품, 건축재료, 해산물[海貨] 등을 상해로 들여와 판매를 하였고, 강절(江浙;강소, 절강) 등지의 농부산품, 공업원료 등은 아주 낮은 가격에 일본으로 가져갔다.

화중지구의 경제를 통제하기 위하여 일위(日僞)[8]는 상해에 일부 공사(公司)의 합작을 하기 시작하였다. 1938년 11월, 화중진흥고분유한공사(華中振興股份有限公司)는 상해에서 개업을 하였는데, 총재는 일본국적의 유명한 자본가인 코다마 겐지(兒玉謙次)였다. 이 공사의 경영업무는 주로 교통운수, 통신, 전기, 가스, 광산, 수산물 및 기타 공공사업 등이었다. 이후 계속해서 개업한 계열회사는 화중광업(華中礦業), 화중전업(華中電業), 상해내하윤선(上海內河輪船), 상해항산(上海恒產), 화중수산(華中水產), 대상해가스[大上海煤氣]등 크고 작은 것이 십 여 가(家)가 넘었고, 모두 일본과 공동투자의 합작회사로 위장을 하고 있었다. 소위 "합작"은 일본 측에서는 현금을 출자하고, 일위측에서는 원래의 기업의 고정자산으로 실물가치로 출자를 한 것으로 각 계열회사는 일본인이 사장과 기타 주요 직무를 담당하고, 일위측의 인원은 부사장 혹은 기타 중요하지 않은 직무를 맡았으므로 일본인이 기업의

---

8) 일위(日僞)란 일본에 투항한 중국정권과 군대를 간략하게 부르는 말이다. 역자 주.

절대적인 통제권을 장악하였고, 아울러 각종 특수권리를 향유하였다.

일본군이 상해를 점령한 후, 일본 외무성은 상해에서 일본 돈과 군표(軍票)를 사용하도록 규정하였다. 후에 군표는 나날이 가치가 떨어져 점령지구의 민중은 사용을 거절하였고, 이에 위유신정부에게 지폐를 발행할 은행을 설립하도록 하였다. 1939년 5월 1일, 위화흥상업은행(僞華興商業銀行)이 상해에 설립되었고, 16일 영업을 개시하였다. 이 은행은 자본금은 법폐9) 5,000만원으로 그 반은 유신정부에서 출자하였고, 나머지 반은 미츠이(三井), 미츠비시(三菱)등 일본은행에 분담시켰다.10) 총재는 위재정부(僞財政部) 천진타오(陳錦濤)가 담당하였고[오래지 않아 천은 병사하였고, 량훙즈(梁鴻志)가 승계하였다], 부총재는 일본인이 맡았다. 화흥상업은행(華興商業銀行)은 1원, 5원, 10원의 태환권과 1각(角), 2각(角)의 보조 화폐권과 법폐 등의 가치를 인정하였으며, 이로써 일본군용표를 대체하였다. 화흥권(華興券)의 발행은 상해와 기타 점령구 인민의 제제와 반대에 부딪쳐서, 유통되기는 어려웠고, 오직 화흥상업은행과 일본 은행 사이의 재무상으로 거래되었다. 비록 1940년 2월 화흥권의 발행액이 565만원에 달하였으나, 대부분은 모두 정금은행(正金銀行) 상해 분행과 기타 일본은행의 창고에 보관되어 있었다.

일본 침략자들은 일위정권을 육성시키기 위해, 점령구 통치와 조계의 잠식을 강화하였고, 이를 위해 한간특무기관을 건립할 결심을 하였다. 일본군은 최초로 홍구 신아주점에 흥아회를 설립하고 "강북 두웨성(杜月笙)"이란 이름으로 불렀던 한간 창위칭(常玉淸)을 끌어들여, 안청총회(安淸總會)를 조직하여 일본 낭인 고무라(小村)를 고문으로 하고 그 아래에 건달 특무인 황도회(黃道會)를 조직하여, 전문적으로 항일지사를 암살하고 일본에 호응하는 사람을 보호하였다. 그러나 황도

---

9) 법폐(法幣)란 1935년 이후 국민당 정부가 발행한 지폐를 말함. 역자 주.
10) 李超英, 『僞組織政治經濟槪況』, 重慶商務印書館 1944年版, p.69.

회에서 모은 무리는 상해탄(上海灘)의 3, 4등급의 건달들로 정규적인 특공훈련을 받지 않았으며, 사람 수도 많지 않았고, 무법으로 위정권(僞政權)을 완성하고, 항일 역량을 소멸시키라는 임무를 받았다.

1938년 가을, 원래 국민당 주평철로(株萍鐵路) 특별당부[中統] 특무실 주임 리스췬(李士群)은 홍콩을 경유해서 상해에 도착하여, 상해의 일본대사관 서기 기요쓰이 타다시(淸水董三)에게 의탁하여 일본을 위해 정보활동을 하기로 결심하였다. 리스췬이 대서로(大西路 67호, 현재의 延安西路 665호)를 거점으로 선후로 국민당 중통 상해구 정보원 탕후이민(唐惠民), 국민당 중앙 선전부(中宣部) 상해 주재특파원 장정판(韋正範), 국민당 상해시당부위원 류탄궁(劉壇公) 등을 끌어들였고, 또 운남에 있던 그의 옛 상사와 국민당 중통국 제3처 처장의 딩모춘(丁默邨)을 끌어들였다. 딩, 리는 합의 후, 기요쓰이(淸水董三)의 인준아래 일본의 중국 특별위원회 책임자인 도이하라 겐지(土肥原賢二)[11]를 만났고, 일본 군방(軍方)의 원조를 청하였다. 오래지 않아 딩(丁), 리(李)는 또 도이하라(土肥原)의 조수인 하레키 케이타네(晴氣慶胤)에게 『상해항일단체일람표』(上海抗日團體一覽表)와 『상해특공계획』(上海特功計劃)을 제출하고, 도이하라 등의 사람으로부터 상을 받았다. 1939년 2월 10일, 일본 대본영에서는 『모춘일파특무공작 지원의 훈령』(援助默邨一派特務工作的訓令)을 하달하고, "딩모춘 일파의 특무공작은 상해 공포활동 대책의 한 전환적인 작용을 할 것이다"라고 확정하고, "매월 경비 30만 일원(日元)을 지급함과 동시에 그들에게 권총 500자루, 실탄 5만 발 및

---

11) 1938년 7월, 일본군은 장기 전쟁의 어려움에서 벗어나기 위하여 중국의 항일 세력을 무너뜨리기 위해, 상해에 對華特別委員會의 건립을 결정하였고, 담당자로 도이하라 겐지(土肥原賢二)를 두었고, 성원으로는 추다 시쯔에(津田靜枝), 사카니시 리하치로(坂西利八郎), 오하사마 나가요시(大迫通貞), 타카지 와치(和知鷹二)와 하레키 케이타네(晴氣慶胤) 등이 있었다. 기관은 홍구공원(虹口公園) 北側의 동체육로(東體育路) 7호로 중광당(重光堂)이라고 하였다.

5백kg의 폭탄을 주었다"12) 딩모춘과 리스췬을 우두머리로 하는 한간 특무조직은 이로써 정식 성립되었다. 그 주요 골간들은 국민당 군통, 중통성원으로 상해시당부의 차이홍톈(蔡洪田), 왕톈무(王天木), 마샤오 톈(馬嘯天) 등이 후에 가입하였다. 계속해서 건달인 리윈칭(李雲卿)을 끌어들였고, 우쓰바오(吳四寶)를 두목으로 하는 일부 상해 이등 건달들 을 행동대원으로 흡수하였다. 특무공작에 익숙해 있던 리스췬은 조계 포방 중에 조직을 발전시켜, 공부국 포방 포탐장 루롄퀘이(陸連奎) 및 특별순포 판다(潘達)등 "십 형제"(十兄弟)도 포섭하였다. 제1특무기관 은 아주 빠르게 초기의 규모를 형성하게 되었다.

1939년 3월, 도이하라(土肥原)는 기관을 철수하고, 딩(丁), 리(李)를 하루케(晴氣慶胤)의 통제에 두게 하고 일본 대본영의 지도를 받게 하 였다. 각 기관이 성립된 후, 이 한간특무기관은 또 각 기관에 속해 지 휘를 받았다. 이때, 딩과 리는 이미 같은 상태에서 출발한 왕징웨이(汪 精衛) 매국집단에 합류하였다.

---

12) 晴氣慶胤, 『上海テロ工作76號』, 日本每日新聞社 昭和55年版, p.62.

제3절 상해에서 왕위(王僞)[1]의 활동

1938년 항일전쟁이 대치국면의 단계로 접어든 때, 국민당영내에는 왕징웨이(汪精衛)를 위수로 한 일부 매국분자가 일본침략자의 회유정책으로 공연한 매국 투항행위를 벌였다. 일본과 왕징웨이의 결탁은 주로 상해에서 진행되었다.

왕징웨이는 항전 개시 때부터 일본과 타협을 주장하였고, "전쟁을 하면 반듯이 대패하고, 대란을 피할 수 없다"고 시민들을 고취하였다. 그는 공인하기를 "노구교(盧溝橋) 사변 발생 이후, 우리는 중일전쟁에 대하여 저지할 수 없었고, 뿐 만 아니라 우리들의 생각을 가다듬을 시간도 없었다."[2]고 말하였다. 일부 친일파인 저우포하이(周佛海), 타오시성(陶希聖), 뤄췬창(羅君强), 가오쫑우(高宗武), 메이쓰핑(梅思平)등은 저조구락부(低調俱樂部)를 만들었고, 점점 왕징웨이를 위수로 한 매국집단을 형성하였고, 적당한 시기에 "적당한 시기에 정전을 시도해야 한다."고 주장하였다.[3]

타협의 시점을 찾기 위해 1938년 초, 외교부 아주사(亞洲司) 사장(司長) 가오쫑우가 홍콩에서 활동하면서 일본의 의도를 탐색하였다. 1월 14일, 까오는 제1과 과장 둥다오닝(董道寧)을 상해에 도착하게 하여 회중반점(滙中飯店)에서 일본의 중국주재대사 가와고에 타케(川越武), 만철

---

1) 왕위(王僞)란 왕징웨이(汪精衛) 정부를 자칭한다. 역자 주.
2) 汪精衛, 「我對於中日關係之根本觀念及前進目標」, 『中華日報』, 1939년 7월 10일.
3) 周佛海, 「回顧與前瞻」, 『時代文選』, 제5,6기 合刊.

주경대표(滿鐵駐京代表) 시이셴(西義顯)과 회담을 하였다. 2월 14일, 둥다오닝은 일본으로 가서 일본 참모본부 전략 과장 카게사 사다아키(影佐禎昭)와 회담을 가졌다. 1개월 후, 그는 카게사가 허잉친(何應欽), 장췬(張群)에게 보내는 서신을 지니고 상해로 돌아왔고, 가오쭝우와 함께 마즈모토 시게하루(松本重治), 이토오 가오루(伊藤芳南)를 화무반점(華懋飯店)에서 만나 관계를 유지하였다. 3월말, 가오(高), 둥(董)이 한구(漢口)에 도착하여 왕징웨이, 저우포하이(周佛海)가 일본에서 보내온 편지를 보았고, 아주 중시하면서 일본 측과 연락을 취해야만 한다고 생각하였다. 7월 5일, 저우포하이의 지시아래, 가오쭝우는 일본으로 가서, 일본 육상 이타가키 세이시로(板垣征四郎) 및 카게사(影佐) 등과 회담을 하고, 쌍방이 모두 장제스 이외의 사람이 나타나 평화운동을 전개해야 한다는 데 인식을 같이 하였고, 그러한 인물로 왕징웨이를 가장 적합한 사람으로 인선하였다. 어쨌든 이타가키 세이시로(板垣征四郎)는 왕징웨이에게 비밀 서한을 써서 일본은 이미 장제스를 반듯이 하야(下野)시킬 것을 표명하였고, 앞으로는 왕징웨이가 교섭과 평화의 책임자라고 하였다. 10월 하순, 왕, 저우는 가오쭝우, 메이쓰핑(梅思平)이 휴대한 『평화기본조건』(平和基本條件)을 접수하였고, 상해에서 일본측과 담판을 벌였다.

11월 12일, 가오와 메이 그리고 일본 대표 카게사(影佐禎昭), 이마이 타케오(今井武夫)는 중광당(重光堂)에서 정식으로 회담을 거행하였다. 쌍방은 흥정을 한 후에 20일 『일화협의기록』(日華協議記錄) 및 『일화협의기록양해사항』(日華協議記錄諒解事項)에 서명을 하였다. 그 규정은 첫째, 중일은 방공협정을 체결하고 중국은 일본군 방공주찰(防共駐札)을 승인하고 내몽고 지구를 방공특수구역으로 설정한다. 둘째, 중국은 만주국(滿洲國)을 승인한다. 셋째, 일본교민은 중국에서 거주 및 영업할 지유기 있고, 일본은 치외법권 폐지와 조세의 반납을 고려한다. 넷째,

중일경제 합작으로 일본이 우선적으로 화북(華北)을 개발하는 것을 승
인한다. 다섯째, 일본 교민의 손실을 배상한다. 여섯째, 일본군은 2년
내 철수한다. 쌍방이 약정한 구체적 행동으로는 먼저 일본 수장인 고노
에(近衛)는 중국이 항복하였다는 중요한 서면 성명을 발표하고, 왕징웨
이 등은 장제스의 통제에서 벗어나도록 노력하며, 국외의 모처에서 고
노에(近衛)의 성명을 발표하고, 일본에 대해서 정전, 투항하고, "화평"
을 진행한다고 하였다. 27일, 메이쓰핑은 중광당에서의 밀약을 말 안장
에 꿰메어, 그것을 가지고 중경(重慶)으로 돌아와 왕징웨이와 저우포하
이 등에게 보고하자, 왕과 저우는 큰 희망을 걸고 일본에 투항을 결심
하게 되었다. 12월 18일, 왕징웨이, 천비쥔(陳璧君)은 곤명(昆明)으로
도피하였다. 다음날, 그들과 저우포하이, 타오시성(陶希聖), 쩡중밍(曾
仲鳴) 등은 곤명(昆明)에서 하노이(Hanoi, 河內)로 도피처를 옮겼다. 22
일, 일본 수상 고노에는 투항을 유인하는 성명을 발표하였다. 29일, 왕
징웨이는 고노에에게 『염전』(艶電)을 보내고, 공개적으로 매국 행위의
길을 걷게 되었다.

　왕징웨이집단의 이러한 행동은 오래전에 이미 상해에서 적에게 투
항한 딩모춘(丁默邨), 리스췬(李士群) 무리에게 고무적인 일로 받아들
여졌다. 딩과 리는 1939년 4월 사람을 홍콩으로 파견하여 저우포하이
와 밀담을 나누었고, 왕의 지도를 받고자 한다는 것을 표시하였다.

　왕의 신속한 효과를 촉진시키기 위해, 3월 18일, 일본 상해주재 총
영사 메구미 요시(田尻愛義)가 친히 홍콩으로 가서 연락을 취하였다.
계속해서 일본 흥아원(興亞院)은 왕징웨이 집단에 매월 공작비 300만
엔(円)을 지급하기로 결정하였다. 21일, 장제스는 군통특무를 하노이
에 파견하여 왕징웨이를 암살하도록 하였으나 미수에 그쳤다. 왕징웨
이는 일본인들에게 이후 상해를 근거지로 하여 운동을 발전시키는 것
을 희망한다고 표시하고, 일본 측이 군함을 파견하여 동행해 주기를

구걸하였다. 5월 6일, 왕징웨이는 일본특무의 엄중한 보호아래, 배에 올라 상해 규강(虯江) 부두에 도착하였다. 이마이 타케오(今井武夫)는 왕징웨이와 배에서 회담을 하였고, 왕은 그가 조직한 정부에 "중일합작"(中日合作)을 실현하겠다고 하였다. 그날 밤, 왕의 측근인 상해 중법공학원(上海中法工學院) 원장 추민이(褚民誼)가 왕의 뜻을 받들었고, 치시(栖息)는 상해의 한간(漢奸) 푸스쉐(傅式說), 메이쓰핑, 가오쫑우 등을 다시 규합하였다. 왕과 천비쥔(陳璧君), 천궁보(陳公博), 쪼우포하이, 메이쓰핑, 가오쫑우, 린바이성(林柏生), 딩모춘은 간부회의를 개최하여, 이 집단의 최고 결의 기구로 만들었다. 이때부터 왕징웨이 한간(漢奸) 집단의 활동 중심은 상해로 이전되게 되었다.

5월 8일, 왕징웨이는 일본 헌병의 보호아래, 동체육로의 도이하라(土肥原) 공관에 거주하게 되었다. 그는 상해인민으로부터 징벌을 받을 것을 두려워하였고, 또 국민당 군통인원의 암살을 두려워하여, 하루 종일 노심초사하였으며, 나무와 풀이 모두 군인들로 보여졌다. 프랑스조계 복이리로(福履理路, 현재 建國西路)에 있던 개인 주택에도 걸어가지 못하였고, 오로지 밤이 되어서야 몰래 조계에서 활동을 하였다. 왕징웨이 일당은 긴급 상황에도 잘 대처하였다. 왕징웨이 집단이 빠른 속도로 "독립"을 시키기 위하여, 일본 침략자는 딩모춘과 리스췬에게 왕을 배알하도록 하였고, 쌍방이 연합조건을 이루어내었다. 딩과 리의 특공조직은 왕계(汪系)의 비밀경찰 역할을 담당하였고, 특무공작 총사령부가 직접 지휘를 하였고, 10월부터의 활동경비는 왕에게서 지급받았다. 딩과 리는 신정부가 성립되었을 때, 내정부장, 상해시장과 강소성 주석의 자리를 요구하였다. 왕의 위장 평화운동의 진전에 관해서 리스췬은 빨라야 7월에 가서야 조계에서의 항일 세력을 일소할 수 있다고 생각하였고, 이 이전에는 상해에서의 공개직인 행동을 잠시 정지하라고 요구하였고, 이로써 항일세력의 습격을 피하라고 권고하였다. 왕징웨이는 이 기간 동안 일본을 방문하기로 결정하였다. 동시에 왕은 호서(滬西)로 이주하기를 요구하였고, 딩과 리가 경호업무를 담당하기로 되었다. 오래지 않아 일본군은 우원로(愚園路) 1136농(弄)의 원래 교통부장 왕보췬(王伯群)의 주택을 왕의 공관으로 이용하도록 징발하였다.[4]

5월 31일, 왕징웨이, 저우포하이 등이 일본을 방문한 후를 계기로 이로써 주인과 노복[主僕]의 관계에서 각종 관계를 확립하였다. 6월 하순, 왕징웨이 등이 일본을 떠나 귀국하는 일에 대해서는 북방의 괴뢰두목인 왕커민(王克敏)과 회담을 진행시켰다. 상해에 도착한 후, 위유신정부 두목 양훙즈(梁鴻志)와도 회담을 가져 서로 의견을 교환하였다. 일본은 왕정권의 건립을 촉진하기 위해, 8월 22일, 상해 중광당(重光堂)에 특별히 일본정부의 메이(梅)기관의 직속 기관을 설치하고는 육군방면의 카게사 사다아키(影佐禎昭), 해군방면의 스가 히코지로오(須賀彦次郎), 외무성 및 흥아원(興亞院) 관원 등으로 그 구성원이 만들어졌고, 기관장으로는 카게사(影佐)가 담당하였다.

일본에서 상해로 돌아온 왕징웨이 일파는 위정권(僞政權)을 세우려려는 노력을 더욱 가속화하였다. 그들은 "화평반공건국"(和平反共建國)의 여론을 만들어 매국 투항하는 구실을 만들었다. 저우포하이가 상해에 도착한 후, 거액의 차관으로 여론계, 교육계 인사 및 신문사의 편집인을 매수하였다. 오래지 않아, 왕계(王系)는 홍콩의 선전부문의 책임자인 린바이셩(林柏生), 리셩우(李聖五), 판중윈(樊仲雲)등 역시 상해에 도착하였고, 신문사를 창설한 준비에 착수하였다. 그들은 비밀리

---

4) 이 농(弄)은 아주 긴 골목으로 오직 1개의 출구가 우원로(愚園路)로 향해있었고, 농내(弄內)에는 10여 채의 독립적인 소화원(小花園)의 양방(洋房)으로 되어있었고, 건축은 화려하고 아름다웠다. 오래지 않아 이 농(弄) 주민은 전부 쫓겨 나게 되었다. 왕징웨이(汪精衛), 저우포하이(周佛海), 천춘푸(陳春圃), 린바이셩(林柏生) 등 및 일본 호서(滬西) 헌병대 특별파견팀 모두가 이곳의 주택을 거처로 이용하게 되었다. 이 농(弄)은 상해 한간(漢奸) 활동의 중심이 되었다.

에 매수한 부랑배들과 각 문화단체를 끌어들였다. 이러한 지하 선전활동은 왕징웨이의 위정권 활동을 공개적으로 표면화시켰다. 7월 10일, 왕징웨이 정권의 기관보인 『중화일보』(中華日報)가 상해에서 복간되었고, 린바이성이 사장이 되었다. 11월 초 그들은 또 상해에서 중화통신사를 설립하였다. 계속해서 『국민신문』(國民新聞), 『신중국보』(新中國報), 『평보』(平報), 『홍건월간』(興建月刊) 등 한간(漢奸) 신문이 계속해서 출현하였고, 이러한 신문사의 여론 조성으로 괴뢰정권의 등장의 길을 열었다. 그 주요 내용은 "유격전(游擊戰)과 초사전(焦土戰)은 백성에게 해를 주고, 근심에 빠지게 한다.", "항전은 반듯이 패한다." (抗戰必敗), "원수로 생각하면 해결 또한 원만하지 못하게 된다."고 주장하며, 그러므로 반공으로 "평화"를 얻어야 한다는 것이었다. 이러한 황당무계(荒唐無稽)한 한간의 이론은 말할 필요도 없이 대부분의 중국인들은 콧방귀도 뀌지 않았고, 일본 군정인원 역시 믿지 않았다. 『중화일보』(中華日報)가 복간된 후에도, 시민들은 구매하지 않았으나, 이 신문 발행인은 판매를 중단하는 것을 거부하였기 때문에, 상해주재 일본 무관은 어쩔 수 없이 이것을 승인하였다. 그러나 이 신문은 "판매할 수 없는 경지에 이르렀다"고 말하고 있다.5)

왕징웨이 집단은 대대적으로 여론 선전을 강화하는 동시에, 힘을 다하여 건달들을 모으는데 전력하였고, 특무부대의 건설에 박차를 가하였다. 어떤 사람이 저우포하이에게 "우리들은 어째서 도처의 건달들을 모두 소집하는 것인지, 또 그들의 행패를 보고 참는 것은 이후에 우리들의 명성에 누를 끼치지 않겠습니까?"라고 묻자, 저우포하이는 "역사상 어떠한 정권도 초창기에는 약탈이 있었고, 이러한 것을 인정하지 않을 수 없다. 근래에 들어, 마치 북벌군이 남경을 점령할 때, 삼대형(三大亨) 역시 이러한 면에서부터 출현된 것이다."6)라고 하여 잘못된

---

5) 『現代史史料』, 제13권, 東京 みすず書房 昭和39年版, p.246.

것을 스스로 인정하고 있었다. 한간(漢奸)의 대오를 확대시키기 위해서는, 대서로(大西路) 67호는 이미 적당하지가 못하였다. 1939년 봄, 특무기관의 일부가 억정반로(憶定盤路, 현재의 江蘇路) 95농(弄)의 예공관(葉公館)으로 이주하였다. 오래지 않아, 일본인 하레키 케이타네(晴氣慶胤)도 그가 친히 선정한 이 새로운 기지인 극사비이로(極司菲爾路 76호, 현재의 萬航渡路 435호)의 원래 군사참의원 원장 천다오위안(陳調元)의 주택으로 이주하였다. 이때부터 "76호"는 왕징웨이 특공대의 대명사가 되었다. 이곳의 주요 임무는 왕징웨이 등 한간 거물의 생명을 안전하게 보호하고, 공포적인 활동을 전개함과 동시에 사람들을 억압하고 한간 대오의 사명의 확대시키는 것이었다.

왕징웨이의 평화운동은 시작하자마자 국민당의 깃발을 내걸었다. 1939년 봄, 여름 그는 저우포하이, 천비췬, 메이쓰핑, 런바이성 등을 규합하여 위국민당(偽國民黨)[7] 6대를 개최하도록 계획하여, 이로써 "당통"(黨統), "법통"(法統)의 법률적인 근거를 취득하려하였고, 정상적인 등장을 시도하려 하였던 것이다. 이때 왕 등은 준비위원회를 성립하고, 특파원 분구(주로 강절 점령구였다)를 정하고 대표를 모집하였다. 저우포하이는 당이 혼란한 틈을 타서 딩모춘을 상해시와 강소성 두 개의 당부를 맡겼고, 원래의 중통, 군통의 특무를 모두 대표로 만들었다. 천비췬은 그의 두 명의 동생, 3명의 조카를 모두 대표로 만들었고, 리성우(李聖五) 역시 그의 부인, 처삼촌, 사촌동생, 조카 등을 대표로 임명하였고, 린바이성(林柏生)은 『남화일보』(南華日報), 『중화일보』(中華日報)의 관계자 모두를 참가시켰다. 숫자를 맞추기 위하여 그들은 국민당 당적이 없는 한간들로 대표를 충당하였고, 심지어는 사람을

---

6) 黃美眞等, 『汪僞"七十六號"特工總部』, 상해인민출판사 1984년판, p.137.

7) 위국민당(偽國民黨)이란 왕징웨이(汪精衛)에 의해 이끌어졌던 국민당 국민당과 차별화를 하기 위해 앞에 위(僞)자를 붙여 구분하기로 한다. 당과 그 조직을 또는 왕위국민당(汪僞國民黨)이라고 지칭하겠다. 역자 주.

납치하여 출석을 강요하는 방법까지 채택하였다. 대회 뒤에 비서인 왕
만윈(汪曼雲) 등은 인정하기를 당시 차이훙톈(蔡洪田), 장자이보(張載
伯) 등이 상해시 대표인 것을 제외하고는 기타 회의에 참가한 사람은
자기가 어느 성 대표인지도 분명하게 알지 못하였고, 어쨌든 함부로
짝지어져서 마음대로 파견되어졌던 것8)이라고 인정하고 있다.

8월 28일, 모인 240명 대표는 계엄이 삼엄한 "76호"내에서 위국민
당 제6차 대표대회를 개최하였다. 외부인들을 유혹하기 위해, 그들은
아름답게 장식한 아치형의 경축문 위에 크게 "목숨 수"라는 글자를 새
겨놓았다. 회의는 먼저 『당무결의안』(黨務決議案)을 통과시키고, 국민
당의 총재제(總裁制)를 폐지키로 결정하고, 중집위회(中執委會) 주석제
(主席制)로 고쳤으며, 왕징웨이를 주석으로 임명하였다. 중경(重慶)의
국민당 중집위(中執委), 중감위(中監委) 및 중앙과 지방의 각급 당조직
에게 활동을 정지하도록 선포하였고, 개조된 조직을 받아들이라고 하
였다. 회의에서는 왕징웨이 조직의 중앙정치회의로 권한을 넘겼고, 남
경으로 환도(還都)를 준비시켰다. 끝으로 위중앙위원(僞中央委員)을 선
출하였다. 왕징웨이파에 대해 각 신문에서는 적지 않은 반응을 보였으
나, 이러한 괴뢰극의 색채를 은폐할 수는 없었다. 많은 관찰자가 지적
하듯이 이 회의는 "일본 요구를 인정하는 고무도장"의 역할을 하였다
고 말하고 있다.9) 그러나 회의 전후 출현한 두 개의 에피소드는 사람
들이 이러한 한간의 본질을 알게 되기에 충분하였다. 하나는 국민당
출신의 한간들이 이곳에 참가하여 유신과 임시정부의 두목들에 대해
극도의 불만을 토로하였고, 심지어는 눈물을 흘리면서, 왕징웨이에게
옛 한간들과 왕래를 단절하도록 요구하였는데, 이것은 일본 외무성 관
원은 "이해할 수 없고, 왕징웨이는 특별히 왕의 젊은 조수들이 왕(汪)

---

8) 黃美眞, 張雲編, 『汪精衛國民政府成立』, p.861.
9) 約翰·亨特·博伊爾, 『中日戰爭時期的通敵內幕』, 下冊, 商務印書館 1978年
版, p.349.

과 량(梁)의 그러한 조잡함을 만들어가고 있다."[10]고 지적하였다. 다른 하나는 왕집단 내부의 각파들은 관직을 차지하기위해서 온통 뒤죽박죽이 되었고, 추저분한 소문이 백출하였다. 왕과 저우 등은 위중위(僞中委) 명단을 상의하고 있을 때, 리스췬은 손에 총을 들고, 무장특무를 이끌고 난입하여 "76호"의 중위(中委)의 수를 늘릴 것을 요구하고 나섰다. 한간의 거두들은 리스췬의 이러한 행동에 얼굴색이 변하여 아무 말도 하지 못하였다.

9월 5일, 왕위국민당(汪僞國民黨)은 왕징웨이 숙소에서 6계 1중전회의를 개최하고, 위중앙당부를 정식 성립하였다. 왕의 안배를 근거로 천궁보(陳公博), 저우포하이(周佛海), 타오시성(陶希聖), 메이쓰핑(梅思平), 가오쭝우(高宗武), 딩모춘(丁默邨)을 중앙상무위원으로, 추민이(褚民誼)를 비서청 비서장으로, 타오시성(陶希聖)은 선전부장을 겸임하고, 메이쓰핑은 조직부장을, 저우포하이는 재위주임(財委主任)겸 특무위원회 주임으로, 딩모춘(丁默邨)은 사회부장을 겸임하게 하였다. 비서청, 조직부, 선전부는 우원로(愚園路) 1136농(弄)에, 사회부는 "76호"내에 설립되었다. 6일, 왕위(汪僞)국민당은 차이훙톈(蔡洪田)을 상해시당부 주임위원으로 임명하였다.

위6대(僞六大)는 왕징웨이 집단이 남경으로 환도한다는 내용을 알리는 징과 북이었다. 보다 빨리 환도하기 위해, 왕징웨이 일파는 한간 구성원의 관계를 더욱 긴밀하게 유지시켰다. 왕은 군사인원을 중시하였고, 실의에 찬 군인이 투항하면 친히 접견하고 중임하였다. 원래 무한경비사령(武漢警備司令) 예펑(葉蓬), 무창수정공서(武昌綏靖公署) 참모장 양쿠이이(楊揆一), 서북군 장령 류위펀(劉郁芬), 동북군구부(東北軍舊部) 바오원웨(鮑文樾) 등은 모두 선후로 위중앙위원이 되었다. 왕은 이러한 사람들을 주축으로 우원로(愚園路) 거처에서 군사준비위원

---

10) 約翰·亨特·博伊爾, 『中日戰爭時期的通敵內幕』, 下册, p.350.

회를 설립하였다. 그는 심지어 군대가 없으면, 그의 지위도 안정된 것이 아니라는 것을 알고 있었다. 빠르게는 1939년 겨울, 왕은 강만진(江灣鎭)에 중앙군관훈련단을 설립하고 스스로 단장을 겸임하고, 예평을 교육장에 임명하고 수 천 명을 지휘하였고, 이러한 군관의 출신은 동북강무당(東北講武堂), 보정군교(保定軍校), 황포군교(黃埔軍校)에서부터 토비들까지 구별이 되지 않는 잡동사니로 만들어졌다. 다방면에서의 모집을 통해 항복을 유도하여, 1941년까지 이렇게 왕의 적계(嫡系) 위군(僞軍)이 형성되었다. 이와 동시에, 그들은 문직(文職)인원도 포섭하여, 위정권의 출범을 준비하였다. 저우포하이는 푸스쉬(傅式說)을 파견하여 아이배로(亞爾培路, 현재의 陝西南路) 20호의 재정경제연구소를 출범시켰고, 전문가와 학자를 모집하였고, 매월 보너스를 지급하였고, 그들이 장래 재정부의 위관(僞官)을 허락하였다. 왕징웨이는 천쥔후이(陳君慧)에게 명령을 내려 우원로(愚園路)에 경제자료실의 설치를 명령하여, 일부 일본에 유학중인 학생중에서 경제 인재를 모집하였다. 이외에, 왕징웨이는 또 우원로에 연안방(聯安坊)에 문예과학사(文藝科學社)를 설립하여 장쯔핑(張資平), 사오밍쥬(邵鳴久), 자오정핑(趙正平), 자오수융(趙叔雍) 등에게 책임을 지게하고 문화계인사들을 끌어들였고, 왕과 한간 내부에서는 이곳을 중앙초현관(中央招賢館)이라고 불렀다.[11]

위중앙정권을 빠르게 건립하기 위하여 1939년 11월 1일, 왕과 일본 대표는 우원로 왕징웨이 공관에서 밀담을 시작하였고, 일본측은 카게사 사다아키(影佐禎昭), 스가 히코지로오(須賀彦次郞), 이누야시(犬養建)등의 사람이, 왕 측에서는 저우포하이, 메이쓰핑, 타오시성, 저우룽샹(周隆庠) 등이 참석하였다. 일본 흥아원(興亞院)이 제출한 구체적인 방안은 아주 가혹하였는데, 그 주요 내용은 동북을 일본에게 할양하

---

11) 『僞府內幕』, 南京前進出版社, 1945年版, p.41.

고, 화북장강 하류와 화남도서를 일본군이 장기 점령하고, 왕징웨이 괴뢰정권은 중앙에서 지방 각급 행정, 재정, 군사는 모두 일본이 통제하고, 중국의 일체 자원은 일본이 개발 이용하는 것을 따른다는 것이었다. 이렇듯 왕징웨이는 예전의 처였던 천비쥔(陳璧君) 면전에서 "일본군이 그렇게 중국을 정복할 수 있다면 정복하는 것이 좋겠다. 그러나 그들은 정복할 수 없다. 그러므로 나의 서명이 그들에게는 필요한 것이다. 내가 서명을 하는 것은 나의 몸을 파는 것에 불과하다"[12]고 하였다. 이렇듯이, 이 무리의 한간들은 홍정을 하지 못하였다. 왕징웨이는 어쩔 수 없이 말하기를 "이미 이렇게 와버렸는데, 다른 길이 무엇이 있겠는가?"라고 하였다. 또 그는 부득불 일본 측의 조건을 받아들였고, 일왕밀약(日汪密約)—『일화신관계조정요강』(日華新關係調整要綱) 및 『비밀양해사항』(秘密諒解事項)[13]에 서명하게 되었다.

일왕(日汪) 밀약의 서명 후, 일본 침략지는 적극적인 태도로 새로운 한간들의 합류를 촉진하였다. 3월 20일, 남북의 새로운 한간들이 남경에 모여 위중앙정치회의를 거행하였고, 남경에서 국민정부 성립을 확정하였고, 국기는 여전히 청천백일기를 사용하였으나, 일본인들은 돼지 꼬리 같은 황색의 작은 삼각대 안에 "평화, 건국, 반공"이라는 6자의 검은 글씨를 써넣을 것을 요구하였다. 당시 사람들은 "국기는 머리댕기가 되었고, 이러한 예는 예전에는 없었고, 창피한 것이 전 세계에 알려지고, 더러운 냄새는 천만년을 간다."라고 풍자하였다. 30일, 위국민정부가 남경에서 개막을 하였고, 왕징웨이는 대리주석겸 행정원 원장에 임명되었고, 천궁보(陳公博)는 입법원장, 원쫑야오(溫宗堯)는 사법원장, 량홍즈(梁鴻志)는 감찰원장, 왕이탕(王揖唐)은 고시원장에 임명되었다. 직접 왕징웨이 정권의 부식에 힘썼던 각 기관 역시 상해에

---

12) 陶希聖, 「潮流與点滴」, 『汪精衛國民政府成立』, p.595에서 인용.
13) 담판에 참가하였던 타오시성, 가오쭝우는 밀약의 부본(副本)을 가지고 홍콩으로 도망가면서, 왕위집단에서 이탈하였다.

서 남경으로 이전하였고, 국민정부 최고군사고문부로 명칭을 바꾸고 위정부의 일체의 내정외교 대권을 장악하였고, 카게사가 제1의 최고군사고문에 임명되었다.

왕위중앙정권이 등장한 후, 각지에는 통치기구가 설립되었다. 일본인은 가장 먼저 가장 비옥한 장강 하류의 독립을 요구하였고, 푸샤오안(傅筱庵)을 위시정부 자치 지위를 보류시킬 것을 요구하였다. 이것은 왕위에게는 참을 수 없는 요구였고, 왕위정부의 반대를 맞게 되었다. 최후에 왕징웨이는 재차 상해시정부는 사회의 복리, 교육과 경찰 등 각 부문에서 일본인을 초빙하는 것을 보증하고, 일본과 긴밀한 연계와 합작과 아울러 사전에 상의한다고 하자 일본에서 자치 지위를 수긍하였다. 위상해특별시 시장으로 푸샤오안이 임명되었다. 1940년 10월, 푸(傅)는 군통인원에 의해 살해되어, 쑤시원(蘇錫文)이 시장을 대리하였다. 동년 11월 5일, 천궁보가 위상해특별시 시장을 겸하게 되었다. 왕위외교부는 상해에 판사처를 설치하고 처장으로 주각을 임명하였고 중일문화협회 상해분회를 설립하고 천궁보로 하여금 명예 이사장에 임명하고, 리스췬을 이사장에 임명하였다. 일본군은 상해 신문검사소를 왕위정권에게 이양하였고, 왕위는 쾅훙짜오(鄺鴻藻)를 소장에 임명하고 상해의 여론을 통제하였다. 금융방면에서는 1941년 1월 6일, 위중앙저비은행(僞中央儲備銀行)이 남경에 설립되어, 중앙저비권(中央儲備券)을 발행하고, 위정부(僞政府)는 중저권(中儲券)과 법폐(法幣)등을 사용하도록 선포하였다. 동월 20일, 위중앙저비은행(僞中央儲備銀行) 상해 분행이 개업하였고, 첸다쿠이(錢大櫆)를 지점장에 임명하였다. 8월 상해시 보안사령부가 설립되었고, 천궁보가 보안사령을 겸임하였다.

제4절 복잡하게 뒤엉킨 투쟁

일위(日偽)통치아래, 상해의 환경은 나날이 악순환이 되었으나 국가
의 치욕을 잊지 않고 복수를 하려는 인민들은 반항투쟁을 그치지 않았
다. 심지어 일위(日偽)는 상해도 완전하게 통제하지 못하였고, 인민군
중은 자발적으로 반항하였고, 중국공산당이 이끄는 정치, 문화투쟁이
있었고, 국민당 특공인원의 한간 제거활동이 있었다. 그러나 위(偽)세
력이 수 없이 조계에 침투하고 있었고, 공포적인 활동을 전개하여 일
체의 항일세력을 제거하려고 하였다. 왜냐하면 투쟁이 아주 첨예화되
고 복잡해졌기 때문이었다.

중공강소성위(中共江蘇省委) 중건 후, 대대적인 지도로 상해 외관에
서 항일무장투쟁을 전개하였다. 상해 함락 후, 강남 각 성진(城鎭)과
농촌은 이미 당 조직을 보존할 수 없었고, 성위의 조직관계의 공산당
원은 약 100여명에 불과하였다. 이러함에도 불구하고 성위는 조계당국
의 난민 분산의 기회를 틈타, 일부 당원을 난민을 따라 농촌에 투입하
여, 선후로 소상태(蘇尙太), 징석우(澄錫虞), 청포(靑浦), 포동(浦東), 가
정(嘉定) 등 노동조합[工委]와 강북특위를 설립하였고, 항일 유격전쟁
을 지도하게 하였다. 청포에서는 구푸성(顧復生)등이 2,000여 명의 청
동항일자위대(靑東抗日自衛隊)를 조직하였고, 국민당 송호유격종대(淞
滬游擊縱隊) 제3지대의 번호를 취득하였다. 남회(南滙)에서는 롄바이
성(連柏生)이 지도하는 항일자위총단 제2대대와 저우다건(周大根)이
인솔하는 니성(泥城)지구보위단 제2중대, 봉현(奉賢)에서는 차이후이
(蔡輝) 등이 조직한 봉현현인민자위단, 가정(嘉定)에서는 루빙쿠이(呂

炳奎)가 인솔하는 송호유격종대 제8제대(梯隊) 1중대가 있었다. 이것
은 자발적으로 설립된 항일무장으로 선후에 중공 강소성위 소속 각위
의 지도를 받게 되었다. 1939년 10월, 강소성위는 또 한녠룽(韓念龍) 등
을 숭명(崇明)에 파견하여 이 현의 항일민중자위대를 지도하게 하였다.

  1939년 봄과 여름 사이에 신사군 제6단(단장 예페이, 葉飛)을 주력
으로 강남항일의용군[江抗]1)에서 상해 근교를 향해 진군하였다. 강항
(江抗) 총지휘부와 동로특위(東路特委)2)가 연합하여 중공동로공위(中
共東路工委)를 설립하였고, 예페이(葉飛)를 서기로 임명하여 동로와
포서(浦西)지구 각 지대의 항일 무장을 일률적으로 지휘하게 하였다.
7월 중순, 강남항일의용군 주력 일부와 구푸성(顧復生) 부대, 루빙쿠이
(呂炳奎) 부대가 완강하게 저항하는 야오유롄(姚友蓮)를 습격하였고,
아울러 일개 영(營)의 병력으로 야밤에 일위(日僞) 중심 거점을 습격하
여 상해를 진동시켰다. 고도(孤島)의 인민들은 서로 알리고, 일부는 국
기를 제작하여 신사군(新四軍)의 영접을 준비하였다. 계속해서 항일의
용군은 가정(嘉定)지구에서 연속적으로 출격하여, 쉬레이성(許雷生)부
대와 덩징례(鄧敬烈)부대를 소멸시켰고, 죽거나 부상을 당한 위일군
(僞日軍)은 20여 명이 넘었고, 진일보하여 청포(靑浦), 가정(嘉定) 지구
의 유격전쟁 국면이 전개되었다.

  1940년 봄, 일위(日僞)는 병력을 규합하여 상해 각 현에 소탕작전을
진행하였다. 강남 항일의용군 주력 및 포서 각 유격대를 서쪽으로 철
수하고 포동의 항일무장과 청포 3지대는 그대로 남아 송호(松滬)를 사
수하는 투쟁을 벌였다. 같은 해 4월, 롄바이성(連柏生)의 저항부대인 2

---

1) 강남항일의용군은 원래 청시위(澄錫虞) 지구에서 활동하였고, 메이광디(梅光
   迪), 허커시(何克希)가 정부 사령이었다. 제6단은 동진을 하여 국민당의 방해
   를 피하기 위해서 이러한 군대 명칭을 사용하였다.
2) 중공 동로특위는 1938년 말 성립되었고, 소상태(蘇尙太), 징석우(澄錫虞) 지
   구를 포괄하게 담당하였다.

대대는 국민당 제3전구 유격대 제5지대의 번호를 취득하였고, 일위(日
僞)세력의 연약한 부분을 공격을 시작하였다. 5지대는 현지 인민의 협
조아래, 한간을 진압하고 위일정부(僞日政府)의 무기를 몰수하고 무장
경찰대대를 소멸하였으며, 아주 빠르게 국면을 수습하였다. 같은 해 5
월, 신사군은 안정(安亭)정류장을 공격하여 위군(僞軍) 1개 영(營)을 소
멸하고, 80여 자루의 총기를 몰수하였다.3) 10월, 포동공위(浦東工委)와
5개월 동안에 새로 성립된 곤가청중심현위(昆嘉靑中心縣委)가 합병하
여 새로운 송호중심현위(淞滬中心縣委)를 만들었고, 청곤(靑昆) 1지대
를 설립하여 중요한 근거지인 전산호(澱山湖) 항일근거지를 열게 되었
다. 1941년 4월, 일위(日僞)의 완고한 연합이 전산호(澱山湖) 근거지를
공격하여, 송호중심현위와 청곤지대(靑昆支隊)는 서쪽으로 철수하였
다. 송호중심구위는 노남(路南)특위로 개명되고, 또 다른 조직으로 전
산호(澱山湖), 청동(靑東), 가정(嘉定) 등 공위(工委)를 중심으로 지하
투쟁을 전개시켰다. 오래지 않아, 일본군이 절동(浙東)을 점령하자, 포
동 5지대를 주력으로 절동에 있던 적의 후방에서 작전을 전개하였으
며, 후에는 35지대로 개편되었고, 나머지 부대는 포동공위의 지도하에
계속 적과 교전을 하였다. 9월 중순 포동공위의 책동아래, 위군(僞軍)
13사 1부 300여 명이 반기를 들어 절동 3북지구에 투항하였다.4)

중공 강소성위는 농촌무장투쟁을 지도함과 동시에 상해지구에서 적
극적으로 조직을 확대하여, 노동자, 학생 그리고 문화계인사 중에서
당원을 확대시켰다. 1942년에 이르러서는 시 전체에서 공산당원은 이
미 1,000명 정도에 달하였다. 많은 대학교와 중·고등학교 안에서 공산
당원 혹은 공산당 조직이 활약하여 핵심적인 구국협회 그룹, 동학회
(同學會), 동향회(同鄕會)와 문화단체(文化團體)를 조직하였다. 강소성

---

3) 『抗日戰爭時期的中國人民解放軍』, p.92.
4) 翁三新, 『抗戰時期黨領導上海近郊武裝鬪爭的組織狀況槪述』 참조.

위(江蘇省委)는 계통에 따라 계속적인 공회[工會성원은 전후로 린펑
(林楓), 류장성(劉長勝), 류닝이(劉寧一), 마춘구(馬純古), 장치(張祺),
한녠룽(韓念龍) 등]를 설립하였고, 직위(職委구성원으로는 구준(顧准),
루즈런(陸志仁), 장청쭝(張承宗), 융원타오(雍文濤), 메이뤄(梅洛) 등),
학위(學委구성원으로는 천슈량(陳修良), 류펑(劉峰), 관첸푸(關建夫),
장잉(張英) 등), 교위(敎委성원으로는 첸보썬(錢伯森), 류펑(劉峰), 팡밍
(方明), 장치롼(張啓鸞), 저우커(周克), 딩위(丁瑜), 훙쩌(洪澤) 등), 문
위(文委구성원은 선후로 쑨예팡(孫冶方), 왕런수(王任叔), 위링(于伶),
샤잉(夏螢), 메이이(梅益) 등), 부위(婦委구성원은 천슈량(陳修良), 자오
셴(趙先) 등), 난민공작위원회(難民工作委員會 구성원으로는 황하오(黃
浩), 천루(陳茹), 첸보썬(錢伯森), 탕융(湯鏞), 저우커(周克) 등)가 있었
고, 이외에 순포(巡捕)와 해관(海關) 두 개의 특별 지부가 있었다. 상해
당 조직은 두 곳의 방송국을 통하여 중앙과 연락을 취하였는데, 하나
는 동부로(同孚路, 현재의 石門一路)의 원래 팔로군(八路軍) 판사처(辦
事處) 방송국이고, 다른 하나는 리바이(李白)가 책임을 지고 있던 기요
(機要)방송국이었다.

중국공산당의 지도와 영향아래, 고립된 섬 인민의 항일투쟁은 특수
한 태도를 취하면서 발전하였다.

1938년 5월 위유신정부(僞維新政府)는 리졘난(李建南)을 해관감독
(海關監督)에 임명시키고 해관 탈취를 기도하였다. 중공 해관지부는
강해관(江海關) 직원에게 태공(怠工)을 거행하도록 지시하였고, 해관을
보호한다는 선언을 발표하고, 상해해관화원호관회(上海海關華員護關
會)를 설립하였다. 직업계(職業界), 학계(學界)는 서로 선언을 발표하
고, 해관직원의 영웅적인 투쟁을 지지하고 있었다. 같은 달, 우정(郵
政)직원 역시 호우(護郵)투쟁을 전개하여 일위(日僞)가 우체국[郵局]
탈취하려는 음모를 분쇄시켰다.

1938년 7월 7일은 항일전쟁 1주년 기념일이었다. 이날 낮 해관(海關)의 큰 종이 12번 울릴 때, 외탄에서 정안사(靜安寺) 길을 보행하던 행인, 차량은 모두 멈춰 섰고, 많은 구미(歐美) 교민 역시 중국 시민과 함께 묵념을 하였다. 같은 날, 시 전체에서는 한간들에게 수류탄을 터뜨려 12건의 폭발사고가 있었다. 상해 인민은 "8·13"(八一三)을 기념하기 위해 더욱 대규모적인 기념활동을 기획하였으나, 두 조계 당국은 8월 8일을 기해 계엄을 실행하였고, 대규모 순포를 거리로 출동시켜 행인들을 조사하게 하여 기념행사의 진행을 제지시켰다. 그러나 8월 13일, 항일전단은 시내에 뿌려졌고, 각 큰 회사, 상점, 은행, 전장(錢庄), 영극원(影戱院)이 전부 영업을 중지하였다. 1939년 1월 28일, 상해인민은 또 1·28(一二八)항전 7주년의 애도 행사를 거행하였고, 각 회사 상점은 스스로 물건을 판매하여, 그날 하루의 이익금을 항일경비로 충당시켰다.

교주로(膠州路)에 홀로 떨어져 있던 군영(軍營)에서는 특수한 조건 아래 완강한 투쟁이 진행되었다. 1938년 8월 11일, 전체 관병(官兵)이 제88사 항일 1주년에 국기게양의 예식을 거행하였고, 공부국(工部局)은 군대를 파견하여 영방(營房)을 포위하고, 국기를 빼앗았다. 아무런 무장도 없던 고립군의 관병은 무력으로 반항하였고, 류상리(劉尙力) 등 4명이 살해되고, 11명이 부상을 당하였으며, 셰진위안(謝晋元) 등 10여 명의 군관이 만국상단(萬國商團)으로 압송되어 구금되었다. 전체 관병은 항의의 표시로 음식을 거부하며 단식투쟁을 벌였고, 이에 각계 인민은 성원을 보냈으며, 납세화인회(納稅華人會) 등 단체는 공부국에 강렬한 항의서를 제출하였다. 공부국은 답변할 말이 궁색하여, 국기를 돌려주고, 셰진위안 등 군관을 석방하여 돌려보냈고, 사상자의 가족에 보상금을 지불하였다. 이후, 일위(日僞)는 고립군영(孤軍營)을 더욱 원수처럼 보았다. 셰진위안은 그 가족에게 미리 유언하며 일위(日僞)에 대해 말하기를 "남자가 억압으로 뜻을 꺾는다는 것은 적의 소와 말이 되는 것이다"라고 하며, "대장부는 밝게 태어나고, 역시 광명하게 죽는 것이다. 남아는 생사의 기로에서, 인(仁)을 구하고, 인(仁)을 취하며, 매우 중요한 것과 가벼운 것을 잘 가려 판단하는 것이다!"[5]라고 말하며 자신에게 닥칠 위험을 예견하고 있었다. 1941년 4월 24일, 일위(日僞)는 고독한 군영의 반도(叛徒)를 매수하여 셰진위안(謝晋元)을 암살하였다.

당시, 일위(日僞)는 택시를 이용하여 조계내외의 공포활동을 진행하였고, 그런 후에, 택시 운전기사를 살해하였다. 1939년 3월 사이, 3명의 택시운전기사가 살해되었다. 시민군중은 참을 수 없어, 중공 지하 조직의 지도아래, 3월 20일, 관(棺)을 들고 대 시위를 거행하였다. 상생(祥生), 운비(雲飛), 은색(銀色), 태래(泰來) 등 4곳 택시회사의 기사 1,000여 명과 100여 대의 택시가 이 투쟁에 참가하여, "한 맺힌 원한을 푼다.", "복수를 잊지 않는다."는 표어로 상해 인민의 마음을 대표하였다. 차대(車隊)가 지구를 통과할 때, 교통은 완전히 정지되었고, 이러한 상여의 행상은 어느 부유한 상여보다도 거창하게 진행되었다.

이외에, 노동자 군중은 각종 기회를 이용하여 일본의 전략 물자를 파괴시켰다. 부두 노동자는 종화대(縱火隊)를 조직하여 부두의 창고에 침입하여 군용물자를 훼손하였다. 1940년 겨울, 오송(吳淞)의 일본 육군 부두 창고에서 대형 화재가 발생하였는데, 이로 인해 물자의 훼손 뿐 만 아니라, 수출입 항구의 선박 역시 운항을 하지 못하게 되었다. 1939년 일본군은 장강(長江)에서 중국 군함 "민생"(民生)호를 건져 올렸는데, 강남조선소로 옮긴 후 수리를 하여 전쟁에 투입하도록 준비하였다. 이 조선소의 노동자들은 이 선박으로 동포를 도살하는 일을 수행하도록 할 수는 없다는 결의를 하였다. 9월 21일 밤, 군함 수리를

---

5) 『民國人物傳』, 第4輯, p.21.

하던 노동자들은 "민생"(民生)호를 다시 침몰시켰고, 이 사건은 상해를 진동시켰다.

전선에서 피를 흘리면서 항일을 하고 있는 장병을 위해, 중공강소성위(中共江蘇省委)는 상해에서 대규모의 모금활동을 벌였다. 1938년 12월, 강소성위는 상해 각계 민중 위로단을 조직하고, 안휘(安徽) 남쪽으로 신사군(新四軍)을 위문하는 위문단을 파견하였고, 구즈중(顧執中), 왕지화(王紀華)가 정부(正副) 단장을 맡았다. 위로단은 운령(雲岭)에서 신사군 지도자인 예팅(葉挺), 샹잉(項英) 등의 열렬한 환대를 받았고, 상해로 돌아와서는 대대적으로 그러한 위문의 성과를 선전하였고, 아울러 신사군이 상해 인민에게 보낸 기념품, 전리품, 사진 등을 전시하였다. 1939년 상반기, 강소성위는 또 제2차 위로단을 우다쿤(吳大琨), 양판(楊帆) 등의 지도자를 중심으로 다시 안휘(安徽) 남쪽으로 파견되었다. 당시 상해인민은 신사군이 어려운 상황 하에서 항전을 하고 있다는 소식을 전해 들었고, 이에 스스로 모금운동을 벌였다. 노동자 구국협회는 중국직업부녀구락부를 중심으로 샤링(夏令)의 이름으로 물품을 기증받아, 경매 등 각종 방법으로 금품을 모았고, 신사군을 지원하였으며, 이때 모금액은 약 178,000만 원에 달하였다. 상해 공상계에서는 세포(細布) 7,000필(匹)을 기증하고, 가죽신 40,000쌍(双)을 기증하였다. 자본가 류훙성(劉鴻生) 역시 신사군을 지원하기 위해 20여 량의 화물차를 기증하였다. 중국공산당의 지도아래, 우다쿤, 우야오쭝(吳耀宗), 장쓰쉬(張似旭), 선티란(沈体蘭) 등은 보위중국대동맹(保衛中國大同盟)을 조직하고, 신사군을 위한 모금을 하며, 의료기재들을 구매하였다. 강소성위는 대규모로 지식분자와 청년을 동원하여, 연안(延安), 환남(皖南), 소북(蘇北)의 팔로군(八路軍), 신사군(新四軍)에 참가하게 하였고, 용맹하고 싸움을 잘하는 신사군 제6사 제18여단은 주로 상해의 노동자와 학생들로 조직되어 있었다. 노동자와 기술 인원은 기재 설비를 안휘 남부에서 강소 북부로 운반하였고, 그곳에서 초공장, 사포창(絲布廠), 인쇄창, 병공창, 피복창과 권련창(卷烟廠)을 설립하였다. 신사군은 소중(蘇中)에 대학교를 설립하고, 교장, 교수와 학생들 역시 모두 상해에서 이곳으로 왔다.

일위(日僞)는 상해인민의 영웅투쟁에 대하여 더욱 잔혹하게 진압하였고, 무수한 피를 흘리게 하였다. 그들은 우선 신문계에 대해 칼을 빼들었다. 1938년 초, 황도회(黃道會)의 무리들이 『사회일보』(社會日報)의 책임자인 차이쥔투(蔡鈞徒)를 살해하였고, 차이의 머리를 프랑스 총순포방(總巡捕房) 정면의 전신주 위에 걸어 놓았다. 계속해서 『문회보』(文滙報), 『화미만보』(華美晩報) 등도 황도회의 습격을 당하였다. "76호"(七十六號) 특공총부 설립 후, 신문계의 폭압은 더욱 잔학해졌다. 1939년 6월, 이 특무조직은 중국국민당(中國國民黨) 산공구국특공총지휘부(鏟共救國特功總指揮部)의 명으로 각 항일 신문사의 사장, 편집장과 기자들에게 협박적인 편지를 보냈고, 항일 언론이 발견되면, "어떠한 경고와 통지 없이, 즉각 사람을 파견하여 사형을 집행한다"고 하였고, "이것으로 시범을 보이겠다."6)고 으름장을 놓았다. 동시에 83명의 신문계 인사를 불러들이는 통집령(通緝令)을 발표하였다. 그러나 애국 신문은 이러한 협박을 두려워하지 않자, 특무는 행동을 시작하기에 이르렀다. 7월 22일, 특무는 『중미일보』(中美日報)를 습격하였으나 실패하였고, 『대미만보』(大美晩報)관의 활판 방을 훼손시켰다. 『대미만보』는 습격을 받은 후에도 굴복하지 않았고, 특무는 선후로 이 신문사의 중국어 부간 편집장인 주싱광(朱惺光), 편집자인 청전장(程振章) 및 발행인 장쓰쉬(張似旭), 부사장 리쥔잉(李駿英)을 살해하였다. 그러나 이러한 폭압에도 『대미만보』(大美晩報)는 불굴하지 않고, 항일 입장을 견지하였으나, 상해가 함락된 후 압박에 의해 정간되었다.

---

6) 錢俊瑞等, 『我們的檄書』, 集納出版社 1940年版, p.16에서 인용.

중국 공산당원은 일위(日僞)의 주요 탄압의 목표가 되었다. 1939년 7월, 중국 직업부녀구락부 주석인 마오리잉(茅麗英)은 사천로(四川路) 120호에 이 구락부 내에서 물품 경매회를 거행하여, 신사군의 겨울 옷가지를 장만하기 위한 행사를 벌였다. 2명의 특무가 들어와 훼방을 놓다가 순포에 의해 잡혔다. 마오리잉은 자진하여 법정에 출정하여 증언을 하였고, 매국노들을 질책하였다. 특무는 분이 극에 달하여 공산당원이라는 구실로 바로 살해할 기회를 잡았다. 12월 12일, 마오리잉은 남경로(南京路), 사천로(四川路) 부근에서 특무의 습격을 받고 중상을 당해 사망하였는데, 당시 겨우 28세였다. 마오리잉이 살해되자 시 전체 인민의 분노가 일어나기 시작하였다. 16일, 2,000여 명의 시민들은 생명의 위험에도 불구하고 만국빈의관(萬國殯儀館)에서 조문의식을 거행하였다. 이틀간의 장례에 상해인민은 계속해서 영구행렬에 참가한 후 대규모의 추도 활동을 벌였다.

기타 항일 입장을 견지하고 있던 민족 절기의 애국인사 역시 일위의 암살 대상이 되었다. 1938년 4월 7일, 상해에서 항일투쟁을 전개하던 저명한 교육가인 호강대학교(滬江大學校) 교장 류잔언(劉湛恩) 박사도 일위(日僞)에 의해 암살당하였다. 1939년 12월, 왕위(汪僞)특무는 고등 2분원 형사재판장 위화(郁華)를 위협하여 재판을 받던 한간들을 석방하도록 하였다. 위화(郁華)는 인민군중의 항일정서의 영향아래, 이에 불복하고, 한간들의 원심의 형량을 구형하자, 이로 인해 같은 달 23일에 특무에 의해 살해되었다. 다음해 7월 29일, 제1특구 법원에서는 형사재판장 첸홍예(錢鴻業) 역시 암살되었다.

국민당 정부가 상해를 떠난 후, 여전히 일부 기구는 상해에서 활동을 계속하고 있었는데, 강소성당부(江蘇省黨部), 중통(中統), 군통특무기관(軍統特務機關) 외교부상해주재판사처, 제1, 제2 특구법원 및 고2, 고3법원 등이 그것이었다. 1939년 봄, 우사오수(吳紹澍)가 상해로 와서 삼청단(三靑團) 상해 분단(分團)을 건립하기도 하였다. 중앙, 중국, 교통, 중국농민 4개 은행이 상해에 4행연합판사처(4行聯合辦事處)를 설립하고 정상영업을 실시하고 있었다. 다이리(戴笠), 두웨성(杜月笙)은 8·13(八一三) 전쟁기간동안 조직한 상해별동총대의 잔여부대를 개조하여 군위회 충의구국군(軍委會忠義救國軍)을 조직하였고, 천사(川沙), 청포(靑浦)지구에서는 낙오병들과 잔여 무기를 수집하여 일위군(日僞軍)을 습격하기도 하였으나, 항일전쟁을 비교적 빈번하게 한 것은 공산당 지도하의 항일대의 투쟁으로 많은 부분을 점령하게된 것 등이다. 그러나 오래지 않아, 충의구국군(忠義救國軍) 부지휘자인 허톈펑(何天風)은 그 부대를 이끌고 왕위(汪僞) 정부에 투항하였다. 1939년 여름, 국민당은 상해당정통일위원회(上海黨政統一委員會)를 설립하고, 상해지구 최고 지휘기구로 만들었으며, 각 조직의 활동에 협조하였다. 상해에서 거대한 잠재세력인 두웨성은 이 회의 주임위원으로 임명되었고, 다이리(戴笠), 우카이셴(吳開先), 장보청(蔣伯誠), 우사오수(吳紹澍) 등은 위원이 되었다. 같은 해 가을 우카이셴, 장보청은 거금을 지니고 상해로 왔고, 공상업계의 거두들을 상해에서 떠나게 하였고, 이러한 명의로 청년 참가자를 모집하여 특공 조직을 하였으며, 그들이 신사군(新四軍) 혹은 일위(日僞)의 그물에 걸려드는 것을 방지하였다.

국민당 상해에서 가장 눈부신 활약을 하였던 것은 군통특공(軍統特工)이었다. 항전 폭발 전, 다이리의 특무계통은 상해에서 비교적 엄밀한 조직을 갖추었으나, 반공이 위주였다. 노구교(盧溝橋) 사건이후, 다이리는 아주 혼란한 상황에서 대일정보 업무를 준비하고, 홍구, 갑북, 오송 등지에 몇 개의 잠복조를 파견하였다. 상해 함락 후, 이러한 급작스럽게 설립된 팀은 일본군에 의해 파괴되자, 조계로 숨어들게 되었다. 이때, 상해의 군통인원은 고도(孤島)에서 활동을 계속하였고, 그들의 임무는 최초에는 한간의 암살과 상층인사들이 적에게 투항하는 것을 방지하는 것이었다. 앞에서 이미 군통특공은 곳곳에서 루보훙(陸伯鴻), 구신이(顧馨一), 유쥐쑨(尤菊蓀) 등을 살해하였다.7) 1938년 2월, 그들은 풍문으로 위차칭(虞洽卿)이 일본과 관계를 맺고 있다는 것을 듣고, 협박적인 편지를 띄우고, 실탄 한 발을 함께 보내자, 위차칭은 일본 측과의 관계를 거절하였다. 3월, 4·12(四一二)정변의 망나니 저우펑치(周鳳岐)는 위유신정부의 수정부장(綏靖部長)에 취임하려고 준비하고 있었으나, 바로 군통인원의 습격을 받아 사망하였다. 9월, 일위(日僞)와 빈번하게 접촉하던 탕샤오이(唐紹儀) 역시 복개삼로(福開森路, 현재의 武康路) 18호 거처에서 군통특공에 의해 살해되었다. 다음해 2월, 그들은 연속으로 위유신정부 외교부장 천루(陳籙)와 리훙장(李鴻章)의 손자 리궈제(李國杰)를 살해하였다. 문화 한간 위다슝(余大雄)은 심지어 유신정부의 대본영인－신아주점(新亞酒店)에서 살해되었다.

왕위집단이 상해에 온 후, 군통인원은 힘을 집중하여 왕위 부자들에게 타격을 주었고, 활동도 더욱 빈번해졌다. 1939년 여름, 다이리(戴笠)는 선후로 제4전구 소장 고참인 다이빙싱(戴炳星), 군통국(軍統局) 서기장 우경수(吳賡恕)등이 상해에 와서 왕징웨이를 암살하려고 하였으나, "76호"특무에 의해 발각되었다. 같은 해 가을 청방(靑幇)의 건달인 리윈칭(李雲卿)과 왕위 분자가 비밀리에 접촉하고 있자 군통특공은 위해위로(威海衛路)에서 그를 저격 살해하였다. 오래지 않아, 허톈펑(何天風), 천밍추(陳明楚) 등 위군관(僞軍官) 역시 살해되었다. 1940년 군통인원은 왕위 선전부 상해특파원, 국민신문사 사장 무스잉(穆時英)을 암살하였다. 당시, 대 건달인 장샤오린(張嘯林)은 두웨성을 좇아, 황진룽(黃金榮)이 바깥일에 대한 잘못을 묻지 않는 기회를 틈타, 일본군과 결탁하고, 상해에서 독자적인 지위를 차지하려고, 먼저 그 휘하의 인원에게 일본인을 위해 일하도록 지시하였고, 후에는 친히 전면에

7) 本章 第2節 참고.

나타나 신아화평촉진회(新亞和平促進會)를 조직하고, 그 휘하의 인원을 나누어 사향에서 일군 급수물자를 구매하기도 하면서 일본군의 지지하에 절강 성장으로 부임할 것을 준비하였다. 군통은 즉시 그의 경호원을 매수하여 1940년 1월 15일 장(張)을 피살하였다. 위상해시장 푸샤오안(傅筱庵)은 20여명의 경호원을 두었는데, 평시에는 계엄이 삼엄하였고, 외출을 할 때는 장갑차를 타고 다녔는데, 1940년 10월 군통이 매수한 하인에 의해 살해되었다. 이후, 공부국 경무처 일적(日籍) 특별부처장 아카키 지카유키(赤木親之) 역시 피습되어 사망하였다.

군통의 한간에 대한 처형활동은 일반 한간들을 하루 종일 마음을 놓지 못하게 하였다. 일위의 거두 역시 아주 두려워하여, 선후로 체포된 군통특공인 다이빙싱(戴炳星), 우경수(吳賡恕), 잔썬(詹森) 등을 잡아 죽였다. 군통 역시 이에는 이로 "76호"에 보복을 진행하여, 상해에는 한때 암살이 유행하였다. "76호"의 거두 딩모춘(丁默邨) 역시 습격당하여 사망하였다. 1940년 1월 1일의 『중미일보』통계에 의하면, 1939년 1년에 조계 내에서 44명이 저격을 당하여 사망하거나 부상을 당하였다고 전하고 있다. 1941년 군통은 "76호"에 대해 대규모의 은행 대 혈전이 전개되었다. 위중저권(偽中儲券)의 발행을 저지시키기 위해, 군통인원은 1월 30일, 위중저행(偽中儲行) 상해분행 전문위원 리샹칭(李翔卿)을 살해하고, 아울러 폭탄으로 이 은행을 폭파시켰다. 3월 21일, 이 은행 설계과장이 또 피살되었다. 저우포하이(周佛海)는 "76호"에 보복을 명령하였다. 당일 밤, "76호" 특무 한 부류는 하비로(霞飛路, 현재의 滙海中路)의 강소농민은행 숙소를 침입하여 이 은행의 직원 11인을 살해하였다. 다음날 새벽, 특무는 극사비이로(極司菲爾路) 96호 중국은행 기숙사에서 170여 명의 직원을 잡아 "76호"의 인질로 삼았다. 이틀 후, 왕위특무는 중앙은행 상해지점을 습격하여 폭탄으로 10어 명을 살해하였다. 군통 역시 약함을 보이지 않고, 위중앙저비은행(僞中央儲備銀行) 상해분행의 업무과장을 대화의원(大華醫院) 병원 입원실 내에서 토막 내어 죽였다. 리스췬(李士群)은 즉시 3명의 인질을 죽였고, 아울러 우쓰바오(吳四寶)에게 명령을 내려 중국농민은행을 습격하였고, 폭탄으로 강소농민은행의 지붕을 날려 버렸다.

국민당은 상해에서 왕위(汪僞)와의 투쟁은 비록 잔혹하고 격렬하였으나, 오래 계속되지 못하였는데, 그 주된 원인은 국민당의 상해조직은 왕위 정권에 의해 파괴되고, 매수에 의해 쉽게 무너지자, 그 적수인 "76호"는 오히려 큰 힘을 갖게 되었다. 국민당 중통소호구(中統蘇滬區)에서는 부구장 쑤청더(蘇成德)가 딩모춘(丁默邨)과 리스췬(李士群)의 음모로 인해 파괴되었고, 전구(全區) 40여 명은 거의 전부 투항하게 되어, "76호"의 중심 간부가 되었다. 1940년 7월 강소성 당부의 장베이성(張北生)은 왕위 특무의 1,000원에 매수당하여, 성당부(省黨部)의 4명의 주요 구성원이 "76호"에 의해 일망타진되었고, 그중 3명은 왕위정권에 봉사하게 되었다. 2개월 후, 삼청단(三靑團) 상해단부의 주요 책임자가 왕에게 투항하였고, 왕위는 수 백 명의 삼청단원의 명단을 『중화일보』(中華日報)상에 공포하고, 그들에게 자수하도록 명령하였다. 은행의 대혈전이 발생 후, 국민당의 상해인원이 크게 동요를 받았고, 중경(重慶)방면 역시 역량이 불리하게 전개되었으며, 전투를 전개하면 피해만을 입었고, 이로 인해 반공실력도 손실을 입었으며, 이로 인해 홍콩에 거주하고 있던 두웨성이 상해로 전화를 하여 "76호"의 조사를 중지할 것을 요구하게 하였다. 왕위 방면에서는 직원들이 공포 분위기를 고려하여 리스췬, 우쓰바오의 무리들 역시 그들 스스로 후방으로 빠지려고 하여, 사람을 홍콩에 파견해 이러한 제시를 받아들인다고 말하였다. 이렇게 왕은 상해의 공포전은 정식으로 정지되었다.

1941년 11월, 군통(軍統) 상해구(上海區) 구장(區長) 천궁수(陳恭澍)는 체포되었으나, 곧 변절하여, 자신이 인솔하던 백 여 명을 왕징웨이의 "평화구국"[和平救國]을 옹호하는 사람들이라고 주장하고, 팔아먹었다. 오래지 않아 천은 매기관(梅機關)의 지지아래 제1위원회를 건설하고 전문적으로 일위(日僞)를 위해 정보를 수집하였다. 이렇게 군통이 상해의 9개 방송국 및 대부분 특공은 일위에 의해 항일 역량을 소멸시키는 도구로 사용되게 되었다.

제5절 피비린내 속의 기형적인 번영

상해 함락 후, 일위(日僞)는 모든 행업(行業)을 직접 통치하였고, 인구 역시 날이 갈수록 줄어들었으며,[1] 고립된 섬 지역은 역시 환경의 특수함으로 인해 기형적인 거품번영이 일고 있었다.

당시, 상해와 동남각지의 많은 재력가는 일본군의 유린을 피하기 위하여 재산과 식솔을 이끌고 조계로 피신하였고, 이 탄환이 빗발치는 곳에서 나머지 물자와 자금을 수집하고 있었다. 그래서 1938년 봄부터 시삭하여 조계내의 유동자금은 급속도로 늘어났다. 통계에 의하면 1938년 말, 상해(上海), 중남(中南), 절강실업(浙江實業), 절강흥업(浙江興業) 4행(行)의 저축액은 전년 같은 시기에 비해 6,400여 만 원이나 증가하였고, 회풍은행의 저축액은 1,00만 원 홍콩 돈이 증가하였다. 1938년 여름 상해에는 5억 원의 자금이 돌았고, 다음해 가을까지 12억 원으로 증가되었으며, 1940년 5월까지에는 이미 50억 원 이상이 되었다.[2]

동남지구는 전쟁으로 인해 집과 재산을 잃은 농민, 노동자들이 많았고, 생활고에 시달려 대량으로 고립된 섬의 주변으로 몰려들었다. 1938년 독일의 유태인 역시 파시스트의 압박으로 인해, 적지 않은 사람들이 고향을 등지고 상해로 왔으며, 돈을 지닌 자들은 주택을 구매하였고, 가난한 사람들은 수용소에 수용되었다. 1939년 8월, 일본군은 유럽 난민이 상해로 들어오는 것을 금지시켰고, 상해의 유태인은 이미

---

1) 1927년 인구는 215.5만 명, 1940년에는 147만 9천 명, 1942년에는 104만 9천 명으로 줄어들었다.
2) 『大公報』(重慶), 1940년 8월 12일.

15,000여 명이 넘었다. 난민의 진입으로 고도의 인구는 급격히 증가하였다. 1937년 두 조계의 인구는 170만 명이 되지 않았는데, 1938년 하반기에는 약 450만 명3)으로 증가하였고, 1942년에도 여전히 244만명이나 되었다. 유동자금과 인구의 격증은 상해의 시장을 확대시켰고, 공상업의 발전에 대량의 염가 노동력을 제공하였다.

이때 상해는 해외 해운에 대해 관심을 갖고 발전하였고, 수출입 무역 역시 단절되지 않으므로, 내지의 공업품 수요의 확대는 상해에서 제공하고 있었다. 예를 들면 제국주의 국가의 적극적인 전쟁준비, 남양시장(南洋市場)의 기기공급의 확대와 판매가의 상승으로 인해 상해의 양행은 천방백계로 각종 선반과 침직기(針織機)를 동남아로 운반 판매하여 막대한 이익을 남겼고, 이것은 상해 기기제조업 발전을 자극하였다. 같은 형태로 내지 사포(紗布)의 수요 확대로 상해지역의 생산품은 질량도 좋고, 브랜드 역시 오래되었으며, 가동을 시작하자 타 지역 제품보다 우수해서 훨씬 좋은 이익을 얻었고, 이러한 상황은 면방직업의 부흥을 촉진시켰다. 이외에 절강 일대는 일본군이 점령한 후에는, 화물의 원료가 부족하여 공업품이 아주 적었고, 물가 또한 아주 비쌌다. 상해의 공업은 비록 "8·13"(八一三)전쟁 중 심각한 파괴를 당하였으나, 조계의 상업과 금융업은 심각한 타격을 받지 않으므로 상해는 원래의 중국 경제 중심으로 회복되었다. 현대적인 경제조직도 비교적 완전하였으며, 기술 및 각종 설비 기초도 비교적 잘 준비되어 있었고, 이전의 공업생산을 조정하고 회복하여 경제가 낙후한 구역보다도 훨씬 좋은 조건을 갖추고 있었다. 그러므로 상해는 단기적인 침체를 겪은 후, 조계 및 호서(滬西) 월계축로지구의 공업은 아주 빠르게 회복되었고, 상업은 나날이 발전되었으며, 부동산, 물자적재, 외환 매매와 도박 등 각종 투기 활동도 나날이 흥성해갔다. 점령된 지구는 '고립된

---

3) 王季深, 『戰時上海經濟』, 第1輯, 上海經濟研究所 1945年版, p.14.

섬'을 포함하여 기형적인 이상 발전을 보이기 시작하였다.

조계내의 민족공업은 우선 원기를 회복하였다. 8·13(八一三)사변 후, 많은 공장이 조계로 이전하였고, '고립된 섬'의 노동력과 원료와 시장의 편리한 조건 등을 이용하여 계속적으로 생산을 하였다. 강소(江蘇)와 절강(浙江) 일대의 공장 역시 상해로 이전하였고, 일부 재력가는 이익을 도모하기 위해 공장을 세우고 영업을 하는데 재산을 투자하였으며, 이로써 '고립된 섬' 내의 공장은 격증하게 되었다. 공부국 보고에 의하면, 1937년 말, 조계에서 가동한 공장은 442가(家)로 노동자는 27,000여명이었는데, 1938년 말에 이르러서는 가동한 공장 수는 4,707가(家)이고, 생산 노동자는 237,000여 명으로 늘어났다. 1939년 새로 설립된 작은 공장은 1,010가(家)였고, 1940년에는 236가(家)가 더 증가하였다. 상해의 민족자본 공장은 이미 5,000가(家)가 넘게 되었다.[4]

기기공업(機器工業)은 태평양전쟁 폭발 전에 모두 784개의 공장이었고, 그중 412곳은 새로 가동된 공장이었다. 수량 면에서 볼 때도 예전에 볼 수 없을 정도였으나, 규모는 점점 작아졌다. 새로 신설된 공장은 주로 외지에서 이전해 온 것, 경영을 분산한 것, 조직 개편등을 한 후 생산하게 된 것이었다. 기기공장의 높은 이윤은 사람을 경악하게 하였다. 예를 들어 대륭기기창(大隆機器廠)은 태리기기창(泰利機器廠)이 변해서 된 것으로 면사기기의 전체를 만들어 판매를 하였는데, 2년간에 자산이 4배로 증가하였다. 석창기기창(錫昌機器廠)은 1938년에 자본금이 약 25량 황금정도였는데, 1942년 봄에는 이미 500량에 달하였다. 진흥기기창(振興機器廠)은 1938년 여름에 공장 가동을 시작하였을 때에는 오직 3명의 기술노동자가 있었는데, 1941년에는 노동자가 50명에 달하였다.

모방직(毛紡織), 염직(染織), 오금(五金), 면분업(面粉業) 역시 발전

---

4) 『銀行週報』31권, 6,7호 합간.

하거나 혹은 빠른 상태로 회복되어 생산을 하였다. "8·13"후, 장화모
융창(章華毛絨廠)은 포동에서 조계로 이동하였고, 백리남로(白利南路,
현재의 長寧路)에 임시 공장을 설립하고 생산에 들어갔으며, 오래지
않아 해격로(海格路, 현재의 華山路)에 장화(章華) 2창을 설립하는 등
의 반전을 보였다. 낙타융전업(駱駝絨專業)은 원래 가지고 있던 공장
이외에, 1938년 대래(大來), 천성(天成), 대안(大安), 정익(精益) 등 10
여 개의 공장을 설립하였다. 이외에 새로운 장모융전업창(長毛絨專業
廠)도 출현하게 되었다. 1939년 전체 행업(行業)의 생산량 지수는
1936년의 164.8%였는데, 1940년에는 173.1%로 증가되었다.[5] 오금업
(五金業)은 1939년의 생산가치가 이미 1936년의 12%를 초과하였고,
1940년에는 1936년에 비교하여 53.9%가 증가하였다. 밀가루의 값이
등귀하자, 복신(福新)계통 면분창 역시 매년 이윤을 남겼다. 1939년 복
신 2, 8창의 이윤은 210만 원, 복신 7창의 이윤은 134만 원에 달하였
다. 기기염직업(機器染織業) 방면에서는 1938년 공장 가동을 시작한
355가 공장이 있었는데, 포기 15,000대, 염기(染機) 113대로 자본 총
액이 977만원에 달하였다.[6] 그 다음해에는 경영자가 더욱 많은 부분
을 투자하여 새로운 공장이 우후죽순격으로 생겨났고, 같은 해 연말에
신구 각창의 공장 가동 수는 414가(家)로 방직기 22,000여 대, 인염기
(印染機) 575대, 사광기(絲光機) 68대[7]로 상해 염직업(染織業)은 역사
이래 가장 번성한 기록을 보이고 있다.

공업생산의 회복과 자금 유동이 풍요로워지면서 상업의 번영과 수
출입 무역의 증가를 촉진시켰다. 1938년, 시 전체에 새롭게 설립된
129곳의 음식점, 58곳의 의복점, 27개의 오락장과 26개의 장식품점이
생겨났다. 1939년~1941년 더욱 많은 주점, 극원(劇院), 책방, 옷가게가

---

5) 「上海之戰時工業」, 『民國經濟史』, p.475.
6) 陳眞等, 『中國近代工業史資料』, 第4輯, p.323.
7) 民國 32年 『申報年鑑』, p.666.

출현하였다.[8] 몇 년 동안에 백화점은 500여 곳이 증설되었다. 영안공사(永安公司)는 개점할 때부터 폐점할 때까지 매일 고객이 줄을 이었고, 평균 각 직원은 하루에 고객 5·60명을 상대하였고, 1일 영업 액은 100원 이상이 되었다. 수출입화물 수량 역시 급격히 증가하였다. 1938년 상해 수출입 총 가치는 117,180원으로 전년도에 비해 68,052만 원이 증가하였고, 1940년 상반기와 비교하여 같은 해에 52,747만 원이 증가하였다.[9]

기형적인 번영의 돌출적인 표지는 투기시장의 발달이다. 상해가 함락된 후, 법폐(法幣)와 위중저권폐(僞中儲券幣)의 가치는 부단히 하락하였고, 물가는 상승하였으며, 매점매석은 신속히 만연하였다. 황금, 외환, 증권, 부동산, 면화(棉花), 소맥(小麥), 사포(紗布), 대미(大米)는 모두 눈 깜빡할 사이에 시가에 비해 몇 배의 투기 대상으로 되었다. 원래 아주 냉담했던 외상의 주식 역시 투기상의 쟁탈물이 되었고, 시가는 액면가의 수 십 배나 초과하였다. 예로 회덕풍(會德豊) 주식은 최고 272원에 달하였다. 전시의 주식거래액은 나날이 상승하였다. 전쟁 이전, 상해 주식 교환액은 하루에 최고 3,600만 원이었고, 전시 때는 감소되어 매일 300만 원이었으며, 1938년 봄부터 상승세를 타기 시작하여, 1940년 4월 평균 매일 4,990만 원에 달하였다.[10]

기업가들은 거액의 투기 이윤을 남길 것으로 판단하고, 역시 투기시장에 투자하였다. 1939년 룽가(榮家) 조직은 신은공사(新銀公司)를 확장하였고, 다음해에는 다른 사람들과 동업하여 대신무역주식유한공사[大新貿易股份有限公司]를 설립하고, 전문적으로 화(花), 사(紗), 포(布)의 투기를 하였다. 그들은 사의 가격이 올라가면 대량으로 화물을 사들일 때에는 모두 현금으로 지불하여 싼 값에 화물을 사들여, 먼저 받

---

8) 『上海資本主義工商業的社會主義改造』, p.222.
9) 錢承緖, 『戰後上海之工業各業』, 上海中國經濟硏究會 1940年版, p.2.
10) 錢承緖, 『戰後上海之工商各業』, p.2.

은 화물 대금으로 면화를 구매하여 생산을 확대시켰다. 이렇게 비슷한 방법으로 매 건의 사(紗)의 반(件) 값으로 사들여 폭리를 남겼다. 외환과 황금투기를 실시하기 위하여 신신공사(申新公司) 총경리인 룽훙위안(榮鴻元)은 사무실 안에 로히터 통신사(路透社)의 자동수보기(自動收報機)를 설치하여 신속하게 세계 각지의 시장(市場) 소식을 이해할 수 있었다.

부동산 투기는 이전에 볼 수 없었던 이상 현상이 나타났다. 1937년, 시 전체의 부동산 교역총액은 630만 원이었고, 그 다음 해는 1배 이상 증가하여 1,329만 원 정도가 되었고, 1939년에는 5,564만 원으로 증가하였다. 건축업 역시 신속하게 발전하였다. 1939년 공공조계에서는 매년 평균 건축수가 304건으로 평균 건축비가 176만 원이었고, 전년에 비해 11%와 15%가 증가되었다. 프랑스 조계는 매년 평균 건축수와 건축비 총액의 비율이 전년에 비해 14%와 268%로 증가하였다.[11]

투기사업의 움직임으로 금융업 역시 번창하였다. 각 은행의 저축액은 격증하였고, 이로 인한 이익도 많이 남길 수 있었다. 예로 1939년 사행저축회(四行儲蓄會)의 순이익은 77만 3천 원이었고, 상해은행은 59만 원에 달하였다. 전장(錢庄)은 이 기간에 새로 설립된 6가(家)가 있었으나, 저축액은 대폭으로 늘어났다. 1940년 7월, 전업준비고(錢業準備庫)는 동업보존금액[同業存款]이 3,611만 9천 원에 달하였는데, 이는 당시 은행 준비회(銀行準備會)의 반 정도를 차지하는 금액이었다. 전업보유액[錢業存款]의 월 이자는 3, 4리(厘)에 불과하였으나, 투기상에게 대출하는 이자는 총액의 1푼 3, 4리 이상이었고, 때에 따라 높게는 1푼 7, 8리(厘)였다.[12]

기형적인 번영과 투기 유행에서 일확천금을 벌어들인 사람들은 종

---

11) 錢承緒, 『戰後上海之工業各業』, p.141.
12) 『上海錢庄史料』, pp.279~280, 313.

일 노래와 춤과 술로 소일하였다. 전쟁 전(戰前)에 부진하였던 크고 작은 여관(旅館)은 도처에 고객 만원이라는 간판을 내걸었다. 숙박비가 비쌌으나, 이러한 집을 빌려 "훌륭한 집에 미인을 감춘 것"같은 허세를 부리려는 사람들이 많았고, 또 여관에서는 나쁜 일이나 나쁜 사람을 숨겨주고 은닉하는 일이 만연하였다. 음식점, 무도장, 다방, 오락장 등 영업 역시 번성하였다. 예로 영안공사(永安公司)의 천운루(天韻樓)는 항상 고객이 만원으로 자본가는 사람들이 너무 많아 건물이 무너질까 걱정하였고, 고민 끝에 매일 입장권을 12만장으로 제한하여 팔기로 결정하였다. '고립된 섬' 즉 상해의 3등 영화관은 1년에 10만 원의 이익을 남겼다. 부잣집 도련님들과 벼락부자들의 사치심리에 영합하기 위해, 각 백화점에는 모든 지혜를 짜내 서양 물건과 각종 고급 소비품을 들여와 그들의 수요를 만족시켰다. 예로 아프리카 새(非洲鳥)의 판매가는 홍콩 논으로 150원이나 하였고, 이것은 18담(擔, 약 900kg)의 쌀과 같은 가격이었는데도, 구매자는 줄어들지 않았다.

그러나 일위(日僞)세력이 창궐하자, 조계당국은 무력하게도 눈앞의 안일만을 탐내며 되는대로 살아갔기 때문에 상해의 사회질서는 극도로 혼란하였다. 통계에 의하면, 1938년 공공조계의 형사 범죄안건은 약 19,064건으로 그중 36.76%가 해결되지 않았다. 부자들에게 있어 최대의 위협적인 존재는 왕위(汪僞) 한간(漢奸)이었다. 예로 신신(申新) 2창 경리 룽이런(榮爾仁)은 투기에 일가견이 있어, 수차례 큰 이익을 보았는데, 위군(僞軍)의 두목인 딩시산(丁錫山)이 사람을 시켜 납치하게 하여 룽(榮)은 2개월간 감금되었고, 50만 원의 몸값을 지불한 후에야 살아 돌아 올 수 있었다. 1940년 7월, 삼성표[三星牌] 모기향을 경영하던 중국화학공업사 총경리 팡예셴(方液仙)은 "76호" 특무에 의해 납치되어 거액을 요구 당하였으나, 팡이 거절하자 죽임을 당하였고, 특무는 그 가족에게 10여 만 원을 납부하는 조건으로 시체를 넘겨주었다. 이외에 은행계의 루윈즈(盧允之), 쉬젠핑(許建屛) 역시 전후로 "76호"특무에 납치되어, 몸값으로 3만 원과 7만 원을 빼앗겼다.

노동 인민들 입장에서는 이러한 기형적인 번영과 투기 분위기는 거대한 재난이었다. 왜냐하면 물가는 오르고, 노동임금의 수입자는 생활수준이 나날이 열악해져갔다. 일본군은 조계로 양식의 운반을 금지시켰고, 간교한 상인은 이러한 기회를 틈타 매점하여, 쌀값을 올려 많은 시민은 배불리 먹지 못하였다. 1939년 9월 이후, 참을 수 없게 된 시민은 쌀을 훔치는 풍조가 일어나게 되었다. 12월에는 시 전체에서 100여건의 쌀을 훔쳐간 사건이 일어났고, 15일, 16일 이틀 동안 63곳의 쌀집이 털렸다. 공부국은 인심을 안정시키기 위해, 위차칭(虞洽卿) 등에게 평조회(平糶會)를 조직하여 남양(南洋)에서 쌀을 들여오도록 하였다. 그러나 위차칭과 쌀집 주인들은 오히려 이 기회에 많은 돈을 벌어볼 욕심으로 쌀을 운반해 오는 것을 싫어하였다. 이로써 양식 공황은 점점 심해졌다. 양심을 속이고 중간에서 500만 원을 받은 위차칭을 시민들은 "쌀벌레"라고 욕을 하였다. 난민의 상태는 더욱 비참하였다. 적지 않은 수용소중의 난민은 배고픔, 추위, 더위와 병마에 생명을 빼앗겼다.

상해 경제의 번영은 기형적인 것이었고, 허위와 위기인 것이 도처에 숨어 있었으며, 이러한 이유는 단기적인 것이었다. 1940년 말을 기해, 이러한 발전은 명백하게 하락의 조짐을 보였고, 그 주된 원인은 일본 침략자들이 상해에서 원료, 교통봉쇄와 시장 독점 등을 강화하였기 때문이었다.

상해에서는 원료가 생산되지도 않았으며, 아주 광범위한 판매로를 갖고 있는 것도 아니었으므로, 공업원료는 전부 부근의 각성과 해외에서의 공급에 의존하였다. 일본 침략자는 점령구와 강해관(江海關)을 통제하여, 상해로 들어가는 원료에 중세를 부과하였고, 상해에서 생산된 상품의 수출품에도 역시 중세를 부과하였다. 이러한 상황에서 일위군(日僞軍)은 점령구 연도에 잡(卡)을 설치하고 기부금을 강요하여, 위통세국(僞統稅局)은 조계로 들어가는 상품에 연세(捐稅)를 받았다. 경영자는 조계로 물품을 이동시키려는 희망을 가졌으나, 이러한 세금징수로 그렇게 하지는 못하였다. 일본 침략자들은 면화, 견사[絲茧], 피혁, 철강, 석탄 등에 대해서는 전부 통제를 하였고, 고가로 매입하여 점령구에 방출시켰으며, 이러한 것은 상해 조계에 생산의 제약을 가져왔다. 1939년 9월 유럽 전쟁이 폭발한 후, 국제적으로 각종 물자의 가격은 계속 상승하였다. 예를 들어 영국은 양모(羊毛) 및 그 반제품의 수출을 금지하였고, 오스트리아의 조양모(粗羊毛)에 대해서는 더욱 강한 통제를 하였으며, 전적으로 군대 나이론(軍呢)과 군대담요(軍毯)용으로만 공급하였다. 이렇게해서 상해에 조양모 원료의 공급이 단절되었고, 모선(毛線)의 수입 역시 나날이 감소되어, 1939년 50만kg에서 1940년에는 24만kg으로 줄어들었고, 1941년에는 다시 14만kg으로 줄어들었다.

일본 침략자는 내지의 봉쇄로 인해 상해민족공업의 시장을 극단적으로 축소시켰다. 그 예로 1939~1940년에는 상해 모방직품의 생산량은 전쟁 이전(戰前)을 초과하였으나, 상해와 내지의 교통선은 모두 일본군에 의해 봉쇄되었고, 오직 절강(浙江) 일로(一路)만으로 통행이 가능하였다. 장강유역의 판매량은 과거의 4분의 1로 줄어들었다. 사천(四川), 운남(雲南) 등으로 운반되던 화물은 모두 우편으로 보내는 방식을 채택하였고, 우편으로 보낼 수 없는 것은 아주 비싸졌고, 수량도 제한되었다. 1940년 봄 이후, 남양(南洋)시장은 선후로 영국과 네덜란드의 통제가 강화되어, 판매에 상당한 영향을 미쳤다. 남양군도(南洋群島)의 화교들은 멀리 상해에 와서 판매를 하였으나, 그러나 운반된 화물의 양이 아주 적어, 판매문제를 해결할 수는 없었다. 1941년 5월, 상해 금융시장에서 극렬한 변동이 발생하였고, 일본군은 각지의 항구에 대해 가일층 봉쇄를 실시하였으며, 내지의 교통운수는 더욱 곤란을 당하였으며, 많은 중·소 공장들은 다시 휴업과 도산을 하게 되었다.

일본군은 홍구(虹口), 양수포(楊樹浦), 갑북(閘北)과 남시(南市)를 점령한 후, 많은 중국공장을 약탈하였고, 직접 병탄하여 일본 교포에게 경영권을 넘겨주는 것 이외에 위협과 유혹 등의 수단으로 일부 "중일합작"기업을 탄생시켰다. 이러한 기업은 군대의 보호로 점령구에서 원료 공장의 생산품을 약탈하였고, 점령구 시장을 독점하였으며, 일부 생산품은 비밀 교역을 통하여 국민당 통치구로 유입되기도 하였다. 이러한 것은 상해 공업에 역시 일종의 타격으로 작용하였다.

1940년 이후, 2년 동안 지속되었던 상해의 번영은 쇠락과 정체의 국면으로 접어들게 되었다. 먼저 공업품의 판매 정체와 대다수의 공장이 휴업을 하게 된 것을 들 수 있다. 통계에 의하면 1940년 6, 7월간, 시 전체에는 300가(家)의 방직창(紡織廠, 수공업 공장 포함)이 연속적으로 휴업하였고, 100여 가(家) 사호(紗號)는 상품의 적체로 사(紗) 값이 하락하였고, 자금이 회전되지 않아 도산되었다. 면방직업의 생산품은 1941년은 1940년에 비해 3분의 1로 감소하였다. 염직업(染織業)은 1941년 하반기의 생산량이 전년도 상반기에 비해 60%가 하락하였다. 고무 아교업 중에서는 이강(利康), 동태(同泰), 화통(華通) 각 창은 연속해서 공장 가동을 중지시켰다. 1940년 상반기, 상해 제지창(製紙廠)은 약 30여 곳이 있었는데, 연말에 공장을 가동한 곳은 25가(家)에 불과하였다. 1938년 상해 면분생산량은 1,500만 포(包)였는데, 1940년에는 1,000만 포에도 못 미쳤다. 1941년 복신(福新), 부풍(阜豊) 두 공장이 계속 공장을 가동한 것 이외에 기타 각창은 전부 휴업하였다. 상해의 대외무역은 나날이 위축되었다. 1940년 6월, 상해 수입총액은 약 7,152만 원이었고, 수출총액은 1,199만 원으로 같은 해 4월에 비해 감소되었다. 투기시장 역시 나날이 정체되있고, 외상의 주식교역 역시 한산하였고, 금값은 나날이 떨어졌고, 최고가와 최저가의 차이가 날이 갈수록 좁아졌고, 교역량도 이전에 비해 상당히 적었다. 투기 이윤의 감소로 사치품의 판매도 나날이 줄었다. 물가의 대폭 하락으로 흰 신문종이는 1940년 초 40여 원이었으나, 6월에는 26원으로 떨어졌다. 영극원(影劇院)과 오락장의 관중과 이용객은 눈에 띄게 줄어들어, 1941년 천운루(天韻樓) 오락장의 이윤은 전년도의 반 정도에 불과하였다. 태평양전쟁이 폭발한 후, 상해는 각국 모험가의 낙원이 되었고, 완전히 일본 제국주의의 독점시장이 되었다. 한때 찬란한 "번영"의 현상 역시 구름과 같이 사라졌다.

제6절 고립된 섬의 문화[孤島文化]

상해 함락 후, 대부분의 문예종사자는 내지(內地)로 이동해가거나, 최전선에 투입되었다. 그러나 태평양전쟁 폭발 전, 상해의 일부 진보 작가와 애국의 문화종사자는 조계의 특수한 환경을 이용하여 계속 각종 공개적으로 또는 숨어서 항일문예활동을 전개하여, 전국 항일문예 운동의 중요한 조직의 한 부분이 되었다.

상해의 진보적인 문화종사자는 일부 진보적인 작품을 출판하였다. 저우젠런(周建人), 쉬광핑(許廣平), 후위즈(胡愈之), 정전뒤(鄭振鐸) 등은 복사(復社)를 조직하여, 애국서적의 출판을 통하여 항일투쟁을 전개시켰다. 1938년 2월, 푸둥화(傅東華) 등이 번역한『서행만기』(西行慢記)를 출판하였고, 6월 이후에는『루쉰전집』(魯迅全集) 20권의 발행을 시작으로『레닌선집』(列寧選集),『연공당사』(聯共黨史) 등 혁명문헌을 출판하였다. 1939년 세계서국(世界書局)에서는 바런(巴人), 정전뒤(鄭振鐸), 쿵링징(孔另境)이 편집한『대시대문예총서』(大時代文藝叢書) 전 10여 책을 출판하였다. 상해 독서생활출판사(上海讀書生活出版社)에서는『판증유물론사전』(辨證唯物論辭典),『레닌전쟁론』(列寧戰爭論),『스탈린전』(斯大林傳)등 10여 종의 책을 인쇄, 출판해 내었다. 신지서점(新知書店) 상해 판사처(辦事處)에서는 소련문학총서로 메이이(梅益)가 번역한『강철은 어떻게 단련되는가』(鋼鐵是怎樣煉成的), 리우스이(樓適夷)가 번역한『피터 대제』(彼得大帝) 그리고 린단추(林淡秋)가 번역한『시간아 전진』(時間呀前進)등이 출판되었다. 이외에 상해에서 출판된 것으로는『자본론』(資本論),『루쉰삼십년』(魯迅三十年集) 및 팡즈민(方志敏), 취추바이(瞿秋白) 등의 저작 및 번역 작품이 출판되었다.

'고립된 섬'시기 상해에는 새롭게 출판된 문예 간행물이 약 100여 종에 이르렀다. 최초로 창간된 것은 아잉(阿英) 주편의『이소』(離騷)가 1937년 12월말에 출판되었는데, 1기(期)가 출판된 후 곧 폐쇄당하였다. 이후 반년동안 상해는 문예의 사막화가 되었다. 1938년 6월, 중공 지하조직의 지도아래, 저우이핑(周一萍) 주편의『문예』(文藝)잡지가 우수한 작품을 발표하였다. 경제적인 이유로 1939년 6월『문예』는 제16기를 끝으로 정간되었다. 이때, 상해문예계는 이미 재생의 현상이 나타났다. 계속해서 첸쥔타오(錢君匋), 리추차이(李楚材)가 주편한『문예신조』(文藝新潮)가 출판되었고, 장처(蔣策)가 편집한『문예신문』(文藝新聞), 바런(巴人), 진싱야오(金性堯)가 책임을 진『루쉰풍』(魯迅風) 등이 간행되었고, 이러한 간행물은 천왕다오(陳望道), 펑즈카이(豊子愷), 바진(巴金), 궈사오위(郭紹虞), 쉬꽝핑(許廣平), 아잉(阿英), 정전둬(鄭振鐸), 커링(柯靈), 탕타오(唐弢), 샤오훙(肖紅), 청팡우(成仿吾), 웨이진 즈(魏金枝) 등 저명 작가들에 의해 계속 이어지고, 자리를 잡게 되었다. 이러한 간행물에는 주로 소설이 게재되었는데『신문총』(新聞叢),『신문예』(新文藝)와『문화계』(文化界)등에 상당한 영향을 미쳤다. 희극잡지로는『극장예술』(劇場藝術),『희극잡지』(戲劇雜誌) 등이 있었다. 상해희극잡지사(上海戲雜誌社) 출판의『희』(戲) 주간(週刊)은 경극(京劇)과 영화로도 아주 뛰어난 작품이었다.『대중문예』(大衆文藝),『신시간』(新詩刊),『신시』(新詩),『해월시총』(海月詩叢)등에서는 시가(詩歌)를 발표하여 시가의 마당이라고 말하였다. 잡지 이외에, 일부 신문의 문예 부록 역시 상당한 영향을 미쳤다. 예를 들면 아영이 편집한『역보』(譯報) 부록인『대가담』(大家談), 판촨(範泉)이 편집한『중미만보』(中美晚報) 부록인『보루』(堡壘) 등이 있었고, 독자들로부터 가장 환영을 받은『문회보』(文滙報)의 부록인『세기풍』(世紀風)이었다. 그러나 일부 간행물은 전문적으로 소시민의 흥미에 영합하기 위하여 원앙호접파(鴛鴦蝴蝶派)의 맛을 풍겼다. 그러나 이러한 간행물의 정서는 고상하지는 못했으나, 일본 침략자들을 욕하기도 하였다.

방대한 문예종사자는 신문과 잡지를 이용해서 대량의 시가, 보고문학, 소설, 희극과 영화를 창작하여, 항일애국 선전으로 적과의 투쟁을 고수하였으며, 힘 있게 문예계의 항일민족통일전선 업무를 이끌었고, 일위(日僞)의 "노예교육"과 색정 내용을 중심으로 한 "대동아문학"(大東亞文學)과 "화평문학"(和平文學)을 저지, 비판하였으며, 사상성과 예술성을 조화하여 비교적 뛰어난 문예작품을 선보였다.

단시(短詩) 방면에서는 왕퉁자오(王統照)가 창작한 『상해전가』(上海戰歌), 『서가회소견』(徐家滙所見) 등이 있었고, 실질적인 전쟁초기의 상황을 묘사하였다. 아이우(艾蕪)의 『내가 다시 돌아본 보산의 들판』(我懷念寶山的原野), 진이(靳以)의 『포화속의 고립군』(火中的孤軍), 궈모뤄(郭沫若)의 『전성집』(戰聲集)은 전투의 희열과 세력을 표현하여 승리의 결심을 쟁취하는 것을 표현하였다. 바이수(白曙)의 단시(短詩) 『나하교』(奈何橋)[1]에서는 소주하(蘇州河) 양안(兩岸)의 서로 다른 세계를 묘사하였다. 스링(石靈)의 장편 이야기 『승리전주곡』(勝利前奏曲)은 왕징웨이 매국노를 통렬히 비판하는 것이었다. 그와 바이수(白曙), 관루(關露), 시진(錫金)이 함께 쓴 장시(長詩) 『의로운 판매 운동―상해시민에게 호소함』(義賣運動―向上海市民號召)은 격렬한 모금운동을 일으키게 하였다. 산문 방면에서는 왕퉁자오(王統照)의 『번사집』(繁辭集)이 있었는데, 작렬하는 감정이 용광로와 같은 불길을 행간에서 엿볼 수 있었다. 바진(巴金)의 『공소』(控訴)는 청년혈기에 불을 붙였고, 항일전쟁에 투신하는 것을 갈망한다는 내용이었다.

---

1) 奈何橋는 陰曹府로 가는 다리인데, 이곳을 蘇州河上 밖의 白渡橋라고도 하며 以西의 각 다리를 지칭하는 것으로 특히 북쪽의 나리는 일본군의 점령구 안에 있었다.

소형 작품 중에서 가장 뛰어난 것은 보고문학(報告文學)의 출현이었다. 츄둥핑(丘東平)의 보고문학은 국민당 군대중 하급군관과 사병의 항일에 대한 요구를 기록하여 이 군대가 전투 중에 부패하고 무능한 것을 폭로하였다. 주원(朱雯)의 『봉고집』(烽鼓集), 수인(舒諲)의 『만리봉연』(萬里烽煙)과 첸쥔타오(錢君匋)의 『전지행각』(戰地行脚), 이러한 것은 전쟁터에서 작성한 것과 난민 건달그림[流亡圖]을 그린 것이었다. 차오바이(曹白)의 『이곳, 생명이 호흡하는 곳』(這里, 生命在呼吸), 『내일이 있다』(在明天), 『고통받는 사람들』(受難的人們), 『양가중』(楊可中) 등 모두 난민수용소 안의 고통스러운 생활을 묘사하고 있다. 천보추이(陳伯吹)의 『마귀가 포탄을 삼켰다──상해』(魔鬼吞下了炸彈──上海)는 다른 각도에서 일위 통치하의 사회의 실상을 묘사하였다. 뤄빈지(駱賓基) 역시 8·13(八一三)전쟁의 보고문학을 적지 않게 반영하였고, 중국군민의 영웅적인 항일 헌신 정신을 노래로 만들었다. 1938년 8월, 3·18(三一八)항전기념일에 메이이(梅益) 등이 시 전체에 대정문(大征文)을 발표하고, 원고지 2,000여 매에 100만 자의 『상해일일』(上海一日)을 썼고, 이로써 상해 항전과 상해 함락 후의 사회 상황에 진실된 묘사를 하였다.

소설 수량은 시가(詩歌)만큼 풍부하지는 않았으나, 적지 않게 전시(戰時)의 새로운 기상, 군민을 고무하여 항일을 추구하는 단편 작품이 많이 나왔다. 에로 커링(柯靈)의 『스케치집』(掠影集), 정딩원(鄭定文)의 『큰 누나』(大姉), 왕위안화(王元化)의 『발자취』(脚踪), 양쉬(陽朔)는 『동방잡지』(東方雜誌)에 『풍릉도구』(風陵渡口)를 발표하였고, 아이우(艾蕪)의 『해도상』(海島上), 『맹아』(萌芽), 라오서(老舍)의 『기차집』(火車集), 샤오훙(蕭紅)의 『광야의 외침』(曠野的呼喊), 『후란허전』(呼蘭河傳), 마오둔(茅盾)의 『제1단계의 이야기』(第一階段的故事) 등이다. 그들은 다각적인 측면에서 이렇게 위대한 민족전쟁을 반영하였고, 각부류 인사의 같지 않은 태도와 입장을 반영하였다. 바진(巴金)은 고립된 섬[孤島]인 상해에서 『춘』(春), 『추』(秋)의 작품을 완성하며, 봉건제도를 목표로 조준하였으나, 글 중에서 "봄 하늘은 우리의 것"이라고 외치면서 암흑사회인 상해 청년에게 온화한 생활을 가져오게 하였고, 그들이 분투하는 용기를 격발시켰다.

이러한 시기에 가장 좋은 성적을 거둔 것은 희극창작품이었다. 가장 일찍 상해 무대에서 나타난 항일극(抗日劇)은 『보위노구교』(保衛盧溝橋)로 샤옌(夏衍), 위링(于伶)등 20여 명의 집단 창작으로 홍선(洪深), 탕화이추(唐槐秋) 등 10여 명이 주연으로 출연하였고, 희극 영화계의 약 100여 명의 연기 인원이 참석하여, 이전에 볼 수 없던 성황을 누리면서, 항전 희극의 서막을 열게 하였다. 이후, 상해 무대 위에 공연된 샤옌(夏衍)의 3막극 『상해옥첨하』(上海屋檐下)는 한 곳의 농당(弄堂) 즉 골목 안의 다섯 가구 민가의 하루를 말한 것으로 항전 폭발 전날 상해 소시민의 고통스러운 생활을 묘사하여, 많은 사람들의 환영을 받았다. 샤옌(夏衍)은 계속해서 『일년간』(一年間), 『심방』(心防)과 『수성기』(愁城記)를 썼다. 1940년 스링(石靈)은 『화염중의 대상해』(大上海在火焰中)를 발표하여 사람들의 눈물을 흘리게 하였다. 위링(于伶)의 4막 화극(話劇) 『장야행』(長夜行)은 고도의 암울한 하루를 묘사하였고, 고립된 섬인 상해 인민의 화신(化身)인 정직하고 애국적인 위웨이신(兪味辛) 부부를 만들어 내었다. 이외 리젠우(李健吾) 창작품인 『황하』(黃花), 『무지개구름』(雲彩霞), 『추』(秋), 『초망』(草莽)과 바진(巴金) 창작의 대형 화극(話劇)인 『비나아가씨』(費娜小姐), 『2대의 사랑』(兩代的愛)가 발표되었다.

암흑한 정치 형세아래, 많은 극작가는 외국 명저와 역사 소재로 현실을 풍자하였고, 민족의식과 애국주의를 선양하였다. 아잉(阿英)은 웨이루후이(魏如晦)라는 필명으로 신후로 남명사극(南明史劇)인 『백화혈』

(碧花血), 『해국영웅』(海國英雄)과 『양아전』(楊娥傳)을 발표하였다. 『해국영웅』은 정청궁(鄭成功)을 혁혁한 유명한 민족영웅으로 묘사하였고, 『벽혈화』라는 노래는 명말 기녀(妓女) 거넌냥(葛嫩娘)이 투항을 거부하고 청에 맞서 장렬한 죽음을 택함으로써 불굴의 숭고한 기절을 노래한 것인데, 이 극은 『명말유한』(明末遺恨)의 이름으로 상해극예사(上海劇藝社)가 상해에서 공연할 때, 매번 관객이 만원을 이루었고, 30일간이나 연속 공연하였으며, 매번 관람한 관중의 정서는 극도로 애국심이 고양되어 있었다. 기타 위링(于伶)의 『여자기숙사』(女子公寓), 『여인국』(女兒國), 『대명영렬전』(大明英烈傳), 커링(柯靈), 스퉈(師陀)의 『야점』(夜店)등은 모두 사람들의 찬사를 받았다.

화극(話劇)의 중심무대는 청도극단(靑島劇團)이었다. 1937년 12월 중공 강소성위 문위(文委)의 구성원이었던 위링(于伶)과 오양위첸(歐陽予倩), 아잉(阿英), 쉬싱즈(許幸之) 등은 연합하여 청도극단을 만들었고, 1938년 원단(元旦) 가신광대희원(假新光大戲院)에서 처녀 공연을 하여, 관중으로부터 상당한 호응을 얻었다. 이후 위링(于伶) 등은 상해극예사(上海劇藝社)를 설립하였고, 로맹롤랑(Romain Rolland, 羅曼羅蘭)의 『사랑과 죽음의 유희』(愛與死的搏鬪)와 『화천루』(花濺泪) 등 공연으로 신사군(新四軍)을 위한 모금운동을 벌였다. 저명한 경극배우 저우신팡(周信芳)은 이풍사(移風社)를 조직하였고, 오양위첸(歐陽予倩)의 중화사(中華社)와 잡이등대희원(卡爾登大戲院)[2]에서는 돌아가면서 희극 『명말유한』, 『휘흠이제』(徽欽二帝), 『망촉한』(亡蜀恨) 등을 연출하였다.

영화계의 진보 역량의 대부분은 상해를 떠나 서쪽으로 갔고, 몇 가(家)만이 제작한 영화필름 업무도 대부분 휴업상태로 들어갔다. 명성공

---

2) 上海漢河路 21號에 1923년 2월에 영국 국적의 광동 사람인 루건(盧根)에 의해 세워졌다. 경영은 영국인이 초빙되어 경영하였다. 1951년 12월에는 장강극장(長江劇場)으로 이름이 변경되었다. 역자 주.

사(明星公司)는 전쟁으로 인한 파괴로 사업회복이 불가능한 상태였다. 연화공사(聯華公司)에서 발전한 화안공사(華安公司)는 1938년 6월까지 영업을 하다가 휴업을 선언하였다. 예화공사(藝華公司)는 전쟁 전에 히트 친 몇 편의 영화를 경매하여 근근이 명맥을 이어오고 있었다. 1938년 전반기, 신화공사(新華公司)만이 계속 영화를 제작하였다. 이 공사(公司)의 주인인 장산쿤(張善琨)은 국산영화를 보기 힘들다는 기회를 틈타서 18부의 이야기편(故事片)을 연속하여 만들었고, 그중 연극[話劇]을 개편한 『뢰우』(雷雨), 『일출』(日出)과 사극편(古裝片)으로 『초선』(貂蟬) 이외에 『비래복』(飛來福), 『고옥행시기』(古屋行尸記), 『지옥탐염기』(地獄探艷記), 『냉월시혼』(冷月詩魂) 등을 제작하였는데, 모두 색정 공포영화였다. 장산쿤은 투기를 하여 이익을 챙기자, 나머지 영화제작공사의 사장들을 모두 혈안이 되게 하였다. 옌춘탕(嚴春棠), 옌유샹(嚴幼祥) 부자는 그 뒤를 따라 예화공사(藝華公司)에서 판매하는 필름인 『봉구황』(鳳求凰)을 매입하였다. 명성공사(明星公司)의 사장은 진보적인 여론의 견책에도 불구하고, 10년 동안 방영이 금지되었던 『화소홍연사』(火燒紅蓮寺)를 방영하였고, 한편으로는 촬영장에서 일부 투기공사를 대신하여 영화를 촬영하였는데, 촬영된 영화는 『공포의 밤』(恐怖之夜), 『도색신문』(桃色新聞), 『가아구모기』(歌兒球母記) 등 건전하지 못한 영화를 제작하였다. 계속해서 류중하오(柳中浩), 류중량(柳中亮) 형제는 국화영화공사(國華影片公司)를 설립하고, 『풍류원혼』(風流冤魂)을 촬영하였다.

이때, 일본 침략자 역시 적극적으로 상해 영화업을 사들이는 활동을 진행시켰다. 일찍이 1937년 12월, 그들은 신화공사(新華公司)의 사장과 결탁하여 사전에 홍구(虹口)의 일본동화전영원(日本東和電影院)의 영화검열을 받게 한 후, 통과된 후 즉시 일본군 점령지역에서 자유롭게 방영히 었다. 1938년 11월, 일본군은 광명공사(光明公司)의 『차화녀』

(茶花女)를 일본에 보내 상영케 하였다. 일본 침략자의 음모를 분쇄하기 위하여 상해의 애국영화 종사자와 기타 문예종사자들이 연합하여 일어나게 되었고, 신문을 통해 투쟁을 전개시켰다. 아잉(阿英)이 주편한 『문헌』(文獻)총간(叢刊)에는 『일본의 중국영화침략 음모특집』(日本侵略中國映畵的陰謀特輯)을 게재하여 내부적으로 위임시정부(僞臨時政府) 교육부 문화국장이 쓴 『중일친선선종전영기』(中日親善先從電影記)등을 게재함으로써 그 음모를 밝혔고, 일위(日僞)의 야심을 폭로하였다. 동시에 바런(巴人), 바이위(白羽), 펑쯔(風子) 등 51명은 연명으로 『상해 영화계에 올리는 글』(告上海電影界書)을 발표하고 각 영화공사에서 신선과 요괴[神怪]편, 에로, 공포, 봉건 등 불량한 영화 제작의 범람을 거절하도록 요구하였다. 진보영화제작자들의 노력아래, 『뮬란종군』(木蘭從軍)이라는 영화를 촬영하였고, 이것은 비교적 우수한 영화로 꼽히었다. 이 영화는 오양위첸이 편극한 것으로 예전의 것을 빌어서 현재를 비유한 것으로, 1939년 2월 고립된 섬에서 상영된 후, 관중의 열렬한 환영을 받았다. "태양이 만천하를 비추면, 무술을 빠르게 연마하여, 강도와 도적들이 와도 두려워하지 않게 되며, 그들 모두를 집으로 돌려보낸다."(太陽日出滿天下, 快把功夫練好它, 强盜賊來都不怕, 一齊送他們回老家)는 삽입곡은 당시 널리 유행하였다. 이후, 커링(柯靈)이 편극한 『무즉천』(武則天), 저우이바이(周貽白)가 편극한 『소무목양』(蘇武牧羊), 『리샹쥔』(李香君)과 『량훙위』(梁紅玉), 천다베이(陳大悲)가 편극한 『서시』(西施) 등이 있다. 이러한 영화는 내용이 서로 같지는 않지만, 격조가 다르고 또 적지 않게 애국주의의 사상을 표현하고 있었다. 이외에 현실생활을 영화화한 『여자 아파트』(女子公寓)등 영화가 있었다.

1939년 여름부터, 일본 침략자는 조계당국에 대해 가일층 압력을 가하였고, 옛것을 빌어 현재를 비유하는 연극과 영화는 모두 조계당국의 무리한 검사와 조사를 받게 되었다. 이와 동시에 일본군이 투자한 중화영화공사(中華電影公司) 역시 정식으로 성립되어, 상해에서 제작되는 각 영화공사의 제작된 필름은 발행권에 통제를 받게 되었다. 일부 영화 상인은 놀라면서도, 감히 진보, 애국의 소재로 영화를 만들지 못하였고, 옛것만을 영화화하게 되었다. 상해에 운집한 각지의 지주 및 그 가속들은 저급한 구미를 맞추기 위해 기형적으로 번영한 사회를 기초로 하는 사극을 만들었다. 1939년 이러한 사극 편은 약 20편이 제작되었다. 1940년까지 국세는 더욱 악화되어 사극편이 54부나 제작되었고, 이러한 점유율은 국내 영화 제작의 5분의 4를 차지하였다. 그중 다수는 『조류씨』(刁劉氏), 『반교운』(潘巧雲), 『풍류천자』(風流天子), 『황천패』(黃天覇)등 색정과 봉건적인 내용이었고, 반봉건 색채의 『양산박과 축영대』(梁山泊與祝英臺), 『진향련』(秦香蓮), 『두십낭』(杜十娘)등 투기 상인들의 손에서 모두 크게 왜곡되었다. 소재를 얻고, 시간을 벌기 위해, 영화상인간에는 서로 사기와 싸움이 빈번하였다. 국화공사(國華公司)는 『벽옥잠』(碧玉簪), 『삼소』(三笑)와 『맹려군』(孟麗君)을 서둘러 촬영하기 위하여 3곳의 영화회사와 서로 소송을 하고, 무대를 서로 차지하려고 시끄러운 소란을 벌였다. 예화공사(藝華公司)는 7일간의 촬영으로 『삼소』(三笑)를, 춘명공사(春明公司)는 20일 만에 『맹려군』(孟麗君) 상·하집을 완성하여, 일시에 영화계의 기문(奇聞)으로 퍼졌다. 관중을 확보하기 위하여 그들은 신문지상에서 서로를 공격하고 욕을 하였다. 당시 진보인사들은 이러한 상황을 심각하게 지적하였는데, 이러한 투기상인은 금전을 모으기 위해, 불속에 있는 조국은 염두에 두지 않고, 관중을 기만하여 금전을 모았고 출연진을 모았으며, 고의적으로나 무의식적으로나 일본제국주의 문화침략의 동조자가 되었다.

1941년 상해의 형세가 나날이 악화되고 적들의 세력이 나날이 창궐하였으며, 애구 세력은 더욱 잔학한 학대를 받게 되었다. 정산쿤(張善

琨)등 투기분자와 일본군은 비밀리에 결탁하여 본 공사의 영화를 일본 군 점령구에서 방영하게 해달라고 청원하였다. 동시에 사극편의 후속 으로 현대물의 경쟁이 빈번하였다. 이 1년 동안 촬영된 80여 편의 영 화중, 현대물이 60편을 차지하고 있었다. 그중 원앙호접파의 소설을 촬영한 『춘풍회몽기』(春風回夢記), 『제소인연』(啼笑姻緣), 『홍행출장 기』(紅杏出墻記)등이 있었고, 다른 한 종류는 미국 첩보영화를 번역한 것으로 『진사례대파은신술』(陳查禮大破隱身術), 『중국라빈한』(中國羅 賓漢)등이 있다. 다른 한 종류는 공포 영화로 『강시복수기』(僵尸復讐 記), 『흑야고혼』(黑夜孤魂), 『귀련』(鬼戀) 등이 있었고, 또 다른 것은 몰 락한 소시민에게 영합하기 위한 현대희곡편[時裝戲曲片]으로 『염서생』 (閻瑞生)이 있었으며, 또 다른 종류로는 애정편으로 『어린 과부』(小寡 婦), 『명이 짧은 부인』(薄明婦人), 『탕부』(蕩婦) 등이 있었다. 이러한 저속하고 색정적인 시장영화는 20년대의 낙후한 영화 촬영과도 거의 차이가 없었다.

진보영화종사자의 쟁취와 노력으로, 이 한해에 촬영된 몇 편의 비교 적 좋은 영화들이 있었는데, 예로 대성공사의 『고기』(肉)(桑弘編劇), 예화공사의 『부활』(復活)(魏如晦編劇), 중국연합영화업공사의 『집』(家) (周貽白編劇) 등이 있었으며, 그중에서도 뛰어났던 작품은 금성공사 (金星公司)의 『화천누』(花濺泪)와 『난세풍광』(亂世風光)이다. 위링(于 伶)이 편극한 『화천누』(花濺泪)는 당시 상해 양장(洋場) 즉 조계 사회 의 암흑을 폭로하고, 매판의 부패하고 교묘한 죄악행위를 비판하며, 무녀(巫女)의 각성을 통해 우국(憂國), 우민(憂民)하는 작가의 마음을 표현하였고, 침략에 저항하는 애국사상을 표현하였다. 『난세풍광』(亂 世風光)은 전란 중에 한 가정이 어려움을 당하고 헤어지는 것을 통하 여, 상해사회의 두 가지 측면을 묘사하였다. 하나는 간상(奸商)들이 재 물을 모으고 국가에 대한 반역행위 등을 묘사하여 수치를 모르는 것을

폭로하였고, 다른 하나는 가난한 시민들이 기아에 허덕이고 몇 배 이
상의 능욕을 당하는 것을 표현하였다. 작가는 주제가 중에서 "새롭게
성장하도록 하고, 낡은 것을 멸망시키는 것이 우리 청년 일대(一代)의
임무로, 우리들은 인류의 동량이다!"라고 외치고 있다. 미술편중에서
는 완라이밍(萬籟鳴), 완구찬(萬古蟾)이 완성한 동화편 『철옹공주』(鐵
扇公主)는 당시 상당한 영향을 주었다.

제11장

태평양전쟁중의 상해

제1절 조계의 종결

1941년 후반기, 미일(美日)의 마찰은 나날이 첨예하게 대립하여, 태평양상에는 전쟁의 분위기가 감돌았다. 상해 조계의 분위기 역시 나날이 긴장되었다. 사람들은 이미 예감하여 상해의 함락은 시간문제라고 예견하였다.

12월 8일, 일본군은 진주만(珍珠灣)을 습격하여 태평양전쟁을 일으켰다. 같은 날 새벽, 상해주재 일본 해군은 황포강에 있던 2척의 영국과 미국 군함에 최후의 통첩을 하고, 2시간 내에 투항하도록 협박하였다. 미 군함 "웨이크"(衛克)호는 아주 신속하게 백기(白旗)를 내걸었고, 영국 군함 "피터리얼"(彼得烈爾)호는 일본 전폭기의 폭탄 세례로 6시간 만에 침몰되었다. 날이 밝자 일본 육군은 비가 내리는 가운데 소주하(蘇州河)의 각 교량을 통해 공공조계로 진입해 들어왔다. 일본 총영사 호리 간조(堀內干城)는 일본 군관을 대동하고 공부국 총동 리들(J. H. Liddle, 李德爾)을 만나, 공부국은 정상 업무를 보라고 명령하고 일본군에 협력하라고 하였다. 오후, 일본군이 공공조계를 점령하였다. 상해해관과 영상(英商)인 회풍(滙豊), 맥가리(麥加利), 사손(沙遜) 유리(有利) 등 6개 은행과 미상(美商)인 대통(大通), 화기(花旗) 등 5곳의 은행 및 대부분의 기업은 전부 일본군에 의해 장악되었다. 영·미 영사관원은 압력에 의해 영국영사관과 화무반점(華懋飯店)에 모이게 되었고, 몇 명은 수감되었다.

당시 히틀러의 밀사 위트만(Hauptsturmfuhrer Michael Wittmann, 魏特曼)이 상해에 있었다. 그는 일본을 유도하여 북진하여 소련을 공격하게 하라는 사명을 완수하기 위해, 일본 측에 상해를 "국제도시"의 면모를 갖추게 하고, 프랑스 조계를 진공하지 않도록 함으로써 국제사회의 파시스트에 대한 견해를 바꾸려고 노력하였다.[1] 일본군은 이러한 건의를 받아들여, 표면상 공공조계의 원래의 면모를 유지하게 하였다. 그들은 고시를 발표하여 공공조계 점령은 치안 확보를 위해서라고 성명을 밝혔다. 또 강압적으로 공부국을 표면에 등장시켜 시민들은 일상생활에 따라 생활하도록 하였다. 어쨌든 조계내의 사법기관, 은행, 학교, 신문사, 공장 등은 일상 업무를 보도록 허락받았고, 공부국의 영·미국적의 직원도 변동이 없었으며, 점령되었던 영·미 은행 역시 다시 업무를 재개하였다. 일본군은 홍구(虹口)의 일본 교포들이 조계로 들어오는 것을 금지시켰으며, "76호"특무의 조계 내에서의 체포 살인을 엄금시켰다. 은행, 공장, 법원, 학교, 신문사의 위장직원들을 포섭하여 조금씩 이러한 기관을 접수하여갔다. 왕위(汪僞) 역시 일본인들의 의도에 따라 평화세력을 전개시켰다. 12월 24일, 왕징웨이는 위정부(僞政府)에 명령을 내려 각부 및 위상해시정부(僞上海市政府)가 조계내의 국민당 군정인원 및 기타 전문 인재를 광범위하게 수용하고 임용한다고 발표하였다. 이틀 후, 저우포하이는 상해에서 중국, 교통, 농민은행의 대표 및 상해 금융계 인물을 포함하여 초청하여, 각 은행과 중저행(中儲行)의 합작을 요구하였다. 그러나 오래지 않아, 일본 침략자들의 진면목이 폭로되었는데, 영국과 미국이 상해에서 얻는 이익을 모두 약탈하는 것이었고, 아울러 영국, 미국의 교민을 잔혹하게 박해하였다.

1942년 1월 6일, 일본인은 공부국의 영국과 미국 국적의 총동 리들(Liddle) 등 4명이 사직하고, 4명이 도주한 것을 구실로 공부국 이사회를 개최하여 조직의 개조를 진행하였고, 일본대사관 참사(參事) 오카자키 카츠오(岡崎勝男)를 총동(總董)으로 임명하고, 한간(漢奸) 위안뤼

---

1) 陶菊隱, 『孤島見聞』, p.107.

덩(袁履登)을 부총통에 임명하였다. 이사중에는 글래쓰(A. Glathe, 葛樂泰)와 클롱(Von Der Crone, 克隆)만이 유럽인이었고, 그 나머지는 모두 한간(漢奸)이었다. 이후, 공부국 행정기관 역시 대규모로 교체되었고, 일본인 와타리 아키라(渡正監)를 총재로, 각처 책임자는 전부 일본인으로 바꾸었고, 특무처의 각급 영, 미 국적의 관원 27명도 압박에 의해 사직하게 되었다. 공부국의 영국, 미국 국적의 일반 직원에게는 먼저 대폭의 급여 삭감이 있었고, 계속해서 그들 역시 전부 사퇴하였다. 만국상단은 해산되었고, 158명의 군관과 1,491명의 사병은 전부 살길을 찾지 않으면 안 되었다. 계속해서 서양 악사 위주의 공부국 관현악대 역시 이 시기에 종말을 고하였다. 일본 침략자는 고심 끝에 영국과 미국이 경영하던 약 백년의 식민통치 기관을 철저하게 내쫓았고, 공부국은 완전히 일본의 식민통치의 기구가 되었다. 이때까지 공공조계는 이름만이 존재하게 되었다.

일본은 공공조계를 점령한 후, 모든 외국 교포들을 국적을 구분하여 적성(敵性)과 비적성(非敵性)으로 양분하였다. 일본과 교전국의 교민은 적성(敵性)으로 구분되었는데, 예를 들어 영국, 미국, 캐나다, 뉴질랜드 등이다. 나머지는 모두 비적성으로 분류하였는데, 이에 소련도 포함되어 있었다. 적성교민에 대하여 일본군은 점점 강압적인 방법으로 모욕과 박해와 약탈을 진행하였다. 그 규정에는 13세 이상의 영국과 미국 교민은 반듯이 일본 헌병대에 가서 등기를 해야 하였고, 외국교포 신분증을 받아 소지하여야 하였고, 개인 재산 역시 반듯이 등기하여야 하였다. 무력으로 유럽과 미국인을 모욕하였던 일본군은 1942년 초 웨이크 섬(威克島)과 중국에서 포획한 포로인 미군 관병 수 천 명을 상해로 압송하였고, 공공조계에서 군중들에게 보이게 하였다. 계속해서 간첩혐의로 체포된 일부 상해 거주의 영국과 미국의 저명인사, 그중에는 『밀러씨평론보』(密勒氏評論報) 주필인 포웰(Powell, 鮑惠爾), 『대미

만보』(大美晚報) 주필인 아오바이(奧柏)와 『원동』(遠東)잡지 주필인
우드헤드(H.G.W.Woodhead, 伍德海) 등이 포함되어 있었다. 3월 1일,
일본군은 영국과 미국 교민들에게 소장하고 있는 무기를 자진 신고 및
납부하라고 명령하였다. 계속해서 그들에게 단파 라디오, 촬영기, 망원
경을 납부하라는 명령을 내렸다. 왕위 한간 역시 5월 31일과 8월 29일
에 영미인의 침략대회와 반영 흥아대회(反英興亞大會)를 소집하면서,
일본을 위해 아첨하였다. 같은 해 10월 1일, 일본군은 13세 이상의 적
교포들에게 모두 적색 견장을 달게 하여, 희극원, 영화관, 무도장, 나
이트클럽, 술집, 회력구장, 경마장, 경구장 등에 출입을 금지시켰고, 유
럽과 미국의 음악 역시 이러한 반열에 끼게 하였다. 1943년 이후, 일
본군은 포동(浦東)에 적국 교포 집중 촌을 설립하고, 영국과 미국 남자
를 분별하여 이 울타리에 감금시키려고 하였다.

   일본은 상해에서의 영국과 미국 기업을 빼앗은 지 이미 오래 되었
다. 군 측의 한 보고서는 "전시에 가장 필요한 것은 막강한 생산력이
므로, 적성국가가 상해에 남겨놓은 공업을 가장 효과적으로 사용한다.
이로써 물자를 태평양전쟁에 조달하는 것을 목적으로 한다."[2]고 하며
적국의 기업활용을 강조하였다. 그래서 일본군은 조계로 진입하였을
때, 영국과 미국 교민의 재산을 등기하도록 하였고, 엄격한 제한으로
그들이 현금을 빼내지 못하게 하였고, 각 사람에게 매일 오직 20원만
을 지급하였는데, 이러한 금액으로는 야채밖에는 살 수 없는 금액이었
다. 영국과 미국의 기업에 대해서는 강점의 수단을 사용하였고, 군사
상 필요한 것에 대해서는 일본군이 직접 관리하였으며, 그 나머지는
흥아원 화중연락부(興亞院華中聯絡部)에서 관리하였다. 1942년 3월말
까지, 일본은 상해에서 82곳(家)의 영국, 미국 공업기업을 접관(接管)
하였고, 그중 상해 전력공사, 상해가스공사, 영미연창(煙廠) 등 모든

---

2) 陳眞等, 『中國近代工業史資料』, 第2輯, p.478.

대형 기업이 포함되어 있었다. 회풍, 맥가리, 화기 등 15곳의 영국과 미국 은행 역시 횡빈정금(横濱正金), 주우(住友), 삼릉(三菱), 조선(朝鮮), 대만(臺灣) 등 일본이 투자한 은행이 대리 관리하게 되었다. 많은 양상(洋商) 명의 아래의 중국기업 역시 일본의 약탈을 피할 수 없었다. 일본의 각 대 상사(商社), 단체는 모두 남경로 외탄의 조계 중심지구로 이전하였다. 4월 16일, 일본군은 명령을 내려 적 교포의 자동차를 몰수하였다. 11월 9일, 일본의 상해주재 육해군에게 포고를 내려 적 교포의 모든 부동산을 동결하고, 재산권을 이전하는 것을 금지시킨다는 규정을 내렸다. 4일후, 일본군은 적 교포의 재산을 철저하게 조사하였는데, 조사내용은 동산 및 부동산을 모두 포함한다고 하였다. 화인은행(華人銀行), 전장(錢庄)에 저축되어 있던 적성국 교포의 잔고 및 비적성 외국교포가 대리 관리하고 있던 적성국 교포의 재산 역시 보고토록 하였다. 적성국 교포의 일체의 가구를 등기하도록 하였는데, 선풍기, 화로까지 포함시켰다. 이러한 것은 먼저 일본 측의 윤허를 받은 후 취득할 수 있고, 위반자는 군법에 의해 처벌받았다. 동시, 일본 침략자는 영국과 미국이 소유한 큰 건물의 명의를 이전하였는데, 회풍(滙豊)은행 건물을 흥아대루(興亞大樓)로 바꾸었고, 아세아화유공사대루(亞細亞火油公司大樓)를 선린대루(善鄰大樓)로 바꾸었다.

일본군은 공공조계를 점령하였으나, 프랑스 조계는 점령하지 않았다. 그 주요한 원인은 프랑스 비시(Vichy, 維希)정부[3]가 독일에 투항하였고, 프랑스의 해외세력은 독일의 소득이었기 때문이었다. 당시 히틀러는 유럽을 석권하였고, 일본은 독일의 이익에 대해 심기를 건드려 촉각을 건드릴 필요가 없다고 판단하였다. 그래서 일본군이 공공조계

---

3) 1940년 6월 나치 독일과 정전협정을 맺은 뒤 온천도시인 비시(Vichy)에 주재한 친 독일정부를 말한다. 친 독일파인 앙리 페탱(Henri Pétain) 원수가 조각하며 독일에 항복하고, 프랑스 본국의 3분의 2를 독일점령구에 위임, 나머지 3분의 1을 비시정부가 관할함. 역자 주.

를 점령하였을 때, 적지 않은 시민들이 프랑스 조계로 몰려 들어갔고, 그곳에서 안전함을 찾고자 하였다. 그러나 오래지 않아 그들은 곧 발각되었고, 프랑스 조계와 공공조계는 아무런 차이가 없게 되었다. 공동국과 공부국은 같은 모양이 되었고, 일본군의 명령에 따르게 되었다. 이러한 내용의 공문을 일본 혹은 공부국은 공공조계에 포고문을 게시하여, 프랑스 조계에서도 쉽게 볼 수 있도록 하였으나, 서명하는 사람들은 프랑스인들뿐이었다. 심지어 공공조계에서 영국과 미국인의 오락장 출입을 금한다는 내용을 포고하였을 때, 프랑스 조계의 프랑스 총회에서도 역시 문 입구에 "영국과 미국인 진입금지"(禁止英美人入內)라는 고시를 걸어 놓았었다. 1943년 초, 일본 헌병대는 프랑스 조계 패당로(貝當路, 현재의 衡山路)에 호남분부대(滬南分隊部)를 설립하였다. 이로써 프랑스 조계도 곧 일본군에 점령당하게 되었다.

1942년 후반 년, 미군은 남태평양전쟁에서 반공에 진입하였으나, 중국전쟁 국세는 더욱 심각하였다. 장제스로 하여금 적극적으로 일본에 대항하는 작전을 수행하도록 하기 위하여, 미국과 영국 두 정부는 같은 해 10월 정식으로 중경(重慶) 정부에 정식으로 건의하여 중국에서의 치외법권과 조계교환의 조약을 폐지하는 것에 서명하였다. 일본은 영국과 미국이 실제로 존재하지도 않는 조계의 권한으로 장제스와 연락을 맺는 것을 보고, 자신들도 스스로의 지위를 높이기 위해 왕위(汪僞)정권을 올려주었다. 12월 21일, 일본 어전회의에서는 중국에 새로운 정책을 제정하고, 미국과 영국방면의 반격이 고조되기 전에 각종 방법으로 왕위(汪僞)의 정치역량을 강화시켰는데, 그 구체적인 내용으로는 첫째, 왕위(汪僞)에 명령하여 미국과 영국에 "선전"을 하도록 한 것. 둘째, 각지에 대한 왕위(汪僞) 정권의 통제권을 강화시킨 것. 셋째, 조계의 환수. 넷째, 점령구의 전략물자 약탈에 대한 강화 등이다.

일본은 왕위(汪僞)이 찬전을 요구하였고, 위군(僞軍)은 남양(南洋)에

서 전쟁을 벌였고, 이 기회를 틈타 왕위정권은 전시체제로 개조하였
고, 나아가 일본의 수요에 적응하였다. 이미 함락된 조계의 환수는 더
욱 극단적인 사기극이라는 것을 보여주고 있다. 어쨌든 간에 왕위(汪
僞) 한간들은 이러한 일련의 상황은 자신을 인민중의 한 사람으로 돌
려놓게 한 것이었다. 천궁보(陳公博)의 말을 인용하면 "참전의 명의로
조계를 회수하고, 치외법권의 폐지를 요구하며, 더욱 바라는 것은 정
치와 군사의 자주독립이다"[4]라고 하였다. 1942년 12월 25일, 당시 일
본에 있던 왕징웨이는 "우방(友邦) 일본과 한마음으로 협력하고, 안위
(安危)와 생사(生死)를 함께 한다."는 성명을 발표하였고, 대동아전쟁
(大東亞戰爭)에서 최후의 승리를 위해[5] 공개적으로 "참전"(參戰) 성명
을 발표하였다. 왕(汪) 등은 27일 남경으로 돌아온 후, 계획을 서둘렀
고, 1943년 1월 15일 참전 선포를 준비하였다. 그러나 1월초, 일본은
미국 국회에서 1월 8일 중국에서의 치외법권을 폐지하는『준미평등신
약』(中美平等新約)을 심의한다는 것을 알아내고는 바로 왕위에게 영국
과 미국보다 빠르게 참전과 치외법권의 폐지 수속을 완성하도록 하였
다. 왕(汪) 등은 1월 9일 오전 위중앙정치회의(僞中央政治會議)와 위국
민정부회의(僞國民政府會議)를 개최하여 유관문건을 통과시키고, 당일
영국과 미국에게『선전포고』(宣戰布告)를 함과 동시에 시게미추 마모
루(重光葵)와 『교환조계철폐치외법권협정』(交還租界撤廢治外法權協定)
에 서명하였다. 서명 뒤 한 문건에 규정하기를 "일본 정부는 일본국이
중화민국 내에서 현재 소유하고 있는 모든 조계 관리행정권을 중국 측
에 넘겨주고, 중화민국 정부에게 반환한다.", "일본정부는 다른 협의
규정에 의거하여 중화민국정부가 신속하게 상해 공공조계 행정권을
회수하기를 바란다."[6]고 언급하였다. 1월 11일, 중국정부 대표인 웨이

---

4) 金雄白, 『汪政權的開場與收場』, p.281.
5) 『中華日報』, 1942년 12월 26일.
6) 『中國近代對外關係史資料選輯』, 下卷 第2分册, p.197.

다오밍(魏道明)과 쑹쯔원(宋子文)은 나누어 중미, 중영과 양국의 중국에서의 치외법권 회수와 유관 조계의 문건에 서명하였다. 이렇게 법률적인 의의에서 말하면 상해 공공조계의 역사는 이로 인해 정식으로 마감하게 되었다.

왕위(汪僞)의 전쟁 참전 후, 위국기(僞國旗)의 황색 작은 꼬리는 일본에 동의를 얻고 없애버렸다. 2월 9일, 위행정원은 조계접수위원회를 설립하였고, 위외교부장(僞外交部長) 추민이(褚民誼)가 위원장으로 임명되었다. 14일, 일본 수상 도조 히데키(東條英機)는 비행기로 상해에 와서, 홍구(虹口)에서 일본육군, 해군, 외교 및 교민대표를 소집하여 회의를 열었고, 그들에게 정부의 대중국 신정책에 협조하도록 요구하였고, "중국방면의 책임을 존중하라", "중일의 협력을 확보하라"고 명령하고, 왕위(汪僞)와의 협조관계를 유지하라고 하였다.[7] 3월 하순, 일본은 계속해서 한구(漢口), 천진(天津), 소주(蘇州), 항주(杭州) 등지의 일본 조계를 위정부의 접관으로 이양하였다. 6월 30일, 시게미추 마모루와 추민이(褚民誼)는 『관어교환상해공공조계조관』(關於交換上海公共租界條款) 및 『이해사항』(了解事項)에 서명하였고, 8월 1일 공공조계 행정권 및 공공시설, 자산 등을 완전히 위국민정부에 위양한다고 하였다. 왕징웨이는 당일 발표담화에서 일본의 이 같은 처사에 감격의 눈물을 흘린다고 하면서 아울러 각국이 일본을 향해 나아가기를 희망하며 상해에서의 권익을 인정해 준다고 하였다.

왕징웨이의 이 말 중의 "각국"(各國)이란 프랑스를 지칭한 것이다. 일본이 교환을 선포한 후, 파시스트 국가의 일치를 위해, 독일과 이탈리아 및 프랑스 유신정부 역시 상응하는 태도를 취하였다. 2월 14일 이탈리아 정부는 성명을 발표하여 중국의 조계반환과 치외법권을 철수한다고 선포하였다. 프랑스 비시(Vichy, 維希)정부는 상해 프랑스

---

7) 民國三十二年 『申報年鑑』, p.246.

조계를 반환하지 않으려고 하였으나, 일본의 압력이 두려워 부득불 2월 23일에 성명을 발표하여 중국에서 치외법권과 조계를 포기한다고 밝혔다. 그러나 이것은 원칙적인 성명이었다. 비시정부는 자기와 왕위와 함께 외교관계를 이용하여 조계의 반환문제를 지연하고자 하였다. 왕위(汪僞)는 비시(Vichy, 維希)정부 성명발표 후, 샤치펑(夏奇峰), 우쑹가오(吳頌皐) 등을 파견하여 프랑스 전관조계위원회를 접수할 조직을 만들게 하였으며, 4월 1일 상해 프랑스 조계를 접수하려고 준비하였으나, 상해의 프랑스 대사 콤(H. Cosme, 高思默 또는 戈斯美)는 4월 8일에 먼저 하문(廈門)과 고랑서(鼓浪嶼)에 대한 프랑스 조계의 행정권을 반환한다고 하였다. 이러한 발표후 한간들은 계획 없이 일본을 그들의 주인으로 모시게 해달라고 애걸하였다.

4월 30일 프랑스 포방 포두 미라이(米來)는 절도 사건을 해결하는 차원에서 성기삼말점(誠記衫袜店)의 학도(學徒) 장진하이(張金海)를 때려 죽였다. 이 참안은 조계에서는 흔히 볼 수 있는 일이었으나, 일위(日僞)는 프랑스 방면에 압력을 가하기 위해 즉각 그를 체포하여, 파란을 일으켰다. 일본인이 조종하던 『신신보』(新申報)는 연속해서 3일 동안 대량의 편파 보도를 하였고, 일본 대사관 정보부장은 성명을 발표해 죽은 사람에게 극도의 동정을 드러내었다. 한간들 역시 군중의 분노를 일으키게 하였고, 위시당부(僞市黨部)에서는 프랑스 조계의 권한을 빨리 회수하기를 요구하였고, 탕서우민(唐壽民), 우원자이(吳蘊齋) 등의 변호사를 사서 기소(起訴)하게 하였다. 위시정부 역시 프랑스 조계에 강렬한 항의를 하였고, 흉수의 처벌을 요구하였고, 사망자 가족에 대한 보상을 요구하였다. 위사법부장 뤄쥔창(羅君强)은 상해로 와서 이 안의 처리를 맡았다. 프랑스 공동국에서는 형세가 불리하게 되자, 부득불 머리를 낮추고 미라이(米來)에게 20년의 노동을 하도록 하는 판결을 내렸다. 이 사건으로 프랑스는 프랑스 조계의 반환을 연장하는 것이 불가능하다고 판단하였고, 그렇지 않을 경우에는 일본군이 장래 무력으로 접수할 것이라고 생각하였고, 프랑스 조계에 있는 교포들이 감금될 위험이 있다고 판단하게 되었다. 프랑스 대사인 콤은 프랑스 영사 및 프랑스 교포들 몇 명을 소집하여 회의를 열어 그 득실을 논의한 후, 일본이 공공조계의 반환을 하라고 한 하루 전에 조계를 반환한다고 결정하였고, 7월 30일 프랑스 조계를 반환하는 조건은 다음과 같다. 첫째, 반환 후 조계에서 일체의 인사 및 제도는 잠시 동안 변경하지 않는다. 둘째, 프랑스 교민의 거주 및 영업의 자유를 존중한다는 것이었다. 7월 22일 추민이(褚民誼)와 프랑스 대사관 참찬 포쓰쑹(鮑斯頌)은 『관어교환상해전관조계실시조관』(關於交換上海專管租界實施條款)에 서명을 하였다. 당일 위(僞)최고국방회의에서 천궁보(陳公博)로 하여금 상해 공공조계와 프랑스 위원을 접수하도록 위임시켰다.

조계 접수의 사기극을 은폐하기 위해, 일위(日僞)방면에서는 군중을 동원하고 혼신의 힘을 다하였다. 위시부(僞市府)는 보장(保長)들과 연계하여, 보(保)와 갑(甲)에 통지를 보내, 조계를 접수하는 날에, 각 상점과 상점주인에게 일률적으로 기를 게양하게 하였고, 깃발이 없으면 큰 표어를 달아 조계 회수를 환영토록 지시하였다. 같은 때 남경동로(南京東路), 하비로(霞飛路)등 주요 도로는 무질서하게 깃발들이 나부끼게 되었고, 여러 가지 색등이 화려하게 켜졌다. 각 상점은 강제적인 명령으로 1주일간 염가(廉價)로 물건을 판매 하여 경축하는 모습을 보이게 하였다. 우표에는 "조계 회수 기념"이라는 글자를 새겼다. 왕징웨이와 일본 최고 고문 시바야마(柴山)는 친히 상해로 와서 이 접수 의식에 참가하였다.

7월 말, 공부국과 공동국은 최후의 96호와 제4446호 포고를 내려 금일 이후 정상적으로 호구미(戶口米)를 분배하겠다고 하였다. 8월 1일, 위시부에서는 공공조계 접수 의식을 거행하였고, 대광명영회원(大光明

影戲院)에서는 상해 민중 대표대회를 개최시켰다. 왕징웨이는 이 회에서 강연에서 일본과 동고동락하고, 공생공사 한다는 틀에 박힌 말을 하였다. 같은 날 왕은 『어떻게 새로운 상해를 건설해야 하는가?』(怎樣建設新上海)라는 글을 발표하면서, "중국 영토에 대한 주권이 이때부터 완전해졌다"라는 치욕적인 망언을 하였고, 일체의 역량으로 일본을 도와 대동아전쟁을 완성해야 한다고 강조하였다.

조계의 반환 후, 프랑스 조계는 상해특별시 제8구로 개칭되었고, 하비로 마랑로(霞飛路 馬浪路, 현재 滙海中路 馬當路) 입구의 공동국은 구공서(區公署)로 개칭되었으며, 천궁보가 서장(署長)을 겸하였고, 프랑스 순포방은 제3경찰국으로 이름을 고쳐 천궁보가 국장이 되었다. 공공조계는 상해특별시 제1구로, 공부국은 구공서(區公署)로, 총순포방을 제1경찰국으로 개칭하고 천궁보가 서장겸 국장이 되었다. 남시(南市), 갑북(閘北) 및 호서월계축로(滬西越界築路) 지구는 제2에서 제7구로 나뉘어졌고, 이곳을 합쳐 제2경찰국을 설립하였으며 루잉(盧英)이 국장을 담당하였다. 이외에, 위정부는 상해지방법원, 고등법원 및 상해지방검찰서와 고등검찰서를 설립하였다.

이러한 변동에 대해 시민은 각 기관의 건물 위에 청천백일기(靑天白日旗)를 게양하였고, 순포 모자위에는 국민당 국기가 모표로 있는 것을 보았다. 베트남 순포가 해직된 것 이외에, 거리에 왕래하는 순라(巡邏)들은 여전히 거리에서 돈을 뜯는 이전의 모습과 달라진 것이 없었다. 두 조계 전차는 경계 구역 없이 통행하였고, 여전히 다니던 길로 다녔다. 일본군의 통치는 아무런 변화도 없었다. 위정부의 정치, 경제, 문화, 시정, 치안 등 일체 권력은 일본인의 수중에서 조종되었다. 예로 각 경찰국은 모두 일본 국적의 사람이 부국장으로 1명씩 있었고, 정국장(正局長)은 일본에게 아첨하여 배를 불리던 한간들이었다. 이렇듯 소위 조계의 환수는 사기극에 불과한 것이었다.

제2절 일본침략자의 공포정치

　일본군이 공공조계를 점령하고, 프랑스 조계를 통제한 후, 홍구(虹口)에 상해무관부(上海武官府)를 설치하고는 상해의 최고 권력기구가 되었으며, 초대 무관장(武官長)은 육군 중장 나가츠(永津)가 담당하였다. 일본 해군은 육군의 아래에 있는 것에 불복하여 따로 해군 무관부를 조직하고, 육군이 상해무관부라고 지칭하는 것을 육군무관부로 고칠 것을 요구하였다. 쌍방의 투쟁은 점차 표면적으로 나타났으며 나날이 극렬해갔다. 도쿄에서는 이러한 마찰을 없애고자, 두 무관부의 취소를 명령하였고, 흥아원(興亞院)이 상해에 화중연락부(華中聯絡部)에서 최고 권력을 장악하도록 지시를 내렸다. 초대 화중연락부장관은 해군 중장 추다(津田)가 맡았는데, 육군의 불만이 표출되었다. 육군은 무관부를 철수하기를 거부하고, 직접행동에 나섰고, 화중연락부를 무시하였다. 그러나 육군내부에서 새로운 모순이 발생하였는데, 상해 육군 사령부가 무관부를 자신들의 우위로 인정하지 않았다. 어쨌든 무관부는 상해 육군부로 명칭을 바꾸었고, 직권은 특무 정보활동만으로 제한되었다. 일정기간의 굴곡이 경과한 후, 일본의 상해 식민통치기구는 점차 안정되었다. 그것은 일본 총영사관, 흥아원화중연락부(興亞院華中連絡部), 육군사령부, 해군사령부와 특무기관 5개의 계통으로 나뉘었다. 사회치안의 책임은 헌병총대에서 담당하고 있었는데, 그 아래에 두 개의 분대를 설치하여, 호남분대는 프랑스조계 패당로(貝當路, 현재의 衡山路), 호북분대는 공공조계의 천동로(天潼路)를 관할하였다. 일본군은 경마장을 군사주둔지로 바꾸고, 대규모의 군대를 주둔시켰다.

항일 역량을 소멸시키기 위해 상해는 침략전쟁의 기지로 되었고, 일본제국주의는 상해에서 잔학한 공포통치를 실시하였다.

태평양전쟁 폭발후의 3일째, 두 조계 당국은 일본군의 뜻에 따라 공포통치의 실현을 알리는 내용을 통보 하였는데, 그 주요 내용은 첫째, 공포사건 발생 시 해당지구의 주민 대표는 일본 헌병대로 보내져 처벌받는다. 둘째, 위에서 말한 지구는 기한 없는 봉쇄를 하고, 완전히 출입을 금하며, 그 주위 지구 역시 진입을 금한다. 셋째, 공포사건에 대하여 알면서도 보고하지 않은 자는 가장 가혹하게 처벌한다. 보고자는 일본 군표 200~10,000원 혹은 법폐 800~40,000원의 장려금을 지급받는다. 이러한 야만적인 인질방법의 출현으로 시민들은 모두 위험에 처하게 되었다.

계속해서 일본침략자들은 명령을 내려 인구를 해산시켰다. 그 목적은 상해에서 생활필수품의 긴박한 문제를 해결하기 위한 것임과 동시에 상해경제를 전시체제로 전입시켜, 침략전쟁에 서비스하게 하려고 하였던 것이다. 1941년 12월 28일, 일본 헌병대는 테러를 이유로 외래인의 상해시 진입을 금지시켰다. 이틀 후, 조계 당국은 정식으로 인민에게 고향으로 돌아갈 것을 권고하였고, 아울러 화인소산위원회(華人疏散委員會)를 설립하여, 이들에게는 반값에 물건을 제공하고 후에는 차량 및 선박비를 면제해 주었다. 거리에는 많은 귀향 수속을 밟는 여행사가 생겨났다. 1942년 1월까지 상해시민으로 귀향한 사람은 약 60만 명에 이르렀으나, 시 전체 인구는 여전히 391만 명으로 일본 침략자의 요구와는 상당히 거리가 먼 것이었다. 상해시민 대부분은 고향이 없어 돌아갈 곳이 없는 사람들이었고, 또 일부 고향이 있는 사람들 중 적지 않은 사람들의 고향이 이미 일본군에게 유린당하고 있었으므로 군이 돌아갈 필요를 느끼지 못하였다.

어쨌든 일본 침략자들은 공포정책을 시행하고, 한간(漢奸) 건달들이 시민들을 협박하고, 암살하고, 납치 폭행을 서슴지 않고 실행하였다. 일본군은 가슴을 펴고 걷는 사람, 머리를 삭발한 사람, 가죽 벨트를 하고 있는 사람, 몸에는 문신이 있는 사람, 오른손 검지가 이상한 사람, 걸음걸이가 이상한 사람은 반일분자 혹은 유격대와 연결하는 간첩으로 여기고 임의로 구속 또는 살육하였다. 1941년 말에서 1942년 초까지 일본군은 테러사건이 있었던 것을 구실로 계속해서 남경로(南京路), 절강로(浙江路) 등의 번화가와 갑북(閘北), 양수포(楊樹浦) 등 주민 밀집 지구를 봉쇄하여 시민 출입을 엄금시켰다. 봉쇄시간은 짧게는 1주일, 길게는 20일로 그 구역 내 거주민들은 생활 필수품까지 공급이 중단되어 쓰레기와 대변을 치울 수도 없었으므로, 사람들은 두려움을 느꼈고, 질병이 유행하였으며, 그 주민들 생활의 처참함을 말로 표현할 수 없었으며, 노약자와 어린이들은 죽음을 기다리고 있었다. 1942년 2월 14일 섣달 그믐날, 일본군은 고의로 공포분위기를 조성하고, 동시에 공공조계 중심구의 6개 지역을 봉쇄하고는 3월 10일에 가서야 해금시켰다. 이 봉쇄의 처음 3일 동안 거리에는 굶어 죽은 사람 10여 구가 뒤 뒹굴어져 있었으나, 아무도 매장하지 않았다. 불완전하지만 통계에 의하면 이 봉쇄로 최소한 수 십 명이 사망하였다고 한다. 2월 26일, 일본 침략자는 전 시에서 부정기적으로 지정되지 않은 지역에서의 테러진압 훈련이 실시된다는 성명을 내고, 경찰이 호루라기를 한번 불면 테러 사건이 발생한 것으로 간주한다고 규정하였고, 행인 및 차량은 일률적으로 정지하여 조사를 받아야 한다는 명령을 내렸다. 처음 이러한 상황을 목격한 사람은 큰 소리로 "테러", "테러"를 말해야 하고, 이 말을 듣는 사람들은 체포를 도와야 하고 그렇지 않으면 처벌받게 된다고 하였다. 3월 4일, 제1차 연습이 홍구(虹口)에서 실시되었는데, 위장한 테러리스트가 사방으로 도주하였고, 경찰이 호루라기를 불었는데도 행인들은 방관히고 있었다. 이후, 일본은 남시(南市) 등지에

서 여러 차례 테러진압 연습을 실시하였는데, 같은 결과를 초래하였
다. 이에 일본군은 아주 분노하여, 대량의 사복형사를 행인 중에 잠복
시키고, 협조하지 않는 사람들의 등에 분필로 십자가를 표시하고, 헌
병대로 끌고 가 처벌하였으나, 이들을 구제할 방법은 없었다. 이러한
연습은 이후에 중지되었다.

일본군은 공포분위기를 조장할 뿐 아니라, 상해인민을 협박하였고,
동시에 보갑제도(保甲制度)를 실시하자는 여론을 조성시켰다. 2월 14일,
봉쇄 발생 후 오래지 않아, 위정부 공무인원, 경찰관 전체가 출동하여
시 전체의 호구(戶口)를 5일 동안 조사하였다. 이 5일 동안 거주민들은
반듯이 집에 머물고 있어야 하였고, 각종 사무는 일체 정지되었다. 호
구조사가 완료된 후, 보갑 편제편성하게 되었다. 동시에 공부국에서는
위안뤼덩(袁履登)이 회장인 보갑주비위원회(保甲籌備委員會)가 설립되
어 같은 업무를 진행시켰다. 당시의 보갑제는 호(戶)를 단위로 호장(戶
長)을 만들어 전체의 집들을 연좌식(連坐式)으로 묶었다. 십호(十戶)를
갑(甲)으로 하고, 갑장(甲長)을 만들고, 한 집에서 일어나는 일을 전체
의 갑(甲)이 연좌되게 하였고, 10갑(甲)을 보(保)로 하고, 보장(保長)을
세웠고, 10보(保)를 연보(聯保)라고 하고, 연보장(聯保長)은 관원이 파
견되어 담당하였으며, 이러한 것은 각 포방 혹은 경찰국에 예속되었
다. 5월 11일, 공공조계는 연보장, 보장 및 갑장의 명단을 공포하였는
데, 그것은 7개 총연보(總聯保), 32개 연보(聯保), 400개 보(保), 4,854
개 갑(甲)으로 모두 913,514명으로 구성되었다.[1] 6월 중순, 프랑스 조
계지역에도 역시 보갑(保甲)을 편성하였는데, 모두 264개 연보, 1,038
개 보, 4,499개 갑으로 편성되었다.

보갑제의 기초위에서 일본군은 자경단(自警團)의 조직을 강화하여,
20~45세 사이의 남자들은 이 자경단에 의무적으로 가입하도록 규정하

---

1) 이후에 397개의 保와 4,770개의 甲으로 약간의 조정이 있었다.

였다. 매 보에서는 25명의 자경단 단원을 만들어야 하였고, 매일 손에 목봉을 들고, 거리를 돌며 지정 지역에 2시간 이상의 경계를 서야했는데, 주야 불문이었다. 공공조계의 자경단은 10,450명이었다. 프랑스 조계의 민경단(民警團)은 25~33세의 나이로 구성되었다. 1942년 10월 일본 침략자는 경마장에서 자경단 성립대회를 소집하였다. 이때, 상해 거리는 이들로 북적거렸다. 그러나 자경단의 단원은 오직 따라 다닌 것이었고, 근무시간에는 졸지는 않았지만, 소설을 읽었고, 항일 인원을 만나면 모르는 척 눈을 감아주기도 하였고, 어떤 때에는 그들을 위해 숨을 곳을 알려주기도 하였다.

항일 전사를 체포하기 위하여 일본 침략자는 시민증(市民證)과 방역증제도(防疫證制度)를 실시하였다. 1942년 5월 1일, 일본군은 시민증과 현민증(縣民證)이 없는 사람들은 일률적으로 경계선을 통과할 수 없도록 하였다. 11일을 기해, 일본군은 거리의 행인들에게 예방주사를 놓아 모든 사람에게 예방접종 증명을 휴대하게 하여, 증명이 없는 사람을 항일분자로 보았다.

이러한 통치제도의 실시는 탐관오리들이 백성의 고혈을 빨아먹을 수 있는 기회를 제공하였다. 공동국은 우선 각 호(戶)에 주비보갑자동연(籌備保甲自動捐)을 징수하였다. 계속해서 공공조계에서도 역시 보갑연(保甲捐) 활동이 전개되었다. 이외에 경방설비연(警方設備捐), 장치경령연(裝置警鈴捐), 민경연(民警捐)등이 징수되었다. 신분증 발급 시에는 각 사람에게 등기 비용과 관리파견(派司套) 등의 제반 비용을 징수하였다.

보갑제도가 생긴 것과 동시에 일본 침략자들은 한간 조직의 설립에 착수하여, 한간 대오를 확대시켰다. 왕위(汪僞)의 국민당 이외에 상해에는 장캉후(江亢虎)의 사회당, 청년당, 각종 위공회(僞工會), 위상회(僞商會)와 위학생회(僞學生會) 및 대민회(大民會), 인칭동맹회(安淸同

盟會), 천도방공구국회(天道防共救國會), 중국소년단(中國少年團), 방공청년단(防共靑年團), 부녀방공회(婦女防共會) 등이 있었다. 부녀방공회는 부녀를 유혹하기 위해, 부녀직업소개소, 가정위생훈련반(家庭衛生訓練班), 탁아소 등을 설립하였다. 대민회(大民會)의 회원은 모두 건달들로 각지에 분포되어 있었고, 약 10만 명 정도로 청홍방(靑洪帮) 두목인 위안뤼덩(袁履登), 원란팅(聞蘭亭), 리빙칭(李炳靑), 저우푸천(周拂塵)등 모두 일본군에 의해 체포되었다. 일본 흑룡회(黑龍會)의 두목인 미츠루(山滿)가 1942년 상해에 왔고, 우원로(愚園路)에 중화홍문협회총회(中華洪門協會總會)를 건립하고, 리빙칭(李炳靑)을 주석으로 하여, 점령구의 홍방(洪帮)조직을 통일하려는 기도를 하였다. 이러한 대소(大小) 한간들과 일위(日僞) 특무의 결탁으로 항일 군중을 박해하였고, 부상(富商)과 재력가들을 납치하였고, 백성들의 재물을 약탈하였고, 이들의 작태는 이루 말할 수 없었다.

일위(日僞)는 끊임없이 잔학한 통치를 하였으나, 중국인민의 항일 역량은 부단히 증가되었고, 심지어 공산당 지도하의 신사군(新四軍)과 항일 유격대는 상해 주위 지구에서 빈번하게 출격하여, 그들의 마음에 공포감을 안겨주었다. 이로써, 일위는 1942년 8월 청향위원회(淸鄕委員會) 상해분회를 설립하고 천궁보가 주임위원으로 겸직시켰다. 일위는 『상해지구 청향업무에 관한 중일협정』(關於上海地區淸鄕工作中日協定)에 서명하고, 9월부터 업무를 개시하여, 남회(南滙), 봉현(奉賢), 북교(北橋) 세 지구에서 제1차 청향(淸鄕)을 실시하였다. 9월 11일, 왕징웨이가 상해에 와서 청향 상황을 시찰하면서, 10분의 2는 군사방면에 10분의 8은 정치방면에서 업무를 진행하라고 지시하였다. 1943년 5월 제2기 청향이 개시되었는데, 그 범위는 숭명(崇明), 보산(寶山), 가정(嘉定) 3곳의 현(縣)으로 그 봉쇄선은 221km나 되었다. 연말에는 천사(川沙), 포남(浦南), 포북(浦北)에서 제3차 청향을 실시하였다. 청향의 주요 내용은 교통을 봉쇄하고, 검문소를 설치하여 통행하는 행인을 수색하고, 보갑편제를 구축하여 철저하게 신사군(新四軍)과 항일유격대의 활동을 소멸하는데 있었다. 그러나 청향을 할 때, 일위군은 신사군을 피하고, 무고한 백성들만을 전문적으로 착취하였다. 위군은 호항선(滬杭線)의 협석역(硤石)에서 열차를 검문하면서, 열차 안에서 현금 8,000원(元)을 착취하였고, 호항노선은 매일 8차례의 기차가 통행하였으므로 하루에 그들은 64,000원의 수입을 얻었다.[2] 청향부대가 가는 곳은 개와 닭이 남아나지 않았고, 청향이 지나간 후에는 10집 가운데 9집의 물건은 모두 없어졌고, 구리 자물쇠나 구리 장식물 역시 하나도 남아나지 않았다. 그래서 그러한 탈취를 당한 농민들은 청향(淸鄕)을 중국어 발음이 같은 단어인 "청상"(淸箱) 즉 "상자를 싹 털어갔다"는 뜻으로 바꾸어서 썼다.

1943년 일본군은 전쟁에서 계속적으로 패배하자 그들은 상해시민을 더욱 엄격하게 통제하였다. 같은 해 8월 25일을 기해, 상해에서는 등화관제 연습을 10일 동안 실시하였다. 매일 오후 7시 30분에서 9시 30분까지 집 밖의 모든 불은 반듯이 소등하여야 하였고, 실내에서도 등을 키는 것을 허락하지 않았으나, 밖으로 빛이 새어나가지 않도록 하면 상점은 정상영업을 할 수 있었다. 연습 때, 위관원(僞官員) 및 경찰, 소방대가 전체 출동하였으며 자경단(自警團)은 이중으로 보초를 섰다. 이러한 규정을 위반한 사람은 처벌을 받았고, 프랑스 조계에서도 수 백 가구의 시민들이 처벌을 받았다.

당시 상해는 점점 더 공포스러운 세상으로 변하여 갔다. 인민의 일체의 자유는 모두 박탈당하였고, 일본 헌병대가 상해를 통치하게 되었다. 주택, 상점, 열차, 선박 등은 물론 일위특무와 헌병대는 시민들에 대해 임의로 수사, 모욕, 체포, 심지어는 살해까지 서슴지 않았다. 일

---

2) 汪曼云,『千里哀鴻說淸鄕』는 劉其奎,「抗戰時期的"淸鄕"和反"淸鄕"鬪爭」,
   『復旦學報』, 1985年 第5期에서 인용.

본군은 시내에서 미친 듯이 사람을 체포하여 많은 사람들이 실종되었다. 일본상인이 경영하는 공장의 노동자들은 더욱 심한 압박을 받았다. 노동자들은 씨름, 축구, 권투 등을 하면 모두 처벌을 받았다. 어느 공장의 노동자가 공장 문을 나설 때, 일본 초병에게 예를 갖추지 않았다고 하여, 12시간 동안 꿇어 앉아 있는 벌을 받았다. 공대(公大) 2창의 한 노동자는 『대중가성』(大衆歌聲)을 배워 노래하였는데, 일본군사령부에 의해 잡혀 살해되었다. 대강사창(大康紗廠)의 4명의 노동자들은 매국노에 반항하고, 욕을 하였다는 이유로, "유격대"라는 죄명으로 총살당하였다. 동흥사창(同興紗廠)의 한 여공이 콜레라에 걸렸는데, 공장주가 전염이 된다는 이유로 그녀의 몸에 휘발유를 뿌려 태워 죽였다. 일본군은 우편업무를 엄격하게 통제하였는데, 모든 왕래되는 서신과 전보를 검사하였다. 시민들은 당시 "거민증"(居民證)을 휴대하게 하였는데, 휴대하지 않으면 큰 수난을 당하게 되었다. 나라를 잃은 굴욕의 상해 시민들은 하루가 마치 한 해 같았으며, 그들은 탄식하면서 "긴 밤이 천천히 지나니, 언제 새로운 날이 오겠는가!"라고 탄식하면서, 하루빨리 광명천지한 날이 오기를 손꼽아 기다렸다.

제3절 일위(日僞) 약탈하의 사회경제

일본 침략자는 광주(廣州), 무한(武漢)을 점령한 후, 이 지역들을 병참기지화하려고 노력하였다. 태평양전쟁이 발발한 후, 일본은 더욱 경제 통제와 전쟁으로 인한 물자 약탈을 중국에서의 경제정책으로 실행시켰다. 근대공업이 가장 집중되어 있던 상해는 일본군 약탈의 주된 목표의 하나였다.

일본군은 공공조계를 점령하고, 영미 기업을 약탈하는 동시에, 군사 관리, 위임경영, 중일합작, 조차(租借) 등의 명목으로 중국민족자본기업에 대해서 공개적인 약탈을 시행하였다. 소위 말하는 위임경영이란 중국기업을 일본 개인공사에 소유권과 경영권을 양도하는 것이다. 이러한 상황이 가장 보편화되었으며, 일본제분회사는 복신(福新) 2창을, 동양엽연초회사(東洋葉煙草會社)는 신화(新華), 화동(華東)등 담배공장을 점유하였고, 일본제지회사(日本製紙會社)는 대중화지창(大中華紙廠)을, 종연방직회사(鍾淵紡織會社)는 강남조지창(江南造紙廠)을, 입덕(立德), 오주(五洲), 가정(家庭), 진화(振華), 개림(開林) 등 화공창(化工廠)은 일본 유지회사에 의해 점유 당하였고, 일본 도료(塗料)회사는 종연방직회사(鍾淵紡織會社)를 경영하였으며, 강남(江南), 중국(中國) 등 시멘트 공장은 오노다(小野田) 및 아사노(淺野三) 회사에 점유되었다. 1942년 2월까지 군사관리를 한 것 이외에, 상해의 66개 민족자본공장은 중입합작사로 바뀌었고, 90곳은 경영이 위임되었으며, 47곳은 강제로 매각되거나 임대되었다.[1] 이외에도 국민당정부에 속해있던 중앙(中央), 중국(中國), 교통(交通), 농민(農民) 4개의 은행 역시 모두 일본군

이 접수하여 관리하였고, 중국, 교통 두 은행은 개편된 후 영업을 재개
하였다.

아직 점령하지 않은 기업에 대해서 일본 침략자들은 물자를 통제하
는 방법으로 약탈을 진행시켰다. 소위 물자의 통제는 중요한 생산 재
료와 생산품의 탈취를 위해 관리와 제약을 하고, 시장에서 자유로운
유통을 금지시킴으로써 판매를 제한하였고, 통일적인 분배를 강요하였
다. 일본군이 조계를 점령한 후, 조계내의 큰 창고는 모두 폐쇄되었다.
12월 23일, 공부국에서는 시내에서 유통되는 물자의 등기를 포고하여,
쌀, 식용유, 자동차, 오금(五金), 아교, 약품, 목재, 연료, 안료(顔料), 유
지(油脂), 건축 기재 등 모두 등기를 하도록 하였고, 다른 곳으로의 이
동을 하지 못하게 하였다. 그러나 상해 자산계급은 이러한 것을 따르
지 않았다. 상해 일본육해군 사령부는 1942년 3월에 강철, 비철금속,
광석, 면화 및 면제품, 양모 및 양모제품, 마(麻) 및 마제품(麻制品), 피
혁, 아교 및 아교제품, 목재, 광유, 공업약품, 안료유칠, 수지 및 나무
아교, 의약 및 그 부속품, 기기 및 그 부속품, 쌀 및 식량, 철통, 종이
류 등 18종의 물자에 대하여 모두 통제시켰는데, 예로 흥아원(興亞院)
의 허락 없이는 물자를 전혀 이동시킬 수 없었다. 흥아원 화중연락부
(華中連絡部)는 강서로(江西路) 복주로(福州路) 입구의 한미이등 빌딩
(漢彌爾登大厦, 현재의 福州大厦)에 물자이동관리처를 설립하고는 공
상업자에게 이곳에서 등기와 신청 수속을 하라고 명령하였다. 동시에
일본군은 매국노들을 움직여 화중비철오금공업통제협회(華中非鐵五金
工業統制協會), 상교원료수입업동업공회(橡胶原料進口業同業公會, 공
업화학원료동업공회(工業化學原料同業公會), 제등업동업공회(制釘業同
業公會), 일화피혁공상업통제협회(日華皮革工商業統制協會) 등을 설립
하고 물자통제의 기초조직을 담당시켰다. 그러나 일본군이 직접 조종

---

1) 『上海資本主義工商業的社會主義改造』, p.23.

한 동업조직 유형은 아주 복잡하였고, 그 근거가 불명확하여, 상해 상인은 관망하는 태도를 보였다.

1942년 말, 계속해서 일본군은 전쟁에서의 패배와 국내 경제 곤란이 가속화되자, 일본 침략자들은 중국 전략물자의 약탈에 더욱 광분하여, 이화제화(以華制華)의 수단을 사용하였다. 1943년 1월, 일본 대사관 상해사무소에서는 소절환(蘇浙皖; 강소, 절강, 안휘) 3성 영사회의를 소집하여 다음과 같은 내용을 결정하였다. 첫째, 왕위 정부의 경제활동을 촉진시키고, 스스로 경제건설에 참가하도록 한다. 둘째, 일본식의 통제적인 경제제도를 취소하고, 중국에 적합한 방법을 채택한다. 셋째, 각 통제 기구를 개혁한다.[2] 왕위 정부는 바로 양식부(糧食部), 경제부와 전국경제위원회를 설립하고, 아울러 각지 사회국을 경제국으로 고치고 전면적으로 일본의 새로운 정책을 받아들인다. 1943년부터 일본의 물자통제정책은 주로 왕위정부에 의해 실시되었다.

1943년 2월 13일, 위최고국방회의(僞最高國防會議)에서 전시경제정책강령과 물자통제 실시 등에 대한 결의가 통과되어, 3월 11일, 전국상업통제총회[商統會]의 설립이 결정되었고, 아울러 『전시물자이동취체잠행조례』(戰時物資移動取締暫行條例)가 통과되었다. 3월 15일, 전국상업통제총회(全國商業統制總會, 商統會)가 상해에서 정식으로 설립되었고, 탕서우민(唐壽民)을 이사장으로, 원란팅(聞蘭亭)을 감사장으로 중요한 직책은 모두 한간(漢奸)과 매판 혹은 일위(日僞)에 의지하고 있던 대자본가들로 구성되었고, 환용로(環龍路, 현재의 南昌路)에 위치하였다. 상통회는 명의상 상업자치 단체였으나, 왕위 행정원의 지시를 받았고, 3월 17일 물자통제심의회의 부분적인 통제를 받았으나, 실제상으로는 모든 행동을 일본대사관 상해사무소의 지시를 받았던 당시 규모와 권력이 가장 큰 통제기구였다. 상통회(商統會)는 상해에 24개

---

2) 蔡德金, 李惠賢, 『汪精衛國民政府紀事』, p.191.

의 동업공회(同業公會)로 기초조직을 담당케 하였고, 무한(武漢)과 광주(廣州)에는 분회를 설립하였다. 이후, 계속해서 그 아래의 핵심조직인 미량(米糧)통제위원회와 면화(棉花)통제위원회가 설립되었고, 위안뤼덩(袁履登), 원란팅(聞蘭亭)이 주임을 맡았다.

총통회는 먼저 상해, 남경과 소절환(蘇浙皖; 강소, 절강, 안휘) 3성에서 물자 이동을 하는 증명서를 발급하였다. 모든 물자는 항일근거지로 이동을 금지시켰고, 병기, 양약, 아편 3종류의 물자는 이동이 금지되었다. 쌀, 보리, 면화, 콩 등이 상해로 들어가는 것을 허락받지 못하였고, 휘발유, 기계, 금속, 약품, 면사포 및 그 제품, 비누, 설탕 등 12종류의 물품은 상해에서 다른 지방으로의 이동을 허락받지 못하였다. 상통회에서는 통제물자의 물품이 약 37개 종류였는데, 생활용품과 공업원료, 연료, 운수도구와 통신기재 등 거의 모든 것이었다. 물자 이동을 통제하기 위해, 일본군은 이미 상해의 곳곳에 봉쇄선을 설치하여, 동으로는 신포동로(新浦東路), 포동로(浦東路), 남으로는 상남터미널(上南汽車站), 서로는 중산로(中山路), 북으로는 상은로(翔殷路), 수전로(水電路)에서 감시하였다. 상통회에서는 봉쇄선으로 들어갈 수 있는 사람을 규정하였고, 양식 쌀 2kg, 보리 5kg으로 제한하였으며, 봉쇄선 밖으로 나오는 사람은 면포 3야드(yard), 성냥 5갑, 설탕 1kg으로 제한시켰다.

약탈을 편리하게 하기 위해, 일위는 상해의 현존하는 물자에 대해 더욱 엄밀한 조사를 벌였다. 3월 24일, 상통회에서는 명령을 내려 상해에서 면사·면포의 현존 물품을 등기를 하도록 하였다. 4월 5일, 위시부(僞市府) 경제국에서는 보유하고 있는 주요 물품을 모두 등기하기 시작하였다. 5월 일위는 천궁보를 위원장으로 하는 물자조사위원회를 설립하고, 150명의 검사원을 파견하여, 상해의 180개 창고에 대한 조사를 벌였다. 이러한 조사를 기초로 하여 일본은 그들이 가장 필요로 하는 물자를 강제로 수매하거나 소유자의 명의를 탈취하는 행동을 시

작하였다. 위정부는 8월에『수매면사면포잠행조례』(收買棉紗棉布暫行
條例) 및『실시요강』(實施要綱)을 반포하여, 수매를 방해하는 사람은 1
년 이상 5년 이하의 구속을 규정하고, 또 화물을 몰수하며 벌금을 매
긴다고 하였다. 계속해서 상통회는 20지(支)의 남봉사(藍鳳紗)를 매
(每) 포(包) 당 10,000원에, 용두세포(龍頭細布)는 매 필당 375원의 가
력으로 전시에서 강제 수매하였다. 이 가격은 당시 시가의 4분의 1정
도였고, 화물가격의 반은 일반적으로 중저권(中儲券)으로 3년 내에 완
불하는 것으로 지불하였다. 당시 중저권의 가치는 날로 떨어지고 있었
으므로, 이러한 돈은 가치가 없었다. 이러한 약탈방법에 의존하여 일
위는 대규모로 면사포를 약탈하여 갔다. 상통회 기록에 의하면 당시
상해에서 수매된 면사포는 약 206,244건으로, 면사는 매 건당 40포
(包)로 중량은 400파운드였고, 면포는 매 건당 40필로 매필은 40야드
(yard)였다. 이러한 면포는 대부분 일본으로 운반되었고, 극히 적은 부
분만이 상해시민에게 배급되었다. 상해 상인은 손실을 줄이기 위해 등
기를 지연하기도 하였고, 물건의 값을 대폭 내려 판매하기도 하였으
며, 등기처 관리들에게 뇌물을 써서, 물건 소유 등기 때 적게 등기하는
방법과 몰래 외지로 이동시켜 판매하는 등 각종방법으로 손실액을 줄
이고자 노력하였으나, 실제적인 손실은 상당히 많았다. 통계에 의하면
시 전체의 면사포 공장과 상인들은 중저권 6,938,731,000원의 손해를
보았고, 많은 자본가는 파산을 하여 자살하였다. 시 전체의 면포상점
과 사호(紗號)의 점포 숫자는 2,000여 곳과 1,000여 곳이 있었는데, 대
폭 감소하여 700곳과 400곳으로 줄었다.3)

물자를 통제하는 것 이외에 일본 침략자들은 강제로 중저권의 유통
을 강요하였고, 인민에 대하여 진일보한 약탈을 진행시켰다. 태평양전
쟁 발발 이전, 일본 침략자들은 국민당의 법폐를 정책적으로 이용하

---

3)『恒豊紗廠的發生、發展與改造』, pp.77~78.

여, 법폐의 계속적인 유통을 허락하였고, 화북, 화중에서 법폐를 수집하여 상해에서 외국 지폐로 환전을 하였고, 이러한 외화로 영국, 미국의 물자를 구매하였다. 태평양전쟁 발발 후, 국제무역이 정지되었고, 외화를 벌어들일 수 없었으므로, 그 이용도가 크지 않았다. 일위는 강제적으로 중저권을 유통시켰고, 이로써 법폐를 대신하게 하였다.

1942년 2월 14일, 공부국에서는 중저권만을 사용하여 세금을 납부케 하였는데, 이것은 법폐를 폐지한다는 신호였다. 법폐의 신용도가 바로 위기에 처하게 되었다. 3월 6일, 일본정부는 『화중통화잠행처리요강』(華中通貨暫行處理要綱)을 통과시키고, 중저권과 법폐의 등가교환(等價交換)을 폐지한다는 규정을 하였다. 23일, 위중저행(僞中儲行)에서는 법폐와 중저권의 가치를 100:77로 공포하자, 이후, 법폐 가격은 부단히 하락하게 되었다. 일시에 물가가 앙등하였고, 시민들은 법폐를 하루도 보관하지 않으려고 하였다. 5월 27일, 왕위정부는 법폐유통을 금지시켰고, 2:1의 가치로 법폐를 바꾸어 주는 것을 선포하기에 이르렀다. 6월 하순에 이르러 남경, 상해 두 곳에서는 법폐의 유통이 금지되었고, 위반자는 『방애신법폐치죄잠행조례』(妨碍新法幣治罪暫行條例)에 의해 처벌되게 되었다. 1943년 일본군은 군용표의 발행을 정지하는 것을 선포하였고, 중저권 100원이 군용표 18원의 비율로 군용표를 회수하였다.

중저권으로 법폐를 대신하는 방법을 통해 일위는 한편으로는 민간의 법폐를 대량으로 수중에 넣었고, 이로써 대후방과 각 항일 근거지의 물자를 흡수하였으며, 다른 한편으로는 통화팽창정책을 실시하여 인민을 한층 더 약탈하였고, 이로써 자신들의 경제적인 어려움은 청산하였다. 1942년 이후, 위중저권의 발행액은 급격히 증가하여, 가치가 상당히 떨어지게 되었다. 1942년 5월, 매량(每兩)의 황금은 정부 고시가로 중저권 21,000원이었는데, 1944년 1월에는 102,100원이 되었고,

1945년 8월에는 중저권의 발행액이 이미 4,340,905,300원이 되어 1941년 1월과 비교하여 30여 만 배나 증가하였다.4) 이러한 한 항목만을 보아도 일위의 재부 약탈이 얼마나 심하였는지를 가히 알 수 있다.

이외에 토지와 노동력도 일본 침략자들 약탈의 주요 대상목표였다. 일위는 특무기관, 보갑조직 및 토지조사위원회를 이용하여 토지에 대해 철저한 조사를 실시하였다. 농민 혹은 지주의 토지는 물론 그들이 필요로 하는 토지는 수시로 징용(徵用)되었다. 교현(郊縣)의 대부분 토지는 일본군 혹은 위정부에 강점되어 도로망 건설, 도랑 폐쇄, 비행장, 병영과 창고로 이용되었다. 진여(眞如), 대장(大場), 오송(吳淞), 양사(楊思), 민행(閔行), 용화(龍華) 등지의 많은 개인 토지 역시 일본군이 약탈하여 일본과 조선의 이주민에게 배급되었다. 일본 침략자들은 노동력을 약탈하는 방법으로 집단적으로 인부들을 착출하는 방법을 사용하였는데, 그 방법은 대규모의 군경이 갑자기 어느 지역을 포위하여 법을 위반했다는 것과 증명서를 지니지 않았다는 구실로 대규모의 시민을 구류하고, 그중에서 기술 노동자는 국내의 군사공업부문으로 이송시켰고, 나머지 건장한 체력을 지닌 사람들은 교현(郊縣)의 도로 건설, 비행장 건설 혹은 운수 대원으로 보내 노동력을 착취하였다. 이러한 종류의 집단으로 인부(人夫)를 잡아가는 사건이 많이 발생한 지역은 홍구(虹口), 양수포(楊樹浦) 일대로 어떤 때에는 한 차례에 100여 명을 잡아갔다. 1944년 초, 일위는 상해에서 고철 2,000톤을 수집한다는 목표를 완성하기 위해 고철수집운동을 벌이자, 시민들과 교외의 농민은 대문에 있던 장식까지 모두 떼어내어 철기를 바쳤다. 일본 부랑자들은 도처에서 조사를 벌여, 공공조계의 28선(扇)의 큰 철문과 프랑스 조계의 800여 개의 철제 도로 안내판을 모두 철거하여 가져갔고, 민간의 화로와 물병까지 모두 수색해 가져갔다.

---

4) 獻可, 『近百年來帝國主義在華銀行發行紙幣槪況』, pp.143~149.

일본의 약탈아래, 상해의 사회경제는 숨이 막힐 정도까지 파괴되었고, 다음과 같이 더욱 기형적인 모습을 하게 되었다.

먼저, 물자통제에 있어서 생산 재료가 극도로 결핍하여 공업은 전면적으로 위축되었다. 예를 들어 면 방직업은 원료가 통제되었고, 완성품 또한 가격이 한정되어 있어, 포창(布廠) 주인은 원료를 적재한 채 생산을 제한하였고, 포(布)가 공장을 나가게 되면 할인하여 판매하였고, 시장에서는 사(紗)가 포(布)보다 비싸게 팔렸고, 백포(白布)가 화포(花布)보다 비싼 기현상이 발생하였다. 1942년 시 전체의 사(紗), 포(布) 생산량은 전년도의 절반가량이었고, 1943년에는 가동하고 있던 사정(紗錠)이 전체의 10%에 불과하였다. 염직업은 소사(少紗), 포(布) 원료가 부족하여 내지시장을 잃게 되었고, 90% 이상의 공장은 정지되었다. 고무업은 1943년 말, 10개 공장만이 가동하고 있었고, 나머지 20여 곳은 휴업하거나, 공장의 반만을 가동시키고 있었다. 오금업(五金業) 생산은 1936년을 100으로 볼 때, 1940년에는 최고 153.9였고, 1942년에는 30으로 떨어졌다. 성냥산업 역시 생산능력이 30%로 줄어들었다. 면분업의 공장 가동률은 계속해서 하락해 10%정도였고, 모방직, 사직, 화학, 전기, 제혁 등 업의 공장 가동률 역시 아주 낮았고, 어떤 것은 5%에 불과하였다. 상해의 공업전력 소모량은 1936년을 100으로 할 때, 1942년과 1943년에는 50과 40이었다. 1943년 시 전체의 화상(華商) 공장의 3분의 2가 파산하여 오직 1,145가(家)만이 남아 있었다. 1944년 말 이후, 일본의 패전이 짙어지자 대부분 중국 공장 주인들은 일본과의 합작을 거절하였다. 1945년 상해의 중국인 공장의 생산은 실제적으로 이미 정지된 상태였고, 일본 출자 공장의 공장 가동률도 전쟁 이전(戰前) 생산 능력의 4분의 1로 줄었다.[5]

---

5) 陳眞等, 『中國近代工業史資料』, 第1輯, pp.117~129; 『上海資本主義工商業的社會主義改造』, p.23; 鄭友揆, 『中國的對外貿易和工業發展』, pp.150~151.

둘째로는 물자의 통제, 생산의 하락과 통화 팽창으로 생활 필수품은 결핍되고 물가가 앙등하였다. 상해 도매물가 지수는 1937년 1월에서 6월까지를 100으로 본다면, 1938년 말은 114.6이었고, 1941년에는 1,597.8이었고, 이후에는 걷잡을 수 없이 뛰었는데, 1945년 8월에는 이미 8,640,000이나 되어, 1941년과 비교하여 5,400여 배나 증가하였다. 가장 먼저 물가가 오른 것은 생활필수품인 식량, 연료 및 일용품이었다. 예를 들어 쌀의 경우, 1941년 12월 매석(每石)에 238원(도매 값)이었는데, 1945년 8월에는 150만원으로 6,300배나 뛰었다. 1937년 6월에서 1944년 말까지 유연탄은 6,924배나 증가하였고, 백탄(白煤)는 8,000배가 올랐다. 흰 포(白布)는 1941년에 매필(每匹) 57.7원(元)이었는데, 1945년 상반기에는 732,500원(元)으로 무려 12,700배가 올랐다. 고체 비누는 한 상자(每箱, 120개)가 1941년의 54.8원이었는데, 227,781원으로 올랐다.6) 박래품(舶來品) 즉 선박에 의해 들어오는 물품의 가격은 하늘을 찌를 정도였다. 전쟁 전에 7·80원으로 구입할 수 있었던 서양 의복은 1945년에는 100만원(萬元)을 주고도 살 수 없었다. 물자가 극도로 부족하였기 때문에 보통시민은 생존을 유지하는 것이 가장 큰 목표였다. 공급관계의 비정상적인 상태에서 부분 상품의 가격은 기이하게 떨어지는 현상도 보였다. 앞에서 말한 사(紗)가 포(布)보다 비싼 것과, 화포(花布)가 백포(白布)보다 싼 것 이외에 돼지고기가 닭보다 비쌌고, 소시지가 신선한 다리고기보다 쌌고, 비계가 많은 고기가 살코기보다 더 값이 나갔으며, 일반 쌀과 인디카종 쌀로 우리가 안남매이라고 부르는 쌀의 값이 같은 등 이상한 현상이 나타났다.

셋째로는 투기사업이 예전에 볼 수 없는 활기를 띠었다는 것이다. 물자의 결핍, 물가의 앙등은 자본이 있는 사람들은 톤으로 물자를 구

---

6) 『上海解放前後物價資料滙編』, 上海人民出版社, 1958年版. 1942년 이후의 화폐 단위는 위중저권(僞中儲券)이다.

매하고, 증권이나 황금을 전매하여, 시가의 3배 이상이나 벌어들였다. 일위는 상해의 유동자산을 투기시장으로 끌어들여 물자 통제를 아주 유리하게 하고 있다고 생각하였다. 동시에 그들 역시 투기사업 중에서 횡재할 수 있다는 것을 알게 되었다. 이로써 일본군은 공공조계를 점령한 후 오래지 않아, 공부국에서 증권교역시장을 정식으로 업무재개시키는 것을 독촉하였다. 8층 높이의 한구로(漢口路) 증권건물은 즉각 각종 투기꾼들의 투기 장소가 되었고, 3층에서 8층까지의 각종 증권 상점들은 매일 만원을 이루었다. 각종 투기성격의 기업회사[7], 신탁회사, 전장(錢庄), 은행이 뒤섞여 어지럽게 생겨나게 되었다. 전장, 은행은 운용자금을 흡수하여 증권과 황금 투기의 주된 기업이었다. 1943년 1년 중, 새로 설립된 전장(錢庄)이 무려 146가(家)나 되어, 역사상 최고 기록을 보였다. 1945년에 이르러서는 시 전체의 전장(錢庄) 수는 이미 229가(家)를 넘어섰고, 전전(戰前)에 비해 183가(家)가 증가하였다. 은행 역시 208가(家)로 전전에 비해 134가(家)가 증가하였다.[8] 원래 전장(錢庄)은 물가가 나날이 등귀하자, 돈을 대출하여 이자를 받는 것과 저축을 해서 받는 이자의 차액으로는 수지가 맞지 않자, 상품의 돈적(囤積) 즉 사재기나 혹은 황금 증권을 판매하는 길로 들어서게 되었다. 일부는 사채를 놓아 하루에 2푼이상 심지어는 3푼의 이자를 챙겼다. 공상업 자본가 역시 보편적으로 증권 투기를 하였다. 그 예로 영안방직인염공사(永安紡織印染公司)의 1943년 투기액은 6,634만 8천원으로 약 20지(支) 면사 3,337건(件)의 비용과 같은 금액이었다. 영안공

7) 기업공사는 표면상으로는 공상(工商)기업에 대한 투자, 관리를 주 업무로 한다고 하였으나, 실제적으로 대부분은 전문 투기업을 하고 있었으므로 사람들은 투기집단, 돈화조직(囤貨組織; 매점매석하는 조직) 혹은 활두(滑頭)상점이라는 말로 이들을 불렀다. 또 어떤 것은 주식을 제어하는 회사의 성질을 지니기도 하였다.
8) 『上海錢庄史料』, p.213.

사(永安公司)의 한번 투기는 1944년 기업자금의 4,900여 만 원을 차지하였고, 이 한해 빌린 돈이 36,480만 원이나 되었다.9)

증권투기가 시장 상황에 아주 심각한 충격을 주었고, 이러한 것은 화폐의 가치를 떨어뜨리는데 가속화하였고, 일위(日僞)는 1942년 6월에 증권투기를 금지시킨다고 발표하였다. 이에 유동자금은 곧 부동산 방면으로 몰렸고, 전례 없는 부동산 투기열이 나타났다. 1944년 5월 통계에 의하면, 시 전체에 부동산 중개업자들이 300곳(家)이 있었는데, 그중 8곳(家)의 자본이 1억 원 이상이었고, 신아연합부동산주식유한공사(新亞聯合地産股份有限公司)의 자본은 3억 원에 달하였다. 이외에 300여 곳(家)의 기업회사들은 회사와 부동산 투기를 겸해서 하는 곳이었다. 투기상들은 구입한 매물을 비싼 값에 내놓았고, 매물은 점점 많아졌으나, 부동산 가격은 나날이 올라갔으며, 대부분이 비밀리에 아주 비싸게 팔렸다. 1943년 시 전체의 부동산 거래액은 5억 원에 달하였고, 1937년에 비해 80배 가까이 증가한 것으로 역사상의 가장 높은 수준을 대대적으로 초과하고 있었다.10)

이외에 투기성이 아주 큰 신약업(新藥業) 역시 기형적인 발전을 보였다. 이 행업(行業)은 1942년에는 300곳(家) 정도에서 점차 증가하여, 1945년에는 이미 650곳(家)으로 증가하였다. 서약행(西藥行)의 점포 수는 약방(藥房)을 초과하였다.11) 일부 대형 제약공장과 기업회사가 결탁하여 거대한 자본집단을 형성하였는데, 예로 쉬관췬(許冠群)의 신아(新亞, 藥공장)집단, 쉬샤오추(許曉初)의 중법(中法, 藥房)집단, 저우즈쥔(周志俊)의 구안집단(久安集團)등이 있었다. 신아집단 소속의 각 회사의 자본 총액은 10억 원 중저권(中儲券)을 초과하였다.

일위의 약탈 및 사회경제의 파괴는 인민에게 끝없는 재난을 안겨주

---

9) 『永安紡織印染公司』, p.259; 『上海永安公司的生産、發展和改造』, p.172.
10) 于季深, 『上海之房地産業』, 上海經濟硏究所, 1944年版.
11) 『上海資本主義工商業的社會主義改造』, p.24.

었다.

소절환(蘇浙皖; 강소, 절강, 안휘) 지구에서 식량을 약탈하는 계획을 완성하기 위하여, 일위는 엄격하게 식량이 상해로 유입되는 것을 통제하였고, 이로써 상해에는 예전에 볼 수 없는 쌀 품귀현상이 일어났다. 일본군은 공공조계를 점령한 후, 공부국에서 시민이 쌀을 사는 것을 통제한다는 것을 고시하였고, 아울러 상해교구(上海郊區)의 쌀 교역시장을 폐쇄시켰다. 7월 6일, 일위는 양식을 배급제로 하는 것을 실시하였고, 시민증에 의해 쌀 구매 증서를 발급하였고, 매주를 1기(一期)로 하여 한 번씩 호구(戶口)에 대한 쌀 배급을 하였고, 매번 각 사람에게 한 되의 쌀을 지급하였는데, 이러한 양은 성인의 3일 양식거리도 되지 못하였다. 이후 10일을 1기(一期)로 하여 1번씩 지급하는 것으로 바꾸었는데, 매번 반 되의 쌀과 한 되의 쌀 부스러기와 잡곡을 배급하였다. 1942년에는 호구미(戶口米)로 한 해를 21기(期)로 하여 1기에 3말(斗) 3되(升) 5홉(合)을 지급하였고, 1943년에는 한 해를 31기(期)로 5말(斗) 3되(升) 5홉(合)을 지급하였으며, 1944년에는 13기로 줄여, 3말(斗) 6되(升) 5홉(合)을, 1945년에는 오직 1기(期)에 1되(升) 5홉(合)을 지급하였다. 3년 중 시민 각 사람은 오직 호구미(戶口米) 1섬(石) 2말(斗) 5되(升)와 밀가루 111.5g을 받았는데, 이것으로는 1년을 살 수 없는 양식이었다.[12] 그러므로 상해에서는 다음과 같은 말이 생겨났다. "배급, 배급, 배급은 하지 않고, 배급만을 기다리니, 굶어 죽겠다."

호구미(戶口米)로는 입에 풀칠하는 것도 부족하여, 거주민들은 비싼 가격으로 대용음식과 뒷거래하는 쌀로 허기를 면하였다. 이로써 각종 대용 음식도 가격이 올랐다. 예를 들어 꽈배기는 매번 값이 한 배씩 올라, 만들면 만들수록 작아졌다. 뒷거래 쌀 가격은 더욱 올랐다. 암거래 쌀의 판매를 없애기 위해 일본군은 봉쇄선을 몰래 넘어오는 사람에게

---

12) 朱斯煌, 『民國經濟史』, 銀行學會, 1948年編印, p.465.

는 엄한 처벌을 내렸다. 그러나 곤란함이 많았으므로 사교(四郊)의 농민은 쌀을 바지 단, 요대와 조끼안에 숨겨 묶고, 몰래 시구(市區)로 들어와 인적이 뜸한 곳의 길이나 골목에서 낮은 소리로 팔았다. 그들이 존재하였기 때문에 많은 시민들이 굶어죽는 것을 면할 수 있었다.

배급제가 광범위하게 다른 지방에까지 실시되었다. 1944년 6월, 일위는 상해시민에게 각 사람에게 1장(丈) 5척(尺)의 면포(棉布)를 지급하였다. 위시정부(僞市政府) 경제국 통계에 의하면, 시 전체에는 3,452,227명이 있었고, 이렇게 계산할 때, 20,713,362야드(yard)가 있어야 하였으나, 상통회에서는 오직 447,360야드만을 발급하여 총 배급량의 우수리 부분만도 못하는 양이었다. 시민들은 처음 포(布)를 배급할 때, 10원(元) 씩의 헌금을 하여야 하였다. 담배, 성냥, 비누, 소금, 석탄 등도 역시 한정된 공급이 되어, 예를 들어 식용유의 경우는 매번 반근(半斤)으로 제한하였고, 담배는 매번 1갑, 조개탄은 매번 10원(약 30斤)을 받았다. 1943년 12월, 일위(日僞)는 가스, 수도, 전기 소모량을 이전의 평균 사용의 70%에서 65%로 줄이게 하였다. 버스차량의 운행시간 역시 단축하여 매일 5시간으로 제한하였다. 이외에 일부 상품은 반듯이 옛 날 물건을 보여주고 새로운 물건을 사야 했는데, 예를 들어 전구는 반듯이 예전의 전구를 반납하고 새 것을 살 수 있으며, 비단을 살 때에도 비단을 보여주고 사야 했으며, 신발을 살 때도 낡은 신발을 보여주고 시민증을 제시하고 사야하였는데, 물건은 비오는 날 주로 판매하였다. 이러한 제도의 실행 후, 가격 제한으로 물건의 공급이 아주 적었고, 암시장은 이전에 볼 수 없던 활개를 띄었다. 담배 종이를 판매하는 주인은 가격 제한이 된 담배를 암시장에 내다 팔아 체리커(茄力克) 담배를 180원에 판매하였다. 기름과 소금판매점에서는 가격제한으로 판매를 하였기 때문에 "알유당"(軋油黨)이라는 사람들이 나타나 기름과 소금판매점에서 줄을 서서 물건을 싼 값에 산 사람들이 바로 암시장에 내다 팔았다.

낡은 것이 있어야 새것을 살 수 있었기 때문에, 어떤 소매점은 전문적으로 고물을 수거하여, 이렇게 수거한 고물로 새 물건을 사서 다시 암시장에 내다 팔았다.

물가의 앙등으로 상해의 생활비 지수는 대폭으로 상승하였다. 1936년을 100으로 하면 1943년 8월의 생활비 지수는 10,286.61이었고, 1945년 8월에는 6,648,285.5[13])에 이르렀고, 임금은 이러한 상승폭을 따라가지 못하였다. 전쟁 이전, 영안사창(永安紗廠) 노동자의 평균 월수입으로 쌀 1.48석(石; 一石은 10斗)을 살 수 있었는데, 1943년에는 쌀 3말[斗] 정도를 구입할 수 있을 정도였다. 기타 중국인기업 노동자의 임금 역시 이러한 수준이었다. 수백만 시민이 최저 생활수준의 조건도 갖추지 못하고, 생사의 기로에 서 있었다. 시내 도처에는 거지들이 무리를 이루었고, 무수한 난민이 노숙을 하였으며, 북풍이 한 번 몰아치면 시체들이 도처에 나뒹굴었다. 일위(日僞)신문에서 토로하듯이, 1942년 2월 초의 며칠 동안 얼어 죽고 굶어 죽은 사람이 800여 명이나 되었다고 한다.

---

13) 『上海解放前後物價資料滙編』, pp.334~335.

제4절 노예화 교육(奴隷化敎育)과 식민화 정책

일본제국주의가 상해를 점령한 후, 문화 교육 사업은 재난성의 타격
을 받았다. 동제(同濟), 복단(復旦), 광화대학(光華大學)과 상해법학원
(上海法學院), 상해여자의학원(上海女子醫學院), 상해미술전과학교(上
海美術專科學校) 등 전문대학, 단과대학, 대학교(大專, 院, 校)는 심각
한 파괴를 받아 대부분은 학업을 진행할 수 없었고, 대하(大夏) 등 18
개 고등학교 역시 심각한 훼손을 당하였다. 상해의 173개 도서관 및
일부 개인 장서가의 진귀한 선본(善本; 희귀본), 고본(孤本; 유일본) 서
적은 포화에 훼손된 것이 아니라 일본군의 약탈로 유실되었다. 상무
(商務), 중화(中華), 세계(世界), 개명(開明), 대동(大東) 5대 서점은 모
두 폐쇄되었다. 일본군이 약탈해 간 각종 서적은 수백만 책1)이 되었
다. 기타 문화 시설인 영극원과 만담을 들려주는 장소, 오락장 등도 피
해를 피할 수 없었다. 그러나 일본 교포들의 교육 사업은 신속하게 발
전하였다. 1942년 때에는 일본의 상해거류민단에서 세운 학교가 16곳
이었고, 그 중 8·13사변 후에 개설한 학교는 9개교2)로 이러한 학교들
대부분은 중국의 교육 시설을 약탈하여 설립한 것이다. 이러한 광적인
파괴와 약탈 후, 일본 침략자들은 상해 인민에 대하여 특히 청소년에
게 노예교육과 사기성적인 선전을 실시하였다.

괴뢰정부의 교육권은 기타의 권리와 같은 모양으로 전부 일본 침략
자들의 수중에서 통제되었다. 일본 흥아원(興亞院) 및 화중(華中)연락

---

1) 『新華日報』, 1942년 10월 23일.
2) 『上海居留民團三十五週年紀念誌』, p.941.

부의 문화국은 일위 문교방면의 정책 결정기구였다. 그 지시 하에 위 정부는 중앙편집위원회를 설립하고 각종 노예화 교육의 교재를 편집 하였고, 일본인이 설립한 화중인쇄공사(華中印刷工司)에서 독점적으로 인쇄하였다. 이러한 교재는 "중일공존공영"(中日共存共榮), "중일동문 동종"(中日同文同種), "동아 신질서 건립"(建立東亞新秩序) 등의 사악 한 말이 가득하였다. 과정(課程) 설치에서 일본침략자들은 공자를 존 경하고 경전을 읽도록 제창하였고, 중국학생들에게 『효경』(孝經), 『논 어』(論語) 등의 책을 읽도록 강요하였고, 중국의 봉건윤리 도덕을 이 용하여 청년학생에게 영향을 주어, 그들을 일위정부 통치하의 순민(順 民)으로 만들려고 하였다. 학교는 많았으나, 중국 역사와 지리 과목이 없었던 것은, 그들의 진정한 의도가 드러난 것이었다. 일본어는 각 급 학교의 필수 과정이었고, 일본군은 일본 국내에서 대규모로 과부를 모 집하여 상해에서 일어를 가르치게 하였고, 동시에 학생들을 일본에 유 학하도록 시켰다. 일어 성적의 우열에 따라 학생들의 수업 태도를 파 악하는 중요한 척도로 인정하였고, 동시에 일위는 학생정치의식의 척 도를 가늠하는 잣대 구실을 하였다.

일위교육기관은 상해에 식민지화의 교육체제를 구축하였다. 학교는 초, 중, 고로 나누었다. 그들은 특별히 초급교육을 중시하였고, 적극적 으로 소년과 아이들에게 노예화 사상을 주입시켜, 이로써 친일적인 일 대(一代)의 새로운 순민(順民)을 만들고자 하였다. 중등교육방면에서는 공, 농, 수산 등 실무 교육을 위주로 가르쳤고, 이는 하층 기술인원과 선생 자격을 배양하려 하였던 것이다. 고등학교에서는 공정기술과 의 학을 중점으로 가르쳤다. 일본 침략자들은 자주 학교를 순시하였는데, 어떤 때는 매주 한 차례 이상을 순시하여 노예화 교육의 진행을 살펴 보았다.

교육계 인사들을 매수하기 위하여, 일위는 회유와 강경정책을 사용하였다. 왕위 외교부장 추민이(褚民誼)의 어깨에 상해중법공학원(上海中法工學院) 원장이라는 직함이 있었는데, 소수의 한간들은 자신의 명예를 찾으려고 대학교장 또는 교수라는 타이틀을 얻기 위해 일본의 앞잡이가 되었으며, 저우포하이(周佛海) 역시 이전에 강소교육청(江蘇教育廳)의 역사관계의 고문이라는 지위를 이용하여 옛 휘하의 인재들을 모집하여 노예화 교육의 기초 인원으로 충당하였고, 문화 한간의 대로를 확장하였다. 왕위 특공총부는 살해와 체포의 강경책으로 교육계 인사들을 그들의 지배에 복종시켰다. 상해여대(上海女大) 교장 우즈첸(吳志騫)과 대해중학교장(大海中學校長) 녜하이판(聶海帆)은 이러한 행동에 동의하지 않아 전후로 살해되었다. 1939년 9월 상해 각 급 학교 교장은 동시에 일위 특무의 공포적인 서신을 받고, 항일교육을 견지한다면 위협한다는 내용으로 우(吳), 녜(聶)와 같은 결과를 초래한다고 협박하였다. 이후, 일부 교육계 인사들은 재난을 당하게 되었다. 비록 일위(日僞)가 위협과 타협의 두 방법으로 위협하였으나, 상해 교육계의 대부분 교사들은 이러한 위협에 굴복하지 않고, 교직을 사퇴함으로써 스스로의 결백한 몸을 보존하였다. 일부는 지하에서 애국항일의 도리를 선전하였고, 학생들에게 용감하게 항전구국의 책임을 져야한다고 교육시켰다. 많은 대학교와 중학교의 학생들은 수업거부 휴학 등으로 노예화 교육에 반대하였다.

청년학생들의 민족의식을 소멸시키기 위해 일위는 신국민운동(新國民運動)이라는 것을 발동시켰다. 왕징웨이 등 한간의 거두는 본 정부의 시정방침을 "신국민운동촉진"(促進新國民運動)이라고 하였다. 1942년 7월, 왕위정부는 우수대학생들의 하기 훈련반을 개최하였는데, 훈련에 참가한 사람은 상해, 남경 각 대학의 45명 대학생으로 중심 목표는 신국민운동의 이해와 실천을 강화하려는 것이었다. 9월 13일, 왕징웨이는 상해에 도착하여 기자와의 인터뷰에서 말하기를 상해는 20여 년 이래 공산사상의 발원지이므로 환경이 특수하여, 사상을 깨끗이 하여야 하므로 상해지구의 지식분자들의 "선입견을 없애자[捐除成見], 힘을 합쳐 일하자[通力合作], 평화 반공건국활동에 노력하자[努力於和平反共建國的活動]"를 제창하였다.3) 이 해의 연말에 왕위는 신국민운동촉진위원회 상해 분회를 설립하였고, 구체적으로 상해의 노예화운동에 들어갔다. 1943년 여름, 왕위는 상해에서 청년 혹서기집체 훈련을 거행하여, 두바이성(杜柏生)을 캠프 대장으로, 캠프 야영지는 우원로(愚園路) 억정반로(憶定盤路, 현재의 江蘇路) 중서여숙(中西女塾)에 설립하였다. 훈련 내용은 평화운동 이론이었고, 흑백이 전도된 시사정치였다. 이러한 독소를 수혈하기 위해, 왕징웨이와 천비쥔(陳璧君)이 친히 집체훈련캠프에 왕림하였고, 유럽의 형세를 왜곡하였으며, 히틀러는 반듯이 성공한다고 하였다. 저우포하이(周佛海) 역시 강연에 나서 삼민주의 이론체계를 언급하였다. 일위는 교묘한 흉계와 수단을 사용하였으나, 상해 청년 및 각계 인사는 신국민운동에 대해 아주 냉담하였다. 왕위정권이 몰락할 때까지 이 운동은 어떠한 효과도 볼 수 없었다.

일위는 노예화 단체를 확대 설립하였고, 신문 잡지사를 설립하였으며, 아울러 영화관과 희극원 등을 도구로 이용하여 각 계층의 군중들에게 사기와 편협적인 선전을 진행하였고, 상해를 일본 제국주의의 문화 침략의 중심으로 만들고자 하였다.

상해의 『신신보』(新申報)를 매국노 제1의 신문으로 하여, 매일 3판을 출판하였는데, 내용은 일본인과 하나가 되는 것으로 일본의 『요미우리신문』(讀賣新聞)과 같은 형태로 편집하였다. 린바이성(林柏生)이 주편인 『중화일보』(中華日報)는 왕위정부의 대변지였고, 『화평보』(和平報), 『상해시보』(上海時報), 『평보』(平報), 『국민신문』(國民新聞), 『신화보』(新華報), 『대동아잡지』(大東亞雜誌), 『중국과 동아』(中國與東亞)

---

3) 蔡德金, 李惠賢, 『汪精衛僞國民政府紀事』, p.173.

등이 있었다. 이러한 한간 신문들은 일본군의 군사정치 공세와 부합하여, "중일친선"(中日親善), "공동방공"(公同防共), "경제제휴"(經濟提携), "평화, 반공, 건국"[平和, 反共, 建國], "대동아성전완성"[完成大東亞聖戰] 등 반동적인 내용을 실었고, 점령지구의 인민들에게 봉건 도덕과 동방문화라는 것을 주입하였는데, 그것은 선진학설(先秦學說), 인도철학과 대화정신(大和精神)의 융합체라고 하였으며, 그 정수는 유가의 충효논리라고 망발을 하였다. 아무런 식견도 없는 문인들이 만든 작은 신문들은 예를 들면 『대중일보』(大衆日報), 『국민일보』(國民日報), 『생활일보』(生活日報) 등은 모두 음란하거나 도적들의 이야기거나, 기괴한 것등이어서 읽을거리가 못되는 것들이었다. 점령지구의 인민을 통제하기 위해 한간들의 신문은 판로가 좋지 못하였고, 소보(小報) 역시 곧 정간되었다. 『신신보』(新申報)는 100만 원의 현상을 걸고, 정기구독을 3개월 하는 사람에게는 1원을 지급한다고 하였으나, 아무도 귀 기울이지 않았다. 거리에서 신문을 판매하는 아이들은 한간들의 신문을 팔기를 원하지 않았다. 『신신보』의 거리 신문 판매대는 사람들에 의해 시멘트를 개는 도구로 사용되었다.

일본 침략자들은 영화의 선전 효과를 매우 중시하였다. 일찍이 1939년 6월, 진보영화운동을 공격하였던 "연성영화"[軟性電影] 분자들은, 중화영화주식유한공사(中華電影股份有限公司)를 설립하여, 추민이(褚民誼)를 이사장으로 임명하고, 일본군의 활동상황을 찍은 문화영화를 제작하였다. 일본군이 조계를 점령한 후, 상해 영화업계에 대해서 진일보한 매수와 강점이 실행되었다. 1942년 4월, 위중화연합제편고빈유한공사(僞中華聯合制片股份有限公司, 僞中聯)의 설립이 선고되었다. 이 공사는 영화계의 대소 한간(漢奸)을 모아 1년에 50편의 영화를 제작하였다. 그 내용은 대부분이 연애 및 가정 갈등, 색정(色情)편으로 『능파선자』(凌波仙子), 『한산야우』(寒山夜雨)등이었다. 중국 관중을 미혹

시키기 위해, 위중련(僞中聯)은 바진(巴金)의 명저작인 『춘』(春), 『추』(秋) 등을 각색하였다. 그들은 소위 "초대"(招待) 영화편으로 『박애』(博愛)중, 11개의 옛날이야기를 언급하면서, 인류의 사랑과 천륜의 사랑을 고취시키면서, 일본군과 한간의 "중일친선"(中日親善)을 도모하였고, 중국인민이 항전에 반대하도록 고취시켰다. 1943년 5월, 일본 침략자들은 상해 영화 사업을 독점하기 위해, 위중련(僞中聯), 중화전영구분유한공사와 상해영화원공사를 합병하여 중화전영연합고빈유한공사(中華電影聯合股份有限公司, 僞華影)를 만들었다. 성립에서부터 일본군의 투항까지 위화영(僞華影)에서 촬영한 영화는 80여 편의 이야기편(故事片)으로 그중 대부분은 삼각관계의 애정을 다룬 것이었는데, 그 예로 『하일군재래』(何日君再來), 『연영춘』(燕迎春), 『양지상사』(兩地相思) 등이었다. 또 일본과 합작하여 촬영한 『만자천홍』(萬紫千紅)과 『춘강유한』(春江遺恨)이 있었는데, 전자는 일본 동보가무단(東寶歌舞團)이 함께 촬영한 가무편(歌舞片)이었고, 후자는 노골적으로 "대동아공영권"(大東亞共榮圈)을 선전한 것으로 일본 무사 타카스기 신사쿠(高杉晋作)를 미화하여 열렬히 동아(東亞)를 사랑한다는 것과 중국의 구세주라고 미화한 것으로 매국영화의 대표작이었다. 1943년 4월, 일본내각은 동방가무단(東寶歌舞團)을 상해에 파견하여 공연하도록 하였고, 남경대극원(南京大戲院, 현재 上海音樂廳)에서 무용을 하며, 『소주의 밤』(蘇州之夜)과 『장미, 장미 곳곳에 피었네』(薔薇薔薇處處開)등 노래를 불러, "중일양국대연환"(中日兩國大聯歡)을 체현하게 하였다. 일위의 이러한 비용의 지출에 대한 고심의 흔적이 있었으나, 상해 시민들은 동원을 거절하였다. 그들은 생명의 위험이 있을 지라도 소련교민 구락부에 가서 신문 기록편을 보는 것이 한간(漢奸)의 영화나 희극을 보는 것보다 낫다고 생각하였다.

　문화교육방면의 노예화 정책의 배합아래, 일위는 사회생활방면에서

독화정책(毒化政策)을 실시하여, 상해에서 대대적으로 아편흡연, 도박,
매춘 등을 제창하고 각종 투기사업을 개발하여 건달들을 배양시켰다.

상해 사마로(四馬路) 회락신리(會樂新里)는 창기(娼妓)들의 집중지였
고, 항전 폭발 후에도 정리되지 않았다. 조계에 운집한 부상, 지주들 및
일본 점령군 관병과 한간 득세자들은 불법으로 모은 재산을 이곳에서
탕진하였다. 1939년 공부국에서는 발행한 서점허가증이 4,617장이었는
데, 거리에서 호객하며 매춘을 벌이던 잡아들인 "매춘부"는 4,844명이
나 되었다.4) 다른 통계에 의하면 같은 해 공공조계에는 부녀자가
349,000명이 있었는데, 그중 10분의 1이 창녀였다고 하였다. 프랑스 조
계에서는 공식적으로 등기된 기생집은 300여 곳이나 되었다.5) 홍구(虹
口)의 일본 기녀관 역시 이상하리만큼 흥성하였고, 일본 군관, 헌병, 특
무 등의 사람들을 접대하기에 줄을 섰었다. 이외에 상해의 변두리에서
는 거의 보편적으로 향도사(向導社), 안마원(按摩院), 고급 욕실과 저급
무도장 등에서는 변태영업을 하던 기녀원들이 늘어서 있었다.

아편은 국민당 통치 시에도 흡연자들이 없지는 않았으나, 통치자는
사회여론의 비판으로 금지령을 신문에 발표하곤 하였다. 그러나 일위
시기에서는 금연이 개방되고, 아편광고가 거리에 나붙었고, 호서(滬西)
와 남시(南市)는 2개월간에 아편을 판매하는 곳이 30여 곳이나 되었
고, 구묘(九廟)에는 아편 흡입 굴이 도처에 있었다. 아편은 쌀가게에서
주로 팔았으며, 아편 흡입관은 식당보다 영업이 잘되었다. 연관 주인
은 특업 공회(特業工會)를 조직하였고, 회원은 약 200여 곳이나 되었
다. 그들은 위정부처에서 영업허가증을 받고, 일본 부랑자들을 고용하
여 기도를 보게 하였다. 판매되는 아편은 일인과 투기 상인이 합작하
여 만든 굉제선당(宏濟善堂)에서 독점하여 만들었고, 이익은 각 업 중

---

4) 『丁部局年報』(1939년).
5) 『新華日報』, 1939년 10월 29일.

에서 가장 많았다. 이것은 왕위 정부에서 군침을 흘리는 것이 되었다. 1944년 왕위정부는 금연총국(禁煙總局)을 설립하고, 아편공매(公賣)의 전권을 접수하였고, 다시 새롭게 영업허가를 반포하여 흡연자들은 새롭게 등기를 하여야 하였고, 천궁보(陳公博)가 금연총감(禁煙摠監)에 임명되고, 직접 거액의 연세(煙稅)를 갈취했다. 아편의 양을 늘리기 위해, 일위는 농민들이 앵속(罌粟)을 재배하도록 허락하였다.

일위통치시기에 있어 사회 영향은 가장 크고 가장 위험한 수준에 있던 것은 도박이었다. 1938년 위시장 푸샤오안(傅筱庵) 및 위경찰국장 루잉(盧英)은 스스로 도박장을 설립하고, 호서(滬西)일대에 6곳의 도박장을 차려 총 자본금 120만 원 이상이나 되었다. 푸(傅)와 일본군은 연결되어 상해 오락회사 감독처를 설립하고 투기자들이 도박장을 설립하는 것을 격려하였고, 이로 도박장이 70여 곳으로 늘어나게 되었다. 1940년 여름, 호서(滬西)에는 도박장이 20여 곳 이상이 있었는데, 매일 수 만 명이 눈이 빨개지도록 도박에 열중하였고, 도박세는 거의 만 원에 육박하였다. 이후 "76호"는 경비를 조달하기 위해, 호서에 초고급 도박장을 개설하여, 무장인원을 동원하여 강제로 도박을 하게 하였다. 왕위가 정치 표면에 나선 후, 도박을 폐쇄하겠다고 공언하였으나, 그러한 것은 그치지 않았다. 도박에 열중하였던 사람들은 주로 한, 지주, 건달과 투기 상인들이었고, 일부는 의지가 박약한 시민들 역시 투기 심리에 이끌려 도박장으로 끌려갔다. 통계에 의하면 일위 통치시기에 도박장에 매료되어 있던 사람은 50만 명 이상으로 가산을 탕진하고 가정은 깨지고 사람이 죽는 경우가 최소한 4,000호(戶)에 이르렀다.

일위의 노예화 교육과 독화정책(毒化政策)은 상해의 사회 분위기를 더욱 파괴하였고, 사회생활은 아편 연기로 가득하였다.

왕위한간 모두는 수치를 느끼지 않고, 탐욕스럽게 재물을 모으기 위해 어떠한 일도 서슴지 않았다. 자본가와 투기상은 그들의 탐욕스러움을 이용해 뇌물을 바쳤고, 돈을 이용하여 자기의 사업의 길을 열었다. 이로써 일위통치시기에 상해에서는 뇌물수수의 풍조가 일어났다. 은행, 전장이 급격하게 늘어난 것의 중요한 원인은 위(僞) 직원들이 뇌물을 받고, 허가증을 남발하였기 때문이다. 일본군이 세운 봉쇄선에서 위군(僞軍)이 근무를 설 때에는 단 몇 푼만을 주어도 사람과 화물을 자유롭게 이동시킬 수 있었다. 일본군은 증권교역을 취소하는 명령을 내리고, 순포(巡捕)와 포타청(包打聽, 즉, 정탐꾼)들이 조사를 벌이게 하였으나, 증권교역은 정지되지 않았는데, 이러한 이유는 투기상들이 재빨리 뇌물을 바쳤기 때문이다. 일본 침략자들은 제한적인 구매정책을 실행하였는데, 훈련을 받은 일부 경제경찰들이 전문적으로 각 상점의 장부를 조사하였다. 상점에서는 이중장부를 작성하였고, 때에 따라서는 돈을 장부에 끼워 넣는 방법으로 경찰들에게 상납하여 만사에 별 어려움이 없었으며, 사람들은 그것을 "개구멍"[塞狗洞]이라고 불렀다.

동시에 위군(僞軍), 순포(巡捕), 위경(僞警) 역시 각종 방식으로 도처에서 착취를 하였다. 교통을 관리하는 순포 혹은 위경은 물자를 검사한다는 명목아래, 도로상에서 행인들에게 금전을 요구하였다. 일위는 신문지 상에 경제경찰 이외의 인원이 물자를 검사하는 것을 금지한다는 발표를 하였으나, 아무런 효과도 보지 못하였다. 어떤 사람은 신문을 들고 사람들에게 보이며 금전을 요구하자, 그들은 대답하기를, "우리들은 밥을 원하는 것이지 신문을 보려는 것이 아니다."라고 대답하였다.[6] 소방서 역시 재물을 벌어들이는 방법을 알고 있었다. 1944년 6월, 복주로(福州路) 중화서국(中華書局) 판매부에서 화재가 나자, 그 앞쪽에 있던 소방서는 재물을 모을 수 있는 기회로 여기고, 500만 원을 요구하였다. 소방호수를 옆의 상무인서관을 조준하고 있을 때, 관원(館員)이 "환희전"(歡喜錢)을 꺼내자 그때서야 화재 진압에 나섰다. 이러한

---

6) 陶菊隱, 『孤島見聞』, p.275.

수입 외 수입을 얻기 위해, 소방서에서는 심지어 방화를 함으로써 이러한 수입을 얻고자 하였다. 이로써 소방서를 "방화회"(放火會)라고 하였다.

이러한 부패한 분위기 역시 사회생활의 기타 방면에 확산되었다. 어떤 사람의 추억을 돌이켜 보면, 당시 우체부는 수속비를 받았는데, 가격은 빠른우편일 경우는 5원, 보통 우편일 경우는 2원을 받았고, 내지 않을 경우에는 편지를 주지 않고 다시 가져갔다. 전기 계량기를 검침하는 사람들도 술값을 받아갔는데, 이러한 돈을 주지 않을 경우에는 전선을 절단하였다. 기차표를 살 때에도 웃돈을 주어야 하였고, 그 대가는 표 값보다 훨씬 비쌌다. 시민들은 도둑과 강도를 많이 당하였고, 이러한 것 역시 신고할 수 없었다. 신고를 하면 더욱 큰 손실을 당하기 때문이었다. 멀리 외출을 할 경우 물건을 차 위에 실었으나, 그럴 경우 자주 절도를 당하였고, 절도 당하지 않은 것이 도리어 이상할 정도였다. 상해는 온갖 나쁜 짓을 하는 놈들이 횡행하는 암흑세계로 변하였다.

제5절 불굴의 인민

태평양 전쟁 발발 후, 일위의 파시스트 통치는 더욱 엄격하고 잔학해졌으며, 공산당 지하 종사자의 입장은 전례 없이 위험해졌다. 1942년 7월, 중공 중앙명령으로 각지의 비밀 성위(省委), 특위(特委)를 취소시켰고, 지부(支部)를 단위로 장기적인 독립업무를 전개하였다. 같은 해 9월, 중공중앙은 상해의 중요한 거점이었던 방송국이 일본군에 의해 파괴되었고, 책임자인 리바이(李白)는 체포되었다. 역량을 보존하기 위해, 강소성위는 소속 위원회의 주요 지도자인 류샤오(劉曉), 류창성(劉長勝), 판한녠(潘漢年), 왕야오산(王堯山), 사원한(沙文漢), 류닝이(劉寧一), 천슈량(陳修良), 장성쭝(張承宗) 및 이미 신분이 폭로된 당원 간부 200여 명이 계속해서 화중(華中)근거지로 철수하였고, 장치(張祺), 루즈런(陸志仁), 장번(張本), 저우커(周克) 등 소수 책임자들이 상해의 공작을 지도하였다. 공위(工委), 직위(職委), 학위(學委), 문위(文委), 교위(敎委) 등은 연합관계를 중지하고, 각자 독립 작전을 수행하였다. 1943년 초, 중공 화중국(中共華中局)은 류샤오(劉曉)를 부장으로 도시 공작부(工作部, 城工部)를 설립하였고, 직접 상해 지하당의 업무를 지도하였다. 중공강소성위(中共江蘇省委)의 철수 후, 상해에는 2,000여 명의 지하당원이 남아 있었고, 소속지부의 지도아래, 각 계 각층 인민들과 함께 일위에 대한 완강하고 교묘한 투쟁을 전개해 나갔다.

당시, 일본 자본가 규정은 노동자들이 공장에 들어가고 나갈 때, 일본인을 향해 모자를 벗고 국궁(鞠躬, 극진히 공경하여 몸을 굽혀 절을 하는 것을 말함)을 하여야 한다는 규정이 있었다. 이러한 모욕적인 규정에 항의하기 위해 노동자들은 출근할 때, 대오를 져서 천천히 모자를 벗었고, 허리를 약간 구부렸다. 일본인은 의기 양양하게 노동자들이 순종한다고 생각하였으나, 한 번에 수 천 명이 공장으로 들어갈 때 한 시간이나 걸렸고, 그때서야 우롱한다는 것을 알고 부득불 이러한 규정을 철회하였다. 일본 병사의 여자 노동자들에 대한 모욕에 항의하기 위하여 여자 노동자는 출퇴근 때에 단체로 출입하여, 규정에 어긋난 행동을 할 때에는 전체가 소리를 질렀다. 일본 공장 중의 노동자들이 공개적으로 경제투쟁에 참여하는 것은 곤란하였으므로, 노동자들은 다른 방법을 이용하였다. 예를 들어, 자본가들이 군사 물자를 접수할 때, 노동자들은 단체적으로 노동을 거절하고, 단체로 도심 외곽으로 가서 쌀을 등짐으로 날랐는데, 그 이유는 급여가 너무 작다는 이유였고, 팔리지 않는 지하시장의 쌀을 몇 번 나르는 것이 노동을 하는 임금보다 더 돈을 벌 수 있었기 때문이었다. 자본가는 예정된 물자를 운반하지 않는 것은 군법회의에 회부된다는 것을 잘 알고 있었으므로 노동자의 임금을 올려 주었다. 1942년 5월, 상해전력공사의 일본인 책임자는 노동자의 급여를 법폐 2원에서 1원 중저권(中儲券)의 태환율로 환산하여 34%를 깎았다. 중공상전지부(中共商電支部)에서는 즉각 노동자들에게 "노동임금 34% 감소는 노동도 34% 감소다"란 구호를 외쳤고, 작업을 게을리 하도록 하여 노동자들이 단체로 참여하게 되었다. 일본 침략자들은 정전이 되는 두려움에서 노동자들의 임금을 올려 주었다.

군수산업 및 핵심부분에서 일하는 노동자들은 각종 방법으로 생산을 파괴하였다. 강남 조선소의 노동자들은 당시 가격이 비싸고 희소한 구리로 된 부품들을 강물에 던져버렸다. 선박을 건조할 때, 그들은 고의로 질량이 낮은 부품을 사용하여 사고가 발생되게 하였다. 1943년 일본 침략자는 이 공장에서 제조된 "백묘환"(白妙丸)호 화물선의 출항

때 배 위를 깨끗이 청소를 하던 노동자가 배 밑바닥의 중심부분을 잘라내어, 시항식을 마친 후, "백묘호"는 저녁때 침몰되었다. 1944년 한 척의 군함 시항식 때에 선상에서 발전기가 갑자기 폭발하였다. 같은 해, 일본은 오송(吳淞)에서 동아항공공사(東亞航空公司)를 설립하고, 비행기 부품을 제조하였으며, 일아강철창(日亞鋼鐵廠) 역시 탄피를 생산할 준비를 하고 있었다. 이 두 기업의 노동자들은 고의로 시기를 지연시켰고, 일부는 질이 떨어지는 것과 폐품 사용하여 부품과 탄피를 생산하였다. 일본군의 부두와 창고에서는 빈번하게 화재가 발생하였다. 1945년 구정 전날, 오송(吳淞)의 일본군 화약고가 폭발하여, 대규모의 일본군과 군마가 폭탄에 사망하게 되었다.

직업계(職業界)에서는 공산당원이 이름을 바꾸고 활동하는 방식을 사용하였고, 은행연합회에서는 이러한 중요한 진지를 고수하였으며, 공개적으로 복리(福利), 합작사업, 은행계 사람들 간의 "풍우동주, 합작자구"(風雨同舟, 合作自救)라는 호소를 하였으며, 이렇게 친구를 사귀고, 가정을 방문하는 방식으로 진보적인 신문을 구독하게 하였고, 소련 영화를 보여주며 형세를 논의하였으며, 군중에게 항일전은 반드시 승리한다는 자신감을 고취시켰다. 동시에 공산당원은 은행연합회의 간부인 우청시(吳承禧), 후쉬안퉁(胡宣同)등의 사람을 통하여 상층인사 저우쭤민(周作民), 우룽창(吳榮鬯, 震修)등에게 세밀한 통일전술 공작을 알렸고, 결국은 저우쭤민은 일위에서 그에게 내린 중요한 직책을 거절하게 되었다. 1944년 저우쭤민은 14개 대 은행을 연합하여 중공이 설립한 상해공상계직원대관처(上海工商界職員貸款處)의 신용대출 자금을 지지하였다. 우룽창은 후쉬안퉁의 인도아래, 중국은행이 생존을 위하여 소극적인 경영방침을 버리게 하고, 일정한 정도에서 일위가 중국은행에 약탈을 진행하려는 계획을 저지하였다.

일본군이 조계를 점령한 후, 상해의 문예, 교육, 신문, 출판 사업은 전부 일위의 직접 통제아래에 있어 더욱 환경이 악화되었다. 쉬광핑(許廣平), 샤몐쥰(夏丏尊), 장시천(章錫琛) 등 저명인사는 모두 일본 헌병대에 체포되었다. 그러나 공산당원과 진보 문화공작자는 이러한 기회를 이용하여 은밀하게 투쟁을 전개하였고, 군중의 힘을 얻어, 역량을 축적하였다. 당시, 연극단체가 비교적 분산되어 있었으므로, 일위는 완전히 통제하기가 힘들었다. 각 극단의 대부분은 진보 희극인들이 주축을 이루었고, 일부는 공산당이 직접 지도하였다. 이로써 연극 무대는 단기적인 침묵을 깨고 상당한 번영을 이루었다. 일부 작가는 퇴폐성적인 상업성 간행물에 글을 썼다. 예로 커링(柯靈)은 1943년 6월부터 『만상』(萬象)이라는 월간의 편집을 담당하였는데, 취미 위주의 종합성 간행물을 문학성이 비교적 강한 진보적인 대변지로 개조시켰다. 장춘팡(姜椿芳) 주편의 『시대주간』(時代週刊)은 유럽전쟁과 반파시스트 전쟁 승리의 상황을 계속 보도하였다. 딩징탕(丁景唐)은 필명이 딩잉(丁英)으로 『소설월보』(小說月報)의 편집을 담당하였다. 1945년 2월 딩징탕, 선후이룽(沈惠龍)등이 신신잡지사(莘莘雜誌社)를 발기하였고, 공개적으로 학생 간행물인 『신신월간』(莘莘月刊)을 출판하였는데 내용으로는, 점령시기 인민의 고난과 학생의 희망을 반영하였다. 이외에 일부 문화공작자 예를 들어 기자인 윈이췬(惲逸群)과 작가 관루(關露) 등은 일위 선전진지에 들어가 적의 심장부에서 전투를 벌였다.

많은 상해의 문화계 저명인사들이 일위의 음흉한 흉계에 굴복하지 않았고, 민족의 절개를 지켰다. 1941년 12월 15일, 일본 헌병대에서는 루쉰(魯迅) 부인 쉬광핑(許廣平)을 체포한 후, 더욱 엄격한 검열을 시도하여, 그녀로부터 항일 지사의 주소를 알아내었다. 쉬광핑은 끝까지 굴복하지 않아 혁명단체와 무수히 많은 사람들의 목숨을 보전시키게 하였다. 한 매국노는 저명학자인 정전둬(鄭振鐸)를 찾아가, 일본인이 그의 학문을 흠모한다는 것을 말하였고, 그에게 문화업무를 맡을 것을 요청하면서 아울러 거액의 수표를 내놓았다. 정전눠는 큰 뜻이 있는 사람과 같은 모습으로 "사가살불가욕"(士可殺不可辱, 선비를 죽일 수는 있어도 욕되게 할 수는 없다)이라고 말하면서, 당장에서 수표를 찢어버렸다. 사학계의 대가인 루쓰몐(呂思勉)은 일위의 잘못된 행위에 대하여 통감하면서, "야묘"(野猫), "육용"(六庸) 등의 필명으로 『무사의 비애』(武士的悲哀), 『눈앞의 기적』(眼前的奇迹) 등의 문장을 써서 중화민족의 정의를 위하여 투쟁하도록 하였다. 저명한 경극배우인 메이란팡(梅蘭芳)은 뜻을 지니고, 그의 집안 정원에서 그림과 글들을 팔면서 소일하였다. 한간 추민이(褚民誼)는 친히 메이란팡의 저택을 방문하였으나, 메이란팡은 민족의 적을 위하는 연출은 하지 않겠다고 거절하였다. 1943년 저명한 문화투사 저우타오펀(鄒韜奮)이 상해에 와서 병을 얻었으나, 『환난여생기』(患難余生記)를 썼고, 아울러 병중에도 중국 공산당에 가입을 신청하였다. 1944년 7월 저우타오펀이 세상을 떴다. 중공 중앙은 조전을 보냈고, 그가 공산당원이었음을 추도하였다. 일본 침략자들은 위안잉법사(圓瑛法師)를 협박하여 중일불교회 회장을 맡도록 하였으나, 거절당하였다. 흉폭하고 잔학한 일본군은 위안잉(圓瑛)과 밍양(明暘)을 체포하였다. 옥중에서 두 법사는 강경과 회유를 당하였으나, 전심으로 염불을 하자 일본군도 도무지 방법이 없었다. 그리고 적지 않은 저명인사들 즉 은행가, 기업가, 교육가등을 포함하여 공산당원의 동원아래, 적 후방의 근거지로 옮겨갔다.

항전 후기, 일위의 잔혹한 통치아래, 학생들은 생활이 더욱 곤란하여져서, 학업을 포기하는 것이 심각하였다. 학위(學委)에서는 1차로 시 전체에서 학생구제 활동을 벌였다. 1945년 1월 20일, 『신보』(申報), 『신문보』(新聞報) 등에 학업을 포기하는 학생들을 구제한다는 내용의 기사가 실리자 각 학교의 동창 및 각계 인사들이 참가를 요구하고 1,000만원이 기금을 목표로 하였다. 『신문보』는 상해시민들에게 어린아이들에게 주는 세뱃돈을 기부하라고 호소하였고, 사람들은 바자(bazaar)할 물건을 하나씩 보내달라고 하였으며, 그 가치가 1,000원이 되었다. 1월 25일, 26일(정월 초사흘, 나흘) 바자시장이 팔선교(八仙橋) 청년회에서 거행되었다. 대문의 입구에는 대동(大同)학생들이 학교의 기념장을 팔았고, 건물 내에는 모두 30여 개 학교에서 자리를 잡아 의연금 모금과 기부 물건을 판매하였다. 시민은 이러한 일이 일위통치에 항의하는 것으로 보였고, 이곳을 찾은 사람이 십여 만 명이나 되었다. 이틀 동안의 판매와 모금으로 2,681만 원을 모금하여 원래의 계획을 훨씬 초과하였다.

시구(市區) 인민들은 완강한 투쟁을 견지하는 동시에, 중국 공산당이 지도하는 교현(郊縣)항일무장 역시 일위(日僞)의 청향위초(淸鄕圍剿)에 충격과 파괴를 안겨주면서 진일보 발전하였다. 1942년 7월 중공 화중국(華中局)은 절동구위(浙東區委)를 설립하고, 노남특위(路南特委)로 하여금 그 지도를 맡게 하였다. 절동구위(浙東區委)는 노남특위(路南特委)가 포동지위(浦洞地委, 기관은 절동에 있었다)로 이름을 바꾸자, 장제(姜杰)가 서기를 맡아, 포동(浦東), 포서(浦西), 포남(浦南), 가보(嘉寶), 해북(海北) 5개의 공위(工委)를 관할하였다. 9월 일위(日委)는 포동에 대하여 청향(淸鄕)을 시작하였고, 포동지위(浦東地委)는 주야민(朱亞民)이 대동한 11명의 정예 무장병을 포동으로 침투하여 반청향투쟁(反淸鄕鬪爭)을 전개시켰다. 그들은 사당, 천막과 묘지 등에서 잠을 자고 비밀리에 청년들을 동원하여 형제회(兄弟會)를 건립하고 분투하였으며 이러한 발전은 수 백 명이 무장을 하게 되었고, 항일유격구를 확대 회복시키기에 이르렀다. 1943년 4월, 포동지대는 신장진(新場鎭)의 위군 거점을 습격하여 위군 일개 중대 백 여 명을 전몰시켰다. 11월, 유격대는 또 봉현분수돈(奉賢分水墩) 거점을 공격하여 위군 포로를 100여 명이나 잡았다. 연말까지 포동 유격대는 이미 100여 명이 되었

다. 1944년 5월, 위상해시 보안중대(保安中隊) 백 여 명은 봉현기의(奉
賢起義)에서 위중대장, 구대장 및 일본군인 다수를 살해하였다. 8월, 포
동지대는 남회(南滙) 주가점(朱家店)을 습격하여 일본군 34명을 죽였
다. 포서(浦西), 포남(浦南), 가보(嘉寶)지구의 중공 지하조직과 유격대
는 반청향투쟁중 상당한 발전을 보이게 되었다. 왕위정부도 승인하지
않을 수 없었던 것은 도시에서 비교적 멀리 떨어져있는 향리(鄕里)는
모두 항일유격대가 점령하게 되었다.[1]

　　1944년 6월 세계 반파시스트전쟁의 첩보가 빈번하게 들려왔고, 중
공중앙에서는 『도시업무에 관한 지시』(關於城市工作的指示)를 발표하
여, 각지에서 인민무장을 조직하고, 도시 폭동을 거행할 준비를 하여,
일본 침략자를 철저하게 중국에서 몰아낼 준비를 하라고 지시하였다.
10월, 화중국(華中局) 성공부(城工部)는 상해당(上海黨)에 신속하게 상
해 지하군을 조직하라고 지시하고, 대 반격 시에 신사군 주력과 연결
하여 상해를 탈취하라는 명령을 내렸다. 이후, 신사군 특파원 신분으
로 상해에 도착한 가오쥔(高駿)은 공위서기 장치(張祺)와 만나 상해 지
하군 지도자 팀을 만들고 신속하게 호서(滬西), 프랑스상인의 수전공
사(水電公司), 포동(浦東), 호동(滬東) 및 용화(龍華), 서교(西郊)의 노
동자, 농민 중에서 지하군 조직을 건립하였다. 동시에 중공 절동구위
(浙東區委) 역시 근거지 형세의 발전으로 포동지위(浦洞地委)를 송호
지위(淞滬地委)로 개명하고 천웨이다(陳偉達)를 서기로 임명하였다. 포
동지대를 신사군 절동유격종대(縱隊) 송호지대(淞滬支隊)로 명명하고,
주야민(朱亞民)을 지대장으로 하였다. 구푸성(顧復生)을 호송지구행정
공서전문위원에 임명하고 상해지구의 유격대 역량을 더욱 강화시켰다.
송호지위에서는 "포동을 공고히 하고, 포서를 회복하고 발전시킨다."
[鞏固浦東, 恢復和發展浦西]는 방침을 제정하고, 송호지대의 3개 주력

---

1) 『民國25年後國內大事』, 民國33年 『申報年鑑』에 게재.

대대를 포서에서 작전을 하게 하였고, 아주 빨리 관음당(觀音堂)을 중심으로 한 청동(靑東) 근거지를 회복하였으며, 서쪽으로는 전산호(澱山湖)에 다다랐으며, 동쪽으로는 상해의 서쪽 근교(上海西郊), 남쪽으로는 송강(松江), 북으로는 곤산(昆山)의 광대한 지구를 통제하게 하였다. 수위(粟裕)가 신사군 제1사단을 이끌고 소주에서 남하하였고, 동남 연해에서의 일위와 최후 결전을 준비하고 있었다.

말로의 길을 걷던 일본 침략자들은 가혹한 전법을 택하였다. 미군이 상해 연안으로 상륙하는 것을 방지하기 위해, 1944년 말, 일본 당국은 상해에 있던 일본 남자들을 경마장으로 보내 군사훈련을 시켰고, 죽창부대를 편성하였고, 화염병과 폭탄을 제조하게 하였다. 1945년 초, 일본군은 상해에 집결하였고, 북방에서 남하하는 군대들이 계속 늘어났고, 머리에 가죽 모자를 쓴 관동군이 거리를 활보하였으며, 거리에서는 부녀자들이 농락당하였고, 재물을 약탈당하였다. 동시 일위는 상해에서 징병을 강화하였고, 상해의 사교(四郊)에 야전공사를 구축하였고, 철사망을 설치하고, 시내의 고층 건물을 점거하였다. 란심대희원(蘭心大戲院, 현재 상해예술극장) 주위의 상점들은 모두 퇴거 명령을 받고 쫓겨났다. 일시에 인심이 크게 동요가 되었고, 여자들은 문밖을 나가지 못하였고, 남자들도 밤에 돌아다니지 않았다. 일본군은 상해의 프랑스 군이 쿠데타를 일으킬지 모른다는 두려움에, 3월 9일과 10일에 갑자기 프랑스 군과 월남군의 무장을 해제시켰다. 이후 일위는 보갑제도를 통하여 시민에게 주택부근에 방공호와 개별 엄폐할 수 있는 곳을 요구하였다. 실제로는 시가전을 대비한 토치카를 준비케 한 것이다. 일본군은 아무런 위장도 하지 않고, 그들은 우리들은 뼈가 부스러져도, 기와장처럼 깨지지는 않을 것이며, 결코 상해를 버리지 않을 것이라고 자신들의 투지를 드러냈다.

일본 침략자들이 여전히 미친 듯이 살육을 자행하였는데도, 상해인민은 모두 침략자의 말로가 왔음을 알고 있었다. 1945년 4월, 소련 홍군(紅軍)과 미군이 엘베강(Elbe, 易北河)에서 부대를 합류하여 베를린을 공격하기 시작하였다. 제2차 세계대전 승리가 다가왔다. 상해인민의 정서는 더욱 고양되고, 항일투쟁은 점점 활기를 띄게 되었다. 지하군은 한편으로는 훈련을 강화하고, 신사군과 연합하여 상해를 해방시킬 것을 준비하였고, 한편으로는 빈번히 적진에 출격, 습격하여 무기와 탄약을 탈취하였다. 공공장소에서는 사람들이 다 볼 수 있는 곳에 큰 홍당무가 걸려 있고, 그 주위에는 "날이 이미 밝았다. 모두 일어나 같은 칼로 홍당무를 자르자"(당시 상해시민은 일본병사를 홍당무라고 불렀다)고 하였다. 5월 8일, 독일이 무조건 항복을 선포하였다. 상해시민은 뛸듯이 기뻐하였고, 남경로와 하비로(霞飛路, 현재 滙海中路)에는 불빛이 휘황거렸고, 남녀노소 모두 정신병자처럼 어깨를 걸고 걷기도하고, 일부는 길에서 춤을 추기도 하였다. 이 길 옆에는 일본 초병들이 서 있었는데, 마치 나무 닭 같았고, 어제의 일본의 위세를 볼 수 없었다.

제6절 종말이 임박한 왕위(汪僞)정권

1943년 이후, 적의 후방에서 활약하였던 팔로군(八路軍)과 신사군(新四軍)의 역량이 부단히 증가하였고, 일본은 태평양전쟁상의 패배가 나날이 현명하게 드러났다. 왕징웨이를 수반으로 하는 한간무리들은 자기의 말로가 다가온다는 것을 예감하고 수족을 바삐 움직여 뒷길을 준비하였고, 내부는 아주 심한 분란이 일어났다.

남경 왕위국민정부는 일부 파렴치한 대소 한간들을 모아 구성하였으므로 내부적인 파벌 분쟁은 아주 첨예화하였다. 량훙즈(梁鴻志) 유신정부(維新政府)의 한간과 왕징웨이 집단의 모순 이외에 왕징웨이 집단 내부 역시 각 계파간의 투쟁이 심각하였으며, 쉽게 가라앉지 않았다.

쿤지(齬集)는 천비쥔(陳璧君) 주위의 왕징웨이 적계(嫡系)로 인정되는 공관파(公館派)로 주요한 인물로는 개조파 분자와 왕의 광동(廣東) 동향들이었다. 남경의 위정부내의 왕(汪), 천(陳) 두 성(姓)의 형제, 아들, 조카, 제자들은 모두 부장, 성장, 시장이었으므로 그, 기세가 등등하였다. 상해 인민은 왕(汪)과 천(陳)을 나라를 멸망하게 하였던 친후이(秦檜)와 왕(王) 씨로 빗대서 말하였다. 천(陳)의 형제는 하나는 중앙대학교장이고, 하나는 광동 성장이며, 조카인 천춘푸(陳春圃)는 위조직 부장이었다. 추민이(褚民誼)는 자신의 처인 천비쥔과 그 자매들에게 많이 의지했고, 공관파의 핵심인물이었다. 오랜 기간 왕징웨이를 따랐던 린바이성(林柏生)이 선전부를 장악하였고, 이 일파의 바람잡이었다. 관외파(館外派)는 저우포하이(周佛海)를 수반으로 호남(湖南)을 고향으로 한 딩모춘(丁默邨), 뤄쥔창(羅君强) 등을 포함해 원래 국민당 CC계분자였으므로 호남파(胡南派)라고 불렀다. 저우포하이와 왕징웨이에 결탁하여 일본에 항복한 후, 자신이 평화운동의 두 번째 인물이라고 자처하고 있었다. 그러나 그는 추민이와 같은 세력을 지니지 못하였고, 천궁보와 왕(汪)과 같은 그런 관계도 없었으므로, 억울하게 제4위로 구부(舊部)를 소집하여 재정부의 진지를 구축하여 공관파와 천궁보와 권력과 이익을 탈취하였다. 천궁보가 반역의 무리에 가담한 이후, 천비쥔의 명령을 들었으나, 천춘푸, 린바이성과 같이 종일 천비쥔의 앞에서 아부를 하지 않았고, 스스로 자기의 정치세력을 키워 독자적인 계보를 갖게 되었다. 그 주된 구성원은 상해시당부 주임 류양산(劉仰山)을 위시한 하남파(河南派), 모궈캉(莫國康)의 광동파(廣東派)와 푸솽잉(富双英)의 동북파(東北派) 등이다. 천의 휘하에 뤄쥔창, 딩모춘 등과 같은 상당한 심복이 있었으나, 경제, 군사상에서는 저우포하이를 상대할 정도가 못되었으나, 왕징웨이와 개인적 친분이 있다는 것을 구실 삼아 대권을 틀어쥐고 있으면서, 왕(汪)의 계승자라고 스스로 생각하였다.

왕파(汪派) 내부의 몇 차례 공개적인 충돌은 상해 위시장직을 놓고 일어났다. 상해시는 점령구중에서 가장 좋은 자리였다. 푸샤오안(傅筱庵)이 암살된 후, 저우포하이는 상해를 정돈한다는 계획을 세우고, 왕징웨이에게 상해시장을 겸임하게 해 달라고 요구하였다. 그러나 왕의 마음에는 천궁보가 있었고, 이러한 것을 저우포하이에게 드러내었다. 상해시장과 재정부장 두 자리는 겸직을 할 수 없었다. 저우는 당연히 재정대권을 놓는 것을 원치 않았기 때문에 흐지부지되었다. 오래지 않아 왕파는 천궁보를 위시장으로 세웠으나, 여전히 입법원장직을 겸임케 하였다. 저우포하이는 이것에 큰 불만을 가지고 천궁보와 첨예한 투쟁을 벌이게 되었다. 1943년 12월 19일, 저우포하이는 관할 세경단(說警團)의 몇 명의 세경들과 함께 표를 사지 않고 경극을 보려할 때,

위시부(僞市府)의 경찰이 간섭을 하면서, 두 명의 세경(稅警)을 데리고 갔다. 세경단은 출동하여 끌려간 두 명을 데리고 왔으나, 위경찰 역시 대규모로 반격하여 쌍방이 대세계(大世界) 동쪽 측면에서 싸움이 대판 벌어졌고, 총알이 난무하여 길가의 행인 5,60명이 상처를 입었다.

왕위 내부의 알력이 악화될 때, 일본 침략자와 "76호"의 모순 역시 심화되었다. 황포탄(黃浦灘) 건달 우쓰바오(吳四寶)가 리스췬(李士群)에게 투항한 후, 행동대를 조직하여 약탈, 납치, 암살, 강간, 각종 악랄한 수단으로 명성을 날렸고, 사회 각계의 강렬한 불만을 일으키게 하였으며, "76호"내에서도 적지 않은 사람들이 우쓰바오의 잔폭한 행동을 지적하였다. 일본 침략자는 위정권이 강화되는 것이 불리하다고 인식하고 우쓰바오 휘하의 부하에게 그들이 운반하는 황금을 탈취하게 하였다. 또 호서소주루(滬西小酒樓)에서 일본인이 암살되자 그들은 더욱 우(吳)의 꼬리만을 잘라서는 안 되고 없애야겠다는 결심을 하게 되었다. 왕위 두목은 우(吳)를 면책시키고 후임으로 리스췬을 추천하였으나, 일본인은 이미 화가 극에 달하여 우쓰바오를 제거하고자 하였다. 어쨌든 카게사 사다아키(影佐禎昭), 하야시(林)중좌(中佐)와 리스췬의 모의로 1942년 2월 4일, 우쓰바오를 독살하였다. 그런 후, 일본군과 왕위특무가 결탁하였으나, 이로써 평정되지는 않았다. 리스췬은 스스로 위정권을 세우는데 대한 공로를 주장하여, 청향(淸鄕)대권을 잡게 되었으나, 이러한 일에는 관심이 없었다. 그와 부하는 나쁜 짓만을 일삼아 민중의 원성이 극에 달하였다. 위정권내부에서는 그 홀로 생살대권을 지니고 있고, 세력이 너무 팽창하여 안중에 아무것도 없었으므로 그의 세력을 축소시키고자 하였다. 그러나 일본인들의 말을 잘 듣는 편이어서 이 청향(淸鄕)의 기회를 틈타, 일본군과 함께 전략물자를 약탈하고자 하여, 무석(無錫), 소주(蘇州) 일대의 양식과 면화 등의 물건을 수색하였고, 이후 물건은 각지로 운반·판매하여 폭리를 얻게 되었는데, 이러한 것은 일본 홍아원(興亞院) 화중연락부등 부문의 이익을 건드리게 되었다. 그의 독단적인 전횡으로 일본의 정보부문에서는 극히 불만을 갖고 있었다. 1942년 봄과 여름 하레키 케이타네(晴氣慶胤), 카게사 사다아키(影佐禎昭) 등이 계속 이임된 후, 리스췬 역시 믿고 있던 산이 이동하게 되었다. 1943년 가을 저우포하이, 슝젠둥(熊劍東)과 일본 헌병대 특고과(特高科)가 서로 모의해서 리(李)를 제거할 음모를 꾸몄고, 왕위 최고 고문 시바야마(柴山) 역시 이 결정에 동의하여 행동에 옮겼다. 9월 6일, 죄 많은 한간 리스췬은 독살 당하였다. 리스췬 사후, 왕위 특공총부(特功總部)는 군위회정치부(軍委會政治部), 정치보위공서(政治保衛公署), 정치보위국(政治保衛局)으로 개명하고 강화를 하였으나, 강궁으로 쏜 화살도 끝에 가서는 힘이 없어 얇은 비단조차 못 뚫는 것처럼 상황은 이전과는 아주 달랐다.

1944년 11월 10일, 위국민정부 주석 왕징웨이가 일본 나고야(名古屋)에서 병사하였다. 12월 27일, 천궁보는 국부주석(國府主席)겸 행정원장을 겸임하며, 공관파를 끌어들였고, 린바이성(林柏生)을 위상해시장직에 앉히고자 하였다. 저우포하이는 참을 수 없어, 일본 책임자들과 연락을 취해 군량(軍米)을 제공하는 조건으로 위시장직을 맡게 되었다. 이때 일본의 패망은 이미 결정되었고, 남경(南京) 위정권은 이미 동요되었고, 한간은 뿔뿔이 정권 밖으로 이동하였고, 마지막으로 한탕을 하여 만년의 비용을 충당할 생각을 하게 되었다.

각지의 중소 한간은 앞 길이 밝지 않음으로 보고 여러 종류의 수단을 활용하여 재물을 모았다. 이때 상해탄 상의 사기꾼들이 득실거렸다. 장궁천(張拱辰)이라는 사람은 주산(舟山)에서 토비(土匪)무리를 이끌고 일본군에 투항하여 중장(中將)의 지위를 얻어 장(張) 사령관이 되었다. 1944년 봄, 그는 참모, 부관과 위병을 이끌고 국제반점(國際飯店)에서 9개 방을 사용하였다. 일부 파리와 개 같은 무리들은 그 분

앞에 가서 돈을 써서 관직을 사고자 하였고, 이 장(張) 사령은 7, 8명의 지대장 및 대규모의 참모, 부관, 대장(隊長) 등의 위임장을 발급하였다. 이렇게 돈을 번 후에 회락리(會樂里), 산두로(汕頭路), 평망가(平望街)의 기생집에서 매음과 도박을 하였고, 최후에는 방값과 술값을 외상으로 한 후, 기녀와 함께 도망을 쳤다. 또 덩번인(鄧本殷)이라고 불리는 사람은 소절환감민(蘇浙皖竷閩; 강소, 절강, 안휘, 강서, 복건) 5성(五省) 평화연군총사령[和平聯軍總司令]의 지위로 상해에 와서, 외탄의 화무반점(華懋飯店) 5층에 진지를 차리고 대대적으로 위임장을 써주고 금전을 모았다.

군관이라는 지위 이외에, 위군관들 역시 자기들의 출로를 찾는데 신통함을 보였다. 적지 않은 위군관은 상해남경간의 철로에 와서 적은 자본 혹은 무자본으로 밀수를 하였다. 이 해 겨울, 일본 경비대가 상해 북역(北站)에서 개인적으로 금표를 밀반입하여 매매하는 집단을 체포하였는데, 그중에 위중장(僞中將) 11명, 소장(小將)과 상교(上校)가 14명으로 모두 군사참의원 참의 혹의 참찬무관으로 "장군밀수집단"이라고 불렸다.

이러한 사람들은 현장에서 일본헌병에 의해 머리가 깨지도록 맞고 피를 흘렸고, 그들은 "오늘을 보면서 지난 일을 반성한다."라고 말하고 "매국노는 개자식이고, 개자식이 매국노다."라고 한 마디 하였다.

이러한 형세아래 남경, 상해의 한간 두목은 중경(重慶)에 다리를 놓아 죄를 회개하는 척 방법을 모색하였다. 장제스는 항전 승리의 결실을 약탈하기 위해 인민무장을 소멸시키고 한간들을 그의 반공 선전대로 만들기를 희망하였다. 일찍이 1942년 저우포하이는 중경(重慶)과 방송연결을 비밀리에 건립하여, 장제스에게 기밀 정보를 제공하였고, 아울러 일부 군통특공(軍統特工)을 보석으로 석방하였다. 이후, 위절강성장(僞浙江省長)의 딩모춘 역시 다이리(戴笠)와 구주퉁(顧祝同)과 관

계를 유지하였고, 장제스에게 신임을 샀다. "절강이 중앙으로 되돌아
가기를 원하고, 공산당이 약탈하지 못하게 하겠다."[1]라고 하여 장제스
의 환심을 사게 되었다. 후에 한간들은 상해에서 중경분자를 찾아 윗
자리에 모시고 향연을 베풀고, 돈이 필요하다고 하면 돈을 주고, 방이
필요하다고 하면 방을 제공하였고, 일본군은 어쩔 방법이 없어 보고도
못 본 척 하였다. 호남로(胡南路)의 저우포하이 공관은 중경(重慶)분자
들이 수시로 드나들었다. 1945년 7월 8일, 저우포하이는 옥불사(玉佛
寺)에서 중경(重慶)에서 병사한 모친에 대한 불공을 드리고 있으면서,
공연히 발표하기를 "당은 반듯이 통일되어야 한다."와 "합류를 원한
다."라고 언론에 발표하였다. 천궁보 역시 뒤처질세라 여러 번 다음과
같은 표시를 하였다. "당은 나누어 질 수 없고, 나라는 반듯이 통일되
어야 한다."고 말하며, 자기는 어느 때고 하야할 생각이 있다고 밝혔
다. "합류를 원한다."는 추잡한 극은 징과 북을 요란스럽게 울리고 떠
들면서 그 막이 올라가고 있었다.

---

1) 黃美眞等, 『汪僞"76號"特工總部』, p.176.

제12장
항전(抗戰) 승리후의 상해

제1절 국민당의 약탈

　1945년 8월 10일, 일본 내각은 항복을 결정하였다. 상해인민은 아주 빠르게 이 소식을 접하였다. 11일, 시 전체의 크고 작은 상점은 하루 영업을 정지하고 경축하였다. 14일, 일본 천황의 무조건 항복이 발표되었다. 상해 민중은 기뻐했고, 시민들은 깃발을 흔들고, 폭죽을 터뜨리며, 큰 소리로 "날이 밝았다. 날이 밝았다"라고 외쳤고, 남경로(南京路)에는 사람들로 인산인해(人山人海)를 이루었고, 일본인들의 자동차가 지나갈 때, 사람들은 과일 껍데기, 과일 씨를 던졌고, 많은 청년들은 일본 병사의 군모를 주위 발로 짓밟았다. 거리와 골목의 술집에는 사람들로 가득하여 만면에 승리를 축하하는 시민들의 웃음소리가 충만하였다.

　일본 투항 전날, 중공중앙은 쑤위(粟裕)에게 신사군의 4개 단(團)을 인솔하여 신속하게 남하하도록 명령하였고, 송호에서 지하군과 합세하여 상해를 해방시킬 준비를 하라는 지시를 내렸다. 류장성(劉長勝)을 서기로 한 상해 시위(市委)는 회남(淮南)근거지에서 탄생하였고, 시위 각 위원은 계속해서 상해로 들어왔다. 공산당 지도아래, 호서(滬西) 5만명의 노동자들은 평민촌에서 모여, 노동조합의 준비기구인 경축승리주비위원회(慶祝勝利籌備委員會)를 만들었다. 대·중학생, 교사는 민주, 독립, 민주연합정부의 건립 실행을 주장하였다. 한 지하군 무장대는 호서(滬西)의 일위(日僞) 신의기기창(信義機器廠)을 점령하였다. 송호(淞滬)지대는 포동(浦東)과 호서(滬西)에서 연속적으로 일위에 공격을 가하여 총기 수 백 자루를 탈취해 내었다. 신화사(新華社)에서는 류장성(劉長勝)을 상해시 시장으로 선포하고, 상해의 많은 공장들은 "환영 류장성, 상해시장"(歡迎劉長勝上海市長), "환영 신사군"(歡迎新四軍)이 라는 현수막을 내걸었다. 시교(市郊) 농민들은 자위대를 설립하여 일 위 무기를 접수하였다. 절동(浙東) 신사군은 상해에서 작전을 수행하 기 위해 호항용철로(滬杭甬鐵路; 상해, 항주, 영파철로) 두 곳으로 출 격하여 철로선을 끊어 놓았다.

그러나 국민당과 결탁한 일위군은 항전승리의 과실을 약탈하였다. 8 월 12일, 장제스는 저우포하이를 국민당 군위회 상해행동총대 총지휘 를 맡게하고, 그에게 명령하여 위중앙세경총단, 상해시보안대와 경찰, 위제12군 등을 지휘하게 하였고, 상해의 질서를 유지하게 하였으며, 신사군이 상해를 공격하는 것을 저지하도록 시켰다. 14일 밤, 저우포 하이는 상해시 행동총대 총지휘부의 설립을 선포하고, 치안 유지와 집 회를 금지시키고, 시위나 전단 살포를 금지시켰다. 그는 또 총지휘의 명의로 상해 일본군에게 "상해는 중앙부대만이 접수할 권한이 있다. 만약 중공군의 습격이 있을 때는 즉각 격퇴시킨다. 중공군이 상해를 점령하였을 때는 모든 책임을 일본이 진다."[1]는 성명을 반포하였다. 동시에 국민당은 원래 상해 국민당 당정군통일위원회 주임 장보청(蔣 伯誠)을 파견하여 군위회 위원장으로 상해에 주둔케 하여 상해를 대표 하게 하였고, 대표총서와 특파원공서를 설립하고 총지휘부와 함께 질 서유지를 담당하도록 지시를 내렸다. 이러한 사람들은 원래 일위와 함 께 편안하게 앉아서 "날이 밝기"를 기다린 국민당원으로 연달아 지하 에서 밖으로 나와 구호를 외치며 각종 접수기관을 설립하였다.

형세의 변화에 맞추어 중공중앙은 상해의 진공을 중지할 것을 결정 하였고, 신사군을 북상시키면서, 농촌과 중소도시의 점령을 점차 확대

---

1) 姚旭, 徐燕, 『從抗戰結束到內戰全面爆發期間的幾個歷史問題』, 『歷史研究』, 1978年 第11期.

시켰다. 중공 상해시위(中共上海市委)는 이미 폭로된 상해지하당원과 간부를 철수시켰고, 기의(起義)를 준비하고 있던 지하군 100여 명도 상해를 떠나게 하였으며, 송호지대(淞滬支隊)에 편입시켜 강북 전쟁지역으로 이동시켰다. 대부분 혁명 추동자는 계속 상해에 남아 있으면서 장기적으로 은밀한 지하투쟁을 벌였다.

장제스와 일위 합작의 몰염치한 행동에 대해, 상해 인민은 격분하였다. 그들은 상해 행동총지휘부(上海行動總指揮部)의 포고를 찢어버리고, 파시(罷市)로 항의의 뜻을 나타내었다. 국민당은 여전히 상해의 일본군이 상해인민을 진압해 줄것을 요구하고 있었다. 이로써 일본군은 다시 시 전체에 통금을 시행하여, 밤 10시 이후 통행하는 행인은 위치안사령부의 통행증을 얻도록 하였다.

당시, 국민당은 전국을 15개의 항복접수지구로 나누었다. 상해는 제7 항복지구에 속하였고, 항복의 주관 접수자는 제3 방면군 총사령인 탕언보(湯恩伯)이었고, 송호경비사령부도 다시 재개를 하여 첸다쥔(錢大鈞)으로 총사령을 겸임케 하였다. 9월 5일, 송호경비사령부 소속의 한 무리의 요원이 상해에 도착하였고, 시정부의 접수를 준비하게 되었다. 계속해서 제3 방면군 소속의 제94군은 유주(柳州)에서 비행기로 대장(大場) 비행장에 도착하였고, 탕언보는 화무반점(華懋飯店)에 제3 방면군 전진지휘부를 설립하였다. 이때, 국민당은 계속해서 일본군에게 상해의 치안을 유지시킬 것을 요구하였고, 이에 일위군(日僞軍)은 더욱 기세등등하여, 마구 소란을 피우며 말썽을 부렸으며, 항복일자도 다시 연기되었다. 9월 9일, 국민당위에서 파견한 상해시장 첸다쥔이 상해에 도착하였다. 가라앉아 있던 전쟁승리의 기쁨 중에서 상해인민은 다시 광명이 도래하는 것으로 생각하였고, 10만 명의 환영군중이 도열하였고, "환영 첸 시장, 건설 새로운 상해"(歡迎錢市長, 建設新上海)라는 플랜카드가 높이 걸려 있었다. 9월 12일에는 상해시 정부가 성립되었다. 당일 오후 2시, 탕언보는 제3 방면군 전진지휘부가 주관한 항복을 접수하는 의식에 참가하여, 일본 제13군 사령관 마츠이 규타로(松井太久郎), 참모장 도이 아키오(土居明夫)등 일본군 대표와 15만 명의 일본군의 투항을 받아내었다. 14일을 기해 일본군은 계속해서 무장해제를 당하였고, 강만(江灣)과 포동 수용소에 분산 수용되었다.

그러나 투항은 의례적인 행사에 불과하였고, 국민당 관리는 이것에 대해 아무런 흥미도 느끼지 않았고, 그들은 오직 위(僞)정부의 재산 접수에만 주목하고 있었다. 원래 일본군은 장기 전쟁준비를 위하여 내지에서 물자를 모아들였고, 상해에 있던 수 백 개의 크고 작은 창고에는 물건이 산더미같이 쌓여 있었다. 통계에 의하면 상해의 일위 재산은 1조 원 이상이었다고 한다.2) 그래서 국민당 정부의 대소(大小) 관리들은 모두 일위재산을 접수할 때, 한 목 챙길 수 있는 기회로 생각하였다. 강도와 같이 약탈 금품을 나누고, 굶주린 개와 같이 음식을 먹는 "약탈"의 장면이 연출되어 사람들이 생각지도 못한 상황이 벌어지게 되었다.

제1부류의 약탈인원은 "지하공작자", "항일영웅"이라는 월계관을 쓴 상해당원, 특무, 지역건달과 그들과 연관이 되어 있던 한간들이었다. 그들은 장기적으로 점령 지구에 있으면서 상해의 정세를 아주 잘 알았으므로, 아주 기름지고 좋은 곳을 골라내어 자기의 것으로 하여 통째로 삼켰다. 국민당 관방의 불완전한 통계에 의하면 이러한 부류들이 접수한 기관이 무려 89개에 달하였다. 이러한 것에 이어 두 번째 약탈을 시행한 것은 현대화된 교통운수를 보유하고 있던 국민당 군사기관으로 즉, 송호경비사령부(淞滬警備司令部), 항공사령부(航空司令部), 전시운수국(戰時運輸局), 해군부(海軍部), 후근총부(後勤總部)등이었다. 그들은 현대적인 운송수단을 통하여 번개전술로 상해에 진입하여 어떠한 예의도 없이 대량의 재물과 기업들을 착복하여 개인 주머니

---

2) 『大公報』, 1946년 7월 30일.

를 채웠다. 국민당 정부의 정식위원회에서 파견한 접수대원들이 도착하였을 때는 이미 제3차의 약탈이 시행되고 있었다. 그렇지만 상해는 일위통치의 경제 금융 중심이었으므로, 재산이 적지 않았다. 접수대원들은 계속 재물을 약탈하여 횡재하였고, 그 양이 엄청났으며, 범위 또한 확대되었으므로 그 영향 또한 심각하였고, 아주 교활하고 악랄한 수단과 방법으로 이전에는 볼 수 없던 방법을 사용하였다.

접수대원은 권세도 지니고 있어, 먼저 부동산과 황금을 약탈하였다. 당시 상해에는 일위(日僞) 부동산이 8,500채가 있었는데 접수대원에 의해 5,000채가 약탈되었다. 전후 부동산 등기를 한 인물로는 육군 총사령 허잉친(何應欽)이 10명의 순위 안에 들어있었다. 시장 첸다쥔 역시 직권을 이용하여 한간들을 협박하여 대규모의 금붙이를 약탈하였다. 위중저행(僞中儲行)과 위만주중앙은행(僞滿洲中央銀行) 상해분행(上海分行)도 황금 58만 량, 백은 794만 량, 은원(銀元) 61만 매(枚)를 약탈당하였다.[3] 중저행을 강점한 제3 방면군 병참사령 양정민(楊政民)은 한편으로 은행에 있던 금붙이를 절취하고, 위폐(僞幣)로 황금을 구매하여 1만 개의 골드바(Gold Bar)를 얻을 수 있었으며, 그 부관 역시 큰 재물을 얻을 수 있었다. 제3 방면군 총사령 탕언보(湯恩伯)는 더욱 심하여 일본 교포관리처가 관리하였던 부동산을 모두 개인재산으로 돌렸고, 일본병원, 냉장고, 카펫, 소파와 심지어 식사도구까지 모두 개인재산으로 명의를 변경시켰다. 그의 동생인 탕언청(湯恩澄)은 그의 종용아래 기기를 약탈하여 협흥공창(協興工廠)을 설립하였다. 구가택(顧家宅)방송국을 접수하기 위하여, 교통부와 국민당 시당부는 서로 양보하지 않아 서로 싸움을 벌였다. 제3 방면군과 송호경비사령부 군경은 일본구락부를 서로 차지하기 위해 총격전을 벌여, 많은 사람이 죽거나 부상 당하였다. 이전에 위재정부 세무서장인 사오스쥔(邵式軍)

3) 『上海金融史話』, 上海人民出版社, 1978年版, p157.

의 별장은 우사오수(吳紹澍)가 주임으로 있는 시당부에 의해 약탈당하여 집안의 재물을 모두 약탈해 빈 집이 되었다. 우의 정적은 사오스쥔(邵式軍)의 처로 하여금 탄원을 넣도록 교사하여, 시당부에서 조사를 벌여 우사오수(吳紹澍)는 부시장직, 사회국 국장 등 직에서 파면되었고, 시당부 총무과장 역시 2년형을 선도 받게 되었다. 국민당은 물품을 헌납 받아 승리박물관(勝利博物館)에서 전시하게 하려고 준비하면서, 전시품의 목록을 탕언보에게 보였을 때, 탕은 조사를 한다는 명목으로 전리품 전부를 가져가 개인의 욕심을 채웠다.

대표적인 관료자본인 쿵샹시와 쑹쯔원은 상해의 이 비옥한 곳이 각기 찢어지는 것에 눈이 빨개지도록 관심을 갖고 있었으며, 역시 아주 빠르게 약탈행렬에 참여하게 되었다. 그들의 탐욕스런 욕망에 맞게 위는 아주 커서, 기업을 주요한 목표로 삼았다. 1945년 10월, 쑹쯔원(宋子文)은 행정원장(行政院長)의 신분으로 장제스(蔣介石)가 비준한 것을 가지고 군사방면의 접수는 군대에서 주관하는 것 이외에 그 나머지는 모두 행정원에서 담당한다고 명령을 내리고, 친히 비행기로 상해에 도착하였다. 통계에 의하면 상해에는 일위에 의해 강점된 공장이 286가(家)나 되었다.[4] 쑹쯔원의 중국방직건설공사(中國紡織建設公司)는 한 입에 그중의 52개 공장을 삼켰고, CC계의 중국잠사공사(中國蠶絲公司)는 26개 공장을 강점하였고, 자원위원회(資源委員會)에서는 13개의 전공창(電工廠)을, 조지창(造紙廠)은 중앙인쇄소(中央印刷所)에 의해 탈취되었다. 전체 통계로 보면 관료자본이 상해에서 약탈한 기업은 476개의 기업[5]으로, 그들의 세력이 갑절로 늘어나게 되었다.

비교적 지위가 낮은 관리들은 관직이 높은 사람들과 같이 한 몫을 차지하지는 못하였으나, 직무를 이용하여 여러 방면에서 착복을 하였

---

4) 陳眞, 『中國近代工業史資料』 第3輯, pp.741~742.
5) 民國三十五年, 『上海市年鑑』.

으며, 그들의 상관은 못 본 척 눈감아 주었다. 각 창고는 낮에는 조용하였으나, 밤에는 불빛이 휘황하였고, 자동차들이 몰려들었다. 일부 창고 관리인원은 물자를 팔아먹은 후, 심지어 도둑을 맞았다고 신고하였고, 어떤 사람은 창고를 전소시키는 방법으로 쉽게 일을 처리하였다. 당시의 무창냉장고[茂昌冷庫], 황포창고(黃浦倉庫)에서는 이상한 화재가 났는데, 이러한 것이 그러한 이유에서였다. 상해에서는 "대관들은 접수하는 방법이 뛰어나고, 창고에는 작은 부대들이 날 뛴다."라는 민간 노래가 유행하였다. 일위(日僞) 인원 역시 심지어 국민당은 "관리들은 모두 탐욕스럽고, 착복을 안 하는 사람이 없다"라는 말을 듣고 뇌물을 바쳤으며, 그들은 정본장부의 목록을 깨끗하게 하여 상사들의 요구에 항변할 수 있는 근거를 마련하였고, 또 다른 부본장부에는 현금과 재산을 기재하지 않아 이러한 가운데서 탐오를 벌였다. 일위 인원은 이러한 방법으로 접수대관들의 입을 막기를 희망하였고, 이로써 자신은 더 많은 재산을 은닉할 수 있었다. 국민당이 제정한 방침은 일위가 은닉한 재산을 밀고하는 사람에 대해서는 장려금을 지급한다고 하였다. 그러나 사실상 밀고를 주관하는 관원이 보고를 받으면 은밀하게 처리하였다. 관방에 보고된 것에 의하면 상해에는 밀고 안건이 1,600건에 달하였고, 그 재산은 2,000억 원 이상이었으나, 후에 정식으로 보고된 것은 74건으로 300억 원밖에 되지 않았으며, 대부분은 관리들의 주머니로 들어갔다.

이렇게 빈손으로 왔던 상해의 접수대원들은 같은 해 황포탄에 와서 황금을 수집하려했던 외국 모험가들 보다도 훨씬 더 빠르게 훨씬 많은 재물을 모을 수 있었고, 그들 모두는 "오자등과"(五子登科; 방, 자동차, 금, 여자, 지위)가 있었고, 상해시민들에 의해 "삼양개태"(三洋開泰; 捧西洋, 愛東洋, 撈現洋)라고 풍자하였다. 그들은 일위재산을 삼키는 것 이외에 임으로 시민의 주택, 자동차와 재산을 강점하였다. 시민들이 반항이라도 할라치면, 한간들을 통제한다는 구실로 시민들은 더 큰 재앙을 당하게 되었다. 어떤 신문사에서는 이러한 접수대원을 풍자하는 내용을 게재하였는데 "도처에 돈이 깔려 있으니, 재물을 모으지 않는 사람은 멍청이다. 빨리 양장(洋場)에 가서 한 몫을 건져야하니, 국가와 민족이 어떻게 되겠는가!"6)라고 힐난하였다.

이러한 상해 인민을 약탈하는 것을 목격한 사람들은 접수대원에 대해 한을 품었고, 국민당 중앙에 철저한 조사를 요구하였다. 장제스는 그들을 비호하는 뜻으로 말하기를 인민이 말하는 그러한 추문들은 공산당의 "모욕"[汚蔑]과 "파괴"(破壞)가 만들어 놓은 것이라고 말하였다. 이후에도 약탈하는 탐관오리가 나날이 더욱 심해져서 더 이상 제지할 수 없게 되자, 전체 국민당 통치는 직접적인 위협을 받게 되었다. 미국방면 역시 경고하기를 탐오에 대한 정리가 없다면 미국은 군사지원문제를 다시 고려하겠다고 하였다. 장제스는 이로 인해 1946년 5월에 명령을 내려, 국민참정회(國民參政會), 국민당 중감위회(國民黨中監委會)와 감찰원(監察院) 3방면에서 청사접수처리적위물자단(淸査接受處理敵僞物資團, 이하 淸査團)을 조직하여, 각지에 파견하여 실사(淸査)를 벌였다.

청사단은 실제상 단지 여론에 부응한 것으로 인민을 기만하기 위한 장식품이었다. 장제스는 감찰원장 위여우런(于右任)에게 "접수를 하기 위해서는 약간의 모순이 있다. 전체를 위하여 작은 일에는 신경을 쓰지 마라. 이러한 것은 공산당에 구실을 줄 수 있기 때문이다"라고 지시하였다. 위(于)는 청사단에게 말하기를 "주석께서 이번에는 3방면 위원으로 청사조사단을 조직하느라고 고충이 있었다. 그것은 사기 쳐서 금품을 받지 말고, 이렇게 함으로써 인민의 정서를 가라앉히고, 정부는 이 어려운 시기를 이렇게 지나갈 수 있는 것이다."7)라고 지시를

---

6) 『秦風工商日報』, 1945년 10월 24일.

내렸다. 상해청사 업무를 담당한 소절환분단(蘇浙皖分團)이 상해에 도착하였을 때, 그들 접수인원은 이미 탐오의 증거를 잡고 있었으나, 압수 물건을 다른 곳으로 이동시키고 심지어는 자신의 원래의 직책을 떠나간 사람도 있었으므로 청사단은 자세한 조사를 벌일 수 없었다. 또 상당한 탐오의 증거는 있었으나, 권문 세력과 연결이 되어 있었으므로, 청사단은 그러한 권력에 미치지 못하고 담력이 약하여 그들을 조사하지 못하였다. 단장 장즈번(張知本)은 초기에는 "상해의 접수 처리 업무에 대하여 아주 불만족스럽다."[8]라고 하였다. 그러나 시간이 지난 후에는 상해지구에서 폭로된 400여 건의 안건에 대해 그는 듣지도 알지도 못하였다고 하고, 1건도 심리나 조사를 벌이지 않았다. 그들의 수중에 보고된 첸다쥔, 우궈전(吳國楨)이 강제로 착복한 물자가 42억 원의 대단한 화폐 건이 있었으나, 이러한 것들은 피해갔다. 최후로 장즈번이 발표한 공개담화에서 그는 철면피한 모습으로 "남경과 상해의 접수업무의 조사결과 중대한 문제를 발견하지 못하였다."[9]라고 발표하고는 청사단(清査團)을 이끌고 상해를 떠나 항주로 갔다. 청사단에 환상을 품고 있던 사람은 큰 실망을 하게 되었다.

국민당은 점령 지구에서 인민의 마음까지를 약탈하였다. 상해지구에서는 다음과 같은 민요가 유행하였다. "하늘도 오고, 땅도 오니, 백성들은 살 수 없다(天上來, 地下來, 老百姓活不來)"고 하고 또 "중앙을 생각하고, 중앙을 기다린 끝에 중앙이 오니, 그 재앙은 더욱 심하다!"(想中央, 盼中央, 中央來了更遭殃!)고 하여 국민당 약탈을 아주 생동적으로 표현을 하였다.

---

7) 何漢文, 『大劫收見聞』.
8) 屠詩聘, 『上海市大觀』(上), p.100.
9) 何漢文, 『大劫收見聞』.

제2절 "날은 아직 밝지 않았다"

　국민당 정부는 상해를 접수한 후, 민주를 가장한 독재통치를 실시하였고, 관료자본을 확장시켰고, 각 계 각층에 무정한 약탈을 진행하였고, 미군을 종용하여 상해에서의 지위를 잡고, 방금 떠난 일위 통치아래에서 고통을 받았던 상해인민들은 더욱 비참한 경지로 빠져들게 되었다.

　시정부의 인원을 정비한 후, 경찰국장으로는 장제스의 신임을 얻고 있던 쉬안톄우(宣鐵吾)가 임명되어, 직업경찰 15,159명을 관할하였고, 이전의 두 조계 순포 총 수의 1배반에 달하였다. 이외에 15,330명의 의용경찰(義勇警察)이 있어 전문적으로 정보수집과 도청 등을 맡았다. 이후에 또 신설된 부대는 20분 내로 시구(市區) 어느 곳이든지 즉각 출동할 수 있는 특종형경대—비행보루대(特種刑警隊—飛行堡壘隊)가 있었다. 전후로 첸다쥔(錢大鈞), 쉬안톄우(宣鐵吾)가 송호경비사령부의 사령을 맡았고, 명의상으로는 오직 헌병 제23단을 지휘하였으나, 실제로는 상해시의 경찰과 보안총단(保安總團)의 무장부대를 지휘하였다. 시정부는 제감교(提籃橋) 감옥을 상해감옥으로 개명하고, 마사남로(馬斯南路, 현재의 思南路) 감옥은 제1분감옥(分監獄), 이후 제2, 제3분감옥(分監獄)으로 고치고, 대대적으로 통치 질서를 강화시켰다.

　국민당 정부는 점령 지구를 접수할 때, 내정부(內政部)에서 『수복구청사호구판법』(收復區淸査戶口辦法)을 공포하여 일위(日僞)가 조직한 보갑제(保甲制)를 전면적으로 계승하여, 이미 파괴된 것을 다시 회복시켜 놓았다. 이것 뿐 아니라, 시정부는 1946년 6월 경원경관구제(警員警

管區制)를 실행하여 경관제(警管制)의 지역을 획정하고, 남녀노소를 막론하고 모두 기록카드에 편재되게 하였다. 카드는 남색, 백색, 홍색 3색으로 되었는데, 정부 관리와 국민당원은 남색카드를 발급받았고, 경찰은 그들의 편리와 보호를 담당하였다. 일반시민은 백색카드를 발급하여 경찰은 매월 1차례씩 그들의 집을 "방문"하였다. 자주 외출하는 자, 손님이 많은 자, 말하기 좋아 하는 자, "한비"(漢匪) 혐의자, 민주 활동에 참가한 자, 폭넓게 사람을 사귀는 자 등 20여 종의 사람들에게는 붉은 카드를 발급하여, 경찰은 수시로 방문하고, 문제가 있다고 생각할 때에는 경찰국으로 보내 조사와 처벌을 받게 하였다. 경찰은 또 수시로 민가를 침입해 재물을 약탈해갔다. 국민당 정부는 또 『호적등기판법』(戶籍登記辦法)을 공포하여 호구등기 항목을 상세히 규정하였고, 돌아가면서 부정기적으로 검사를 하여 주민을 엄격히 통제하고 있었다.

동시에 사회국에서는 『수복지구 인민단체 총등기판법』(收復地區人民團體總登記辦法) 및 『수복지구 인민단체 조정판법』(收復地區人民團體調整辦法)을 근거로 해산, 정리, 개조, 개선, 새롭게 건설 등의 수단을 통하여 대부분 같은 업종의 협동조합과 노동조합을 그들 수중에서 통제하였다. 1946년 8월, 시 전체에는 50개의 공업노동조합이 있었고, 196개의 상업노동조합과 1개의 수출업노동조합이 있었다. 시총공회 소속의 직업산업노동조합은 287개에 달하였고, 회원은 209,171명이었다.[1] 이러한 어용단체를 통하여 인민을 통제하였고, 국민당은 모든 공사를 동업 노동조합에 가입하도록 강박하였다.

신문과 출판사업 방면에서 국민당은 1945년 9월 공포된 『관리수복구보지통신사잡지전영광파사업잠행판법』(管理修復區報紙通迅社雜誌電影廣播事業暫行辦法)으로 각 중문 신문사를 강점하였다. 예를 들면 『신보』(申報)는 당국에 접수되어 판궁잔(潘公展)이 사장겸 총주필로 임명

---

1) 『上海市人民團體文化團體暨合作社統計』, 『社會月刊』, 제1권 제4기에 게재.

되었다. 『신문보』(新聞報)역시 접관(接管)되어 두웨성(杜月笙)이 그 이 사회를 통제하였고, 청창보(程滄波)가 총주필로 임명되었다. 상해의 이 두 신문사는 역사가 가장 오래된 신문이었으나, 이후 CC계의 대변지 가 되었다. 한간노의 『신중국보』(新中國報)는 『정언보』(正言報)로 바 뀌어 시당부 우사오수(吳紹澍) 일파의 사유재산이 되었다. 여론을 독 단하기 위하여 국민당 당국은 상해에서 발행되는 신문의 수량을 엄격 히 통제하였고, 진보인사들이 세운 『건국일보』(建國日報), 『정기보』 (正氣報), 『민족일보』(民族日報), 『전진일보』(前進日報) 등의 신문은 전후로 압력에 의해 정간되었다. 많은 작은 신문들은 발행 허가를 얻 지 못하였고, 이로써 통속성 기간지로 전락되어 "방형 간물"(方型刊 物)이라고 불렸으며, 1945년 11월에서 1946년 5월까지 매월 새로운 종류가 십여 종 발행되었다. 이러한 저급 취미의 출판물에 대해서 당 국은 비교적 관용적이었으나, 백여 종의 정치와 정론의 종합성 간행물 에 대해서 당국은 다시 질책을 가하였고, 그 결과 51종의 간행물이 압 력에 의해 정간되었다.[2)]

항전 승리 후, 장제스정부는 전국 인민의 민주적인 환호성을 압박하 자 "백성을 위하는 정치", "헌정을 실시하라"는 구호가 터져 나왔고, 이에 그는 각지에 참의회를 조직하라는 명령을 내렸다. 1946년 3월, 상해에서는 시 전체인 33개 구(區)의 400만 명중에서 181명의 민선 참의원을 선출하려 하였다. 시민들은 이러한 겉치레적인 행사에는 흥 미가 없었다. 당국은 시민들에게 투표를 하라고 협박하기 위해, 국민 신분증을 압류하여 선거하는 날 투표장에서 나누어 주었고, 신분증에 의해 각 사람은 매달 2말[斗] 평가미(平價米)를 받도록 하여, 시민들은 어쩔 수 없이 투표하러 갔다. 표를 끌기 위하여 정계인들은 서로 유혹

---

2) 蔡殿榮, 『上海市社會文化的動態』; 袁文彰, 『上海市出版界的動向』, 『社會月 刊』, 제1권 제1, 4기에 게재.

하고, 비밀리에 사람을 동원하여 어떤 사람은 자기를 찍어주면 수건 하나를, 어떤 사람은 식사를 대접하기도 하였다.

의장석의 자리를 차지하기 위하여, 각 반동세력은 각축을 벌였고, 서로 왕래도 하지 않았다. 상해시당부는 원래 두 파로 나뉘어 있었다. 거두로는 우사오수(吳紹澍), 우카이셴(吳開先) 등으로 같은 CC계에 속해 있었으며, 두웨성(杜月笙)의 제자였다. 그러나 후에 우사오수(吳紹澍)는 전시 동안 장기적으로 상해에서 활동을 하였으므로, 전후에 상해시 부시장 겸 군사정치특파원, 사회국장, 시당부 문화위원과 삼청단(三淸團) 상해지단부(上海支團部) 주임에 임명되어 그 권세가 막강해져 이러한 관계로 CC계와 소원하여졌고, 주자화(朱家驊)와 캉쩌(康澤) 등에 의지하여 우카이셴(吳開先) 일파를 적극적으로 배척하였다. 그는 자진을 추종하는 세력이 많아지자, 더 이상 막명높은 두웨성에 아첨하기를 거부하게 되었다. 우카이셴은 상해당무를 장악한 지가 아주 오래되었고, 전쟁 전에는 상해에서 "당황제"(黨皇帝)라는 칭호를 받고 있었다. 1942년 말, 우카이셴은 상해에서 일위에 의해 체포 투옥되었고, 출옥후 일본군의 앞잡이가 되어 일본군의 항복을 유도하는 문서를 지니고 중경(重慶, 諭)에서 활동하였던 것을 어느 집이나 다 알고 있었기 때문에 국내 여론의 강렬한 비판을 받았고, 이에 장제스는 그를 한직으로 내 몰았다. 그러나 우카이셴은 상해에 그의 제자가 많아, 잠재세력이 상당하였으며, 상해가 수복된 후, 두웨성(杜月笙), 루징스(陸京士) 등의 지지아래 우사오수(吳紹澍)와 함께 정권쟁탈 각축을 벌이게 되었다. 한차례의 암투가 지난 후, 우사오수(吳紹澍)는 반대파의 탐오에 대한 고발로 부시장, 사회국장의 직위를 포함하여 대부분의 관직을 잃게 되었고, 시당부 주임은 또 다른 CC계 사람인 팡즈(方治)가 맡게 되었다. 참의회 선거 중에서 우사오수(吳紹澍)와 CC계는 또 세력을 확장시키고자, 의장직위를 차지하려고 하였다. 그러나 결과는 우사오수파가 패배하였고, 181석 참의원중 우카이셴의 CC계가 100석 전후를 장악하였다.[3) CC계는 판궁잔(潘公展)을 의장으로 결정하고, 쉬지칭(徐寄頤)을 부의장에 앉혔다. 그러나 이 결과는 두웨성(杜月笙)을 크게 실망시켰다.

상해탄의 건달 중, 두웨성은 가장 정치 야심이 있었던 인물이었다. 항전시기, 두웨성은 여러 차례 군통(軍統)의 우두머리로 실력을 발휘하여 정계의 역량을 지니고 있다고 생각하여 장래 상해 시장직은 자신이 맡을 것이라고 생각하였다. 항전 승리 후, 두의 무리들은 밖으로 나와 분위기를 형성하였고, 장제스가 장래에 두웨성을 상해 시장으로 앉힐 것이라는 거짓 "여론"을 발설하며 말하기를, "선생의 협조로 큰 공훈을 얻었으니, 초야에 묻혀 있지 말아야 한다."[4)고 하였다. 이때 조계는 이미 소실되었고, 장제스가 볼 때, 제국주의와 연결되는 고리이면서 조계의 충견인 두웨성은 이미 그 가치를 잃었다고 생각하였고, 다시 받아들일 필요가 없다고 생각하였다. 상해를 통치하는데 CC와 군통을 이용하는 것이 합당하고, 이러한 건달을 이용하는 것은 사람들의 반감만을 조성할 뿐이라고 생각하였다. 그래서 두웨성이 품었던 시장의 꿈은 깨어졌고, 전혀 예기치 못하게 그의 제자인 루징스(陸京士)의 사회국장 직위도 손에 넣지 못하였다. 1946년 3월, 다이리(戴笠)가 갑작스럽게 사망하자, 두웨성은 의지하던 곳을 잃게 되었다. 그러나 그는 여전히 자기의 발언권을 지니고 있다고 생각하고, 당연히 의장에 피선되는 것에는 아무런 문제가 없다고 생각하였다. 이로써 의원 선거 때 그는 자기 측의 사람들을 전격적으로 지지하여, 30여 석의 자리를 확보할수 있었다. 그러나 장제스와 CC계는 여전히 의장 지위를 그에게 주는 것을 생각하지 않았다. 그러나 두웨성의 체면을 한 번 생각해서 CC계는

---

3) 潘介眉, 『上海市參議會內幕』, 『文史資料選輯』(上海), 제42집에 게재.
4) 『杜月笙先生六十年大事記』, 『立報』, 1947년 8월 31일에 게재.

두를 의장으로 선출한 뒤, 그 스스로 사퇴하게 한 후, 다시 판궁잔을 선출하기로 하였다. 두는 대세가 기울었음을 알고, 그러한 뜻을 따르려고 하였다. 8월 13일 정식으로 이러한 연극이 연출될 때, 우사오수(吳紹澍) 일파의 참의원들이 훼방을 놓았다. 두웨성을 선거할 때, 그들은 모두 백지 투표용지를 제출하여 두는 오직 116표로 선출되게 되어 체면을 크게 잃게 되었다. 두(杜)가 "겸양"(謙讓)으로 의장직 사직을 말할 때, 우사오수파의 참의원들이 일제히 일어나 그의 의장직 사직을 만류하자, 두웨성은 사직을 할 수 없게 되었다. 그러나 최후에는 우궈전(吳國楨)이 두의 사퇴를 가결하여 이 연극은 끝나게 되었다.

두웨성의 전후(戰後) 지위는 이전과 같지 않았다. 그는 살수를 파견해 우사오수(吳紹澍)를 살해하려 하였으나, 군통에 의해 제지되었다. 참의회 의장 선거후 몇일이 지나지 않아 그의 집안 살림을 맡아하던 완모린(萬墨林)이 쌀을 매점매석하여 군통과 경비사령 쉬안톄우(宣鐵吾)에 의해 잡혀가게 되었다. 두웨성은 화가 머리끝까지 나서, 유언비어를 퍼뜨리기를 "상해가 점령되었을 때는 정의가 없었고, 승리 후 상해는 공도(公道)가 없다"고 말하며, 또 그는 자신을 "일등 백성으로, 곳곳을 조심해야 한다."[5]라고 말하였다. 1946년 11월 탄판(攤販)사건[6]이 발생하였는데, 쉬안톄우(宣鐵吾)는 두웨성이 부채질한 것으로 생각하여 두웨성은 어쩔 수 없이 홍콩으로 떠나게 되었다.

이렇듯이 국민당 반동독재 통치의 보충을 위해 암흑사회 세력이 정치 무대에서 여전이 활약하고 있었다. 1945년 10월 후, 두웨성의 항사

---

5) 範紹增,『關於杜月笙』,『文史資料選輯』, 제84집에 게재.

6) 탄판(攤販)사건이란 노점상사건으로 국민당 상해시정부에서 거리정화를 위해, 황포(黃浦)와 노갑(老閘)구(區)에 설치되어 있던 노점상을 금지시킨 사건이다. 11월 중순에 계속 영업하던 1000여 명이 체포되었고 11월 30일에는 노점상 3000여 명이 황포경찰국 정문에서 항의시위를 벌였다. 이에 소방대와 보안대가 경찰과 함께 총을 쏘며 진압하여 7명이 현장에서 사망하였고, 상해시장 우궈전이 계엄을 발표하게 된 사건이다. 역자 주.

(恒社)[7]가 전후 제1차 사원대회를 소집하였고, 사원은 520명에서 1,500명 정도로 늘어났으며, 국민당 중앙부장, 성시(省市)관원, 법원원장 수석검찰관, 고급 군관 중에 이러한 사람이 한 둘이 아니었다. 1946년 10월, 두웨성은 국민당 특무와 합작하여 여도화원(麗都花園)에서 각지의 건달 두목을 소집해 회의를 개최하여 중국 신사회사업건설협회(中國新社會事業建設協會, 新建會)를 조직하고, 두웨성, 양후(楊虎), 판사오쩡(範紹曾)등 9명을 이사로, 황진룽(黃金榮), 리푸린(李福林) 등을 감사로, 옛 특무인 쉬량(徐亮)을 서기장으로 임명하고, 그 아래 각지 분회 28개를 두었으며, 회원은 약 58만 명 정도였다. 국민당은 이 전국 암흑세력의 건달 조직을 자신의 통치수단을 강화하는데 이용하고자 하였다. 그러나 인민운동의 급격한 고양과 국민당 내부 파벌의 알력 강화로 군통(軍統)을 배경으로 만들어진 이 새로운 조직은 예정된 효과를 거두지 못하자 1948년 사라지게 되었다.

장제스는 일위에 대해 "예전의 나쁜 것을 생각하지 않으며, 함께 선을 베푼다."라며 "서로에 대한 보복을 허락하지 않는다"고 지시하여, 상해에서 하늘과 땅이 모두 분노할 행동을 저지른 일본 침략분자와 매국노들이 곳곳에서 당국의 예우와 보호를 받게 되었다. 1945년 10월, 탕언보(湯恩伯)는 홍구(虹口)의 적사위로(狄思威路, 현재의 溧陽路)에 일교관리처(日僑管理處)를 설립하고, 명의상으로는 일본 교포와 포로를 관리한다고 하였으나, 실질적으로는 일본인 자치구역을 건립한 것으로 구장(區長), 보장(保長), 갑장(甲長) 등의 직은 모두 일본인이 담당하였고, 동시에 일본교포 자치회(自治會)와 숙위반(肅衛班)을 건립하여 사설 감옥을 만들었으며, 진보적인 교포는 박해하였다. 일부 살인자인 전범과 특무의 죄과는 산더미 같았으나 여전히 중용되었다. 그

---

7) 항사(恒社)란 청방(青幇)의 두목 두웨성이 조직한 민간 사단(社團) 즉, 결사단체이다. 역자 주.

예로 일본 특무 요시다 유지(吉田車祐)는 우사오수(吳紹澍)의 비호아래, 공개적으로 신문사를 설립하고, 파시즘을 선전하였다. 여특무 야마구치 토시코(山口敏子)는 리샹란(李香蘭)으로 개명하고, 영화계의 유명인사로 위장하여 북방으로 가서 간첩활동을 하였다.

국민당의 종용아래, 일부 매국노는 신분을 바꾸어 지하공작자의 신분으로 탈바꿈하여 새로운 직책을 맡으며 여전히 호위호식을 하고 있었다. 예로 "76호(號)" 특무 완리랑(萬里浪)은 전후에 여전히 한간 숙청작업을 맡았다. 그는 그가 이전에 의기양양하게 살 때의 동료들을 군통 유치장으로 압송시켰을 때에는, 감금되어 있던 일본인까지 분노를 느꼈다. 매국노인 저우포하이(周佛海)도 여전히 등용되어 손을 흔들며 거리를 활보하고 다녔다. 인민군중은 이러한 것에 상당한한 불만을 가졌다. 국민당은 여론의 압력을 두려워하여 저우포하이를 감금시켰으나, 후에 사형은 면제시켜 주었다. 신신공시(新新公司) 직공이 사장 리저쩡(李澤曾)이 일본과 결탁하였다고 고발하여, 국민당은 뜻밖에도 고발한 사람을 체포하고 면직시켰다. 각계 인사들은 분노하여 매국노고발후원회[檢擧漢奸後援會]를 조직하고, 신신공사 직공의 정의로운 행동을 성원하였다. 일부 한간은 죄를 받았으나, 많은 사람이 금전을 써서 법망을 빠져나가고 있었다. 한간(漢奸)의 속죄 뇌물은 그 표준이 있었다. 소한간(小漢奸)은 법폐 30만원, 대한간(大漢奸)은 황금 만량이었다. 당시 상해 시민들은 "하늘에 큰 죄를 지은 것도 두렵지 않다, 오직 몸에 황금만 지니고 있다면."이라고 당시의 상황을 풍자하여 말하였다.

국민당 정부는 일위에 대하여 예전의 악행에 대해 생각하지 않는다고 하였으나, 인민들에 대해서는 미친 듯한 압박과 약탈을 시행하였다. 상해를 접수한 후, 당국은 "학생심사"라는 명령을 발표하여 위립(僞立) 학교 학생의 학적을 인정하지 않았고, 이러한 학생은 반듯이 1년의 사상훈련을 받도록 규정하였고, 계속 공부하여 진학할 수 있는 권리를 박탈하였고, 반항자는 위학생(僞學生)으로 몰아 배척시켰다. 같은 방식으로 그들은 노동자, 직원, 청년을 위공인(僞工人), 위직원(僞職員), 위청년(僞靑年)으로 몰아 배척하였다.

국민당은 중경(重慶)에서 상해로 옮겨 온 후, 법폐(法幣)는 위중저권(僞中儲券)의 태환율(兌換率)을 1:200으로 규정하였으나, 당시 법폐 대 위폐의 실질 가치 비교는 1:50[8]이었다. 법폐의 가치를 올린 이유는 점령지구 인민에 대한 일차 대 약탈을 진행할 기회를 잡은 것이다. 국민당 정부는 또 1945년 9월 12일부터 각 국영기관에서는 일률적으로 법폐를 사용하도록 하였고, 은행은 위폐를 쌓아두지 못하도록 규정하였다. 위폐를 태환해 주는 것은 11월 1일부터 시작하여 위폐의 출로는 오직 시장에서 상품과 교환하는 방법밖에 없었다. 당시 일부 경제학자들의 건의는 위폐를 정리하기 전에 당연히 위폐를 동결하여 통화팽창을 막아야 한다고 하였으나, 국민당 정부가 상해에 파견한 재정금융특파원은 오히려 각 은행과 전장이 스스로 위폐의 부족을 처리하도록 명령하여, 모든 위폐는 모두 시장으로 흘러 나왔다. 국민당은 위중앙저축은행(僞中央貯蓄銀行)에 대량으로 새로운 위폐를 제공하여 사용하게 하였다. 일시에 상해 시장에는 화폐가 몰리어 물가가 급격히 상승하게 되었다.

국민당 정부에서는 비록 9월 12일 이전의 물가로 회복시킨다는 명령을 내렸으나, 경제경찰의 출동으로 적지 않은 상점이 처벌을 받았으나, 그 효과는 아주 미비하였다. 왜냐하면 국민당 정부 자체가 물가를 앙등시키는 요인이었기 때문이었다. 상해의 금값은 매 량에 30,000원이었는데, 중앙은행에서는 황금을 매 량 당 80,000원에 구입하고 85,000원에 판매를 하여, 금값은 2배 이상 뛰게 되었다. 이러한 물가 파동이 일어나자, 우체국 관리국에서는 우편 물자의 증가로 인해 편지 한

---

8) 『上海解放前後物價資料滙編』, p.34.

통 당 법폐 2원에서 20원까지로 올려 받았다. 계속해서 경호선(京滬線)과 호항선(滬杭線)의 기차표 역시 상당히 뛰었다. 정부의 물가 상승 부채질 정책으로 인해 각종 물가는 앙등하게 되었다. 1945년 9월에서 11월에는 쌀이 매 담(每擔)9) 4,000원에서 9,000원으로 올랐고, 석탄은 285원에서 3,082원으로, 식염(食鹽)은 매 근(每斤)에 7원에서 50원으로, 남방은 한 벌(每件) 300원에서 1,800원으로, 가죽구두는 한 켤레에 1,500원에서 10,000원으로, 짜배기도 한 개에 2.50원에서 10원으로 올랐다. 전세 값은 사람들의 혀를 내두르게 할 정도였는데, 비교적 좋은 주택은 매월 임대료가 7,000원 위폐에서 8,000원 법폐로 약 200배나 오른 값이었다. 전기요금, 전화요금, 기차표, 전차표, 우표도 모두 올랐고, 따뜻한 물 한 잔도 5원이나 되었다. 항전 승리 전날에는 30,000원 위폐로 한 명 2, 3개월 동안 생활을 할 수 있는 금액이었는데, 이때에는 이발 비용에도 모자랐다.

　미 제국주의의 지지 하에 진행된 반혁명 내전을 위해, 국민당 정부는 미국에 대해서 중국의 전 국토를 개방시켜 주었다. 일본 투항 후, 대규모 미군이 일본 포로를 송환하고, 일본군의 무장을 해제시키는 것을 돕는다는 명목으로 상해에 상륙하였다. 1945년 9월, 미군은 회덕풍대루(會德豊大樓)에 상해주재 기지사령부[駐滬基地司令部]를 설립하였고, 북경로(北京路) 11호에는 중국주재해군사령부[駐華海軍司令部]를 설립하였다. 10월 중순, 미군 중국전구(中國戰區) 총사령부(總司令部)도 중경에서 상해 강서로(江西路)에 있는 건설대루(建設大樓)로 옮겨왔다. 어쨌든 상해의 미군 수가 격증하였고, 미국 공군 제10, 14 항공대의 상해 근무요원은 1,600명이나 되었다. 미국은 비록 1943년 1월 중국에서 치외법권을 폐지한다고 선포하였으나, 몇 개월 후, 국민당 정부와 함께 중국에서 미군 형사안건의 환문(換文)10)에 대하여 통과시켜, 중국에서

---

　9) 1담(擔)은 100근(斤)임. 역자 주.

미군이 중국 법률에 제재를 받지 않는 특권을 누릴 수 있게 되었다. 이러한 보호막은 군기가 부패한 미군이 더욱 종횡으로 불법행동을 서슴지 않고 벌일 수 있는 이유가 되었다. 이렇게 이미 끝난 외국 조계의 역사가 일본 식민통치를 방금 벗어난 상해에서는 그 전체가 경계 없는 미국의 조계로 만들어졌고, 미국 병사들의 천국이 되었다.

미군 지프차는 시구(市區)의 크고 작은 거리를 누비며 사고를 많이 냈고, 사람이 잘 다니지 않는 곳에서도 사고가 났으며, 하루에도 수 건씩 일어났다. 관방인 『전선일보』(前線日報)의 통계에 의하면 1945년 9월 12일에서 1946년 1월 10일 미군 지프차가 상해에서 일으킨 사고가 495건으로 부상자가 336명이었고, 그중 18명은 사망하였다.[11] 미국 군함은 물위에서의 패자였는데, 민간인 선박을 들이받고, 물 위에서 작업을 하던 민공(民工) 등을 물에 빠뜨려 익사시키는 것을 놀이삼아 하였다. 『연합만보』(聯合晚報)의 통계에 의하면, 1945년 9월에서 1946년 6월까지 황포강상의 미 군함은 660명의 노동자 생명을 앗아갔다고 전하고 있다. 또 다른 근거로 젠성(簡生)의 『주화미군폭행록』(駐華美軍暴行錄)에 기록된 내용에 의하면, 1946년 7월에 이르러 미군 폭행으로 사상한 상해 주민은 1,500명에 달하고, 사기 약탈과 모욕적인 간음 등의 손실은 그 안에 포함되어 있지 않다[12]고 하였다. 예를 들면 다음과 같은 내용들이다. 1945년 11월 28일, 미국 해군 사병이 홍구(虹口)의 동백로회로(東百老滙路, 현재의 東大名路), 공평로(公平路) 일대에서 지나가던 삼륜차를 약탈하였다. 2월 24일, 한 미군 병사가 대낮에 한 장신

---

10) 그 규정은 "미국 해군, 육군 인원이 중국에서 형사 사건에 저촉하는 범죄를 저질렀을 때, 그 해당 군사법원 및 군사당국에서 단독으로 재판 한다."; "미국군대의 어떠한 인원이라도, 중국국민에 대하여 범죄행위를 저질렀다면 미국 군사당국은……그 범죄를 일으킨 지방에서 상당히 떨어진 곳으로 이동시켜 신속하게 처리한다."고 되어있다. 『中外舊約章滙編』, 제3책, pp.1273~1276.

11) 榮孟源, 『蔣家王朝』, p.271.

12) 榮孟源, 『蔣家王朝』, p.271.

구 가게에서 다이아몬드 반지 3개 빼앗아 달아나다 점원과 경찰의 추격을 받자 총격을 가해 상처를 입혔다. 8월 한 달 사이 한 미군 병사가 권총으로 자수점에 들어가 약 4만원어치의 물건을 약탈하였고, 그 상점은 어쩔 수 없이 공짜로 그에게 4만원어치의 물건을 상납하였다. 인력거꾼들 또한 미군에 몰매를 맞는 것을 쉽게 볼 수 있었는데, 1946년 9월 22일 발생한 짱다야오쯔사건(臧大咬子事件)은 이러한 것의 전형이라고 할 수 있다. 당일 밤, 스페인 국적의 해군인 라이링나(賴令奈)가 짱다야오쯔(臧大咬子)의 인력거를 타고 차비를 내지 않자, 짱다야오쯔가 몸을 뒤지려고 하자, 라이링나의 동료인 미국 병사 라오더리커(饒德立克)가 앞에서 주먹으로 짱다야오쯔를 때려 짱다야오쯔는 땅에 쓰러졌다. 결국 짱다야오쯔는 뇌가 파열되어 이틀 만에 죽었다. 이 사건은 상해 인민의 분노를 일으켰고, 각계 인민은 처벌을 요구하였으나, 미군 군사법정은 오히려 라오더리커(饒德立克)에 대해 무죄 판결내렸다.

　미군의 폭행에 대하여 국민당 정부는 본래 관심이 없었고, 이러한 것은 미군으로부터 진 빚을 갚는 것이라고 생각하였다. 그들은 말하기를 "장위원장은 미국을 필요로 한다."고 말하면서 신문과 통신사등에 미군 폭행에 대한 소식을 게재하는 것을 금지시켰고, 심지어는 "술을 마시고 부녀자들을 모욕한 파렴치한 미군에 대해서 술과 여자로 그들의 향수병(鄕愁病, 思鄕病)을 치료하게 하였다"13)고 하였다. 동시에 당국은 미군을 위로하기 위해 대규모의 가수, 무용가, 영화배우 및 각계 부녀들을 동원하여 미군 위로활동을 벌였고, 상해에서 가장 아름다운 건물은 모두 미군이 사용할 수 있게 제공하였다. 1945년 말, 국민당 시정부는 중외황포차(中外黃包車) 시합을 조직하여, 미국 병사들이 중외 미녀들을 끌어들이려고 각축하는 것을 대대적으로 사진과 그림으로 선전하였다.14)

---

13) 方克, 『蔣介石賣國眞相』, p.95.

항일전쟁 승리 때, 상해인민은 모두 "날이 밝았다"라고 웃으며 말하였다. 그러나 몇 시간이 흐르자 약탈자들은 배부르고, 대소 한간들은 고개를 들고 다니고, 물가는 앙등하였으며, 기업은 도산하였고, 상업은 정체되었으며, 모든 시민들을 위한다는 희망은 물거품이 되어 버렸다. 문학가인 샤몐쥰(夏丏尊)은 임종 전에 "승리? 도대체 누가 승리했다는 것인가? 어디서 이런 말이 나왔는가?"15)라고 분노에 찬 말을 남겼다. 몇 백만 명의 상해시민은 마음 한 구석에서 "아직도 날은 밝지 않았다."라고 외치고 있었다.

제3절 범람하는 미국 상품

항일전쟁 승리 후, 미국은 자본을 독점하기 위해 중국을 독점시장화 하였고, 대량의 잉여물자와 상품을 중국에 판매하였다. 어쨌든 미국 물자는 조수와 같이 밀려서 상해를 통해 내지로 흘러 들어갔다.[1] 일위 (日僞)의 약탈에서 회복기에 접어든 상해 공업은 다시 재난을 당하게 되었다.

미국 화물의 판매 과정 중에서 국민당 정권을 잡은 사람들은 매판 의 모습을 드러냈다. 미국 화물의 수입을 편리하게 해 주기 위해 당국 에서는 환율을 가장 낮게 책정하였다. 1946년 3월, 상해의 도매물가는 전쟁 이전에 비해 2,600배나 올랐으나, 법폐와 미 달러의 태환율은 600배만 올라 미화 1달러는 법폐 2,020원이었다. 미국 화물의 원가는 낮고 저렴하였으므로, 이러한 환율과 관세로 인해 수입 후에는 상당한 이득을 챙겼다. 상해 공상계에서는 관세를 높이도록 요구하며 환율을 조정할 것을 요구하였는데, 경제부의 한 관원은 오히려 "보호관세는 좋은 수단이 아니고, 외화 역시 철저하게 낮게 조정할 수 없다. 이러한 것은 우방의 불만을 야기 시킬 수 있다."[2]고 대답하였다. 1946년 4월, 국민당정부는 또 『신공사법』(新公司法)을 반포하였는데, 거기에 규정 된 내용은을 보면 "외국 공사가 중국에서 분공사 즉 지사를 경영할

---

1) 1946년 상해에 수입된 외국 화물은 12,853억원 법폐로 전국 수입가치의 85.33%였다. 그중 60% 이상이 미국 화물이었다. 黃葦, 『美國帝國主義經濟 侵華的一段史實』, 『學術月刊』, 1964년 제12기.
2) 方克, 『蔣介石賣國眞相』, p.83.

때, 그 본국의 모공사(母公司)는 영업을 하지 않아도 된다."는 것이었
다. 이러한 말은 중국에서 외국 회사는 본국에 허구의 "모회사"[母公
司]를 가지고 있으면 중국의 세수를 피할 수 있게 한 것이다. 이로써
이 법규는 실질적으로는 미국이 자본을 독점하여 중국에 서비스하게
한 것으로, 공포된 지 3개월이 채 되지 않아, 상해에 미국 회사의 분점,
지점이 115개나 생겨났는데, 대부분 수출업에 종사하는 것이었다.[3]

동시에 대규모의 재력을 갖춘 관료자본기업이 공개적으로 미국 상
인의 대리를 하게 되었고, 매판이윤을 얻기 위해 미친 듯이 미국 물자
를 판매하였다. 쿵샹시(孔祥熙)의 양자건업공사(揚子建業公司)는 특출
한 한 예이다. 이 회사는 1946년 1월 상해 가릉대루(迦陵大樓)에서 1억
원의 자본으로 사업을 정식 시작하였다. 쿵샹시의 아들인 쿵링칸(孔令
侃)이 이사장 겸 총경리를 맡았고, 대주주로는 두웨성, 판사오쩡(範紹
曾), 뤄칭화(駱淸華) 등이었으며, 남경, 천진, 광주 등 각 대도시에 지사
와 사무소를 설립하였고, 뉴욕과 런던에는 해외 지사가 있었다. 이 회
사는 재력이 상당하였을 뿐만 아니라, 수시로 정부에서 사들이는 가격
으로 중국은행과 중앙은행의 외화를 살 수 있었다. 양자공사의 주요
업무는 미국 화물을 판매하는 것으로, 20개의 영국과 미국의 공장과
독점 경영 계약을 맺었고(1948년에는 62곳으로 늘어남), 수입되는 미
국 화물의 종류는 그 종류를 가리지 않았으나, 가장 많은 것으로는 사
치품으로 한차례에 오스틴(Austin, 奧斯丁) 자동차[4]를 50대, 화장품을
182상자나 구입하였다. 동시에 이 회사에서는 원료를 수출하는 업무도
보았는데, 돼지 털[5], 차(茶)의 수출에서는 단연 두각을 나타내었다. 이

---

3) 方克,『蔣介石賣國眞相』, p.50.
4) 헐버트 오스틴(Herbert Austin)에 의해 설립된 오스틴 모터 컴퍼니(Austin
   Motor Company)가 1905년에 출시한 자동차. 1914년까지 영국자동차 업계
   의 선두 역할을 담당하였다. 1952년에는 보리스에 합병되었고, 1959년 소형
   차 세븐 미니로 인기를 끔. 역자 주.

외에 쑹쯔원(宋子文)의 부중공사(孚中公司), 쑹메이링(宋美齡)과 천나더(陳納德)가 합작한 중미실업공사(中美實業公司), 천치차이(陳其采)의 태평양흥업공사(太平洋興業公司) 등은 모두 미국 화물을 수입하는 것을 기본 업무로 하는 상업 트러스트였다. 심지어 한 관료자본의 공업 기업 역시 매판업무를 겸하고 있었는데, 중방공사(中紡公司)는 상해에서 대량의 멕시코 면포를 판매하는 곳이었으나, 매월 3만 필의 미국 면포를 중경으로 보내 판매하였다.

　대량의 미국 화물이 밀수를 통하여 상해로 들어왔다. 일부 미국인은 연합국선후구제총서(聯合國善後救濟總署, 이하 聯總) 화물은 세관에서 검사를 면제해 준다는 조건을 이용하여 개인적인 화물을 운송하여 들여왔고, 그런 후에 정부에서는 그러한 화물은 사람을 시켜 투기상에게 팔아 버렸다. 당시 해관 총세무사인 미국인 리틀(L. K. Little, 李度)은 이러한 것을 본 체 만 체 하였다. 1946년 9월 4일, 연총(聯總) 380호가 상해에 도착하였을 때, 개인 화물이 8,000건이 함께 있어서, 해관직원에 의해 적발되어 압류되었는데, 리틀이 명령을 내려 통관할 수 있도록 허가해 주었다. 미군 인원의 밀수는 더욱 편리해져, 비행기, 군함 및 관병의 개인 소포 등은 모두 검열을 면제받는 특권을 갖게 되었다. 대량 밀수 상품은 이러한 루트를 통하여 상해로 들어왔다. 1946년 7월, 미 군함 "제퍼슨"(杰佛遜)호는 개인 밀수화물로 지프차와 기계엔진까지 포함하고 있었다. 천나더(陳納德)의 항공운수 대대는 "공중(空中) 황우대(黃牛隊)"란 명칭을 갖고 있었다. A.A.F.라는 인장이 찍힌 미군 군용 소포는 대부분이 양의 머리를 걸어 놓고 개고기를 파는 밀수 우편이었다. 미군의 국제 밀수범 뤄보원(羅勃溫) 형제는 상해에서 향수로 생사(生紗)를 바꿔, 매일 수만 달러 이상의 수입을 벌어 들였다. 관료자본 기업을 통제하는 명문가와 집권자들 역시 밀수의 온상이

---

5) 멧돼지의 뒷 목에 난 길고 거친 털로 솔의 재료로 쓰임. 역자 주.

었는데, 쿵링칸(孔令侃)은 사람을 필리핀에 파견하여 밀수품을 들여왔고, 중앙항공공사 전용기를 이용하였으나, 해관인원은 모두 감히 그 죄를 묻지 못하였다. 밀수된 미국 화물의 수량은 도대체 얼마나 되었는지는 누구도 계산할 수 없다. 그러나 어떤 사람은 해관의 수입화물의 2·3배는 되었다고도 하고, 어떤 사람은 수입화물의 90% 이상이었다고도 하고 있다.[6] 1946년 상해 해관에 적발된 밀수된 미국 화물은 2억7천6백만 원에 달하였다.[7]

물밀 듯이 밀려들어오는 미국 화물은 군수품 이외에 석유, 금속, 기기, 차량, 시멘트, 포필(布匹), 나일론, 복장, 신발과 모자, 담배, 성냥, 통조림, 밀가루, 유제품, 약품, 우비, 양말, 만년필, 담배, 과일, 면화(棉花), 냉장고, 전기난로, 목욕 욕조, 손목시계, 카메라에서부터 향수, 치약, 칫솔, 립스틱, 사탕까지였으며, 심지어는 말린 채소, 소금에 간한 땅콩, 휴지 등등 거의 수입 안하는 것이 없었다. 상해의 대소 거리에는 미국 화물로 가득 찼다. 남경로(南京路)상의 4개의 큰 회사의 80% 이상의 화물이 미국에서 온 화물이었다. 1946년 봄, 상해로 들어온 미국화물이 황포강변에 쌓였는데 마치 산과 같았고, 시 전체에 있던 기중기가 동원되어 이러한 화물을 옮기는데, 약 3개월의 시간이 소요되었다.

미국은 상품을 판매하여 자본을 독점하는 수단이 아주 악랄하였다. 오주대약방(五洲大藥房)에서 생산하는 조제한 약인 화치매제제(化治梅制劑)의 약효가 효험이 있고, 가격 또한 싸서 아주 이름을 날리고 있었다. 미국은 이러한 약품을 시장에서 몰아내기 위해 자본으로 "선후구제"(善後救濟)라는 이름으로, 대량의 이러한 약품과 비슷한 제품인 매불생제제(梅茀生制劑)를 각 의원에 무료로 제공하였다. 이렇게 화치매제제(化治梅制劑)를 시장에서 몰아낸 후, 매불생제제(梅茀生制劑)의

---

6) 『中國近代經濟史』, 下冊, 人民出版社 1978年版, p.148.
7) 黃葦, 『美國帝國主義經濟侵華的一段史實』.

약품 값을 받기 시작하였다. 많은 미국 약품은 국내 판매가 금지된 가짜약품으로 약품 효용의 미달로 해방 후 시위생국의 검사로 거짓 약품임이 증명되었다. 또 일부 사기꾼들은 당시 미국을 두려워하는 심리를 이용하여 대부분의 상품을 "원자"(原子)라는 이름으로 무슨 원자 라이타, 원자 온수대, 원자 후랫쉬, 원자 폭죽, 원자 펜 등이 있었고, "원자 펜은 영원히 사용할 수 있다. 왜냐하면 잉크 안에 원자 요소가 포함되어 있기 때문이다", "원자 후랫쉬의 건전지는 천년을 사용할 수 있다"고 허풍을 떨고 있었다.

많은 투기상인은 미국 화물을 판매하였고, 심지어는 밀수 화물로 갑부가 되었다. 예를 들어 투기상인 주다푸(竺達夫)는 황금 300량을 사시(沙市) 2로(路) 16호(號) 지하의 국수집에서 사들여, 신강연합상장(新康聯合商場)을 설립하고 전문적으로 밀수 화물과 장물(贓物)을 사들였다. 그는 중앙과 결탁하여 사람들은 그곳을 중앙상장(中央商場)이라고 불렀다.

미국 화물의 범람은 상해 공업에 재난성적인 결과를 초래하였다. 항전이 끝난 후, 상해의 공업은 이미 유명무실하게 되었고, 계속해서 국민당의 약탈 피해를 입어 심각한 파괴를 당하였다. 미국 화물의 대량 수입 이후, 많은 공장은 경쟁적으로 도산과 폐업을 하게 되었다. 예를 들어 자원위원회(資源委員會)는 상해에서 종이 공장 15곳을 접수하였고, 그중 7곳을 동시에 공장 가동시켜 완성된 완성품의 값은 26,000원 전후였다. 그러나 오래지 않아, 7,000여 원의 미국 양지가 수입되자 그 중 2곳이 영업을 중지하였고, 이후 많은 공장이 정업을 하게 되었다.[8] 『신화일보』(新華日報)의 보도에 의하면 "1946년 10월까지 상해 636곳의 관료자본 공장 중 이미 566곳(家)인 89%가 도산하였다"고 하였다.[9]

---

8) 陳眞等,『中國近代工業史資料』, 제3집, pp.751~752, 1456.

9) 陳眞等,『中國近代工業史資料』, 제1집, p.185.

관료자본공업은 몰락하거나 아주 미비한 상태를 유지하였고, 민족자
본공업의 경우는 그 피해가 상상을 초월하고 있었다. 항전 후 기형적
인 발전을 보인 제약업 중 300여 곳의 공장은 미국 약품의 수입으로
1946년 말에는 200여 곳이 도산하였고, 규모가 가장 컸던 신아약창
(新亞藥廠) 역시 정업을 하게 되었다. 양말 공장은 원래 240여 곳이었
는데, 미국의 나일론 양말이 들어오면서 172곳이 문을 닫았다. 미국
커닝(克寧)분유, 카네이션 공사(康乃新公司)의 농도가 낮은 우유[淡乳]
가 수입되어 판매되는 가격은 국내 상품의 5분의 1 수준이었고, 시 전
체에 산재해 있던 30여 곳의 갑급(甲級) 우유목장도 10여 곳이나 줄어
들었다. 자본가는 당국에 미국 우유 품목 수입의 제한을 요구하였으
나, 당국자는 "미국 분유는 우리들의 분유에 비하여 좋다. 당신들도 소
를 처분하고 문을 닫기를 바란다."는 대답을 들었다. 목축업자는 거리
에서 시위를 벌였다. 미국 피혁제품이 중국시장을 점거하자, 시 전체
270여 곳의 제혁공장중 1946년 말에는 50여 곳이 문을 닫았고, 그 생
산량은 생산능력의 15%에 불과하였다. 시구(市區)의 8개 대형 밀가루
공장의 공장 가동률은 51.45%였다. 1946년 1~10월 사이 100만 야드
의 미국 나일론(呢絨)이 상해에 운반되어 시 전체 후반기 모방직업의
월생산량이 원래의 3분의 1로 줄어들었다. 시 전체 3곳의 시멘트 공장
중 2곳은 미국의 시멘트에 밀려 도산하였고, 남은 1곳은 반 휴업 상태
였다. 8만 톤의 미국 종이가 운반되어 종이공장은 가동을 중단하게 되
었고, 실력이 비교적 준수한 민풍조지창의 생산품 역시 판로가 없어
활로가 보이지 않았다. 1946년 2월의 조사에 의하면 상해 각 공장의
공장 가동률은 평시의 20%좌우였다. 또 다른 근거로 『해방일보』(解放
日報)의 1946년 10월 18일 보도에 의하면, 이 해의 7월까지 상해의 대
소 민영공장 3,419곳중 도산한 곳이 75%에 달하였고, 그중 면직업 공
장의 정업과 도산이 그 반 이상이있다. 20여 곳의 전화창(電化廠)이

있었는데, 규모가 제법 컸던 천성(天星), 천태(天泰), 이풍(怡豊), 중국
(中國) 등의 공장이 전부 휴업을 하였다. 성냥원료공장 20여 곳은 휴
업을 하거나 다른 업종으로 업종 변경을 하게 되었다. 연말에는 상해
의 실업 노동자가 30만 명에 달하는데, 이는 시 전체 산업노동자 총수
의 40%에 달하였다.[10]

  미국 공업품이 상해에 도착하는 것과 함께 부패 몰락한 미국 자본
주의 문화도 상해에 침투하였다. 항전승리에서 1946년 7월까지 시 전
체에 상영된 영화중 99%가 미국 영화였다. 당시 상해시 사회국 등은
3곳의 일본 영희원(影戱院)을 개조하여 공영극원(公營劇院)으로 만들
었고, 매일 오전 각 학교 학생들을 위해 교육영화를 방영하였는데, 미
국 영화를 더빙한 것이었다. 1945년 8월에서 1949년 5월까지 상해에
수입된 미국 영화는 1,896편이었고, 상해에서 최초로 개봉된 미국 영
화는 1,083편이었다.[11] 이러한 영화는 미국 자산계급의 생활방식과 사
상관념을 선양하는 것으로 일부는 중국을 욕하는 내용도 포함되어 있
었다. 미국 화물과 미국 영화가 상해에서 범람함에 따라 허리에 비수
를 차고 있는 미국 바지가 상해 건달의 전형적인 복장이 되었고, 축소
판 에로소설이 도처에 널려 있었고, 째즈 음악이 한 때 유행하였으며,
미국을 두려워하는 또 미국을 숭배하는 심리가 일반 시민들에 만연하
고 있었다.

---

10) 陳眞等, 『中國近代工業史資料』, 第1輯, pp.167~177; 『上海資本主義工業商
   業的社會主義改造』, pp.25~26; 黃葦, 『美國帝國主義經濟侵華的一段史實』.
11) 『文滙報』, 1950년 11월 8일.

제4절 평화를 외치는 소리

항일전쟁 승리 후, 중국에는 미국과 장제스 반동파의 결탁이 사회의 주요 모순으로 등장하였다. 장제스의 결심은 미국의 지지 하에 대규모 반공·반인민의 내전을 시작하고, 대지주·대자산 계급의 전정(專政)을 건립하는 것이었다. 국민당이 아직 전면 내전 준비가 완성되지 않았을 때, 미국이 파견한 마샬(G. C. Marshall, 馬歇爾)이 중국에 와서, "조처"(調處) 즉 중재라는 미명하에 중국인민에 대한 정치사기를 벌였다.

상해 사람들은 8년 전쟁으로 인해 국내 산업의 공황, 인민의 고통 등으로 열렬히 태평세월을 희구하게 되었다. 중공 상해시위(中共上海市委)에서는 청년학생들을 움직여, 군중성적인 합법 투쟁의 형식을 통과시켰고, 인민들은 미국이 공정하게 내전을 조정하도록 요구하였으며, 이로써 국내의 평화 촉진을 희망하였다. 이로써 상해시 대·중학생들은 마샬 특사 환영대회 준비 조직이 설립되었다.

1945년 12월 20일, 마샬은 미국에서 상해 강만(江灣)비행장에 도착하여 장제스와 허잉친(何應欽)을 대동하고 화무반점(華懋飯店, 현재의 和平飯店)에 투숙하였다. 오후 3시, 상해 4,000여 명의 대·중학생이 중앙농 광장(中央弄廣場, 현재의 中央商場)에 모인 후, 화무반점(華懋飯店)으로 가서 마샬을 방문하고자 하였다. 그러나 국민당 특무는 대오를 해산시키려고 학생을 마구 구타하였으나, 학생들은 폭력을 두려워하지 않고, 현장에서 8명의 폭도를 잡았다. 그들은 마샬에게 정부에서 진행하는 내전을 도와주는 것을 중지하고, 중국주재 미군 철수 등 여섯 개 항목의 요구를 제시한 후, 반내전과 평화 쟁취를 위한 가두시위를 벌였다. 일부 국민당 사병 역시 소리치기를 "중국인은 중국 사람을 때리지 않는다."라는 구호를 외치며, 그들의 행렬에 동참하였다. 이것은 항전 승리 후 상해에서 첫 번째로 일어난 대규모적인 군중 시위활동으로 상해 인민의 내전 반대와 평화요구의 마음속의 바램을 표달한 것이다.

계속해서 각 민주당파들도 반내전 운동에 가입하였다. 1945년 12월 30일, 마쉬룬(馬敍倫) 등은 중국민주촉진회(中國民主促進會, 이하 民促)의 조직을 발기시켰다. 1946년 1월 2일, 민촉(民促)은 제2차 전체회의를 거행하여 마쉬룬(馬敍倫), 엔징웨(嚴景躍), 천이성(陳已生), 린한다(林漢達), 청전둬(鄭振鐸), 왕사오아오(王紹鰲), 저우젠런(周建人) 등 11명을 이사로 선정하였다. 대회에서는 "내전방식으로 정치문제를 해결하는 것을 결사반대한다.", "신속한 민주 정치 실현"을 강조하였고, 아울러 정권개혁, 민주 실현, 내전 정지 등 8개 항의 정치주장을 폈다. 중국민주혁명동맹(中國民主革命同盟, 이하 小民革) 중앙기구 역시 중경에서 상해로 이전하였고, 그 지도자인 왕쿤룬(王昆侖), 쉬바오쥐(許寶駒)는 반내전, 반독재를 요구하며 국민당 내부 와해로 그 반동통치를 자신들의 공작 중점으로 삼고 있었고, 적극적으로 상해 인민의 반내전 행렬에 참여하였다.

1946년 1월, 국민당이 곤명(昆明)에서 1·21(一二一)참안을 일으킨 것에 항의하기 위해, 상해 각계 만여 명의 군중은 13일 빈랑로(檳榔路, 현재의 安遠路) 옥불사(玉佛寺)에서 공개적인 제사를 지냈다. 사찰 내의 대웅보전 위에 이러한 글귀가 걸려 있었다. "흉수가 흉수를 심판하고, 흉수 스스로 자문자답하며 수치를 모른다.", "동포 대 동포, 동포의 피 흘림과 피 눈물이 마음을 아프게 한다."는 등의 글귀였다. 쑹칭링(宋慶齡), 류야즈(柳亞子), 마쉬룬(馬敍倫), 샤쳰리(沙千里), 정전둬(鄭振鐸), 쉬광핑(許廣平), 진중화(金仲華) 등과 회의 참석자들은 중경(重慶)에서 거행되고 있는 정치회의에 전보를 보냈고, 인민 자유의 보

장을 요구하며 민주 연합정부 성립을 요구하였다. 1946년 2월 8일, 민
맹(民盟) 중앙상위(中央常委) 황옌페이(黃炎培)가 민맹을 대표하며 중
국인민구국회(民盟聯絡中國人民救國會), 민주촉진회(民主促進會), 중국
민주건국회(中國民主建國會) 등에게 연락하여 상해에서 연합기구 성립
을 상의하게 되었다. 2일 후, 국민당은 중경에서 교장구(較場口) 사건
이 만들어내게 되었다. 11일, 황옌페이, 샤첸리, 왕사오아오(王紹鰲),
선즈위안(沈志遠)등 40여 명은 긴급회의를 소집하여, 국민당이 정협결
의(政協決議)에 대한 폭행을 성토하고, 상해 문화계의 인원을 동원하
기로 결정하고, 중국보장인민자유위원회(中國保障人民自由委員會) 상
해분회(上海分會)를 조직하였다. 오래지 않아 민맹(民盟) 책임자인 선
쥔루(沈鈞儒) 등이 상해로 들어왔다. 얼마 후, 민주건국회(民主建國會)
및 쓰투메이탕(司徒美堂)[1] 지도하의 중국 홍문민치당(中國洪門民治黨)
과 민생공진회(民生共進會) 역시 상해에 중앙기관을 설립하게 되었다.
　　상해는 상당히 많은 사람을 포용하였는데, 역량이 큰 노동자, 학생
및 각계 애국민주인사와 민주당파 조직이 있었다. 또 상해에는 어떤
부류는 중공 상해시위의 직접 지도를 받았으며, 많은 진보 신문이 여
론을 조성하는 진지가 되었고, 국민당 통치구 평화민주역량 집결의 거
점이었고, 중경에서 평화민주운동을 주도하던 것에서 이제는 상해가
중경을 대신하는 중심으로 자리를 잡았다. 인민과 국민당 정부 간의
모순투쟁의 격화로 국민당은 상해의 통치를 공고히 하려고 온갖 힘을
기울였다. 2월, 국민당은 상해에서 출판되던 3일간지인 『소식』(消息)

---

1) 쓰투메이탕(司徒美堂 1868. 4. 3~1955. 5. 8)의 원명은 司徒美意이고, 字는
　基贊이며, 廣東開平사람으로 1882년 미국으로 건너가 홍문치공당(洪門致公
　堂)에 가입. 1945년 3월 12일 중국홍문치공당(中國洪門致公堂)을 창시함. 항
　일시기 자금을 지원하였고, 1949년 9월초 미국화교 대표로 제1차 중국인민
　정치협상 회의에 참석. 후에 전국인민대표대회 상무위원회 위원을 맡음.
　1955년 5월 8일 뇌일혈로 북경에서 사망함. 역자 주.

지와 영문판 『신화주간』(新華週刊)의 발행을 금지시켰고, 양수포(楊樹浦) 전창(電廠), 홍구(虹口) 영조창(營造廠), 중앙인쇄창(中央印刷廠)의 노동자들은 파업을 하였다. 삼청단(三淸團) 사람들은 일부분 학생을 대동하여 소련의 상해주재 총영사관을 포위하고 반소(反蘇) 시위를 벌였다. 중국공산당은 시 전체의 인민이 이러한 첨예한 대립을 보이는 것에 지도를 해나가고 있었다.

3월 8일, 국제 부녀절(國際婦女節) 당일, 국민당 시정부는 대광명극장(大光明劇場)에서 기념집회를 거행하였는데, 거마비, 다과비의 명목으로 돈을 지급하고 1,000명을 참가 시켰고, 회의장에서는 "삼종사덕"(三從四德), "부녀들은 주방으로 돌아가자"(婦女回到廚房去)등 헛소리를 하자, 회의가 끝나지도 않았는데 이미 반수 이상은 돌아가 버렸다. 중공 상해시위 역시 당일 30,000명의 여자 노동자, 여직원, 여학생을 조직하여 조풍(兆豊)공원2)에서 민주부녀집회(民主婦女集會)의 시위를 벌였다. 시위대오가 경마장에 도착하였을 때, 국민당이 조직한 100여 명의 대오와 맞닥쳤고, 시위대는 그들을 향해 큰 소리로 "부녀자와 언니들이여 사기에 넘어가지 마라!", "집안의 꽃병이 되지 마라!"등을 외치자, 국민당 측의 대오는 순식간에 해산되었다. 3, 4월 사이 상해 각 행업(行業)의 2,000여 개 단위(單位)의 노동자, 직원은 급여의 인상, 대우 향상 등을 요구하기 위해 파업투쟁을 벌였고, 참가한 인원은 15만 명 이상이었다. 이와 동시에 중소자본가 역시 상해에 중국 중소공장연합회를 설립하고 국민당에게 민족공업이 나날이 쇠퇴하는 국면을 개조시켜 달라고 요구하고, 중소공장의 생존 권리를 유지 보호해 달라는 요구를 하였다.

이때부터 중공의 상해지역 역량이 진일보 확대되었다. 4월 중에 류

---

2) 조풍화원(兆豊花園)이라고도 하였고 長寧路780號에 위치하였고, 근대 상해에서는 유명한 조계(租界)공원의 하나로 역사적으로는 極可非爾화원이라고도 불렸으며, 현재의 中山公園이다. 역자 주.

샤오(劉曉)가 연안(延安)에서 상해로 왔다. 오래지 않아, 중공 중앙은 상해국을 설립하고 정부(正副) 서기로 류샤오(劉曉)와 류장성(劉長勝)을 임명하고, 위원으로 류사오원(劉少文)과 첸잉(錢瑛)을 임명하고 상해, 남경, 항주, 무석 및 강절(江浙) 기타 지구의 지하조직을 담당하게 하였다. 5월, 저우언라이(周恩來)가 중공 대표단을 인솔하여 남경에 도착하여 미국과 장제스와 담판을 시도하였다. 대표단은 고려 끝에 많은 정계 요인과 민주 인사들이 거주하는 상해가 공작을 전개하기에 편리하다고 생각하고, 상해 마사남로(馬斯南路) 107호(현재 思南路 73호)에 상해주재 사무소를 설립하고 영문 이름으로 저우언라이 장군저택을 습관적으로 저우언라이 공관으로 불렀고, 관장으로 주화(朱華), 사무소 대변인으로는 천자캉(陳家康)을 두었다. 저우언라이, 동비우(董必武), 덩잉차오(鄧穎超) 및 리웨이한(李維漢)은 매 주 상해에서 공작을 주도하였다. 저우공관(周公館)에 중공 상해공작위원회를 설립하고 화강(華崗)을 서기로, 위원으로는 류닝이(劉寧一), 천자캉(陳家康), 판쯔넨(潘梓年), 샤옌(夏衍), 궁펑(龔澎), 차오관화(喬冠華)와 쉬디신(許滌新)을 두었고, 그들은 평시에는 중공대표단 공작인원의 명의로 공개적인 활동을 전개하고 있었다. 국민당에서 전면 내전을 발동하기 전날, 중공 대표단과 상해국(上海局)은 상해 각계 인사들을 지도하여 반내전 운동의 풍조를 일으켰다.

5월 5일, 중국민주동맹, 구국회, 민주촉진회, 민주건국회, 공상협회 등 53개 단위는 연합하여 상해인민단체연합회를 설립하였고, 마쉬룬, 왕사오아오, 린한다, 쉬광핑, 샤첸리 등 29명은 이사회를 조직하고, 선언문을 발표하였는데, 내용은 내전 중지와 정협결의(政協決議) 실행이었다. 계속해서 연합회에 가입한 단체는 91개에 달하였다. 이 탄생은 상해인민의 단결 일치로 미장(美蔣) 반대투쟁이 새로운 단계에 접어들었나는 것을 표시하는 것이었다. 6월 6일, 중공대표 저우언라이는 공보

(公報)를 발표하고, 국민당은 무조건 정전해야 한다고 강조하고 있었다. 8일, 마쉬룬, 쉬광핑, 후줴원(胡厥文), 바진(巴金), 저우젠런(周建人), 샤첸리(沙千里) 등 164명의 상해 문화계, 실업계 인사들은 연명(聯名)으로 장제스, 마샬, 중국공산당, 민맹(民盟), 청년당과 무당파 대표들에게 서신을 보내 각 방면의 노력을 호소하여, 내전을 정지하도록 요청하였다. 중공은 즉각 답신을 보내 동의를 표시하였다. 마쉬룬, 린한다, 쉬광핑, 저우젠런 등은 『군중』(群衆) 주간에 담화를 발표하고, 평화실현을 독촉하였다. 상해의 청년학생 역시 계속해서 이러한 행동을 이어 나갔다. 16일, 5,000명 학생이 천섬무대(天蟾舞臺)에서 집회를 개최하여, 『호시학생연합기래』(滬市學生聯合起來)의 결의를 통과시켰다. 19일, 상해시 학생은 평화를 쟁취하려는 연합회를 정식으로 설립하였고, 이 회의 구성은 이후에 더욱 확대되어 130여 곳의 대·중학교(大·中學校)가 가담하게 되었다. 연합회는 모든 미군은 중국을 떠날 것과 국민당 정부가 매국으로 번영을 누리는 것을 반대하고, 내전의 영구적 중지를 요구하는 것등의 내용을 제출하였고, 시 전체 학생들에게 반내전 서명운동을 전개하였다. 어쨌든 반내전 서명운동이 상해에서 신속하게 전개되고 있을 때 부녀계에서는 3만 명만이 참가하고 있었다.

장제스는 인민의 성원을 고려하지 않고, 전면 내전을 일으킬 것을 결심하였고, 3개월 만에 공산당을 격파할 것을 공언하였고, 동북 정전은 6월 30일 오후까지로 그 시간 정하였다. 전면 내전은 바로 눈앞에 닥쳤다. 예성타오(葉聖陶), 푸빈란(傅彬然), 구쥔정(顧均正), 저우위통(周予同), 궈사오위(郭紹虞)등은 연명으로 글을 써서 상해시민은 국민당 호전분자(好戰分子)를 견책한다는 내용을 발표하였다. 상해인민단체연합회와 상해학생쟁취화평연합회는 여러 차례 랍도로(拉都路, 현재의 襄陽南路)의 마쉬룬 거처에서 항의에 대한 일을 논의한 후, 상해인민의 화평입경청원단(和平入京請願團)을 연합 발기시키는 것을 결정하였고, 마쉬룬, 쿠이옌팡(蕢延芳), 성피화(盛丕華), 후줴원(胡厥文), 옌바오항(閻寶航), 레이제충(雷潔琼), 우야오쭝(吳耀宗), 장중보(張絅伯), 바오다산(包達三), 천전중(陳震中), 천리푸(陳立夫) 11인을 대표로 남경으로 파견해 청원을 하게 하였고, 북역(北站)에서는 만 여 명의 환송대회가 열리면서 반 내전 대 시위가 거행되었다.

6월 23일 오전, 상해 각계 군중 10만 명은 북 기차역 광장에 모여 성대한 집회가 열렸는데, 이는 상해인민화평청원단(上海人民和平請願團)을 환송하기 위한 것이었다. 대회는 4개 항의 결의를 통과시켰다. 첫째는 즉각 상해인민이 평화연합회를 쟁취한다. 둘째는 전보로 미군의 일률적인 중국 철수를 요구한다. 셋째는 11위 대표가 남경에서의 청원은 오직 성공만을 원하고, 실패를 불허한다. 넷째는 제1부류 대표단이 성공하지 못했을 때, 즉각 제2부류의 대표를 선출하고 필요시에는 군중을 동원하여 남경으로 청원하러 간다는 내용이었다. 대표단이 기차에 올라 출발한 후, 집회군중은 대시위를 벌였다. 10만 명이 소리를 높여 "미국의 중국내정 간섭을 반대한다.", "미국은 즉각 상해주둔 공군을 철수하라"는 구호를 외치고, 전화 노동자는 "내전이 중지되지 않으면, 전화도 잘 걸리지 않을 것이다"라는 팻말을 들고 시위하였다.

상해화평청원단이 기차를 타고 상해를 떠날 때, 대표단은 특무의 감시를 받게 되었다. 기차가 남경 하관(下關) 역에 도착하자, 미리 잠복하던 특무들이 기차에서 내리는 대표단을 구타하여, 마쉬룬, 옌바오항(閻寶航), 레이제충(雷潔琼) 등은 중상을 입었고, 몸에 지니고 있었던 만년필, 시계, 수표 등 모두 강탈당하였다. 대표단을 폭행한 폭도들은 오후 7시부터 밤 12시까지 그들을 감금시켰는데, 이것이 만천하를 놀라게 하였던 하관참안(下關慘案)이었다. 중공과 민맹 대표는 즉각 국민당 당국과 교섭하였다. 펑위샹(馮玉祥), 리지선(李濟深) 등의 노력으로 대표단은 간신히 중앙의원에 입원하게 되었다. 24일 새벽, 저우언라이, 둥비우(董必武), 덩잉차오(鄧穎超)등이 병원을 찾아와 이들을 위로하였다. 저우언라이는 말하기를 "당신들의 피는 헛된 것이 아니다"라고 말하고 미장(美蔣) 두 방면의 대표에게 강렬하게 항의를 하였다. 이러한 사건은 각계 군중에 사실교육이 되었고, 그들은 각오를 다지게 되었다. 마쉬룬은 저우언라이에게 중국의 희망은 당신들의 신상에 달려있다고 말하였다.

하관참안 발생 후, 상해인민은 격분하였고, 각 신문에 항의를 표시하는 글들이 연재되었고, 정부에 강력하게 이러한 흉수를 처벌하라는 요구와 인민의 자유를 보장하라는 요구가 빗발쳤다. 상해시 노동자협회는 대표단을 위로하는 위문편지를 썼고, 시 전체 80만 노동자들의 참가를 호소하였고, 인민대표의 뒤를 잇게 하였다. 타오싱즈(陶行知)은 상해인민단체연합회, 전국화평운동대회의 명의를 빌어 국제반점(國際飯店) 2층에서 외국기자회견을 통해 국민당 특무의 폭행을 폭로하였다. 참안 진상은 6월 25일에 영자신문인 『대미만보』(對美晚報)에 공포된 후, 국제여론의 관심을 끌었다. 우한(吳晗)은 『주보』(周報)에서 『끄나풀 정치를 논함』[論打手政治]이라는 문장을 발표하여 국민당의 "때린 자는 도로 맞는다"(打人者人亦打之)는 글귀로 국민당을 경고하였다. 마인추(馬寅初) 역시 『인민대표를 격려하다』[勉人民代表]를 써서 인민의 분투와 단결을 호소하였다. 각계 군중 역시 분분히 의연금을 모아 청원대표를 위로 하였고, 문회보관(文滙報館)에서는 3일 만에 의연금 100만 원을 거둬들였다.

각계 여론의 강렬한 성원아래, 국민당은 책임을 전가시키기기 위해, 부득불 하관(下關)경찰국장, 남경경찰청장을 근무태만이라는 죄목으로 처벌 명령을 내렸다. 27일, 마쉬룬 등은 마샬과 회견하였고, 대면하여 상해 인민이 그에게 주는 물품, 비망록과 한 척(尺)이 넘는 편지들을 전달하였다. 28일, 쿠이옌팡(黃延芳)이 대표로 장제스와 회담하였는데,

상해인민의 내전반대 요구를 설명하였다. 장제스는 허위로 대답하기를 "이번 담판은 이루어지지 않았으므로, 나 역시 내전을 하지 않겠다. 돌아가서 상해인민들에게 잘 되었다고 하시오."[3]라고 하였다. 그러나 이 시간에 장제스는 중원해방구(中原解放區)를 진공하라는 밀령을 발표하였고, 이것을 시발로 전면 내전의 전화가 불붙게 되었다. 29일, 화평청원단(和平請願團)이 상해로 돌아왔다. 7월 5일, 마오쩌둥(毛澤東), 주더(朱德)는 전보를 마쉬룬에게 "선생 등 대표들이 상해인민을 대신하여 열심히 동분서주하고 있습니다. 그러한 일을 하다 파시스트 폭행을 당하고 호전분자는 인민을 거절하고 있습니다. 중공은 일관적으로 평화민주 방침을 견지하고 전국인민과 함께 내전을 저지할 것과 평화를 쟁취하는 노력을 맹세합니다."라는 서신을 보냈다.[4]

6·23(六二三) 내전 반대 운동은 전후 상해인민 역량을 다시 한 번 느끼게 하는 큰 시험무대였다. 그것은 비록 국민당 내전기기의 작동을 멈추게 할 수 있는 능력을 갖추진 못하였으나, 반동파의 위장평화의 면목을 폭로하여 인민의 정신 교육을 시키는 데 상당한 공헌을 하였다.

7월 이후, 국민당 반동파의 내전 반대 운동의 진압은 더욱 잔혹해졌다. 같은 달 중순, 민주 전사 리궁보(李公朴), 원이두오(聞一多)는 전후로 곤명(昆明)에서 암살당하였다. 타오싱즈(陶行知)는 사방으로 다니면서 반동파의 죄행을 폭로하였다. 특무는 타오싱즈를 다음 대상의 명단에 올려놓았으나, 그는 아무 두려움 없이 "나는 세 번째 총을 기다리고 있다"[5]고 말하였다. 7월 25일, 타오싱즈는 비분이 도를 넘어 애당신촌(愛棠新村)에서 별세하였다. 동시에, 민주인사를 체포 살해하려는 계획과 내전 반대 운동의 음모를 진압하기 위해 CC계 두목인 천리푸

---

3) 李新等, 『中國新民主主義革命時期通史』, 人民出版社 1981年版, 第4卷, p. 54에서 인용.

4) 張承宗, 『解放戰爭時期上海的人民革命運動』에서 인용.

5) 『陶行知一生』, 湖南教育出版社 1984年版, p.23.

(陳立夫)가 상해에 왔다. 이후, 당국은 또 명령을 내려 상해 54가(家) 민영방송국을 폐쇄하였고, 잡지 109종을 압류시켰다.6) 많은 도서공사 (圖書公司), 서점 역시 수색으로 인해 훼손되었다.

그러나 인민은 굴복하지 않았다. 7월 21일, 중화문예협회총회가 상해에서 리원혈안(李聞血案)을 위해 임시 대회를 소집하였다. 극작가 톈한(田漢)은 문예종사자들의 투쟁을 호소하였고, 그는 격앙된 말로 "반동파가 소음제거기 총을 들고 온다해도, 그들을 몰아낼수 있는 것은 중국이여 오라!이다"7)라고 말하였다. 8월, 미장(美蔣)은 국공담판이 소강상태임을 깨닫고, 무력으로 문제를 해결하려는 결심을 하게 되었다. 민맹은 상해에서 기자회견을 열어 정부는 정협결의를 실시하고, 전국내전을 중지하고, 정협회의를 재개하며, 중국분열과 내전을 반대한다는 표시를 하도록 요구하였다. 9월 1일, 저우언라이는 공관(公館)에서 기자회견을 열어 대량의 사실을 열거하면서, 전면파괴의 책임은 전적으로 국민당에 있다고 엄중히 지적하였다. 19일, 저우언라이는 미장(美蔣) 대표와의 담판을 잠시 중단한다는 선포를 하게 되었다.

10월 4일, 상해 각계인사 5,000명이 천섬무대(天蟾舞臺)에서 리궁보(李公朴), 원이두오(聞一多)를 추도하기 위한 공제(公祭)를 거행하였다. 저우언라이, 리지선(李濟深), 궈모뤄(郭沫若), 화강(華崗), 천밍수(陳銘樞), 탄핑산(譚平山) 등 45인으로 대회 주석단이 조성되었고, 시장 우궈전(吳國楨) 및 판궁잔(潘公展), 우카이셴(吳開先), 쉬안톄우(宣鐵吾) 등 핍박인들도 참가하였다. 덩잉차오(鄧穎超)는 저우언라이의 추도사를 대독하면서 "우리는 가장 두터운 신념으로 순국자를 향해 서약합시다. 마음은 죽지 않고, 뜻은 바뀌지 않으며, 평화를 기대하고, 민주를 바라며, 살인자는 반듯이 사라진다."고 하였다. 6~8일, 상해 각계는 정

---

6) 『大公報』, 1946년 8월 31일.
7) 方仲伯, 『李公朴紀念文集』, 雲南人民出版社 1983年版, p.95.

안사(靜安寺)에서 군중(群衆) 공제(公祭)를 또 거행하였다. 이번 대규모의 공제(公祭) 활동은 상해의 각계 인사를 단결시켰고, 고립된 장제스 진영의 모든 잘못과 국민당 죄행을 질책하는 군중운동으로 형성되게 되었다.

내전 반대 운동의 발전과 국내 계급투쟁의 진일보 첨예화되어 중간세력의 분화를 촉진시켰다. 상해 각 민주당파가 중간세력을 대표하였는데, 오랫동안 국공(國共)사이에서 제3의 길을 걷고 있었고, 구미식의 자산계급 민주공화국을 건립하고자 하였다. 그러나 형세의 발전이 그들을 이러한 길을 갈 수 없다는 것을 알게 되었다. 1946년 10월 11일, 국민당 군대는 화북 해방지구(解放地區)인 장가구(張家口)를 어렵게 점령하였고, 장제스는 즉각 단독 국민대회를 소집하였다. 중국 공산당은 결사 제지를 벌였다. 이때, 위국대(僞國大)에 참가여부는 각 민주당파인 모두에 대한 불가피한 선택을 요구하는 것이었다. 청년당은 전체 참가를 결정하였고, 장쥔리(張君勵) 역시 민사당(民社堂)의 일부분 이끌고 장제스에게 충성을 표시하였고,[8] 중간세력의 우익은 결국 반혁명 진영으로 찾아 들었다. 11월 14일, 민맹(民盟) 지도자들이 회의를 열어, 대부분은 위국대(僞國大)에 참가하는 것을 반대하였다. 장제스는 몇 차례 사람을 파견하여 황옌페이(黃炎培)를 유인하였으나, 엄중한 거절을 당하였다. 그러나 황옌페이 등은 이때까지도 여전히 중간도로의 환상을 버리지 못하였다. 11월 24일, 민맹은 남경에서 기자간담회를 개최하여 참가 거절을 선포하였고, 여전히 제3자의 지위를 고수한다고 밝혔다.

12월 25일, 위국대가 폐막되었고, 장이 제정한 헌법을 공포하였으며, 중간파는 더욱 분화되었다. 구국회 책임자인 선쥔루 등은 공개적

---

8) 1946년 8월, 張君勵의 國社黨과 伍憲子의 民主憲政黨 합병으로 民主社會黨이 되었고, 張과 伍는 正副 主席을 차지하였다.

으로 위헌법(僞憲法)을 질책하면서 "반동 전제를 엄호하는 외투", "폐휴지 덩어리"[9]라고 말하였다. 1947년 원단(元旦), 민주건국회, 중국민주촉진회, 구삼학사(九三學社)등 11개 단체는 『문회보』(文滙報)에 연합성명을 발표하고, 위국대(僞國大)와 위헌법을 반대하는 것을 고수하고, 지적하기를 "국민당은 국내외의 사실을 정확히 모르는 사람을 사기 치기 위한 구실이며, 미국에 군사적, 재정적 및 기타 여러 종류의 원조를 받기 위한 것으로, 자기의 통치 지위를 확고히 하기 위해 활용하고, 계속 전쟁을 확대 연장함으로 인민을 죽음의 길로 몰고, 국가를 막다른 길로 보내고 있다."고 지적하였다. 1월 상순(上旬), 민맹은 상해에서 제1계(屆) 2중전회(中全會)를 개최하여 국민당이 거꾸로 역행하고 있다고 인정하고, "수습하기 어려운 국면에 처해있다", 공산당은 "전쟁으로 길들여졌고", 자위를 위협받고 있으나, "전쟁을 통해 점점 강해진다."[10]고 하였고, 적극적으로 민주운동에 참가하고 추동하여야 한다고 결정하였다.

국민당은 단독으로 국민대회를 소집하였고, 저우언라이는 1946년 10월 21일 상해를 떠나 남경[寧]으로 가서 계속 투쟁을 하였다. 중공 상해주재 사무소는 둥비우(董必武)가 지도하였고, 명칭을 연락처로 바꾸었다. 1947년 3월에 이르러서는 전체 인원이 모두 연안(延安)으로 철수하였다.

---

9) 『文滙報』, 1946년 12월 25일.
10) 『中國民主同盟歷史文獻』, pp. 293, 294.

제13장
국민당통치 반대의
두 번째 전략

제1절 악성 통화팽창과 사회경제의 붕괴

일본이 항복하였을 때, 국민당 정부는 9억 달러의 외화와 황금 600만 량(萬兩, 약 4억 달러의 가치)과 강제로 몰수하는 방법을 통하여 일본의 자산(資産) 및 법폐(法幣; 1935년 이후 중국 국민당 정부가 발행한 화폐) 40,000억 원(합계 약 10억 달러)[1]을 수중에 소유하고 있었다. 이러한 거대한 자본이 축적되어 있었다. 장제스는 이 자본으로 내전을 성공적으로 이끌 수 있다고 판단하였고, 이로써 한편으로는 법폐(法幣)를 발행하여 군비를 충당하였고, 다른 한편으로는 대량 황금외화의 투매로 인해 물가가 앙등시켰으며, 이로써 법폐의 가치를 유지시켰다. 그러나 예기치 않게 인민 해방군이 나날이 강대해지자, "3개월 내 타도 공산당"이란 구호를 내걸어 영원히 웃음거리가 되었고, 뿐만 아니라 남경의 황금외화 저축액이 이상하게 빠른 속도로 빠져나가게 되었다. 1947년 2월, 국민당정부가 이미 판매한 외화가 저축 량의 절반이나 되었고, 저축된 황금 역시 60%이상 감소되었다.[2] 이때, 국민당정부는 안정된 화폐 정책을 계속 유지할 수 없었고, 그래서 상해에서는 "황금파동"[黃金潮]이 폭발하였다.

1947년 초, 각지의 거액의 법폐(法幣)가 상해로 모였고, 다투어 외화와 황금을 구입하려 하였고, 그래서 중앙은행의 매도량은 나날이 감소되었다. 황금과 외화의 시가가 갑자기 올랐다. 금값은 1월 6일에는 매 량(每兩)당 35만원(萬元)이던 것이, 2월 8일에는 56만 원으로 올랐

---

1) 『中國近代經濟史』, 하책, p. 182.
2) 楊培新, 『舊中國的通貨膨脹』, pp. 73, 79.

다. 2월 9일, 중앙은행에서는 황금 판매 중지를 선포하였고, 다음날 금
값은 매 량(每兩)에 96만 원으로 되었고, 이로 인해 물가 역시 모두 오
르게 되었다. 2월 16일, 국민당정부는 『경제긴급조시방안』(經濟緊急措
施方案)을 반포하여, 황금 매매와 외화유통을 금지시켰고, 동시에 직공
의 월급을 동결하고, 물가에 대한 상승 제한선을 실시하였다. 실질적
으로 이러한 정책의 시행은 악성적으로 팽창하고 있는 법폐의 화폐가
치를 유지시키려는 의도에서였다.

황금파동[黃金潮]과 『경제긴급조시방안』(經濟緊急措施方案)의 출현
은 국통구(國統區)의 정치경제의 위기가 첨예하게 돌출된 것이고, 법
폐가 붕괴 단계에 있다는 것을 나타내 주는 표지이다. 이후, 통화팽창
의 속도는 걷잡을 수 없는 속도로 발전하게 되었다. 1947년 말, 법폐
의 총 발행량은 331,885억 원(億元)이었고, 1948년 8월에는 더욱 증가
하여 6,636,946억 원(億元)으로 2년 8개월 사이에 63배가 증가하였다.
그 결과 시장물가의 상승을 유발시켰다. 1946년 상해 물가지수는 거의
7.7배가 올랐다. 1947년에는 물가가 6차례나 폭등하였고, 전년 물가지
수에 비해 14.7배가 올랐다.[3] 이후, 이러한 급속한 가격 상승은 나날
이 줄어들었다. 1947년 11월, 국민당에서는 『경제감난급요조시』(經濟
勘亂急要措施)를 실시하고, 전면적으로 금융과 물자를 관리하게 되었
다. 금융방면에서는 자금의 대출을 금지시키고, 전당포 등의 금융기관
을 조사하였으며, 수지가 확실치 않은 곳은 어음을 폐기시켰다. 물자
관리방면에서는 창고를 수사하여, 매점하여 쌀, 포(布), 기름, 소금, 석

---

3) 『中國物價史』, p.432; 『大衆晩報』 1947年 7月 30日의 자료에 의하면 100元
   의 法幣로 살 수 있는 물건이 시기별로 다르게 나타나고 있다. 1937년에는
   소 두 마리, 1938년에는 소 한 마리와 송아지 한 마리, 1939년에는 소 한 마
   리, 1940년에는 송아지 한 마리, 1941년에는 돼지 한 마리, 1942년에는 햄
   하나, 1943년에는 암탉 1마리, 1944년에는 암탉 한 마리, 1945년에는 생선
   한 마리, 1946년에는 계란 한 개, 1947년에는 조개탄 1개 혹은 꽈배기 3분의
   1개, 1948년에는 쌀알 4톨에 불과하였다. 역자 주.

탄 등 중요 물자를 독점하고 있는 것을 단속하였다. 통화팽창으로 인해 민족자본공상업의 운명은 아주 위험한 지경에 이르렀고, 나날이 폐업 정리되었다. 국민당은 공상업에 대해 가혹한 세금을 부과하였고, 이로써 민족기업은 그 부담을 극복할 수 없었다. 당시 공상계가 부담하였던 세금으로는 영업세(營業稅), 영업간판세[營業招牌稅], 인화세(印花稅), 통세(統稅), 영리소득세(盈利所得稅), 특별이득세(特別利得稅), 임대소득세[租賃所得稅], 재산출매세(財産出賣稅), 상장영업세(商場營業稅), 거리좌판영업세[馬路攤販營業稅], 공공시장세(公共市場稅), 교역세(交易稅), 오락세[娛樂捐], 잔치세[筵席捐] 등등 명목이 잡다한 것 뿐 아니라, 세액 또한 과중하였다. 예를 들어 항풍사창(恒豊紗廠)은 1946년에는 영업이익이 4억2천9백만 원이었는데, 세법에 따라 납부해야할 소득세가 9,000만 원이었다. 그러나 1947년 봄에 기부금이 분담되었는데, 분담금이 30억 원(億元)으로 세액이 자본 총액의 3배에 달했다. 몇 차례의 교섭 끝에 9억 천만 원에 합의를 보았다. 이 시기의 화폐가치가 절하되어, 공장은 이익을 남겼으나, 국민당이 무정하게 빼앗아 갔다. 각종 세액은 보통 모두 올랐으며, 소득세는 수직 상승하였고, 면사통세(棉紗統稅) 역시 7%에서 10%로 증가하였다. 이러한 증세(重稅) 이외에, 또 각종 명목으로의 분담금이 기업들을 압박하고 있었다. 항풍사창(恒豊紗廠)은 1947년 달러 공채(公債) 12만원을, 1948년에는 달러 국고채권 5,000원을, 구제특연(救濟特捐) 34억 원[4]을 분담받았다. 국민당 각급 관리들의 탐욕과 뇌물 수수 등의 풍조가 만연하여, 감사를 할 경우 술값을 받고, 계약을 할 때는 수속비를, 접대가 소홀할 때는 횡포하게 행동하여 그 정도가 가벼운 사람은 자본을 침식하였고, 무거운 사람은 집안이 망하고 사람도 죽어나갔다.

　국민당의 이러한 반동 경제정책의 잔악함 아래에서, 상해 민족자본

---

4) 『恒豊紗廠的發生, 發展與改造』, p.108.

주의 공상업은 속이 빈 강정과 같은 상태의 전대미문(前代未聞)의 어려움에 빠졌다.

1946년과 1947년 상반년에, 많은 업계에서 미국 상품에 의해 도산되었으나, 일부 공업부문 즉, 방직업(紡織業), 고무[橡膠, 생고무], 성냥[火柴], 붓 제조, 도자기 유약업[搪瓷]등의 업계와 혹은 미국 상품의 압박의 틈을 타서, 혹은 어떤 특수 조건을 빌려, 물가 상승의 추세를 이용하여, 서로 다른 정도의 발전을 가져왔다. 예를 들어 면사(棉紗)와 면포(棉布)는 물가 상승으로 인해 나날이 이러한 것에 대한 투기와 매점이 중요한 대상으로 부상하였다. 또 미국 면(棉)이 범람하여 원료공급이 증가하였고, 이러한 연유로 방직업이 잠시 발전하게 되었다. 1946년, 전체 업계에 있던 사정(紗錠)이 1,196,507매(枚)에 달하였고, 면사 생산은 419,331건(件)이었다. 또 같은 형태로 각지에서 대량의 타이어 수요로 인해 고무 공업이 증가하여, 대중화상교창(大中華橡膠廠)의 생산량이 수직상승하였다. 따라서 상해와 외지의 교통이 점차 회복되었고, 민영 선박이 1947년에는 이미 900척이나 되었고, 적재량도 50여 만 톤이나 되었다. 민영화물 수송화물차 역시 1945년 말에는 1,100여 량(輛)에서 1947년에는 2,600량(輛)으로 늘어났다. 가장 빠르게 발전한 것은 투기적인 상업자본, 은행자본 및 사치성의 소비업계이었다. 이러한 업체는 일제하의 기형적으로 번영업체들로써 물가가 팽창하고 시장의 투기가 성행하자, 돈 있는 사람들의 사치 낭비풍조와 얽혀 더욱 기승을 부렸다. 1946년 중국자본수출행[華資進口行]은 폭리를 취해 급속히 발전하였고, 이후 점포 수가 1,621개[5]로 증가되었다. 1947년, 시(市) 전체의 술집이 750곳이었는데, 그중 십대주가(十大酒家)의 영업액은 시(市) 전체의 술집 매상총액의 30%를 차지했다. 시 전체에는 436곳의 여관이 있었고, 그중 36곳의 대형 여관이 총영업액

---

5) 華洪濤, 「解放戰爭時期上海華資民營進口行的暴興暴衰」, 『上海地方史料』(三).

의 20~30%를 차지하고 있었다. 이러한 관계로 금융 투기의 은행과 전장(錢庄)이 한 배 이상 증가하였다. 기타 보석, 골동품[古玩], 장식품, 금은방[銀樓;예전의 금은방], 삼연은이(參燕銀耳; 인삼, 제비, 흰 목이버섯), 유행하는 복장[時裝] 등 사치 소비적인 상점 및 무도장(舞跳場), 서장(書場; 옛날 사람들을 모아놓고, 만담, 야담, 재담을 들려주는 장소), 극원(劇院)등 오락장소 역시 전대미문의 번영을 누렸다.

그러나 1947년 후 반년, 일부 대기업은 원료의 가격 상승 및 판매지역의 내전(內戰) 영향으로 판로가 나날이 축소되었으며, 이로 인해 완제품의 재고가 쌓이고, 자금이 회전되지 않아 변통이 어렵게 되었다. 이러한 항전 후의 상황은 각계에 좋지 않은 영향을 주었고, 심지어 중소기업은 더욱 심한 곤란에 빠졌다. 예를 들어 제약업(制約業)은 1948년에 약 70%의 공장이 정지되거나 폐쇄되었고, 반 휴업 상태가 되었다. 면분업(面粉業)은 1947년 한 해 생산량(生產量)이 생산능력의 25%만을 생산하였고, 그중 복신 계열 그룹[福新系統]의 1947년의 밀가루 생산량은 1937년의 54.6%에 불과하였다.6) 권련업은 세액의 격증으로 인해, 시(市) 전체의 84개 공장이 1947년 중에 20여 개소가 생산을 중단하였고, 나머지는 생산량을 감소하였다. 한 차례 생산을 중단하였던 상해 시멘트회사는 1947년 3월에 다시 생산을 가동하였으나, 생산량이 1936년도의 16%에 지나지 않았고, 1948년에는 1936년도 생산량의 44%였다7). 기기(機器)공업은 1945년 후 매년 평균 새롭게 건설되는 곳이 2곳에 불과하였다. 석창기기창(錫昌機器廠)은 업무가 불경기라서, 새로운 기기(機器)를 만들 목재를 불쏘시개로 이용해 밥을 지었고, 장만흥기기창(張萬興機器廠)은 원료수출로 난국을 타개해가고 있었으며, 대화기기창(大華機器廠) 등은 시(市)의 선박을 수리하는 것을 하청 받

---

6) 『榮家企業史料』, 下册, p.776.
7) 『劉鴻生企業史料』, 下册, p.264.

아 유지하고 있었다. 삼오패(三五牌)의 통반(筒扳; 술잔)으로 창업하였던 장유기기창(張裕機器廠)은 미국에서 같은 상품의 판매가가 낮아지자, 그 영향으로 생산을 중지하게 되었다. 상해의 900여 가(家)의 민영기기공창(民營機器鐵工廠)의 작업률은 30%정도였다[8]. 전후에는 약간 발전하는 업체도 생겼으나, 이때 빈번하게 생산이 정지되거나, 생산량을 줄이거나 일시 휴업상태를 유지하곤 하였다. 면방직업(棉紡織業)은 1945년 5월에, 면사(棉紗) 생산량이 396,164건으로 감소되었다. 1947년에는 면사 생산량이 598,977건이었다. 1936년과 비교하여 신신계열 그룹[申新系統]은 1947년의 포기(布機)가 30%감소하였고, 포(布) 생산량은 19.7%에서 10.8%로 각각 떨어졌다. 고무공업은 정부의 고무공업의 육성으로 인해, 표면적인 번영만을 가져왔다. 47개 고무공장의 통계에 의하면, 1948년 8~10월의 생산량과 전년 동일 시기 비교를 보면, 풀로 붙인 신발은 33% 떨어졌고, 인력거 바퀴의 생산은 20%, 테이프[膠帶]는 14% 하강하였다. 도자기 유약업[搪瓷], 성냥 등의 업(業)이 유리한 조건을 상실해 급격한 어려움을 보이고 있었다.

공업은 위기에 처해있었고, 상업 역시 현상유지하기도 힘든 상태였다. 이러한 이유로 정부는 외화[外滙]의 고갈을 막기 위해 수입을 제한시키자, 환율이 상승하였으며, 이러한 상태는 공업의 쇠퇴를 가속화시켰고, 원료의 적체 등으로 1947년 상해화상 수입무역(上海華商進口貿易)은 급속한 감소를 보였다. 또 1948년 초까지 수입상의 대부분이 결재를 하지 못해, 잇달아 휴업을 하고 있는 상태가 되었다. 영안공사(永安公司)가 수입한 외국 화물은 매년 줄어들었고, 1948년에는 수입은 거의 없고, 오직 상해 각 양행(洋行)의 물건을 전매하는 것이었다. 이 한 해 동안 구중국(舊中國)의 규모가 큰 백화점들의 손실 합계는 약 2조 3,875억 원의 손해[9]를 보았으나 이러한 손실은 표면적인 것이었다.

---

8) 民國三十七年 『上海市年鑑』, N, p.1.

상해의 은전업(銀錢業)은 통화팽창에 의해 더욱 악화되었고, 금융투기는 더욱 극성을 부렸으며, 이율은 백배나 되어 사람들은 모두 다투어 투기를 하였으며, 이로 인해 화폐자본이 대량 증가하였다. 새로 개업한 은행과 전장(錢庄)은 부단히 발전하였고, 1947년에는 은전업에 예금되어 있는 액수가 증가되었다. 그러나 화폐의 액면 가치는 떨어졌고, 적지 않은 개인이 영업하는 은행, 전장(錢庄)은 겉으로는 이익을 남겼으나, 실질적으로는 손해를 보고 있었다. 전체 민족자본금융업은 명백하게 나날이 쇠퇴하는 추세였다. 이렇게 금융풍조 기복이 심한 때에, 일부 자금은 국민당정부의 반동정책의 희생물이 되었다.[10] 황금기가 발생하였을 때, 상해은행업 상호(商號)들은 수 백 곳이 영업을 중지하였다. 1948년 상반기에는 투기의 실패로 인해 혹은 업무경영의 부실로 인해, 정화(正和), 파천(巴川), 강해(江海) 등 은행과 익대창(益大昶) 등의 전장(錢庄)이 연쇄적으로 영업을 중지하게 되었다. 이후 금융의 어두운 국면은 자주 발생하자, 각 행장(行庄)은 많은 위험부담을 느껴 경영에 두려움을 느꼈다.

항전(抗戰) 승리 후, 상해 자본가의 대부분은 후방에서 다시 상해로 돌아왔다. 그들은 다시 새롭게 정비할 마음을 품고, 국민당 정부의 개명한 정책에 희망을 품고, 그들에게 충분한 자본주의 실업의 발전을 가져다 줄 것이라고 생각하였다. 그러나 국민당 정부의 역행으로 그들은 아주 큰 실망을 하게 되었다. 그들은 국민당 정부를 방치하지 않았고, 더욱이 미국의 환상을 버리지 못하였고, 미국과 연합하여 중국의

9) 『上海永安公司的産生,發展和改造』, p.224.
10) 1946년 4월, 宋子文이 전전(戰前)에 統一公債에 대한 우대와 원금상환이라는 소식이 있은 후, 공채는 그 액면가의 80배나 올랐다. 국민당은 이 기회에 대량의 공채를 판매해 현금을 수거하였다. 그러나 원금상환에 宋子文이 선포하기를 전전 공채에 대하여 액면가격에 상응하는 원금만을 돌려준다고 발표하였다. 이러한 무책임한 정책으로 상해의 銀錢業에서는 法幣 1,500억 원의 손해를 보게 되었다. 이로 인해 그 해 6월, 십 여 개의 행장(行庄)이 도산하였다.

독립적인 민족자본주의 경제의 발전을 믿었으며, 자산계급공화국 건립을 이상화하는 실현을 도와줄 것으로 그들은 믿었다. 이러한 방면에서 대자본가인 류홍성(劉鴻生)은 전형적인 인물이었다. "그가 관료자본의 착취와 압박을 겪고 나서, '나는 이미 그들을 꿰뚫어 보고 있다'"라는 원한 맺힌 말을 하였다. "'그러나 한편으로는 자본주의의 대기업가로 나가려고 하였고, 재산을 사대가족의 주변에 투자를 하였고, 뿐만 아니라 주의력은 동맹군이 미군에게 집중하였다'11)라고 하면서 "그들은 제국주의에 대해 '두렵고, 원망하여, 한편으로는 숭배한다.'"12)고 힐난하였다. 그러나 1947년 하반기, 상해 자산계급의 정치태도는 역사성이 있었고, 심각한 변화를 가져왔고, 이러한 변화는 두 가지 주요한 인소를 지니고 있다.

하나는 국민당정부의 통화남발, 폭정, 물가의 폭등, 백성의 생활고, 상해 상공업의 파산과 도산의 광풍이 나날이 험해졌고, 이전에 없던 위기에 빠지게 되었다. 국민당은 시민들의 금전을 약탈하기 위해 심지어 야비한 수단까지 이용하였다. 신신기업관리처(申新企業管理處)의 총경리(總經理) 룽더성(榮德生)은 금전을 요구하는 인질사건[綁票事件]에 억류되는 전형적인 예였다. 1946년 봄, 룽더성(榮德生)이 고은로(高恩路, 현재의 高安路)에서 피랍되는데, 룽가(榮家)에서는 몸값으로 60만 달러를 지불하자, 룽더성(榮德生)은 살아서 돌아올 수 있었다. 이 사건의 전모가 드러난 후, 8명의 범인들은 사형에 처해졌으나, 주범인 군통특무(軍統特務)는 오히려 법을 어기고도 법의 제재를 받지 않고 자유롭게 행동하였다. 결국 룽가(榮家)는 12만 달러만을 되돌려 받았다. 그러나 이튿날 경비사령부(警備司令部)에서는 신신총공사(申新總公司) 사건을 해결한데에 대한 상금을 요구하여, 돌려받았던 12만 달러를 협박

---

11) 劉念智, 「實業家劉鴻生傳略」, 『文史資料出版社』, 1982年版, p.99
12) 劉鴻生, 「爲什麼我擁護共産黨」, 『新聞日報』, 1956年 10月 4日.

하여 모두 가지고 갔고, 거꾸로 10만 달러 이상을 더 요구하였다. 국민당 군정요원의 구원금 요청의 전화와 전보가 쇄도하였고, 국민당 중앙위원도 친히 룽가(榮家)의 회사를 찾아가 자금을 빌려 달라는 말을 하였다. 이러저러한 연유로 룽가(榮家)의 많은 자산이 이러한 상태에서 빼앗기게 되었다. 인질사건의 여파는 약 반년동안이나 남아있다. 이러한 상황 하에서 상해 공상계의 사람들은 아무 말도 할 수 없었고, 이러한 일로 인해 평안한 시기가 왔다고 하던 시민들은, 국민당 정부에 대한 분노와 불만이 나날이 심해졌다.

다른 하나는 1947년 후반기 중국 혁명과 반혁명 역량의 대치상태가 질적인 변화를 보이게 되었고, 중국 인민해방군은 방어적인 차원에서 진공을 시작하였으며, 국민당측은 더욱 민주당파를 압박하였다. 역사적으로 증명이 되었듯이, 중간층은 이미 존재하지 않았다. 중국 공산당의 단결과 쟁취와 교육아래에서, 또 각계 민중혁명 행동의 촉진아래에서 상해의 대부분의 공상업자들은 인민혁명을 선택하는 방향으로의 방향 전환이 있었고, 적극적으로 미국과 장제스의 통치를 반대하는데 적극 참여하게 되었다. 이러한 것은 국민당 통치에 반대하였던 또 다른 노선으로 중요한 한 부분의 조직을 담당하였다.

제2절 생존 쟁취의 풍조

상해 경제의 위기가 더욱 심각해짐에 따라, 시민의 생활 상태는 나날이 악화되었다. 생존을 쟁취하기 위해서 그들은 중국공산당 지하조직의 추동과 지도하에 점점 국민당 통치에 반항하는 투쟁을 벌이게 되었다.

1946년 봄, 물가는 계속 뛰었고, 학비 역시 따라서 올랐다. 중학교 학비는 20,000원(元)에 달하였고, 대학은 45,000원(元)으로 당시 일반 노동자가 부담할 수 있는 능력을 상당히 초과한 상태이었으므로, 많은 학생들이 학업을 중단해야 하는 위기에 처해있었다. 중공지하학위(中共地下學委)에서는 학비를 보조하기 위한 투쟁을 시작하였다. 1월 하순, 상해시(上海市) 학생(學生) 조학연합회(助學聯合會 이하 助學聯; 학생들이 학업을 지속할 수 있도록 도와주는 연합회)를 설립하였고, 참여 학교는 98개소의 학교였다. 국민당 정부는 조학(助學) 활동이 그들의 통치 활동에 장애를 초래할 것으로 생각하여, 조학연(助學聯) 설립의 비준을 거절하였고, 아울러 사회국(社會局), 경찰국(警察局)에 명령하여 선생과 학생이 거리에서 조학운동(助學運動)을 벌이는 것을 금지시키도록 하였다. 그러나 조학연(助學聯)은 금지명령을 듣지 않고, 대대적인 선전으로 각계인사들의 지지를 얻었다. 마쉬룬(馬敍倫) 등은 신문에 기사를 실어 학생들의 학비 지원을 호소하였다. 어떤 대학교수는 분노와 질책이 섞인 투로 말하기를, "중국의 사회는 이미 스님이 동냥하는 것을 허락하고 있고, 심지어 장톈스(張天師)[1]의 부적 등 이

---

1) 張天師는 天師道를 창시한 張道陵(34年2月22日~156年)을 지칭하는 것임. 역자 주.

러한 문란한 것들도 허락하고 있는데, 어찌 학생들의 학업을 돕는 것
은 안 된다는 것인가?"[2]라며, 각계의 도움을 요청하였다. 각계의 원조
아래, 2월 5과 6일에 3,000개의 모금 소대(小隊)에서 "학비 2, 3만 원
에 학업 포기자 약 만 명. 새로운 중국을 위해 모두 의연금을 내도록
노력하자"란 표어를 높이 들고, 큰 거리, 작은 거리를 누비고 다녀 30
만 매(枚)의 조학장(助學章)을 판매하여, 8,389만 원을 모금하여, 학업
포기 학생들을 도와주었다.

학생들을 학업중단의 위기에서 구해내고 있었는데, 교사들의 상황은
더욱 열악하였다. 전후 교사의 급여는 아주 박봉(薄俸)이었다. 타오싱
즈(陶行知)는 자작시를 지었는데 "사람들은 나를 훈장이라고 부르는
데, 생활은 부엌데기만도 못하였고, 이러한 상황 하에서 아이까지 데
리고 있으니, 배불리 먹지도 못하고, 죽지도 못하고 있다."라고 당시
자신의 상황을 언급하였다. 3월에는 교사 자신들이 대우(待遇)를 높이
기 위해서 상해중학 교사들은 처우 개선을 주장하면서 강의하기를 거
부하였다. 시장(市長) 첸다쥔(錢大鈞)은 이러한 것은 상해시의 "치욕"
이라고 질책하였다. 교사들의 어려움을 해결해 주기 위해서, 많은 학
생들이 존경하는 스승들을 위한 모금운동을 벌였다. 5월 27과 28일,
159개 소의 학교에서 2만 여 명의 학생들이 거리에서 모금을 하여 약
2억 원을 모금하였다. 사회각계에서도 역시 잇단 모금 행동을 벌여 메
이란팡(梅蘭芳), 저우신팡(周信芳) 등이 강연을 담당하였고, 공상계(工
商界)에서도 싼 값에 물품을 판매한 대금으로 교사들의 처우개선에 지
지하는 투쟁을 벌였다.

물가의 폭락으로 학생과 교사들의 생활수준만이 떨어진 것이 아니
라, 기타 시민들의 난방과 식생활에도 나날이 궁색해졌다. 그들은 큰
회사, 큰 상점에서 물건을 구입할 수 없어, 잇달아 낡은 옛 물건들을

---

2)『上海學生運動史(1945~1949)』, 上海人民出版社 1983年版, p.37.에서 인용.

사는 등 생활양상에도 변화가 보였다. 그러나 길에서 파는 물품들은 모두 밀수로 들어온 미국물건과 탐관오리들이 일위(日僞) 물자와 파산 공장의 물건들, 상점에서 재고로 안 팔렸던 물건들, 가정에서 사용하던 중고물품 등 품종이 다양하였고, 가격 또한 저렴하여 일상생활에 필요한 것은 모두 갖추고 있었다. 거리에서 판매(攤販業; 노점상)하는 사람들은 도처로 다니면서 팔았으며 판매는 잘되었다. 보통 상점은 이러한 거리에서 판매하는 사람들과 경쟁을 할 수 없었다. 1946년 후반기에는 시(市) 전체에 이렇게 거리에서 판매를 하여 생계를 유지하는 사람이 약 40만 명에 달하였다. 이렇게 거리에서 물건을 판매하는 사람들의 자본금은 보통 상점의 그것을 초과하였다. 이러한 노점상의 물품 판매는 이전에 볼 수 없었던 호황을 누렸고, 상해인민의 생활 중에서 하나의 필수불가결한 중요한 업종이 되었다.

그러나 국민당 정부는 이러한 노점상업[攤販業]의 번영은 오히려 그들의 통치에 저해가 된다고 생각하고 있었다. 첫째는 노점상이 아침저녁으로 이동되기 때문에 영업세, 소득세 및 기타 세제를 피할 수 있다는 것이다. 둘째는 노점상은 조직이 없어, 제재하기가 어려웠고, 관료자본의 경제체제에 불이익을 초래한다는 것이다. 당시 각 지역의 야채시장에서 노점상을 하는 사람들끼리 서로 돕는 조직[各區榮暢攤販同人助會]이 생겼고, 읍묘예원(邑廟豫園)에는 노점연의회[攤販聯宜會]가, 극원(劇院) 음식물품 탄판동인호조회(攤販同人互助會) 및 영화관 음식품노점동인호조회[飮食品攤販同人互助會] 등 4개의 조직이 생겼으나, 그들은 모두 개인적인 단위로 서로 돕고 편의를 위해 생긴 것으로 동업조합[同業公會] 법령의 적용을 받지는 않았다. 그러므로 일찍이 1945년 말, 시정부(市政府)에서는 "시(市) 환경 방해", "교통 방해" 및 "상점의 정상영업에 대한 영향"이라는 구실로, 황포(黃浦), 노갑(老閘) 두 곳 등 8개 도로에서는 노점상(攤販)의 영업을 제한시키고 있었다.

1946년 7월, 당국은 더 나아가서 두 곳에서의 노점 영업을 금지시켰으며, 경찰국에 8, 9, 10월 3개월 내에 모든 노점에 대한 조사를 명령하였다. 8월부터 경찰은 노점업자를 체포, 구금을 시작하였다. 노점업자들은 참을 수 없게 되었고, 공산당원의 지도하에서 반항을 하게 되었다. 같은 달 하순, 황포구(黃浦區) 8개 도로의 노점업자[攤販業者]들은 왕전쉬안(王振煊, 中共黨員), 위칭탕(余慶堂) 등은 선출하여, 16인으로 조성된 황포구 노점위원회[攤販委員會]를 설립하고, 생존권에 대한 권리를 주장하였다. 28일, 15,000명의 노점업 종사자들은 상해시 노점상인 임시 청원단이란 큰 깃발을 들고 시정부(市政府)에 청원을 하러갔다. 그러나 아무런 결과도 얻지 못하였다. 9월, 황포구 노점위원회의 16명 대표가 연명(聯名)을 하여 시정부(市政府)에 3가지 요구조건을 제시하였다. 첫째는 노점상 철회 명령의 철수, 둘째는 구류 중에 있는 노점업자들의 석방, 셋째는 몰수한 자산을 돌려 달라는 것이다. 그러나 당국은 이러한 것을 아랑곳하지 않았다. 11월 중순, 당국의 노점상에 대한 체포와 구금의 방법이 더욱 심해졌으며, 경찰이 우연히 노점을 만나게 되어도, 사람을 체포하고 그 물건들을 모두 경찰국으로 가지고 갔다. 같은 달 하순, 구금된 노점상은 이미 천 명 이상이 되었다. 추운 겨울이 되자, 구치소의 노점상들은 기아와 추위에 고생을 하였고, 경찰국에서는 오히려 그 가족들의 면회나 사식을 넣어주는 것조차도 금지하였다. 많은 사람들이 죽음을 눈앞에 둔 상태가 되었다.

당국의 박해로 많은 노점상 및 그 가족들은 강렬히 분개하였다. 11월 30일 오전, 3,000여 노점상[攤販]과 구금되어 있는 사람들의 가족들이 황포경찰분국(黃浦警察分局)을 포위하고, 구금되어 있는 사람들의 즉각 석방을 요구하고 나섰다. 시정부는 즉각 대규모의 헌경(憲警)과 소방대를 파견하여, 고압의 소방수로 군중을 해산시켰고, 30명 이상의 사람을 체포하기에 이르렀다. 군중은 더욱 분노하여, 돌을 던지며 공격하였고,

양측은 오후 5시까지 서로 대치하였다. 이러한 후, 군중은 몇 개의 무리로 나뉘어 거리에서 경찰국의 만행에 대한 시위를 벌였다. 당시 시위대 한 무리가 복건로(福建路), 금릉로(金陵路)의 고생대지점(高生大紙店)을 지날 때, 어떤 사람이 위에서 끓는 물을 부어, 분노한 노점상들이 그 상점을 훼손하였다. 12월 1일, 우귀전(吳國楨)은 시(市) 전체에 계엄을 선포하였다. 그러나 성난 군중들은 두려워하지도 않았고, 5,000명의 노점상이 다시 황포(黃浦)와 노갑경찰분국(老閘警察分局)을 포위하였고, 돌과 대나무를 들고 경찰과 대치하였다. 시정부는 시 전체에 있던 헌경(憲警)에게 총을 쏘아 시위대를 진압하라고 하여 많은 사람이 부상을 당하고, 93명이 체포되었다.

노점상 박해에 대한 반대 투쟁은 전 상해시를 진동시켰다. 12월 1일, 많은 버스와 전차가 운행을 중단하였고, 대부분의 상점 및 사대공사(四大公司)3)는 일제히 영업을 중지하였다. 청년학생은 주요 도로에서 전단을 뿌리고 노점상들의 정의로운 투쟁에 지지와 동참을 호소하였다. 사람들은 "미군 지프차가 사람을 다치게 하고, 도로위에 얼어 죽은 난민들이 노점상에 비해 더욱 도시 미관을 해치고 있는 것이 아닌가?"라고 반문하며 국민당에 저항을 드러냈다. 아울러 일부 외국 신문들도 이 사건은 "응당히 정부가 책임을 져야 한다."4)라 논설을 게재하였다. 시민들의 압력아래에서, 시정부(市政府)는 부득불 노점상 단속 명령을 철회하였고, 구금되었던 노점상을 석방시켰다. 경찰국장(警察局長) 쉬

---

3) 사대공사(四大公司)란 1917년 남경로(南京路) 절강로(浙江路)의 서북쪽 코너에 있던 상해 최초의 백화점이었던 선시공사(先施公司), 그리고 남경로(南京路)와 절강로(浙江路)의 서남모퉁이에 세워져 1918년부터 영업을 시작한 영안공사(永安公司), 1926년부터 남경로(南京路)에서 "日日新又日新"이라는 의미로 이름지어진 신신공사(新新公司), 끝으로 남경로(南京路)와 서장로(西藏路) 입구에 설립되어 1936년부터 영업을 시작한 대신공사(大新公司)이다. 이 4개 회사는 모두 백화점이다. 역자 주.

4) 『解放日報』, 1946년 12월 5일.

안테우(宣鐵吾) 역시 강압적 수단으로 인해 상해(傷害) 받은 사람들 문제에 대해 공개적인 사과를 하였고, 아울러 황포경찰분국(黃浦警察分局) 국장(局長) 두춘(杜醇)을 해임시켰다. 노점상 투쟁의 승리는 상해 인민의 반항정신을 진일보 고무시키기에 충분하였다.

1946년 12월 24일, 북평(北平)에서 미군 병사가 북경대학 여대생 선충(沈崇)을 강간하는 사건이 일어났다. 전국 각지에서 미군 폭행에 대한 항의가 폭발하였다. 미군들로부터 사기와 농간을 당하고 있던 상해 시민들도 즉각적인 항의 행동을 나타냈다. 기남(暨南)대학에는 상해에서 제일 먼저 미군 폭행에 대한 항의 대자보가 붙었고, 이어서 학생들은 수업을 거부하였다. 동제(同濟)학생들은 목소리를 높여 "미군에 대해 우리들은 두 마디 말 밖에 할 말이 없다라며 나쁜 놈"이라고 하였다. 큰 건물이나 학교의 교정에는 "강간당한 북평의 여학생은 곧 우리의 자매다"라는 글이 써져 있었다. 아울러 평정을 유지하던 교회 소속의 여자 중학교인 진덕(進德), 중서(中西), 숭덕여중(崇德女中)의 학생들도 이러한 공개 고발에 참여하게 되었다. 많은 기독교도 역시 하느님께 기도하였고, 범행을 저지른 미군 병사가 엄한 처벌을 받도록 요구하였다. 각 학교의 학생들은 중공(中共)의 지하조직의 지도아래에서 중국주재 미군 폭행 항의연합회(駐華美軍暴行抗議聯合會)를 조직하게 되었다. 1947년 1월 1일, 시 전체의 만 여 명의 학생들이 미군 폭행에 대한 항의 시위를 벌였고, 그들은 외탄(外灘)에서 남경로(南京路)로 가두행진을 하면서 "미군 병사는 꺼져라!"를 외쳤다.

학생의 애국 행동은 각계 시민의 열정적인 지지를 얻었다. 1월 7일, 상해공인협회에서 공우직공서(工友職工書)를 발표하여 학생들의 폭력에 대항하는 운동[抗暴運動]에 동조하며 힘을 실어 주었다. 설립된 지 얼마 되지 않은 상해대학교수연의회(上海大學教授聯誼會 이하 大教聯)는 시 전체 백 여 명의 교수들이 연합하여 성원서(聲援書)를 내게 되었다. 사회의 저명인사인 귀모뤄(郭沫若), 리지선(李濟深), 야오멍싱(廖夢醒), 쉬광핑(許廣平), 후쯔잉(胡子嬰), 예성타오(葉聖陶), 후펑(胡風), 톈한(田漢), 슝푸시(熊佛西) 등이 『문회보』(文滙報)에 미군 폭행에 대한 견책 담화를 발표하였다. 이러한 분위기는 전국학생항폭연합총회(全國學生抗暴聯合總會)가 3월 8일 상해에서 기구의 탄생을 보았으며, 이 조직은 전국 학계의 반미운동의 지도적인 기구가 되었다. 미군 폭행의 항의 투쟁은 사회의 분위기를 조성하였고, 항전 승리 후 학생의 민주역량이 일차적으로 객관적인 검열(大檢閱)을 받게 된 것이며, 이는 반 기아, 반 내전, 반 박해운동의 예비연습이었다.

미군 폭행 항의운동이 일어남과 동시에 국산품애용, 외제물건 사용 안하기 등 운동으로 발전을 하였다. 1946년 7월, 중공 상해국직위(中共上海局職委)에서는 "공상위기를 극복하고, 미국물건 불매운동"을 구호로 국산품 애용운동을 전개시켰다. 10월, 상해에서는 국산품 전람장이 개최되어, 200여 곳의 물품이 출품되었다. 1947년 초, 중공 지하조직은 대단위의 노동자들을 동원해, 국산품 애용과 미국 물품사용 금지운동을 벌였다. 2월 5일, 상해 백화점 근로자들은 직급별 직원들이 좌담회를 열어, 국산품 애용 및 미국 물품 제재 준비위원회(愛用國貨抵制美貨籌備委員會, 이하 愛抵會)를 발족시켰고, 미국 사치품 및 본국에서 생산되는 미국 상품에 대한 제재를 주장하였다. 2월 9일, 애저회에서는 각 공장, 상점의 직공들을 권공은행대루(勸工銀行大樓)에서 대회를 소집하였고, 동시에 귀모뤄(郭沫若), 덩추민(鄧初民), 마쉬룬(馬敍倫), 마인추(馬寅初) 등을 초청해 공장과 상점의 도산(倒産) 원인과 민족 공상업 육성에 대한 강연도 청하였다. 그러나 개회를 시작하자마자 한 무리의 특수 임무를 받은 사람들이 들이닥쳤다. 지휘자는 권총을 들고 발로 탁자를 뒤엎었고, 부하들은 망치와 쇠막대 등을 휘둘러 사람들을 때리고 물건을 파괴하였으며, 수 십 명이 상처를 입었고, 영안공사(永安公司)의 직공 량런다(梁仁達)는 그 특무대 사람들에 의해 맞아 죽었다. 경찰들은 또 백화점 휘장을 달고 있던 직원들을 모두 연행하였다. 당일, 황포경찰분국에 연행된 사람은 13명이었다. 경찰국은 각 병원에도 선포하기를 권공은행대루(勸工銀行大樓)에서 상처를 입은 사람은 정치범이라고 하였다. 이것이 전국을 놀라게 한 2·9참안(二九慘案)이다.

참안 발생 후, 시장 우궈전(吳國楨)은 연속적으로 담화를 발표하고, 직공들에게 죄명을 덮어 씌웠다. 경찰국에서는 여러 방법으로 체포된 직공을 고문하였고, 단서를 잡아 모든 죄목을 공산당에게 전가시키려고 하였다. 지하당 조직은 백화업공회(百貨業公會)를 통해 군중을 동원하여, 투쟁을 전개시켰다. 2월 10일, 각 백화공사는 나누어서 대회를 개최하였고, 애저회(愛抵會)의 대표가 사건의 진상을 보고하였다. 애저회(愛抵會)는 『문회보』(文滙報)에 『폭행경과기상』(暴行經過記詳)을 게재하였다. 12월, 량런다(梁仁達) 열사의 장례식에는 각계에서 보내온 만련(挽聯)과 화환이 빽빽이 쌓였다. 백화점의 여자 직원은 열사 기념 꽃을 판매하였는데, 꽃술은 2개는 흰색, 9개는 황색으로 만들어 2월 9일을 상징하였다. 각계 시민들이 2·9(二九)참안에 대한 후원회를 조직하여, 거대한 항의 운동을 일으켰다. 『연합만보』(聯合晚報)는 사설에서, "권공대루(勸工大樓) 참안(慘案)은 교장구(較場口) 사건의 재연이다"라고 지적하였다. 리핑신(李平心)은 『문회보』(文滙報)에 『논2·9참안』(論二九慘案)을 발표하여, 국민당의 실정(失政)을 지적하였다. 궈모뤄(郭沫若)는 량런다(梁仁達)를 위해 만가(挽歌)를 만들었다. 류야즈(柳亞子), 저우젠런(周建人), 후와이루(侯外廬), 톈한(田漢), 첸보짠(翦伯贊), 추투난(楚圖南), 후쯔잉(胡子嬰) 등은 『문회보』(文滙報)에 투서하여, 국민당의 폭행에 대해 분개를 드러내었다. 상해 인민단체 연합회, 민맹과 민주촉진회는 나누어서 2·9참안(二九慘案) 선언을 발표하였고,

국산품을 애용하자는 성원을 부탁하였다. 군중은 열사를 돕기 위해 "연쇄행복편지"[連鎖幸福信]을 만들었고, 엽서를 받으면 의연금 1,000원을 납부하는 것을 제외하고도, 엽서의 원본을 그대로 베껴써서 의연금을 부탁한다고 친지와 친구들에게 보냈다. 선쥔루(沈鈞儒), 스량(史良), 사첸리(沙千里) 등 10명의 변호사들은 2·9참안(二九慘案) 변호단을 조직하였고, 열사에게 사의를 표하였다. 동시에 공산당원은 상해 노동자협회 선언을 통해 국민당 내부의 특무행위의 진상을 폭로하였고, 국민당의 죄행을 대중에게 공포하였다. 당국은 낭패를 당하였고, 마침내 체포하였던 직공들을 석방하였으며, 아울러 열사 가족들에게도 무휼금(撫恤金) 즉 위로보상금을 지급하게 되었다.

국산품 애용운동은 국민당이 내전을 일으킨 것을 폭로하였고, 아울러 주권을 팔아 넘긴 것과 민족공업을 말살시킨 죄행을 폭로하였다. 만일 노점상 투쟁에서 얻은 사회적 동정이 비교적 분산되고 확대 되었다면, 국산품 애국운동은 상해의 각 계층 군중들의 광범위한 인민 통일전선이 형성되기 시작하였음을 나타내는 상징이 되었다.

제3절 반기아(反飢餓), 반내전(反內戰), 반박해(反迫害) 운동

미군 폭행 항의와 2·9참안(二九慘案) 후, 상해 시민의 혁명정신은 나날이 고양되었고, 국민당 반동파의 역행은 나날이 심해졌다. 쌍방의 모순은 날로 첨예하게 대립되었고, 거대한 군중 투쟁의 폭발 분위기가 무르익었다.

왜냐하면 국민당의 국가기구는 완전히 내전을 위한 것으로 독재와 전횡을 휘둘렀다. 교육 경비는 상당히 부족하였기 때문에 상해의 많은 학교 시설은 완전히 파괴되었고 교풍(校風)은 나빠졌다. 당의 권세를 업고 이권을 차지하려 하였고, 특무 및 정찰이 횡행하였으며, 교사와 학생들의 사상과 언론에 자유가 없었고, 신변도 보장이 되지 않았으며, 생활은 아주 고통스러울 뿐이었다. 3월 이후, 상해에서는 학생운동이 현저히 증가하였다. 14일, 복단(復旦)대학 학생이 애국 호교운동(愛國護校運動)을 위해 수업을 거부하였고, 3일후, 복단대학은 수업을 개시하였으나, 대하(大夏)학생들이 또 수업을 거부하며 운동을 이어나갔다. 4월 1일에는 호강대학(滬江大學) 학생들이 나쁜 규율을 제거하라는 요구를 하며 수업을 거부하기 시작였다. 7일 후, 호강대학은 다시 수업을 개시하였으나, 동제대학(同濟大學)이 국민당 사병이 학생을 구타한 것을 이유로 수업 거부를 단행하였다. 월말에는 교통(交通), 맥륜(麥倫) 등 학교의 중학생들이 교육부(敎育部) 대학입시 시험[高中會考] 반대 서명운동을 벌였다. 5월 3일, 36개의 중학의 고(高) 3학년 학생들이 상해시 고중생반대회고연합회(上海市高中生反對會考聯合會)를 설립하였고, 대표를 남경에 보내 청원하였다. 4일, 각 학교의 학생들은 상해학생들의 항의연합회를 소집하였고, 거리에서 5·4(五四)를 기념하였고, 내전과 매국적 선전을 반대하고 있었다. 헌병과 경찰들은 시위 진압을 시작하였고, 상해법학원(上海法學院) 2명의 학생이 그들에게 맞아 중상을 입었다. 다음날 아침 수 백 명의 학생이 시정부에 와서 시위를 벌였고, 배상과 처벌을 요구하였다. 9일 학생들이 다시 청원하자, 당국은 어쩔 수 없어 양보하게 되었다. 13일, 교통대학의 2,700명의 교수와 학생 그리고 노동자들이 교육부의 항해(航海), 윤기(輪機) 두 과(科)에 대한 수업정지에 반대하기 위해 남경으로 가서 청원을 하고자 차에 올랐다. 교육부장 주자화(朱家驊)는 급하게 진여(眞如)터미널로 가서, 각 과(各科)의 수업을 중지시키지 않겠다는 것과 아울러 경비 증가를 보상하는 등 5항목에 대해 서면 보증을 하였다.

이렇게 그들이 학생운동의 영향아래에 굴복하고 있을 때, 노동자들의 생활비 지수 동결에 대한 투쟁이 나날이 높아졌다. 항전 승리 후, 물가의 폭등으로 노동자 수입으로의 생활은 한층 더 악화되었다. 각 업에 종사하는 노동자들은 부단히 투쟁을 벌이자, 국민당 정부는 어쩔 수 없이 생활비 지수에 의거하여 임금을 지급하기로 결정하였다. 시사회국(市社會局) 통계처에서는 물가 상승의 상황에 따른 생활비 지수를 공포하고, 임금은 이 지수에 맞추어 지급하게 되었다. 1947년 2월, 당국에서는 『경제긴급조시방안』(經濟緊急措施方案)을 발표하여, 물가한계를 정해 물가의 타협점을 정하고 생활비 지수를 동결하는 방법을 검토하였고, 노동자의 임금을 일률적으로 1월분의 지수에 의거하여 지급하게 하였다. 그러나 물가의 동결에 실패하였다. 4월 하순에 이르러서 쌀값은 이미 1.6배나 올랐고, 식용유, 사포(紗布) 등은 배나 더 올랐다. 노동자들은 강렬하게 생활 지수의 동결을 요구하였고, 아울러 5·1(五一) 노동절에 거리에서의 시위를 준비하였다. 국민당은 먼저 사람들을 제압한다는 결정을 내렸다. 5월 1일, 관방은 경마장에서 5만 명 대회를 열고, 주석 자리의 뒤에 "공산주의반대"[反對共産主義]의 현수막을 걸었다. 군중은 그러한 것을 본 후, 모두 흥분하여 와! 와!라는 야유를 퍼붓자, 개최자 측은 당황하여 그 현수막을 내려 찢은 후에야 개회를 시작할 수 있었다. 우카이셴(吳開先), 우궈전(吳國楨) 등 주요 인사들은 연단에서 침이 튀게 생활비 지수를 동결 할 수는 없다고 주장하며, 노동자들에게 더욱 허리띠를 졸라매야 한다고 강조하였다. 이에 그래도 실업자보다는 낫다는 생각을 노동자들이 생각하려고 할 때, 연단아래에서는 바로 휴! 하는 소리가 터져 나왔고, 일부 노동자들이 들고 있던 폭죽을 내려놓았으며, 대회는 허둥지둥 끝나게 되었다. 계속해서 각종 직업의 노동자들은 모두 거리로 나왔다. 5월 8일, 만 여 명의 사직(絲織) 노동자들은 생활비 지수의 동결을 위해 거리 시위를 하였다. 9일에는 프랑스 상인의 수전공사(水電公司)의 전차, 버스 업에 종사하는 노동자와 상해 전력공사의 노동자들이 파업을 일으켰다. 10일에는 국제 방송국 노동자들이 "단식투쟁"을 단행하였고, 상업 전보 및 장거리 전화는 전부 중단되었다. 12일에는 19개소의 대형 백화점이 문을 닫았고, 진열장에는 "지수동결, 뱃가죽이 푹 들어갔다"라는 글씨를 붙여 놓았고, 수 천 명의 백화점업계 및 전기회사와 프랑스 전기회사의 노동자들은 "쌀값이 30만 원까지 올랐으므로, 생사의 갈림길에 있다"는 표어를 외치며 시위를 하였다. 동시에 시내에서는 쌀을 약탈하거나, 쌀 상점을 파괴하는 사건이 일어났다. 국민당 정부는 크게 당황하여, 5월 13일에 새로운 생활비 지수를 공포하였다.

5월 중순, 남경과 북평의 각 학교는 서로 연합하여 반 기아(反飢餓) 투쟁을 위해 수업 거부를 벌였다. 상해학생은 바로 들고 일어났다. 18일에는 상해시 국립학교 학생 연합회의 성립을 선포하였다. 다음날, 복단(復旦)과 기남(曁南) 두 학교에서도 수업을 하지 않았다. 한바탕의 전국적인 학생운동이 폭발하기 직전이었다. 남경정부는 즉각 『유지사회질서임시판법』(維持社會秩序臨時辦法)을 공포하고, 각지 군정 당국에 10인 이상의 청원, 수업거부, 파업, 시위 등 일체를 엄격히 진압하라는 명령을 내렸다. 동시에 "회유"(懷柔)적인 수단으로 교육부에서는 고등학교(高中) 졸업생들에게 대학입학 시험을 1년간 늦추어 주는 것을 선포하고, 상해 시장(市長) 우궈전(吳楨國)은 각계에 청하여 빈궁한 학생들에게 돈을 빌려줄 수 있는 대부금을 모금하였다.

국민당의 상반되는 정책은 상해 학생들을 제압할 수 없었고, 뿐만 아니라 학생들은 더욱 더 그들의 약점을 볼 수 있었다. 5월 19일, 『유지사회질서임시판법』을 공포한 다음날, 기남(暨南), 복단(復旦), 동제(同濟), 교대(交大), 대하(大夏) 등 14개소 대학의 7,000명 학생들이 반기아(反飢餓), 반내전(反內戰)을 위한 대규모 시위를 벌였다. 기남(暨南)대학의 "반완대"(飯碗隊:밥그릇 대오)"가 맨 앞 열에 섰고, 『남경에 가서 밥을 달라고 하여 먹자』(到南京去要飯吃)란 노래를 불렀고, 노래를 부르는 도중 손에 들고 있던 밥그릇을 깨며 박자를 맞추었다. 대오(隊伍)중에는 "대포 주둥이에서 밥을 얻자"(向炮口要飯吃)란 대형 만화도 있었고, 입체 표어로 큰 종이를 펀친 것에 글씨를 "매일 칠백오십원으로도 부식을 구매할 수 없다→"[每日菜金七百五十元, 還不够買→]라고 쓰고 그 옆에는 두 개의 꽈배기를 걸어 놓고 있었다. 당국은 대규모의 군경(軍警) 병력을 투입하여 이 대오(隊伍)를 저지하였으나, 학생들은 두려워하지 않고 앞으로 전진 하자, 군경(軍警)은 마침내 무력을 행사하지 못하였다.

5월 20일, 경(京;남경), 호(滬;상해), 소(蘇;소주), 항(杭;항주) 16개소 학교의 6,000여 명의 학생들은 남경에서 "교육위기 구제"[救濟教育危機]를 거행하여 연합적으로 시위를 벌였고, 당시 진행 중이던 국민참정회(國民參政會) 4계 3차(四屆三次) 회의에 청원을 하러 한 곳으로 몰려 들었다. 대오는 주강로(珠江路)에 잠복 중이던 군경의 피비린내 나는 도살(屠殺)로 인해 학생 백 명 이상이 죽거나 상처를 입었다. 5·20(五二O)참안으로 더욱 강한 반항을 유발시켰고, 인민군중의 반기아, 반내전, 반박해 투쟁은 극에 달했다.

20일 저녁, 중공 상해국 책임자인 류샤오(劉曉) 등은 학생들의 수업 거부 지시를 결정했고, 각계 반동파의 죄행에 대해 폭로하였다. 21일, 시 전체의 40개소 대·중학교에서는 수업을 거부하였고, 폭행에 항의하기 위해 각 학교의 학생대표들을 모집해 상해시 학생 항의 5·20(五二O) 참안후원회를 조직하여, 통일적인 지도하에 시 전체의 학생투쟁을 전개하게 되었다. 22일, 우궈전은 파업(罷工)과 파시(罷市)를 선동하는 자, 각 학교의 선전을 담당하는 학생, 학교를 점거하는 자, 학생 등교를 저지하는 자등은 가중 처벌을 한다고 살기등등(殺氣騰騰)하게 선언하였다. 23일 오전, 교대(交大) 제일선전대(第一宣傳隊)가 외탄(外灘)과 평화의 여신상(지금의 연안동로 선박 정박지)[1]에서 시민들에게 선전을 하였는데, 경찰이 이들 전부를 체포하여 경찰국으로 압송시켰다. 당일, 체포된 학생은 97명에 달하였다. 24일에는 수업거부를 한 학교가 73개소로 늘어났고, 시 전체의 대로와 작은 길에는 "수업 거부", "항의"라는 대형 표어가 붙었다. 학생의 영웅적이고 용감한 투쟁은 각계 인민의 동정과 지지를 얻었다. 상해시 인민단체연합회의 68개 단체 대표들은 학생들을 지지하는 성원서를 발표하였다. 일부 교수는 직접 우궈전을 만나 체포학생의 석방을 요구하였다. 일부 교수는 단체 강의 거부를 혹은 기자 회견을 하기도 하였고, 혹은 체포된 학생들의 가정을 방문하여 위로도 하였다. 민맹(民盟)이 발표한 선언에서도 당국의 모든 민권을 유린하는 법령을 폐지하기를 강력하게 요구하고 나섰다.

---

1) 리우후이우(劉惠吾)편, 신의식 역., 『上海近代史』 서울: 경인문화사, 2016년 판. 책 겉표지 사진 참고. 역자 주.

민주건국회의 지도자인 장나이치(章乃器), 성피화(盛丕華), 후줴원(胡厥文) 등과 백 여 명의 공상계 인사의 좌담회에서 강력하게 당국에 내전의 정지와 불합리한 법률과 가혹한 잡세(雜稅)의 폐지를 요구하였다.

국민당 당국은 무력에 의존하여 진압을 진행시켰다. 24일 새벽, 특무군경이 상해법학원(上海法學院)으로 밀고 들어와 11명의 학생을 체포하여 갔다. 학생운동을 지지하였던 『문회보』(文滙報), 『연합만보회』(聯合晚報會), 『신민만보』(新民晚報) 등은 당국으로부터 정간(停刊)명령을 받았다. 다음날, 대규모의 군경이 또 학생스파이의 인도로 교대(交大)에 들어와 회의를 하고 있던 학생대표들을 포위하였다. 5·20(五二〇)참안후원회의 주석단은 즉시 긴급회의를 소집하여 50여 개 소의 대·중학교(大中學校)의 학생들을 동원하여 시정부(市政府)에 체포학생 석방을 요구하였다. 26일 우궈전(吳國楨)은 교대(交大)로 가서 후원회와 담판을 하면서, 거짓으로 체포된 학생들의 전면 석방에 동의를 표시한다고 하였다. 그러나 며칠이 지난 후에 또 60여 명의 학생이 체포되었다. 5월 30일 밤에는 수 백 명의 군경과 특무요원이 교대를 포위하여, 대대적인 수색과 체포가 이루어졌다. 2,000여 명의 학생들은 조금도 두려워하지 않고, 대운동장에서 손에 손을 잡고, 『단결』(團結就是力量)라는 구호를 외쳤고, 날이 밝을 때까지 대처하였다. 수많은 교수, 직공, 노동자와 시민이 학생들을 도우러 왔고, 마침내 군경은 이들에 밀려 학교 밖으로 내몰렸다.

더욱 강력한 투쟁에 대한 지도를 위해 중공 지하학위(地下學委)는 5월 31일 각 학교의 학생 자치회 대표를 지도하기 위해 풍림교(楓林橋)에 있던 상해의학원(上海醫學院)에서 회의를 개최하여 상해시 학련(上海市學聯)을 결성하였다. 중국 공산당은 학련집위회(學聯執委會)에 황전싱(黃振興)을 서기로 임명하여 당내의 결속을 다졌다. 6월 1일, 학련 기관보(學聯機關報)인 『학생보』(學生報)를 출판하였다. 폭행의 서지와 체포된 동료 학생의 구제를 위해 학연은 시 전체 학생을 소집하여 6월 10일을 일제히 수업을 거부하는 날로 정하고, 아울러 당국에 공개적으로 체포학생에 대한 공개재판을 요구하였다. 당국은 공개심판을 꺼려서, 구금된 학생 전부를 석방시켰다. 6월 19일에는 중국 학생연합회가 상해에서 탄생되었다. 상해 학생의 반기아, 반내전, 반박해 투쟁 그리고 노동자, 농민과 각지 인민의 투쟁을 규합해 함께 투쟁을 결의하였다. 이러한 것은 국민당 반동통치에 대해 충격을 주었고, 장제스의 통치에 대한 반대 투쟁 제2전선(第二路線)을 형성하게 되었다.

1947년 7월, 인민해방군 류덩다(劉鄧大)의 군대가 천리를 진군하여 대별산(大別山)으로 들어갔고, 반공(反攻)의 서막을 열었다. 국민당 통치의 전면적 위기가 도래하였고, 내부 혼란은 더욱 가속화되었다. 7월 28일에는 상해 경찰과 헌병간에 금도대극원(金都大劇院, 현재의 瑞金劇場)에서 충돌이 발생하였고, 총격전이 벌어져 7명이 현장에서 총에 맞아 죽었는데, 그중 2명은 무고한 군중이었다. 정부 치안의 유례없는 부패를 보여준 것이다. 8월 행정원의 구제총서집단(救濟總署集團)의 비리안건으로 부서장 이하 과장 이상의 관원 21명이 탐오(貪汚)를 한 금전은 1,200억 원 이상이었다는 것이 폭로되었다. 상해의 사회문제 역시 나날이 더 혼란해져 갔는데, 관방(官方)에서 공포한 통계에 의하면 1947년 시 전체에서 아편 판매범은 1,170명, 화재 발생 1,212건 등이었다. 1월 22일 무정로(武定路) 425호의 화재 때에는 소방대원이 화재 발생장소에 도착하여 물건을 빼앗거나, 음주 후 방관하고 있었으나, 불길은 다행히 비로 인하여 13시간 동안 물건을 태운 뒤 진화되었고, 이로 인해 8곳의 서양 건물[洋房], 단독건물[平房] 2곳 등이 전소되었다. 시 전체에 등록된 기생집은 117곳이었고, 기녀(妓女)는 3,660명이며, 매춘부의 수는 헤아릴 수 없었다. 길흉을 점치는 점장이들 장사가 흥성하였고, 불교와 도교 등의 사찰은 191개소이었다. 가짜 약방과 위조지페가 발행되었다. 『신보』(申報)에서 지면을 늘려 게재한 내용은 다음과 같다. 한 쌍의 부부가 투기에 실패하여 독약을 먹었는데, 다음 날도 말짱하게 눈이 떠지는 것이었다. 이들이 복용한 독약은 가짜였다 라는 것이다. "예전에는 이상한 일이 적었으나, 현재는 아주 많다", "천상의 은하수가 지하로 들어가고, 하천에 있던 돌들이 모두 뚝 위로 올라온다."라며 상해의 변두리에서는 모두 국민당 통치의 어두운 면을 풍자한 노래인 『고괴가』(古怪歌)가 유행하고 있었다.

국민당 반동파의 망상은 폭력으로 그들의 정권을 연장시킬 수 있다 고 믿었다. 1947년 7월, 남경정부는 "감란건국"(勘亂建國; 어지러운 것들을 정리하여 건국한다)이라는 구호를 제출하고, 『동원감란완성헌 법실시강요』(動員勘亂完成憲法實施綱要)를 하달하여, 인민의 파업, 휴 업, 청원, 시위 등 기본 권리를 엄격히 관리하였다. 8월에 국민당은 『후 방공산당처치판법』(後方共産黨處置辦法)을 발표하여, "공산당 혐의범" 이라는 죄명으로 상해 등지에서 대규모의 애국민주인사를 체포해 나 갔다. 상해 학생연합회는 단속 대상이 되었고, 400여 명의 애국학생들 은 학교에서 제적되기에 이르렀다. 9월, 장제스는 진보인사의 박해를 위해 친히 작성한 문서에는 상해 한 곳에 이러한 명단에 오른 사람들 이 약 3,000명이나 되었다. 9월 19일에 중통특무(中統特務)는 승인진 보서간(承印進步書刊)의 상해 부통인쇄소(富通印刷所)를 파괴시켰고, 그곳에서 『전공주보』(電工周報)의 교정을 보던 상해전력공사(上海電力 公司) 노동조합 간부 5인을 체포해 갔다. 23일에 특무는 또 공회(工會) 간부 여러 명을 체포하였고, 무장하고 상해전력공회(上海電力工會)의 재물을 약탈하였다. 프랑스 상인의 전등전차공사(法商電燈電車公司)의 노동자들은 상해 전력공사의 상황을 성원하고자 파업하였고, 역시 진 압대가 공장으로 들어왔으며, 법전공회(法電工會)와 삼구백화업공회 (三區百貨業工會)에서도 무장 진압자들에게 재물을 약탈당하였다. 녀

칠 내에 100여 명의 공산당원 노동조합 간부들이 체포되었다. 중국 인민혁명 사업을 동정하던 일본인 유키야마 간조(內山完造)는 중국에서 축출되어 강제 귀국당하였다.

백색테러가 포강(浦江)을 뒤덮고 있을 때, 중공 상해국은 상해 지구의 지도력을 강화하기 위해, 1947년 하반기에 상해시위(上海市委)를 설립하고, 장청쭝(張承宗), 마춘구(馬純古)를 정부서기(正副書記)에, 장치(張祺), 루즈런(陸志仁), 우쉐첸(吳學謙), 메이뤄(梅洛), 마페이하이(馬飛海) 등을 위원(委員)으로 구성하고 국민당의 광적인 진공은 외국 열강의 간섭의 표현, 진일보한 군중의 반항을 일으키면서 반기아 투쟁을 전개하여 이로써 인민 혁명전선을 확대시켜야 한다고 강조하였다.

9월 26일, 정부가 쌀값보조금을 삭감한 것과 대우를 낮게 해 주는 것에 반대하기 위하여, 중앙(中央), 중국(中國), 교통(交通), 중국농업은행(中國農業銀行)과 중앙신탁국(中央信託局), 우정저금행업국(郵政儲金行業局) 직공(職工)들은 단식투쟁을 벌였다. 상해에서 개인적으로 영업(營業)을 하였던 은전장(銀錢庄)의 직공들도 대표단을 파견하여 그들에게 위로와 지지를 보냈다. 11월 11일에는 상해학련(上海學聯)의 지시를 근거로, 교대(交大)와 복단(復旦) 등 30여 곳의 학교는 당국의 고압정책을 타파하려 하였고, 반동정부가 절강대학(浙江大學) 학생회 주석인 위쯔싼(于子三)을 살해한 것에 대해 항의하였다. 1947년 겨울, 30만 명(萬名) 난민(難民)이 거리에서 최후의 투쟁을 전개하고 있었다. 매서운 추위가 몰아닥쳐 하루 저녁에 800명의 아동이 얼어 죽었다.[2] 중공상해학위(中共上海學委)는 군중들에게 자구적으로 해결할 수 있는 방안을 호소하였다. 각 학교에서는 신속하게 기아와 추위를 구조해 줄

---

2) 1946에서 1949년까지 상해에는 전염병이 유행하여 사망하여 길거리에 널려 있던 시체가 모두 127,000구(具)였다. 그중 1946년에는 19,091구(具), 1947년에는 25,400구(具), 1948년에는 39,359구(具). 1949년 1월에서 4월까지는 43,140구(具)였다. 『回憶陳毅』, 人民出版社 1980年版, p.180.

위원회와 의연금 모금 위원회를 발족시켰고, 모금된 의연품은 15만 건의 의복과 10억 원의 법폐(法幣)였다. 쑹칭링(宋慶齡)은 1947년 여름에 중국복리회(中國福利會)를 설립하여, 교주로(膠州路), 회산로(滙山路), 사포로(乍浦路)에 아동복리센터[兒童福利站]을 열어 빈궁한 집안의 어린이들을 구제하였는데, 이 구조를 받은 어린이가 만 명에 달하였다.

광명과 암흑의 생사기로에서 1947년은 상해의 중간파 조직의 활동이 활발하였다. 1947년 2월, 중국농공민주당(中國農工民主黨, 즉 제3당)이 상해에서 제4차 전국 간부회의를 개최하여 덩옌다(鄧演達)의 정치 주장을 기본 정치 강령으로 확정하고, 민주제도의 실행으로 사회주의 목적을 달성하고자 하였다. 3월 12일, 이 당은 시국선언(時局宣言)을 발표하고, 내전과 분열을 반대한다는 입장을 나타내었다. 탄핑산(譚平山), 왕쿤룬(王昆侖) 등은 삼민주의동지연합회(三民主義同志聯合會)를 조직하고 상해에서 제4차 정치회의를 개최하여, 적극적인 반내전을 결심하고 민주를 쟁취하기 위해 투쟁을 벌였다. 구국회(救國會), 중국농민당(中國農民黨), 중국청년당(中國靑年黨), 중국인민당(中國人民黨) 등도 역시 상해에서 중요회의를 개최하였다. 이러한 시기에 상해에 설립된 당파의 단체들은 다음과 같았다. 불교계(佛敎界)의 중국종교도평화건국대동맹(中國宗敎徒和平建國大同盟), 홍문민치당(洪門民治黨), 국민자유당(國民自由黨), 민생공화당(民生共和黨)이 합쳐져서 생겨난 중간당연맹(中間黨聯盟), 이군회(利群會), 익사(益社), 홍문민치건국회(洪門民治建國會), 홍흥협회(紅興協會), 중국헌정당(中國憲政黨), 민족동맹사(民族同盟社), 중국궁인당(中國窮人黨) 등이었다.

그러나 이러한 종류의 정당의 조직은 조직적이지 못해 오래 유지하지 못하였다. 7월 1일, 쑨커(孫科)는 공개기자회견에서 최대의 민주당파인 중국민주동맹(中國民主同盟)을 위협하면서, "반내전은 곧 반정부

이다. 반정부는 곧 공산당의 처리대로 따르는 것이다."3)라고 말하였
다. 같은 달 국민당 중앙은 훈령을 통해 각급 조직에 민맹(民盟), 민촉
(民促), 민주주의동지회의 상층 분자에 대해 "잠시 성실하지 않은 것
을 용인하라"는 지시가 하달되었으며, 하층 분자에 대해서는 허식을
부리지 말고 오직 국민당의 반대활동에만 전념하고 "모두 때려 죽여도
무방하다"4)라는 지시를 하달하였다. 10월 27일, 국민당 정부는 민맹
(民盟)을 불법단체로 선포하기에 이르렀다. 민맹 지도자들은 상해에서
긴급회의를 소집하고, 황옌페이(黃炎培) 등으로 하여금 국민당 정부와
교섭을 하도록 결정하고 파견하였으나, 효과를 보지 못하였고, 결국
국민당 정부에 의해 해산되었다. 대규모의 민주 인사들은 백색테러 아
래에서 확실하게 남경정부의 본질을 인식하게 되었으며, 그들은 다시
단결하여 세속적인 투쟁을 시작하였디. 11월 7일, 장란(張瀾)이 각지
의 동맹(同盟) 회원 들을 소집하여 "국가의 평화 민주통일 단결을 위
해 계속적으로 노력하자"라고 호소하였다. 상해 민맹 맹원들은 지하에
서 적극적인 활동을 하였고, 12월 2일 비밀리에 펑원잉(彭文應), 펑이
다이(馮亦代)를 대표로 하는 상해시지부(上海市支部)를 성립시켰다. 상
해의 민맹총부 책임자인 장란(張瀾), 황옌페이(黃炎培), 뤄룽지(羅隆基)
등도 역시 적극적으로 지지를 보냈다. 그들은 『상해시맹원수책』(上海
市盟員手冊)등 문건을 인쇄하였고, 그들은 중국 공산당의 지도를 받아
들였으며, 민족해방의 위대한 큰 물결에 자신의 몸을 바쳤으며, 70명
의 민맹(民盟) 청년이 해방군에 입대하였다.

　이후 많은 유명한 민주인사들이 상해에서 홍콩으로 이주하였다.
1948년 1월 1일, 민주촉진회, 삼민주의동지연합회 및 국민당 애국민주
인사들이 홍콩에서 연합하여 중국국민당혁명위원회를 결성하여, 중공

---

3) 何干之, 『中國民主革命時期的資產階級』, 上海人民出版社 1980年版, p.273.
4) 朱建華, 宋春, 『中國近現代政黨史』, 黑龍江人民出版社 1984年版, p.590.

과 기타 민주당파와 연합하여, 장제스 독재정권의 전복을 주장하였다. 5일 선쥔루(沈鈞儒) 등이 홍콩에서 민맹(民盟) 3중전회를 개최하여 영도기관의 설립을 선포하며 활동을 회복하였고, 혁명의 수단을 채택해 국민당 반동정부와 미국의 대중국정책에 반대하였다. 국통구(國統區) 민족공상금융업을 대표하는 민주건국회 역사 이전보다 적극적인 정치태도를 채택하였다. "제3의 길"(第三條道路)의 환멸을 느낌에 따라, 각 민주당파간의 혁명통일전선은 이미 날로 성숙해지고 있었다.

제4절 문화 전선(戰線)에서의 투쟁

　　해방전쟁 시기, 진보적인 문화종사자는 상해에서 장제스 정부에 용감하고 슬기로운 투쟁을 전개하여, 국민당이 문화 를 마음대로 다루는 것에 큰 타격을 주었다.

　　1945년 9월, 마오쩌둥이 전국적으로 선전 진지를 구축하라는 지시에 근거하여, 중공중앙은 상해에 『신화일보』(新華日報)의 본부를 설립하고, 쉬마이진(徐邁進)을 이 신문의 상해 지국 주임으로 임명하였다. 오래시 않아, 신화일보사 사장인 판쯔녠(潘梓年) 역시 상해로 왔다. 루딩이(陸定一), 판쯔녠은 한편으로는 시정부와 교섭을 하였고, 한편으로는 신문사의 사옥 부지와 인쇄소를 찾아보면서, 팀을 구성하여, 『신화일보』(新華日報)의 상해판의 발행을 준비하고 있었다. 상해 시정부는 중공의 요구에 불성실한 태도로 시간을 지연시켰고, 동시에 군경을 출동시켜, 본 신문사의 인쇄를 담당할 신창인쇄소(信昌印刷所)를 감시하고 탄압하였다. 상해판 『신화일보』(新華日報)는 당국의 방해로 일반인에게까지 발행되지는 못하였지만, 공산당원과 기타 진보인사들은 상해 출판의 『신화일보』(新華日報)와 『군중』(群衆) 주간(週刊) 등 잡지들을 볼 수 있었다. 영문 『신화일보』는 1946년 5월 17일 창간되었는데, 그 임무는 국내외 해방구(解放區; 공산당 통치지구)의 상황을 보도하고, 공산당의 주장을 선전하는 것이었다. 『군중』(群衆) 주간(週刊)은 1946년 6월 3일 중경(中慶)에서 상해로 옮겨와 발행을 하였고, 저우언라이(周恩來), 둥비우(董必武) 등 중공대표단의 임원들이 친히 원고를 집필하였다. 이 두 간행물은 어두운 상해 시민에게 등불과 같이 빛이 있는 길을 알려 주었다. 국민당은 해방구의 목소리가 극에 달하자 갖은 수단을 동원하여 말살을 시도하였다. 1946년 6월 4일, 『신화주보』(新華周報)가 먼저 판매가 금지되었고, 9개월 후, 『군중』(群衆)도 역시 정간되었다.

1945년 9월, 탕타오(唐弢), 커링(柯靈)이 편집한 『주보』(周報)가 출판되었다. 10월에는 『문췌』(文萃), 『민주』(民主) 주간(週刊)들이 계속적으로 세상에 나왔다. 이러한 잡지의 원고 작성자들은 궈모뤄(郭沫若), 마오둔(茅盾), 바진(巴金), 톈한(田漢), 덩추민(鄧初民), 샤오쥔(蕭軍), 차오무(喬木) 등이었다. 편집자는 정치형세의 변화를 근거로 제때에 국민당의 매국과 독재 죄행 및 시민의 민주투쟁 등을 게재하였으므로, 상해의 3대(三大) 민주(民主) 간행물(刊行物)이라는 영예를 받았다. 1947년, 이 세 종류 간행물의 『문췌』(文萃) 편집자인 천쯔타오(陳子濤), 뤄허민(駱何民)과 우청더(吳承德)가 국민당의 검열로 인해 의(義)를 위해 용감히 죽었다.

『연합만보』(聯合晚報)는 중공 지하당원이 주관하고 있었으나, 중간의 색채를 띤 신문이었다. 이 신문의 전신(前身)은 중공 상해국이 미국 신문처의 명의와 지도로 출판되었던 『연합일보』(聯合日報)이었고, 1945년 9월에 창간되어 11월에 폐쇄되었다. 1946년 4월 15일에 왕지화(王紀華)가 『연합만보』(聯合晚報)를 창간하였다. 이 신문은 당시 시민이 가장 관심을 갖고 있었던 두 가지 사건 즉 민주와 민생, 평화와 내전에 대한 대량의 보도하였으며, 통화팽창과 민중의 어려운 이야기 등을 표제로 가차 없이 진상을 폭로하였으므로 사람들로 하여금 쉽게 잊혀지지 않았다. 예를 들어 『쌀!!!』(米!!!), 『당신은 한 달 동안 몇 푼이나 법니까?』[你賺幾錢一月], 『언로가 통하지 않는데, 어떻게 민주라 할 수 있는가?』[言路沒有通,如何說民主], 『예전과 현재의 추잡한 탐욕』[論貪汚古今], 『막후 아래의 추잡함』[丑行的幕後下], 『홍수가 홍수를 심판하다』[凶手審凶手] 등 전투성이 강한 문장도 있었는데, 시민들은 이러한 기사를 게재하는 것을 좋아하였다.

『문회보』(文滙報)는 1945년 9월에 복간(復刊)된 후, 일정 시간동안 힘든 길을 걸었다. 1946년 3월에는 쉬주청(徐鑄成), 환상(宦鄉), 천위쑨(陳虞孫), 커링(柯靈) 등이 책임을 담당한 후, 평화민주, 반독재, 반내전의 방침을 확립하였다. 내전 폭발 후, 국민당은 장쥔마이(張君勱), 후린(胡霖) 등을 끌어들여 회담을 다시 여는 것과 같이 거짓으로 꾸미고, 『문회보』(文滙報)에서는 머리기사로 『내전은 때려 부셔야 한다!』(內戰還打下去!)는 등의 기사를 게재하였다. 괴뢰국가의 징소리와 북소리가 하늘을 진동시킬 때, 청년당, 사회민주당과 국민당은 서로 홍정을 하며 그 자리에서 장물을 나누면서 결백을 표방하자, 이 신문에서는 『습인개가』(襲人改嫁)를 발표하여 이러한 추악함을 세상에 알렸다. 전후에 미군의 폭행 등이 알려지자, 이 신문은 또 비난을 가하였다. 이러한 문장은 상해 인민들로부터 좋은 호응을 받았으며, 극단적인 시각으로 독재자를 평가하는데 일조를 하게 되었다. 1947년 5월 24일, 『연합만보』(聯合晩報), 『문회보』(文滙報)와 『신민만보』(新民晩報)에 대한 차압이 실행되었다. 이러한 시기에 『신보』(新報)는 이미 국민당 독재통치의 여론도구로 전락하여 있었다. 『대공보』(大公報)는 비록 국민당의 재물 약탈, 확대 내전, 통화팽창 등의 과오를 지적하였으나, 기본적인 경향으로는 그들을 도와주는 경향을 보였고, 최후에는 장제스 정권의 순장품(殉葬品)으로 되어 버렸으며, 홍콩판 『대공보』(大公報)는 인민의 해방과 발맞추어 새로운 모습으로 탄생하였다.

항전 승리 후, 대규모의 진보문예 활동자 즉 궈모뤄(郭沫若), 마오둔(茅盾), 바진(巴金), 톈한(田漢), 예성타오(葉聖陶) 등이 후방(後房)에서 항일(抗日)을 하다가 모두 상해로 들어왔으며, 원래 상해에 있던 정전둬(鄭振鐸), 쉬광핑(許廣平), 커링(柯靈) 등과 함께, 진보문예 대원을 형성하게 되었다. 1945년 12월 17일에는 중화전국문협기관(中華全國文協機關)의 간행물인 『중국작가』(中國作家)를 창간하였다. 전후에 마오둔(茅盾)이 주편(主編)을 하고 있던 『문연』(文聯), 정전둬(鄭振鐸) 주편(主編)의 『문예부흥』(文藝復興), 주광첸(朱光潛) 주편(主編)의 『문학잡지』(文學雜誌)와 『인세간』(人世間), 『문단』(文壇), 『신문학』(新文學), 『수준』(水准), 『문장』(文章), 『청명』(淸明), 『문예춘추』(文藝春秋), 『중국신시』(中國新詩), 『현실문예총간』(現實文藝叢刊) 등의 간행물이 탄생하였다. 각종 신문에도 문예부간(文藝副刊)이 실리게 되었다. 진보문예종사자는 이러한 수백 종의 간행물을 발판으로 하여 국민당이 국민을 압박하는 것에 대한 투쟁을 계속하였으며, 대규모의 정치적인 색채를 담고 있고 또 문학적 가치가 있는 작품들을 창작하여 중국 신문학의 보고를 풍부하게 만들었다.

귀모뤄는 신변잡기의 수필로 잘못되고 있는 현 실정을 비판하였고, 이것은 이 시기에 유행하였다. 리원혈안(李聞血案)후, 그는 『궁보(公朴)에게 영원히 어린아이를 안겨주자』(讓公朴永遠抱着一个孩子), 『추도 원이두오』(悼聞一多), 『링컨과 루즈벨트를 때려 죽인것과 같다.』(等於打死了林肯和羅斯福)는 등 의분에 넘치는 색채의 문장을 서술하였다. 1947년, 그는 상해에서 『비갱집』(沸羹集), 『천지현황』(天地玄黃) 등의 저서를 출판하였는데, 이 이외에 귀모뤄는 또 상해에서 『소련기행』(蘇聯紀行)을 출판하였는데, 이는 일기체의 형식으로 그가 소련에서 보고 들은 것을 기록한 것으로 상해인들에게 미래의 상황을 제시해 주는 것이었다. 루쉰잡문(魯迅雜文)의 형식을 승계한 펑쉐펑(馮雪峰)은 『유진무퇴』(有進無退), 『과적일자』(跨的日子) 등을 출판하였고, 첨예한 정치적인 색채를 함축하여 서술하고 있었다. 『파시즘의 희생과 중국의 파시즘』(法西主義的犧牲與中國的法西主義), 『무력』(武力) 등의 글 중에 독재통치에 대한 풍자와 편달을 주장하는 내용을 담고 있었다.

　　시가(詩歌)는 상해의 민주운동 중에 있어 아주 큰 공헌을 하였다. 1946년 9월, 상해의 군익출판사(群益出版社)는 궈모뤄(郭沫若)의 『조당집』(蜩螗集)을 출판하여, 62수의 시를 수록하고 있는데, 서정시를 제외하고는 정치 풍자시가 적지 않았다. 그는 『이것이 바로 "가장 민주"라고 부르는 것』[這个就叫"最民主"]라는 시(詩) 가운데에서 신랄하게 시장(市長) 우궈전(吳國楨)의 특무대가 량런다(梁仁達)를 습격하여 때려죽인 것을 고양이가 쥐를 보고 자비를 느끼는 것과 같은 표현으로 풍자하였다. 창커자(藏克家), 루위안(綠原), 쩌우훠판(鄒獲帆) 등도 역시 서로 다른 격조의 시가(詩歌) 언어(言語)로 풍자하는 시를 만들었고, 인민이 겪고 있는 고난을 노래했고, 반동파의 부패를 시가의 언어로 폭로하였다. 그중 영향력이 가장 컸던 사람은 위안쉐이파이(袁水拍)이다. 그는 마판퉈(馬凡陀)라는 필명으로 상해와 각지의 신문에 정치 풍자의 시(詩)를 200수(首)를 발표하였다. 예를 들어 통화팽창이 상해시민에 상당한 재난을 가져왔다는 것에 대해 정곡을 찌르는 것으로, 그는 『상해물가대폭동』(上海物價大暴動), 『이 야생마를 잡아라』[抓住這匹野馬], 『살아갈 수 없다』[活不起], 『종이 호랑이─법폐』[紙頭老虎─法幣] 등 상해와 전국의 인민으로부터 성원을 받았다. 『고양이 한 마리』[一只猫]에서는 "군벌시대의 칼을 들이댔는데, 이 정부는 민간에게 총, 뿐 아니라 대포까지 쏘고 있으며, 학생들 진압은 아주 악랄하게 하고 있으나, 서양인의 고양이 한 마리를 보면, 기묘하게 운다고 하면서 주세요, 주세요, 주세요라고 한다!"고 하여 국민당의 내외정책을 아주 잘 묘사하였다. 마판퉈(馬凡陀)의 시는 시민이 좋아하는 형식을 땄고, 언어는 소박하고 통속적인 것이며, 실용적으로 쓰이는 것을 사용하였고, 독특한 남방의 민간 가곡을 만들어 상해 청년들로부터 깊은 사랑을 받았다. 그는 사람들에게 창(唱)과 신문(新聞) 그리고 극(劇)들이 바뀌어야 한다고 주장하였으며, 이러한 그의 주장은 반기아, 반박해에 대한 민중운동을 촉진시키는 작용을 하였다. 이러한 상황 하에서 1946년 후, 상해는 군중성(群衆性)적인 시(詩) 낭송(朗誦)활동을 벌이게 되었다.

항전 승리 후, 각지의 만화가(漫畫家)들 역시 상해로 계속적으로 들어왔고, 그중 예첸위(葉淺予), 장광위(張光宇), 딩충(丁聰), 미구(米谷), 장러핑(張樂平), 터웨이(特偉) 등이 있었다. 그들은 만화(漫畫)라는 형식을 빌어, 많은 국민당 통치의 작품을 발표하여, 상해가 다시 만화예술의 중심이 되게 하였다.

이 시기에는 마오둔(茅盾), 바진(巴金), 장톈이(張天翼), 아이우(艾蕪), 진이(靳以) 등 작가들이 아주 어려운 조건하에서도 소설 창작활동을 계속하였고, 구 중국의 어두운 현실을 반영하고 폭로하기에 노력하였다. 바진(巴金)은 상해에서 장편소설인『제4병실』(第四病室),『추운밤』(寒夜)를 발표하였다. 전자는 일기체 형식으로 기술한 것으로 한 청년이 입원한 기간 동안에 보고 들은 것을 통해, 당시의 냉혹한 현실을 반영한 것으로, 통치의 암울한 모습을 그려낸 것이다. 당시 비교적 영향을 끼쳤던 작품으로는 아이우(艾蕪)의『산야』(山野), 장헌쉐이(張恨水)의『지취금미』(紙醉金迷), 페이밍(廢名)의『모쉬요우 선생이 비행기 탄 이후』(莫須有先生坐飛機以後), 첸중수(錢鍾書)의『결혼』(結婚),『무망촌의 관주』(無望村的館主),『위성』(圍城) 등이 있다. 이와 동시에 번역서 방면에도 장족(長足)의 발전이 있었다. 출판의 종류와 수량도 항전 이전에 비해 상당히 증가하였고, 원작품(原作品)의 나라도 이전보다 아주 광범위해졌으며, 대규모의 세계문학 명저가 중국에 소개되었다.

상해의 진보적인 희극운동은 외로운 섬[孤島]의 시기에 아주 큰 발전을 보였으며, 항일투쟁과 밀접하게 관계되어 있었다. 국민당이 중경(重慶)에서 상해로 돌아온 후, 일련의 반동정책을 실시하였는데, 그러한 것은 경제를 억압하는 것에서부터 정치를 박해하는 것까지도 이러한 것은 극본(劇本)을 심사하여 말살하고 진보적인 극단을 해체하려하였던 것이며, 나쁜 일을 저지르는데 온갖 극악무도한 수단을 다 동원하였다. 이러한 상황 하에서도 상해의 희극종사자들은 일부 사람들의 입에 오르내리는 좋은 희극을 만들었다. 톈한(田漢)이 창작한 『여인행』(麗人行)은 항일전쟁의 승리 전 일본군의 말발굽아래에서 생활하는 상해를 배경으로 3명의 서로 다른 환경의 여인을 주인공으로 하여 그들 삶의 곡절을 표현한 것이다. 이 극은 일본의 괴뢰정권과 미국과 장제스를 배척하고, 국민당의 폭정으로 피눈물을 흘리는 것을 표현한 것으로, 상연 후 극단(劇壇)에 많은 영향을 주었다. 톈한(田漢)은 위링(于伶), 우톈(吳天), 쉬창린(徐昌霖) 등과 함께 공동으로 창작한 『청류만리』(淸流萬里)는 창작한 것으로 진보적인 문화인이 항일전쟁 승리 전야에서 승리 후까지 상해에서 겪는 고통의 역정을 단결분후의 장면을 재 표현한 것이다. 극작가 우쭈광(吳祖光)의 『촉귀전』(促鬼傳)은 민간 전설중의 종규[1]촉귀(鍾馗促鬼)의 이야기를 현실에 접목시켜 극중의 허구인물의 언행을 통해 장정(壯丁)의 체포, 타도 내전, 탐오 수뢰, 사적인 영업의 폐해 등을 무정하게 폭로하고 풍자하고 있다. 이외에 상해의 무대에서는 『당체지화』(棠棣之花)와 『승관도』(升官圖) 역시 시민들의 환영을 받았다. 특별히 후자는 상해인민에 의해 새로운 『관장현형기』(官場現形記)[2]라는 명예를 얻었다.

---

1) 종규(鍾道)란 중국민간 전설에서 전해져오는 귀신을 쫓고 사악함을 몰아내는 신(神)을 말한다. 역자 주.

2) 청말(淸末) 리바이위안(言伯元; 1867~1906)이 지은 견책(譴責)소설이다. 견책소설이란 루쉰(魯迅)이 사회나 관계(官界)의 병폐를 폭로하고 비판하는 내용을 견책소설이라 명명한 것에서 기인한다. 내용은 위로는 황제로부터 아래로는 미관말직까지의 부패를 묘사하고 있다. 제목의 '관장'(官場)은 '관계'(官界)를 말하며, '현형'(現形)은 '정체를 드러낸다' 또는 '본질을 들춘다'라는 뜻이다. 이 소설은 『세계번화보』(世界繁華報)에 60회 연재되어 사회에 많

화극(話劇)에 있어서는 부단히 새로운 것을 만들어 냈고, 상해의 월극(越劇) 종사자들 역시 "적독반"(的篤班; 초보반) 단계를 벗어났고, 역사성의 개혁을 진행하였다. 1946년 5월, 위안쉐펀(袁雪芬)이 이끄는 설성(雪聲) 극단을 아주 새롭게 바꾸었으며, 루쉰(魯迅)의 명작인 『상림수』(祥林嫂)를 무대에 올리려고 사회의 인가를 얻었고, 관객 동원율은 130%나 되었다. 『상림수』(祥林嫂) 개편의 성공으로 월극(越劇) 역시 새로운 길을 열었다. 1947년 8월 월극(越劇)계(界)의 "십자매"(十姉妹)는 황금대극원(黃金大劇院)에서 『산하련』(山河戀)을 함께 연출하였으며, 사회 진보적인 계층으로부터 열렬한 찬사를 받았다. 이후, 월극예술(越劇藝術)은 상해에서 나날이 성숙되어 갔다.

진보적인 영화 종사자들은 중국공산당의 지도아래에서 중국 영화사업의 발전에 지대한 공헌을 하였다. 당시 국민당의 주요 영화기구인 중앙전영기업고빈유한공사(中央電影企業股份有限公司) 1, 2창(一, 二廠)이 상해에 설립되어 있었는데, 촬영한 대부분은 국민당 특무(特務)를 미화하고, 내용은 반동적인 하류(下流)의 『천자 제1호』(天字第一號) 등의 이야기 영화였다. 진보적인 영화 종사자들은 국민당이 필름 제작소를 조정, 제압하고 있는 것을 이용하여, 부녀들의 각성을 표현한 『요원한 사랑』[遙遠的愛]를 촬영하였고, 전후 지식인의 비극을 그린 『천당춘몽』(天堂春夢)을, 국민당의 뇌물 수수 등을 그린 『환향일기』(還鄕日記)와 『승룡쾌서』(乘龍快婿) 등 진보영화를 제작하였다. 이외에 양수성(陽輪笙), 차이추성(蔡楚生), 스둥산(史東山), 정쥔리(鄭君里) 등은 전후 진보 영화의 기지인 곤륜영업공사(昆侖影業公司)를 세웠다. 초기에 그들은 연화영예사(聯華影藝社)의 명의로 『팔천리 길의 구름과 달』[八千里路雲和月]과 『강의 봄물은 동으로 흐른다』[一江春水向東流]의 상집(上集) 『팔년이난』(八年離難)을 촬영하였고, 이후에는 곤륜영

은 영향을 미쳤다. 역자 주.

업공사(昆侖影業公司)와 함께,『강의 봄물이 동으로 흐른다』[一江春水向東流] 하집(下集)인 『날이 밝기 전 후』[天亮前後]를 촬영하였다. 이러한 필름은 당시 중국 영화계를 놀라게 하였으며, 전국 관중의 열렬한 환영을 받았으며,『천자 제1호』(天字第一號)의 표 값과는 아주 큰 차이가 나도록 비쌌으며, 국산영화중 최고의 흥행 기록을 세웠다. 이후, 선푸(沈浮), 천리팅(陳鯉庭), 쑨위(孫瑜), 바이양(白楊), 자오단(趙丹), 황쭝잉(黃宗英) 등이 계속적으로 곤륜공사(昆侖公司)에 가입하였고,『만가등화』(萬家燈火),『막을 수 없는 봄 햇살』[關不住的春光],『여인행』(麗人行),『인간세상의 희망』[希望在人間],『삼모유랑기』(三毛流浪記)와 『까마귀와 참새』[烏鴉與麻雀] 등 우수영화들이 만들어졌다. 진보적인 경향의 문화(文華), 화예영업공사(華藝影業公司)는 황쭤린(黃佐臨), 커링(柯靈), 쌍후(桑弧), 페이무(費穆), 스후이(石揮), 차오위(曹禺) 등의 노력으로 『가봉허황』(假鳳虛凰),『야점』(夜店),『염양천』(艶陽天),『표』(表) 등 비교적 우수한 영화들이 만들어졌다. 이외에 상해 영화계에는 경극(京劇)을 영상화한 영화인 『생사한』(生死恨)과 월극(越劇)을 영상화한 『상림수』(祥林嫂)등 예술 성취가 비교적 높은 수준의 희극영화가 있었다. 이상과 같은 작품은 많은 지방에서 국민당 문화당국의 가위질에 많은 부분이 잘려나갔지만, 그러나 그들의 선명한 투쟁성은 말살시킬 수 없었다.

제14장

여명전(黎明前)의 대결

제1절 진일보 된 인민운동(人民運動)의 고조

1948년 초, 인민해방군의 전면적인 전략으로 진공하였고, 국민당군대는 분구 방어를 하는 방침으로 전략을 바꿨다. 국민당 반동통치의 패망의 이미 가까이 왔으나, 그들은 아직까지도 광적으로 발버둥을 치고 있었다. 중공 상해국은 남시(南市)에서 하나의 시위간부학습반(市委幹部學習班)을 만들었고, 국민당의 진압정책에 대해 계속적인 반박해 투쟁을 벌일 것을 결정하였다. 중국 공산당의 지도아래 1948년 1~2월, 상해에서는 연속적으로 동제학생(同濟學生)운동, 무조안(舞潮案)과 신구(申九)파업사건이 잇달아 일어났다.

동제(同濟)대학은 당시 상해의 주요한 종합성 대학의 하나로, 문(文), 법(法), 의(醫), 공(工), 이(理) 등 6개 단과대학으로 신입생은 2,000여 명이 있었다. 중국 공산당은 동제의 역량이 비교적 강하다는 것을 알고, 40여명의 당원으로 총지부를 설치하였다. 1948년 1월에는 교학생자치회(校學生自治會)로 바꾸었다. 각 반과 학과에서는 학생대표를 선출하였는데, 대부분이 공산당원과 진보학생들이었다. 머리 속에는 파시즘으로 가득한 교장 딩원옌(丁文淵)은 이러한 사실에 상당히 분노해 했으며, 명령을 내려 학교 전체적인 자치회의 설립을 금지한다고 하고, 아울러 각 단과대학의 학생 자치회 후보자들은 필히 학교의 규정을 준수하라고 하였다. 학생들은 즉각 "반 흠정(欽定), 반 통제(統制)"의 목소리를 내었고, 학교 측에서 낸 성명을 무시하였다. 13일 학교에 자치회가 선출되었다. 딩원옌(丁文淵)은 3명의 학생을 제적함과 동시에 자치회의 일체 활동을 금지하는 명령을 내렸다. 중공국립대학구위(中共國立大學區委)와 동제 총지부(同濟總支部)에서는 이에 반발하며 전면 투쟁을 결정하였고, 아울러 이러한 투쟁 중에 교사의 저지를 구하고, 사회의 반응을 얻으려고 노력하였다. 19일 학생들은 학과의 대표 대회를 거행하여, 3개항의 결의문을 작성하였다. 첫째는 무제한 수업거부. 둘째는 효과가 없을 경우, 남경으로 가서 청원을 한다. 셋째는 딩원옌(丁文淵)의 사직요구이었다. 계속해서 시(市) 전체 60여 개소 학교의 상해시(上海市) 학생들은 민주쟁취(爭取民主), 반박해(反迫害)의 지원동제연합회(支援同濟聯合會)를 결성하였다. 동제(同濟)학생들은 이러한 격려로 29일 남경으로 청원을 하기 위해 떠났다. 이에 국민당은 피비린내 나는 진압 명령을 내렸다.

29일 오전, 5대의 장갑차와 기마대의 만 여 명의 군경(軍警) 특무(特務)가 기미로(其美路, 현재의 四平路)의 동제공학원(同濟工學院)을 포위하였다. 동제학생들은 두려워하지 않고, 시내 각 학교에서 온 학생들과 연합해 교문을 뚫고 나가려는 시도를 벌였다. 중공지하 학위(學委), 국립대학구위(國立大學區委)와 동제총지부(同濟總支部)의 책임자인 우쉐첸(吳學謙), 페이잉(費瑛), 차오스(喬石) 등이 제1선(第一線)에 섰고, 공산당원이 학생대오(學生隊伍)의 전열에 포진하고 있었다. 시장(市長) 우궈전(吳國楨), 경비사령(警備司令) 쉬안톄우(宣鐵吾) 및 경찰국장 위수핑(俞叔平) 역시 군경에 둘러싸인 채 학교의 교문 앞에 나타났다. 우궈전은 당국의 반동법령에 근거하여 학생들을 학교 안으로 밀어 넣으려고 하자, 학생들의 호된 비난의 소리를 듣게 되었다. 학생들은 즉각 군경의 철수와 제적시킨 학생들에 대한 명령의 철회를 요구하고 나섰다. 거짓과 허위를 능수능란하게 구사하는 우궈전은 오히려 교장 딩원옌을 찾을 수 없다고 하는 구실로 시간을 지연시켰다. 오후 2시 반, 청원(請願)학생들이 남경으로의 출발을 결정하자, 군경은 즉각 습격을 감행하였다. 학생들은 한 무리 한 무리씩 쓰러졌고, 머리가 깨져 피가 나는 학생, 군경에 짓밟혀 장기에 상처를 입은 학생들이 속출하였다. 분노한 학생들은 즉각 돌로 반격하였다. 우귀전은 사람들이 밀어 닥쳐 안경이 깨지고 모자를 잃어 버렸다. 학생들은 결국 군경에 의해 학교 내로 들어오게 되었는데, 4명이 중상, 69명이 상처를 입었고, 33명은 실종되었다. 그날 밤, 4,000여 명의 학생들은 교내에서 "피 값 모임"을 거행하였는데, 재차 군경의 잔악한 진압으로 200여 명의 학생이 체포되어 갔다. 동제학생운동은 비록 잠시 진압되었으나, 학생들의 강렬한 반항의 투지는 소멸되지 않았다.

동제참안(同濟慘案)후, 상해에는 또 무조안(舞潮案)이 발생하였다. 당시 상해에는 백락문(百樂門), 신선림(新仙林), 대도회(大都會), 여도(麗都), 선락사(仙樂斯), 미고미(米高美) 등 약 20여 곳의 무도장이 있었고, 무도장에는 춤을 함께 춰주는 무희들 중 허가증을 갖고 있는 사람은 800여 명 정도였고, 그 나머지는 악대(樂隊), 관리인, 사정인원(社偵人員), 잡역부 등 1,000여 명이 종사하고 있었다. 한 집안은 5명인 가족 기준으로 통계를 내보면 시 전체의 10,000여 명이 이러한 무도장에 의존해 생계를 유지하고 있었다.[1] 1947년 10월, 국민당 행정원은 싸움질과 가무(歌舞)가 사회 분위기에 영향을 준다는 이유로 "방해풍화, 제창절약, 실행금무"(妨害風化, 提唱節約, 實行禁舞)의 명령을 반포하였다. 무도장에 종사하는 직공과 무녀(巫女)들은 실업의 위기에 직면하였으나, 시정부는 이러한 것의 해결방법을 갖고 있지 않았다. 생존하기 위해 그들은 자발적으로 투쟁을 벌였고, 무도장의 노동조합을 통해 상해시 사회국에 금무(禁舞)를 잠시 보류해 달라 진정을 내었다. 무도장 경영자와 어용 노동조합은 자신들의 이익을 보호하기 위해, 노동자들의 세력을 이용하였고, 금무(禁舞)를 반대하는 여론을 조성하였다[2]. 사회국 국장 우카이셴(吳開先)은 오직 금무(禁舞)의 시기

---

1) 範錫品, 「上海舞潮案親歷記」, 『文史資料選輯』(上海), 第27輯.

를 2, 3개월 지연해 준다고만 말하였고, 아울러 시기를 나누어 무도장도 폐쇄시킨다는 답변을 해왔다. 사회 각계의 성원을 얻기 위하여 무희(舞姬)들은 신세계(新世界) 상점에서 상해(上海) 무녀연의회(舞女聯誼會)를 결성하였고, 대표를 파견하여 사회의 명류를 탐방하게 그들로 하여금 정부에 청원을 하도록 요청하였으며, 아울러 기자회견도 개최하였다. 연의회는 다른 직종으로의 전업을 하기 위한 학습반도 열어 무희(舞姬)들을 재봉질, 편직(編織), 요리, 타자, 자수, 부기(簿記) 등 기술을 배워 다른 직업으로의 전업을 위한 준비를 시켰다.

1월 31일 사회국에서는 금무(禁舞)를 집행하려는 의도를 보였다. 이러한 소식이 전해지자 각 무도장의 대표들은 각자 무도장의 회원 및 가솔(家率)들을 이끌고 시(市) 사회국 문 앞에 모여 국민당의 금무(禁舞)명령 철회를 요구하다 군경에게 저지와 구타를 당하였다. 군중들은 군중심리가 작용하여 반항을 하였고, 군경을 뚫고 사회국 내로 진입하여 사무용 문구, 의자, 서랍을 창밖으로 던져 버렸으며, 공문서도 사방으로 날려 버렸다. 당국은 군경과 비행보루(飛行堡壘)[3]를 증파하여 진압하였고, 많은 사람들이 머리가 깨져 피를 흘렸으며, 죄수호송차에 강제로 실렸으며, 대부분은 다시 광장에로 강압적으로 모이게 되었다. 그중 군경을 구타한 혐의자 500여 명이 체포되어 갔다. 무녀연의회(舞女聯誼會)는 강제로 폐쇄당하였다. 각 무도장은 연쇄적으로 문을 닫았고, 무희(舞姬)들은 직업을 잃게 되었다. 이러한 무조안(舞潮案)은 비록 삼청단원(三靑團員)들이 이용은 하였지만, 국민당 내부파의 파벌경

---

2) 舞蹈場業의 어용 노동조합은 吳紹澍의 三靑團이 제압하고 있었고, CC계가 장악하고 있던 사회국으로부터 편파적인 대우를 받고 있었다.

3) 비행보루(飛行堡壘)란 국민당 상해시 경찰국 소속의 특별진압대를 말한다. 그들은 미국식 총으로 무장하였으며, 진압업무때 그들이 사용하던 방탄장갑차를 비행보루라고도 불렀다. 비행보루진압대는 1940년대 초에 만들어졌고, 옌펑러우(顔鳳樓)가 대장을 맡았다. 그들의 주된 임무는 도시 폭동진압과 진보인사들의 체포였다. 역자 주.

쟁을 가져오게 하였을 뿐 아니라, 군중의 투쟁은 국민당의 통치에 타
격을 주었다.

　무조안(舞潮案) 후 계속적으로, 신신구창(申新九廠)에서 파업투쟁이
폭발하였다. 이 공장은 중국내 굴지의 대사창(大紗廠)중의 하나였다.
자본가는 보통 겸허하게 "신구복리"(申九福利)를 말하고 있으나, 실질
적으로는 노동자들을 극도로 압박하여, 배급되어야 하는 쌀, 알탄, 식
용유, 설탕 등을 자본가가 이러한 재물을 떼어 먹고 있었다. 1947년
10월 후, 창방(廠房)에는 위기가 닥쳤다. 이로써 각종 구실로 노동자들
을 해고시켰다. 1948년 2월초, 해고된 사람이 약 350여 명이 되었다.[4)]
동시에 자본가는 또 물가가 앙등하자 상여금을 줄인다는 것을 선포하
였다. 노동자들은 더욱 분노하였고, 공장 내의 중국 공산당원들의 지
도하에 파업을 일으키게 되었다. 1월 30일 오후, 공장의 모든 기기(機
器)는 돌아가지 않았다. 노동자들은 창빙(廠房)을 점거하였고, 대표를
기업주에게 파견하여 배급물자를 언제 배분할 것이며, 상여금은 언제
지급할 것이며, 작년 11월에 해고된 노동자의 복직 등 모두 9개의 요
구사항을 제출하였다. 규찰대대(糾察大隊)는 공장을 보호하는 조치를
취하였다. 자본가는 노동자와의 담판을 거절하였고, 뿐만 아니라 비밀
리에 사회국에 보고하였다. 2월 2일, 쉬안톄우(宣鐵吾)가 친히 와서,
장갑차위에 서서 군경들에게 노동자들을 향해 진공하여 진압하라는
명령을 내렸다. 노동자들은 3층의 건물 옥상을 거점으로, 이미 준비한
돌, 벽돌, 쇠파이프, 화염병, 초산수(醋酸水), 수도꼭지로 자기 방어 무
기를 만들었다. 군경은 최루탄을 쏘았으나, 노동자들이 있는 곳은 통
풍이 잘되어, 오히려 그 유독가스는 경찰이 있는 진지 쪽으로 불어갔
다. 이로 경찰들은 눈물을 흘리고 고통을 호소했다. 쉬안톄우는 총을
쏘라는 명령을 내려 군경들은 장갑차로 공장 내부로 들어가, 3명의 여

---

　4) 『榮家企業史料』, 下册, p.746.

공을 때려죽이고, 수 백 명에게 상처를 입혔으며, 그들중 42명은 중상(重傷), 236명은 체포되었다.

신구참안(申九慘案) 발생 후, 시 전체의 반폭운동(反暴運動)은 활기찬 모습으로 흥기하고 있다. 중공 상해 지하조직은 신구이이참안선후성원위원회(申九二二慘案善後聲援委員會)를 결성하였다. 그리고 각종 방식의 위로를 통하여 상처를 입은 노동자 및 죽은 열사의 가족들, 각계 인사의 생명 위험에 대한 위로를 벌였고, 극원, 오락장, 여관 등에 많은 전단을 뿌렸고, 표어를 붙였으며, 만화 등의 수단으로 참안(慘案)의 진상을 보도하였다. 공산당은 시 전체의 노동자들을 소집하여 2촌(寸) 2푼(分)의 크기로 검은 색 사(紗)로 머리띠를 만들어 머리에 감고(2월 2일을 상징), 추도 활동을 벌였다. 신화사(新華社)에서는 신구(申九)노동자투쟁의 소식을 보도하자, 전국 각지(홍콩 포함)에서 위로의 편지가 도착하였고, 해방구 군민은 5·1노동절(五一勞動節)에 의무노동을 하루하기로 결정을 하였고, 이로써 신구노동자들의 투쟁을 지원한다고 하였다.

1948년 초의 이러한 세 가지 사건들은 반박해 투쟁의 표현이었고, 상해의 노동자, 학생, 점원과 각계 군중과 국민당의 투쟁은 이미 서로 백병전을 벌이는 단계에 이르렀다. 이후, 반동파의 진압은 더욱 광적으로 변했고, 더욱 잔학해졌으며, 인민의 위치는 더욱 위험해졌다.

2월, 국민당은 상해에 특종 형사법정을 만들어, 공산당과 혁명인사를 더욱더 박해를 시작하였다. 3월 하순, 국민당은 또 대규모 공산당원 체포를 벌였다. 일부 적극적으로 신구사건 후원회 활동에 참가한 공회 간부들도 체포되었고, 프랑스전기회사, 영국전기회사 노동자중의 중공조직 역시 파괴되었다. 특무 또는 검은 손이 상해 전력공사에 손을 뻗었으며, 그들은 쇠 부스러기를 발전기내에 집어넣었고, 상해전공(上海電公)의 노동조합 상무이사, 공산당원 왕샤오허(王孝和)를 모함하였다. 4월 21일, 반동 당국은 발전기를 망가뜨렸다는 죄명으로 왕샤오허(王孝和)와 14명의 노동조합 간부를 체포하였다. 왕샤오허(王孝和)는 혹형을 받으면서도 굴복하지 않고, 특형법정(特刑法庭)에서 국민당의 음모를 폭로하였고, 9월 30일 정의를 위하여 용감하게 희생되었다.

국민당의 도살과 진압과 협박은 상해 인민을 굴복시키지 못하였다. 1948년 5월, 상해 인민은 또 대규모로 반미부일(反美扶日; 미국의 일본지지 반대)운동을 벌였다. 일본 투항 후, 미국은 공개적으로 일본 파시스트 세력을 비호하고, 일본의 물건 판매를 도와주고, 아울러 대일 화약의 서명을 지연하고 있다. 미국은 이러한 조치는 원동(遠東) 각국에 특별히 중국 독립에 심각한 위협을 가하였고, 뿐만 아니라 중국 인민의 원한을 샀다. 상해는 반미부일(反美扶日)운동의 중심이 되었다.

3, 4월간, 상해의 각 학교의 학생들은 분분히 반미부일(反美扶日) 토론회와 강연회를 거행하였다. 5월 4일, 교대(交大) 학생들은 중원(中院) 잔디밭에서 "민주보루"(民主堡壘)를 발기하고, 반미부일(反美扶日) 전람회를 열었다. 시 전체의 120개 학교의 15,000명의 학생들이 교대(交大)에 모여, 상해시 학생의 미국의 일본 지지 반대와 민족을 위기에서 구해내기 위한 구제연합회(救濟聯合會)를 성립하였다. 연합회는 즉각 전보로 연합회 성립을 전국에 알렸고, 미국의 일본 지원 반대의 목소리가 높아졌다. 반미부일투쟁을 진일보시키기 위해, 상해 학련은 "5·20" 반기아, 반내전, 반박해 투쟁 1주년 기념대회의 개최를 예정하였다. 22일 오후, 102개소 학교의 15,000명 학생들은 교대에서 회의를 열어 10만 명의 미국의 일본지지 반대 서명운동을 벌이기로 결정하였다. 이로써 각 학교는 행동구역을 나누었다. 복단, 호강(滬江) 등 대학의 학생들이 민의를 수렴한 결과, 90%이상의 학생들이 미국이 일본을 지지하는 것은 중국에 새로운 위기라고 인식하고 있다는 것을 알았다.[5] 복단대학은 반미부일주(反美扶日週)를 선포하였다. 성 요한대학

(約翰大學) 학생들은 25일 민족전람회(民族展覽會)를 개최하여, 일본이 사용했던 철모, 칼 등 중국 침략의 실물을 전시하여 사람들이 겪었던 어려웠던 시기를 회상케 하였다.

미국과 장제스는 상해인민의 투쟁에 두려움을 보였고, 남경 교육부에서는 시정부에 진보학생들을 제적하라는 밀령을 내렸다. 미국의 관점을 대표하던 『대미만보』(大美晚報)와 『화미만보』(華美晚報)는 학생의 정의로운 행동을 제멋대로 공격하였다. 5월 30일, 상해에 주재하고 있던 미국 총영사 캐봇(J. M. Cabot, 葛柏德)은 성 요한 대학 학생들을 공격하면서 말하기를, "그들(요한대학의 학생들을 지칭함)은 미국의 은혜를 입고 교육을 받고 있다. 또 그들은 연일 필요로 하는 식량들은 모두 미국 인민들의 피와 땀 및 납세인의 도움에 의존하고 있다. 그런데 미국을 비방하는 것은 온당치 못하다. 이렇게 된다면, 미국인은 중국에 원조하는 것을 중지시키도록 요구할 것이므로, 중국으로 스스로 손해를 보게 되는 것이다."고 하였다. 이것은 이 학교 학생들의 민족감정을 유발시켰다. 29일, 그들은 중외 기자회견을 거행하면서 미국인의 잘못된 인식을 비판하며 성명을 발표하였다. "성 요한 대학은 비록 미국 교회가 세운 학교지만, 우리들은 중국인이다. 우리들은 우리의 조국을 잊을 수 없다."6)고 하였다.

6월 1일, 상해 각 대학교 교장, 교수 347명은 연명(聯名)으로 하여 트루먼 미국 대통령에게 전보를 보내 미국의 일본지지에 대한 반대 의견을 제시하였다. 5일, 시 전체 학생들은 또 외탄(外灘)에서 대형 시위를 거행하면서, 3대 구호를 제창하였다. "전국 동포는 일제히 일어나 미국의 일본지지를 반대해야 한다.", "미국이 애국행동을 간섭하는 것을 반대한다.", "국화상단(國貨商團)은 단결해 일어나야 한다." 26일,

---

5) 『上海學生運動史』, p.167.
6) 『上海學生運動史』, p.168.

중공 지하학위(地下學委)에서는 반미부일공단회(反美扶日公斷會)를 거행하여 사회 가계의 인사를 폭넓게 참가시켰다. 기업가 천수통(陳叔通)은 "우궈전(吳國楨)이 너희 학생들의 반미부일은 애국이 아니다라고 하는데, 이렇게 말하는 사람이 매국노다!"라고 지적하였다. 마인추(馬寅初)는 만약 우궈전이 학생들을 감옥에 가둔다면, 우리들도 모두 함께 가겠다고 말하였다. 박수 소리는 진동하였고, 모두 입을 모아, "우리 모두 함께 감옥으로 가자!"라며 이러한 애국반제 운동은 상해 인민의 단결을 더욱 긴밀하게 하였다.

국민당이 독재와 내전의 정책을 실행하였기 때문에 심각한 식량공황, 기아와 사망이 상해의 빈민을 위협하고 있었다. 그래서 반기아 투쟁은 처음부터 상해인민이 국민당 통치를 반대하는 하나의 중요한 방면이었다. 1948년 4월 27일, 『신보』(申報)에 『소녀양매구년불식』(少女楊妹九年不食)이라는 소식이 게재되었는데, 이것은 중경(重慶)의 한 소녀가 "9년 전에 쇠귀나물을 긁어 먹고는 어떤 음식도 먹지 못했다. 약혼자는 그녀와 결혼하지 않았다." 이러한 희한한 소식은 각계에서 그 소녀를 돕고자 음식을 보냈고, 모든 사람은 그 시골 소녀를 관심을 갖고 보았으며, 그 소녀의 일 거수 일 투족이 기술되었다. 영화계에서는 영화를 촬영할 준비가 되었고, 양매(楊妹)연구회 역시 성립을 선포하였다. 하나만 있는 것이 아니라 그 짝이 또 있었다. 이때 상해에도 "양매"(楊妹)가 나타났는데, 이름은 장다이린(張黛琳)이었고, 국대대표(國大代表) 여의사가 보호감호를 하고 있었다. 이러한 두 가지 일이 전국을 동요시켰다. 상해의 중정서로(中正西路, 현재 延安西路)에는 배불리 먹지 못한 초등학생들이 중경(重慶)의 위생국장에게 편지를 써, 음식을 먹지 않는 것이 가정의 부담을 경감하는 일이라고 생각했기 때문이라고 하였다. 음식을 안 먹었다고 하는 것은 조작된 것이다. 그러나 그것이 인민의 고난과 국민당의 풍자를 반영한 것이다.

1948년 5월, 상해 중국농업과학연구사(中國農業科學研究社)는 프랑스공원(法國公園, 현재의 復興公園)에 대형 농업전람회를 열어 생동하는 사례를 보여주고, 농촌 파산의 원인을 분석하고, 국민당 정부의 압박에 대한 토로를 하였다. 전람회의 입구에는 "식물영양대비"(植物營養對比)라는 글이 크게 그려져 있었고, 그 그림 위쪽 한편에는 뼈와 살이 오그라들어 장작 같은 농민이 있었다. 한편으로는 쿵샹시(孔祥熙)가 모델로 나와 만면이 기름기가 흐르는 부자를 나타냈는데, 그림 앞에는 긴 탁자가 놓여 있었는데, 그 위에 이름 모를 과일과 나무뿌리 그리고 산해진미의 실물이 대비되어 놓여 있었다. 참여한 민중은 약 10,000명 정도였다. 6월 28일 상해의 초등학교 교사 1,000명은 시 교육국 입구에서 시위를 벌여 "물가는 하루가 다르게 뛰고, 선생들은 애간장만 끊는구나."라며 교사들의 대우 개선을 요구하였다. 교육국에서 응해 주질 않자, 교사들은 하루를 지새웠다. 사회 각 계층은 모두 이들을 동정하였고, 학생 가장과 초등학생들이 잇달아 그들을 위문하였고, 시정부의 양보를 촉구하였다. 같은 시기, 사립대학의 학생들은 학비를 낼 힘이 없어, 사립을 공립으로 바꿔야 한다는 운동이 일어났다. 이러한 투쟁은 모두 인민 해방군의 무력 투쟁과 배합되어, 해방전쟁의 승리의 여정을 가속화 시켰다.

제2절 금원권(金圓券)과 타호(打虎)

　　인민해방 전쟁의 진전에 따라, 국민당 통치자는 군사상의 패국이 이미 짙다는 것을 알고, 경제상으로도 붕괴되어 와해될 것을 알고 있었다. 그들은 일본 괴뢰산업과 미국물자는 이미 다 팔아 고갈이 되었고[1], 내전으로 인해 소비가 증가되었지 감소되지는 않다. 국통구(國統區: 국민당 통치지구)는 나날이 축소되었고, 세원(稅源)은 나날이 줄어들었다. 1946년 1~5월, 남경정부 재정의 실제상 지출은 약 15,000원의 법폐였고, 세수입은 오직 2억 5천만 원이었다. 국민당 정부는 1948년 1월 말 각지에 구제 특수 의연금 100,000억 원의 모집을 요구하였고 상해는 그 분담금 85,000억 원이 할당되었다. 우궈전(吳國楨), 팡즈(方治), 두웨성(杜月笙) 등 의연금 모집위원회가 결성되었으나, 응모자는 많지 않았다. 국민당의 재정 적자를 메우기 위한 주요한 수단은 대량으로 채권을 발행하는 것이었다. 1947년 말, 법폐(法幣) 발행량은 33조1885억 원이었고, 1948년 8월에는 이미 맹렬하게 증가하여 604조5340억 원이었다. 법폐(法幣)의 액면가는 아주 놀랄 정도였는데, 500만원의 대채권(大債券)이 세상에 나돌게 되었다.

　　국통구(國統區)는 나날이 축소되었고, 남발하는 대량의 법폐는 점점 상해 등 소수 대도시에 집중되게 되었다. 사실상 법폐의 반 이상은 상

---

1) 미국의 백서(White Paper)에는 국민당정부의 외환자산은 1947년 말 2억 달러에 불과하였으며, 1년 후에는 전부 소모되었고, 황금고(黃金庫)에는 200만 량만이 있었다. 楊培新, 『舊中國的通貨膨脹』, p.79; 『中美關係史資料滙編』, 第1輯, p.795.

해에서 발행되었고, 각지에서 새롭게 발행되는 법폐의 대부분은 신속하게 상해로 밀려 들어왔다. 그러나 국민당 정권의 어두움과 부패로 인민들에게 완전히 믿음을 상실하게 되었으므로, 누구도 법폐를 보관하지 않으려고 하였다. 그래서 법폐의 유통 속도는 나날이 빨라졌다. 중앙은행 연구처의 계산에 의하면, 1947년 1~9월의 법폐 유통속도는 매월 평균 19.77회에서 60회로, 1948년의 속도는 더욱 빨라졌다[2]. 이 것은 필연적으로 물가의 광적인 증가를 가져왔다. 1948년 1~8월, 물가지수는 평균 매월 65.4%가 증가되었고, 8월에는 18일 동안 88.5%가 증가하였다. 쌀 한 석(石; 10말)을 5,833만원(萬元)에 팔았고, 큰 빵은 3만원으로 법폐의 태환가치는 이미 본래의 가격을 잃은 상태였다. 일부 공무원은 시정부 빌딩위에서 천 원(千元)짜리 지폐를 거리로 뿌릴 것이라고도 하였다. 중앙은행에서 막 찍어 낸 50원짜리와 10원짜리의 새로운 돈은 시중에 유통되기도 전에 사라졌다. 심지어 거지도 천 원짜리 이하의 지폐는 거절하였다.

이러한 상황아래에서 사회의 여론은 화폐개혁을 실행해야 한다는 목소리가 나오게 되었다. 국민당 당국 역시 법폐 "팽창의 악성순환", "그 위험성은 공산당반도들보다도 더 피해가 크다", "물가의 광적인 증가는 사회질서와 정치 믿음을 해친다."고 인식하기에 이르렀다[3]. 행정원장 웡원하오(翁文灝) 역시, "재정은 개혁하고 정리해야만 한다."[4]고 말하였다. 7월 26일, 장제스(蔣介石)는 막간산(莫干山)[5]에서 웡원하오(翁文灝), 왕윈우(王雲五), 위훙쥔(俞鴻鈞) 등을 만나, 화폐 개혁을

2) 『上海解放前後物價資料滙編』, pp.39~40.
3) 楊培新, 『舊中國的通貨膨脹』, p.66.
4) 黃元彬, 「金圓券的發行和它的崩壞」, 『文史資料選輯』, 第 8輯.
5) 막간산(莫干山)은 절강성 호주시(湖州市) 덕청현(德淸縣)경내에 있는 아름답고 풍요로운 고장으로 상해(滬), 영파(寧波), 항주(抗州)를 잇는 삼각형의 중심지역에 위치하고 있다. 역자 주.

논의하였다. 8월 17일, 장은 또 상해로 와서 관련이 있는 관원(官員)과 상의를 하게 되었다.

8월 19일, 국민당 정부는 『재정긴급처분령』(財政緊急處分令), 『금원권발행판법』(金圓券發行辦法)등 4개 항의 법령을 공포하고, 아울러 화폐개혁을 단행하였다. 그 중요한 내용은 금원권 발행 20억 원, 1:300만의 비율로 기한을 두고 법폐를 거두어들인다. 제한적인 시기 내에 민간이 소지하고 있는 황금(黃金), 백은(白銀)과 외국돈, 인민이 소유하고 있는 해외재산의 등기에 대해서 새 돈으로 바꾸어 준다. 각지 물가동결은 8월 19일의 수준으로 결정한다. 당국은 성명에서 "이번 화폐개혁은 국가와 민족의 생사존망의 관건으로 오로지 성공을 해야지 실패는 없다."[6]고 발표하였다.

이러한 당국의 화폐개혁의 목적은 붕괴하고 있는 사회경제를 구제하기 위한 것을 표방하고 있으나, 실제상으로는 아무런 물자의 준비도 없는 화폐개혁을 실시한 사기극이었다. 인민의 수중에 있는 금은(金銀), 외국돈을 빼앗기 위한 것이었다. 국민당에서는 이러한 연극의 성공 여부 관건은 은가정책(銀價政策)이 지지를 해야 한다고 생각하였다. 왜냐하면 20억 금원권을 법폐로 환산하면 6,000조 원이 되고, 이미 유통되고 있는 법폐의 액면 가격에 무려 9배나 이상이나 된다. 금원권은 본래 팽창할 수 있는 지폐로 발행을 하면 반듯이 물가가 상승되게 되어 있다. 물가가 올라가면 금원권은 또 법폐의 전철을 밟지 않을 수 없다. 그래서 물가는 8월 19일의 수준으로 맞추어 놓고—국민당은 이것을 "8·19방어선"(八一九防線)이라고 부른다—폭력에 의해 조정하려고 하였다. 그리고 금은과 외국돈을 수집하는 실제의 목적을 달성하기 위해, 폭력을 행사하지 않을 수가 없었다. 그래서 국민당은 살기가 등등한 선포를 하게 되었다. "어려운 때일수록 중벌에 처한다.",

---

6) 蔡眞雲, 『蔣經國在上海』, 中華印刷出版公司 1948年版, p.7.

"한 명이나 두 명을 희생양으로 삼는다."[7])는 등 엄포를 놓고 있었다.

상해는 금원권의 주요 유통지구였으므로, 국민당의 금은과 외국돈 수색의 주요 대상이었다. 그러나 상해 자산계급의 역량은 비교적 강대히여 많은 사람과 관방(官方)과는 모두 그 정도의 차이를 갖고 연계를 맺고 있었으며, 부유하고 권한 있는(豪門權貴) 가문의 관료자본과 국민당 각파들이 상해에서 거대한 이익을 챙기게 해 주었으므로, 이러한 상황에서 빈번한 폭력행사는 항상 있는 일이었다. 그래서 장제스는 최후의 카드를 제시하였다. 장징궈(蔣經國)와 중앙은행 총재 위홍췬(兪鴻鈞)을 상해경제관제독도원(上海經濟管制督道員)으로 임명하고, 실제상 일체를 장징궈의 책임 하에 처리하게 하였다. 장징궈는 두려움 없이 이러한 사명의 전개를 아주 낙관적으로 보아, 성명을 발표하였다. "본인은 이번 정부의 명령을 집행하려고 결심하였고, 실행하겠으며 할인은 하지 않겠다. 사적인 관계로 인한 어지럼힘은 법령으로 처리하겠다.", "상해를 바꾸기 위해서는 새로운 경제기지를 만들어야 한다."[8]) 장징궈는 "오로지 호랑이를 잡는 것이며, 파리는 두려워하지 않는다.", "한 집안이 우는 것이, 노변에서 많은 사람이 우는 것보다 났다."고 선포하였다. 계속해서 12,000명 청년들이 대상해 청년복무총대(大上海靑年服務總隊)를 조직하였고, 이로서 감건대대(勘建大隊)를 도왔다. 독도원관리처(督導員管理處) 아래에는 물자조절, 물가 심의, 경제심사 3개의 위원회(委員會)가 설립되었고, 류궁이(劉攻藝), 우궈전(吳國楨), 장징궈(蔣經國)가 책임을 맡았다. 민중을 조사하고 계발하기 편리하게 하기 위해, 시 전체의 각처에 11개의 인민 서비스처(人民服務處)를 설치하여, 비밀리에 고발하는 상자를 설치하였다.

장징궈가 상해에 도착한 후 첫 번째 실시한 것은 상해 인민의 금은

---

7) 楊培新, 『舊中國的通貨膨脹』, p.88.

8) 勘亂建國大隊는 1948年에 설립되었는데, 國防部의 特工組織을 위해 선정되었으며 蔣經國이 주관하고 있던 勘建中心팀의 지도를 받았다.

및 외화를 바꾸어 주는 것이었다. 장징궈는 이 일에 아주 관심을 보였고, 매일 밤 위홍쥔에게 전화를 한차례 걸어, 당일 거두어들인 금은의 양을 확인하였다. 경제독도원관리처(經濟督導員管理處) 규정에는 개인이나 단위에서 소장하고 있는 금은과 외화는 일률적으로 중앙은행에 납부하고, 그렇지 않으면 재판후 청분한다고 되어 있다. 장징궈는 매일 친히 상해 금융계, 공상계의 우두머리들을 만나, 그들을 강박하여 금은 및 외화를 내놓게 하였다. 상해 자본가는 여러 방면으로 납부하는 태도를 보였고, 은행공회 이사회에서는 상해 각 행장에서 수집한 1,000만 달러를 납부하였다. 장징궈는 이 소식을 듣고 대노하여, 그들에게 말하기를 "당신들은 따라주는 술을 안마시니 벌주를 마셔야겠다! 누구 수중에 얼마의 황금과 얼마의 미국 채권이 있는지 우리는 모두 알고 있다. 누구도 내지 않는다면, 군법에 의해 처리하겠다."[9]고 겁을 주었다. 친히 은행계의 거부 지우쭤민(周作民), 다이밍리(戴銘禮)을 위협하기 위해 그들을 특종 형사법정으로 보냈다. 동시에 그는 또 감건대(勘建隊), 특무 그리고 군경을 파견하여 은행과 은행 창고 등을 수색하게 하였고, 공개적인 탈취를 행하였다. 어떤 전당포(銀樓)에서는 개점 때에 은행안의 금고에 있던 대대로 내려오던 가보인 35가닥의 금줄, 또 한 은행 부사장이 개인적으로 넣어둔 20가닥(根) 금줄 역시 탈취 당하였다. 이로써 상해의 인심이 흉흉해졌다. 화교(華僑) 왕춘쩌(王春哲)는 개인적으로 모아두었던 외회(外滙)로 인해 죽임을 당했는데, 신문지상에 그의 사형집행 광경의 큰 사진이 실려 있었다. 신신방직공사(申新紡織公司) 대표이사 룽훙위안(榮鴻元), 중국시멘트공사(中國水泥公司) 상무이사 후궈량(胡國梁), 미풍증권공사(美豊證券公司) 대표이사 웨이보샹(韋伯祥) 등은 모두 개인적으로 외국 어음(外滙) 관리 및 개인적으로 황금을 간직하였다는 구실로 처벌을 받고 구속되자, 생명

---

9) 劉念智, 『實業家劉鴻生傳略』, p.108.

을 보존하기 위해 그들은 100만 달러, 30만 달러, 그리고 35만 달러를 보석금으로 여러차례 내었다. 장징궈는 특히 친히 위훙성을 핍박하자, 위훙성은 어쩔 수 없이 금줄 800개와 230만 달러 그리고 몇 천 개의 은원(銀元)을 내놓았다. 대중화상교창(大中華橡膠廠)의 사장 역시 장(蔣)의 추궁으로 2,700량의 황금과 3만 달러 금원권(金元券)을 내 놓았다. 10월 말, 장징궈는 상해 지역에서 모두 황금 114만 6천량, 미국 수표 3,442만 달러, 홍콩 돈 1,100만 원, 은원(銀元) 368만 여 원, 백은 96만 여 량[10]으로 황금, 미국 달러는 국내 보유량의 25.4%와 57.3%[11]를 차지하였다. 이것은 상해 각 계층 인민의 재산을 한차례 가장 흉악하게 빼앗은 것이다.

장징궈는 상해에서 시행한 다른 하나는 가격 제한 정책[限價政策]이다. 이 정책은 8월 19일에서 10월 말까지 강제로 집행하여 실행시키는 비록 70일 전후였으나, 상해의 시장은 아주 혼란하게 되었다. 국민당의 경제관리 법령에 의하면 시장물가 동결은 8월 19일의 물가를 표준으로 창고에 있는 화물은 반듯이 내다 팔아야 하고, 3개월 이상 창고에 적재하지 못하게 하였으며, 위반자는 구속된다고 하였다. 8월 28일, 경제 조사가 시작되어 상해경관처(上海經管處), 경찰국, 경비사령부 계사처(稽査處), 헌병과 경호(京滬, 남경－상해)와 호항(滬杭, 상해－항주) 두 길의 경찰국 등 6개 군경단위에서 소탕작전을 벌여, 시 전체의 모든 시장, 창고, 수륙공(水陸空) 교통장소는 모두 갑작스러운 조사를 받았으며, 그 3개월 이상 적재하고 있던 화사포필(花紗布匹) 전부가 몰수되었다. 18개의 은행 창고에 3개월 이상 된 면사 3,000건, 면포 5,000건, 색포(色布) 100필도 찾아내었다. 계속해서 44개의 민영 사창(紗廠)이 수사를 받게 되었는데, 그중 영안삼창(永安三廠)등 수 십 개

---

10) 楊培新, 『舊中國的通貨膨脹』, p.89.
11) 담시중 국내 황금과 미국 달러보유량의 수치는 『上海解放前後物價資料滙編』, p.41에 근거한 것이다.

소의 면사(錦紗)를 전부 봉인하여 보관시켰다. 장징귀는 한 무리의 상업 자본가를 체포하였고, 아울러 나머지 사람들에게도 경고를 하였으며, 제한 가격에 맞추어 판매를 하도록 강압하였으며, 화물이 없어도 문을 닫지 못하게 하였다. 상인들은 어쩔 도리 없이 판매를 해야 하였고, 화물을 은닉할 수 없었다. 면방업(棉紡業)은 면사 5만 건, 포필 10만 필을 판매하여 손실액이 금원권 5,000만 원 이상이나 되었다. 모방업(毛紡業)은 2,000만 원 정도의 손실을 보았다. 시 전체의 공상업계에서는 가격 제한으로 인한 손실액이 약 2억 원에 달하였다.[12] 이러한 손해를 보상하기 위해 암거래에서 가격을 올렸고, 이러한 것은 관리들이 협박 및 강탈할 수 있는 기회를 제공하였고, 지방의 불량배와 깡패들이 활개를 치게 되었다. 일부 자본가는 이러한 강압에 정신 착란을 일으켰고, 어떤 사람들은 부득불 피난을 떠났다.

이러한 가격제한의 실행 과정 중 장징귀의 업무처리 기풍과 국민당 대원들의 활동은 확실하게 서로 다른 점이 있었다. 그는 임삼서로(林森西路, 현재의 淮海西路)에 거주하고 있었는데, 매일 새벽 중앙은행에 도착하여 업무를 시작하였고, 화요일에는 검거된 시민을 접견하였다. 그는 또 도처에 연설을 하러 다녔는데, "권력과 부귀의 압박을 두려워하지 말고, 금전의 유혹을 받지 말며, 개인의 사정을 말하지 말라"고 주장하였다. 일부 범법을 저지른 하급관리에 대해 장징귀는 역시 엄하게 처벌하였다. 재정부 비서 타오치밍(陶啓明)은 그의 직권을 이용하여 기밀을 빼돌려, 투기 상인들과 합세해 영안사창(永安紗廠)의 주식을 매입하였고, 이 사건이 발각되어 처벌을 받았다. 그 후, 경비사령부 과장 장야니(張亞尼), 제6 계사대대장(第六稽查大隊長) 치짜이위(戚再玉) 등은 사형을 선고받았다. 거상(巨商)과 관원(官員)중에 감옥에 갇힌 사람이 64명이나 되었다. 두웨성(杜月笙)의 아들 두웨이핑(杜維屛)

---

12) 『上海解放前後物價資料滙編』, pp.41~42.

은 화폐개혁의 기밀을 누설하고 대량으로 주식을 매입하여 감옥에 갇
히게 되었다. 장징궈의 쇠망치 위력은 처음에는 효과를 거두는 것과
같이 보였다. "8·19방어선"[八一九防線]이 파괴되기 전까지는, 표면적
으로 큰 파동은 드러나지 않았다. 재정부장 왕원우(王雲五)는 흥분하
여 입법원에 보증을 하기를 "현재 화폐가 안정되고, 통화유통의 속도
가 떨어지고, 물가가 안정 국면에 접어들고, 예산이 형평을 이루고 있
다"고 말하였다. 일부 신문이나 잡지에서는 국민당이 어려움을 극복하
는데 두 장의 카드가 있었다고 하였다. 하나는 금원권(金圓券)이고, 다
른 하나는 장징궈라는 것이다. 일부 신문이나 장징궈를 "상해에서 중
국의 경제, 사회, 심지어 정치까지 새로 태어나게 하였다."[13]라고 극찬
하였다.

그러나 폭력수단은 국민당정부의 재정 경제의 붕괴를 막을 수 없었
고, 오래 유지할 수도 없었다. 사실상 장징궈의 경제규율을 완전히 위반
한 가격제한 정책은 이미 상해의 사회경제에 재난성적인 후유증을 가져
왔다. 왜냐하면 상해의 물가를 8월 19일의 수준으로 유지하게 하였는데,
이미 가격이 오른 다른 지방의 물자들이 상해로 유입되지 않았으므로
상해시장에는 원료부족 현상이 나타났다. 각 창(各廠)은 고가로 원료를
구매하여 생산을 유지하였으며, 완제품 가격의 상승으로 가격상승을 제
한시킬 수는 없었다. 그래서 각 공장들은 생산시간을 단축하였고, 생산
품을 감소시켰으며, 심지어는 문을 닫는 편이 이익이라고 생각하였다.
판매방면에서도 상인들은 가격제한 정책으로 이익을 얻지 못하였고, 생
활용품을 비축하기 시작했으며, 상해의 시장에는 물건이 돌지 않게 되
었다. 이러한 상황 하에서, 당국은 은닉하고 있는 물자를 일률적으로 조
사하였다. 그러나 상인들 역시 방법을 생각해내, 어떤 상품을 기차에 실
어 운반비를 지불하면서까지 화물을 철도 선상에 보관시켰다가 조사가

---

13) 蔡眞云, 『蔣經國在上海』, p.72.

지나가면 다시 판매를 하는 등의 방법을 썼다. 어떤 사람들은 분담하여 물건 사재기를 하였다. 왜냐하면 가격제한 정책의 실행은 상해에 전면적인 생산위축과 상업의 정체를 가져왔다. 이러한 상황이 지속되면 사회경제의 철저한 파탄은 시간문제였다. 더욱 중요한 것은 금원권은 법폐와 마찬가지로, 가치에 대한 물자를 제공해 놓지 않은 상태에서 지폐만을 발행하였다는 것이다. 9월 말, 금원권은 이미 12억 원 어치를 발행하여, 이미 법폐 총액의 5배를 넘어섰고, 10월에는 더욱 증가하여 18억 5천 원이 되어 팽창속도가 법폐 최고 팽창속도의 몇 배에 달했다.[14] 이러한 압력은 시장을 완전히 무법천지로 만들어 버렸다. 동시에 해방군이 제남(濟南)을 공격하여 빼앗았다는 소식이 상해에 들려오자, 10월 2일에는 이전에 볼 수 없었던 물건 사재기가 시작되었다.

10월 5일, 『대공보』(大公報)의 보도에 의하면 "고객들이 새벽부터 상점 문을 열기를 기다렸다가 노식물과 나일론 등을 샀고, 백화점의 영업액은 평소보다 3, 4배에서 십 몇 배나 늘었다. 남경로(南京路)의 4대공사 화물의 종류도 이미 부족해 다 갖추고 있지 못하였다. 여화공사(麗華公司)는 '한사람에게 하나씩만 팔 수 있다'는 현수막을 내걸었다."고 말하고 있다. 큰길이나 작은 도로에는 매일 물건을 사기위해 장사진을 이루고 있는 광경을 도처에서 볼 수 있다. 영안공사(永安公司)는 매일 6시간으로 영업시간을 단축하였으며, 1일 영업액은 16만 원 이상이었고, 가격 제한 전보다 무려 12배나 증가하였다. 각종 비단과 포목점은 전부 철문으로 굳게 닫혀 있었고, 그 위에 "오늘은 다 팔렸다. 내일 새벽에 다시 판다"라는 글자가 적혀 있었다. 한약방은 약주(藥酒)에서부터 고약까지 다 팔려서 진열장이 텅텅 비었다. 죽은 사람 명복을 빌 때 태우는 종이돈과 관도 다 팔려 동이 났다. 시장의 신선한 고기들도 모두 동이 났고, 채소 값은 아주 비싸고도 물건이 얼마

---

14) 『上海解放前後物價資料滙編』, pp.42, 49.

없었고, 식용유도. 없었다. 곡식, 채소와 일용 필수품들도 품귀현상을 보였고, 시민은 일상생활도 영위하기가 힘들었다. 또 쌀 강탈 풍조가 성행하였다. 가장 많이 발생했던 쌀 강탈 사건은 하루에 시 전체에서 27건의 창미(搶米)사건이 발생하였다. 강탈의 범위도 확대되어 쌀에서 기아를 충족시켜줄 식물로 번졌다. 사재기 풍조로 인해 대부분의 시장은 영업을 중단했거나, 반휴점 상태였다. 거의 모든 매매는 지하에서 거래되었고, 지하 시장에서는 물가의 3~10배나 오른 가격으로 매매되었고, 황금과 미국 화폐는 지하시장에서 다시 출현하였다. 기세가 황소와 같던 장징궈는 놀라움에 "상해의 전체 공기가 계속 악 순환되고 있다"고 탄식하였다.15)

장징궈의 고압정책은 사실상 효과를 보지 못하였다. 그는 "책임을 지고 있는 관리들이 상인들과 연결되어 있는 사람은, 정부는 앞으로 더욱 강력하게 처벌하겠다."16)고 그 의지를 나타냈다. 그러나 통치계급 내부에서 극소수만이 이러한 장징궈의 발표에 흥미 있어 하였다. 재정부에서는 공공연히 그와 대항적인 언동을 하였다. 10월 1일 권련(卷煙), 얇은 은박지, 수입 맥주, 국산 주류, 연초(煙草), 연엽(煙葉), 훈연초(薰煙草) 등 7종 세액을 70~100% 증가하는 것을 선포하였고, 실제적으로 이러한 상품의 가격을 높였다. 양식부장(糧食部長) 관지위(關吉玉), 주무계장(計長) 쉬칸(徐堪) 역시 양식의 가격 제한을 반대하였다. 장징궈는 말단 관리를 수술하여 도려낸 것은, 상해 지방관의 이익에 저촉되었다. 시장 우궈전(吳國楨)은 남경으로 가서 사직서를 제출하였고, 송호경비사령(淞滬警備司令) 쉬안톄우(宣鐵吾) 역시 막간산(莫干山)에 도착한 장제스에게 사직서를 제출하였고, 사회국장(社會局長) 우카이셴(吳開先)은 털실의 가격을 50% 인상하는 것을 승인하였

---

15) 江南, 『蔣經國傳』, p.177.
16) 江南, 『蔣經國傳』, p.168.

고, 아울러 공개적으로 가격 인상은 필수적이라고 발표하고 있었다. 이러한 사실들은 국민당 정부의 화폐개혁 역량과 기득권의 관료자산 계급간의 심각한 모순을 나타내 준 것이다. 이러한 모순은 장징궈 또는 장제스도 해결할 수 없는 문제였다.

당시 상해여론은 첨예하게 "권력가와 관료 대자본가들이 그들이 소장하고 있던 황금과 외회(外滙)를 바꾸었다는 말을 들은 적이 없다", "주관 당국의 적극적인 방침으로, 쑹쯔원(宋子文), 쿵샹시(孔祥熙) 등을 압박하여 그들이 내놓은 금줄과 미국 화폐 등을 모범으로 위와 아래의 계급에서 본을 받으라."[17]고 하였다. 그러나 권력가들은 달가와 하지 않았으며, 이에 장징궈는 속수무책이었다. 남경로의 가릉대루(迦陵大樓)의 쿵씨 집안[孔家] 양자건업공사(揚子建業公司)는 수단과 방법을 가리지 않고 욕심을 채워, 항간에 "강도공사"(强盜公司)라는 이름으로 불려졌다. 화폐개혁을 시작한 후, 이 회사는 별로 이의를 제기하지 않고, 계속 상품을 대량으로 쌓아두었다. 무명남로(茂名南路)의 창고 안에는 각종 종류의 상품이 4,000여 상자나 있었고, 자동차가 73량(輛), 대형 화물차가 10량(輛) 등 창고 안에 보관된 물건의 양은 약 2만여 톤이나 되었다. 이것 뿐 만 아니라, 그 곳에는 거액의 금은외화도 푼돈으로 화폐로 바꾸지 않았다. 이것은 당연히 상해 인민의 자본계급에 대한 극도의 불만으로 나타났으며, 그들은 당국의 담당부문에서 엄중하게 처벌할 것을 요청하였다. 사회의 여론이 높아지자, 장징궈는 관리를 파견해 양자공사(揚子公司)를 조사하게 시켰고, 그 범죄행위에 대하여 담당자를 구류시키고, 각 창고를 폐쇄시켰다. 이 사건이 발생한 후, 양자공사(揚子公司) 이사장(董事長) 쿵링칸(孔令侃)은 남경으로 가서, 그의 어머니와 이모인 쑹메이링(宋美齡)에게 구원을 청하였다. 10월 9일, 쑹메이링(宋美齡)이 쿵링칸(孔令侃)을 대동하고 장제스를 접

---

17) 錢化佛, 「幣制改革後的經濟大勢」, 『經濟周報』, 第7卷 第13期.

견하여, 장이 장징궈에게 수사를 종결하라고 명하였다. 그래서 그 일은 마무리를 짓지 못하였다. 또 쑹메이링(宋美齡), 옌시산(閻錫山) 및 CC계의 관료자본과 국민당 당원인 푸쭤이(傅作義), 류치(劉峙) 등은 상해에서 물자를 매점하여 대량의 물자를 쌓아두고 있었으나, 장징궈 역시 이러한 것에 대한 문책을 하지 못하였다. CC계의 농민은행 경리는 달러와 보관중인 금은을 매매하여 구류를 선고받고는, 친차오쥔(金鈔均)에게 당비 명목으로 돈을 주고는 석방됨과 동시에 압수된 물건들도 모두 가져갔다. 장징궈는 고함을 치면서 "정부의 법령은 인민이 공동으로 준수해야 한다. 어떠한 사람을 막론하고 법률 앞에서는 모두 평등하다."18)는 원칙을 강조 하였다. 그러나 상해인민은 "파리가 무서워 호랑이를 잡지 못한다."는 말로 빗대어 말하곤 하였다.

국민당의 화폐개혁은 그 자체가 부패하여 경제 규율을 위반하였기 때문에 반듯이 실패하게 되어 있었다. 11월 1일, 국민당은 가격 제한을 폐지하였고, 장징궈는 6일 조용히 상해를 떠났다. 11일, 남경에서 정식으로 금원권(金圓卷) 총액이 20억 원으로 제한되지 못하였다고 선포하였다. 이것은 금원권이 마치 홍수와 같이 범람하고 있다는 것으로 발행량이 아주 빠르게 30억 원을 초과하였고, 그 운명은 법폐에 비해 더욱 참담하였다. 웡원하오(翁文灝) 내각은 실각하게 되었다. 70여일의 경제관제(經濟管制)는 큰 재앙이 되었다. 민족자산계급의 손실은 막중하였고, 보통시민들은 알거지가 되었으나, 국민당은 오히려 이번 조사로 2억 달러 이상의 금은외화를 거둬들였고, 그들이 대륙을 떠날 충분한 돈 보따리를 만들었다. 11월 정부는 인민에게 금은외화를 소지할 수 있도록 하였는데, 이때의 금은 가격은 이미 4배나 오른 값이었다. 원래는 한 량(兩)의 황금으로 금원권(金圓卷)을 바꿀 수 있었으나, 현재는 5분의 1량(五分의 1兩)의 황금(黃金)으로 금원권(金圓卷)을 바

---

18) 蔡眞云, 『蔣經國在上海』, p.23.

꿀 수 있게 되었다. 그래서 상해 인민은 금원권(金圓卷) 개혁을 가장 잔악한 폭정이라고 하였다.

가격 제한이 취소된 후, 물가는 마구 치솟았다. 11월 중순, 쌀 80kg 이 20.90원에서 2,000원을 넘어섰고, 밀가루 한 포대는 7.80원에서 250원으로 올랐다. 따라서 지하 시장의 금값은 대폭 오르는 반면에 금 원권의 가치는 급속히 하락하였고, 시민들은 모두 황금을 모아두어 이 러한 악성 통화팽창에 대비하려 하였고, 일시에 "금 모으기" 풍조가 광적으로 일어났다. 11월 하순 이후, 외탄(外灘) 중앙은행 문 앞에는 매일 황금으로 바꾸기 위해 줄서있는 군중이 장사진을 이루었다. 그러 나 황금 국민당은 판매량을 제한하여, 일부의 사람들은 아침부터 저녁 까지 줄서 있다가 빈손으로 돌아가곤 하였고, 지폐는 가려운 곳을 긁 어주지 못하였다. 12월 23일, "금 모으기"가 최고조를 이루었는데, 새 벽 5시부터 중앙은행앞은 인산인해(人山人海)를 이루었고 약 10만 명 의 인구가 모였다. 1,600명 경찰들이 질서를 잡는다고 무수한 사람을 때려 눕혔고, 이중 7명이 밟혀 죽었고, 50명이 중상을 입었다. 상해 인 민의 생활은 이미 나날이 처참한 지경으로 치닫고 있었다.

제3절 국민당 최후의 몸부림

  요심(遼沈), 평진(平津), 회해(淮海) 3대 전투가 끝나고 난 후, 국민
당군대는 장강(長江) 이북의 주력을 이미 상실하였고, 인민해방군이
남하하였다. 궁지에 몰린 국민당 반동파는 상해를 최후의 근거지로 삼
아 다시 전세를 역전시킬 생각을 하고 있었다.

  국민당 당국은 상해를 고수하기 위해서 미 제국주의의 무장간섭을
희망하였다. 1948년초, 상해시(上海市) 당부(黨部)의 조종 하에 시참의
회(市參議會), 시상회(市商會), 전국방연회(全國紡聯會), 전국공업총회
연합회(全國工業總會聯合會), 전국상연회(全國商聯會), 시총공회(市總
工會) 등의 명의로 "신속하게 중국을 도와 달라"는 구걸식의 전보를
미국에 보냈다. 상해에 있던 미국회사의 지배인들 역시 미군이 들어와
잃어가는 낙원을 보호해 주기를 희망한다고 하였다. 11월 중순, 미국
대사 스튜어트(J. L. Stuart, 司徒雷登)가 상해로 와서, 판궁잔(潘公展),
두웨성(杜月笙) 등과 상의를 하고 미국과의 합작에 대한 구체적인 방
안을 논의하게 되었다. 판(潘), 두(杜)는 앞뒤로 남경에 가서 장제스에
게 상황 보고를 하였고, 아울러 스튜어트가 언급한 "외국 상인은 임의
로 철수시키지 않는다."는 약속을 받고 돌아갔다. 미국과 장제스의 결
탁은 외국 군대가 태평군의 옛 꿈을 저당잡고서, 상해에서 "자구구
국"(自救救國)운동을 일으키게 되었다. 12월 8일, 판궁잔(潘公展), 두
웨성(杜月笙) 등은 중회은행(中滙銀行)에서 영미국(英美國) 회사의 지
배인들과 각계의 지도자들을 초청하여 만국상단과 유사한 지방 자위
대의 조직에 대한 구체적인 계획을 협의하였는데, 이는 10만 명의 무

장으로, 상해의 "지방화"(地方化) 즉 "국제화"(國際化)라는 구호를 정식으로 제기하였다. 이틀 후, 미국의 서태평양 함대사령관인 배저(Oscar Badger;白吉爾)가 상해에 도착하여 미 해군 육전대가 상해에 주둔할 것이라는 내용을 공언하였다. 국민당은 흥분하여 12월 12일 상해 각계 자구구국연합회(自救救國聯合會)를 열어 지방자치보안단(地方自治保安團)의 성립을 선포하고, 지방 인사들로부터 금전을 거둬들였다.

그러나 인민 해방전쟁의 신속한 발전으로, 이 상해의 국제화 음모는 미수에 그쳤다. 미국정부는 이 시기에 중국 공산당이 지도하고 있는 인민해방군이 80년 전의 태평군(太平軍)이 아니라는 것을 알게 되었고, 즉각 군대를 파견하여 간섭한다하더라도, 전쟁의 국면을 바꾸기는 쉽지 않다고 판단하였다. 사실상 상해탄(上海灘)의 많은 외국 상사의 지배인들도 이미 국민당이 상해에서의 생활이 오래 남지 않았다는 것을 인정하고 있었다. 미국 영사관은 오래전에 대규모 미국 교포의 철수를 계획하였다. 미국 아동과 부녀자들이 안전하게 상해를 떠나게 하기 위해서 미국 총령 캐봇(J. M. Cabot, 葛柏德)은 있는 힘을 다해 출국을 서둘렀다. 왜냐하면 대다수의 미국인들은 만약 공산당이 정권을 잡으면, 경제 상황과 무역상황이 실제보다 더욱 좋아 진다고 생각하였기 때문이었다.[1] 영국 영사는 심지어 영국인들은 철수를 할 필요가 없다고 생각하였다. 왜냐하면 영국인들은 자신은 미국과는 다르게 장제스에게 원조를 해주지 않았기 때문이라고 생각하고 있었다. 그러나 이러한 이유에서 뿐만 아니라, 영국은 상해에 거대한 자산을 갖고 있었고, 영국정부는 이미 신중국의 문제를 승인한다는 것을 고려하기 시작하였다. 1949년 초, 영국정부는 영국 왕실의 해군 복무를 담당하고 있던 프라우드(J. Proud, 普勞德)를 상해에 영사로 파견시켰다. 프라우드

---

1) N. Barber, The Fall of Shanghai, p.59.

의 진정한 사명은 가장 빠르게 공산당과 비밀접촉을 진행하려는 목적
이었으며, 이로써 몇 개월 혹은 몇 주 후에 공산당이 상해를 탈취하였
을 때에 착수하는 것은 시기적으로 너무 늦다고 생각하였기 때문이었
다. 오래지 않아, 프라우드는 상해에서 일부 공산당 고급 간부와 몇 차
례의 회의를 개최하였는데, 이것이 영국과 중국 공산당원과 제1차로
진정한 접촉을 한 것이다.2)

1949년 1월 21일, 장제스는 2선 후퇴를 선포하였고, 리쭝런(李宗仁)
이 총통 권한대행으로 임명되었다. 계속적으로 국면을 조정하고, 완강
한 저항을 하기위해, 장제스는 하야(下野)전에 경호항총사령부(京滬杭
總司令部)를 설립하고, 그의 측근인 탕언바이(湯恩伯)를 총사령(總司
令)에 임명하여, 장강 하류지역의 군사지휘권을 장악하게 하였고, 아울
러 장징궈(蔣經國)를 상해로 파견해, 위훙쥔(兪鴻均)이 중앙은행을 수
색하여 압수한 대량의 황금과 외화를 대만으로 운반하는 것을 돕도록
하였다.

리쭝런(李宗仁)의 등장 후, 평화적인 공세가 전개되었고, 1월 22일
발표한 성명에서는 공산당과 담판을 하겠다고 하였다. 리쭝런이 간제
허우(甘介侯)를 상해에 파견해 쑹칭링(宋慶齡), 장란(張瀾), 뤄룽지(羅
隆基), 황옌페이(黃炎培) 등 민주인사를 방문하여, 시국 의견에 대한
조언을 들었다. 29일, 국민당 행정원이 상해로 옮겨왔다3). 31일, 리
(李)는 사오리쯔(邵力子)와 함께 상해로 왔고, 내각회의와 각 당파 연
석회의를 소집하고, 옌후이칭(顏惠慶), 장스자오(章士釗), 장융(江庸),
사오리쯔(邵力子) 등을 상해 인민평화대표단의 명의로 북평에 탐사를
파견하는 것을 결정하였다. 상해 인민은 평화를 갈구하였고, 2월 3일
옌후이칭(顏惠慶) 일행이 상해를 떠날 때, 각계 인사의 환송을 받았다.

---

2) N. Barber, The Fall of Shanghai, pp.62~63.
3) 2월, 行政院은 또 廣州로 이전해 갔다.

옌(顏) 등이 북평에 도착한 후, 중공 지도자인 마오쩌둥, 저우언라이 등과 만났다. 마오쩌둥은 말하기를 "당신들은 평화를 빨리 찾고자 하여, 먼 길을 왔는데, 공산당은 바로 평화를 사랑합니다. 상의가 가능합니다. 오직 지점(地點), 시간(時間), 인선(人選) 등은 반듯이 고려되어야 합니다."4) 27일, 상해 인민평화대표단이 남경으로 돌아왔는데, 오히려 국민당의 요인들은 평화에 별로 관심을 갖지 않았다.

이러한 때, 상해의 악성 통화의 팽창은 이미 최고조를 달하였으며, 사회경제 모든 분야가 전면적으로 붕괴되는 상태가 되었다. 금원권의 발행량은 1월 말에 이미 208억 원이었고, 4월 말에는 5조1,612억 원으로 팽창 속도가 법폐를 초과하였다. 물가는 하루가 다르게 올랐고, 한번 오르면 수 배로 뛰었다. 5월분의 쌀값은 이미 1섬 즉 80kg에 1억 7천만 원이었고, 전년 9월에 비해 무려 692만 배나 뛰었다. 최고로 높은 가격일 때에는 1섬에 3억 원이었고, 입쌀[粒米]5)의 가격은 130원이었다. 시민들은 물건을 사기위해 부대자루 혹은 그물망에 돈을 넣어 가지고, 도로의 한쪽 편에 서서 기다리고 있었는데, 왜냐하면 조금만 늦게 물건을 사면, 그 사이에 화폐가치가 떨어지기 때문이다. 왜냐하면 금원권은 거의 폐지와 같게 되었으므로, 일부에서는 금은과 외국 돈으로만 거래를 하였다. 대부분의 공장 기업은 정지 상태였다. 각 상점은 파리만 날리었다.

1949년 초, 중공 중앙은 상해국(上海局)과 상해시위(上海市委)에 지시하기를, 해방군이 절대 우세하기 때문에 상해를 해방하는 데는 무력으로 해방을 시킬 필요가 없고, 군중들을 선동하여 국민당을 반대하는 것으로 국민당을 파괴시킨다, 공장, 기관, 학교를 보호하고 해방군과 함께 사회질서를 유지시켜 신속하게 생산을 복구하고, 도시(城市)의

---

4) 江庸, 「和談回憶」, 『文史資料選輯』(上海), 第31輯.
5) 멥쌀을 보리쌀 따위의 잡곡이나 찹쌀에 상대하여 이르는 말. 역자 주.

관리를 담당해야 한다.6)고 강조하였다. 이것에 의거하여, 상해시위는 계통적으로 구분하였던 공작위원회를 폐지시키고, 지구위원회(地區委員會)를 건립하여, 기동적이고 빠른 속도의 전략을 구상하였다. 당시에 이미 설치되어 있던 곳은 호동구(滬東區, 책임자 陳公琪), 호서구(滬西區, 책임자 夏明芳), 호북구(滬北區, 책임자 吳學謙), 호중구(滬中區, 책임자 周炳坤), 호남구(滬南區, 책임자 馬飛海), 포동구(浦東區, 책임자 周小鼎) 등 위원회가 있었다. 사회의 혼란과 물가 폭등의 형세 속에서 중공 상해시위는 국민당 정부의 "응변"(應變)구호를 이용하여 군중을 일으켜서, 응변비(應變費)와 응변미(應變米)의 지급투쟁을 벌이도록 전개하였다.

1949년 2월, 척서언철로(戚墅堰鐵路) 노동자들이 철로에 누워 파업을 단행하면서, 응변미(應變米)와 소산미(疏散米)의 지급을 요구하였다. 상해 철도 노동자들도 바로 파업을 선언하자, 호령선(滬寧線) 전선의 운행이 정지되었으므로, 당국에서는 어쩔 수 없이 그들에게 양보를 하여 쌀을 지급하였다. 계속해서 응변미의 지급을 요구하는 파업투쟁이 시 전체에서 전개되었다. 국민당은 "다른 노동자들을 모아, 파업 노동자들을 평정한다."는 도살(屠殺)정책을 실행하였고, 인민들의 투쟁의 불씨를 묵살하려는 기도를 하였다. 공교공사(公交公司)의 직공들이 파업할 때, 당국은 대단위로 파업 노동자들을 체포하였다. 2월 17일, 직공(職工) 복리회(福利會) 지도자인 중취안저우(鐘泉周), 왕위안(王元), 구보캉(顧伯康) 등 3명이 총에 의해 살해되었다. 상해 인민들은 도살정책에 굴복하지 않고, 그들은 지하당의 지도아래에서, 각종 합법형식을 이용하여, 응변(應變) 조직을 건립하여 국민당과 투쟁을 전개시켰다. 예를 들어 교육계를 보면, 복단(復旦), 교대(交大) 두 학교의 교수회에서는 가장 먼저 상해 국립대와 전문대 교수연의회(敎授聯誼會)를 발기하

---

6) 張承宗, 『解放戰爭時期上海的人民革命運動』.

였고, 천왕다오(陳望道) 등을 남경에 청원을 하기 위해 파견하여, 1억 원 금원권(金元券, 약 白米 70,000石 상당 금액)의 응변비(應變費)를 받아냈다. 이후, 사립대학들도 역시 4월에 상해시(上海市) 사립전문대학 이상 학교연의회[私立專科以上學校聯誼會]를 설립하고는, 약간의 배금품을 받아냈다. 5월, 32개소의 사립학교에서는 약 2,000억 원(약 白米 1,000石상당 금액) 대금(貸金)을 받아냈다.7) 이러한 투쟁을 통해, 시 전체의 공장, 학교, 상점에서 주민들까지 모두 일정 정도의 양식, 기름, 석탄, 야채 등을 비축하여, 군중의 정서를 안정시켰고, 또 해방 후의 순리적인 인도와 생산의 회복에 필요한 창조의 조건을 갖추고 있었다.

4월 하순, 해방군은 장강의 천혜의 진지를 돌파하고 남경과 상해로 들어왔다. 국민당 반동파는 상해에서 최후의 몸부림을 치고 있었다. 4월 22일, 송호경비사령 천다칭(陳大慶)은 시 전체에 전시상태를 선포하고, 그 전에 전면 통행금지를 실시하며, 전면적으로 군대가 관리하였으며, 아울러 『상해시긴급치안조례』(上海市緊急治安條例)를 반포하였고, 사형으로 처리하는 8개의 조항을 발표하였는데, 그것은 군중폭동, 유언비어 유포, 학생운동 주동, 파업과 태업(怠業) 및 강·절도 등은 모두 사형에 처한다는 것이었다. 25일, 당국에서는 군사연락원(軍事連絡員)을 전문학교 이상의 학교 및 대형 공장 및 중요 공용사업(公用事業) 단위에 파견시켰다. 특무대의 우두머리인 마오런펑(毛人鳳)이 상해에 도착하였다. 남양로(南陽路) 145호에 보밀국(保密局) 반공실(辦事處)를 차리고 특무 두목을 소집하여 회의를 개최하였고, 장제스에게 시간을 벌어주어 대만으로 황금, 백금과 물자를 수송하려는 의도를 전달하였고, 바로 상해의 모든의 선박을 규제하였고, 각 자본가의 물자를 조사와 감시하였으며, 그들 개인이 홍콩으로 그들 자산을 빼돌리는 것을 금지시켰다. 5월 초, 장제스는 친히 상해로 와서, 부흥도(復興島)

---

7) 『上海敎師運動回憶錄』, 上海人民出版社 1984年版, pp.403~404.

에 머무르면서, 물자의 약탈과 혁명자의 도살활동을 지휘하였다. 장은 명령을 내려 혐의자를 체포하게 하고, 체포되면 특무(特務)에 명령을 내려 민맹(民盟) 책임자인 장란(張瀾)과 뤄룽지(羅隆基) 등을 살해시켰다.8)

상해에서는 광적인 백색공포가 만연하였다. "비행보루"(飛行堡壘)는 낮이나 밤에 도로에서 굉음을 내며 이동하였고, 경찰국장 마오썬(毛森) 수하의 군통특무(軍統特務)는 도처를 돌아다니면서 혼란을 조성하였다. 차를 기다리던 한 시민은 "8로 전차(八路電車)가 어째 오지 않지"라는 말을 했다고 "공비와 소통"(通匪)했다는 이유로 몰려 감옥에 갇히게 되었다. 퇴역 사병은 "군인수첩"을 가지고 다녔는데, "군인 사칭"(冒充軍人)이라고 죄목으로 경찰국으로 끌려 가자, 이웃 해 있던 주민들이 보석(保釋)을 하기 위해 갔는데, 이들에게도 "같은 혐의"라고 하면서 함께 압송하였다. 4월 25, 26일 이틀 동안 송호경비사령부(淞滬警備司令部)에서는 500명의 학생을 구금시켰다. 감옥은 이미 만원이 되었고, 국민당은 일부 학교와 기관을 개조해서 임시 감옥으로 만들려고 하였다. 많은 공산당원, 혁명지사는 여명전의 암흑기 동안에 인민을 위해 생명을 바쳤다. 예를 들어 오랜 기간 동안 지하방송의 일을 담당했던 공산당원 리바이(李白), 친훙쥔(秦鴻鈞), 교통대학 지하당원 무한샹(穆漢祥), 스샤오원(史霄雯), 경찰국에서 잠복하여 있던 공산당원 첸펑치(錢風岐), 류자둥(劉家棟), 첸원샹(錢文湘) 등 모두 5월 중순에 의롭게 죽어갔다. 한 국민당 특무의 폭로에 의하면, 경찰국장 마오썬(毛森)은 이 기간 내에 3,000여 명의 혐의범을 체포하였고, 그중 1,300명을 살해하였으며, 남시(南市)의 유차장에서는 비밀리에 130여 명이 도살되었다.9) 도살에 대한 기재가 되어 있는 한 통의 국민당 문

---

8) 郭旭, 「上海解放前夕國民黨反動派的大劫掠和大屠殺」, 『文史資料選輯』, 第 32輯에 게재.

9) 『上海教師運動回憶錄』, 上海人民出版社 1984年版, pp.403~404.

건의 통계에 의하면, 336명의 피해자 중에 반수 이상의 죄명은 "알 수 없다"였다.[10]

이러한 가장 암흑의 시기에 상해 각계 인민들은 중국 공산당의 지도아래에서, 생명의 위험을 무릅쓰고, 국민당 정부의 약탈과 파괴 음모에 적극적으로 투쟁을 벌였으며, 반파괴, 반살육, 이주반대 공장 보호, 학교 보호, 직업 보호 활동을 전면적으로 전개하였다.

노동자들은 "기기는 노동자의 생명", "공장 보호, 밥그릇 보호" 등의 구호를 외치며 공개적으로 각종 공장 보호대(隊), 규찰대(糾察隊) 등을 조직하여 밤낮으로 순찰을 하였으며, 기계의 이동 및 물자의 약탈을 저지시켰다. 신신6창(申新六廠)의 자본가는 호창대(護廠隊)가 설립되기 전에 1만 여 매(枚)의 사정(紗錠)을 대만으로 이전하였고, 아울러 노동자들의 3배의 급여에 해당하는 물자를 계속 운반하여 갔다. 이 공장 사람들은 중국 공산당원의 지도 아래에 방호단을 설립하고, 물사의 철거 및 이동을 저지하였고, 아울러 자본가가 임의로 사(紗)를 운반하여 가는 것을 금지시켰다. 강남조선소는 국민당의 중요한 약탈 목표로, 국민당은 이 공장의 모든 중요한 기기, 도면설계도[圖紙], 정밀계측기[精密儀器]와 도구 등의 운반을 계획하였고, 운반할 수 없는 부두와 부두 주변의 건축물 등은 파괴를 시켰으며, 아울러 기술자들을 협박하여 대만(臺灣)으로 이주시켰다. 노동자들은 소극적으로 협조를 하였고, 낡고 못 쓰는 고철 등을 귀중품과 중요 부품을 대신해 포장하였다. 화물 상자들이 선상에 옮겨졌을 때, 고의로 적재를 하지 않아, 18,000톤급의 선박 6척에 몇 천 톤은 못 쓰는 기계와 돌덩어리들만으로 채웠다. 국민당은 공장의 파괴 계획에 외국 상인 수중에 있던 대중교통, 전차, 전력, 전화, 가스, 상수도 등 6대 공용사업도 포함을 시켰고, 이로써 해방 후 상해가 혼란되도록 조성하였다. 그러나 이러한 음

---

10) 『人民日報』, 1949년 6월 15일.

모는 중공 지하당 조직에 의해 밝혀져 대규모의 노동자들의 힘에 의해 무산되었다. 상해 전기공사의 공산당원은 외국 국적을 소유한 채로 열심히 일하는 것으로 가장을 한 채, 한편으로는 보위대(保衛隊)를 조직하여 밤낮으로 중요 부분을 감시하였고, 아울러 창수대(搶修隊)를 조직해서 예기치 못한 사건의 발생에 대해 준비하고 있었다. 상해 시내 버스회사의 노동자들은 국민당 군대가 자동차를 약탈하려고 준비하고 있을 때, 70여량의 차를 몰고 교주공원(膠州公園)으로 가 은닉시켰고, 아울러 나머지 차량의 배터리, 바퀴 등을 분해하였다. 많은 자본가들은 공산당원의 교육아래 산업을 보호하기 위해 호창(護廠) 투쟁에 가담하게 되었다. 예를 들면 중방공사(中方公司) 대표이사는 공산당원 우커젠(吳克堅)의 지시에 따라 사(紗), 포(布)를 외부로 빼돌리는 것을 거절하였고, 아울러 200만 달러를 보존하였다. 이 회사에 소속된 공장의 일부 공장장은 호창단(護廠團) 단장(團長)의 역할을 수행하고 있었다.

교육부문에 있어서는 많은 스승과 학생들이 호교(護校) 운동을 전개하였다. 4월 25일, 경비사령부는 상해에 15개 소의 대학 및 전문대학 [專科] 이상의 학교에 5일내에 전부 상해를 떠나라는 명령을 받자, 각 학교의 교사와 학생들은 이에 항의하였다. 상해대학 교수연의회(敎授聯誼會)와 각 대학 학생회는 밀접하게 연결을 갖고 국민당이 학교를 폐쇄하려는 것과 학생들의 행동을 박해하는 것에 대해 반대하고 나섰다. 교대(交大)의 교사와 학생들은 응변위원회(應變委員會)를 결성하여, 장제스(蔣介石)의 군대가 학교를 점령하는 것을 방지하기 위해 겨울방학 기간 중에도 수업을 계속하였다. 호교대(護校隊)는 도서집기와 문건 자료 등을 분산해서 보관하였는데 이것은 국민당의 학교 이전 음모를 실행할 수 없게 하려고 하였던 것이다. 각종 중점(重點) 학교에서는 반대 장제스 반대 호교 투쟁에 참가한 학생들은 총 학생수의 80% 이상이나 되었다. 중소학교의 교사들은 중교회(中敎會), 소교련(小敎聯), 시교복

리회(市校福利會), 청년회교사단계(靑年會敎師團契), 사립학교교장좌담
회[私校校長座談會]와 교사합작사(敎師合作社) 등이 연합하여 상해시
교사협회를 결성하였고, 『신교육』(新敎育)이라는 간행물을 출판하였고,
이것은 해방을 맞이하기 위해 공헌 하였다.

의료계에서는 호원투쟁(護院鬪爭)을 전개하였다. 국민당은 몇 개의
의원(醫院)을 전부 이전한다는 명령을 내렸는데, 지하당 조직이 의무
인원들을 조직하여 의원동인연의회(醫院同人聯誼會), 직공복리회(職工
福利會), 호조회(互助會), 단계(團契) 등의 군중 조직을 만들어 호원투
쟁(護院鬪爭)에 군중의 참여를 호소하였다. 공제(公濟) 등 의원에서는
직원들이 여러 가지 방법으로 물자의 이전을 저지시켰고, 이로써 인민
의 재산을 보호할 수 있었다.

상해의 각 애국 민주당파 역시 적극적으로 장가(蔣家) 왕조의 매장
(埋葬)을 위한 투쟁을 벌였다. 1948년 12월, 중국 국민당 혁명위원회
상해임시분회의 성립 후, 선언발표에서 새로운 정협(政協)의 소집개최
를 찬성하여, 공산당을 감싸고 보호하였다. 이후 이 회는 『자유논단보
』(自由論壇報)를 경영하면서 여론 조성의 기지로 삼았다. 해방된 날에
는 그들은 규찰총대(糾察總隊)를 조직하여 해방군을 인도해 중요 지점
을 점령케 하였고, 잔여군에게 투항을 권고하였다. 민주동맹상해시위
(民主同盟上海市委)는 해방공작위원회를 만들어 중공 문건을 번역 인
쇄하였고, 조직원들의 학습과 선전을 위한 단체를 만들었다. 1949년 4
월, 맹원(盟員) 쑨다위(孫大雨) 등이 초안한 평화를 보호한다는 선언을
발표해 각계 저명인사 229명이 서명하였다. 이 선언은 쉬광핑(許廣平)
이 세계평화대회에서도 낭독되게 되었다. 민맹 맹원 중에는 국민당에
의해 체포된 자들이 있었는데, 장란(張瀾), 뤄룽지(羅隆基), 황징우(黃
竟武), 쑤옌빈(蘇延賓), 쩡웨이(曾偉), 천웨이지(陳維稷), 푸시슈(浦熙
修) 등이었으며, 그중 황징우(黃竟武)는 적극적으로 국민당의 조직, 업

무와 인사정보를 수집하여 특무(特務)들에 의해 생매장되었다. 농민,
노동자, 민주당은 『호신』(滬訊), 『신청년』(新靑聯) 등 간행물들을 통해
장제스 반대를 선전하였고, 국민당군대의 무장 기의(起義)를 도모하였
다. 1948년 말, 당시위 부책임자인 공산당원 자오서우셴(趙壽先)이 체
포되어 남경에서 굴복을 강요하자 건물에서 뛰어내려 의로운 죽음을
맞았다.

상해의 공산당원 조직은 해방을 맞이하기 위해 각종 준비를 하였다.
1948년 9월, 모반획책업무위원회[策反工作委員會]를 성립하여, 국민당
기관의 중요 부문과 군대 내에 각종 모반을 획책(策反)하는 관계를 만
들었다. 회해전투(淮海戰鬪)후, 국민당 자원위원회가 남경에서 상해로
이주하였고, 공산당은 사람을 파견하여 이 위원회의 책임자인 우자오
홍(吳兆洪)과 연락을 취하고 있었다. 일찍이 국민당 통치에 불만을 갖
고 있던 자위회(資委會) 책임자는 공산당의 정책을 이해하고 난 후, 자
위회 소속의 각 기관, 창고, 공장 등을 동원해 공산당의 경제적 곤란을
극복하게 하였고, 상해로 와서 해방을 맞을 준비를 하였다. 탕언보(湯
恩伯)가 10척의 유조선을 훔쳐 달아나려 할 때, 그들은 기지를 발휘해,
수문을 열어 배가 침몰되게 하였다. 군의 헌병 당국에서 물자의 신속
한 운반을 위해 고민하고 있을 때, 그들은 압력을 받았지만, 관영 중공
업기업, 70여 개 소의 각종 물자의 창고와 원유를 보호하기에 힘썼고,
또 대만에서 서둘러서 16,000톤의 설탕과 아울러 대형발전 설비를 상
해로 운반시키는 것을 준비하였다. 1949년 2월, 국민당 공군 제8 대대
(大隊) 비행사인 중위 장위눙(張雨農)등 4명은 공산당원의 교화로 인
해 B24형 중형 전투기 한 대를 몰고 해방군구로 들어갔다. 4월 13일,
국민당의 제3단(團)은 상해에서 복주로 향하던 도중, 3,000명의 장교
와 사병이 해방구로 목적지를 바꿨다. 이러한 모반 획책[策反]중에 일
부 우수 공산당원은 용감하게 죽음을 맞이하였다. 국민당 장갑부대 전

방포(戰防炮) 총대(總隊)의 중장(中將) 총대장(總隊長)인 공산당원 장취안(張權)은 상해에서 해방 전 날 옛 친구와 부하들의 기의(起義)를 모색하던 중 일부 배신자들로 인해 1949년 5월 15일 체포되었다. 21일 탕언보(湯恩伯)는 "돈 장사치"[銀元販子]의 죄명을 쓰고 대신공사(大新公司) 문 앞에서 총살되었다.

국민당의 대도살, 대파괴, 대이전 음모를 분쇄하기 위해 상해 지하당은 또 인민 보안대를 무장시키고, 시 전체의 공장, 학교, 의원, 부두, 역, 고문서[檔案]를 보호하는 임무를 맡겼으며, 아울러 장제스 군대를 와해시키고, 무기를 수집하고, 해방을 맞이하기 위한 준비 및 생산 유지 등의 일을 맡겨 왔다. 시 전체 인민은 해방을 맞을 격동과 흥분의 심정으로 전투 중에서 상해해방의 위대한 시각을 준비하고 있었다.

제15장
상해의 해방

제1절 상해 해방을 위한 전쟁

1949년 4월 21일, 인민해방군의 백 만 군인은 장강(長江)이라는 천연의 요새를 넘어 신속하게 남경을 점령하였다. 그 후 야전군 총전위(總前委)가 제정한 『경호항전역실시강요』(京滬抗戰役實施綱要)에 근거하여 제2야전군 주력은 주야로 남하하여 며칠 내에 절감(浙贛)철로[절강성과 강서성 간의 철로]를 장악하여, 상해의 국민당 잔존세력의 남쪽으로 후퇴 도로를 차단하고, 제3야전군부는 병력을 나누어 절감철로(浙贛鐵路)를 통과하여 절동(浙東)의 영파(寧波)까지 진격시켰다. 산동(山東)부내는 석극적으로 청도(靑島)의 해방을 위하여 상해의 적을 견제하려 하였고, 세 야전군의 나머지 부대는 나누어서 상해를 향해 진격하고 있었다. 5월 상순, 제3야전선 지휘부는 상숙성(常熟城)에서 간부회의를 열어 상해전투를 결정하기에 이르렀다.

국민당은 상해에서 완강한 저항을 시도하였다. 당시 국민당의 상해 군사기구로는 원래부터 있던 송호(淞滬)경비사령부를 제외하고는 탕언보(湯恩伯)의 경호경비사령부 역시 남경에서 상해로 이동시킨 것으로 직접 송호방위를 지휘하였다. 4월 하순, 송호방위사령부를 세워 사령관은 스줴(石覺)이 맡게 되었다. 4월 23일 남경이 해방되던 당일 허잉친(何應欽), 구주퉁(顧祝同) 등은 상해에서 군사회의를 열어 상해를 방어하는데 대한 토론을 벌였다. 다음날 허잉친은 판궁잔, 구정강(谷正綱) 등을 만났을 때 다음과 같이 선포하였다. "정부는 대상해의 확보에 최대관심을 보이고 있다". 같은 날, 장제스는 봉화(奉化)에서 상해로 왔고, 고위군정 인원과 상해 전투에 대한 상의를 하였고, 아울러 연일 군단장 이상의 군관에게 훈화를 하면서 자기는 상해에 남을 것이라고 말하였다. "관병과 고통을 함께 하겠다", "상해의 존망과 함께하겠다."고 언급하였다. 그는 자신이 상해에서 입신출세 했던 것과 같이 상해에서 이 한 해도 기적이 다시 나타나기를 희망하였고, 해방군의 진입을 지연시키고, 영국과 미국의 간섭을 유인하였다. 장제스는 탕언보에게 6개월에서 1년간 상해를 사수하여, 정세를 가다듬어 공격하도록 명령하였고, 동시에 시간을 다투어 물자 외에 금과 은 그리고 외화를 대만으로 운반하여 갔다. 5월 1일, 국민당 행정원 정무회의에서 천량(陳良)에게 우궈전(吳國楨)이 맡았던 상해시장(上海市長) 업무를 담당하게 하였다.

5월 9일, 탕언보(湯恩伯)가 군사회의를 개최하고 부서병력을 이동시켰다. 이때 국민당은 송호지구의 병력이 9개 군(軍), 25개 사단, 이외에 6개의 경총대(警總隊) 및 특종병(特種兵)을 추가하여 약 23만 명이었다. 전체를 외곽기지, 사령부와 핵심 기지 등으로 구분하여 방어하였다. 외곽진지인 포서선(浦西線)은 남상진(南翔鎭), 화조진(華曹鎭), 칠보진(七寶鎭)에서부터 화경진(華涇鎭)까지였고, 포동선(浦東線)은 천사성(川沙城)에서부터 북채진(北蔡鎭)까지로, 제123군(軍長 구시주, 顧錫九)과 51군(軍長 왕빙청 王秉鉞, 후에는 류창이 劉昌義)이 나누어서 방어를 하고 있었다. 외곽진지와 주진지 사이에는 대규모의 보루 구축공사를 벌이고 있었다. 주 진지는 시구(市區)에서 3,000m였다. 포서선(浦西線)은 오송(吳淞)의 서쪽으로 사자림(獅子林)에서 남쪽으로 월포(月浦), 양행(楊行), 류행(瀏行), 대장(大場), 진여(眞如), 북신경(北新涇), 홍교(虹橋), 용화(龍華)에서 강변(江邊)까지로, 제52군(軍長 류위장, 劉玉章), 54군(軍長 췌한첸 闕漢騫, 代理軍長 저우원타오 周文韜), 75군(軍長 우중즈 吳仲直)이 책임을 맡고 있었다. 포동선(浦東線)은 고교(高橋)에서 남쪽으로 고행(高行), 양경(洋涇)을 거쳐 당교(塘橋)에까

지 이르는 것으로, 37군(軍長 뤄한카이 羅漢闓), 12군(軍長 수룽 舒榮)
이 방어를 맡았다. 주진지는 3,800여 개의 철근을 넣어 만든 콘크리트
벽으로 쌓아졌으며, 뒤쪽에는 도로가 교차되는 곳에 여러 개의 교차되
는 진지를 갖추고 있었다. 각종 중요 공사의 작은 틈에는 1만 여 개의
반영구적인 엄폐물 및 철강을 섞은 콘크리트로 토치카를 만들어 위성
공사를 하는 것과 같이 둘러쌓았다. 매 토치카 주위에는 거미망식의
하천, 통신망, 지뢰지대, 철사망, 댓고챙이, 대나무와 나무가지로 된 울
타리등의 방어 장애물을 7층에서 10층으로 겹겹이 쳤다. 주진지에 있
는 정거장, 비행장등 도시 건축물은 심층 방어되고 있었고, 독립된 근
거지로서 이미 공사가 되어 있었다. 소위 핵심진지라는 곳은 곧 시구
(市區)의 고층 대형 건축물을 이용하여 완강하게 저항하는 거점으로
모두 32개소[1]가 있었고, 국제반점(國際飯店)과 백로회빌딩[百老滙大
廈, 현재 上海大廈]가 동서 지휘부역함을 하였고, 각 거리에는 모래부
대, 목마, 철사망이 쌓여있어 이로써 시가전을 준비하였고, 진지는 21
군(軍長 王克俊) 및 99사(師), 교경총대(交警總隊, 제2,5,6,11,15,16의
6개 부대)가 책임을 지고 있었다. 4월에는 조직된 지 얼마 안 된 잠시
편성된 제1군이 숭명도(崇明島)를 담당하였다. 이외에, 국민당은 상해
에 4개 단(團) 이상의 포병(炮兵, 司令 사오바이창 邵百昌) , 3개 단의
장갑병(司令 쉬야오팅 徐瑤庭, 副司令 장웨이궈 蔣緯國), 3개 단(團)의
통신병, 3개 단(團)의 수송병(補給區 司令 황장화이 黃壯懷)과 공군 4
개 대대(大隊) 140기의 비행기가 협동작전을 준비하였고, 해군 제1함

---

1) 국민당은 먼저 蘇州河 以南의 國際飯店, 滙豊銀行, 海關大樓, 永安公司, 大
新公司, 梅白克路天主教堂, 巴克公寓, 蘭心大戲院, 貝當公寓, 市府大樓, 十
六鋪德國倉庫, 百樂門舞廳, 皇后大戲院, 大滬飯店, 哈同公寓와 蘇州河 以
北의 百老滙大廈, 北站大樓, 國防醫院 그리고 원래의 警備司令部빌딩, 郵政
工人公寓, 大陸銀行, 四行倉庫, 提籃橋監獄을 시가전의 주요 거점으로 정하
였다.

대의 30여 척의 군함과 오송(吳淞) 요새의 포병들이 해로의 장악을 위해 포진되어 있었다. 국민당은 전선에 배치된 이러한 부대를 위해 수십리에 걸쳐 현대화 방어 공사를 하였고, 인민해방군의 공격을 저지하기 위해 총력을 기울였기에, "스탈린그라드의 방어 설비보다 33%나 더 견고하다"[2]라는 비아냥거리는 소리를 듣게 되었다. 옌시산(閻錫山)은 참관 후 칭찬을 하며, 1년 이상은 무난히 방어할 수 있다고 예언하였다.

상해의 방어진지는 도시와 지방인민의 생명과 재산의 희생으로 이루어졌다. 최초 축조된 일부 토치카와 기타 공사가 원래의 건축물 사이에 만들어졌다. 장제스는 이러한 소식을 들을 후, 즉각 탕언보에게 진지 주위 1km내의 모든 건축물을 철거하고, 이에 반대하는 자를 엄벌하고, 가로막는 군중은 모두 사살하라는 명령을 내렸다. 이로써 시교(市郊) 수 십 리 내에 있던 많은 촌장(村庄)은 철거되거나 훼손되었고, 죽림(竹林)은 모두 베어졌으며, 주민들은 돌아갈 집이 없게 되었다. 인민이 절망 후에 일으킬 반항이 두려워, 국민당 당국은 그들 전부를 흩어트려 해산시켰다. 공사지역의 노동력을 확보하기 위해 국민당 군대는 상해 주변의 군중으로 노동력을 충당하였다. 오직 양경진(洋涇鎭) 일대에서만 매일 300명 이상의 농민공을 모집하였다. 동시 탕언보는 호령선(滬寧線), 호항선(滬杭線) 철로 및 고속도로 그리고 교량의 철저한 파괴를 명령하였고, 이로써 해방군의 상해로의 진격에 장애를 주었다. 군대를 통제하기 위해 탕언보는 강경회유정책을 겸행하여 실시하였는데, 한편으로 『종횡연좌법』(縱橫連坐法)과 『독전법』(督戰法)을 반포하고, 15개의 사형 규정을 반포하기에 이르렀다. 다른 한편으로는 국제반점에 "영웅관"(英雄館)을 설치하여 사기를 고무하기 위해, 전쟁에 공이 있는 군장은 이곳에 들어와 먹고 마시고 즐길 수 있게 허

---

2) 聶鳳智, 「戰爭史上罕見的奇跡」의 내용은 『文滙報』, 1979년 5월 18일에 게재.

락하였다. 탕언보는 심지어 상해 민정국장(民政局長) 타오이산(陶一珊)에게 상해의 모든 창기(娼妓)와 무녀(舞女)를 모집하여 3개의 군기영(軍妓營)을 만들도록 지시하였으나, 이는 전쟁이 신속하게 종식되어 실행에는 옮기지는 못하였다.

상해 전투의 주공임무는 제3야(野) 제9병단(兵團, 司令 쑹스룬 宋時輪, 政委 궈화뤄 郭化若, 관할 第20, 27, 30, 31군), 제10병단(兵團, 司令 예페이, 葉飛, 政委 웨이궈칭 韋國淸, 관할 제26, 28, 29. 33군)이었다. 그들은 상해를 해방시키라는 긴급 명령을 받은 후, 즉각 군대를 두 길로 나누어 상해를 공격하였다. 계속되는 큰 비로 인해 도로는 진흙창이었으나, 해방군은 도보로 진격하여 약 10일 동안 천리(千里)를 이동했으며, 신속하게 상해 주위로 이동되었다. 제10병단은 경호철로(京滬鐵路) 이북(以北)에, 그 휘하부대는 오송(吳淞)으로의 진격을, 제9병단은 황포강(黃浦江) 연안을 따라 포동(浦東)으로 이것은 마치 반원형의 포위권을 형성하였다.

5월 12일, 상해를 해방시키기 위한 총성이 울렸다. 제9병단은 해염(海鹽), 송강(松江), 봉현(奉縣), 사경(泗涇), 청포(靑浦) 및 사포(乍浦), 금산위(金山衛) 등지를 점령해 나갔다. 15일, 천사(川沙) 고가로진(顧家路鎭)를 점령하여 국민당 37군, 51군을 격파하였고, 단번에 8,000여 명의 포로를 잡았고, 천사(川沙) 이동(以東)의 국민당 군대의 퇴로를 차단시켰다. 아울러 주포진(周浦鎭)을 해방시켰으며, 해방 사령(海防司令) 겅쯔런(耿子仁) 및 그 부하 2,500명을 생포하였다. 제10병단은 소주하(蘇州河) 및 경호선(京滬線) 이북(以北)에서 동쪽으로 공격하였고, 선후로 곤산(昆山), 태창(太倉), 가정(嘉定) 등 현성(縣城) 및 나점(羅店), 유하(瀏河), 월포(月浦), 유행(劉行) 등을 해방시키거나 중요거점을 확보하여 국민당의 방어선에 쐐기를 박았다. 월포(月浦)의 전투에서 국민당은 토치카의 힘을 빌어 대규모로 완강하게 저항하고 있었는데, 해방군 제29군 259단의 적절한 배치와 주변 부대의 도움으로 6,7일 밤낮 전투를 벌인 끝에 결국 월포를 점령하였고, 단장(團長) 후원례(胡文烈)는 장렬한 전사를 하였다. 19일, 제10병단이 류싱(劉行)의 국제무선(國際無線) 방송국 및 그 동쪽에 위치한 구가(顧家)의 거점을 확보하여, 오송(吳淞)을 공략하게 되었다.

국민당 군대는 잇달아 매번 격파되었다. 5월 17일, 탕언보가 주진지(主陣地)의 부서(部署)를 조정하였다. 제12, 37, 51군 및 54군 일부로 포동병단(浦東兵團)을 만들어 췌한첸(闕漢騫)에게 지휘를 맡겼다. 제75, 21, 52군 및 123군의 잔류병을 포서병단(浦西兵團)으로 조직하고, 스줴(石覺)에게 지휘를 담당케 하였다. 상해에서의 퇴로를 확보하기 위해, 탕언보는 제12군에 유리한 지형과 현대화된 공사에 의거해, 교량을 사수하고 포병을 파견하여 공군이 지원을 하도록 명령하였다. 적군 제1함대 역시 12척의 군함을 이동시켜, 일자(一字)로 배열시켜, 함포사격으로 고교(高橋)에 있는 해방군을 공격해왔다. 해방군은 300여문의 중포(重炮)를 한 곳에 이동시켜, 태산에서 내려오는 기세로 장(蔣)군의 진지를 습격하였고, 7개 군함이 피격되어 파괴되었고, 나머지 5척을 도주시키게 하였다. 20일, 해방군은 적 12군 대부분을 섬멸시켰다. 탕언보는 퇴로를 확보하기 위해, 22일 교경총대(交警總隊)로 하여금 75군의 소주하(蘇州河) 진지의 사수를 맡게 하였고, 75군에서 병력을 뽑아 고교(高橋)를 방어하는 역량에 보충하였다.

23일 밤, 해방군은 장군(蔣軍)의 병력이동의 기회를 틈타 공격을 하여, 10리(里)의 방어 수단으로 층층이 방어벽을 쌓아 놓았던 곳을 돌파하여, 500여개의 토치카를 점령할 수 있었다. 24일 홍교진(虹橋鎭), 홍교공항(虹橋機場), 서가회(徐家滙)와 범황도(梵皇渡) 역사(驛舍), 아울러 만국공묘(萬國公墓)를 넘어 대홍교(大虹橋), 중산서로(中山西路) 등의 시중심지를 점령하였다. 포동(浦東)전선에서는 해방군이 연일 국민당 37군의 진지를 분쇄시켰고, 24일에는 양경진(楊涇鎭), 엄교진(嚴橋鎭)을 점령하여 포동(浦東)지구를 해방시켰다. 아울러 주포(周浦) 이서(以西)에서 강을 건너 포서(浦西)시구(市區)를 향해 진격하였다. 신장(莘庄)을 방어하던 국민당 군대는 대세를 파악하고 도주하기에 바빴다. 해방군이 이 기회를 이용해 추격하여 신속하게 용화(龍華)비행장과 용화(龍華)정거장을 점령하였다. 국민당 제21, 37, 52, 123군은 대부분 섬멸되었다. 인민해방군은 2주일의 시간도 걸리지 않은 채, 국민당군이 스스로 "철의 장벽"이라고 부르던 현대화된 방어 체계를 돌파하였으며, 10여 곳의 현성(縣城)을 해방시켰고, 100여 곳의 중요 공격 거점을 확보하였다. 해방군은 200여 리를 진격하였으며, 장제스군[蔣軍]의 포로가 2만 여 명이었고, 주위를 모두 포위하여, 목을 움츠린 거북이 같은 모양으로 20여 만 명의 장제스군대의 병사들이 상해시에서 오송구(吳淞口)까지의 협소한 곳에 머물게 되었다.

이러한 때에, "상해와 운명을 같이 하겠다"라는 장제스는 이미 오래 전에 부흥도(復興島)를 떠났었다. 각국의 영사들은 필리핀 영사를 선두로 3인위원회를 만들어 시장 천량(陳良)에게 상해는 "무방비 도시"라고 선언하라고 요구하였으나, 천은 자신은 아무 힘이 없다는 대답만 하였다.[3] 24일 천량은 공무국장(工務局長) 자오쭈캉(趙祖康)을 상해시장 대리로 임명하고, 본인은 즉시에 도주에 나섰다. 탕언보(湯恩伯)는 제12, 52, 54, 75군의 일부를 인솔하여, 황망히 주산군도(舟山群島)로 피신하였다. 도주 전, 탕언보(湯恩伯)는 51군 군장(軍長) 류창이(劉昌義)를 호송경비 부사령(滬淞警備副司令)으로 임명하여, 그의 지휘아래 보호를 받으며 후퇴할 수 있었다.

최후 결전의 시각이 도래하였다. 전국 최대 규모의 공상업 도시인 상해는 최근 백 년 이래로 상해 인민의 땀과 피가 모여 이루어진 결정

---

3) Barber, The Fall of Shanghai, pp. 132~133.

이었고, 또 앞으로 신중국(新中國)의 중요한 기지가 되었다. 마오쩌둥은 전쟁 전에 지시하기를 "상해 공격은 문장으로서의 공격이지 무장으로 공격은 피하라"[4]라며, 상해 인민의 생명과 재산을 보호하기 위해, 도시의 파괴를 되도록 줄이라는 것이었다. 병사들은 이 특수 전투를 위해 "도자기 상점 내에서 쥐잡기"작전을 세웠다. 24일 밤, 해방군 제27군은 서가회(徐家滙), 범황도(梵皇島) 일대에서 시구(市區)로 공격하여 들어왔고, 23군은 용화(龍華)방향에서 들어왔으며, 20군 주력은 고창묘(高昌廟) 서쪽에서 황포강(黃浦江)을 건너 들어왔다. 도시의 훼손을 최대한 막기 위해, 해방군은 신속한 진격을 공격방침으로 정하고 용맹하게 포위하는 전술을 이용하였다. 장군(蔣軍)은 이러한 공격에 갈피를 잡지 못해 어리둥절해 하며 방어체계는 문란해졌으며, 조직적이던 방어능력을 완전히 상실하게 되었다. 고루빌딩(高樓大廈)을 고수하던 병력이 항복을 하였다. 25일 새벽 1시, 각 도로의 대군(大軍)은 시중심의 포마청(跑馬廳)에서 부대가 합류하였다. 약 4시간 정도, 소주하(蘇州河) 이남(以南)의 시구(市區)는 아무런 손해 없이 완전히 인민의 수중에 넘어오게 되었다.

25일, 해방군은 소주하 북안(北岸)을 공격하기 시작하였다. 장군(蔣軍)은 이 강을 방패로 삼아, 북안(北岸)의 높은 빌딩을 접수하여, 화력을 밀집하여 강 위와 각 교량을 봉쇄시켰다. 아울러 외백도교(外白渡橋) 위에 많은 양의 폭약을 쌓아두고, 위급 시에 폭파시킬 준비도 갖추고 있었다. 3개 반(班) 의 해방군 전사들이 비밀리에 그곳에 접근하여, 연속적으로 폭발을 하게되어 있던 도화선을 끊어, 마침내 교량을 보호할 수 있었다. 왜냐하면 중화기를 사용하지 않으려고 하여, 해방군은 몇 차례 공격에서 성과를 내지 못하였다. 천이(陳毅)는 한편으로는 일부 부대에게 조가(曹家)에서 강을 건너 북쪽으로 포사(包抄)를 지

4) 「郭化若將軍談上海之戰」, 『文史資料選輯—上海解放三十周年專輯』, 上册.

나 진군케하였고, 다른 한편으로는 일부 부대에게 정치 공세를 전개하는 것으로 적군을 와해시키도록 명령을 내렸다. 이러한 때 해방군 제9병단(兵團)은 이미 고교(高橋)를 점령하였고, 그곳에 포를 배열해 보산(寶山)과 강의 상류의 적 군함을 타격하였고, 제10병단은 맹렬히 오송(吳淞)을 공격하여, 류창이(劉昌義)가 인솔하던 소주하(蘇州河) 북안(北岸)의 적들은 작은 독 안에 든 쥐가 되었다. 지하당 조직의 공작으로, 류창이는 압박에 의해 해방군과 담판을 벌여, 시간을 정해놓고 진지를 떠나겠다는 조건과 물자 보호와 군대의 집결을 대기하였다가 떠난다는 조건으로 수락하였다. 26일, 해방군은 영안교(永安橋) 이서(以西)의 각 교량을 접수하였고, 소주하(蘇州河)의 북서부로 진격하여, 완강히 저항하던 국민당 21군과 교경(交警) 잔류부대를 섬멸시켰다.

27일 새벽, 시구(市區)에 있던 장제스군[蔣軍]은 230사(師) 8,000여 명이 양수포(楊樹浦) 발전소와 수도공사 등에 산재해 있었다. 해방군은 천이(陳毅)의 지휘아래에서 정치 공세를 편 끝에 마침내 장제스군[蔣軍]의 투항을 받아냈고, 이로써 시 전체 최대의 정수장과 발전창(發電廠)을 보호하였다. 이로써 상해 전체는 해방을 맞게 되었다. 오송구(吳淞口) 밖에 정박 중이던 국민당 군함은 외국 국기를 계양하고 도주하였다. 14일의 전투를 통해, 7만 여 명의 국민당 관병이 황급하게 도망한 것 이외에, 그 나머지 15만 여 명은 해방군에 의해 섬멸되었다.

이러한 상해를 해방시키기 위한 전투 중에서, 중공 상해국과 상해시위(上海市委)의 지도는 인민과 해방군의 밀접한 관계를 유지시켰다. 전투 전, 지하당원은 가치가 있는 대량의 군사정보를 수집하였고, 그 중 국민당의 비밀문건, 예를 들어『송호외위방어공사상세배계도』(淞滬外圍防御工事詳細配系圖),『보위대상해작전계획』(保衛大上海作戰計劃) 등을 입수하여, 전투에서 순리적으로 승리를 이끄는데 큰 도움을 주었다. 전투 개시 후, 지하당 조직의 인민보안대가 군중을 규합해 공장보호[護廠], 학교보호[護校], 상점보호[護店] 투쟁을 전개하였다. 격전 중 수돗물과 전기의 공급은 처음부터 끝까지 단수(斷水)와 단전(斷電)이 되지 않았고, 소주하(蘇州河) 이북(以北)의 국민당이 거주하고 있던 지역의 전화(戰火) 역시 통화가 가능하였으며, 소주하(蘇州河) 남안(南岸)의 해방지구를 보호하기 위한 작전이 계속되었다. 인민보호대는 위험을 무릅쓰고 해방군을 인도하였고, 잔류병의 체포와 무기회수 그리고 국민당군의 와해에 협조를 하고 있었다. 당시 국민당은 적지 않은 군대를 파견하여 각 공장 학교에 주둔시켰고, 저항을 준비하였다. 각 창(各廠)의 인민보안대는 각종 방식을 이용해 이러한 진행에 반대를 벌였다. 예를 들면, 영연선창(英聯船廠)의 직공은 4,5일 동안의 노력으로 공장 부근에 주둔하고 있던 202사(師) 1개단(個團), 1개영(個營)의 항복을 받아내었고, 일거에 2,3천 명의 무장을 해제시켰으며, 공장을 보호하였다. 갑북전창(閘北電廠), 중방(中紡) 12창(廠), 중방(中紡) 8창(廠), 영전수조창(英電修造廠), 실험민교(實驗民校) 등을 지키고 있던 적들은 보안대의 설득과 권고로 모두 투항하여, 네 지역의 방어군이 무장해제되어 해방군이 힘들이지 않고 점령하게 되었다. 국민당군의 완강한 저항에는 보안대와 해방군의 합동작전으로 타격을 입혔다. 동시 인민보안대는 해방군이 사회질서를 유지하기 위해 특무와 건달소탕작전을 수행하는 데 도움을 주었다. 예를 들어, 각처에는 "화동지하군"(華東地下軍), "강남중공지하군"(江南中共地下軍), "소절환지하사령부"(蘇浙皖地下司令部), "팔로군주상해판사처"(八路軍駐上海辦事處), "인민해방군동남공작대"(人民解放軍東南工作隊) 등의 깃발아래의 특무와 건달 등이 "접관"(接管)이라는 명목으로 파괴를 진행하고 있었으나, 결국 최후에는 인민보안대가 각개 격파하고 응징하였다.

상해인민이 거대한 기쁨을 안고, 인민해방군을 환영하였다. 5월 25일 새벽, 영안공사(永安公司) 직공들은 국민당군대의 총탄의 위험에도 불구하고, 회사 건물 꼭대기 기운각(綺雲閣) 위에 홍기(紅旗)를 나부끼게 하여 인민해방군 진입을 환영하고 잊었다. 이어서 대신(大新), 신신(新新), 선시(先施)등 공사 및 강해관(江海關)의 건물 꼭대기에도 전후로 홍기가 나부끼게 되었다. 몇 시간 내에, 소수하(蘇州河) 남쪽은 홍기(紅旗)가 마치 숲을 이룬 것 같았고, 사람들의 환호소리가 거리를 흔들거릴 정도였으며, 한 폭의 거대한 표어가 상해 인민의 목소리로 나타났다. "우리는 인민의 군대를 환영한다!" 지하당원은 사람들을 포섭하여 신신공사(新新公司)의 "유리[玻璃]방송국"을 점령하였고, 이로써 상해 인민보안대 방송국의 명의로 방송을 시작하였고, 계속해서 약법 8장(約法八章)5)을 공포해 질서유지에 협조를 요구하였다. 학생들을 너무 기뻐 환영음악대를 만들어 "해방구의 오늘을 맑은 오늘"이라는 노래를 불렀고, 상해가 새로 태어난 것을 기뻐하였다. 같은 날, 시장대리[代理市長] 자오쭈캉(趙祖康)과 지하당원은 연락을 짓고, 휘하에 있던 시부대하(市府大厦)에 백기(白旗)를 걸어 항복을 하고, 보관하고 있던 문건 등을 해방군 측에 넘겨주었다.

1949년 5월 31일, 마오쩌둥은 친히 신화사(新華社) 사론(社論)에『축상해해방』(祝上海解放)을 게재해, 상해는 노동자계급의 주둔지와 중국공산당의 탄생지로, 오랜시간동안 상해는 중국혁명의 지도 중심이었으

---

5) 약법 8장(約法八章)이란 중국공산당이 1945년 4월 25일에『中國人民解放軍布告』의 형식으로 공포한 신해방구에 대한 8개의 기본정책을 말한다. 그 내용은 1. 전 인민의 생명과 재산을 보호한다. 2. 민족공상농목업(工商農牧業)은 보호한다. 3. 관료자본몰수. 4. 모든 학교, 병원, 문화교육기관, 체육장소와 기타 모든 공익사업을 보호한다. 5. 전범자와 악질의 반혁명분자 이외에, 총을 들지 않은 국민당의 각급 정전 조직의 모든 인원은 일률적으로 포로로 잡지 않고, 체포하지 않으며, 모욕당하지 않는다. 6. 모든 국민당 장병들은 해당 인민해방군에 자수하고, 무기를 납부한다. 7. 봉건적인 토지 소유권제도를 폐지시켜 농업 생산수준을 점차 향상시켜 인민생활을 개선한다. 8. 외국 교민의 생명과 재산의 안전을 보호한다는 내용이다. 역자 주.

나, 반혁명세력의 야만적 백색공포로 중국혁명의 주력이 도시에서 시골로 이전되었다. 그러나 상해는 여전히 중국 노동운동, 혁명문화운동과 각 민주 계층의 애국민주운동의 주요한 보루의 하나라고 지적하였다. "상해의 혁명역량과 전국의 혁명세력이 하나되어 상해의 해방을 이룩한 것이다." 이로써 상해는 참신한 역사의 단계로 접어들게 되었다.

제2절 새로 태어난 상해

상해의 해방은 전 세계를 진동시켰다. 상해에서 쫓겨난 제국주의분자와 국민당 반동파는 극한 감정을 억누르며 "공산당이 상해를 점령할수는 있지만, 관리할 수는 없다", "3개월 이상 이러한 유지를 하기 힘들다"고 예견하였다. 그들은 많은 특경(特警)을 상해지역에 매복시켜, 파괴와 문란함을 조성하였으며, 심지어 군함을 출동시켜 해안을 봉쇄시켰고, 전투기로 폭격도 가하였다. 방금 해방된 상해는 눈앞에 위험을 안고 있었다. 중국 공산당 지도자들은 상해인민을 인도해 새로운 전투를 시작시켰다.[1]

5월 28일,[2] 상해시 군사관제위원회(軍事管制委員會)가 성립되었고, 천이(陳毅)가 주임으로, 수위(粟裕)가 부주임에 임명되었다. 상해시 인민정부 역시 동시에 조직되어, 시장 천이(陳毅), 부시장에는 쩡산(曾

---

1) 상해가 해방되었을 때의 기본 상황은 다음과 같다. 그 면적은 611.7㎢. 인구약 545만 명. 그중 반수는 노동자로 그 구성은 노동자 503,000명, 직원449,000명, 상업인원 655,700명(상업 사장 80,000명, 노점상 265,100명), 전과(專科) 이상의 학교 학생과 직원 21,500명, 실업 노동자, 점원 및 그들의 가솔(家率)이 약 100만 명 이상, 거지, 창기, 팔수, 유랑아동, 패잔병, 아편중독자약 17만 명, 도망지주, 불량배의 가솔이 약 10만 명이었다. 시 전체 거주지는235,000동[幢], 그중 주택이 151,000채(20,000채 이상은 판자 집). 공장기업5,99개, 그중 103개는 고용인원이 2,500명 이상의 대기업. 상점 63,000곳이 있었다. 1949년 공업총생산가치는 309,000만 원, 발전량은 100,900만 와트, 철은5,200톤, 면사(棉紗) 712,000건, 면포(棉布) 6억4천만 미터이었다. 周林,「接管上海大事記實」,『上海解放三十五周年文史資料記念專輯』, pp.21~22.
2) 1950년 상해시 인민정부는 5월 28일을 상해 해방 기념일로 정하였다.

山), 판한녠(潘漢年), 웨이췌(韋慤)로, 비서장(秘書長)에는 판한녠(潘漢年)이 겸임하였다. 당일 시부대하(市府大厦) 시장 집무실에서는 국민당 시정부(市政府)의 접관의식(接管儀式)이 거행되었고, 시장대리 차오쭈캉(趙祖康)이 구시정부(舊市政府)의 도장을 천이(陳毅)에게 넘겨주었다. 천이는 즉석에서 상해의 오늘부터 인민의 도시로 세계상에 위치할 것이고, 제국주의자들은 공산당이 상해를 관리하지 못한다는 망언을 하였는데, 그것을 깨뜨려주겠다고 말하였다.

중공(中共) 화동국(華東局)과 상해시위(上海市委)의 부서(部署)에 근거하여 남하대군(南下大軍)이 상해에서 접관(接管)을 시작하였다. 접관은 4개의 부문으로 나누어 진행되었다. 군사부문(軍事部門)의 주임은 수위(粟裕), 부주임에 탕량(唐亮), 그 아래에 군사, 정공(政工), 후근(後勤), 해군, 공군, 훈련(訓練) 등 부(部)가 있었다. 정무부문(政務部門)에는 주임(主任) 저우린(周林), 부주임(副主任) 차오만즈(曹漫之)가 있었으며 그 아래에 민정접수처(民政接受處)와 법원접수처(法院接受處) 그리고 20여개 구(區)의 접관위원회(接管委員會)와 1개 교구접관위원회(郊區接管委員會)가 있었다.3) 재경부문(財經部門)에는 주임(主任) 쩡산(曾山)과 부주임(副主任) 쉬디신(許滌新), 류사오원(劉少文)이 담당하고 있었으며, 그 아래에 무역, 공상(工商), 노공(勞工), 경공업, 중공업, 농림, 철도, 전신, 우정(郵政), 항운(航運), 공무(工務), 공용(公用), 부동산[房地産], 위생(衛生) 등 처(處)를 두었다. 문교부문(文敎部門)에는 주임으로 천이(陳毅)가 겸임하였고, 부주임에 샤옌(夏衍), 첸쥔루이(錢俊瑞), 판장장(範長江), 다이바이타오(戴白韜)가 있었고, 그 아래에 고등교육, 시정교육(市政敎育), 문예, 신문출판처(新聞出版處) 등이 있었다.

---

3) 20개 區는 황포(黃浦), 노갑(老匣), 신성(新成), 정안(靜安), 강녕(江寧), 보타(普陀), 장녕(長寧), 읍묘(邑廟), 봉래(蓬萊), 숭산(嵩山), 노만(盧灣), 상숙(常熟), 서회(徐滙), 갑북(閘北), 북참(北站), 홍구(虹口), 북사천로(北四川路), 제감교(提籃橋), 유림(楡林), 양포(楊浦)이다.

인민군중의 협조아래, 군영회(軍營會)는 2개월 내에 선후로 70여 개 관료자본(官僚資本)의 공장, 10여 개의 교통기구, 20여 개의 은행과 10개의 무역단위를 접수하였다. 이러한 기업단위는 접관 후에 신속하게 생산단계로 회복되었다. 이들은 4년 전 국민당의 약탈, 탐오 및 협박에 의한 착취를 당하였으나, 공산당의 접관은 청렴공정의 일관성 있는 정책으로 문란하지 않았으므로, 상해인민이 두 눈으로 똑똑히 이전의 것과 선명한 대조를 이룬다고 보았다.

상해 해방 후, 시정부(市政府)는 "잔당숙청, 혁명질서건립"[肅淸殘黨, 建立革命秩序]의 임무를 제출하였다. 당시 국민당은 잔당(殘黨)과 특무(特務)와 비도(匪盜) 수 만 명을 남겨 놓고 떠났는데, 이는 사회치안에 상당한 위험요소로 작용하고 있었다. 6~12월간, 시 전체에 강도사건이 732건이나 발생하였을 뿐 아니라, 그 수단이 상당히 교활하고 잔악하였다. 어떤 사건은 무장을 하고 친구나 아는 사람 집을 방문하는 것과 공안인원과 간부를 사칭하고 무단으로 주택을 침입하여, 폭행과 약탈을 일삼아, 시민재산과 생명에 위험한 요소였다. 어떤 사건은 심지어 사람을 죽이고 배를 빼앗고 화물을 빼앗아갔다. 사회의 질서와 인민의 생명과 재산을 보호하고 유지시키기 위해, 화동국(華東局)에 경비부대, 공안국, 민정국 등의 단위참가시켜 시 치안위원회를 신설하였고, 수퉁(舒同), 량궈빈(梁國斌)을 정부(正副) 주임으로 임무를 맡게 하였다. 동시에 군경민연합판사처(軍警民聯合辦事處)를 설립하여, 송호경비사령부(淞滬警備司令部) 사령원(司令員) 쑹스룬(宋時輪)을 주임(主任)으로, 공안국장(公安局長) 리스잉(李士英)과 민정국장(民政局長) 차오만즈(曹漫之)를 부주임(副主任)으로하여 통일적인 지휘를 하여, 국민당 잔류병 문제와 시 전체의 치안 유지를 담당하게 하였다. 6월 10~20일에는 패잔병 7,832명을 수용하였는데, 그중 중장(中將) 1명, 소장(少將) 10명, 상교(上校)[4] 17명이 있었다. 공안기관(公安機關)은 도적[盜匪]의 활동에 타격을 주는 효과를 보았다. 12월 말, 도적사건[盜匪案件]은 6월에 는 173건이었던 것이 56건으로 줄었고, 범인 색출은 90%의 체포율을 보였고, 잡아들인 도적은 1,667명이었고, 압수된 장비는 경기관총[輕機 槍], 개인용자동화기[沖鋒槍], 보병용 소총[步槍] 42자루, 권총[手槍] 501 자루였다. 상해 해방 때에는 잠복해 있던 국민당 각계 특무(特務) 가 6,000여 명이었고, 그중 팀장 이상 대소(大小) 두목(頭目)이 1,600명 이었다. 10월 후, 주산(舟山), 대만(臺灣)의 특무기관은 또 상해로 특무 (特務)를 잠복시켜 무장 폭동을 음모하였고, 간부의 살해를 주도하였다. 군관회(軍管會)에서는 반동당단의 선포는 불법이라고 공포하고, 모든 특무조직(特務組織)의 해산, 무기소지 금지, 방송국 등을 엄격히 제한해 특무(特務)의 파괴활동을 규제시켰다. 1949년 말, 사건 전모가 드러난 특무안건(特務案件)은 417건(件)이었고, 잡아들인 특무(特務)는 1,499명, 수회한 장비는 무전기(發報機) 109대, 총 200자루였다. 국민당 보밀국 (保密局)은 본 시의 9개 방송조직에 잠복하였던 전체를 모두 체포하였 다. 특무(特務) 류취안더(劉全德)은 한 개의 행동조직을 인솔하여 천이 (陳毅)를 암살할 음모를 꾸몄으나, 상해에 도착하여 공안국에 체포되었 다. 시 전체의 군민의 노력을 통해, 상해 치안 상황은 점차 좋은 형국으 로 변하였다.

국민당경제의 총 붕괴로 상해인민이 상당히 어려운 재난을 격고 있 었는데, 이것은 해방 후의 금융과 시장에도 영향을 미쳤다. 문제가 많 아 혼란스러운 국면을 수습하기 위해, 인민정부는 상당한 노력을 필요 로 하였다. 6월 1일, 중국인민은행 상해 분행(分行)이 정식으로 개업을 하였고, 군관회(軍管會)에서는 인민폐(人民幣)와 한시적인 태금원권(兌 金圓券)의 사용을 명령하였다. 금원권(金圓券)은 이미 휴지조각과 같

---

4) 상교(上校)는 우리나라 계급체계로 볼때, 중령과 대령 사이 정도이나 대령이 라고 생각하면 무방하다. 역자 주.

아졌지만, 그러나 정부는 시민의 이익을 고려해 액면가 5만 원 이상의 금원권(金圓券)은 인민폐(人民幣)로 바꾸어 주었고, 태환률(兌換率)은 10만 원 권이 인민폐 1원(元)으로 되었다. 그래서 각 은행(銀行), 전장 (錢庄)에서는 금원권을 가지고 인민은행으로 왔으며, 금원권(金圓券)을 가득실은 차량이 외탄에 인접해 있는 구강로(外灘沿九江路)에서 사천 로(四川路)까지 줄을 섰으며, 원 중앙(中央), 중국(中國), 교통은행(交通銀行)의 모든 창고 및 영업 공간, 복도, 화장실에까지 제지창으로 보낼 운반해 온 금원권 종이로 가득하였다.

당시 상해에 물자는 상당히 부족한 상태이었다. 쌀, 면화, 연탄(당시에는 "二白一黑"이라 하였다)의 부족은 아주 심하였다. 인민정부에서 접관(接管)할 때, 쌀은 오직 시 전체에 반 달 정도 공급할 양이었고, 면화는 한 달 정도, 연료는 오직 7일분 정도만을 확보한 상태였다. 적지 않은 시민들우 장기 통화팽칭의 새해를 안고 있었기 때문에 지폐를 신임하지 않았으므로, 인민폐(人民幣)를 받자마자 물건을 사재기하였고, 은원(銀元)은 아직도 시장에서 중요한 통화(通貨)수단이었다. 잠복하고 있던 국민당 특무는 이러한 기회를 이용하여, 투기 상인이 되어 일시에 금융투기를 조장하여, 상황을 더욱 어려운 국면으로 치닫게 하였다. 일시에 황[黃(金)], 백[白(銀元)], 녹[錄(美鈔)]이 말썽을 일으키며, 서장로(西藏路), 남경로(南京路)와 외탄(外灘) 일대에 많은 긴 장삼 (長衫)을 입은 "은우"(銀牛), "대두"(大頭), "소두"(小頭)들이 서로 주먹질하고 싸우는 소리가 많이 들렸다. 5월 28일에서 6월 9일까지 13일동안에, 1매(枚) 은원(銀元)의 지하시장의 가격은 인민폐 600원에서 1,800원으로 올랐고, 황금은 매 량(兩)에 3만9천 원에서 11만원으로 뛰었으며, 동시에 물가도 3배 이상 올랐다. 이러한 상황은 인민의 생활을 극도로 위협하였고, 신정권을 공고히 하는데 방해가 되었다.

이러한 금융투기와 시장의 물가를 잡기위해, 중공중앙은 즉시 각성의 식량과 연탄 등의 물자를 상해로 공급하였고, 시정부는 상인들은 격려하여 스스로 외화를 준비하여 수입 물자를 구입할 수 있게 했고, 운수를 장려하자, 각 종류의 상품이 상해로 계속해서 밀려들어왔다. 6월 8일, 군관회(軍管會)에서 규정하기를 외화를 소지한 사람은 외화교역소(外滙交易所) 설립 후 반 개월 내에 가져오면, 외화를 중국은행에서처럼 시가대로 인민폐로 바꾸어주거나, 은행에 예치하라고 하였고, 시장에서 유통되는 것을 엄금한다고 규정하였다. 은원투기(銀元投機)의 중심지는 한구로(漢口路)의 증권대루(證券大樓)였다. 모리꾼 장싱융(張興鏞)이 그의 사무실 밖에 "수창호"(壽昌號)라는 간판을 걸고 있었으나, 실제적으로는 투기의 총 지휘소로 전화기가 25대나 있었고, 많은 암호와 부호 등이 발견되었다. 6월 10일 오전, 군관회(軍管會)는 유관부문에 명령하여 증권대루(證券大樓)를 수사하도록 하여, 많은 금줄, 은원(銀元), 미국 달러[美鈔] 및 권총, 수류탄 등이 나왔고, 238명의 모리꾼을 체포하였다. 증권대루를 영업 정지시키자, 은원(銀元)의 지하시장 가격은 즉시 하락하기 시작하였다.

계속해서 시 전체의 인민은 금융투기반대 풍조를 일으켰다. 총공회주위회(總工會籌委會)의 획책으로 대다수의 직공이 원래의 직업에 종사할 수 있도록 군중대회를 열었고, 정부는 이 대회를 지지하여 은원(銀元) 사용 거부를 결정하였다. 시학생연합회(市學生聯合會)는 반투기동원대회(反投機動員大會)를 거행하여, 2만 여 명의 학생들은 조직하여 가두에서 선전을 하였다. 상해민주부녀단체(上海民主婦女團體) 임시연합회, 중국기술협회(中國技術協), 미술협회, 목각협회, 만화협회와 대학교수연의회(大學敎授聯誼會)등 단체 분야별로 집회를 열어, 사람들에게 은원(銀元) 가격 조작범과의 투쟁을 벌이라고 호소하였다. 우정저금회업국(郵政儲金滙業國) 상해분국, 상해전신국, 지정국(地政局) 등 단위의 직공들은 서명운동을 전개하였고, 새롭게 발행되는 지폐를 보증하고, 은원(銀元)을 사용하지 말자고 하였으며, 친지와 친구에게도 은원(銀元)을 사용하지 말자고 권고하였다. 6월 11과 12일에 이르러 반투기 군중운동은 최고조에 달하여, 노동자, 학생들의 선전대가 남경로(南京路), 외탄(外灘) 등 시구(市區)에서 정부의 금융정책을 선전하였고, 거리에서 은원(銀元)을 판매하는 사람들의 불법매매를 금지시켰다. 많은 상점의 진열장위에 "인민폐만 받는다. 은원으로는 값을 매길 수 없다"라는 글씨를 붙여 놓았다. 때마침 인민의 지지아래에서 새로 생겨난 시정부(市政府)는 경제 투쟁에서 1라운드의 승리를 거둘 수 있었다.

금융투기를 제압한 후, 물가의 안정을 회복하는 시키는 것이 또 하나의 중대한 문제였다. 국내외의 적들은 공산당이 미국의 원조 없이 물자 결핍이라는 곤란한 환경 속에서 국민당도 수년에 걸쳐 해결하지 못한 통화팽창을 해결하지는 못할 것이라고 생각하였다. 인민의 생활을 보장하기 위해, 시정부는 무역 총공사(貿易總公司)를 조직하여, 시민의 양식, 연료, 식용유, 사포(紗布)와 밀가루 등 생활필수품을 공급하도록 하여 물가의 안정을 꾀하였고, 동시에 화동(華東) 37개의 도시에서는 실질적인 가격으로 할인하기로 결정하였다. 소위 "절실5)단위"(折實單位)는 물가가 오르고 있는 상황에서 물건의 값을 노동자들의 급여수준에 맞춰 실질적인 가격으로 동결하는 방법이다. 실질적인 가격으로의 동결 품목에는 4개 항목의 일용필수품도 포함되어 있었는데, 백갱미(白粳米) 1되[升], 12파운드의 용두세포(龍頭細布) 1자[尺], 생유(生油) 1량(兩)과 보통 연료 1근(斤)의 가격이었다. 절실단위에는 정찰가 판매로써, 당지 시장에서 이러한 생활필수품에 대해서는 전날 도매가격으로 판매를 하였다. 6월 14일, 중국은행은 상해에서 절실 저축의 개시를 거행하였으

---

5) 折實이란 실질적인 가격으로 할인하거나 실물각격으로 환산하는 것을 말한다. 역자 주.

며, 저축은 절실 가격의 지수(指數)로 기록되었고, 찾을 때에는 절실가
격의 지수(指數)로 돌려주어, 물가가 오르면 지수도 완전히 함께 오르
는 방법으로 이것은 당시 물가 파동으로 인한 노동자의 실제급료가 하
락하는 것을 방지하게 되었다. 중국인민은행은 절실저축 후, 5일내 1억
여 원이 저축되었고, 326,000여 개의 절실단위가 생겨났다. 후에, 직공
의 급여를 줄 때, 이러한 절실단위의 계산으로 급여를 지급해 물자가
공급이 곤란한 상황에서도 물가를 안정시킬 수 있었던 것은 인민의 마
음이 크게 안정시키는 역할을 하였던 것이다.

  정권을 공고히 하기 위해서는 인민의 생활을 향상시켜야 하고, 가장
중요한 것은 생산을 회복시키고 발전시켜야 하는 것이었다. 국영기업
의 건립 시작 이외에, 시정부는 적극적인 장려와 도움으로 상해의 수
만 개의 사영기업을 발전시켜 생산을 가동케 하였다. 6월 2일, 시정부
(市政府)는 성피화(盛丕華), 후추이원(胡闕文), 룽이런(榮毅仁), 류징지
(劉靖基), 쿠이엔팡(賈延芳), 허우더방(侯德榜), 우줴눙(吳覺農), 옌야오
추(顔耀秋) 등 수 백 명의 공상계 인사를 초청해 좌담회를 열었다. 천
이(陳毅) 대표정부와 해방군은 수년동안 민족공업발전을 위해 분투한
상해 산업계에 감사의 말을 전한다고 표시하였고, 아울러 당(黨)의 민
족자산계급의 정책에 대해 상세히 설명을 하고, 정부는 산업계와 공동
의 노력으로 상해의 생산발전을 촉진시키기를 원한다는 뜻을 밝혔다.
계속해서 시정부는 적극적으로 각 창의 원료, 판로, 자금 등 구체적인
곤란을 해결하는데 도움을 주고, 상품유통과 생산품의 구입을 해준다
며, 각 공장이 생산에 들어가기를 바란다고 하였다. 이어서 시정부는
대외무역 조례를 공포하여 수출하는 공장에 대해서는 특혜를 부여한
다고 하는 동시에, 대규모로 노동인원을 동원해 생산 발전, 경제의 번
영, 공사(公私)가 함께 잘 되는 것을 고려하고, 노동자와 자본가 모두
에게 유리한 정책을 실시하겠다고 발표하였다. 전 시민의 노력으로, 6

월 초 300여 개의 사영(私營) 공장이 생산을 시작하였고, 물가는 신속하게 안정되어 갔다. 상해인민은 마침내 국민당이 조성해 놓은 장기 악성 통화팽창의 재난에서 벗어날 수 있게 되었다.

생산을 회복함과 동시에 상해인민은 또 자연재해와 국민당 폭격의 시련을 겪어야 했다. 1949년 7월 24일과 25일 특대 태풍이 상해를 습격하였다. 외탄(外灘)공원의 수목과 대나무는 모두 뽑혀 나갔다. 시구(市區)의 집들은 3,000여 채나 손실을 보았다. 기업 손실은 더 커서, 갑북수전공사(閘北水電公司) 대부분이 파괴되었고, 전력공급이 중단되었다. 각 하천에는 40척의 배가 침몰되었고, 양식은 200만 근(萬斤)이 물속에 잠겼다. 시내도로에는 물이 가득 고였고, 회해로(淮海路)는 수심이 3, 4자[尺]나 되어, 차량은 전부 운행을 못하게 되었다. 근교(郊區)의 논이 물에 잠긴 곳은 수 십 만 무(畝)나 되었고, 주택은 3,900여 가구가 파괴되었다. 남회현(南滙縣)의 4개 향(鄕)은 완전히 수몰되었다. 25일, 시장 천이(陳毅)는 친히 긴급회의를 주재하여 수재민 구호에 나섰다. 시고교(時高橋)의 방파제는 수 년 동안 수리를 하지 않아, 20여 곳에 구멍이 나 있어, 포동지구는 위험에 노출되어 있었다. 시정부는 20억 원을 전부 수리비에 사용하고, 천이(陳毅) 등이 친히 방파제 공사 현장에서 지휘하여 영구적인 호안공정(護岸工程)을 만들어 이로써 상해의 해안 방어 공사의 기초를 다졌다.

1950년 2월 6일, 대만의 국민당 잔여세력은 17대의 비행기를 출동시켜, 양수포발전창(楊樹浦發電廠), 갑북수전공사(匣北水電公司), 남시화상수전공사(南市華商水電公司) 등에 맹렬한 포탄을 퍼부어, 1,000여 칸의 집을 폭파시키고, 1,000여 명의 사상자를 냈으며, 전력 공급 시설 80% 이상을 파괴시켰으며, 공장의 80% 이상이 이로 인해 생산을 중단해야만 하였다. 적의 파괴에 직면하고 있던 상해 인민은 시정부의 지도아래에, 해방군과 합동작전으로 신속하게 생산라인을 회복시켰다.

각 전력공사는 다음날 부분적인 발전을 회복하였다. 오래지 않아 상해 시민생활과 각 공장은 모두 정상을 회복하였다.

시정부는 조치를 취해, 신속하게 제국주의와 국민당 잔류의 오염되고 부패된 물을 척결하러 하였다. 6월 1일, 군관회(軍管會)에서는 황포강(黃浦江), 장강구(長江口) 및 오송구(吳淞口) 세 곳의 항해운(航海運)에 명령을 내려 즉시 항로를 개방하여 상선(商船) 및 민선(民船)의 자유로운 왕래를 허용하였다. 그러나 외국 군함은 진출을 금지시켰다. 6월 10일, 영문『자림서보』(字林西報)에서는 국민당이 오송구(吳淞口)에 어뢰를 띄웠다고 유언비어를 유포해서, 상인들이 두려워하게 하였고, 심지어는 상해지구의 통항과 물자운수까지 심각한 영향을 받게 되었다. 군관회(軍管會)는 신문에 공개적으로 잘못된 정보라고 지적하고, 아울러 해당 신문사에 엄중한 경고를 한차례 하였다. 6월 18일, 영국인 검표원인 마이다성(麥達生)에게 구타를 당한 영상전차공사(英商電車公司) 직원 왕전귀(王振國)가 병으로 인한 휴가를 얻었다. 시 공안국은 엄중하게 처리하고, 해당 공사(公司)의 총경리 바이루커(柏祿克)는 노동자들의 요구를 받아들여 마이다성(麥達生)을 퇴직시키고, 왕전귀의 휴양비용 및 급여 지급과 아울러 공개적인 사과를 신문지상에 게재하고, 이후 이러한 사건의 재발이 없을 것을 보증한다고 하였다. 7월 7일, 상해인민은 해방의 경축을 거행하고 있는데 미국인 오리푸(歐立夫)가 동장치로(東長治路) 율양로(溧陽路) 입구에서 교통규칙을 위반하고는 시위 퍼레이드 때문이라고 하며 경찰관을 발로 찼다. 그러나 최후 법정 앞에서 오우리푸는 잘못을 승인하고, 경찰관에게 사과서를 제출한 후, 일체의 손해를 배상하며, 국법을 외국인도 준수하겠다는 보증을 하였다.

상해의 해방 때에는 유민(游民)과 창기(娼妓)가 약 12만 명으로 그 수가 상당하였고, 유형도 복잡하였다. 유민 중에는 직업적 거지, 소매치기들로 각자 자기의 활동 구역과 세력범위가 있었고, 일부는 조직까지 갖추고 도박, 아편흡입, 매음 서적 등의 판매 등 위법활동을 하고 있었다. 이러한 엄중한 사회문제를 해결하기 위해 시민정국(市民政局)은 1950년 전후로 제1, 제2교양소(敎養所), 신인습예장(新人習藝場)을 건립하여 계획적으로 분류하여 유민(游民)을 수용하면서 교화시켰다. 또 아동교양원(兒童敎養院)을 설립하여 떠도는 아동을 전문적으로 수용하였다. 장기의 노동과 사상교육을 받은 후, 대부분 유민은 빈둥빈둥 놀며 게으름을 피우는 습관을 버리고, 노동의 즐거움과 습관을 배우고, 아울러 생산 기술도 배워 국가의 법을 지키고, 스스로 생활을 할 수 있는 새로운 사람으로 태어났다. 건달들의 세력에 대해서는 시정부가 상황에 따라 나누어서 처리하였는데, 상해에 머물고 있던 황진룽(黃金榮)도 환영을 표시하였으나, 신 상해 건설에 관여하는 것에 대해서는 경고하였다. 반혁명활동에 참여하는 것은 진압을 하였다. 사회적으로는 계속적으로 강탈과 협박을 일삼거나 절도사건이 있으면 판결을 내려 노동으로 개조를 시키는 방법으로 대처하였다. 이러한 것은 구사회에서는 해결하지 못하였던 문제였다. 기녀에 대해서 시정부는 해방 초에 스스로 전업을 유도하였고, 아울러 기녀원[妓院]의 기녀 어미의 책임아래 성병을 치료하게 하였고, 직업을 찾는 것에 협조도 하였다. 1951년 11월, 시 전체에 남아있던 기원(妓院)은 72개소였고, 적지 않은 사창(私娼)도 비밀리에 손님을 받고 있었다. 시정부는 모든 기원(妓院)을 폐쇄시켰고, 사창(私娼)활동을 엄금시켰다. 아울러 부녀교양소를 설립하고, 집 없고, 취업조건을 갖추고 있지 않은 기녀(妓女) 7,000명을 수용하여, 시의 예산으로 그들의 질병을 치료하였다. 또 그들의 체력에 근거해 적당한 노동을 주었고, 사상교육을 강화하였으며 이로 그들이 노동을 싫어하는 생각과 태만한 습관을 버리도록 하였다. 이후, 그들은 대부분 건설에 참가하였고, 아름다운 가정을 이루었다.

　해방 전날, 상해에 신문사가 70여 곳이었고, 통신사가 80여 곳이 있었으며, 타도시 신문사[外埠報社]가 상해에 판사처(辦事處)를 둔 곳이 10곳이었다. 군관회(軍管會) 신문출판처(新聞出版處)는 각 신문 단위의 서로 다른 상황을 근거하여, 분별하여 접관(接管), 군관(軍管), 관제(管制)와 지지(支持) 등 같지 않은 조치를 취하였다. 정부는 국민당 관료자본에 의해 생긴 『중앙일보』(中央日報), 『화평일보』(和平日報), 『전선일보』(前線日報), 『시사신보』(時事新報) 및 중앙 통신사 상해지부는 접관(接管)을 실행하여 즉시 폐쇄조치하였고, 반동파가 조정하였던 『신보』(申報), 『신문보』(新聞報)는 해산과 개조를 실행하였다. 해방일보사는 신보대루(新報大樓)에 진주하였다. 5월 28일, 『해방일보』(解放日報)가 창간되었다. 『신문보』(新聞報)는 개조 후, 6월 29일에 『신문일보』(新聞日報)로 복간(復刊)되었다. 1947년 국민당에 의해 폐쇄되었던 『문회보』(文滙報)가 6월 12일에 복간(復刊)되었다. 외국교포의 신문[外僑報刊]인 『소련공민보』(蘇聯公民報), 『밀러씨평론보』(密勒氏評論報) 및 『자림서보』(字林西報), 『대미만보』(對美晚報) 등이 연속적으로 출판되었다. 『밀러씨평론보』는 미국이 한국전쟁에 참여하는 것을 반대한다는 내용을 게재하자, 미국에서의 판매를 금지시키자, 발행량이 크게 감소하였고, 1953년에 정간되었다. 『자림서보』(字林西報)와 『대미만보』(大美晚報)는 해방후에 판로가 없어, 1949년 6월 중순에 스스로 정간하였다. 5월 27일 상해 해방의 당일, 상해인민광파방송국[廣播電臺]은 900킬로헤르츠(Khz)와 11780킬로헤르츠(Khz)로 정식 방송을 하였다.

문교전선(文敎戰線)에서는 시정부(市政府)가 국립교통(國立交通), 복단(復旦), 동제(同濟), 기남(暨南) 등 대학에 단과대학과 학과를 조정하고, 점진적으로 사립대전원교(私立大專院校)와 교회에서 세운 대학을 폐교시켰다. 구학교(舊學校)를 개조시키기 위해 각 학교에 민주관리의 교무위원회(敎務委員會)를 설치하여, 대량의 공농자녀(工農子女)를 입학시켰다. 아울러 각종 방법을 통해 적극적으로 취미교육을 전개하였다. 상해의 교육 대오는 중국 교육전선의 한가닥 활력소였다.

상해는 중국 영화사업의 발원지이다. 6월 중순에서부터 군관회(軍管會) 문예처(文藝處)에서는 국민당의 중앙전영공업공사(中央電影工業公司)와 중전(中電) 1창(廠), 2창(廠), 국민당군위회(國民黨軍委會)의 중국전영제편창섭영장(中國電影制片廠攝影場), 삼청단(三靑團)의 상해 실험전영창(上海實驗電影廠) 및 중화전영공업공사(中華電影工業公司)와 몇 개의 관료자본이 경영하던 영화관[電影院]을 인수하여 관리하면서, 통일적으로 상해전영제편창(上海電影制片廠)을 만들었다. 1950년 최초의 영화인『농가락』(農家樂),『단결해 일어나라, 내일이 온다』(團結起來到明天)이 촬영되었다. 1951년 사영(私營) 곤륜영업공사(昆侖影業公司)와 공사합영(公私合營)의 장강공사(長江公司) 합병(合倂)으로 장강곤륜연합전영제편창(長江昆侖聯合電影制片廠)이 만들어졌다. 다음해에 그것은 또 문화(文華), 국태(國泰), 대동(大同) 등 사업창과 합병하여 국영상해연합전영제편창(國營上海聯合電影制片廠)을 만들었다.

시 인민정부(市人民政府) 성립 후, 더욱 정권의 민주건설을 노력하였다. 천이(陳毅)와 판한녠(潘漢年)은 함께 입성하여 친히 사회의 신망을 얻고 있던 쑹칭링(宋慶齡), 옌후이칭(顔惠慶), 장위안지(張元濟) 등 각계 인사를 방문하고 순조로운 상해 인수인계의 의견을 물었다. 8월 3일, 상해에서 제1계(屆) 제1차 각계 인민대표회의(人民代表會議)가 개최되었는데, 토론은 어떻게 적의 봉쇄를 분쇄하고, 신상해(新上海) 건설에 노력하느냐이었다. 12월 6일, 제2차 회의가 개최되었는데, 재정문제가 토론되었고, 아울러 각계 인민대표들은 협상위원회와 각 소속전문위원회를 만들었고, 협상회 주석으로 천이(陳毅), 부주임에는 류장성(劉長勝), 후추이원(胡闕文)이 임명되었다. 이후, 각계 군중 조직은 총공회(總工會), 민주청년연합회, 신민주주의청년연합회, 시농회(市農會), 시부련(市婦聯) 등 계속적인 기구의 탄생을 보았다. 1950년 10월 16일,

상해시 제2계 제1차 각계인민회의가 소집되어, 류샤오(劉曉, 市委 제2
서기), 류장성(劉長勝, 市工會주석), 저우린(周林, 市府비서장), 귀화뤄
(郭化若, 警備司令部政委), 쉬디신(許滌新, 工商局長), 샤옌(夏衍, 市爲
宣傳部長, 文化局長), 룽이런(榮毅仁, 工商聯籌委會副主席), 자오쭈캉
(趙祖康, 工務局長), 류홍성(劉鴻生), 장치(張祺), 양판(楊帆) 등 30인이
정부위원(政府委員)에 선출되었고, 천이(陳毅)는 시장(市長), 판한녠(潘
漢年), 성피화(盛丕華)는 부시장(副市長)이 되었으며 아울러 시정협위
원(市政協委員)도 선출되었는데, 주석에는 천이(陳毅), 부주석(副主席)
에는 판한녠(潘漢年), 류장성(劉長勝), 후추이원(胡厥文), 진중화(金仲
華)였다. 상해의 인민민주제도는 이렇게 해서 더욱 공고해졌고, 부단한
발전을 거듭하게 되었다.

1949년 5월 27일 남경로 시민들이 해방군을 환영하는 집회에서, 어
떤 사람은 진솔하게 이러한 말을 하였다. 1945년 항전승리, 국민당 상
해접수때 우리들은 역시 환영하였다. 그러나 그들은 상해 사람을 실망
시켰다. 우리들을 버렸다. 오늘 이 환영회에서는 또 다시 실망을 우리
에게 안겨주지 말기를 바란다. 공산당이 중국인민의 좋은 지도자가 되
기를 희망하고, 해방군은 인민의 영원한 자제병(子弟兵)이 되기를 희
망한다.

세월이 빨리 지나가 벌써 37년이 지났다. 오늘 우리들의 이 수 십
년의 비바람의 역정을 돌이켜보면서 스스로 말한다. "중국 공산당은
인민의 희망을 저버리지 않았구나"라고. 이러한 상해는 강대한 경제체
계와 영웅적인 사회풍모로 전세계의 사회주의 중국의 휘황한 업적이
라고 할 수 있다. 상해는 가장 찬란한 밝은 보석과 같아 태평양 서안
에서 더욱 밝은 빛을 발할 것이다.

굴욕, 고난, 분란의 근대 상해는 이제 이미 지나가버렸고 다시 돌아
오지는 않는다.

부록 1: 대사기(大事記) (1914~1949년)

1914년 6월	袁世凱정부 상해 해도[滬海道] 설치
7월	프랑스 조계 면적이 15,150무(畝)로 확대
8월	제1차 세계대전 폭발
9월	프랑스 조계 公董局 초대 華董 陸伯鴻, 吳馨취임
10월	中華革命黨 상해 책임자 範鴻仙 피살
11월	상해 성벽 전부 철거, 中華路 건설
같은 해	穆藕初 德大紗廠 창립
1915년 1월	『과학』잡지 상해에서 출판
3월	수 만 명의 민중 張園에서 21개조 교섭반대집회
5월	제2차 遠東운동회 상해에서 거행, 중국 1위
6월	상해 은행 동업조합[公會] 성립
9월	陳獨秀 주편의 『靑年』잡지 창간(后에 『新靑年』으로 개명됨)
11월	中華革命黨員이 상해 鎭守使 鄭汝成 살해, 松滬 護軍使에 楊善德 취임
12월 5일	중화혁명당 "肇華"호에서의 기의 발동(다음날 기의 실패)
같은 해	榮德生 申新紡織公司 창설
1916년 1월	『民國日報』창간
5월	북경정부의 태현(兌現) 중지 명령에 중국은행 상해지점 반발
5월 18일	陳其美 프랑스 조계에서 袁世凱의 앞잡이 암살
10월	黃興 상해에서 병사
같은 해	洋涇浜 매립하여 愛多亞路 축성. 南洋兄弟煙草公司 상해에 공장 설립
1917년 5월	中華職業敎育社 성립
6월	『密勒氏評論報』창간

7월	張勛 復辟. 孫中山, 寥仲愷 등 상해에서 광주시(廣州市, 穗)로 이동, 護法운동 참가.
8월	중국 독일에 대한 선전포고. 萬國商團의 독일, 오스트리아 부대 해산
11월 10일	『民國日報』 최초로 러시아 10월 혁명 소식보도
12월	華商紗廠 연합회 성립
1918년 3월	『時事新報』창립, 『學燈』副刊
4월	프랑스 東方滙理은행이 求新製造廠 탄병
5월	상해 학생 『中日共同防敵軍事協定』의 청원 반대 거행
6월	護法운동 실패, 孫中山 廣州에서 상해로 돌아옴
7월	일본 浪人 虹口에서 사건을 일으켜 중국 경찰과 충돌 발생
9월	永安公司 개업
11월	제1차 세계대전 종식. 상해 여행중인 協約國 교민 대전 종식 열렬히 환영
1919년 2월	江蘇省 교육회 등 北洋政府에 파리회의에서 거론되는 일본의 무리한 요구 거절 요청. 南北會議 상해에서 거행
3월	상해 商業公團聯合會 성립, 대내, 대외 주장 발표 ·
4월	미국철학자 존 듀이(John Dewey, 杜威) 상해 방문 및 실용주의 철학 강연
5월 4일	北京 五四運動 폭발
5월 7일	상해 학생, 시민 거리집회. 北京학생 성원
6월 5일	상해 전체 노동자 파업, 상인 罷市, 7일간 고수로 전국 진동케 함
7월	공공조계 상인 증연(增捐) 반대 투쟁 발기, 재차 중국인 참정 요구 제출
9월	『新青年』 마르크스주의 연구 특별호 상해에서 출판
10월	중화혁명당을 中國國民黨으로 개칭. 각 거리의 상업계총 연합회 성립
1920년 2월	陳獨秀 상해 도착, 오래지 않아 상해工讀互助團 발기

4월	공산국제(코민테른) 대표 보이틴스키 상해에서 陳獨秀와 만남. 毛澤東 상해에서 驅張활동 전개
5월 1일	상해 工業界團體 세계노동기념대회 거행
	같은 해 여름 劉鴻生 등이 上海시멘트공장(水泥廠) 설립
6월	租界에 納稅華人會 성립
7월	直皖전쟁 폭발, 江浙 두 省 군벌『保境安民公約』체결
8월	상해 공산당 발기조직 성립. 陳獨秀 書記에 추대.
	『勞動者』週刊 창간. 上海社會主義靑年團 탄생.
같은 해 가을	孫中山 거처에서 공산국제(코민테른) 대표 보이틴스키 접견
11월	上海機器工會(노동조합) 성립
1921년 5월	工部局에 5명 중국인 고문 취임
7월 23일	중국공산당 제1차 전국대표대회를 프랑스 조계 望志路에서 개최
8월	中國勞動組合書記部 상해에 성립
같은 해 여름가을	上海交易所 136곳에 도달함. 대규모 파산, 信交 풍조 형성
같은 해	吳蘊初가 天厨味精廠 설립. 중국 최초의 장막의 《閻瑞生》 촬영 성공
1922년 4월	日華紗廠 노동자 中共의 지도아래 총파업 단행
7월	중공 상해에서 제2차 전국대표대회 개최
9월	중공중앙 기관 간행물『嚮導』주간 간행
10월	사립 東南高等專科師範學校가 上海大學으로 개조
11월	工部局빌딩 낙성
1923년 1월	孫中山『中國國民黨宣言』발표. 소비에트 특사 요페(越飛) 상해 도착, 孫中山과 회견
7월	부분적인 국회의원 상해에서 집회, 대내·대외선언 발표
8월	江浙軍閥『江浙和平公約』체결
10월	曹錕 뇌물로 총통에 당선. 상해 인민 거리 집회로 항의.『中國청년』週刊 상해에서 발행.

11월	盧永祥이 王亞樵에게 松滬警察廳長 徐國樑 암살 지시
같은 해	新沙遜洋行 安利兄弟公司 통제를 통해 상해 진입. 洗冠生 冠生園食品公司 창립
1924년 2월	국민당 상해 執行部 성립
4월	미국 변호사 페센든(S. Fessenden, 賴信惇) 工部局 總董에 임명. 영국국적을 갖지 않은 최초의 총동으로 임명.
같은 해 여름	滬西工友俱樂部 탄생
9월	제1차 江浙戰爭 폭발, 40일 지속.
10월 17일	孫中山 상해 도착(21일, 일본을 경유하여 계속 북상)
12월 3일	上海機器노동조합 등 발기 上海國民會議促進會 조직
12월 말	제2차 江浙전쟁 폭발(奉軍은 다음 해 1월 상해로 진입)
1925년 1월 11일	중공 제4차 전국대표대회 상해에서 개최
1월 15일	북경정부 滬局三令조치 발표. 향후 상해를 松滬市로 개칭 허락
2월	상해 日資紗廠 노동자 동맹 파업 단행
3월 12일	孫中山 서거. 상해 인민 추도활동 거행
4월	公共租界納稅外人會 특별회의에서 4개의 제안 통과되지 못함.
5월 15일	일본자본가가 총으로 顧正紅 사살. 부분 日資紗廠 노동자 파업 개시
5월 30일	五卅慘案 발생
6월 1일	상해시 전체에서 "三罷"실행. 제국주의 폭행에 항의. 上海總工會 공개적 활동
6월 26일	상업계 開市, 노동자 파업 고수
8월 25일	일본 자본가의 노동자들의 부분적인 요구 받아들임. 紗廠 파업 종결
9월 18일	군벌이 總工會 폐쇄
10월	제3차 江浙전쟁 폭발. 孫傳芳 상해 점령
12월	總工會 副委員長 劉華 군벌에 의해 피살. 국민당 西山會議派 상해에서 僞中英總部 성립

같은 해	光華大學 설립
1926년 1월	國民黨 上海市黨部 성립
3월	西山會議派 상해에서 僞國民黨 2차 전당대회 개최
5월	松滬商埠督辦公署 성립, 孫傳芳 督辦에 취임
7월	『收回會審公堂協定』체결(公共租界會審公堂은 다음해 1월 臨時法院으로 개칭됨)
9월	중공 상해 區委 상해 自治運動 전개 호소
10월 23일	상해 노동자 제1차 무장기
12월	上海特別市政府 市民 公會 조성, 군벌에 의해 해산
같은 달	공사단(公使團)이 공부국(工部局)에 3명의 화동(華董) 설립 비준
1927년 2월	納稅華人會 최초 華董 선거 중지 결정
2월 22일	상해 노동자 제1차 무장기
3월 초	直魯軍 상채 진입. 吳光이 松滬商埠督辦에 새로 임명
3월 12일	상해 시민대표 회의 개최
3월 21일	상해 노동자 제3차 무장기(다음 날 시 전체 점령). 북벌군 상해에 진입
3월 22일	상해 상업연합회 성립
3월 29일	상해 臨時特別市政府 성립
4월 12일	蔣介石 반혁명 쿠데타 일으킴. 상해 노동자 糾察隊 무장해제 당함. (다음날 반동군대는 寶山路에서 시위 군중을 도살함)
6월	중공 上海區委를 江蘇와 浙江省委로 改組
7월 7일	上海特別市政府 성립, 黃郛가 시장에 취임
9월	張定璠이 상해특별시 시장 계임
10월	중공중앙 상해로 이전
12월	蔣介石, 宋美齡 상해에서 결혼식 거행
같은 해 연말	譚平山 등 상해에 中華革命黨 창립(후에 中國 國民黨 임시 行動委員會로 개칭됨)
1928년 1월	創造社에서 "無産階級革命文學" 구호 제출, "革命文學"

에 관한 논쟁 전개

4월	工部局에 3명의 華董 취임
5월	陳公博 상해에서 革命評論社 성립, 이후 國民黨 改造派 건립
6월	상해에서 국민당 전국경제회의 개최
11월	上海總商會 전국 상회연합대회 개최, 全國商聯會 성립
같은 달	상해에 中央銀行 성립. 공상부 주최의 中華國貨展覽會 개막
같은 달	중공중앙기관보 『紅旗』 상해에서 창간
1929년 3월	張群이 상해특별시 시장 繼任
4월	국민당 부랑배에 商會 습격 지시. 총상회 업무 정지
7월	시정부 市中心區域 획정
10월	시정부 棉花를 상해시 시화(市花)로 결정
11월	상해에서 中華全國總工會 제5차 노동대회 거행
같은 해 겨울	중공 최초의 방송국 상해에 설립
1930년 2월	馮雪峰, 魯迅 등 中國自由大同盟 발기
같은 달	상해 임시법원이 중국에 넘어 옴. 特區法院으로 개칭
같은 달	도박장 하이알라이(jaialai; 중남미에서 성행하며 라켓을 사용하는 handball 비슷한 실내경기) 경기장 개막
3월	중국 좌익작가연맹 상해에 성립
5월	공부국 華董 5명으로 증가
6월	상해시 商會 성립
7월	중국 左翼文藝總同盟 성립
같은 해	上海特別市를 上海市로 개칭
9월	중공 6차 3중전회 상해에서 거행
10월	공동국 華董 5명으로 증가
11월	공부국 고문 피트햄(R. Feedham, 飛唐) 상해에 도착, 공공조계제도 조사
12월	眞如國際無線放送局 설립
1931년 1월 7일	중공 6차 4중전회 상해에서 거행, 王明노선으로 全黨

통치

2월	국민당이 龍華에서 何孟雄, 柔石 등 공산당원 24명 살해
4월	공부국 『飛唐報告』 제1권 공포
5월	트로츠키파[托花] 상해에 통일 조직 성립, 陳獨秀를 총서기에 추대
6월	코민테른(공산국제) 종사자 뉴렌스(N. Noulens, 牛蘭) 부부 당국에 체포
7월	프랑스 조계 회심공당 중국에 반환
8월	鄧演達 조계에서 체포(오래지 않아 국민당에 의해 살해됨)
9월	일본 東三省 강점. 상해 각계 인민 여러 차례 집회, 정부에 출병하여 抗日할 것을 요구
10월	일본 浪人 反華 시위 거행
12월	국민당이 통제한 上海市總工會 성립
1932년 1월 20일	일본 폭도 三友實業社 불지름, 北四川路 중국 상점 무단 파괴
1월 27일	국민당 명령으로 抗日救國會 활동 금지시킴
1월 28일	일본군 상해 진공, 十九路軍 용맹히 저항. 제1차 淞滬 항전 폭발
2월	상해 시민 地方維持會 성립
4월 29일	朝鮮 志士 尹奉吉 虹口公園에서 폭탄투척으로 일본 대장 白川 등 사살1)

---

1) 윤봉길(尹奉吉) 의사(義士)는 일본의 전승기념 및 천장절(天長節; 기념식에서 참석자 전원이 묵도하는 시간에 폭탄을 던져 일본조사령관 대장 시라가와 요시노리(白川義則)와 거류민단장 가와바타 사다지(河端貞次)는 즉사, 해군 중장 노무라 기치사부로(野村吉三郎)는 한쪽 눈실명, 주중공사 시게미추 마모루(重光葵) 등은 중상을 입었고, 윤봉길 의사는 체포된후 일본 오사카(大阪)로 이송되어 위수형무소(衛戌刑務所)에서 사형당함. 당시 장제스(蔣介石)는 "중국의 100만 대군이 못하는 일을 한국의 한 의사(義士)가 능히 하니 장하다"고 격찬하였다. 역자 주.

5월 5일	국민당정부와 일본간의 『淞滬停戰協定』체결
6월	상해 시민지방유지회를 상해地方協會로 개칭
8월	내전 폐지 대동맹을 상해에 성립
9월	上海兵工廠 南京으로 이전
10월	공부국 越界築路 지역 교환 동의, 일본 반대 표시
같은 달	上海臨時市參議會 성립
같은 달	일본 상해에 海軍特別陸戰隊 설립
같은 달	陳獨秀 상해에서 체포
12월 17일	宋慶齡, 蔡元培 등 中國民權保障同盟 조직
1933년 1월	중공 임시 중앙정치국이 상해로 이전되어 중앙혁명근거지감 됨
2월	버나드쇼(George Bernard Show, 蕭伯納) 상해 방문
3월	상해 廢兩改元 실행
4월	상해 거상 葉鴻英 百萬원 기부, 도서관 설립
5월	각 華商 紗廠 25%급여 삭감
6월 18일	楊否佛 프랑스 조계에서 국민당 特務에 의해 암살
9월	遠東 反戰대회 상해에서 비밀리에 거행
11월	國民黨 特務 藝華影片公司, 神州國光社, 良友圖書公司 등 파괴
같은 해	214곳의 민족자본 기업 도산
1934년 1월	시정부 江灣市中心區域의 새 빌딩에서 업무 개시
2월	국민당 상해에서 문예 서적 149종 판매 금지. 후에는 도서잡지 심사위원회 설립
5월	중화민족 武裝自衛委員會 조직
6월	申新總公司 영업 곤란. 實業部 倂呑 음모
11월 13일	史量才 암살 당함. 杜月笙 지방협회회장에 임명
같은 해 하반 년	白銀 국외로 유출, 시 전체에 통화긴축 恐慌 발생
같은 해	시 전체 민족자산기업 425곳 도산
1935년 2월	국민당은 포방과 합세하여 시 전체의 공산당 기관 대 파괴 단행

3월	中, 交 두 은행 국민당 관료 자본에 의해 병탄
6월	영화배우 阮玲玉 자살
	『新生』주편인 杜重遠 1년 징역형 판결
6월	관료자본이 중국통상 등 은행 3곳 병탄, 전국 지폐 발행액의 88% 장악
9월	중공 八一宣言이 시 전체에 파급됨
11월	鄒韜奮『대중생활』창간, 항일 선전
같은 달	국민당 법폐개혁(法幣改革) 실행
12월 18일	상해 문화계 대표 200여 명
	救國宣言(上海文化界救國會 성립)
1936년 1월 27일	상해 각계 구국연합회 성립
2월	중공 강소성 임시위원회 성립
같은해 봄	左聯 해산
4월	중공중앙 馮雪峰 상해에 파견차어 업무 개시
5월 31일	전국 각계 구국연합회 상해에서 탄생
7월	沈鈞儒 등 국공합작, 공동 항일 등의 문건 발표
7월	中國文藝家協會 성립
10월	魯迅 상해에서 서거. 시민 대규모 조문 활동 거행
11월	日資紗廠의 勞動者同盟 罷工의 승리
11월 22일	국민당 沈鈞儒 등 7명 救國會 지도자 체포
1937년 4월	『申報週刊』의 陝北 소비에트지구 상황 최초 보도
6월	관료자본이 투기시장 조종, 紗交 풍조 형성
7월	宋慶齡 등 救國入獄運動 발기
7월 7일	盧溝橋 사변 폭발, 중국항일전쟁 개시
7월 21일	상해 각계 抗敵後援會 성립
8월 9일	일본 사병 虹橋공항 공격, 습격 당함
8월 13일	일본 상해 진공, 제2차 淞滬抗戰 폭발
같은 달	八路軍 上海주재 辦事處 설립
11월 12일	중국군대 후퇴, 상해 함락. 조계는 외로운 섬으로 전락

같은 달	중공 江蘇省委 성립, 劉曉 書記 취임
12월 5일	漢奸이 偽大道市政府 성립
같은 해	大隆機器廠에서 방직기계세트 생산
1938년 1월	국민당 관원 董道寧 상해에서 일본 特務 西義顯 회견
2월	漢奸 常玉淸 閘北地方維持會 조직
3월	梁鴻志 偽中華民國 유신정부 조직
4월	滬江大學校長 劉湛恩 日偽특무에 의해 암살됨
7월	일본군 상해에 "土肥原機關" 설립
8월	『每日譯報』에서 모택동의 『論持久戰』연재
10월	偽上海市政府 성립, 傅筱庵 偽市長에 임명
11월	高宗武, 梅思平과 今井武夫가 重光堂에서 회담, 비밀협정 달성.
12월	상해 인민 慰勞團을 조직. 皖南의 新四軍 위문
같은 해	靑浦, 崇明, 嘉定 등지 항일유격대 성립
1939년 3월	상해 천 여 명의 운전기사들 日偽의 기사 폭행 살해에 대한 항의
3월	중공 강소성위 비밀 간행물 『黨的生活』창간
3월	丁默邨, 李士群이 특무기관 설립
5월	汪精衛 등 하노이에서 상해에 도착, 偽政權 조직 준비
7월	汪偽機關報 『中華日報』복간
8월	일본군 "梅機關"설립, 汪精衛 한간 집단 지지.
8월 28일	汪精衛 등 상해에서 偽國民黨 6대 개최, 偽國民黨 중앙당부 성립.
10월	江南造船所 노동자 일본 선박에 구멍을 내어 침몰시킴. 상해 직공 대규모로 모금운동 전개
12월 12일	공산당원 茅麗英 日偽 特務에 의해 암살
2월 30일	日汪 『日華新關係調整要綱』체결
1940년 1월	日偽 공공조계 蘇州河 이북 및 상해 서쪽 越界築路지구 경찰권 접수
3월	汪偽 국민정부 南京에 성립

4월	중공 江蘇 浦東 工作委員會 성립
7월	중공 江蘇省委 情報委員會 설립
8월	상해 주둔 영국군 철수 개시
10월	傅筱庵 피살. 陳公博 僞上海市 市長 계임
1941년 2월	국민당 特工인원과 汪僞 特務가 조계에서 은행직원 사살
3월	新四軍 上海주둔 辦事處 성립
4월	中, 中, 交, 農 4개 은행 상해에서 영업중지
6월	蘇商 『時代週刊』에서 소련인민의 독일에 대한 저항 소식 보도
8월	僞上海保安司令部 성립. 陳公博 사령관 겸임
12월 8일	태평양 전쟁 폭발. 일본군 공공조계 점령
1942년 2월	汪僞 제1특구 법원 접수
5월	漢奸 영미인 침략대회 말살 거행
5월	공부국 保甲指導委員會 성립, 保甲制 시행. 萬國商團 해산
6월	汪僞 特工總部 상해에서 杭州로 이전
7월	상해 糧食配給制와 燈火管制 실행
9월	劉曉, 劉長勝, 潘漢年 등 상해에서 철수
1943년 1월 9일	日汪 『關于交還租界及撤廢治外法權之協定』 체결
1월	中共華中局 城市工作部 건립, 劉曉 부장에 임명
2월	일본수상 東條英機 상해 도착 활동
3월	전국 商業統制總會 상해에 성립
7월 30일	汪僞정부 프랑스 조계접수, 第8區로 개칭
8월 1일	汪僞정부 공공조계 접수, 第1區로 개칭
1944년 5월	奉賢一 中隊 僞軍 쿠데타, 新四軍에 참가
6월	중공중앙 기의 준비 개시, 도시를 무장탈취하도록 지시
7월 8일	미국 비행기 최초 상해 공습
7월 24일	鄒韜奮 상해에서 병사
가을	상해 공산당 동원으로 地下軍 조직. 中共上海 東南區委

성립

11월	汪精衛 일본에서 사망. 陳公博 僞政府 主席 代理
1945년 1월	周佛海 僞上海 시장에 임명
2월	僞市政府 人口疏散委員會 성립
5월 8일	소련 홍군 베를린 공격 소식 상해 인민 서로 알림
8월 9일	중공 상해 市委 조직, 상해 무장탈취 준비
8월	일본 무조건 투항 선포. 국민당 大員 상해 접수 시작.
9월 12일	국민당 상해 시정부 조성. 錢大鈞 시장에 임명 上海區에서 일본 투항의식 거행
10월	上海 항전승리 경축대회 거행
12월	中國民主促進會 상해에 성립
1946년 4월	申新總經理 榮德生 特務에 의해 납치
5월 5일	상해 인민단체연합회 성립
6월 6일	상해『新華週刊』폐쇄
6월 19일	상해 72개소 학교 학생 평화쟁취연합회 성립
6월 23일	상해 인민 평화청원단[和平請愿團] 북경에 도착. 국민당 특무 南京에서 下關慘案 일으킴
7월 25일	陶行知 상해에서 별세
8월	국민당 당국 상해 50여 곳의 방송국 방송 중지 시킴. 만 명의 노점상 당국에 노점법 법령 채택 항의
9월	미국 사병 인력거부 살해. 상해 미군 퇴출 中國週 시위활동 거행
10월 4일	각계인사 天蟾舞臺에서 李公朴, 聞一多 기념 대회 개최
11월	中國民主建國會 상해 분회 성립
12월	中華全國 基督敎協進會 상해에서 제13차 년차 회의 개최
같은 달	국민당 江灣병기창고 대폭발 발생
1947년 1월	각계 군중 여러 차례 시위거행, "미국군 철수"구호 제출
같은 달	武定路에서 대화재 발생. 소방대원이 화재를 틈타 재

	물 약탈
2월 9일	모든 업계에서 국산품 애용 군중대회 개최, 特務가 二 九慘案 일으킴
2월 10일	"黃金潮"폭발
3월	馬寅初 등 上海市教育界人權保障會 발기 성립
5월 19일	7,000명 학생 반 내전, 반 기근, 반 박해 시위 거행
5월 20일	상해 등지 학생이 南京에 도착하여 항의, 國民黨이 五 二〇慘案 일으킴
6월	遠東經濟會議 華懋飯店에서 거행
7월 26일	미국특사 웨드마이어(A. C. Wedemeyer, 魏德邁) 상 해 도착
같은 해	상해 공상기업 대규모 파산 도산
1948년 1월	同濟大學 학생 북경에 도착하여 청원, 군경에 진압 당함. 舞業職工 박해에 반항하며 市社會局파괴
2월	국민당 申九노동자 파업 진압
3월	상해 양식배급제 시행 실시
5월 4일	만 여 명의 학생이 교통대학에서 五四 캠프파이어 파 티 거행
6월	각 학교 학생 미군의 일본 침략세력 지지에 항의
8월 19일	南京 金圓券 폐제(幣制)개혁 실행
8월	蔣經國 상해 도착, 경제 管制 집행
9월 30일	공산당원 王孝和 영웅적인 죽음
11월 1일	국민당 어쩔 수 없이 계급정책 폐지, 물가폭등
11월	상해 계속해서 搶米사건 발생
2월 23일	상해 3만 시민이 예금을 찾으러 몰려들어 참극 발생
1949년 1월	蔣經國 상해에 옴, 황금과 외환 운송
같은 달	상해 국민당 군사법정 岡村寧茨 무죄 선언
2월	民革 상해 임시분회 성립
3월	市政府 『和與戰』등 28종 간행물 단속
4월 22일	淞滬警備司令部 전면 軍司管制 선포

4월 27일	蔣介石 상해에 도착하여 상해 방어 배치
4월 28일	시정부 各 業 同業 공회에 保安捐 600억 원 징수, 아울러 당일 납부 명령
5월 1일	국민당정부 陳良을 시장으로 임명
5월 12일	인민해방군 상해 전투에서 승리
5월 24일	상해 외곽 해방. 陳良은 趙祖康에게 시장 대리 위임
5월 27일	상해 시 전체 해방
5월 28일	상해시 軍管會 및 상해인민정부 성립, 陳毅 軍管會 主任 겸 市長에 취임

부록 2: 중공상해지방 영도기관 연혁표
(中共上海地方領導機關沿革表)

시 간	명 칭	책임자	비 고
1921년말	上海地方委員會	서 기 陳望道	
1922년 5월	上海地方兼區委員會	위원장 陳望道	
1923년 4월		徐梅坤	
1923년 7월		鄧中夏	
1923년 9월		王荷波	
1924년 1월		施存統	
1924년 1월		徐梅坤	代 理
1924년 4월	上海地方委員會	서 기 庄文恭	
1925년 8월	上海區執行委員會	서 기 尹 寬	
	(江浙區委라고도 함)	王一飛	
1925년 12월		羅亦農	
1927년 4월		陳延年	代 理
1927년 6월	江蘇省委員會	서 기 陳延年	
		趙世炎	代 理
1927년 8월		鄧中夏	
1928년 2월		項 英	
1928년 5월		李富春	代 理
1928년 7월	江蘇省委員會兼上海市委	서 기 徐錫根	
1929년 6월		羅登賢	

시 간	명 칭	책임자		비 고
1929년 8월			任弼時	
1929년 10월			李維漢	
1930년 5월	江蘇省行動委員會	서 기	李立三	
1930년 9월	江南省委員會		李維漢	兼上海市委書記
1931년 1월	江蘇省委員會	서 기	陳紹禹	
1931년 봄			陳 雲	
1931년 5월			王雲程	
1932년 11월			潘漢年	
1933년 1월	上海中央執行局1)	서 기	李竹聲	
1934년 6월			盛忠亮	代 理
1934년 9월	上海臨時中央局	서 기	黃文杰	代 理
1936년 봄	上海臨時委員會	서 기	王堯山	
1936년 봄	江蘇省臨時委員會	서 기	鄧 洁	
1936년 7월	中央上海辦事處	주 임	潘漢年	
1937년 5월			劉 曉	
1937년 11월	江蘇省委員會	서 기	劉 曉	
1943년 초	華中局城市工作部	부 장	劉 曉	
1945년 초	上海工作委員會	서 기	王克剛	
1945년 8월	上海市委員會	서 기	劉長勝	
1946년 4월	中央上海局2)	서 기	劉 曉	

---

1) 江蘇省委는 上海中央局의 지도를 받는다.
2) 上海市委는 中央上海局 지도를 받는다.

부록 3: 민국시기 상해지방통치기구 연혁표
(民國時期 上海地方統治機構沿革表)

시간	기구	관 명	비고
1911년 11월	滬軍都督部	都 督 陳其美	
1913년 8월	上海鎭守使	鎭守使 鄭汝成	
1915년 11월	松滬護軍使	護軍使 楊善德	
1917년 1월		盧永祥	
1919년 8월		何豊林	
1924년 10월		齊燮元	
		白寶山	齊燮元대신 직권 행사
		張允明	齊燮元과 함께 병립
1925년 6월	淞滬特別市市政督辦公署1)	督 辦 孫寶寄	취임하지 않음
		鄭 謙	취임하지 않음
1925년 10월	淞滬商埠督辦公署	孫傳芳	
1927년 3월		吳光新	
1927년 3월	上海特別市臨時政府2)	主 席 王曉籟	
1927년 7월	上海特別市政府	市 長 黃 郛	
1927년 9월		張定璠	
1929년 4월		張 群	
1930년 7월	上海市政府	市 長 張 群	
1932년 1월		吳鐵城	
1937년 3월		俞鴻鈞	代理 후 취임
1937년 11월			市政府 서쪽으로 이전
1937년 12월	僞上海大道市政府	市 長 蘇錫文	

---

1) 公署가 건립되지 않음.

시간	기구	관명	비고
1938년 4월	僞上海市政督辦公署	督 辦 蘇錫文	
1938년 10월	僞上海特別市政府	市 長 傅筱庵	
1940년 10월		蘇錫文	代 理
1940년 11월		陳公博	
1944년 12월		周佛海	
1945년 9월	上海市政府	市 長 錢大鈞	
1946년 5월		吳國楨	
1949년 5월		陳 良 趙祖康	代 理

---

2) 같은 해 4월에 해산됨.

부록 4: 외국인인명 역명표
[外國人名譯名表(漢語拼音字母排列)]

A

| 愛活生 | E. W. Everson | 安格聯 | F. A. Aglen |

B

巴爾敦	S. Barton	畢範宇	F. W. Price
包克本	A. D. Blackburn	博　良	R. T. Bryan, Jr.
鮑惠爾	J. B. Powell		

C

| 陳納德 | C. L. Chennault | | |

D

| 大衛沙遜 | D. Sassoon | 杜　威 | J. Dewey |
| 鄧　肯 | J. Duncan | | |

F

番　斯	B. Firth	費　唐	R. Feetham
樊克令	C. S. Franklin	費信惇	S. Fessenden
費利浦	G. G. Philips		

G

甘世東	Gaston Hahn	葛柏德	J. M. Cabot
高思默	H. Cosme	葛樂泰	A. Glathe
戈　登	W. F. Gordon		

J

| 金 | H. P. King | | |

K

| 愷自威 | W. J. Keswick | 康　德 | A. M. R. Conty |
| 凱　累 | H. Kelly | 克　隆 | Von der Crone |

L

| 蘭普森 | M. Lampson | 雷　文 | F. J. Raven |

편자후기*

   본 책을 출간할 때에는 류후이우(劉惠吾) 선생은 이미 세상을 떠난 후였다.

   류후이우(劉惠吾) 선생은 산동 흔수(沂水)사람으로, 일찍이 상해교통대학에서 학습하였다. 77사변 후, 붓을 내던지고 종군하여, 고향으로 돌아가 항일 투쟁에 참가하며 10여 년간을 전투에 참가하였다. 해방때에는 산동성 도서관장직을 맡았다. 이후 화동사범대학에서 교편을 잡았으며, 오랜기간동안 중국혁명사, 현대사의 강의와 연구에 몰두히었고, 선후로 『中國現代史講義』, 『中國現代史論文摘編』, 『日本帝國主義侵華史略』과 『上海外灘南京路史話』 등의 저작이 있다. 만년에는 상해지방사의 연구에 전념하였다.

   『上海近代史』는 류 선생의 주관아래 편찬된 성과이다. 하책1)의 초고는 추이메이밍(崔美明), 쑨궈다(孫果達), 쑤즈량(蘇智良)과 주화(朱華)가 참가하였다. 후에 류 선생의 지도아래, 주화는 1937년 이전부분, 쑤즈량은 1937년 이후 부분에 대하여 보충하고, 수정을 진행시켰다. 1985년 1월 19일 류 선생이 불행하게도 세상을 하직하셨다. 선생의 유언에 따라 본 책을 완성시키기 위해 우리들은 천쉬루(陳旭麓) 선생의 지지와 격려아래, 식견이 낮음도 불구하고 상호 보완하여 고치고, 또 보완하여 원고를 완성시킬 수 있었다. 천(陳) 선생은 바쁜 와중에서

---

  * 원서에는 후기(後記)로만 표기되어 있는데, 역자와의 구분을 위해 편자후기라 제목붙였다. 역자 주.

  1) 역자는 상해현대사라 명명하였다. 역자 주.

도 전체의 원고를 검토해주셨다. 그의 의견을 근거하여 우리들은 또 많은 부분을 수정할 수 있었다. 하책의 현재의 내용과 문자는 대부분이 류(劉) 선생이 보지 못한 부분으로, 그의 원래의 뜻과 부합되는지는 알 수 없다. 그러므로 잘못이 있다면 그것은 전적으로 우리들의 책임이다.

끝으로, 우리는 이 책이 출판되도록 힘을 써주신 천쉬루(陳旭麓) 선생 및 화동사범대학 출판사의 관련 동지들에게 진심으로 감사의 뜻을 전한다.

쑤즈량(蘇智良) 주화(朱華)
1986년 5월

찾아보기

기타

옮긴이 **신의식**

중국 남경대학(南京大學) 수료. 역사학박사
한국교회사연구소 연구원, 동아시아경제연구원 연구위원
가톨릭신문사 중국 주재 기자
서강대, 중국 남경대학(南京大學), 한양대, 한성대, 단국대, 남서울대, 충북대, 충청북도
공무원연수원 강사
중국 길림동화학원 객좌교수
충청북도 명예대사
현 충북보건과학대학교 교수
현 아시아천주교사연구회 회장

대표논문
「民國時期 政府의 釐金政策 및 裁釐加稅問題」
「列强의 中國經濟 侵略의 産物 : 子口稅」
「曾國藩의 西敎認識」
「강희제와 로마 교황청과의 관계를 중심으로-교황청 파견 특사를 중심으로」
「로마 교황청의 만주국 승인과 관련된 몇 가지 문제」
「만주국과 천주교회」

대표 저역서
『중국어 어법』, 『중국천주교사』, 『연령성월』, 『성모성월』, 『上海近代史』

상해현대사

2018년 03월 07일 초판 인쇄
2018년 03월 15일 초판 발행

편 저 자	류후이우(劉惠吾)	
옮 긴 이	신의식	
발 행 인	한정희	
발 행 처	경인문화사	
총 괄 이 사	김환기	
편 집 부	김지선 박수진 한명진 유지혜	
마 케 팅	김선규 하재일 유인순	
출 판 신 고	제406-1973-000003호	
주 소	파주시 회동길 445-1 경인빌딩 B동 4층	
대 표 전 화	031-955-9300 팩 스 031-955-9310	
홈 페 이 지	http://www.kyunginp.co.kr	
이 메 일	kyungin@kyunginp.co.kr	

ISBN 978-89-499-4319-0 93910
값 53,000원